L'organisation des Nations unies et l'effectivité des droits fondamentaux des déplacés internes

Le droit aujourd'hui

La collection « Le droit aujourd'hui » regroupe des études juridiques concernant des problèmes d'actualité nationale et internationale, dans divers domaines (éthique, politique, questions de société...).

Déjà parus

Ianjatiana Randrianandrasana, *Le droit de la protection de la nature à Madagascar : entre centralisme et consensualisme*, 2018.
Wendkouni Judicaël Djiguemdé, *L'aménagement conventionnel de la société commerciale en droit français et en droit OHADA*, 2018.
A. A. Cançado Trindade, *Vers un nouveau* jus gentium *humanisé. Recueil des opinions individuelles du juge A. A. cançado trindade*, 2018.
Fabienne Labelle et Damien Thierry (dir.), *Droit des sites et sols pollués. Bilans et perspectives*, 2018.
Moustapha Kamara (avec la collaboration d'Isabel Falconer et Samba Thiam), *Le contentieux du transfert des joueurs devant la FIFA et le Tribunal arbitral du sport. Guide juridique pratique*, 2017.
Marie Pelé et Cédric Sueur (Coord.), *Questions d'actualité en éthique animale*, 2017.
Guy Dibangue, *La recherche de l'équilibre contractuel dans le cautionnement*, 2017.
David Defrance, *Le retour à meilleure fortune, Étude en droit des difficultés économiques*, 2017.
Mariem Aydi Ghozzi, *Les principes généraux dans la jurisprudence de l'organe de règlement des différends de l'OMC, 2017.*
Boris Barraud, *Le droit postmoderne. Une introduction*, 2017.
Boris Barraud, *La jurisprudence et la doctrine*, 2017.

Rolince MBUNGO

L'Organisation des Nations unies et l'effectivité des droits fondamentaux des déplacés internes

L'Harmattan

5-7, rue de l'Ecole-Polytechnique, 75005 Paris

http://www.editions-harmattan.fr

ISBN : 978-2-343-11008-0
EAN : 9782343110080

À ma famille

SOMMAIRE

INTRODUCTION 15

PARTIE I LA CONSTRUCTION DU CADRE JURIDIQUE INTERNATIONAL RELATIF À LA PROTECTION DES DÉPLACÉS INTERNES 77

TITRE I. L'ÉDIFICATION INACHEVÉE DU CADRE JURIDIQUE INTERNATIONAL RELATIF À LA PROTECTION DES DÉPLACÉS INTERNES 80

Chapitre I. L'insuffisance du contenu des normes internationales relatives à la protection des déplacés internes 83

Chapitre II. La portée juridique limitée des normes internationales relatives à la protection des déplacés internes 137

TITRE II. L'ASPIRATION À UN CADRE JURIDIQUE INTERNATIONAL APPROPRIÉ 170

Chapitre I. La contribution de l'ONU à l'appropriation des normes internationales relatives au déplacement interne 172

Chapitre II. La viabilité d'un instrument international conventionnel relatif à la protection des déplacés internes 206

PARTIE II. LA CONSTRUCTION DE L'ARCHITECTURE INSTITUTIONNELLE INTERNATIONALE RELATIVE À LA PROTECTION DES DÉPLACÉS INTERNES 267

TITRE I. LA CONSTRUCTION FRAGMENTAIRE DE L'ARCHITECTURE INSTITUTIONNELLE INTERNATIONALE RELATIVE À LA PROTECTION DES DÉPLACÉS INTERNES 274

Chapitre I. L'ouverture des principaux piliers « onusiens » de protection aux droits fondamentaux des déplacés internes 277

Chapitre II. L'ouverture des mécanismes opérationnels « onusiens » aux droits fondamentaux des déplacés internes 345

TITRE II. LE PARACHÈVEMENT DE L'ARCHITECTURE INSTITUTIONNELLE INTERNATIONALE 419

Chapitre I. La construction problématique d'une architecture institutionnelle autour de la « responsabilité de protéger » 422
Chapitre II. Vers une restructuration de l'architecture institutionnelle internationale 470
CONCLUSION GÉNÉRALE 513
BIBLIOGRAPHIE 521
INDEX GÉNÉRAL 553
TABLE DES MATIÈRES 561

Liste des abréviations, des sigles et des acronymes

1. Annuaires, Recueils et Revues

AFDI .... Annuaire français de droit international
AJIL. .... American journal of International Law
AJNU .... Annuaire juridique des Nations unies
Columbia L. Rev .... Columbia Law Review
Fordham L. Rev.. .... Fordham Law Review
Geo. J. Int'l Aff. .... Georgetown Journal of International Affairs
Hum. Rts. . ... Human rights
HRQ .... Human Rights Quarterly
IJRL. .... International Journal for Refugee Law
Internl. Crim. Just. . ... International Criminal Justice
Int'l Law. .... International law
J. Afr. L.. .... Journal of African Law
Mil. L. Rev. .... Military Law Review
RBDI .... Revue belge de droit international
RGDIP. .... Revue générale de droit international public
RICR (IRRC) .... Revue internationale de la Croix-Rouge
Wash. U. J.L. & Pol'y .... Washington University Journal of Law and Policy

2. Organisations internationales et sigles divers

CADHP .... Commission africaine des droits de l'homme et des peuples
CDH .... Comité des droits de l'homme
CEDAW .... Comité pour l'élimination de la discrimination à l'égard des femmes
CERD .... Comité pour l'élimination de la discrimination raciale
CICR .... Comité international de la Croix-Rouge
CIISE .... Commission internationale de l'intervention et de la souveraineté des États
FICR .... Fédération internationale des sociétés de la Croix-Rouge et du Croissant-Rouge
HCDH .... Haut Commissariat des Nations unies aux droits de l'homme

HCR .... Haut Commissariat des Nations unies pour les réfugiés

IASC .... Comité permanent Interorganisations [Inter-agency Standing Committee]

IDMC .... Observatoire des situations de déplacement interne

MANUL............................. Mission d'appui des Nations unies en Libye

MINUAD .... Opération hybride Union Africaine/Nations unies au Darfour

MINUAR .... Mission des Nations unies pour l'assistance au Rwanda

MINUL .... Mission des Nations unies au Liberia

MINUSS............................. Mission des Nations unies au Soudan du Sud

MONUC .... Mission de l'Organisation des Nations unies en République démocratique du Congo

MONUSCO .... Mission des Nations unies pour la stabilisation en République Démocratique du Congo

OCHA .... Office for the Coordination of Humanitarian Affairs

OIAC .... Organisation pour l'Interdiction des Armes Chimiques

OIG .... Organisation intergouvernementale

OIM .... Organisation internationale pour les migrations

OIT .... Organisation internationale du travail

ONG .... Organisation non gouvernementale

ONU .... Organisation des Nations unies

OTAN .... Organisation du traité de l'Atlantique Nord

OUA (OAU). .... Organisation de l'unité africaine

PAM .... Programme alimentaire mondial

SFDI .... Société française pour le droit international

UA .... Union africaine

UNESCO .... Organisation des Nations unies pour l'Éducation, la Science et la Culture

UNICEF .... Fond des Nations unies pour l'enfance [United Nations Children's Fund]

UNCT .... United Nations Country Team

3. AUTRES ABRÉVIATIONS

ANE .... Acteurs non étatiques

CAI .... Conflit armé international
CANI .... Conflit armé non international
CH .... Coordonnateur humanitaire
CIJ .... Cour internationale de Justice
CNR...................................... Commission nationale des réfugiés
CPI .... Cour pénale internationale
CPJI .... Cour permanente de Justice internationale
CR .... Coordonnateur résident
DIDH .... Droit international des droits de l'homme
DIH .... Droit international humanitaire
DUDH .... Déclaration universelle des droits de l'homme
IDPs .... Internally Displaced Persons
R2P/RtoP .... Responsibility to protect [Responsabilité de protéger]
TPIR .... Tribunal pénal international pour le Rwanda
TPIY .... Tribunal pénal international pour l'Ex-Yougoslavie
TSL....................................... Tribunal spécial des Nations unies pour le Liban
TSSL.................................... Tribunal spécial pour la Sierra Leone

4. ABRÉVIATIONS PRATIQUES

Art. .... Article(s)
c/ .... Contre
Coll. .... Collection
Conv. .... Convention
Dir. .... Sous la direction de
Doc. .... Document
Éd. .... Édition
Ibid. .... Ibidem
n° .... Numéro
p. .... Page(s)
§ .... Paragraphe
Rec. .... Recueil
S/RES .... Résolution du Conseil de sécurité
T. .... Tome
Vol. .... Volume

PRÉFACE

Je n'oublierai pas ce jour où Rolince Mbungo est venu me trouver pour me demander d'assurer l'encadrement de sa thèse de doctorat qu'il souhaitait consacrer au phénomène des déplacés internes et plus précisément encore à la question de l'accès à leurs droits fondamentaux. Il est rare en effet qu'un étudiant arrive avec un sujet précis et une telle volonté de s'en tenir à ce sujet et à lui seul. Rolince Mbungo savait ce qu'il faisait et je ne regrette pas un instant de lui avoir fait confiance. La question des déplacés internes était déjà d'importance pour la société internationale, mais alors loin de connaître les proportions qu'elle a prises aujourd'hui et j'avoue avoir, dans un premier temps, douté de l'intérêt d'un tel sujet. Le phénomène était pourtant déjà en plein essor et ses implications juridiques bien établies.

Si l'expression même de « déplacé interne » » interroge en ce qu'elle s'avère redondante et inadaptée, les définitions qui ont pu en être données, notamment par les instances des Nations Unies, ont eu le mérite de mettre en exergue les deux éléments déterminants qui permettent de distinguer le déplacé interne du migrant volontaire ou du réfugié : le caractère forcé ou involontaire du déplacement et le fait que celui-ci se produit à l'intérieur des frontières d'un État. Le premier élément, le caractère forcé du déplacement, a des effets plus matériels que juridiques, en ce qu'il place systématiquement le déplacé dans une situation de vulnérabilité. Le fait que le déplacement se déroule à l'intérieur d'un seul et même Etat s'avère en revanche plus lourd de conséquences. A la différence du réfugié qui a franchi au moins une frontière internationale, ce qui l'a amené à quitter le territoire de son État d'origine, dont il a la nationalité et où il a sa résidence habituelle, le déplacé interne reste en effet sous la protection de son État qui continue d'exercer à son égard une compétence à la fois personnelle et territoriale. Il ne dispose en conséquence d'aucun statut particulier reconnu par le droit international. Dès lors, aucun droit spécifique ne lui est non plus reconnu par le système international, en dehors des droits fondamentaux internationalement accordés à tout individu ou aux individus se trouvant dans des situations de conflits armés.

On comprendra alors tout l'intérêt d'un travail tel que celui réalisé par Rolince Mbungo et visant non seulement à identifier le rôle de l'Organisation des Nations Unies dans la garantie des droits reconnus à ces personnes, mais encore à proposer et analyser un certain nombre de solutions à même de renforcer cette effectivité. Pour ce faire, l'auteur n'a pas hésité à aller au-delà du droit en s'interrogeant sur des aspects touchant davantage à l'opérationnel qu'au fond des normes. De la même façon, ne s'est-il pas contenté d'analyser la doctrine, ni même de travailler sur les documents officiels, mais s'est aussi déplacé pour aller à la rencontre des principaux artisans et acteurs des mécanismes de protection. Et c'est toujours dans cette perspective de faire œuvre utile qu'il a également accepté de confronter ses analyses avec d'autres chercheurs en se rendant dans diverses universités nord-américaines. Sa réflexion d'ensemble et les propositions qu'il en a tirées n'en ont dès lors que plus de force et de pertinence.

Véritable chercheur, passionné par son sujet, ouvert au débat intellectuel et capable de transmettre ses connaissances, Rolince Mbungo est également aujourd'hui un professionnel de la protection des personnes déplacées, à l'intérieur comme à l'extérieur de leur propre pays. Une fois sa thèse soutenue, il est en effet devenu Administrateur associé de protection auprès de la représentation française de l'Agence des Nations Unies pour les Réfugiés (UNHCR) et je suis très heureux d'avoir pu contribuer, certes bien modestement, tant à la réalisation de cet important ouvrage qu'à l'émergence de cette belle carrière naissante.

Philippe LAGRANGE

Professeur de Droit public

Doyen de la Faculté de Droit et Sciences sociales

Université de Poitiers, France

INTRODUCTION

Les vagues de protestations populaires récentes qui commencent officiellement en décembre 2010 en Tunisie [1] vont s'étendre d'abord à plusieurs États du Maghreb, du Proche-Orient et du Moyen-Orient et par la suite à ceux d'Afrique subsaharienne. Sans prétendre à l'exhaustivité, des manifestations de cet ordre ont (ou ont eu) spécialement lieu au Barheïn, au Burkina Faso, en Égypte, en Libye, au Maroc, en Syrie, en Ukraine et au Yémen. Si dans des conditions moins violentes, ces protestations populaires ont souvent pu créer le changement escompté, certains États ne peuvent pas en dire autant. Elles ont particulièrement ébranlé la Libye et la Syrie. Les crises dans ces deux derniers États constitueront de véritables mises à l'épreuve de l'approche nationale, régionale et internationale relative aux graves violations des droits de l'homme, notamment la violation des droits des personnes déplacées à l'intérieur de leur propre État. Après la Libye où le conflit armé a, il y a quelques années, attiré presque toute l'attention de la société internationale et surtout suscité une « forte » réaction de l'ONU, la Syrie assure depuis quelques années le relai dans des conditions humanitaires bien plus graves.

En effet, la crise syrienne commence par un soulèvement pacifique au printemps 2011, un soulèvement qui s'est peu à peu transformé en de graves exactions avec un déplacement de populations à grande échelle. Elle revêtit d'abord les caractéristiques d'une guerre civile avec d'un côté les rebelles [2] et de l'autre les loyalistes [3]. Ensuite, cette guerre civile se présenta comme une guerre froide, car instrumentalisée par plusieurs États qui ont fait de la Syrie un champ de bataille par procuration [4]. Cette espèce de guerre froide se transforma

---

1 Les « printemps arabes » commencent précisément le 17 décembre 2010 avec l'immolation de Mohammed Bouazizi à Sidi Bouzid en Tunisie.

2 Ils sont principalement sunnites et constituent la communauté majoritaire en Syrie.

3 Ces derniers s'appuient sur la communauté alaouite dérivée du chiisme dont le clan Assad est issu.

4 Il s'agit notamment des puissances occidentales dont les États-Unis et les grandes puissances européennes (notamment l'Allemagne, la France et la Grande Bretagne) qui épaulent, essentiellement par voie diplomatique, la coalition nationale syrienne (principale formation anti-Assad), et de l'autre côté la Chine et la Russie, deux grandes puissances protectrices du régime Assad qui ont à plusieurs reprises bloqué des projets de résolution du Conseil de sécurité de l'ONU hostiles à Damas (le 22 mai 2014, à l'initiative de la France, un projet de résolution visant à renvoyer « le dossier syrien » au procureur de la Cour Pénale Internationale a été soumis au Conseil de sécurité des Nations unies [projet disponible à l'adresse : http://www.lemonde.fr/idees/article/2014/05/22/qui-est-contre-la-justice-en-syrie-par-laurent-fabius_4423609_3232.html]. C'est le quatrième projet de résolution du Conseil de sécurité bloqué par la Chine et la Russie depuis le début de la crise en Syrie en 2011). Ce soulèvement ne sera pas seulement une proie à l'affrontement entre l'Est et l'Ouest, puisqu'il fera aussi intervenir les monarchies sunnites du Golf opposées à Damas, notamment l'Arabie Saoudite, le Qatar, le Koweït et les portes d'entrée que sont la Jordanie et la Turquie (l'Arabie Saoudite et le Koweït ont

…/…

finalement en guerre sainte, car la Syrie est devenue théâtre de la rivalité ancestrale entre chiites et sunnites.

Dans le cas syrien, les violations du droit international des droits de l'homme (DIDH) et du droit international humanitaire (DIH) pourraient constituer des crimes de guerre et des crimes contre l'humanité [5]. Ces violations constituent les principales causes du déplacement interne en Syrie [6]. Selon les sources de l'ONU, le conflit en Syrie qui dure depuis plusieurs années avait déjà fait, au mois de mai 2014, plus de 6,5 millions de personnes déplacées à l'intérieur de cet État, avec près de 50% d'enfants [7], traduisant par conséquent une augmentation de 3,5 millions du chiffre des déplacés internes au cours de la seule année 2013 [8]. Si l'on se réfère aux données, ce déplacement à l'intérieur des frontières touche le tiers de la population syrienne estimée en 2014 à environ 22 millions [9].

Bien que l'ouverture de la République arabe syrienne aux mécanismes internationaux relatifs aux droits de l'homme et aux questions de droits de l'homme en général reste très perfectible, elle a fait l'objet de progrès considérables. En effet, la Syrie a ratifié plusieurs principaux instruments internationaux relatifs aux droits de l'homme présentant une pertinence spécifique pour le phénomène du déplacement interne. Il s'agit notamment des quatre Conventions de Genève [10], du Protocole additionnel I aux Conventions

---

multiplié les livraisons d'armes aux rebelles en Syrie via la Jordanie et la Turquie. Bien plus, le gouvernement turc, très opposé à Damas, a laissé passer sur son territoire les recrues de l'État islamique et Irak et au Levant, un groupe jihadiste, opérant aussi en Syrie), mais aussi les alliés chiites de Damas dont l'Iran, le Hezbollah et les milices chiites irakiennes.

5 Report of the Special Rapporteur on the human rights of internally displaced persons, A/67/931, 15 July 2013, p. 5. Voir aussi le Rapport de la commission d'enquête internationale indépendante sur la République arabe syrienne, A/HRC/23/58 du 4 juin 2013, paragraphes 149-151.

6 Les violations du droit international des droits de l'homme et du droit international humanitaire et l'insécurité poussée constitue la principale cause du déplacement interne en Syrie (report of the Special Rapporteur on the human rights of internally displaced persons, A/67/931, 15 July 2013, p. 7). Il faut ajouter à ces causes la destruction d'habitations, l'interruption ou la rupture des services de base et la perte des moyens de subsistance obligent bon nombre de Syriens à chercher assistance et refuge ailleurs (report of the Special Rapporteur on the human rights of internally displaced persons, A/67/931, 15 July 2013, p.8).

7 Voir : http://www.internal-displacement.org/middle-east-and-north-africa/syria/figures-analysis (consulté le 7 septembre 2014).

8 Internal Displacement Monitoring Centre, *Global Overview 2014 : People internally displaced by conflicts and violence*, May 2014, p. 10. Disponible à l'adresse : http://www.internal-displacement.org/assets/publications/2014/201405-global-overview-2014-en.pdf (consulté le 7 septembre 2014).

9 Voir : http://www.escwa.un.org/popin/members/syria.pdf

10 La République arabe syrienne a ratifié les quatre Conventions de Genève le 2 novembre 1953.

de Genève [11], du Pacte international sur les droits civils et politiques (PIDCP) [12] et du Pacte international relatif aux droits économiques, sociaux et culturels (PIDESC) [13]. Cependant, en fin septembre 2014, elle n'avait toujours ni ratifié la Convention de 1951 relative au statut des réfugiés ni le Protocole additionnel II aux Conventions de Genève [14]. Sur le plan institutionnel, il faut surtout noter l'érosion de l'autorité politique, de l'État de droit et de la capacité du gouvernement à fournir des nécessités de base à la population et à assurer la sécurité dans les zones encore sous son contrôle effectif [15].

La réponse aux violations des droits de l'homme en Syrie, y compris ceux des déplacés internes, s'avère problématique. Les initiatives locales, notamment le dialogue national syrien lancé le 24 mars 2013 visant à promouvoir la réconciliation nationale et le Décret présidentiel numéro 23 du 16 avril 2013 accordant une amnistie générale pour les crimes commis avant le 16 avril 2013 n'ont jusqu'ici pas conduit à une sortie de la situation de crise. Bien que les initiatives internationales nous rapprochent davantage d'une issue favorable, elles aussi montrent leurs limites. Le démantèlement du programme syrien d'armes chimiques, encadré par la résolution 2118 du Conseil de sécurité [16] et placé sous la responsabilité de l'Organisation pour l'Interdiction des Armes chimiques (OIAC), semble évoluer malgré quelques légères déconvenues. La conférence de paix sur la Syrie (conférence dite « Genève II »), annoncée comme celle au cours de laquelle une entente entre les différentes parties au conflit syrien serait trouvée, s'est soldée par un réel échec. En effet, plusieurs acteurs de la société internationale ont jusqu'ici assumé tant bien que mal leur responsabilité de protéger les déplacés internes ou les civils de façon générale en Syrie ; notamment le Conseil des droits de l'homme et l'Assemblée générale des Nations unies. En revanche, le Conseil de sécurité n'est pas toujours arrivé à prendre une résolution autorisant une intervention armée afin de protéger les civils comme cela a été le cas, du moins en théorie, dans d'autres États. L'on a constaté une subite hésitation de la société internationale à ouvrir le front dans cet État. En outre, bien qu'il ait malgré tout fait des rapports sur la situation des déplacés internes en Syrie, le Rapporteur spécial de l'ONU sur les droits de

---

11 La République arabe syrienne a ratifié le Protocole additionnel I aux Conventions de Genève de 1949 le 14 novembre 1983.

12 La République arabe syrienne a adhéré à ce Pacte le 21 avril 1969.

13 La République arabe syrienne a adhéré à ce Pacte le 21 avril 1969.

14 Le Protocole additionnel numéro II aux Conventions de Genève de 1949, relatif à la protection des victimes des conflits armés non internationaux, aurait été particulièrement pertinent dans le cas de la République arabe syrienne si seulement il avait été ratifié.

15 Report of the Special Rapporteur on the human rights of internally displaced persons, A/67/931, 15 July 2013, p. 5.

16 La Résolution S/RES/2118 portant sur la situation au Moyen-Orient a été adoptée à l'unanimité le 27 septembre 2013.

l'homme des personnes déplacées à l'intérieur de leur propre pays n'a jusqu'ici pas encore pu mener une visite de travail dans cet État [17].

De fait, le cas syrien revêt toute sa pertinence et révèle la complexité d'une étude sur la réponse de l'Organisation des Nations unies (ONU) au phénomène du déplacement interne. Il repose sur le conflit armé qui constitue en réalité le cadre sociologique originel du déplacement de personnes à l'intérieur de leur propre État. Ensuite, il inscrit dans l'actualité le phénomène du déplacement interne. En outre, il cadre parfaitement le décor dudit phénomène et de la réponse internationale y afférente. Autrement dit, il fait ressurgir les principales préoccupations que génère le phénomène du déplacement interne et constitue par le fait même un terrain d'évaluation de la réponse internationale à ce phénomène. En effet, il éprouve l'approche internationale du phénomène du déplacement interne. Puis, il met à l'épreuve la construction normative portant sur ce phénomène. Enfin, il révise le degré de pertinence de l'architecture institutionnelle internationale eu égard à la réponse audit phénomène. C'est en réalité un cas qui interroge judicieusement les capacités de la société internationale à prévenir le déplacement interne, à protéger les déplacés internes pendant la phase de déplacement, et à leur assurer des solutions durables.

Le cas syrien et tous les autres qui s'inscrivent dans la veine du Printemps arabe ne constituent pourtant qu'une infime partie des situations très préoccupantes de déplacements de personnes à l'intérieur de leur propre État. Le phénomène du déplacement interne est bien plus étendu et diversifié : il est un phénomène ancien [18], très répandu [19], en perpétuelle mutation, et surtout en généralisation quasi continue. En effet, l'on comptait au moins 5 millions de déplacés internes du fait des conflits armés, des situations de violence généralisée et de violation des droits de l'homme en 1970 [20], 9 millions en 1980 [21], 17,1 millions en 1997 [22], entre 22 et 25 millions en 2000 [23], 25 millions

---

17 Report of the Special Rapporteur on the human rights of internally displaced persons, A/67/931, 15 July 2013, p. 4.

18 Le fait que l'ONU ait attendu la dernière décennie du XXe siècle pour répondre véritablement au phénomène du déplacement interne ne signifie pas que le problème est contemporain à cette époque. En effet, l'ONU avait déjà été sollicitée par l'Inde, le Pakistan et la Grèce quelques années après la création de cette organisation pour soutenir la réponse au déplacement interne de populations.

19 Le déplacement interne touche sérieusement tous les continents, avec toutefois une intensité variable.

20 Estimations de l'*Internal Displacement Monitoring Centre* et du *Norwegian Refugee Council.* Voir http://idp-key-resources.org/documents/0000/d04421/000.pdf, (consulté le 25 août 2014).

21 Ibid.

22 Norwegian Refugee Council/Internal Displacement Monitoring Centre (NRC/IDMC), *Internal Displacement : Global Overview of Trends and Developments in 2010 - Somalia*, 23 Mars 2011, p.9. Disponible à l'adresse : http://www.refworld.org/docid/4d932e151e.html (consulté le 24 mai 2014).

en 2004 [24], plus de 27,1 millions en fin 2009 [25] et au moins 28,8 millions à la fin de l'année 2012 [26]. Si l'augmentation du nombre semble ne plus déconcerter, sa prestesse de ces derniers mois interpelle sérieusement. Car les récentes crises et celles en cours ont décuplé les chiffres en un an seulement. De fait, en fin 2013, l'on comptait au minimum 33,3 millions de déplacés internes dans le monde [27] ; ce qui traduit une augmentation de 16 % par rapport aux chiffres de 2012 [28]. Ces dernières estimations démontrent que l'*Afrique subsaharienne* est la région la plus touchée par le phénomène du déplacement interne, avec environ 12,5 millions de déplacés internes [29]. Vient ensuite la région *Moyen-Orient et Afrique du Nord*, avec 9,1 millions de déplacés internes [30].

L'ampleur et la gravité du phénomène du déplacement interne traduiraient-elles le déni de répondre, l'importunité ou l'impertinence d'un quelconque intérêt de la société internationale audit problème ? En effet, le « nous, peuples des Nations unies [...] résolus à proclamer à nouveau notre foi dans les droits fondamentaux de l'homme, dans la dignité et la valeur de la personne humaine, dans l'égalité de droits des hommes et des femmes, ainsi que des nations, grandes et petites [...] à favoriser le progrès social et instaurer de meilleures conditions de vie dans une liberté plus grande » [31] et les autres déclarations « onusiennes » aussi belles les unes que les autres impliquent que cette organisation prête attention à ce phénomène. De fait, non seulement l'ONU ne renâcle pas à prendre des engagements à l'endroit de l'humanité tout entière, mais ces déclarations, insérées principalement dans la Charte des Nations unies, semblent s'objectiver, particulièrement en ce début de millénaire où les efforts sont redoublés pour la promotion et la protection des droits de l'homme : ce serait le temps des droits de l'homme [32]. Le temps des droits fondamentaux

---

23 Estimations de l'*Internal Displacement Monitoring Centre* et du *Norvegian Refugee Council.* Voir http://idp-key-resources.org/documents/0000/d04421/000.pdf, (consulté le 25 août 2014).

24 Ibid.

25 Norwegian Refugee Council/Internal Displacement Monitoring Centre (NRC/IDMC), *Internal Displacement : Global Overview of Trends and Developments in 2010 - Somalia*, 23 Mars 2011, p. 9. Disponible à l'adresse : http://www.refworld.org/docid/4d932e151e.html (consulté le 24 mai 2014).

26 Internal Displacement Monitoring Centre, *Global Overview 2014 : People internally displaced by conflicts and violence*, May 2014, p. 9. Disponible à l'adresse : http://www.internal-displacement.org/assets/publications/2014/201405-global-overview-2014-en.pdf (consulté le 25 août 2014).

27 Ibid.

28 Ibid.

29 Ibid.

30 Ibid.

31 Préambule de la Charte des Nations unies, 26 juin 1945.

32 Pour Joseph Raz, « *This is a good time for human rights [...] in that claims about such rights are used more widely in the conduct of world affairs than before. There are declarations of and treaties about human rights,*

.../...

effectifs pour tous les Hommes ? La question mérite d'être posée, car que fait réellement l'ONU [33] face à la situation des déplacés internes [34] ? Les déplacés internes ont-ils réellement été abandonnés [35] ?

En réponse aux chiffres, aux configurations générales et aux graves violations des droits fondamentaux des déplacés internes qui interpellent

---

international courts and tribunals with jurisdiction over various human rights violations. » [« Le contexte actuel est favorable aux droits de l'homme [...] en ce que les revendications concernant ces droits sont faites plus largement dans la conduite des affaires internationales que par le passé. Il y a des déclarations et traités sur les droits de l'homme, cours et tribunaux internationaux avec compétence sur diverses violations des droits de l'homme. »] (Joseph RAZ, « Human Rights Without Foundations » *in* Samantha BESSON and John TASIOULAS (eds.), *The Philosophy of International Law*, Oxford : Oxford University Press, 2010, p. 321). John Tasioulas va dans le même sens lorsqu'il affirme « *Discourse of human rights [has acquired] in recent times [...] the status of an ethical lingua franca* » [« Le discours des droits de l'homme [a acquis] ces derniers temps une lingua franca éthique »] (John TASIOULAS, « The Moral Reality of Human Rights », in POGGE T. (ed.), *Freedom from Poverty as a Human Right : Who Owes What to the Very Poor ?*, Oxford : Oxford University Press, 2007, p. 75). Plusieurs autres juristes l'ont relevé aussi, notamment le juge Cançado Trindade qui considère le droit international contemporain comme l'âge du nouveau *jus gentium*, basé sur les droits de la personne humaine (voir Affaire *Diallo*, Opinion séparée, paragraphes 22 et 2015 ; voir aussi Antonio A. CANÇADO TRINDADE, *International Law for Humankind : Towards a New jus gentium* [2005] 316/317 *Recueil des Cours* [Leiden : Martinus Nijhoff Publishers, 2006]) ; Anne Peters (Anne PETERS, 'Humanity as the Alpha and Omega of Sovereignty', *EJIL*, Volume 20 number 3, 2009, p. 513-544) ; etc.

33 Sans prétendre à l'exhaustivité, sont inclus dans la panoplie des fonctions imparties aux Nations unies, le forum, la régulation, l'administration, les prestations et le maintien de la paix (voir Gérard CAHIN, « La variété des fonctions imparties aux organisations internationales », in Evelyne LAGRANGE et Jean-Marc SOREL (Dir.), *Traité de droit des organisations internationales*, Paris, LGDJ/Lextenso, 2013, p. 671-704.

34 L'expression « déplacés internes » est vue par certains juristes, Madame Catherine-Amélie Chassin notamment, comme peu heureuse car redondante dans la mesure où le déplacé ne serait, précisément, pas un migrant, et dès lors, ne pourrait se concevoir que dans un cadre territorial interne. De façon générale, il y a une catégorie générale de personnes déplacées de force ou par contrainte et deux sous-catégories, à savoir celles qui se déplacent à l'intérieur (déplacés internes) et celles qui se déplacent au-delà des frontières (c'est par exemple le cas des réfugiés). Plusieurs utilisent encore cette conception. On le voit dans des œuvres de doctrine et dans différents rapports d'organisations internationales. Il faut surtout retenir que l'expression « déplacé interne » rentre dans le vocabulaire officiel, c'est-à-dire la formulation utilisée par les Nations unies. Comme organes des Nations unies utilisant le label « déplacé interne », l'on a, et sans prétendre à l'exhaustivité, le Haut commissariat des nations unies pour les réfugiés, le Haut Commissariat des nations unies aux droits de l'homme, le Bureau de la coordination des affaires humanitaires, le Bureau du porte-parole du Secrétaire général de l'ONU. Dans le cadre de ce travail, nous utiliserons les expressions « déplacés internes » et « personnes déplacées à l'intérieur de leur propre pays » comme renvoyant toutes deux à la même réalité.

35 Personnes abandonnées ou *Forsaken people* en référence à l'ouvrage de Roberta COHEN et Francis DENG : *The Forsaken People : case Studies of the Internally Displaced*, Brookings Institution Press, 1998, qui expose, entre autres, la condition misérable des déplacés internes, la menace que leur situation constitue pour la paix et la sécurité internationales et surtout le peu de cas dont la société internationale en fait.

davantage la conscience collective, l'ONU a adopté des mesures de protection pour le moins atypiques.

I. Notions de déplacés internes et de droits fondamentaux

A. De la notion de « Déplacés internes »

En 1972 et pour la première fois, l'ONU fait officiellement référence à la notion de « déplacés internes », mais sans la définir. Bien que la nécessité d'une clarification terminologique fût déjà reconnue à l'époque, il a fallu attendre l'année 1990 pour que le Secrétaire général de l'ONU suggère deux premières définitions « précises ». Il s'agit de deux définitions utilisées dans les contextes de déplacement dans des États d'Afrique australe et d'Amérique centrale, qui elles-mêmes ont été largement inspirées de la *Convention de l'Organisation de l'Unité Africaine régissant les aspects propres aux problèmes des réfugiés en Afrique* du 10 septembre 1969 [36] et de la Déclaration de Carthagène de 1984. Dans ces définitions du Secrétaire général, sont inclus, comme causes du déplacement interne, à côté de la persécution individuelle, la violence généralisée, les conflits armés, les soulèvements internes ou événements similaires de nature à troubler l'ordre public. Il n'existe pas de véritable définition juridique internationale de ce que sont les « déplacés internes » en droit international. Il est cependant largement accepté que, par « déplacés internes » ou « personnes déplacées dans leur propre pays », on doit entendre :

> « Des personnes qui ont été forcées de fuir leur foyer soudainement ou de manière imprévue et en grand nombre, par suite d'un conflit armé, de troubles internes, de violations systématiques des droits de l'homme ou de catastrophes naturelles ou causées par l'homme, et qui se trouvent sur le territoire de leur propre pays » [37].

De cette définition découlaient déjà les deux éléments essentiels du phénomène du déplacement interne : le caractère forcé ou involontaire du déplacement et la limitation du déplacement sur le territoire de l'État concerné. Cette définition a été revue, car parfois très restrictive et d'autres fois trop large.

---

36 Convention régissant les aspects propres aux problèmes des réfugiés en Afrique, OUA, Addis-Abeba, 10 septembre 1969. Disponible à l'adresse : http://www.achpr.org/fr/instruments/refugee-convention/ (consulté le 14 février 2015).

37 Secrétaire général de l'ONU, *Rapport analytique sur les personnes déplacées à l'intérieur de leur propre pays*, 14 février 1992. Doc. E/CN.4/1992/23, paragraphe 17.

Les Principes directeurs de 1998 relatifs au déplacement de personnes à l'intérieur de leur propre pays [38] viendront ériger une définition plus précise. Selon eux, par déplacés internes, on doit entendre :

> « Des personnes ou des groupes de personnes qui ont été forcés ou contraints à fuir ou à quitter leur foyer ou leur lieu de résidence habituelle, notamment en raison d'un conflit armé, de situations de violence généralisée, de violations des droits de l'homme ou de catastrophes naturelles ou provoquées par l'homme ou pour en éviter les effets, et qui n'ont pas franchi les frontières internationalement reconnues d'un État » [39].

Il ne s'agit pas ici d'une définition juridique de la notion de « déplacés internes », mais d'une approche descriptive qui présente les caractéristiques qui rendent les déplacés internes vulnérables. En revanche, cette définition fait « autorité » et c'est elle qui est communément utilisée au plan international. Deux éléments sont déterminants dans l'identification des déplacés internes : le caractère forcé ou involontaire du déplacement [40] et le fait que ce déplacement se produise à l'intérieur des frontières nationales [41]. Plusieurs autres facteurs concourent à la singularisation de cette définition ; facteurs qu'il convient de rappeler ici. Dans cette définition qui inclut tant des personnes ayant fui de façon individuelle qu'en groupes, l'utilisation de l'adverbe « en particulier » en rapport avec les causes du déplacement interne indique que cette liste n'est pas exhaustive. Cela évite en effet l'exclusion de toute autre personne qui pourrait se trouver de fait dans des situations semblables à celles des déplacés internes et comme ces derniers, nécessiter la protection. En outre, cette définition renferme des aspects temporels et quantitatifs [42]. Elle élargit enfin la notion de fuite pour englober non seulement les personnes forcées de fuir, mais aussi celles forcées de quitter. Ces dernières sont celles qui ont été expulsées ou

---

[38] Les Principes directeurs relatifs au déplacement de personnes à l'intérieur de leur propre pays ont été adoptés en 1998. Ils sont disponibles à l'adresse : http://www.unhcr.org/43ce1cff2.html (consulté le 14 février 2015).

[39] Rapport du Représentant du Secrétaire général, Francis M. Deng, présenté conformément à la résolution 1997/39 de la Commission des droits de l'homme, Additif, Principes directeurs relatifs au déplacement de personnes à l'intérieur de leur propre pays, E/CN.4/1998/53/Add.2 (16 octobre 1998), p. 6, paragraphe 2.

[40] C'est ce que l'on rencontre dans le déplacement dû à un conflit armé, une situation de violence, une catastrophe, etc.

[41] Le déplacement à l'intérieur des frontières nationales inclut les migrations périurbaines, locales et régionales.

[42] En Irak par exemple le déplacement des Kurdes vers le nord du pays, qui a eu lieu dans les années 1980 et 1990 n'avait rien de soudain et inattendu. Il fut organisé par le gouvernement lui-même. En Colombie, le déplacement se faisait en petits et non en grands groupes.

déplacées de force de leurs maisons comme cela s'est produit en Birmanie [43], en Ex-Yougoslavie, en Irak [44], au Myanmar (Burma) [45], au Zimbabwe [46], etc.

D'autres éléments de cette définition sont aussi à prendre en compte. Tout d'abord, l'expression « fuir ou quitter » renvoie à un départ organisé, programmé et non une seule fuite devant un danger immédiat. Puis, par la construction « leur foyer et leur lieu de résidence habituelle », on doit entendre un possible élargissement de la notion au territoire sur lequel vivent lesdites personnes. Cela va donc bien au-delà de leur habitat et peut couvrir les terres sur lesquelles vivent traditionnellement des groupes. C'est le cas des éleveurs et autres groupes qui ont vis-à-vis de leurs terres un lien de dépendance et un attachement particuliers [47]. Enfin, l'expression « en raison de [...] ou pour éviter les effets » donne à entendre que les effets peuvent s'être déjà produits ou alors que les personnes fuient par anticipation des effets ou conséquences à venir.

Bien que les Principes directeurs ne fassent pas référence à la notion de citoyenneté (ce qui signifie que les étrangers peuvent aussi être considérés comme des déplacés internes), il existe une exigence de résidence sous l'expression « maison ou lieu de résidence habituelle » qui indique que leur présence dans l'État concerné ne doit pas sembler juste passagère, mais doit faire l'objet d'une certaine permanence. Cela dit, constituent des déplacés

---

43 Les populations des quartiers et des villages musulmans ont été obligées de quitter leurs régions en principalement en 2012 et 2013. Les auteurs du déplacement dans ce cas sont des responsables birmans, des chefs de communautés, des moines bouddhistes et surtout les membres de l'ethnie arakanaise avec l'appui des forces de sécurité birmane. Voir rapport : "All You Can Do is Pray" : Crimes Against Humanity and Ethnic Cleansing of Rohingya Muslims in Burma's Arakan State, *Human Rights Watch*, 22 avril 2013. Disponible à l'adresse : http://www.hrw.org/reports/2013/04/22/all-you-can-do-pray (consulté le 27 août 2014).

44 Les combats qui s'intensifient dès janvier 2014 dans la province d'Anbar particulièrement ont déjà généré des centaines de milliers de déplacés internes. Plusieurs d'entre eux ont été obligés de quitter leurs maisons. En effet, au cours des combats entre forces rebelles et gouvernementales, un barrage dans le district d'Abou Ghraib à Anbar a été délibérément détruit. L'inondation de la région qui s'est ensuivie a forcé des Irakiens à quitter la région (Haut Commissariat des Nations unies pour les Réfugié, « Irak : Les combats cette année dans la province d'Anbar ont déjà déplacé 500 000 personnes », 6 juin 2014. Disponible à l'adresse : http://www.unhcr.fr/5391c56bc.html [consulté le 27 août 2014]).

45 Dans ce pays, le déplacement s'est matérialisé par une obligation de quitter, intervenue dans le cadre d'évictions forcées durant la guerre (voir Erin MOONEY, « The Concept of Internal Displacement and the Case for Internally Displaced Persons as a Category of Concern », *Refugee Survey Quarterly*, vol. 24, 2005, n° 3, p. 11).

46 Durant l'été 2005, l'on a assisté au Zimbabwe à la démolition d'habitations entraînant expulsions et déplacement forcé de plus d'un demi-million de personnes (voir Erin MOONEY, « The Concept of Internal Displacement and the Case for Internally Displaced Persons as a Category of Concern », *Refugee Survey Quarterly*, vol. 24, 2005, n° 3, p. 11).

47 Principe directeur 9.

internes les catégories suivantes : les citoyens déplacés internes de l'État concerné ; les anciens réfugiés qui, de retour dans leur État se trouvent dans l'impossibilité soit de réintégrer leurs localités d'origine ou lieux de résidence habituelle, soit de trouver une autre solution durable à travers une intégration socio-économique dans une autre région de l'État ; les personnes apatrides déplacées qui ont leur résidence habituelle dans l'État concerné ; les déplacés, nationaux d'un autre État, qui ont vécu pendant longtemps sur le territoire de l'État concerné (peut-être plusieurs générations) et ont perdu le contact avec l'État dont ils ont la nationalité ; les déplacés, nationaux d'un autre État et ayant leur résidence habituelle dans l'État concerné parce qu'ils y ont été admis de façon permanente ou pour des périodes prolongées. Il va sans dire qu'il y a des situations complexes où les droits dépendront des critères plus spécifiques. Tout d'abord, les déplacés, non-citoyens, ne bénéficient pas automatiquement des droits mentionnés dans les Principes directeurs qui seraient spécifiquement réservés aux citoyens conformément au droit international applicable. Il en va ainsi du droit de vote, du droit de participer au gouvernement et aux affaires publiques [48]. Ensuite, les réfugiés déplacés dans leur État d'accueil conservent leur statut de réfugié. Toutefois, il leur sera appliqué les Principes directeurs par analogie dans la mesure où le droit des réfugiés ne couvre pas les besoins spécifiques liés au déplacement interne. À l'avenant, les déplacés migrants avec un permis de courte durée, ou en situation irrégulière, demeurent migrants, avec moins de droits que ceux reconnus aux résidents permanents de l'État. Cependant, ils bénéficient de leurs droits en tant que migrants aussi longtemps qu'ils resteront sur le territoire de l'État concerné. Les Principes directeurs pourraient être appliqués par analogie dans la mesure où ces normes ne couvrent pas leurs besoins spécifiques de protection et d'assistance humanitaire liés au déplacement.

Ni le déplacement interne ni les déplacés internes ne sont juridiquement définis en droit international dans un traité qui pourrait être accepté au-delà du cadre régional [49]. Il serait difficile de s'accorder sur une définition commune en droit international. Or, un accord sur de telles notions serait une étape marquante vers la formalisation des déplacés internes comme une catégorie juridique. Les principaux sujets du droit international sont vélléitaires sur cette question. Le fait que les déplacés n'aient pas traversé de frontière internationale rend difficile, sous le régime juridique international traditionnel, l'invocation de toute sorte de responsabilités internationales en rapport avec le déplacement forcé de populations.

---

48 Principe directeur 22(d).

49 À l'heure actuelle, ceci n'a été fait que par la Convention de l'Union africaine sur la protection et l'assistance aux personnes déplacées en Afrique (Convention de Kampala), convention entrée en vigueur le 6 décembre 2012. Il est le texte le plus avancé en cette matière. Nous y reviendrons dans les développements (voir p. 196).

Aussi, les changements successifs intervenant dans l'Union européenne pourraient-ils amener à se demander s'il ne faut pas à un moment parler de « déplacés communautaires » ou « déplacés européens », ou alors simplement nommer « déplacés internes » ceux-là qui, pour les mêmes raisons, se déplacent d'un État de l'Union à l'autre ? La frontière entre le réfugié et le déplacé interne mériterait dans ce cas d'être revue. Précisons tout de même qu'actuellement, les frontières nationales existent toujours, même si elles sont librement franchissables.

Les déplacés internes sont générés par le phénomène du déplacement interne et ces deux notions, étroitement liées, ont fort logiquement connu la même évolution. Dans cet élan, la Convention de l'Union africaine sur la protection et l'assistance aux personnes déplacées en Afrique (Convention de Kampala) [50] apporte une véritable définition de ce phénomène. D'après l'article 1(l) de cette convention, il faut entendre par déplacement interne « le mouvement, l'évacuation ou la réinstallation involontaires ou forcés des personnes ou groupes de personnes à l'intérieur des frontières internationalement reconnues d'un État » [51].

B. Notion de droits fondamentaux

Par droits fondamentaux, il faut entendre l'ensemble des droits subjectifs primordiaux de l'individu, assurés dans un Etat de droit et une démocratie. Ils sont constitués : des Droits de l'Homme ; des libertés publiques ; et de nouveaux droits comme les garanties procédurales ou droits relatifs à l'environnement. Ils sont imprescriptibles (ce qui revient à dire que leur légitimité ou validité ne peut être limitée dans le temps) inaliénables (ils ne peuvent être transmis ou vendus à une autre personne) et se veulent universels (garantis par les lois et traités internationaux).

Différentes générations de droits fondamentaux ont été identifiées :

- les droits civils et politiques comprennent principalement le droit à la vie ; le droit à la dignité et à la sécurité de la personne ; le droit à la liberté de pensée, de conscience, de religion et d'expression ; le droit de n'être ni torturé arrêté arbitrairement ou exilé ; le droit à la liberté de réunion et d'association ; le droit

---

50 La Convention de de l'Union africaine sur la protection et l'assistance aux personnes déplacées en Afrique ou Convention de Kampala, adoptée en octobre 2009, est entrée en vigueur le 6 décembre 2012. En janvier 2014, elle totalise 39 signatures et 22 ratifications. Si certains États africains parmi les plus touchés par le déplacement interne ne l'ont pas encore ratifiée (République démocratique du Congo, Soudan), d'autres l'ont fait, notamment le Nigeria, la République centrafricaine et le Tchad. Pour la liste complète d'États l'ayant signée ou ratifiée, voir http://au.int/en/treaties (consulté le 25 août 2014).

51 Article 1(l) de la Convention de de l'Union africaine sur la protection et l'assistance aux personnes déplacées en Afrique.

à l'égalité devant la justice ; le droit de vote et le droit d'accès aux responsabilités publiques ; le droit à la propriété privée ; le droit à une nationalité. C'est précisément au XVIIIe siècle que les citoyens se voient accorder des possibilités de choix, d'action et d'appréciation. Ces droits sont nés de la nécessité de liberté face à l'oppression étatique. Le respect de ces droits qualifiés aussi de « négatifs », dépend surtout d'une abstention de l'État. Il revient à ce dernier d'éviter d'intervenir dans la sphère privée de l'individu ou, à tout le moins, le faire avec pondération, pour que le titulaire du droit puisse effectivement en jouir. L'objetcif étant d'assurer une protection individuelle contre l'arbitraire étatique, sans pour autant exiger de l'État qu'il prenne des mesures concrètes pour générer cette protection.

- les droits sociaux, économiques et culturels, issus de l'idée l'égalité sociale, incluent : le droit au bien être ; le droit au travail et aux conditions d'emploi justes ; le droit à l'éducation ; le droit à la santé physique et mentale ; le droit à l'alimentation, aux vêtements, à l'habitation ; le droit à la culture ; etc. Cette consécration n'apparaît que vers la fin du XIXe et au début du XXe siècle. Cette génération des droits fondamentaux se caractérise par la nécessité pour l'État de prendre des mesures positives afin de garantir la jouissance effective des droits conférés.

- Les droits de solidarité ou droits de fraternité : prolongement historique et empirique des droits de la première et de la deuxième génération, ils font leur apparition à la fin de la Deuxième guerre mondiale. Ils comprennent le droit à la paix ; le droit à la libre détermination des peuples ; le droit des minorités ; le droit au développement ; le droit à un environnement sain et à l'utilisation de ses ressources naturelles ; etc. Ces droits découlent « de la nécessité d'unir le monde et ils correspondent à une sorte d'idéal commun à atteindre. Ce sont des droits qui sont à la fois opposables à l'État et exigibles de lui, et ils ne peuvent être réalisés que par la conjonction des efforts de tous les acteurs du jeu social : l'individu, l'État, les entités publiques et privées, la communauté internationale »[52].

Des normes relatives aux droits de l'homme et aux libertés fondamentales relèvent du *jus cogens* et leur périmètre a été clairement défini. L'on y trouve des normes relatives à la prohibition du génocide, à la prohibition des disparitions forcées, à la prohibition de la tortur, à la prohiition de l'esclavage et de la discrimination raciale, à l'interdiction de la discrimination et l'égalité devant la loi, etc.

---

52 Karel VASAK, « Les différentes catégories des droits de l'homme ». In André LAPEYRE, François de TINGUY et K. VASAK (éd.), *Les dimensions universelles des droits de l'homme*, vol. 1, Bruylant, Bruxelles, 1990, p. 297.

A. Les causes du déplacement interne

Le Représentant du Secrétaire général pour les déplacés internes (ci-après le RSG) [53], dans son étude présentée à la 49e session de la Commission des droits de l'homme, a identifié six causes de déplacement. Il cite les conflits armés et les troubles internes ; les réinstallations forcées ; les violences entre communautés ; les catastrophes naturelles ; les catastrophes écologiques et les violations systématiques des droits de l'homme [54]. À cette liste, l'on ajoute trois autres causes de déplacement : le transfert de population ou encore l'installation de colons dans la région où des populations chassées vivaient auparavant ; les évictions forcées ; et les conséquences écologiques et sociales de certains grands projets de développement comme la construction de barrages ou d'oléoducs, la recherche et l'extraction minière, les routes et les autres constructions d'infrastructures.

Les déplacements internes en raison de conflits armés, troubles internes et violences entre communautés, générant le déplacement à outrance de populations, sont des préoccupations cardinales sur tous les continents. Ils obligent les populations à partir, à parcourir de longues distances, généralement à pied et laissant derrière elles presque tout ce qu'elles possèdent, pour trouver un sanctuaire à l'écart des combats. Des familles se trouvent ainsi dispersées, des enfants séparés de leurs parents lors de la fuite et les personnes âgées, incapables d'entreprendre un voyage aussi éprouvant, se trouvent abandonnées à leur sort. Le déplacement dans ce cas est la conséquence de la violation du DIH [55] ou des droits fondamentaux des personnes amenées à se déplacer. Tant

---

53 Le mandat du RSG pour les droits de l'homme des déplacés internes est arrivé à son terme le 31 octobre 2010. Il a été remplacé par celui de Rapporteur spécial sur les droits de l'homme des personnes déplacées dans leur propre pays, actuellement détenu par Cecilia JIMENEZ-DAMARY qui a pris ses fonctions le 1er novembre 2016. Son action s'inscrit dans la continuité de celle de l'ancien RSG. Dans ce travail, allusion sera faite tant aux activités du RSG qu'à celles du Rapporteur spécial et le choix d'une appellation ou de l'autre situera, dans certains cas précis, dans le temps les activités auxquelles référence est faite.

54 Étude complète établie, en application de la résolution 1992/73 de la Commission des droits de l'homme, par Francis M. Deng, Représentant du Secrétaire général chargé des questions relatives aux droits de l'homme des personnes déplacées dans leur pays. Cf E/CN.4/1993/35, paragraphe 25.

55 Le droit international humanitaire est un ensemble de règles visant à limiter les effets des conflits armés, internationaux ou non internationaux. Il s'applique entre les parties étatiques ou non à un conflit armé. Les sources du droit international humanitaire susceptibles de concerner les déplacés internes sont les Conventions de Genève (plus particulièrement la quatrième Convention de Genève et l'article 3 commun aux Conventions de Genève) et les deux premiers protocoles additionnels (ces deux premiers protocoles ont été signés le 8 juin 1977. Le premier, concerne la protection des victimes lors des conflits armés internationaux incluant des conflits armés dans

…/…

les militaires, les groupes armés que les autorités manquent régulièrement à leurs « obligations ». Manquements qui se manifestent par l'attaque des civils ou des biens leur appartenant, la privation de vivres aux civils comme une méthode de guerre, les représailles, l'utilisation des civils comme bouclier humain, la destruction des biens essentiels à leur survie, l'entrave à la fourniture des secours et de l'assistance nécessaire à la survie de la population civile. Les conflits armés « interétatiques » se pérennisent [56] et l'on relève une nette augmentation des conflits armés internes [57] qui remettent en question le fondement même des relations internationales, à savoir le principe de la souveraineté étatique. L'État finalement n'est plus toujours le seul à avoir la maîtrise de la population ; les groupes armés s'affirment davantage. Tant ces groupes que les États, en situation de conflits armés, peuvent être à l'origine du déplacement forcé de populations. Dans ce cas, la souveraineté ne sera reconnue qu'en fonction du degré d'exercice par l'État de sa responsabilité envers sa population [58].

Les réinstallations forcées quant à elles interviennent généralement en temps de guerres civiles et ont comme objectif de pacifier les zones qui pourraient autrement se positionner aux côtés d'une ou de l'autre partie au conflit [59]. Elles se produisent aussi lorsqu'un gouvernement tente de maîtriser un groupe minoritaire ou une opposition politique en déplaçant leurs membres de leurs zones traditionnelles.

La catastrophe connote une grave perturbation du fonctionnement de la société, constituant une menace réelle et généralisée à la vie humaine, à la santé,

---

lesquels les peuples luttent contre la discrimination coloniale, l'occupation étrangère, les régimes racistes, dans l'exercice du droit des peuples à disposer d'eux-mêmes. Le deuxième protocole concerne la protection des victimes lors des conflits armés non internationaux. Le troisième protocole additionnel du 8 décembre 2005 adopte un signe distinctif additionnel, le cristal rouge. Cet emblème permet aux sociétés nationales de secours aux blessés ne désirant pas adopter la Croix-Rouge ou le Croissant-Rouge comme signe distinctif de devenir du mouvement international de la Croix-Rouge et du Croissant-Rouge et de bénéficier de la protection que les Conventions de Genève leur garantissent). Ce droit s'applique aux parties contractantes aux Conventions de Genève et aux protocoles additionnels, mais aussi impose des obligations aux groupes d'opposition armés.

56 Ceci tient surtout compte des conflits d'indépendance récents ou ayant cours dans différentes régions du monde.

57 L'internalisation des conflits armés commence à s'accentuer véritablement dès 1992 et continue aujourd'hui avec la République centrafricaine, la Syrie, l'Ukraine, etc.

58 Sadako OGATA, Foreword of Thomas G. WEISS and David A. KORN, *Internal Displacement: Conceptualization and its consequences*, The Global Institutions Series, 2006, p. XV.

59 Voir notamment la tentative du gouvernement soudanais de réinstaller des déplacés internes du camp d'Otash dans des régions encore contrôlées par les milices armées Janjawids (voir Document – Soudan. Craintes pour la sécurité/craintes de torture/réinstallations forcée. 36, Personnes déplacées du Camp d'Otash dans le Darfour méridional, *Amnesty International*, 1er novembre 2007).

aux biens ou à l'environnement, et résultant d'un accident soit de la nature ou de l'activité humaine, qu'il soit soudain ou le résultat d'un processus à long terme, mais excluant les conflits armés [60]. Ces tragédies sont, dans nombre de cas, à la fois le fait de l'homme et de la nature : c'est une entreprise scabreuse, y compris dans les cercles humanitaires, d'isoler les causes naturelles de celles humaines [61]. Si certaines causes de catastrophes paraissent entièrement naturelles comme les tsunamis et les tremblements de terre, d'autres en revanche le sont moins ; notamment la sécheresse, la désertification, l'érosion, les inondations, la montée de l'océan. Cette dernière étant le résultat des changements climatiques sur lesquels l'homme exerce une grande influence. En clair se singularisent les catastrophes brusques, soudaines, mais aussi des phénomènes de dégradation progressive qui provoquent le déplacement des populations, comme des pollutions chroniques, le changement climatique, etc. Selon une étude de 2011, 14,9 millions de déplacés internes l'ont été par le fait des catastrophes naturelles, dont 89 % en Asie [62]. Le nombre de déplacés environnementaux est de plus en plus important. La dégradation de l'environnement devient la première cause de déplacement de populations, devant les conflits armés [63].

Le transfert de populations comme une cause du déplacement interne est généralement forcé et c'est cette forme qui pose le plus problème. Le Statut de Rome définit le transfert forcé comme le « fait de déplacer de force des personnes, en les expulsant ou par d'autres moyens coercitifs, de la région où elles se trouvent légalement, sans motifs admis en droit international » [64]. Ces transferts sont généralement collectifs, affectant un groupe de personnes et effectués en une seule occasion ou de façon graduelle ; réalisés sous la force ou la menace de la force ; involontaires, sans le consentement de la population concernée ; délibérés de la part de la personne qui effectue le transfert ; effectués sans équité procédurale. Cette cause de déplacement est généralement

60 International Federation of the Red Cross and Red Crescent Societies (IFRC), *Introduction to the Guidelines for the Domestic Facilitation and Regulation of International Disaster Relief and Initial Recovery Assistance*, Geneva, 2011, p. 11.

61 Si pour une partie de la doctrine il n'y a pas catastrophe purement naturelle, bon nombre d'acteurs humanitaires reconnaissent que les catastrophes ont à la fois une cause naturelle et humaine. Une option *a priori* plus juste est souvent choisie, à savoir la désignation de catastrophes, sans plus.

62 Internal Displacement Monitoring Centre, *Global Estimates 2011: People displaced by natural hazard-induced disasters*, IDMC Publications, June 2012.

63 Par exemple le cyclone Katrina à La Nouvelle-Orléans a causé le déplacement de 1 400 000 personnes, contre 200 000 déplacés après l'accident de Bhopal en Inde, 375 000 après Tchernobyl. Voir Encyclopédie du Développement durable, les déplacements environnementaux : un défi pour le droit international, n° 90, mai 2009, Édition des Récollets, Page 3.

64 Article 7 (2) (d) du Statut de la Cour pénale internationale.

liée aux autres et intervient lors des conflits armés, des déportations [65], des expulsions ou évictions, des cessions de territoires, d'un changement territorial, d'une manipulation démographique relative à la formation d'un État et dans les situations d'esclavage ou d'implantation des colons.

L'éviction forcée renvoie au départ involontaire de personnes de leur foyer ou de leur terre qui est directement ou indirectement attribuable à l'État : c'est-à-dire l'élimination effective pour un individu ou un groupe de la possibilité de vivre dans une habitation, un lieu de résidence ou une localité ; et le déplacement assisté ou non (avec réinstallation ou non) des personnes ou des groupes évincés vers d'autres lieux. Les causes comportent : les projets de développement ou d'infrastructures, l'acquisition ou l'expropriation de terres, la restauration de logements ou amendements de sols, les grandes manifestations internationales, une spéculation immobilière incontrôlée, la rénovation immobilière, le développement urbain, les programmes massifs de réinstallation, etc [66]. L'éviction forcée dévoile de nombreuses caractéristiques et conduit au déplacement interne de personnes. Les projets de développement quant à eux sont une cause de déplacement des populations surtout lorsqu'ils sont de vaste envergure comme la construction des barrages et sans effort du gouvernement pour réinstaller les déplacés internes ou les indemniser. Le premier RSG avait concentré ses travaux sur les déplacements forcés comme suite aux conflits armés qu'il considérait à l'époque comme « la cause la plus répandue de déplacements internes » [67]. Toutefois, bien d'autres causes sont à prendre en compte ; les projets de développement créent aujourd'hui le déplacement interne à grande échelle et méritent davantage d'attention [68].

---

65 Selon le TPIY (*Prosecutor v. Radislav Krstic*, August 2nd 2001), si déportation et transfert impliquent, tous les deux, évacuation involontaire et illégale de populations d'une partie du territoire sur lequel elles résident, ils se différencient sur quelque point. Le transfert intervient à l'intérieur des frontières d'un État tandis que la déportation implique le mouvement d'un État à l'autre. (voir Joanna Korner, « Criminal Justice and Forced Displacement in the Former Yugoslavia », paper prepared for Brookings-LSE Project on Internal Displacement, Case Studies on Transitional Justice and Displacement, July 2012, p. 5)

66 Parmi les projets actuels de « développement » à l'origine d'une éviction forcée à grande échelle, l'on trouve la construction du barrage de Belo Monte au Brésil. Belo Monte inondera 668 km^2 dont 400 km^2 de forêt primaire en territoires autochtones. Il est prévu un déplacement d'environ 20 000 personnes et au moins 24 peuples subiront un changement de mode de vie lié à la raréfaction de leurs ressources vivrières.

67 Voir E/CN.4/1993/35, paragraphe 26.

68 Par exemple, la construction de barrages sur le fleuve Narmada par l'État indien a occasionné un déplacement massif et forcé de population pour cause de « développement économique ». Le fleuve Narmada traverse trois États de la fédération indienne : le Madhya Pradesh, le Maharashtra et le Gujarat. Arguant de la nécessité du développement économique, le gouvernement indien a émis en 1969 le projet de construire des barrages sur ce fleuve. Les populations habitant au bord du fleuve sont essentiellement composées de minorités indigènes et de castes dites intouchables. Il s'agit des populations peu représentées dans les gouvernements régionaux et le gouvernement

.../...

Évictions forcées et projets de développement sont parfois combinés. Le déplacement dû à l'éviction forcée pour des raisons de projets de développement connaît au demeurant une forte augmentation [69].

Les violations systématiques des droits de l'homme sont aussi une cause sérieuse de déplacement interne de populations.

B. Les conséquences du déplacement interne

Le déplacement interne limite et rend difficile ou impossible l'exercice des droits fondamentaux par lesquels il faut entendre comme rappelé plus haut ces droits de l'homme et libertés fondamentales considérés comme essentiels et inaliénables de tous les êtres humains, quels que soient leur nationalité, lieu de résidence, sexe, origine ethnique ou nationale, couleur, religion, langue ou toute autre condition.

Forcés ou obligés de quitter leur milieu de vie, les déplacés internes doivent faire face aux difficultés de divers ordres, aux autorités et aux communautés qui les abritent. Le déplacement forcé en lui-même et sous certaines conditions constitue déjà une violation de leurs droits. Il s'ensuit une impossibilité d'accéder à leurs maisons, leurs biens immobiliers, leurs moyens de subsistance, leurs documents personnels, aux membres de leur famille, et aux réseaux sociaux, ce qui peut influencer négativement la capacité des personnes déplacées à jouir entièrement de leurs droits fondamentaux [70]. Les déplacés internes font face aux problèmes tels que le manque d'abris et camps, la discrimination, la perte de documents importants (pièces d'identité), des droits politiques bafoués, la perte de propriété, le manque d'accès aux services de base, aux problèmes liés au retour et à la réintégration. Ils sont vulnérables à plusieurs égards : le recrutement forcé, les violences sexuelles, la séparation des membres de la famille, la discrimination à l'emploi, l'exclusion des services éducatifs. Ils sont immédiatement dépendants des autres en ce qui concerne les nécessités de base comme l'abri, la nourriture et l'eau. Leur vulnérabilité s'accroît par le fait de l'impossible accès aux soins de santé, à l'éducation, à l'emploi, aux activités économiques et à la vie politique dans leur région de déplacement. Plus le déplacement perdure, plus le risque est grand de voir la famille traditionnelle et les structures sociales disparaître, rendant *ipso facto* les

---

central qui, qui plus est, n'ont pas été consultées lors de l'élaboration du projet. Les lacs de rétention résultant de la construction de ces barrages inondent de vastes territoires de terres cultivables menant au déplacement forcé d'une population allant de 100 000 personnes (source gouvernementale) à un million (ONG).

69 Walter KÄLIN, « Walter Kälin on the outlook for IDPs », *Forced Migration Review* n° 37, Armed non state actors and displacement, mars 2011, p. 44.

70 Erin MOONEY, « The concept of Internal Displacement and the Case for Internally Displaced Persons as a Category of Concern ». *Refugee Survey Quarterly*, 24, n° 3 (2005), p. 9-26.

déplacés dépendants d'une aide extérieure et exposés aux abîmes comme l'exploitation économique et sexuelle. Cette dépendance compromet les solutions durables et le processus de réintégration dans la société lorsque les conditions politiques et sécuritaires deviennent favorables.

III. Les débiteurs de l'obligation de protéger les déplacés internes

Bien que le déplacement interne se produise à l'intérieur des frontières de l'État, ce dernier n'est pas le seul à devoir réagir ; la « société internationale » [71] reste ou est censée rester attentive à ce genre de migrations contraintes et prête à réagir lorsque besoin est et dans le respect des règles y afférentes. Il existe toutefois un ordre de préséance qui a des assises à la fois juridiques et de simple logique : les États principalement et la société internationale subsidiairement.

---

71 Bien que « société internationale » et « communauté internationale » soient parfois présentées comme des synonymes (voir notamment Jean Salmon [dir.], *Dictionnaire de droit international public*, Bruylant/AUF, 2001, p. 1037), l'expression qui rend compte avec fidélité des liens qui unissent les acteurs de la scène mondiale semble celle de « société internationale », entendue comme une représentation reposant principalement sur des interactions et interdépendances fonctionnelles qui s'établissent par instants au moyen d'un contrat entre les membres et par nécessité pour répondre efficacement à un problème ou à un besoin. Cependant, le terme le plus employé par les commentateurs de l'actualité internationale et des juristes aussi est celui de « communauté internationale ». S'ils s'opposent sur ses sujets (États, individus ou humanité tout entière), les juristes s'accordent sur ce que « la communauté n'est pas une simple société et qu'elle naît de la solidarité des intérêts et des valeurs » (voir Emmanuelle Jouannet, « La communauté internationale vue par les juristes », *AFRI*, vol. VI, 2005, p.9). L'idée de communauté internationale suppose un principe de solidarité commune qui animerait sporadiquement les acteurs de la scène internationale tout en transcendant leurs oppositions particulières notamment lorsqu'ils sont appelés à prendre ensemble en charge le devenir du monde. Celle-ci suppose l'existence de dispositions communes, de principes et de valeurs universels. Quelques années après la fin de la Guerre froide et étant donné la « période de changements critiques » qu'a traversé et continue de traverser la société internationale, Pierre de Senarclens pose une question fondamentale, à savoir : « L'idée de communauté internationale fait-elle encore sens ? » (Voir Pierre de Senarclens, « L'idée de communauté internationale fait-elle encore sens ? », in Zaki Laïdi [dir.], *Géopolitique du sens*, Desclée de Brouwer, 1998, p. 353). Pour lui, « Aujourd'hui, comme par le passé, l'idée de communauté internationale relève en partie de l'utopie », cependant, poursuit-il, « Malgré ses dimensions idéologiques et rhétoriques, l'idée de communauté internationale reste pourtant une utopie nécessaire » (voir Pierre de Senarclens, « L'idée de communauté internationale fait-elle encore sens ? », in Zaki Laïdi [dir.], *Géopolitique du sens*, Desclée de Brouwer, 1998, p. 355). Bien qu'elle soit ancrée dans le discours « onusien », notamment dans la justification de nombre d'initiatives des Nations unies (actions humanitaires, projets de développement, initiatives sous le sigle de la sécurité collective, etc.), l'expression « communauté internationale » est pour le moins imprécise. Elle peut à la fois désigner « tous les pays du monde », « les États membres du Conseil de sécurité des Nations unies », « les pays ayant une grande influence internationale » et « les États membres de l'ONU ». Nous aurions retenu cette dernière dénotation dans cette étude si et seulement si ces États membres de l'ONU constituaient une communauté. N'étant pas encore le cas et faisant référence aux États membres de l'ONU, l'expression société internationale nous semble la mieux adaptée.

A. Les États

La responsabilité de l'État est fondamentale pour assurer une approche efficace du déplacement interne et le simple fait que les déplacés internes demeurent à l'intérieur des frontières de leur État signifie que la responsabilité principale de les protéger et de les aider incombe au gouvernement dudit État [72]. Il découle des traités relatifs aux droits de l'homme que la responsabilité première de la protection des droits de l'homme incombe aux États parties, aux parties contractantes ou aux hautes parties contractantes [73]. L'État a la responsabilité principale de promouvoir et protéger les droits de l'homme non seulement sous sa juridiction, mais encore, selon le cas, au-delà de celle-ci. La responsabilité de l'État est un principe de base en matière de droits de l'homme qui couvre la protection dans des situations de déplacement interne. C'est un principe fondamental qui découle de la souveraineté étatique. C'est donc à l'État qu'il appartient au premier chef de protéger les droits de l'homme, dont ceux des déplacés internes [74]. La protection des droits fondamentaux des déplacés internes conformément au droit international traduit une responsabilité étatique qui, s'étendant tant sur le normatif que sur l'institutionnel, se rapporte à la prévention, à la protection lors du déplacement interne et à la garantie d'un dénouement adéquat.

La prévention du déplacement requiert que les autorités nationales prennent des mesures pour éviter le déplacement arbitraire et pour réduire les effets désastreux de celui-ci lorsqu'il s'est avéré inévitable.

La protection quant à elle exige, entre autres, la réduction de ses effets nocifs ; le développement d'une campagne nationale de sensibilisation audit problème ; la collecte de données sur le nombre et la condition des déplacés internes ; l'appui aux activités de formation sur les droits des déplacés ; l'établissement d'un cadre juridique pour la promotion des droits des déplacés ; le développement d'une politique nationale sur le déplacement interne ; la détermination d'une institution vouée à la protection des déplacés.

---

72 Elizabeth FERRIS, Erin MOONEY and Chareen STARK, *From Responsibility to Response: Assessing National Approaches to Internal Displacement.* The Brookings Institution. London School of Economics project on Internal Displacement, November 2011, p. IX.

73 Voir le PIDCP (art. 2), le PIDESC (art. 2), la Convention sur les droits de l'enfant (art. 2), etc.

74 L'Assemblée générale le rappelle dans sa résolution 46/182 (Assemblée générale, résolution A/RES/46/182 du 19 décembre 1991, sur le renforcement des efforts collectifs de la société internationale, en particulier des Nations unies, et l'amélioration de l'efficacité des interventions [il convient de rappeler que l'objet de cette résolution est beaucoup plus vaste que le thème du déplacement interne]), les Principes directeurs se sont fait l'écho de cette règle (la responsabilité principale en matière de protection des déplacés internes incombe à l'État comme rappelé aux Principes directeurs 3[1], 25 [1] et 28[1].) Et elle est rappelée dans plusieurs autres instruments « onusiens » (Conseil des droits de l'homme, résolution A/HRC/RES/20/9 sur les droits de l'homme des personnes déplacées à l'intérieur de leur propre pays, paragraphe 20.).

Le dénouement demande le soutien aux institutions nationales des droits de l'homme en vue d'une intégration effective des déplacements internes dans leurs activités ; l'implication des déplacés au processus de prise de décisions les concernant ; l'appui aux solutions durables ; l'allocation des ressources adéquates à la solution du problème de déplacement ; et la coopération avec la société internationale en cas d'insuffisance des capacités nationales.

Les responsabilités envers les déplacés internes sont importantes, solidement ancrées au principe de la souveraineté étatique et ne peuvent pas être prises comme des responsabilités à la carte. Les États ne peuvent s'en détourner, ni ponctuellement ni régulièrement. Cette responsabilité étatique de répondre au problème de déplacement forcé par la prise des mesures au plan interne entraîne aussi l'acceptation de l'appui international en cas d'insuffisance ou d'inadaptation de la réponse gouvernementale [75]. Il s'agit là bien évidemment d'une interprétation positive de la souveraineté. L'interprétation négative de cette dernière est malheureusement encore très prégnante. Ce qui justifierait cette affirmation des moins réjouissantes, pourtant réaliste de M. António Guterres, une paraphrase de la réponse internationale au déplacement interne : « Tout compte fait, si l'État ne protège pas ou n'autorise pas la protection internationale, l'on ne peut pas faire grand-chose » [76].

B. La société internationale

C'est la révolution russe de 1917, à l'origine d'un exode de réfugiés, qui a généré la règle selon laquelle la société internationale a la responsabilité de protéger ceux que le gouvernement national ne peut ou ne veut protéger. Roberta Cohen le rappelle si bien : « Le fait qu'ils soient déplacés internes ne

---

75 Le Principe directeur 25 al. 2 dispose « Les organisations humanitaires internationales et d'autres parties concernées ont le droit de proposer leurs services pour venir en aide aux personnes déplacées à l'intérieur de leur propre pays. Une telle proposition ne doit pas être considérée comme étant inamicale ou comme un acte d'ingérence dans les affaires intérieures de l'État et sera accueillie de bonne foi. Ces services ne seront pas refusés arbitrairement, surtout si les autorités concernées ne sont pas en mesure de fournir l'aide humanitaire requise ou ne sont pas disposées à le faire ». Cette obligation d'accepter l'aide internationale a pour base légale la Charte des Nations unies (notamment l'obligation de coopérer prévue à l'art. 1 al. 3, à lire conjointement avec l'article 2 al. 7) ; le droit international humanitaire (notamment l'art 70 du protocole additionnel I, l'art. 18 al. 2 du protocole additionnel II, l'article 3 commun aux Conventions de Genève) ; le droit international des droits de l'homme (les instruments internationaux relatifs aux droits de l'homme rappellent les obligations positives des États dans le domaine des droits de l'homme. Le PIDESC prévoit en son article 2 al. 1 que les États doivent prendre individuellement ou collectivement des mesures nécessaires à l'accomplissement de leurs obligations en vertu du pacte).

76 Elizabeth FERRIS, Erin MOONEY and Chareen STARK, *From Responsibility to Response: Assessing National Approaches to Internal Displacement.* The Brookings Institution. London School of Economics project on Internal Displacement, November 2011, p. 3.

signifie pas que la communauté internationale n'a pas la majeure responsabilité de les protéger » [77]. Cette posture s'inscrit dans la droite ligne de la « Brookings doctrine » [78] qui se résume en l'idée que « les déplacés internes, êtres humains, ont des droits qui transcendent les frontières et les gouvernements » [79]. Deux principales raisons sous-tendent cette approche de responsabilité ; l'une est relative à l'État concerné et l'autre à la société internationale.

L'idée de responsabilité de l'État suppose un État réel, effectif, avec toutes ses composantes. En présence d'un État dit en déliquescence, cette responsabilité se trouve compromise ou limitée. La Somalie abrite un grand nombre de déplacés internes [80], mais aujourd'hui, l'on ne peut raisonnablement attendre d'elle qu'elle endosse cette responsabilité. Cette déliquescence reste toutefois une situation rarissime. L'impossibilité de se détourner de sa responsabilité de protéger les déplacés internes qui se trouvent sur son territoire n'est pas un gage que l'État assumera celle-ci. Ce dernier doit en avoir les capacités et la volonté requises. Très souvent, les gouvernements concernés doivent composer avec des capacités politiques, financières et opérationnelles limitées en prévision de la protection des déplacés internes. Pourtant, dans un tel contexte, il est nécessaire de prendre des mesures efficaces pour prévenir l'aggravation et le prolongement du déplacement. Exiger le respect de la responsabilité principale qui lui revient ne garantit pas que l'État se soit effectivement résolu à venir en aide aux déplacés internes. Très souvent c'est pour restreindre l'accès humanitaire ou l'intervention d'acteurs internationaux qu'il le fait ; puisque dans certains cas, il est à l'origine du déplacement. C'est ce qui arrive notamment dans des situations de conflit ou de violation systématique des droits de l'homme. L'État, ou un groupe armé selon le cas, a certainement la mainmise ; étant donné son rôle politique dans les événements. Il va de soi que lorsque l'État est auteur ou coauteur du déplacement, l'on ne

---

77 Roberta COHEN, « UN Human Rights Bodies Should Deal with the Internally Displaced », presented at meeting organized for delegates to the UN Commission on Human Rights by the Quaker United Nations Office and the World Council of Churches, Geneva, 7 February 1990.

78 « Brookings doctrine » : expression prêtée à William Zartman par Thomas G. Weiss et David A. Korn pour nommer la conceptualisation de la souveraineté comme responsabilité par Roberta Cohen et Francis Deng. (Thomas G. WEISS and David A. KORN, *Internal Displacement: Conceptualization and its consequences*, The Global Institutions Series, 2006, p. 50)

79 Thomas G. WEISS and David A. KORN, *Internal Displacement : Conceptualization and its consequences*, Routledge: London and New York, 2006, p. 50.

80 La Somalie abrite à la fin du mois de juillet 2011 1,46 million de déplacés internes. Voir UNHCR, profil d'opérations 2012, Somalie. Disponible à l'adresse : http://www.unhcr.fr/pages/4aae621d463.html. Lors de sa visite en Somalie en 2009, le RSG avait en face un État en déliquescence, sans véritable autorité, juste une autorité de fait avec des groupes armés ayant le contrôle sur le territoire. Il lui a été impossible de se rendre dans le sud et dans le centre du pays.

doit pas attendre de lui qu'il prenne des mesures adaptées de protection des déplacés internes.

La nécessaire implication de la société internationale trouve sa justification dans le fait que contenir et résoudre le déplacement interne sont des mesures nécessaires à la prévention du déplacement au-delà des frontières de l'État : c'est-à-dire des mouvements de réfugiés. Ceci trouve sa justification dans le fait que le déplacement interne non contrôlé peut déboucher sur le déplacement forcé transfrontalier pour ainsi grossir le nombre de réfugiés qui n'est pas moins important aujourd'hui [81]. Il existe un risque de créer un effet domino qui sera une menace plus grande à la stabilité sous-régionale. D'où le recours aux mécanismes internationaux. La société internationale devient porteuse de l'obligation de renforcer, d'appuyer et exceptionnellement de remplacer la réponse gouvernementale au déplacement interne.

Pour ce faire, l'Organisation des Nations unies, née officiellement le 24 octobre 1945 [82] et principale organisation à travers laquelle la société internationale s'exprime, a fait montre d'une architecture institutionnelle originelle qui présentait déjà une certaine ouverture à la protection internationale des déplacés internes. Elle n'est pas constituée d'une entité monolithique responsable du façonnage de la rhétorique des droits fondamentaux des déplacés internes. Elle a au moins trois composantes interconnectées : la première est constituée d'États membres qui définissent les politiques, débattent de différentes positions et financent les activités de l'ONU ; la deuxième comprend le Secrétariat, les agences spécialisées et la fonction publique internationale, responsables de la gestion de l'organisation et des programmes fonctionnels ; et la troisième comprend les ONG, experts indépendants et *Think tanks* qui eux, contribuent à la pensée « onusienne » par les consultations et le plaidoyer [83].

Il faut surtout mentionner ici :

---

81 Selon les statistiques du Haut Commissariat des Nations Unies pour les Réfugiés, l'on compte 22.5 millions de réfugiés en fin 2016 (disponible à l'adresse : www.unhcr.org/fr/apercu-statistique.html).

82 La Charte des Nations unies est signée le 25 avril 1945 à San Francisco, par la Chine, les États-Unis, la France, le Royaume-Uni, l'Union soviétique et 45 autres États (membres originaires auxquels s'ajoutait la Pologne qui, absente à la conférence, signa le texte juste après). Il a fallu attendre le 24 octobre de la même année pour la voir entrer en vigueur.

83 Pour la littérature sur cette conception des Nations unies, voir Roger NORMAND and Sarah ZAIDI, *Human Rights at the UN. The Political History of Universal Justice.* (Bloomington: Indiana University press, 2008, p. 17) ; Louis EMMERIJ, Richard JOLLY, and Thomas G. WEISS, *Ahead of the Curve? UN Ideas and Global Challenges* (Bloomington:Indiana University Press, 2001) ; et Thomas G. WEISS, Tatiana CARAYANNIS, Louis EMMERIJ, and Richard JOLLY, *UN Voices : The Struggle for Development and Social Justice* (Bloomington: Indiana University Press, 2005).

— La Charte de l'ONU : c'est l'instrument constitutif des Nations unies. Elle fixe les droits et obligations des États membres, porte création des organes et des procédures [84] et précise les buts et principes de l'ONU [85].

— Le Conseil de sécurité [86] : il joue un véritable rôle de promotion et de protection des droits de l'homme. Ses importants pouvoirs lui permettent non seulement de décider si oui ou non une situation constitue une menace à la paix et à la sécurité internationale [87], mais encore de prendre des mesures contraignantes d'ordre économique ou militaire à l'endroit des États sur la base du chapitre VII. Afin de rompre avec l'impunité concernant les violations graves des droits de l'homme, il a largement contribué à la mise en place des juridictions pénales internationales et internationalisées.

— L'Assemblée générale [88] : c'est le principal organe directeur, délibérant et représentatif de l'ONU. Il est composé des représentants de tous les États membres de l'ONU. Elle contribue à la protection des droits de l'homme à travers deux activités principales : d'une part l'adoption des résolutions pour sensibiliser et punir les violations des droits de l'homme et d'autre part la création et le financement d'agences, vouées à la question des droits de l'homme. La troisième Commission (Commission chargée des affaires culturelles, humanitaires et sociales) joue un important rôle dans ce domaine.

— Le Secrétariat général [89] : il comprend le Secrétaire général (plus haut fonctionnaire de l'organisation) et d'autres personnels qu'exige l'organisation. Le Secrétaire général intervient principalement aux réunions de l'Assemblée générale, du Conseil de sécurité, du conseil économique et social et du Conseil de tutelle. Ses fonctions incluent le rapport au Conseil de sécurité de toute

---

84 Conseil de sécurité, Assemblée générale, etc.

85 Ce sont, entre autres, le principe de non-discrimination, les droits de l'homme, les droits fondamentaux, le respect des droits de l'homme, la jouissance des droits de l'homme, l'universalité du respect, le respect effectif, le progrès des droits de l'homme. Il faut préciser que l'ONU contribue à l'élaboration des conventions (Convention relative à la lutte contre l'esclavage, le génocide, ICCPR, ICESCR, CERD, CEDAW, CAT, CRC, CMW, CPAPED, CRPD, etc.) et autres normes (déclarations, résolutions, recommandations, décisions, principes, etc.). Son rôle en matière d'élaboration couvre la régulation de la signature, la ratification, l'adhésion, l'entrée en vigueur, les réserves, les déclarations interprétatives, les objections, la hiérarchie des normes et application en droit interne. Elle bénéficie aussi de divers organes et institutions pour le contrôle et le renforcement du respect des droits et objectifs déclarés.

86 Pour sa composition, ses fonctions et pouvoirs, le vote et la procédure en son sein, voir le Chapitre V de la Charte des Nations unies.

87 Rappelons qu'il joint très souvent les questions de droits de l'homme à celles de paix et de sécurité.

88 Pour sa composition, ses fonctions et pouvoirs, le vote et la procédure en son sein, voir le Chapitre IV de la Charte des Nations unies.

89 Pour sa composition, ses fonctions et pouvoirs, le vote et la procédure en son sein, voir le Chapitre XV de la Charte des Nations unies.

menace contre la paix et la sécurité internationales. Celle-ci a été sa principale activité pendant des décennies, mais il prend de plus en plus de responsabilités relatives aux questions de droits de l'homme [90], y compris les droits des déplacés internes.

— Le Conseil économique et social : il est composé de cinquante membres de l'ONU élus par l'Assemblée générale. Il conduit ou initie des études ou des rapports sur des questions internationales dans divers domaines dont l'économie, le social, l'éducationnel et les droits de l'homme. Il peut surtout faire des recommandations en vue d'assurer le respect effectif des droits de l'homme et des libertés fondamentales [91].

— Le Conseil des droits de l'homme [92] : il est chargé de promouvoir le respect universel et la défense de tous les droits de l'homme et de toutes les libertés fondamentales, pour tous, sans distinction aucune et de façon juste et équitable. Il examine les violations des droits de l'homme (notamment lorsque celles-ci sont flagrantes et systématiques) et fait des recommandations à leur sujet. Il s'emploie également à une meilleure coordination des activités du système de l'ONU relatives aux droits de l'homme et à une intégration systématique de la question des droits de l'homme par tous les organismes du système. En plus du mandat repris de la Commission, il assure un Examen périodique universel (ÆPU) de la situation des droits de l'homme dans chaque État.

Comme dans tout autre système, des institutions « onusiennes » sont créées et sont sujettes à évolution et à *aggiornamento* (certaines sont restées inchangées) en fonction des besoins et des moyens mobilisés. L'Office du Haut

---

90 L'engagement véritable du Secrétaire général de l'ONU pour les questions de droits de l'homme s'accentue particulièrement avec l'entrée en fonction de Kofi Annan David P. Forsythe, « The UN secretary-General and Human Rights », in Benjamin RIVLIN and Leon GORDENKER (eds), *The UN Secretary-General and the Human Rights Challenge*, Westport Conn.:Greenwood Press, 1993, p. 211-232 ; voir aussi Thomas G. WEISS, David P. FORSYTHE, Roger A. COATE and Kelly-Kate PEASE, *The United Nations and changing world politics*. Westview Press, sixth edition, 2010, p. 191).

91 Il prépare aussi des projets de convention à soumettre à l'Assemblée générale, fournit conseils au Conseil de sécurité, institue des commissions pour les questions économiques, sociales et de progrès des droits de l'homme. Pour sa composition, ses fonctions et pouvoirs, le vote et la procédure en son sein, voir le Chapitre X de la Charte des Nations unies.

92 La défunte Commission des droits de l'homme a été établie en 1946 pour constituer le principal organe de l'ONU chargé de la promotion des droits de l'homme dans le monde. Son mandat s'est étendu progressivement à l'ensemble des questions relatives aux droits de l'homme se manifestant *in concreto* par la fixation des normes pour régir la conduite des États, l'offre d'une tribune où divers acteurs peuvent faire entendre leur voix (notamment les États, les organisations non gouvernementales, les défenseurs des droits de l'homme). C'est cette Commission qui mettra en place les procédures thématiques (groupes de travail, rapporteurs…). Cette Commission sera remplacée en 2006 par le Conseil des droits de l'homme, un organe subsidiaire de l'Assemblée générale des Nations unies. Crée pour mémoire par cette dernière en 2006 (Assemblée générale, Résolution A/RES/60/251 du 15 mars 2006, établissant le Conseil des droits de l'homme.).

Commissaire des Nations unies pour les réfugiés, pour ne parler que de lui, n'a été établi qu'en 1950 pour répondre à la crise du déplacement forcé en Europe [93] et son mandat a largement évolué [94]. Aussi, la politique « onusienne » est à plus d'un égard énigmatique et atypique. Bien que ses composantes soient diverses et multiples, et que l'ONU promeuve la démocratie à l'intérieur des États, cette organisation ne constitue pas une démocratie.

IV. L'APPROCHE « ONUSIENNE » DES QUESTIONS RELATIVES AU DÉPLACEMENT INTERNE

L'objet principal de cette étude est l'analyse de la contribution des Nations unies à l'obtention de l'« effectivité des droits fondamentaux » [95] des déplacés internes. Semblablement à bon nombre d'arrangements institutionnels et normatifs « onusiens », l'approche « onusienne » du phénomène du déplacement interne a été formulée graduellement. Il sied de préciser ici non seulement l'influence du temps et du contexte sur la politique « onusienne » relative aux droits de l'homme, mais aussi l'intérêt qui en découle pour le déplacement interne, intérêt lui aussi ondoyant. En matière de déplacement interne, comme c'est le cas pour la protection des droits de l'homme en général, la fonction de l'appareil des Nations unies est d'ordinaire indirecte, une fonction de supervision des pratiques étatiques à l'aune des standards et normes de DIDH [96]. Elle est une fonction indirecte étant donné que les institutions

---

93 Voir Résolution n° 428(V) de l'Assemblée générale des Nations unies du 14 décembre 1950 portant Statut du Haut Commissariat des Nations unies pour les réfugiés. Disponible à l'adresse : http://www.unhcr.fr/4aeafff76.pdf (consulté le 14 février 2015).

94 L'une des récentes évolutions du mandat de cette agence date de 2013. Voir *Note on the Mandate of the High Commissioner for Refugees and his Office*, octobre 2013. Disponible à l'adresse : http://www.refworld.org/topic,50ffbce576f,50ffbce579f,5268c9474,0,,,.html (consulté le 14 février 2015).

95 L'idée selon laquelle un droit n'existe pas s'il n'est pas effectif s'affirme de plus en plus, idée de l'effectivité conditionnant l'existence même du droit. Eric Millard ne relève-t-il pas que « la notion d'effectivité [...] joue un rôle dans le statut de la proposition affirmant qu'il existe des droits de l'homme [...] ? À défaut d'être effectifs, les droits de l'homme ne sont pas des droits, mais de simples prétentions » (Eric MILLARD, « Effectivité des droits de l'homme », in J. ANDRIANTSIMBAZOVINA, H. GAUDIN, J.-P. MARGUÉNAUD, S. RIALS et F. SUDRE [dir.], *Dictionnaire des droits de l'homme*, Paris, PUF, 2008) ? Mais dans ce travail, nous observerons la préséance de l'attribution du droit sur sa réalisation ou protection.

96 Par droits de l'homme, il faut entendre les droits inaliénables qu'a toute personne du fait de sa qualité d'être humain. Est mise en exergue ici la relation entre l'État et l'individu. Le droit international des droits de l'homme s'applique à toute personne et en tout temps. Ce droit regroupe, comme des instruments ayant rapport avec le déplacement interne, les instruments à vocation universelle et aussi des conventions touchant directement ou non au problème de déplacement interne. On y retrouve la Déclaration universelle des droits de l'homme, le Pacte international relatif aux droits civils et politiques, le Pacte international relatif aux droits économiques, sociaux et culturels ; et aussi des instruments plus spécifiques tels la convention sur l'élimination de toutes les formes de discrimination raciale (1969), la convention sur l'élimination

.../...

« onusiennes » ont la responsabilité d'encourager d'abord, de pousser subséquemment et d'obliger enfin les États selon le cas et en fonction des moyens, à prendre des mesures spécifiques en vue du renforcement de la pratique des droits de l'homme.

L'un des plus grands principes en matière de déplacement interne, puisque c'est ce qui fait l'objet de notre attention ici, est que celui-ci est un problème principalement interne, d'où la nécessité de préciser par quel mécanisme l'ONU réagit lorsque l'État ne peut plus être considéré comme référent en matière de protection des droits fondamentaux des déplacés internes. *A priori*, l'approche « onusienne » du problème est très exceptionnelle et se démarque largement de sa classique réponse aux problèmes de droits de l'homme. Sans vouloir se poser en défenseur du « totalitarisme à rebours » [97] de Myres S. McDougal, il faut préciser que cette réponse internationale est très évolutive, parce que se formulant, subissant et s'accommodant au contexte politique, économique, idéologique dans lequel elle intervient. En réalité, « L'ONU a toujours été dépendante des États et de l'état des relations internationales. L'ONU est partie intégrante de la politique internationale. Elle influence et est influencée par les événements internationaux et leurs conséquences » [98]. Cette mouvance de la politique étatique a saccadé les relations internationales en plusieurs cycles qui ont chacun une incidence nette sur l'articulation des droits des déplacés internes, la mise en place des mécanismes ou institutions pour les protéger et particulièrement sur le rôle joué par les Nations unies.

En outre, le déplacement interne ne constitue qu'un phénomène parmi tant d'autres dans l'agenda de l'ONU. En d'autres termes, s'il arrive que l'ONU s'engage dans une réponse au déplacement interne et qu'elle en fasse éventuellement une priorité, cet engagement est susceptible d'ondoiements. L'on relève bien d'autres questions internationales tout aussi préoccupantes les unes que les autres et qui à un moment de l'histoire et pour des raisons pas toujours « évidentes » et « suffisantes », captent presque toute l'attention du système « onusien ». Les affres du contrôle international des armes chimiques

---

de toutes les formes de discrimination à l'égard des femmes (1981), la convention contre la torture et autres peines ou traitements cruels, inhumains et dégradants (1987), la convention relative aux droits de l'enfant (1989) ; auxquels il faut ajouter certaines conventions régionales.

97 Selon Myres S. McDougal, l'obligation juridique n'a pas de contenu normatif autonome, ce contenu ne serait que le reflet d'une situation qui s'exprime par des manifestations de volonté. Cette volonté même du décideur politique traduirait les valeurs de base de la communauté à laquelle il appartient (dignité humaine, liberté, etc.) ; valeurs qui sont indiscutablement américaines. Cette vision a fait l'objet de vives critiques. Pour Roger Pinto, Myres S. McDougal « manipule et transforme le droit international au gré de ses passions politiques, et d'une certaine conception américaine du monde. On a pu justement qualifier sa doctrine de totalitarisme à rebours » (Roger PINTO, *Le Droit des Relations internationales*, Paris, Payot, 1972).

98 Thomas G. WEISS, David P. FORSYTHE, Roger A. COATE and Kelly-Kate PEASE, *The United Nations and changing world politics*. Westview Press, sixth edition, 2010, p. 3.

en l'occurrence ne cessent de mobiliser sérieusement, à juste titre pour certains, un peu trop pour d'autres. Quoi qu'il en soit, les critères qui font qu'une question constitue une priorité dans l'agenda international sont non seulement variables, mais surtout « objectivés » ou « reconstruits ». Tout n'est que question de facteurs d'importance en présence. La Guerre froide (principalement) et le 11 septembre (plus modérément), pour ne parler que de ceux-ci, ont entraîné des transmutations successives de la réponse des Nations unies aux problèmes de droits de l'homme en général. Ces transformations ont eu des répercussions spéciales sur la protection des droits fondamentaux des déplacés internes.

A. La Guerre froide

L'une des particularités de cette période est que les conflits armés sont plus internationaux qu'internes, contexte qui a imposé une exceptionnelle démarche normative et institutionnelle aux Nations unies, anéantissant presque l'espoir qui pointait à l'horizon au sortir de la Seconde Guerre mondiale. La question est la suivante : comment le Conseil de sécurité a fait usage de son pouvoir pour résoudre les crises internes de 1946 [99] à la fin des années 1980 ? [100] Pendant la Guerre froide, les règles tant constitutionnelles qu'internationales sur l'usage de la force étaient gelées, et c'est à partir des années 1990 qu'elles sont de nouveau prises en considération [101]. Emmanuel Decaux le rappelle ; « La guerre froide [...] a paralysé pendant près de 40 ans le système "onusien", multipliant les crises périphériques aux deux blocs, en Asie puis au Proche-Orient » [102]. « Le véritable problème n'était pas le droit de veto détenu par le P-5 [les cinq membres permanents du Conseil de sécurité], mais le désaccord entre eux » [103]. Le rêve du multilatéralisme nourri à l'issue de la Seconde Guerre mondiale s'est très vite dissipé avec le début de la Guerre froide. Bien que l'ONU se soit trouvée impliquée dans quatre crises de sécurité majeures pendant cette période [104], elle se devait de trouver un moyen alternatif

---

99 C'est le discours de Winston Churchill prononcé au Westminster College de Fulton dans le Missouri le 5 mars 1946 qui marque le début officiel de la Guerre froide.

100 L'on pourrait se poser la même question à propos du rôle d'autres organes de l'ONU.

101 Michael BOTHE, Mary Ellen O'CONNELL& Natalino RONZITTI, *Redefining Sovereignty: The Use of Force After the Cold War.* Transnational Publishers, New York, 2005, p. 10.

102 Emmanuel DECAUX, « Légalité et légitimité du recours à la force : de la guerre juste à la responsabilité de protéger », Revue électronique *Droits fondamentaux*, publiée par le Centre de recherche sur les droits de l'homme et le droit humanitaire, CRDH, Université Panthéon-Assas paris II, 2005, p. 2. Disponible à l'adresse : http://www.droits-fondamentaux.org/IMG/pdf/df5edllrf.pdf (consulté le 1er décembre 2012).

103 Thomas G. WEISS, David P. FORSYTHE, Roger A. COATE and Kelly-Kate PEASE, *The United Nations and changing world politics.* Westview Press, sixth edition, 2010, p. 29.

104 Notamment en Palestine (1948), l'intervention en Corée dès 1950 (elle constitue la première action coercitive menée sous les auspices des Nations unies, intervention controversée, il semble que l'ONU s'y est engagée conformément à l'approche de la sécurité collective de 1950 à

.../...

d'agir dans les limites de ce qui pourrait être autorisé ou endossé par les principaux membres du Conseil de sécurité. Son action s'est ainsi confinée aux opérations de maintien de la paix [105], une véritable improvisation en réponse aux exigences de conflits spécifiques, marquées par une neutralité et une limitation de la marge de manœuvre. Ces opérations de maintien de la paix ont pour fonctions principales l'observation et le maintien de la paix. Elles s'entendent des opérations des Nations unies dans lesquelles le personnel international, civil ou militaire, est déployé avec le consentement des parties et sous l'autorité de l'ONU en vue d'aider à contrôler et résoudre les conflits, en cours ou potentiels, internationaux ou internes présentant une dimension internationale évidente [106]. Elles supposent le consentement des parties, le soutien continu du Conseil de sécurité, la clarté et la précision du mandat, l'utilisation de la force seulement comme dernier ressort et en cas de légitime défense, la volonté des contributeurs en troupes de fournir des forces militaires, et la volonté des États de rendre disponibles les ressources financières nécessaires [107]. Près de vingt opérations ont été mises sur pied pendant la Guerre froide [108]. L'exigence de l'accord des parties au conflit implique qu'il n'y

---

1953. Voir Leon Gordenker, The UN Secretary-General and the maintenance of Peace, New York: Columbia University Press, 1967) ; à Suez en 1956 (cette crise a été le premier terrain de mise en œuvre de ce qu'on appellera communément mission de maintien de la paix : « peacekeepers » pour séparer les parties au conflit) et au Congo (1962).

105 Le mécanisme de maintien de la paix n'est pas spécifiquement mentionné dans la Charte (Dag Hammarskjöld tente de l'y intégrer au chapitre VI sous le nom de « chapter six and a half »). Pourtant il devient la principale fonction de l'organisation dans le domaine de la paix et de la sécurité. L'utilisation des troupes pour le maintien de la paix commence véritablement lors de la crise de Suez à l'initiative de Lester B. Pearson (ancien Secrétaire d'État canadien aux affaires extérieures, puis premier ministre), qui proposa à l'Assemblée générale de l'ONU que le Secrétaire général d'alors (Dag Hammarskjöld) mette sur pied une force de police internationale qui interviendra jusqu'à ce qu'un accord politique soit trouvé. Voir Marx HARRELSON, *Fires All Around the Horrizon : The UN's Uphill Battle to Preserve the peace*, New York: Praeger, 1989, p. 89.

106 Marrack GOULDING, « The Changing Role of the United Nations in Conflict Resolution and Peace-Keeping », speech given at the Singapore Institute of Policy Studies, march 13, 1991, p. 9.

107 Brian URQUHART, « Beyond the Sheriff's Posse », *Survival* 32, No 3 (1990) : 198.

108 United Nations Truce Supervision Organization, UNTSO, Jerusalem (1948 à ce jour) ; United Nations Military Observer Group in India and Pakistan, UNMOGIP (1949 à ce jour) ; United Nations Emergency Force, UNEF I, Suez Canal (1956. 1967) ; United Nations Observation Group in Lebanon, UNOGIL (1958) ; United Nations Operation in the Congo, ONUC (1960. 1964) ; United Nations Force in New West Guinea, UNSF, West Irian (1962-1963) ; United Nations Yemen Observation Mission, UNYOM (1963. 1964) ; United Nations Peacekeeping Force in Cyprus, UNFICYP (1964 à ce jour) ; United Nations India-Pakistan Observation Mission, UNIPOM (1965-1966) ; Mission of the Representative of the Secretary-General in the Dominican Republic, DOMREP (1965. 1966) ; Second United Nations Emergency Force, UNEF II, Suez Canal and later the Sinai Peninsula, (1973. 1979) ; United Nations Disengagement Observer Force, UNDOF, Golan Heights (1974 à ce jour) ; United Nations Interim Force in Lebanon, UNIFL (1978 à ce jour) ; United Nations Good Offices Mission in Afghanistan and Pakistan, UNGOMAP (1988. 1990) ; United Nations Iran-Iraq Military Observer Group, UNIIMOG (1988. 1991) ; United Nations Transition Assistance

…/…

a pas empiètement sur la souveraineté étatique. En clair, les opérations de maintien de la paix sont consenties en interne et à l'international, sur le terrain et au plan mondial. En cas de crise, l'envoi d'une force militaire internationale peut être appuyé ou remplacé par des sanctions diplomatiques et économiques qui constituent l'étape première du chapitre VII de la Charte. Ces mesures aussi ont été sous-employées pendant la Guerre froide pour les mêmes raisons qui ont conduit à l'impossibilité d'utiliser d'autres mesures prévues au chapitre VII. Elles n'ont été mises en œuvre qu'en Rhodésie [109] et en Afrique du Sud [110].

À l'évidence, le problème du déplacement interne ne s'est pas ancré dans l'agenda international durant la Guerre froide [111]. Il a fallu attendre le relâchement de la tension Est-Ouest, qui constituera un tournant décisif, faisant du déplacement interne un sujet à véritablement débattre à l'international.

Dès les premières années de la Guerre froide, le problème du déplacement interne existait bien évidemment, mais il se posait en termes d'assistance et non de protection. Plusieurs gouvernements avaient jadis sollicité de l'ONU qu'elle porte assistance à leurs populations déplacées. C'est le cas de l'Inde et du Pakistan concernant le déplacement par suite de la partition de 1947 [112]. Il faut noter aussi l'invite à l'Assemblée générale par le gouvernement grec en 1949 pour assister sa population au sortir de la guerre civile [113].

Pendant la Guerre froide, c'est dans les normes de DIDH, de DIH et par analogie de droit des réfugiés qu'il faut puiser pour protéger les personnes qui constituent aujourd'hui des déplacées internes. Des textes importants pour les déplacés internes, mais qui ne s'adressent pas particulièrement à eux, sont adoptés pendant cette période [114]. C'est encore le cas aujourd'hui ; mais il n'y

---

Group, UNTAG, Namibia (1989. 1990) ; United Nations Angola Verification Mission, UNAVEM I (1989. 1991) ; United Nations Observer Group in Central America, UNOCA (1989 -1992).

109 Conformément au chapitre VII de la Charte, le Conseil de sécurité a en 1966, ordonné des sanctions économiques limitées contre la Rhodésie en réaction à sa déclaration unilatérale d'indépendance à l'égard du Royaume-Uni en 1965.

110 L'apartheid, considéré par l'ONU comme une menace à la paix a amené ces dernières à décider des sanctions contre l'Afrique du Sud : sanctions économiques limitées, embargo sur les armes, boycott des équipes athlétiques sud-africaines, désinvestissement sélectif ont contribué à isoler le pays.

111 Phil ORCHARD, « Protection of internally displaced persons: soft law as a norm-generating mechanism ». *Review of international Studies*, 36 (2), April 2010, p. 287.

112 Catherine PHUONG, *The International Protection of Internally Displaced Persons*, Cambridge university press, 2005, p. 23.

113 Ibid.

114 L'on a la Convention de 1951 sur le statut des réfugiés, la Convention internationale sur l'élimination de toutes les formes de discriminations raciales de 1965, les Pactes de 1966 qui viennent corroborer la Déclaration de 1948, les deux premiers Protocoles additionnels aux

…/…

avait pas à cette époque-là un instrument tel que les Principes directeurs pour aider à adapter les instruments juridiques existants à la situation particulière du déplacement interne. Lorsque le HCR s'engage envers les déplacés internes dès 1972, il n'est pas encore apporté de précision sur le sens de la notion de « déplacé interne ». L'on pourrait croire que le HCR entendait par déplacés internes ceux-là qui auraient été appelés réfugiés s'ils avaient traversé les frontières internationales, c'est-à-dire ceux déplacés pour les causes identiques à celles des mouvements de réfugiés [115]. En outre, il s'agit à cette époque d'une assistance occasionnelle et non d'un engagement à ériger un véritable mécanisme spécifiquement voué à la protection internationale des déplacés internes. Comme principal arrangement institutionnel « onusien » mis en place pendant la Guerre froide et portant d'infimes intérêts pour résoudre les problèmes de déplacement interne, l'on a l'Office du Haut Commissaire des Nations unies pour les réfugiés (HCR), établi le 14 décembre 1950 par l'Assemblée générale. Le HCR a été la principale institution « onusienne » à porter assistance aux déplacés internes. L'article 9 de son Statut dispose que « Le Haut Commissaire s'acquitte de toute fonction supplémentaire que pourra prescrire l'Assemblée générale, notamment en matière de rapatriement et de réinstallation dans la limite des moyens dont il dispose » [116]. Il faut cependant attendre les années 1970 pour que l'Assemblée générale exige du HCR qu'il prenne des mesures pour des situations spécifiques de déplacement interne. C'est précisément en 1972 que sont prises les premières résolutions dans ce sens [117]. Les efforts du HCR couvraient alors l'assistance lors du retour, la réinstallation et l'intégration, qui toutes, se résument à l'après-déplacement. Partant, les mesures de prévention et de protection pendant le déplacement, bien qu'elles ne soient pas inexistantes, sont très ténues. La réponse durant cette période fut plus de l'assistance humanitaire qu'une protection strictement juridique, c'est-à-dire l'assistance au retour, à la réinstallation et à

Conventions de Genève, la Convention sur l'élimination de toutes les formes de discriminations à l'égard des femmes de 1979, la Convention sur les droits de l'enfant de 1989, etc.

115 La différence entre le réfugié et le déplacé interne ne se limite pas qu'au fait que l'un ait traversé la frontière et l'autre pas. D'abord, par déplacés internes, il faut entendre spécialement des personnes ou un groupe de personnes, contrairement à la définition du réfugié qui est centrée sur l'individu. Ensuite, les causes du déplacement interne sont plus larges en ce qu'elles incluent les catastrophes naturelles et humaines, les conflits armés, les grands projets de développement… Quiconque fuit ou quitte son pays pour cause de catastrophe ne sera pas considéré comme réfugié au sens de la Convention de 1951.

116 Résolution No 428 (V) de l'Assemblée générale du 14 décembre 1950 portant Statut de l'Office du Haut Commissaire des Nations unies pour les Refugiés, article 9.

117 Voir ECOSOC, Res. 1705 (LIII) du 27 juillet 1972. Le Conseil économique et social, dans le contexte du rapatriement librement consenti des réfugiés au Sud-Soudan, invitait le Haut Commissaire (aux réfugiés) et autres institutions et organisations du HCR à faire bénéficier des mesures de réadaptation les réfugiés rentrant de l'étranger et les « personnes déplacées à l'intérieur de leur pays ». Voir aussi la RES. 1655 (LII) du 1er juin 1972.

l'intégration [118]. D'autres organes « onusiens » mis en place pendant la Guerre froide sont aussi des tribunes devant lesquelles les déplacés internes ou leurs représentants peuvent s'exprimer. Il s'agit du Comité pour l'élimination de la discrimination raciale (CERD – sigle anglais) ; du Comité des droits de l'homme ; du Comité des droits économiques, sociaux et culturels (Comité DESC) ; du Comité pour l'élimination de la discrimination à l'égard des femmes (CEDAW – sigle anglais) ; du Comité contre la torture (CAT – sigle anglais) ; du Comité sur les droits de l'enfant (CRC – sigle anglais), etc. Chacun de ces organes ayant un domaine de compétence bien circonscrit, une entière satisfaction peut ne pas être apportée aux exigences de la situation de déplacés internes [119].

Vers la fin de la Guerre froide, cette réponse *ad hoc* connaît une nette évolution. La Conférence internationale sur la situation tragique des réfugiés, rapatriés et personnes déplacées en Afrique australe [120] lève le voile sur le manque de mécanismes et d'institutions internationales appropriés pour assister les cinq millions de déplacés internes d'Angola et du Mozambique. La Conférence internationale sur les réfugiés d'Amérique centrale [121] qui a reconnu que les déplacés internes nécessitent une assistance spéciale même s'ils demeurent sous la juridiction de leur État [122] s'est inscrite dans la même veine. En réponse à ce cri d'alarme, des mesures seront prises dans le cadre « onusien » : le Conseil économique et social exige du Secrétaire général en 1990 qu'il prenne l'initiative d'une révision du système [123].

B. Dès la fin de la Guerre froide

Si la fin de la Guerre froide marque une importante période de transition pour les Nations unies, une partie de la doctrine propose de rompre avec cette

---

118 Voir notamment la résolution E/RES/1705 (LIII) (27 July 1972) de l'ECOSOC, qui insiste sur le retour, l'intégration et la réinstallation des déplacés internes.

119 Nous y reviendrons plus loin dans les développements. Voir le Chapitre I du Titre I de la Partie II, p. 277.

120 Conférence internationale sur la situation tragique des réfugiés, rapatriés et personnes déplacées en Afrique australe : Rapport du Secrétaire général, 19 octobre 1988, A/43/717, disponible à l'adresse :
http://www.refworld.org/docid/3ae68f418.html (consulté le 20 février 2015).

121 Conférence internationale sur les réfugiés d'Amérique centrale : Rapport du Secrétaire général, 3 octobre 1989, A/44/527, disponible à l'adresse : http://www.refworld.org/docid/3ae68f41c.html (consulté le 20 février 2015).

122 Phil ORCHARD, « Protection of internally displaced persons: soft law as a norm-generating mechanism ». *Review of International Studies*, 36 (2), April 2010, p. 288.

123 UN ECOSOC Res. 1990/78, 27 July 1990. Entre autres mesures, les coordonnateurs résidents sont désormais responsables de la coordination et de l'assistance aux déplacés internes sur le terrain ; création en 1991 du poste d'Emergency Relief Coordinator.

image d'Épinal que l'on colle si souvent à cette période de l'histoire qui n'aurait, semble-t-il, pas particulièrement avivé le respect du DIDH [124]. Les changements liés à la fin de la Guerre froide ne seraient pas uniquement des tremplins à une meilleure protection des droits de l'homme [125] et, *in concreto*, quelques crises majeures comme la Somalie, la Bosnie et le Rwanda pour ne citer que celles-là, n'ont pas ébranlé, mais bien au contraire révélé les lacunes tant des principes humanitaires que du système « onusien » en général [126]. Toutefois, dans l'ensemble, les arrangements et configurations d'après-guerre froide ont été perçus comme les signes précurseurs d'un ordre post-westphalien dans lequel le droit international, avec sa portée normative croissante et sa juridictionnalisation, illustre parfaitement le phénomène de la mondialisation [127]. Les problèmes des États, particulièrement ceux relatifs aux droits de l'homme, auparavant classés affaires internes, ont été rapidement internationalisés. L'on a assisté à l'émergence d'une nouvelle structure de pouvoir à l'échelle internationale, constituée d'une seule superpuissance militaire [128], de quelques « grandes puissances » et d'une puissance émergente.

---

[124] Pour Thomas J. Schoenbaum, « The end of the Cold War, despite the collapse of numerous repressive regimes, did not increase respect for international human rights ». [« La fin de la Guerre froide, malgré l'effondrement de nombreux régimes répressifs, n'a pas fait accroître le respect du droit international des droits de l'homme »]. (Thomas J. SCHOENBAUM, International Relations. *The Path Not Taken: Using International Law to Promote World Peace and security.* Cambridge University Press, 2006, p. 251).

[125] Pour Roger Normand et Sarah Zaidi, il y a deux principaux facteurs pas très favorables à la cause des droits de l'homme, à savoir la mondialisation néolibérale et la guerre contre le terrorisme. La première favoriserait la montée en puissance des institutions financières internationales qui, pas très enclines au respect des droits de l'homme, s'approprient l'influence auparavant détenue par les États et s'immunisent de plus en plus contre les pressions politiques et le devoir de responsabilité. La seconde contribuerait quant à elle au renforcement de l'argument de sécurité nationale dont le corollaire est le recul des droits civils et politiques (Roger NORMAND and Sarah ZAIDI, *Human Rights at the UN. The Political History of Universal Justice.* United Nations Intellectual History Project Series, Bloomington: Indiana University press, 2008, p. 317 and 318).

[126] Pour Elizabeth Ferris, bien que ces trois cas soient des crises humanitaires, elles constituent fondamentalement un échec politique de la société internationale et particulièrement des Nations unies (Elizabeth FERRIS, *The Politics of Protection: The Limits of Humanitarian Action.* Brookings Institution Press, Washington D.C., 2011, pages 126 et 131).

[127] David HELD, Anthony G. MCGREW et al, *Global Transformations : Politics, Economics and Culture*, Cambridge, Polity Press, 1999 ; Voir aussi Joseph RAZ, « Human Rights Without Foundations » in Samantha BESSON and John TASIOULAS (eds.), *The Philosophy of International Law*, Oxford: Oxford University Press, 2010 ; John Tasioulas va dans le même sens (John TASIOULAS, « The Moral Reality of Human Rights », in T. POGGE (ed.), *Freedom from Poverty as a Human Right: Who Owes What to the Very Poor?* Oxford : Oxford University Press, 2007) ; Paul Tavernier relève aussi cette domination de la société internationale par une juridicisation croissante (voir : Paul TAVERNIER, « Sécurité internationale, droit international humanitaire et droits de l'homme. Quelques réflexions sur le rôle des juridictions internationales » in *La sécurité internationale entre rupture et continuité. Mélanges en l'honneur du Professeur Jean-François Guilhaudis*, Bruxelles : Bruylant, 2007, p. 542.

[128] Si la Guerre du Golfe (1991) a démontré un nouveau consensus international sur les interventions internationales, elle a aussi mis en exergue la puissance militaire américaine.

Après s'être trouvé dans l'impasse et la paralysie causées par les tensions liées à la Guerre froide, le système de l'ONU est redevenu prometteur. Les trois principales composantes de l'ONU se sont réunies pour corriger les fractures dans le domaine des droits de l'homme. Aussi, l'on a assisté au sortir de la Guerre froide à la normalisation et à l'intensification des échanges internationaux, nourrissant des avancées dans le domaine des droits de l'homme et par ricochet le renforcement de l'agenda de l'ONU sur les droits de l'homme. L'évanescence du débat *capitalisme versus communisme* a ressuscité l'intérêt prononcé pour les droits de l'homme. Pour preuve, la diversification des droits de l'homme [129] et la multiplication et le renforcement d'acteurs tant internationaux que locaux [130]. C'est aussi vers la fin des années 1990 que le Conseil de sécurité a commencé à faire explicitement référence à la « Protection des civils dans les conflits armés » dans ses résolutions [131]. Même si quelques dissensions subsistaient (et subsistent encore), il y a eu une entente, insuffisante mais certainement considérable, au service de l'intérêt commun [132]. L'on a assisté enfin à l'internalisation croissante des conflits armés et au fléchissement dans la reconnaissance du statut de réfugié. C'est ce changement tant dans la nature des conflits armés que dans la politique de l'asile qui a contribué à l'augmentation rapide du nombre de déplacés internes [133]. Les chiffres sur les réfugiés et déplacés internes se sont trouvés inversés [134]. C'est ce contexte d'après-guerre froide qui a rendu possible l'inscription du problème du

---

129 Il faut surtout rappeler l'emphase sur les problématiques telles que les droits de l'enfant, enfants soldats notamment ; l'élimination de la discrimination à l'égard des femmes ; etc.

130 Voir la création de divers postes de représentants du SG, rapporteur spécial, renforcement des capacités des institutions vouées à la promotion, et surtout à la protection des droits de l'homme, etc.

131 Le thème « Protection des civils » fait son entrée dans le discours « onusien » précisément en 1999 ; notamment à travers la résolution S//RES/1265 (1999) sur la protection des civils dans les conflits armés. Plusieurs missions des Nations unies avec mandat de protection des civils (la première sera la résolution S/RES/1270 de 1999, portant création de la MINUSIL en Sierra Leone) ; rapports (en l'occurrence le Rapport du Secrétaire général de l'ONU sur la protection des civils dans les conflits armés. S/2012/376 du 22 mai 2012.) ; et autres mesures « onusiennes » viendront renforcer cette approche.

132 Après la victoire du « Camp occidental », l'on pouvait encore noter parmi les deux anciens blocs des différences d'interprétation au sujet de questions importantes comme la démocratie, l'autodétermination, les droits de l'homme, la souveraineté. Cependant, l'on a pu percevoir une unité apparente, lors de la première invasion du Koweït par l'Irak, et au sujet de la situation en Yougoslavie au début des années 1990.

133 Thomas G. WEISS and David A. KORN, *Internal Displacement : Conceptualization and its consequences*, Routledge: London and New York, 2006, p. 12 ; voir aussi Andrew MACK (ed.), *Human Security Report 2005*, Vancouver: Human Security Centre, 2005, p. 104.

134 L'internalisation des conflits principalement a renversé la tendance. On compte plus de déplacés internes aujourd'hui qu'en 1982, date à laquelle les premières données sur le déplacement interne ont été divulguées (Roberta COHEN and Francis DENG, *Masses in Flight : The Global Crisis of Internal Displacement*, Washington, D.C. : Brookings Institutions, 1998, p. 3).

déplacement interne dans l'agenda international. Une véritable réponse internationale au déplacement interne avait alors été forgée ; réponse atypique à l'époque. L'engagement international pour la cause du déplacement interne prend son envol dès le début des années 1990 sous forme de réelles mesures à la fois normatives et institutionnelles. L'année 1997 marque l'inscription définitive du phénomène du déplacement interne dans l'agenda international des droits de l'homme [135].

1. Une réponse normative « onusienne » [136] dans une logique de réglementation atypique

La démarche a été d'enserrer les énoncés internationaux sur cette question dans des instruments non contraignants ; approche novatrice [137] et très prégnante depuis la fin du XXe siècle [138]. Deux principaux instruments normatifs ont été développés et sont tous intervenus ou ont été transformés à des dates précises qu'il est utile de mentionner ici.

Tout commence réellement par la création en 1992 du mandat du Représentant du Secrétaire général des Nations Unies pour les personnes déplacées dans leur propre pays. Le Secrétaire général nommait à cette époque et sur demande de la Commission des droits de l'homme, son premier RSG [139], chargé de promouvoir de manière coordonnée la protection et le respect des droits fondamentaux des personnes déplacées dans leur propre État ; de poursuivre et de consolider le dialogue avec les gouvernements, ainsi qu'avec les organisations non gouvernementales et les autres acteurs ; de renforcer la réaction internationale aux déplacements internes ; d'intégrer les droits de

---

135 Maria STAVROPOULOU, « Displacement and Human Rights: Reflections on UN Practice », *Human Rights Quarterly* 20.3 (1998), 515-554.

136 Comme l'illustrent parfaitement Thomas G. Weiss et David A. Korn, les Principes directeurs sur le déplacement interne, principal texte en la matière, ne sont pas « onusiens », car non négociés par les États. Ils sont principalement l'œuvre du représentant spécial du Secrétaire général sur les déplacés internes et son équipe. Ce dernier a un pied dans le système « onusien », le second en dehors du système (voir Thomas G. WEISS et David A. KORN, *Internal Displacement : Conceptualization and its consequences*, Routledge: London and New York, 2006, voir particulièrement le chapitre 8 sur « Whither and whether, inside-outsiders or outside-insiders? »).

137 Roberta COHEN, « The Guiding Principles on Internal Displacement: An Innovation in International Standard Setting », 10, *Global Governance* 459, October 2004.

138 Plusieurs autres instruments de cet ordre ont été adoptés : on y trouve les Principes directeurs relatifs à la lutte contre l'extrême pauvreté et les droits de l'homme (2012), les Principes directeurs relatifs aux entreprises et aux droits de l'homme (2011), les Principes directeurs des Nations unies sur la prévention de la délinquance juvénile (1990), la déclaration sur le droit au développement (1986), et nombre d'autres.

139 Par sa résolution 1992/73 du 5 mars 1992, la Commission des droits de l'homme prie le Secrétaire général de nommer un représentant spécial du secrétaire général sur le déplacement interne. Demande approuvée par le Conseil économique et social dans sa décision 1992/243, en date du 20 juillet 1992.

l'homme de toutes les personnes déplacées dans leur propre État dans l'ensemble du système des Nations unies. Il devait aussi renforcer la coopération qui s'est instaurée entre le RSG et les organismes des Nations unies, cela sous les auspices de la Commission de consolidation de la paix ; ainsi que la coopération avec les organisations internationales et régionales, en particulier en participant aux travaux du Comité permanent interorganisations (IASC-sigle anglais) et de ses organes subsidiaires. Il revenait (et c'est encore le cas) au RSG de consolider les travaux réalisés dans ce domaine, soit par lui, soit par son prédécesseur. Il s'agit notamment de la sensibilisation sur la question des droits des déplacés internes, la diffusion des Principes directeurs relatifs au déplacement des personnes à l'intérieur de leur propre pays, l'organisation des séminaires nationaux et régionaux, le soutien au renforcement des capacités des organisations non gouvernementales et autres institutions, et la poursuite des recherches sur l'élaboration des politiques.

En 1994, sera créé le *Brookings Project on Internal Displacement* pour soutenir cette nouvelle procédure spéciale. Il faut surtout noter son rôle dans la conduite de la recherche sur le déplacement interne, dans l'évolution du débat, dans le rassemblement des parties prenantes et son soutien au développement de politiques efficaces pour les déplacés internes.

L'une des principales préoccupations à cette époque était d'asseoir la légitimité de l'exigence d'améliorer l'aspect normatif relatif au déplacement interne. Francis Deng, le tout premier RSG, résumait la difficulté en ces termes :

> « Sur le plan du droit, les avis se partagent entre deux grands points de vue. Les uns considèrent que les normes actuelles sont suffisantes pour couvrir la situation des personnes déplacées dans leur pays et que la principale difficulté réside dans le manque d'application des normes. Les autres estiment qu'il existe des lacunes à combler si l'on veut prendre en considération d'une manière complète et satisfaisante la situation de ces personnes » [140].

Il s'ensuivra une requête faite en 1994 pour l'élaboration d'un cadre normatif sur le déplacement interne. Cette année-là, la Commission des droits de l'homme demanda au RSG d'analyser les instruments juridiques applicables aux déplacés internes en vue de déterminer quelles pourraient être les normes supplémentaires nécessaires.

Puis, à la demande de la Commission des droits de l'homme, Francis Deng élaborera une première étude sur les normes internationales relatives aux

---

140 Francis M. DENG, *Les réfugiés de l'intérieur : un défi pour la société internationale*, The Brookings Institutions, 1993, p. 166.

personnes déplacées dans leur propre État [141]. Il présentera une étude plus complète en 1996 [142] et 1998 [143]. Assisté d'une équipe de juristes internationaux, il procèdera à l'élaboration d'un document qui trace les linéaments d'un cadre juridique relatif à la protection des déplacés internes et recense des normes pertinentes ainsi que les lacunes et les zones d'ombre. Il en résultera un ensemble de principes : les Principes directeurs relatifs au déplacement de personnes à l'intérieur de leur propre pays [144]. Suite à un doute élevé sur l'obtention d'un traité ou d'une déclaration de l'Assemblée générale de l'ONU [145], le choix a été porté sur des Principes directeurs. Ces derniers ont été présentés à la Commission des droits de l'homme en 1998. Bien que l'initiative soit « onusienne », il ne s'agit pas à l'origine des principes « onusiens » sur le déplacement interne. La raison est qu'ils n'ont pas été négociés par les États. Ce n'est qu'en 2005 que ces derniers les ont approuvés [146]. Ces principes constituent le premier instrument international important relatif au déplacement interne et ayant rang de cadre normatif non contraignant. Il s'agit d'une compilation de normes de DIDH, de DIH et de droit des réfugiés par analogie [147]. Ils constituent une référence pour les États dans l'adoption d'une législation nationale. Ces principes couvrent presque toutes les étapes du déplacement interne[148].

---

141 Première étude sur les normes internationales relatives aux personnes déplacées dans leur propre pays Doc. E/CN.4/1993/35 Annexe.

142 Étude plus complète, volume I, Doc. E/CN.4/1996/52/Add.2.

143 Étude plus complète, volume II, Doc. E/CN.4/1998/53/Add.1.

144 Principes directeurs relatifs au déplacement des personnes à l'intérieur de leur propre pays, Doc. E.CN.4/1998/53/Add.2.

145 Walter KÄLIN, *How Hard is Soft Law ? The Guiding Principles of Internal Displacement and the Need for a Normative Framework.* Paper prepared for Brookings CUNY project on internal displacement. December 19, 2001. Page 2.

146 L'appellation Principes directeurs relatifs au déplacement de personnes à l'intérieur de leur propre pays, qui est d'ailleurs celle d'origine, rend plus compte de la réalité que celle de Principes directeurs des Nations unies relatifs au déplacement de personnes à l'intérieur de leur propre pays.

147 Ces principes doivent se lire en parallèle avec la Compilation (E/CN.4/1996/52/Add.2) et Analyse (E/CN.4/1998/53/Add.1) des normes juridiques et les annotations de 2000 du professeur Walter Kälin. « La compilation et l'analyse contient un examen des dispositions du droit international relatif aux droits de l'homme, du droit humanitaire et, par analogie, du droit des réfugiés ; la conclusion de cet examen est que le droit en vigueur fait une place importante aux populations déplacées à l'intérieur de leur propre pays, mais qu'il subsiste de vastes domaines dans lesquels il ne leur assure pas une protection suffisante. Qui plus est, les dispositions existantes sont éparpillées dans un vaste éventail d'instruments internationaux et sont par conséquent trop diffuses pour permettre d'assurer aux personnes déplacées à l'intérieur de leur propre pays la protection et l'assistance dont elles ont besoin. » (cf. paragraphe 7 de la note d'introduction aux Principes directeurs relatifs au déplacement de personnes à l'intérieur de leur propre pays, E/CN.4/1998/53/Add.2).

148 L'on a des principes généraux (en matière de souveraineté des États, « souveraineté » doit être comprise comme « responsabilité ». Conformément au principe 3, « C'est aux autorités nationales

…/…

Lors du sommet mondial de 2005, les États ont reconnu les Principes directeurs comme « cadre normatif important pour la protection des déplacés internes ». Les Principes directeurs acquéraient ainsi une certaine notoriété. Leur histoire est très révélatrice. Il en ressort qu'il est possible d'inscrire dans l'agenda international un problème longtemps négligé et d'obtenir des « législateurs extraordinaires » qu'ils développent un cadre normatif en un temps record ; mais encore faut-il s'assurer qu'à travers l'instrument élaboré l'on contribue à l'affirmation effective des droits.

Toujours en 2005, un autre texte important pour les déplacés internes et les réfugiés paraît : il s'agit des Principes des Nations unies concernant la restitution des logements et des biens dans le cas des réfugiés et des personnes déplacées (Principes de Pinheiro). En effet, tout commence à se concrétiser en 2002 lorsque Paulo Sérgio Pinheiro est nommé Rapporteur spécial sur la restitution des logements et des biens concernant les réfugiés et les personnes déplacées [149]. Après une étude de 2003, le Rapporteur spécial est prié de la poursuivre en élaborant des principes ou directives sur la restitution des biens et logements [150]. Des principes préliminaires sont présentés à la Sous-Commission en 2004. Par la suite, les Principes concernant la restitution des logements et des biens dans les cas des réfugiés et des personnes

---

qu'incombent en premier lieu le devoir et la responsabilité de fournir une protection et une aide aux personnes déplacées à l'intérieur de leur propre pays qui relèvent de leur juridiction ») ; des principes relatifs à la protection contre le déplacement (principes 5 à 9 et plus particulièrement le principe 6. Ils traitent des déplacements arbitraires, du nettoyage ethnique, des raisons militaires impérieuses, du châtiment collectif, de l'intérêt supérieur du public) ; des principes relatifs à la protection au cours du déplacement (principes 10 à 23, avec le principe 15 relatif à la liberté de mouvement. Au regard de ces principes, les déplacés ont le droit de rechercher la sécurité dans une autre partie du pays ; le droit de quitter leur pays ; le droit de demander l'asile dans un autre pays ; le droit d'être protégés contre le retour ou la réinstallation forcés dans tout lieu où leur vie, leur sécurité, leur liberté ou même leur santé seraient en danger) ; des principes relatifs aux questions d'assistance (le principe 18 notamment qui s'étend sur les questions d'assistance comme l'aliment de base et eau potable, abri et logement, vêtements décents, services médicaux et installations sanitaires essentiels) ; des principes relatifs à l'aide humanitaire (Principes 24 à 27 relatifs à la responsabilité des autorités nationales ; de la protection des personnes chargées de l'aide humanitaire, de leur transport et des stocks ; et le rôle des organisations internationales et autres acteurs) ; et des principes sur le retour, la réinstallation et la réintégration (Principes 28 à 30 sur la question des solutions ; le retour volontaire sur le lieu d'origine ou de la résidence habituelle ; intégration sur place ; la réintégration volontaire dans un autre endroit du pays).

149 La Commission des droits de l'homme à travers sa résolution 1999/47 du 27 avril 1999 a encouragé la Sous-commission de la promotion et de la protection des droits de l'homme à poursuivre ses travaux sur la question de la restitution des logements et des biens dans le cadre du retour des réfugiés et des personnes déplacées à l'intérieur de leur propre pays. La commission a, le 24 avril 2003, approuvé la décision de la sous-commission de nommer Paulo Sérgio Pinheiro comme Rapporteur spécial sur la restitution des logements et des biens dans le cadre des réfugiés et des personnes déplacées (résolution 2002/7 du 14 août 2002).

150 La Sous-commission demande expressément la préparation des principes ou directives et non un document contraignant.

déplacées [151], dits Principes de Pinheiro, sont présentés à cette même Sous-Commission qui les approuvera le 11 août 2005. Ils n'ont pas le même statut juridique qu'un traité ou une loi : ce sont des principes à valeur déclaratoire. Toutefois, semblablement aux Principes directeurs de 1998, ils font autorité. Ils tirent leur base juridique des normes du DIDH et du DIH. Tout d'abord, ils réaffirment les droits de l'homme et les adaptent à la question spécifique de restitution de logements et biens [152]. Puis, ils rappellent la démarche à suivre par les États dans la mise en place des procédures et institutions nationales sur la restitution des logements et biens et la facilitation de l'accès à celles-ci aux déplacés internes et réfugiés [153]. Ils précisent enfin le rôle de la société internationale ; particulièrement le rôle des organisations internationales [154].

2. Droits des déplacés internes : une protection internationale confiée aux institutions non spécifiquement vouées aux questions de déplacement interne

Les avancées normatives et les aménagements institutionnels devant être faits simultanément, la question du cadre institutionnel s'est rapidement posée dans le contexte des premières initiatives « onusiennes » relatives au déplacement interne. Dans sa résolution du 11 mars 1993 sur les déplacés internes [155], la Commission des droits de l'homme relevait l'absence et la nécessité d'un organe dans le système « onusien » à même de contribuer efficacement à la protection des déplacés internes. Il a été présenté comme urgent d'opérer un choix entre trois différents arrangements proposés par Francis Deng, à savoir : la création d'une agence spécifique pour les questions de déplacement interne (elle n'a pas eu de succès à cause du manque de satisfecit politique et de moyens financiers), l'attribution du mandat du déplacement interne à une agence existante, le HCR en l'occurrence (l'entente nécessaire n'a cependant pas été obtenue) et la troisième proposition, celle retenue, a été la coordination.

Dès son entrée en fonction en 1997, Kofi Annan instaurera une réforme du système des Nations unies, réforme dont les priorités ont été les opérations couvrant l'humanitaire et les droits de l'homme. Il en résultera une réaffirmation de la coordination comme étant le mécanisme « onusien » idéal pour résoudre les crises de déplacement interne, avec pour corollaire la transformation du Département des Affaires humanitaires en Bureau pour la

---

151 Voir les documents E/CN.4/Sub.2/2005/17 et E/CN.4/Sub.2/2005/17/Add.1.

152 Voir les principes 2 à 10.

153 Voir les principes 11 à 21.

154 Voir principe 22.

155 Commission des droits de l'homme, résolution 1993/95 du 11 mars 1993 sur les déplacés internes.

Coordination des Affaires humanitaires [156]. L'approche choisie à cette époque est collaborative. Thomas G. Weiss et David A. Korn la résument comme une façon d'agir qui consiste à conjurer les agences de l'ONU, en fonction de leurs mandats et des ressources disponibles, pour qu'elles assistent, protègent et aident les déplacés internes à retourner chez eux [157]. Aucun des principaux acteurs opérationnels (HCR, UNICEF, FAO et PNUD) n'en a la responsabilité [158]. D'autres critiques plus virulentes ont été formulées à l'adresse de cette approche. Pour Richard Holbrooke, « Co-heads are no-heads » [159]. Elisabeth Stites et Victor Tanner vont plus loin. Pour eux, la réponse « onusienne » aux déplacés internes est encore un échec aujourd'hui [...] le système de l'ONU n'est pas prêt pour le changement [160]. Cette dernière « vérité » n'était qu'une hypothèse provisoire, une vérité transitoire. Le revirement ne tardera pas, puisque quelques mois plus tard, l'« approche *cluster* » est mise sur pied. Approche qui elle aussi s'appuie sur plusieurs institutions « onusiennes », mais dans laquelle chacune s'occupe d'un secteur spécifique en fonction de ses capacités. Ce nouveau système de coordination donne-t-il satisfaction ? On le saura, mais avant il est nécessaire de rappeler brièvement les agences et mécanismes respectifs à même d'intervenir ici. Certains opèrent principalement au plan mondial, d'autres sur le terrain.

Avant d'énumérer ces différentes institutions, quelques précisions sont nécessaires sur le sens du terme protection. La protection a assurément des fondements philosophiques et surtout juridiques précisés dans différentes sources du droit international. Diverses agences de l'ONU agissent en ce sens, chacune avec une interprétation singulière de ce qu'est la protection, et en accord avec leurs activités [161]. La protection des droits de l'homme va au-delà des seuls mécanismes judiciaires pour englober aussi la protection sous forme d'assistance humanitaire dans différentes dimensions. Les agences représentées au sein du Comité permanent Interorganisations et de OCHA conviennent que, par protection, il faut entendre toutes activités visant à obtenir le plein respect

---

156 Kofi ANNAN, *Renewing the United Nations: A programme for Reform*, New York, UN, 1997.

157 Thomas G. WEISS and David A. KORN, *Internal Displacement : Conceptualization and its consequences*, Routledge: London and New York, 2006, p. 118.

158 Ibid.

159 « Co-heads are no-heads » [« La codirection signifie absence de direction »], Richard HOLBROOKE, « A borderline différence », *Washington Post*, 8 May 2000.

160 Victor TANNER and Elisabeth STITES, *External Evaluation of OCHA's Internal Displacement Unit*, January 2004, paragraphe 18.

161 Par protection, l'UNICEF entend « *preventing and responding to violence, exploitation and abuse to ensure children's rights to survival, development and well-being* ». Pour le HCR, la protection internationale englobe All actions aimed at ensuring the equal access to and enjoyment of the rights of women, men, girls and boys of concern to UNHCR, in accordance with the relevant bodies of law. (Elizabeth G. FERRIS, *The Politics of Protection: The Limits of Humanitarian Action*. Brookings Institution Press, Washington D.C., 2011, p. 97).

des droits de l'individu conformément à la lettre et à l'esprit des normes pertinentes, à savoir le DIDH, le DIH et le droit des réfugiés [162]. Ces activités peuvent être réactives, correctives, ou constructives [163]. Adoptée en 1999 par le Comité permanent interorganisations [164], cette définition, aussi large soit-elle, est retenue par les agences « onusiennes » et plusieurs autres organisations [165]. Toutefois, sa large accréditation obombre mal son imprécision, comme le relève à juste titre Elizabeth Ferris [166]. Bien que le CICR utilise cette définition, il a lui aussi proposé une définition de la notion de protection dans laquelle il inclut une réaction à la violation des droits de l'homme en vue d'y mettre fin, de prévenir sa récurrence et alléger les effets immédiats ; une action réparatrice ; et des activités de reconstruction d'un environnement favorable au plein respect des droits de l'homme [167]. Dès lors, les activités de protection couvrent une assistance matérielle et psychosociale directe aux victimes d'abus ; le plaidoyer ; la sensibilisation ; le renforcement de la société civile ; la poursuite de la justice [168] ; et la mise en place des mécanismes institutionnels pour répondre et prévenir les violations [169]. Telle est l'approche « onusienne » de protection des personnes déplacées à l'intérieur de leur propre État : prévention, protection pendant le déplacement et réalisation des solutions durables.

Si initialement, protéger revient à prévenir les atteintes et répondre auxdites atteintes lorsque celles-ci se matérialisent, les agences « onusiennes » (presque toutes) offrent une protection sous cette conception large. Elles font intervenir la protection purement juridique et la protection à caractère humanitaire. Bien qu'il soit néanmoins important de maintenir une certaine différence, l'on note toutefois beaucoup de chevauchements. Par exemple des agences humanitaires établissent des systèmes d'assistance juridique gratuite pour les déplacés

---

162 IASC Politique de protection des personnes déplacées. 1999 ; ICRC, Strengthening Protection in War: A Search for Professional Standards, 2001.

163 Réactive dans le but de prévenir ou mettre un terme aux atteintes aux droits ; correctives pour assurer un recours face aux violations commises, par l'accès à la justice, la réparation ou la réhabilitation ; et constructives notamment par la mise en place d'un cadre juridique et institutionnel, la construction d'un cadre propice à la promotion et au respect des droits de l'homme (IASC, *Directives opérationnelles de l'IASC sur la protection des personnes affectées par des catastrophes naturelles*. Projet Brookings. LSE sur le déplacement interne, septembre 2011, p. 6).

164 Comité permanent interorganisations (IASC. sigle anglais) organe établi par l'Assemblée générale de l'ONU pour coordonner le travail humanitaire entre les principaux acteurs humanitaires, « onusiens » et non « onusiens ».

165 Le CIRC, le Mouvement de la Croix rouge et du Croissant-Rouge et les ONG notamment.

166 Elizabeth G. FERRIS, *The Politics of Protection: The Limits of Humanitarian Action*. Brookings Institution Press, Washington D.C., 2011, p. 274.

167 ICRC, Strengthening Protection in War: A Search for Professional Standards, 2001.

168 Il faut inclure ici les mécanismes juridictionnels et quasi juridictionnels.

169 Elizabeth G. FERRIS, *The Politics of Protection: The Limits of Humanitarian Action*. Brookings Institution Press, Washington D.C., 2011, p. 17.

internes. Cette interaction a été relevée par Roberta Cohen : « *There is an integral relationship between protection and assistance. Providing relief also has to involve dealing with the security needs of aid recipients* » [170].

a. Les ajustements institutionnels « onusiens » d'après-guerre froide présentant une ouverture aux droits des déplacés internes

Le système « onusien » actuel présente une certaine ouverture à la protection des droits des déplacés internes. Aux institutions « onusiennes » en place depuis la création de l'ONU jusqu'à la fin de la Guerre froide, plusieurs autres sont venues en ajout ou en remplacement et sont d'utilité pour la protection des déplacés internes. L'on a principalement le Haut Commissaire des Nations unies aux droits de l'homme [171] et le Conseil des droits de l'homme. En outre, vers les dernières années de la Guerre froide, le débat a été ouvert sur le procédé de mise sur pied d'une cour pour connaître les graves atteintes aux droits de l'homme. Cet élan de droits de l'homme « onusien » d'après-guerre froide a largement contribué à l'établissement des juridictions pénales internationales *ad hoc*, de la Cour pénale internationale et de plusieurs autres

---

170 « Il y a une étroite relation entre la protection et l'assistance. Apporter secours doit aussi inclure la prise en compte des besoins de sécurité des destinataires de l'aide » (Roberta COHEN, *Human Rights protection for Internally Displaced Persons*, Washington D.C.: RPG, 1991, Refugee Policy Group Paper, p. 14.).

171 Les débats concernant son rôle et la nécessité de sa création s'installent à la fin des années 1940. Ce n'est qu'en 1993 que le poste sera créé par l'Assemblée générale sur recommandation de la conférence de Vienne des Nations unies sur les droits de l'homme. Son programme de travail comprend le service dû aux organes des traités, au Comité des droits de l'homme et à ses organes subsidiaires, ainsi qu'à l'examen périodique universel de la situation dans les États et aux procédures spéciales ; la diffusion des droits de l'homme, le droit au développement, la recherche et les études, les services consultatifs et la coopération technique, les activités sur le terrain, le secrétariat des fonds de contribution diverse. À la tête de cette institution se trouve le Haut Commissaire (Haut Commissaire, poste approuvé par la résolution 48/141 de l'Assemblée générale sur une recommandation de la conférence mondiale de Vienne sur les DH en 1993). Dans le système des Nations unies, la responsabilité dans le domaine des droits de l'homme incombe au Haut Commissaire (il lui revient de « protéger la jouissance effective par tous de tous les droits civils, culturels, économiques, politiques et sociaux », « exécuter les tâches… assignées par les organismes compétents des Nations unies dans le domaine des droits de l'homme et leur adresser des recommandations tendant à ce que tous les droits de l'homme soient… défendus plus efficacement », « dispenser des services consultatifs et apporter assistance technique et financière… à la demande…, le cas échéant, des organisations régionales de défense des droits de l'homme », « contribuer activement à écarter les obstacles et à régler les problèmes qui entravent actuellement la réalisation intégrale de tous les droits de l'homme ainsi qu'à empêcher que les violations des droits de l'homme ne persistent, où que ce soit dans le monde », « engager un dialogue avec tous les gouvernements dans l'exécution de son mandat afin de garantir le respect de tous les droits de l'homme », « renforcer la coopération internationale visant à… défendre tous les droits de l'homme dans l'ensemble du système des Nations unies »). Le HC rend compte tous les ans de ses activités à la Commission des droits de l'homme et, par l'intermédiaire du Conseil économique et social, à l'Assemblée générale. Il assume la fonction de secrétaire de grandes Conférences des Nations unies relatives aux droits de l'homme.

juridictions pénales internationalisées. C'est la création d'une ère de juridictionnalisation résolue du DIDH et du DIH [172], avec pour aboutissant une logique punitive accrue. Il faut noter enfin la mise en place de plusieurs autres organes des traités ou l'élargissement des compétences de quelques organes déjà en place ; notamment au moyen de l'adoption d'un protocole optionnel. Ces organes peuvent, selon le cas, recevoir des revendications liées à la situation spécifique des déplacés internes[173].

L'ONU bénéficie aujourd'hui du soutien de plusieurs de ses institutions spécialisées : OMS, UNESCO et bien d'autres. Parlant de l'ONU *stricto sensu*, il faut s'intéresser à ses organes principaux parmi lesquels le Conseil de sécurité [174], le Conseil de tutelle, le Conseil économique et social et le Secrétariat ; aux Fonds, Programmes, Instituts dont on trouve parmi les principaux qui interviennent dans des situations de déplacement interne l'UNHCR, l'UNICEF, le PNUD, le PAM ; aux organes subsidiaires, dont la troisième Commission de l'Assemblée générale [175], le Conseil des droits de l'homme [176], le Comité consultatif [177], les Procédures spéciales [178] et le Haut Commissariat des Nations unies aux droits de l'homme. Ainsi, la Charte de l'ONU, le Haut Commissariat aux droits de l'homme et le Conseil des droits de l'homme sont d'une importance capitale pour les déplacés internes.

b. Le fonctionnement actuel du système « onusien » de protection et sa pertinence pour le déplacement interne

Ce fonctionnement se fait au moyen des rapports, des enquêtes, des pétitions, de la coopération technique, des tribunaux, des institutions nationales, etc. Il faut cependant distinguer l'approche mondiale de l'approche sur le terrain.

---

172 Sur la juridictionnalisation du droit international humanitaire, voir Olivier DE FROUVILLE et Olivia MARTELLY, « La juridictionnalisation du droit des conflits armés : les tribunaux internationaux mixtes », in Vincent CHETAIL (dir.), *Permanence et mutation du droit des conflits armés*, Bruylant, 2013, p. 573-612.

173 Nous y reviendrons dans les développements (voir p. 279).

174 Il faut surtout relever la coopération qui existe entre le Conseil de sécurité et autres institutions, notamment les juridictions pénales internationales (CPI), *ad hoc* (TPIY, le TPIR) et internationalisées.

175 Tous les États membres participent et il n'y a pas de statut spécial ONG.

176 Composé d'États membres élus sur base régionale.

177 Composé d'experts proposés par les États sur une base géographique.

178 Les Rapporteurs spéciaux et Groupes de travail du CDH ; les Représentants ou conseillers du Secrétaire général des Nations unies.

Au plan mondial, notamment à New York et à Genève, il faut relever la procédure des rapports [179] ; les Procédures spéciales [180] ; l'Examen périodique universel [181], du nom de cet examen qui vise à amender la situation des droits de l'homme dans tous les États et à traiter des violations des droits de l'homme

---

[179] Concernant la procédure de rapports, les comités d'experts ou organes de traités examinent le rapport périodique dû par tout État Partie sur l'application des obligations qui leur incombent en vertu du traité. Ils émettent des observations sur chaque rapport, recommandent au HCDH des mesures de coopération technique pour aider les États parties, interprètent les dispositions des traités et examinent les pétitions d'un État Partie contre un autre ou contre des individus alléguant des violations de dispositions du traité (dans l'hypothèse où l'État partie a accepté ce droit de pétition). Les principaux instruments faisant l'objet d'un rapport et touchant aux déplacés internes sont la convention contre la torture et autres peines ou traitements cruels, inhumains ou dégradants ; le pacte international relatif aux droits civils et politiques (particulièrement son 1er protocole facultatif sur l'admissibilité des communications individuelles et son 2e protocole facultatif visant à abolir la peine de mort) ; le pacte international relatif aux droits économiques, sociaux et culturels (notamment son protocole facultatif sur l'admissibilité de communications, proposé par la Déclaration et programme d'action de la conférence mondiale de Vienne sur les droits de l'homme en 1993 et adopté par l'Assemblée générale le 10 décembre 2008), etc.

[180] Elles sont fondées d'une part sur la compétence donnée par la Charte à l'ONU en matière de protection des droits de l'homme et sur les obligations qui en découlent pour les États membres ; puis sur les déclarations et autres principes et normes adoptées par l'organisation en matière de droits de l'homme. Elles examinent et soumettent des recommandations au Comité des droits de l'homme et, selon le mandat, aussi à l'Assemblée générale et au SG, sur des violations graves des droits de l'homme dans le monde entier ou dans un pays ou territoire donné. Il existe actuellement 36 mandats thématiques et 13 mandats par pays (disponible à l'adresse : http://www2.ohchr.org/french/bodies/chr/special/ [consulté le 26 mars 2014]). Les titulaires du mandat sont soit Rapporteur spécial, soit expert indépendant, soit un groupe de travail du CDH soit un Représentant spécial ou conseiller du SG. Leur mandat est défini par les résolutions qui les instaurent et les renouvellent. Si la situation des droits de l'homme s'améliore, une nouvelle résolution peut changer le mandat ou y mettre fin. Le mandat sur le déplacement interne a ainsi subi quelques légères modifications : au départ Représentant spécial du Secrétaire général sur les personnes déplacées à l'intérieur de leur propre pays, puis dès 2004, Représentant du Secrétaire général pour les droits de l'homme des personnes déplacées à l'intérieur de leur propre pays, et depuis fin 2010, rapporteur spécial sur les droits de l'homme des personnes déplacées à l'intérieur de leur propre pays. Ces titulaires de mandats examinent les allégations de violations graves des droits de l'homme sur invitation pour visite sur le terrain, adressent un appel au gouvernement concerné en cas d'urgence, le conseillent sur l'application de ses obligations internationales, proposent au HCDH une coopération technique et rédigent un rapport de mission avec leurs conclusions et recommandations.

[181] L'EPU est fondé sur la Charte des Nations unies, la Déclaration universelle des droits de l'homme, les traités relatifs aux droits de l'homme auxquels l'État est partie, le DIH applicable, les obligations et engagements souscrits volontairement par les États. Il vient compléter l'œuvre des organes conventionnels sans faire double emploi. Il se fait sur la base d'informations fiables et objectives, du respect par chaque État de ses obligations et engagements en matière de droits de l'homme, de façon à garantir l'universalité de son action et l'égalité de traitement de tous les États. Cet examen requiert que les 47 États membres du CDH passent en revue les réalisations des États membres de l'ONU dans le domaine des droits de l'homme. Les États membres ont la faculté de présenter les mesures qu'ils ont prises pour remplir leurs obligations en matière de droits de l'homme.

où qu'elles se produisent [182] ; et les pétitions, réclamations, plaintes, communications en violation de droits [183].

Sur le terrain, on retrouve des *Équipes de pays des Nations unies*. L'un des objectifs de la réforme humanitaire de 2005 était de combler les lacunes de la société internationale concernant la réponse au problème de déplacement interne. Le HCR dont la responsabilité première est la protection et à l'assistance aux réfugiés s'occupe aussi des déplacés internes, mais seulement au cas par cas. Il joue le rôle d'agence leader en matière de protection des déplacés, d'abris d'urgence, de coordination dans les camps de déplacés pour cause de conflit. L'engagement des agences « onusiennes » en ce sens a dans la pratique toujours été difficile. Le HCR, agence pressentie pour assumer cette responsabilité jugeait au départ que cette nouvelle tâche affaiblirait son action vis-à-vis des réfugiés. Il a actuellement une part de responsabilité quant à la protection et l'assistance aux déplacés internes. Toutefois, son action ici dépend des fonds extra budgétaires reçus. L'UNICEF quant à lui a tout récemment renoncé à prendre la responsabilité de protéger les déplacés dans les situations de catastrophes naturelles. Le HCDH est également un pilier de la réponse « onusienne » sur le terrain. Il a au fil des années renforcé sa présence sur le terrain ; se rapprochant des personnes et donnant une voix à celles qui en ont le plus besoin. Ces présences sur le terrain servent de point d'accès stratégique pour promouvoir et protéger les droits de l'homme dans chaque État ; pour intégrer la perspective des droits de l'homme dans les activités des *Équipes de pays des Nations unies* ; et surtout pour aider à renforcer les institutions nationales et la société civile. Concrètement, elles contribuent à surveiller efficacement la situation des droits de l'homme dans les États, à renforcer les capacités des États membres et des autres titulaires de mandat afin qu'ils s'investissent dans la protection des droits de l'homme. En réalité, elles participent à la traduction dans la réalité des droits déclarés. Ces présences sur le terrain comprennent : les bureaux nationaux [184], les missions de paix de l'ONU [185], les bureaux

---

182 Pour en savoir plus sur l'EPU, voir le site du Haut Commissariat aux droits de l'homme. Disponible à l'adresse : www.ohchr.org/EN/HRBodies/UPR/Pages/UPRMain.aspx.

183 L'on a dans le cadre strictement « onusien » : les communications individuelles et étatiques faites relativement aux organes de traité ; un comité consultatif du CDH composé d'un groupe de travail de 5 membres à composition géographique chargé de l'examen de communications ; un groupe de travail au sein du CDH composé de 5 membres à composition géographique chargé des situations de violations graves et systématiques ; enfin les procédures thématiques.

184 Leur rôle couvre la supervision, les rapports publics, l'assistance technique, l'assistance et le développement des capacités nationales sur le long terme afin qu'elles soient aptes à s'occuper des questions de droits de l'homme.

185 Le HCDH n'est pas l'unique, mais la principale autorité en matière de droits de l'homme. Toutes les entités des Nations unies ont un rôle à jouer lorsqu'il y a besoin de promotion et de protection des droits de l'homme. Elles le font par le biais de leurs opérations sur le terrain. Aujourd'hui, le HCDH gère plus de 10 sections de droits de l'homme au sein des missions de paix dans différents

.../...

régionaux [186], les conseillers aux droits de l'homme [187], les interventions rapides en cas de crise [188].

C. Les implications du 11 septembre sur l'approche « onusienne » des questions de droits de l'homme

La réponse internationale au déplacement interne, formulée principalement dès la fin de la Guerre froide, fera l'objet de profondes transmutations à partir de la première décennie du XXIe siècle. Aujourd'hui encore, ces changements sont notables ; particulièrement en matière de sécurité collective. Le nouveau visage du terrorisme qui point à l'horizon de la fin du XXe au début du XXIe siècle a principalement révélé deux faits majeurs : l'échec des États et des institutions de sécurité collective à maintenir la paix et les aspects nouveaux de la menace à la paix et à la sécurité internationales. Il a en outre provoqué un changement profond tant dans le discours sur les droits de l'homme que dans l'approche internationale des responsabilités en matière de protection des droits de l'homme. Les États membres de l'ONU ont une fois de plus rappelé que :

---

pays (l'on en avait 14 exactement en fin 2010). Il se donne quatre priorités pour intégrer les droits de l'homme dans tous les éléments composant ces missions de paix. À savoir garantir la justice et obliger les responsables à rendre des comptes dans les processus de paix ; prévenir les violations des droits de l'homme et y remédier ; renforcer les capacités et les institutions nationales, et intégrer les droits de l'homme dans tous les programmes de l'ONU.

186 Ils jouent un grand rôle en matière de promotion et de protection des droits de l'homme dans les pays de leur région. Ils travaillent en collaboration avec les organisations régionales. En fin 2010 ces bureaux étaient au nombre de 12 (à la fin de l'année 2010, le HCDH disposait de douze bureaux régionaux couvrant l'Afrique de l'Est [Addis-Abeba], l'Afrique australe [Pretoria], l'Afrique de l'Ouest [Dakar], l'Amérique centrale [Panama], l'Amérique latine [Santiago du Chili], l'Asie centrale [Bichkek], l'Asie du Sud-est [Bangkok], l'Europe [Bruxelles], le Moyen-Orient [Beyrouth] et le Pacifique [Suva]. Auxquels il faut ajouter un Centre régional pour les droits de l'homme et la démocratie en Afrique centrale à Yaoundé, Cameroun et un centre de formation et de documentation pour le sud-ouest de l'Asie et la péninsule arabe au Qatar).

187 Ils sont des experts envoyés par le HCDH sur le terrain pour soutenir les *Équipes de pays des Nations unies* à la demande de coordonnateurs résidants de l'ONU. Leur rôle est de suivre et analyser la situation des droits de l'homme dans les pays où ils sont affectés ; conseiller le coordonnateur résident et l'ensemble de l'équipe de l'ONU sur toutes stratégies nécessaires au renforcement des capacités des nations et institutions à promouvoir et protéger les droits de l'homme. Ils travaillent aussi avec les acteurs nationaux sur les meilleurs moyens d'appliquer les normes de droit de l'homme.

188 Le HCDH a à sa disposition une unité d'intervention rapide qui l'aide dans ses activités et permet de déployer rapidement du personnel sur le terrain. Ainsi le HCDH a-t-il souvent envoyé ou soutenu des missions ou commissions d'enquête qui examinent les allégations graves de violation des droits de l'homme (notamment au Timor oriental, au Soudan, au Sahara occidental, au Liberia, au Liban, à Beit-Hanoun, au Kenya, au Togo, en Guinée, dans les territoires occupés de Palestine. Cette unité d'intervention rapide a aussi mené des missions d'évaluation des droits de l'homme au Togo, en Sierra Léone, en Bolivie, à Madagascar).

« Nous condamnons de nouveau fermement et catégoriquement le terrorisme, sous toutes ses formes et dans toutes ses manifestations, quels qu'en soient les auteurs, les lieux et les buts, considérant qu'il constitue l'une des menaces les plus graves contre la paix et la sécurité internationales ; nous réaffirmons que toutes les mesures de lutte contre le terrorisme doivent être conformes aux obligations qui incombent aux États au regard du droit international, dont celles découlant de la Charte des Nations unies, en particulier des buts et principes qui y sont énoncés, et celles résultant des conventions et protocoles applicables, en particulier du droit international des droits de l'homme, du droit des réfugiés et du droit humanitaire » [189].

Ils ont beau affirmer leur volonté et leur unanimité dans la lutte et les moyens de lutte contre le terrorisme, mais la pratique s'écarte largement de ces déclarations encenseuses. Est-ce une question d'inadaptation ou d'évanescence des normes internationales relativement au modèle de conflits actuels ; ou plutôt de la non-observance des normes existantes ? Toujours est-il que l'on relève un rappel permanent au principe de légalité [190].

Relativement à l'idéologie des droits de l'homme, il convient de noter que le discours sur la sécurité mondiale, discours qui se concentrait auparavant sur un engagement théorique envers les droits de l'homme, porte aujourd'hui sur la menace de la guerre des civilisations. Pas surprenant, puisqu'il est de coutume que l'idéal de justice soit transformé en temps de guerre, et cette guerre-ci en est une de longue [191]. L'on note, en effet, une divergence d'idéologies sur les questions de liberté et de démocratie ; l'aggravation des violations des droits de l'homme au nom de la lutte contre le terrorisme [192] ; une insuffisance ou une

---

[189] Assemblée générale de l'ONU, projet de résolution A/67/L.1 (19 septembre 2012), sur l'état de droit aux niveaux national et international, paragraphe 26.

[190] Voir notamment les travaux en cours dans le cercle « onusien » sur le respect de l'état de droit aux niveaux national et international. Par exemple le rapport A/66/749 (16 mars 2012) du Secrétaire général sur l'état de droit aux niveaux national et international.

[191] La lutte contre le terrorisme est, selon les termes de Donald Rumsfeld, une longue guerre. Voir « Rumsfeld Offers Strategies for Current War », *Washington Post*, 3 February 2006.

[192] Le *USA Patriot Act* par exemple ne constitue qu'une autorisation à restreindre la jouissance des droits de l'homme qui, qui plus est, a été copié par plusieurs autres gouvernements. Susan Illston (United States Disctrict Judge) juge cette mesure inconstitutionnelle (The United States Disctrict Court for the Northern Disctrict of California, in *The National Security Letter*, No C 11-02173 SI, Order granting motion to set aside NSL Letter, march 14th 2013). Sur l'aggravation de la violation des droits de l'homme au nom de la lutte contre le terrorisme, voir Paul Hoffman, « Human Rights and Terrorism » (2004) 26 *Human Rights Quarterly* 932 ; Anthea Roberts, « Righting Wrongs or Wronging Rights? The United States and Human Rights Post-September 11' (2004) 15 *European Journal of International Law* 721 ; Joan Fitzpatrick, 'Speaking Law to Power: The War

.../...

inadéquation du dispositif normatif international à la couverture de cette forme nouvelle de guerre, nouvelle par ses acteurs et modes d'opération. On pourrait croire en la réaffirmation mondiale d'une ferme volonté de garantir un monde meilleur pour tous, mais les procédés pour y parvenir divisent.

Concernant l'approche des responsabilités, l'on retiendra qu'au sortir du Kosovo et quelques mois après le 11 septembre, la Commission internationale de l'intervention et de la souveraineté des États (CIISE) [193] a émis son rapport sur la responsabilité de protéger qui, bien que pas encore raisonnablement conceptualisée (de l'avis des États), reconnaît la société internationale comme une débitrice subsidiaire de l'obligation de protéger les populations des graves violations des droits de l'homme lorsqu'il est avéré que l'État sur lequel pèse la principale responsabilité n'a pas soit la capacité, soit la volonté de remplir ces obligation avec adéquation.

Le Conseil de sécurité semble reprendre la main pour réaliser les promesses faites dans la Charte des Nations unies. Il émerge comme la figure centrale de la lutte contre le terrorisme, rompant ainsi avec son passé sur cette question[194]. Ses résolutions sont décisives, telles que la résolution 1368 [195] au moyen de laquelle il déclare le terrorisme international comme étant une menace à la paix et à la sécurité internationales ; la résolution 1373 [196] qui énumère diverses mesures à prendre par les États membres dans la campagne pour la lutte internationale contre le terrorisme, appuyée quelques semaines plus tard par la résolution 1377 [197] qui vient renforcer le mandat du Comité contre le

---

against Terrorism and Human Rights' (2003) 14 *European Journal of International Law* 241 ; Frédéric Mégret, 'Justice in Times of Violence' (2003) 14 *European Journal of International Law* 327.

193 Cette Commission a été créée en septembre 2000 par le gouvernement canadien, en réponse à l'appel lancé par Kofi Annan en mars 2000 à l'Assemblée générale de l'ONU. Du discours de Kofi Annan à l'Assemblée générale, l'on retiendra surtout l'interrogation suivante : « si l'intervention humanitaire constitue effectivement une atteinte inadmissible à la souveraineté, comment devons-nous réagir face à des situations comme celles dont nous avons été témoins au Rwanda ou à Srebrenica, devant des violations flagrantes, massives et systématiques des droits de l'homme, qui vont à l'encontre de tous les principes sur lesquels est fondée notre condition d'être humain ? ».

194 Pendant la guerre froide particulièrement, le Conseil de sécurité s'intéressait plus aux réponses étatiques contre le terrorisme qu'aux terroristes eux-mêmes. Elle s'affirme progressivement dès la fin de la guerre froide en condamnant sur la base du chapitre VII la Libye, le Soudan et l'Afghanistan. Les mesures qu'il prend sont plus résolues après le 11 septembre (Voir Eric ROSAND « The UN response to the evolving threat of global terrorism: institutional reform, rivalry, or renewal? » in Peter G. DANCHIN& Horst FISCHER (eds.), *United Nations Reform and the New Collective security*. Cambridge University Press, 2010, p. 250).

195 Conseil de sécurité, résolution S/RES/1368 du 12 septembre 2001.

196 Conseil de sécurité, résolution S/RES/1373 du 28 septembre 2001.

197 Conseil de sécurité, résolution S/RES/1377 du 11 septembre 2001.

terrorisme ; et bien d'autres encore [198]. L'on a pu observer tant un multilatéralisme qu'un unilatéralisme sur cette question principalement. Toutefois, sans pour autant marquer le passage du multilatéralisme à l'unilatéralisme [199], l'année 2001 a contribué au renforcement de l'unilatéralisme, des États-Unis notamment [200], nonobstant des appels incessants à cet État pour une ouverture au multilatéralisme [201]. L'intervention en Irak constitue non seulement une manifestation de cet unilatéralisme, mais surtout la preuve de l'impasse dans laquelle celui-ci peut nous entraîner, pour enfin sanctionner la thèse de l'exigence du multilatéralisme, ou du besoin d'alliés, qui permet non seulement de légitimer son action, mais aussi de partager le coût militaire, financier et politique de l'intervention. Se trouve relancée ici la question de la licéité ou de la légitimité des interventions étrangères. Deux notions qui devraient se renforcer de l'avis du professeur Decaux, puisque :

> « Une légalité purement formelle, vouée à l'impuissance collective, en divorce avec les fins supérieures de la communauté internationale serait sans avenir, tout comme une légitimité aventureuse voulant passer outre aux procédures juridiques fixées

---

198 Résolutions 1390, 1735 (sanctions imposées aux talibans), résolution 1456 (lutte contre le terrorisme dans le respect des droits de l'homme), résolution 1535 (réponse aux attentats de Madrid et établissement de la direction exécutive contre le terrorisme), résolution 1540 (poursuite de l'expansion normative et institutionnelle du conseil), résolution 1566 (réaction du Conseil à Beslan en Russie), résolution 1624 (réaction du Conseil aux attentats de Londres)…

199 Natasha Kuhrt, nous démontre que « To see 9/11 as the point when US unilateralism reasserted itself, and the period before that as a golden era of multilateralism consensus would be a misperception » [« Voir le 11 septembre comme le moment où l'unilatéralisme des États-unis s'est réaffirmé, et la période précedante comme celle du multilatéralisme serait une perception érronée »]. (Natasha KUHRT, « The human security agenda after 9/11: from humanitarian intervention to peacebuilding », in Aidan HEHIR, Natasha KUHRT and Andrew MUMFORD (eds) *International Law, Security and Ethics: Policy challenges in the post-9/11 world.* Routledge, Contemporary Security Studies, p. 98).

200 Le principal argument des États-Unis est que si les Nations unies ne sont pas capables d'intervenir là ou besoin est, les États « capables » pourraient se substituer à elles. Les États-Unis, de l'avis de plusieurs juristes, se trouvent au centre de la crise du droit international. Voir Michael BYERS et Georg NOLTE (éds.) *United States Hegemony and the Foundations of International Law*, Cambridge, Combridge University Press, 2003.

201 Dans son discours d'adieu au poste de Secrétaire général de l'ONU, Kofi Annan énumère les cinq Principes directeurs qui devraient orienter les relations internationales (la responsabilité collective, la solidarité mondiale, la primauté du droit, la responsabilité mutuelle et le multilatéralisme) et appelle une fois de plus les États-Unis à se conformer au multilatéralisme dans la lutte contre le terrorisme, la protection des droits de l'homme en général et bien plus, l'acceptation de l'élargissement du Conseil de sécurité (Kofi ANNAN, « Discours d'adieu », *ONU*, 11 décembre 2006 : SG/SM/10793 du 11 décembre 2006).

par la Charte quitte à ruiner la construction juridique d'un ordre international déjà fragile »[202].

L'on note, en effet, un engagement plus prononcé du Conseil de sécurité, non seulement dans la lutte contre le terrorisme, mais pour la garantie d'un monde meilleur en général.

L'Assemblée générale a été très réactive à l'aggravation du terrorisme. Peu de temps après le 11 septembre, le Secrétaire général a établi un groupe de travail interdépartemental sur la politique contre le terrorisme[203]. Il a réaffirmé son engagement par la promotion d'une stratégie globale compréhensive pour la lutte contre le terrorisme[204]. L'adoption de cette stratégie, rappelle Éric Rosand, rompt avec l'idée reçue de la domination et des divergences au sein du Conseil de sécurité (il s'agit précisément des membres permanents) à propos des moyens de lutte contre le terrorisme, et constitue une réémergence de l'Assemblée générale comme un acteur central de l'effort global « onusien »[205].

Bien qu'il existe des tensions entre le Conseil et le Secrétariat, il semble y avoir une certaine entente pour la lutte contre le terrorisme. À travers cette question du terrorisme, l'on suppute mieux l'aptitude du Secrétariat et du Conseil de sécurité à prendre dans des délais raisonnables des mesures fermes pour résoudre des crises majeures.

L'action humanitaire constitue le principal pilier de la réponse spécifiquement « onusienne » à la question du déplacement interne. Pendant longtemps, cette réponse a été réduite à la fourniture de nourriture, de médicaments et d'abris. Elle s'élargit et couvre de nos jours plusieurs autres domaines, mais pas sans coup férir. Plusieurs facteurs ont été reconnus comme entravant ou constituant tout simplement la faiblesse de cet élan de la société internationale : les difficultés à travailler dans des zones de conflits, le risque d'insécurité pour le personnel investi de la mission de protéger, les barrières de la souveraineté étatique, le problème des fonds, l'insuffisance et le manque d'organisation des agents de protection sur le terrain et bien d'autres encore.

---

202 Emmanuel DECAUX, « Légalité et légitimité du recours à la force : de la guerre juste à la responsabilité de protéger », Revue électronique *Droits Fondamentaux*, publiée par le Centre de recherche sur les droits de l'homme et le droit humanitaire, CRDH, Université Panthéon-Assas paris II, 2005, p. 18. Disponible à l'adresse : http://www.droits-fondamentaux.org/IMG/pdf/df5edllrf.pdf (consulté le 1er décembre 2012).

203 Report of the Policy Working Group on Terrorism, A/57/273, August 6, 2002.

204 Report of the Secretary-General's High-Level Panel on Threats, Challenges and Change, A More Secure World: Our Shared Responsibility, A/59/565, December 2, 2004, p. 148. Cette stratégie est suivie par la création par le Secrétaire général à l'été 2005 de l'équipe spéciale interdépartementale de lutte contre le terrorisme.

205 Eric ROSAND « The UN response to the evolving threat of global terrorism: institutional reform, rivalry, or renewal? » in Peter G. DANCHIN and Horst FISCHER (eds.), *United Nations Reform and the New Collective security*. Cambridge University Press, 2010, p. 277.

Quelques questions importantes ont été soulevées ces dernières années et pourraient se rattacher directement ou non à l'amélioration de la condition des déplacés internes :

— La question de la construction de la paix post-conflit ou de la présence étrangère prolongée dans un État en proie ou au sortir d'un conflit armé : c'est la question du *jus post bellum*. Lorsqu'un État a violé les droits de l'homme ou a été incapable d'empêcher des violations graves desdits droits, risque-t-il automatiquement une intervention étrangère suivie du remplacement complet de la politique étatique, notamment par un changement de régime [206] ? L'objectif d'une mission de reconstruction de la paix est-il de rétablir le *statu quo ante* ou d'offrir un cadre plus sécurisé que le *statu quo ante bellum* ? [207]

— La question de l'intervention pour déliquescence de l'État ou pour terrorisme : c'est l'idée émise par Robert Keohane d'une phase constructive de l'intervention humanitaire suite à la traditionnelle intervention militaire en cas de légitime défense ; en lien avec son interrogation sur le bon et le mauvais voisinage [208]. Cette approche requiert de prolonger sa présence dans un État anciennement déliquescent ou siège du terrorisme pour prévenir la récurrence du problème initial après une intervention ; c'est le cas en Irak.

— L'évolution la plus importante est certainement l'adoption de la responsabilité de protéger, accompagnée de l'approbation de la mise en place d'une Commission pour la construction de la paix (PBC – sigle anglais). Ni parfaite ni consensuelle dans les modalités de sa mise en œuvre, elle est la conciliation la plus avancée de l'impératif d'intervention humanitaire et du principe de la souveraineté étatique. Elle vient en quelque sorte cristalliser le concept de souveraineté comme responsabilité et elle s'appuie sur trois piliers phares : la prévention, la réaction et la responsabilité de reconstruire.

On le voit, l'agenda international relatif aux droits de l'homme est très ondoyant ; il a été modifié, prenant en compte les nouvelles menaces à la paix et à la sécurité internationales. Toutefois, le multilatéralisme renaissant de l'après-guerre froide ne serait pas consolidé. La lutte mondiale contre le terrorisme a ramené les États sur le devant de la scène, préoccupés par la sécurité nationale. Ces importantes évolutions tant dans l'idéologie des droits

---

206 Natasha KUHRT, « The human security agenda after 9/11: from humanitarian intervention to peacebuilding », in Aidan HEHIR, Natasha KUHRT and Andrew MUMFORD (eds) *International Law, Security and Ethics: Policy challenges in the post-9/11 world.* Routledge, Contemporary Security Studies, p. 102.

207 Les États-Unis disaient poursuivre en Irak simultanément des objectifs humanitaires et l'élimination d'Al Qaïda et les talibans, puis l'exportation de la démocratie.

208 Robert O. KEOHANE, « Political Authority after Intervention: Gradations in Sovereignty », in J.L. HOLZGREFE and Robert O. KEOHANE (eds.), *Humanitarian Intervention: Ethical, Legal and Political Dilemmas*, Cambridge: Cambridge University Press, 2003, p. 279.

de l'homme que dans l'architecture institutionnelle internationale avec ses qualités et imperfections ont conditionné l'approche internationale du phénomène du déplacement interne, une approche révisée et évolutive ; tant en ce qui concerne les mécanismes normatifs que les mécanismes institutionnels.

V. L'ÉVOLUTION DU PHÉNOMÈNE DU DÉPLACEMENT INTERNE

Bien que l'une des évolutions les plus visibles soit l'augmentation du nombre de déplacés internes, l'attention devrait être portée davantage sur la nature des nouvelles menaces. Car ces dernières, causes prégnantes du déplacement interne, sont encore plus spécifiques et plus préoccupantes. Il est fort logique que cette nouvelle configuration interroge aussi l'adaptabilité tant des instruments normatifs que des mécanismes institutionnels.

Le problème de l'adaptabilité des instruments normatifs se pose bien évidemment. Parlant des Principes directeurs de 1998, Elizabeth Ferris relevait déjà que le défi pour l'avenir serait de s'assurer que ce cadre normatif soit non seulement largement mis en œuvre, mais qu'il soit à même de répondre aux nouvelles causes de déplacement [209]. En effet,

> « les plus graves dangers qui menacent aujourd'hui notre sécurité, et qui continueront de la menacer dans les décennies à venir, ont également pour nom la pauvreté ; les maladies infectieuses et la dégradation de l'environnement ; les guerres civiles et les violences à l'intérieur des États ; la prolifération et le risque d'usage des armes nucléaires, radiologiques, chimiques et biologiques ; le terrorisme, et la criminalité transnationale organisée. Ces dangers sont le fait d'agents non étatiques aussi bien que d'États, et menacent à la fois la sécurité des personnes et celle des États » [210].

Tout d'abord, l'on a des conflits armés qui changent de nature : ils s'internalisent progressivement et, même si au demeurant il y en a de moins en moins [211] ; ils s'étendent de plus en plus dans le temps ; ils sont menés par des groupes armés pour leur intérêt propre ; ils se déroulent de plus en plus dans les

209 Elizabeth FERRIS, « Internally Displaced Persons: A neglected issue on the international agenda ». *New Routes*, Vol. 13, April 2008, p. 14. Christel Cournil rappelle aussi ce défi du XXIe siècle : voir Christel COURNIL, « L'émergence d'un droit pour les personnes déplacées internes », *Revue québécoise de droit international*, Volume 22.1, 2009, voir particulièrement les p. 19-24.

210 Un monde plus sûr : notre affaire à tous. Rapport du groupe de personnalités de haut niveau sur les menaces, les défis et le changement. Sécurité collective, *Nations unies*, 2004, p. 11.

211 Pour ce qui est de l'Afrique, le Commissaire à la paix et à la sécurité de l'Union africaine, Ramtane Lamamra relevait que « l'Afrique progresse dans le règlement des conflits et dans les actions de prévention des conflits » (conférence sur le thème : « La construction de l'Afrique des territoires », sixième sommet Africités, Dakar, Sénégal, décembre 2012).

villes. Cela relance l'idée d'une réponse de long terme concernant la prise en compte de nouveaux acteurs, maîtres effectifs d'une partie du territoire.

Ensuite, le problème du déplacement en zone urbaine qui a pour causes le conflit, les catastrophes [212] et les raisons économiques : le nombre de déplacés internes se trouvant dans des zones urbaines connaît une forte croissance, leur citadinisation se pose parfois comme le dernier recours [213]. Il s'agira notamment pour les acteurs de la protection de travailler non seulement dans des camps et zones rurales, mais aussi en zones urbaines.

Enfin, le nombre de déplacés internes pour cause climatique ne cesse d'augmenter. Les catastrophes naturelles qui ont eu lieu ces dernières années reconsidèrent sérieusement l'approche internationale du phénomène du déplacement interne. Le nombre de déplacés pour cause de catastrophe naturelle est en nette augmentation [214]. Le changement climatique a des répercussions majeures sur les flux migratoires, dont l'augmentation du déplacement interne. Il augmente la fréquence et l'intensité des événements comme la sécheresse, l'inondation et la tempête. Le nombre de catastrophes naturelles a doublé ces deux dernières décennies, passant d'environ 200 à près de 400 par an [215]. Le changement climatique laisse poindre à l'horizon une augmentation du nombre et de la sévérité des catastrophes naturelles, occasionnant le déplacement de personnes sur tous les continents [216]. Le renforcement de la politique internationale relative aux droits des déplacés internes, y compris ceux déplacés pour cause de catastrophes naturelles, devient

---

212 Comme le rappelle Ban Ki-moon, la relation entre le conflit et le changement climatique est évidente. Si les conflits armes contribuent aux changements climatiques, ces derniers apparaissent aussi dans certains cas comme la cause des premiers. La violence en Somalie, en Côte d'Ivoire et au Burkina Faso serait intervenue par suite d'une insécurité alimentaire et d'eau (Ban KI-MOON, « A Climate Culprit in Darfur », *Washington Post*, June 16, 2007). Puis, « It is the intersection between violence and natural disasters where the most difficult protection challenges are likely to emerge » (Elizabeth FERRIS, *The Politics of Protection: The Limits of Humanitarian Action.* Brookings Institution Press, Washington D.C., 2011, p. 268).

213 Sur la problématique de la citadinisation des déplacés, voir Jeanne VIVET, *Déplacés de guerre dans la ville. La citadinisation des* deslocados *à Maputo (Mozambique)*, éditions Karthala et IFAS, 2012, 384 p.

214 En 2008, le Myanmar a été frappé par la pire catastrophe naturelle de son histoire, lorsque le cyclone Nargis dévastait les régions Ayeyarwady et Yangon. Quelque 2,4 millions de personnes ont été gravement touchées dont près de 800 000 déplacées. Quelques jours seulement plus tard dans l'ouest de la Chine, près de 15 millions de personnes ont été déplacées par le séisme du Sichuan (John HOLMES, conférence d'Oslo du 16 octobre 2008 sur les dix ans des Principes directeurs sur le déplacement interne.).

215 John HOLMES, conférence d'Oslo du 16 octobre 2008 sur les dix ans des Principes directeurs sur le déplacement interne.

216 Christian Aid prédit qu'un million de personnes par an ou un total de 50 millions seront déplacées par le fait des catastrophes naturelles en 2050, Voir *Human tide : the real migration crisis, Christian Aid Report*, May 2007, p. 6. Disponible à l'adresse :
http://reliefweb.int/report/colombia/human-tide-real-migration-crisis-christian-aid-report

une urgence. Il existe un réel besoin de réflexion sur les questions juridiques relatives au déplacement interne comme suite à la montée du niveau de l'océan ou encore au déplacement interne causé par l'intensification prévue des catastrophes à évolution lente comme la sécheresse [217]. Suite à certaines catastrophes susmentionnées et en considération de leur ampleur, certains déplacés internes se trouvent dans l'impossibilité absolue de rentrer chez eux ; y vivre en toute quiétude n'étant plus possible. Aujourd'hui encore, les déplacés pour cause de changement climatique comme suite au réchauffement de la planète sont considérés comme des migrants économiques. Si les petites îles de certains États se trouvaient submergées par la montée des océans due au réchauffement climatique, une réflexion s'imposera sur leur statut. Une nouvelle catégorie de « réfugiés climatiques », statut qui reste à clarifier, verrait le jour.

En bref, comme le rappelle Walter Kälin, il est urgent de voir au-delà des conflits et des camps pour couvrir convenablement le déplacement pour catastrophes naturelles et changements climatiques ; les projets de développement ; le « déplacement invisible » en zones urbaines et familles d'accueil ; ainsi que les déplacés internes *de facto* [218].

La question des arrangements institutionnels devient également très préoccupante, attendu qu'en sept décennies d'existence des Nations unies, la conception de la menace à la paix et à la sécurité a considérablement évolué. La notion actuellement dominante de menaces non militaires transcende la conception classique de la sécurité internationale, plus centrée sur les menaces armées. La question ne se pose plus de savoir s'il faut adapter le système initial de sécurité collective aux nouvelles menaces, car l'unanimité est déjà acquise à ce sujet [219]. Mais il s'agit de vérifier que la révision de l'architecture institutionnelle actuelle permet de satisfaire les promesses de « foi dans les

[217] La sécheresse à elle seule ne cause pas vraiment le déplacement. Elle le devient lorsqu'elle est combinée de l'impossible utilisation des terres. C'est tout ceci qui cause l'intensification de la désertification dans les zones déjà vulnérables. Cette catastrophe à évolution lente et la recherche désespérée de l'alimentation et de l'eau contribuent de façon significative à l'augmentation du nombre de déplacés à travers le monde.

[218] Walter Kälin, Report of the Representative of the Secretary-General on the human rights of internally displaced persons (report to the Human Rights Council, A/HRC/13/21), janvier 2010, paragraphes 40-51.

[219] Des profondes discussions ont eu lieu sur la question de l'adaptabilité ou non des organes des Nations unies, principalement du Conseil de sécurité aux crises actuelles. Le Conseil de sécurité a été initialement conçu pour résoudre les menaces militaires stato-centrées. Il n'est pas évident qu'il réponde efficacement aux nouvelles menaces de plus en plus nombreuses, menaces non étatiques exigeant réponses non militaires. L'y habiliter nécessite de revoir la Charte et aller au-delà des compétences prévues par celle-ci (voir Rapport du Groupe de personnalités de haut niveau sur les menaces, les défis et le changement. Un monde plus sûr : notre affaire à tous. Nations unies, Doc. A/59/565, 2 décembre, 2004).

droits fondamentaux de l'homme », de « progrès social » et de « meilleures conditions de vie dans une liberté plus grande » [220]. Les arrangements institutionnels constituent donc un thème crucial pour un système de sécurité collective qui se veut effectif, efficace et équitable ; ceci particulièrement en matière de protection des déplacés internes pour cause de catastrophe naturelle. Il faut surtout noter que l'assistance en cas de catastrophe naturelle est encore embryonnaire, étant donné son récent début de développement ; ce qui n'est pas le cas pour les situations de conflit armé. Le Conseil de sécurité serait la seule institution à pouvoir répondre efficacement. Mais il faut au préalable revoir ses compétences, modifier la Charte. Les menaces non militaires étant liées à l'ensemble « environnement, épidémie, technologie » et lui-même étroitement en rapport avec le facteur économique, Joachim Wolf propose de réorganiser le Conseil économique et social dans l'optique de l'habiliter à répondre à ces menaces non militaires internationales. Toutefois, il précise que le dénouement avec l'ECOSOC conduira aux mêmes difficultés et ambivalences qu'avec le Conseil de sécurité, voire à un conflit de compétences avec ce dernier. La compétence de l'ECOSOC est limitée tant dans l'élaboration des recommandations que dans la mise en œuvre des résolutions [221].

Bien qu'une réforme de fond ne soit entreprise, des arrangements progressifs sont mis sur pied dans l'optique de pallier les lacunes et avec un souci d'efficacité face aux défis actuels.

VI. La recherche par l'ONU de l'effectivité des droits fondamentaux des déplacés internes

L'une des méthodes utilisées pour étudier cette approche « onusienne » a été l'approche historique. Un enjeu essentiel de ce travail était de remettre en contexte l'évolution de l'approche « onusienne » du phénomène du déplacement interne afin d'en déduire les principaux arguments qui ont permis à travers les époques de la justifier ou de la critiquer. Ensuite, l'analyse juridique a permis d'examiner non seulement les instruments nationaux, régionaux et internationaux protecteurs des droits fondamentaux des déplacés internes, mais également la jurisprudence des institutions nationales, régionales et internationales. À cette approche juridique, il a fallu joindre une approche quantitative, puis qualitative consistant à dépouiller l'ensemble de ces documents et à les analyser. La démarche s'est voulue pédagogique et la démonstration s'est faite à travers la présentation de l'état de l'art suivie d'une

220 Préambule de la Charte des Nations unies.

221 Joachim Wolf, « Responses to nonmilitary threats: environment, disease, and technology » in Peter G. Danchin and Horst Fischer (eds.), *United Nations Reform and the New Collective security*. Cambridge University Press, 2010, p. 188.

approche critique. Il a en outre été important d'adopter une approche pratique. Cette approche a été consolidée à travers des stages dans différents bureaux de l'ONU et dans des ONG à Genève et à New York. Il y a par ailleurs eu une exigence d'approche pluridisciplinaire incluant notamment la géostratégie, l'économie et la science politique. Il a enfin et surtout été nécessaire de conduire des entretiens avec différents spécialistes des questions de déplacement internes et de l'ONU, notamment le Professeur Walter Kälin (RSG) et M. Chaloka Beyani (Rapporteur spécial). Dans l'ensemble, il a fallu répondre aux questions posées tant par la théorie que par la pratique.

Alors, lorsque l'ONU concrétisait formellement son engagement pour la cause des déplacés internes en 1992, elle entendait garantir la réalisation des promesses qu'elle leur avait implicitement faites dans le cadre de la Charte du 26 juin 1945. Deux questions cruciales en rapport avec le choix de l'approche à retenir pour atteindre ces objectifs enfin formalisés se sont posées. La première concernant la formulation des droits fondamentaux des déplacés internes et la seconde portant sur le passage de la formulation desdits droits à leur mise en œuvre notamment au moyen d'arrangements institutionnels. Des approches ont été choisies et sont réadaptées avec le temps et en fonction du contexte. Il faut aujourd'hui interroger la capacité de celles-ci à garantir véritablement une effectivité des droits. Si les évolutions récentes dans la protection internationale des déplacés internes pouvaient présager la mise en place d'un véritable statut juridique international pour ceux-ci, la réponse dominante dans le cercle « onusien » semble négative à la question de savoir si cette protection est subordonnée aujourd'hui à l'établissement d'un statut juridique international spécifique pour les déplacés internes [222]. En effet, pour une grande partie de la doctrine, celle-ci incluant Walter Kälin, qu'il y ait ce statut juridique international spécifique ou non, des efforts à la fois normatifs et institutionnels sont fournis à l'échelle internationale pour appuyer les gouvernements dans la protection des déplacés internes. En ce qui concerne les arrangements institutionnels, différents acteurs internationaux se coordonnent selon des compromis spécifiques pour assurer le passage de l'affirmation des droits à leur véritable mise en œuvre ; même ceux n'ayant pas reçu « mandat » explicite. L'ONU joue un rôle important, étant donné qu'elle est l'actrice politique

---

[222] Walter KÄLIN le rappelle « Internally displaced persons need not and cannot be granted a special legal status comparable to refugee status. Rather, as human beings who are in a situation of vulnerability they are entitled to the enjoyment of all relevant guarantees of human rights and humanitarian law, including those that are of special importance to them. This does not rule out the possibility of administrative measures such as registration on the domestic level to identify those who are displaced and need special assistance. However, lack of such registration would not deprive internally displaced persons of their entitlements under human rights and humanitarian law » (Guiding Principles on Internal Displacement, Annotations. *Studies on Transnational Legal Policy*, n° 38, The American Society of International Law. The Brookings Institution. University of Bern Project on Internal Displacement, p. 5).

principale, l'actrice de déploiement d'opérations de maintien de la paix, l'intervenante humanitaire, etc. Tout en respectant, dans la plupart des cas, la souveraineté de tout État qui implique sa préséance dans le traitement des questions relatives au déplacement interne [223], l'ONU reconnaît son obligation d'aider les États dans ce sens, une obligation d'aider à résoudre les crises humanitaires et les crises de droits de l'homme en général [224]. Cette organisation mondiale a attiré l'attention sur la gravité du problème de déplacement interne et son engagement pour la cause croît. L'aspect le plus visible de son action en la matière reste le déploiement des troupes, mais la protection des déplacés internes nécessitant bien plus qu'un déploiement de troupes « onusiennes » de maintien de la paix, plusieurs autres initiatives ont été prises ; notamment la mise sur pied d'arrangements institutionnels spécifiques ; l'appui de l'ONU sur d'autres mécanismes internationaux de protection à titre subsidiaire, car enfin indissociables. Ces derniers couvrent les activités des juridictions pénales internationales et internationalisées et les mécanismes régionaux de protection sur lesquels nous reviendrons dans nos développements tout en évoquant quelques pratiques nationales, bonnes ou médiocres. Un réel effort a donc été fourni pour développer un véritable mécanisme institutionnel international relatif à la protection des déplacés internes. Toutefois, quelques difficultés refont généralement surface. Elles portent sur les questions relatives à la souveraineté, à l'action internationale humanitaire et à la responsabilité collective de protéger les déplacés internes.

Il y a eu nécessité de protection et d'assistance des déplacés internes. En réponse à cela, une approche internationale a été adoptée, traduite en de réelles mesures de protection. Mais, y a-t-il effectivité des droits ou alors nous en rapprochons-nous véritablement ? Là réside la seule et véritable question qui mérite intérêt. Celle-ci ne se pose plus en termes d'absence ou non des mesures pour parvenir à cette effectivité, mais sous l'angle de l'efficacité, de l'adaptabilité desdites mesures pour y parvenir ou s'en rapprocher résolument. Après plus de vingt ans d'engagement « onusien », il convient de s'assurer que les choix faits ont permis ou permettent de répondre véritablement à la détresse de ces personnes déracinées dans leur propre État.

Autrement dit, l'approche de l'ONU relative au phénomène du déplacement interne permet-elle de tendre résolument vers l'effectivité des droits fondamentaux des déplacés internes ? En d'autres termes, quels sont les apports et les faiblesses de la méthode de l'ONU

---

223 L'article 2 alinéa 7 de la Charte dispose que les Nations unies ne sont pas autorisées à intervenir dans les affaires qui relèvent essentiellement de la compétence de l'État, exception faite des mesures coercitives prévues au chapitre VII de la Charte.

224 La Charte prévoit en son article 1er, alinéa 3, que l'un des buts des Nations unies est de réaliser la coopération internationale en résolvant les problèmes internationaux d'ordre humanitaire, en développant et en encourageant le respect des droits de l'homme et des libertés fondamentales pour tous.

en matière de déplacement interne et comment transfigurer ladite politique pour tendre vers l'effectivité des droits fondamentaux des déplacés internes ?

L'effectivité qui s'entend comme le passage de l'énoncé de la norme juridique à sa concrétisation ou à sa mise en œuvre dans le monde [225], ou le « degré de réalisation, dans les pratiques sociales, des règles énoncées par le droit » [226], est pour l'ONU et en matière de droits fondamentaux des déplacés internes un objectif politique, une exigence théorique et juridique. L'ONU nourrit cet engagement en forgeant le discours sur les droits fondamentaux de ces personnes, puis en le faisant passer d'une simple métaphysique, d'un jeu de l'esprit à la réalité. Cette recherche de l'effectivité suppose une distinction entre le devoir être ou le *sollen*, et l'être ou le *sein ;* elle nécessite l'affirmation du devoir être ; elle commande la garantie d'un système apte à l'efficacité nécessaire ; elle convoque l'évaluation empirique de l'être ; et elle exige la prise continue de mesures nécessaires pour que ce dernier soit en accord avec le devoir être. L'idée d'accorder l'être et le devoir être [227], de traduire dans les faits la normativité des règles juridiques, difficile à objectiver [228], se rapporte donc à la formulation et à la prise des mesures nécessaires pour assurer le respect du droit relatif au déplacement interne, principalement la question de savoir si les objectifs déclarés explicitement ou non en matière de déplacement interne sont effectivement atteints ou sont en voie de l'être avec les arrangements normatifs et institutionnels impatronisés dans la sphère de l'ONU. Formellement, ces objectifs sont bien évidemment la prévention du déplacement, la protection des déplacés internes pendant la phase de déplacement et d'efficaces solutions durables au déplacement interne ; la classique approche tridimensionnelle de la protection [229]. La recherche de l'effectivité dans ce contexte conduira à

---

225 À propos de cette concrétisation, voir Jérôme PORTA, *La réalisation du droit communautaire, essai sur le gouvernement juridique de la diversité*, Institut universitaire Varenne, 2008, 964 p.

226 Pierre LASCOUMES, « Effectivité », in André-Jean ARNAUD (dir.), *Dictionnaire encyclopédique de théorie et de sociologie du droit*, LGDJ, 1993, p. 130.

227 Bien que de la perspective réaliste scandinave, il est impossible de penser le passage du « devoir être » à l'« être », parce que le premier se dissout dans le second, faisant du droit un ensemble de conduites effectives et non un devoir être (voir Eric MILLARD, *Théorie générale du droit*, Paris, Dalloz, « Connaissance du droit », 2006, p. 53 et suivantes), nous maintiendrons, par souci de clarté des développements, une différence entre la pertinence juridique de la norme et sa mise en œuvre.

228 Ce constat a été dressé vers la fin du XXe siècle par Norberto Bibbio : « Le champ des droits de l'homme, plus précisément des normes qui déclarent, reconnaissent, définissent, attribuent des droits de l'homme, est certainement celui où l'écart entre l'existence de la norme et l'effectivité de son application est le plus grand » (Norberto BOBBIO, *L'Età dei Diritti*, Turin, Einaudi, 1997, p. 66.).

229 Bertrand G. RAMCHARAN rappelle si bien les trois dimensions de la protection des droits de l'homme : « human rights protection can be classified into preventive, mitigatory and remedial protection ». (*The Concept of protection in the International Law of Human Rights.* Martinus Nijhoff, 1988).

interroger et à effectuer une recherche du « succès ». Succès entendu ici comme non seulement tributaire d'une action « onusienne » qui amènerait les États à prendre leurs responsabilités en matière de protection des droits fondamentaux des déplacés internes, mais aussi tributaire d'une société internationale qui soutient les États dans cette entreprise, voire intervient directement si nécessaire. Ceci pour s'assurer que toute atteinte aux droits fondamentaux des déplacés internes, si elle n'a pas pu être prévenue, fasse l'objet de sanctions et réparations. Ce qui suppose que les droits fondamentaux des déplacés internes soient définis dans des énoncés juridiques, qu'ils puissent être appliqués et fassent autorité, que soient mises en place des institutions pour en assurer la mise en œuvre, que soient punies les violations de ces droits afin que celles-ci ne se reproduisent pas. Ceci traduit l'exigence que soit adoptée une combinaison de normes, d'institutions appropriées et surtout de démarches convenables pour satisfaire aux engagements pris envers les déplacés internes et l'humanité tout entière. Cette idée transparaît clairement dans la philosophie de Ban Ki-moon pour qui la vraie mesure du succès de l'ONU ne réside pas dans la grandeur de ses promesses, mais dans ce qu'elle offre réellement à ceux qui ont le plus besoin d'elle [230].

L'augmentation continue du nombre de déplacés internes à travers le monde interroge très formellement la pertinence des moyens de prévention du déplacement interne, de protection pendant le déplacement et de sortie du pandémonium du déplacement. L'on garde bien à l'esprit que l'assentiment de l'État concerné est dans la plupart des cas une condition *sine qua non*, non seulement de la validité proprement dite des énoncés internationaux dans une sphère géographique donnée (c'est la règle de la relativité des énoncés), mais surtout de la réalisation des activités de protection et d'assistance aux déplacés internes impliquant l'ONU [231]. Toutefois, que des millions de personnes vivent dans des conditions exécrables, parce que forcées ou obligées de se déplacer à l'intérieur de leur propre État ; que cette situation de déplacement dure pendant des années ; que des mesures prises dans le cadre international n'atteignent pas nombre de déplacés internes sur le terrain ; et que des décennies plus tard, des millions de déplacés luttent toujours pour sortir du pandémonium du déplacement interne [232] obligent raisonnablement à reconsidérer la supposée efficacité de l'approche « onusienne » du phénomène du déplacement interne.

230 United Nations Secretary-General-Elect, Ban Ki-moon, Acceptance speech to the General Assembly upon election.

231 Bien que les Principes directeurs aient fait l'objet d'une acceptation presque universelle, il est parfois très difficile de collaborer avec les États sur cette question, limitant ainsi l'élan « onusien ».

232 Plus de deux décennies après la conclusion de l'accord de Dayton (1995), l'on compte encore une ccentaine déplacés internes en Bosnie.

Parvenir à l'effectivité des droits fondamentaux des déplacés internes dépend subsidiairement de la façon dont l'ONU utilise les mécanismes normatifs et institutionnels en place pour prévenir ou répondre aux crises de déplacement interne ; approche variable en fonction de certaines configurations de faits [233] et des facteurs socio-économiques [234] qui peuvent contribuer ou non à assurer l'effectivité du droit [235]. La réalisation de cette effectivité, précieuse à l'ONU, l'a surtout amenée à adopter deux démarches principales, à savoir : l'énonciation des droits fondamentaux ou la clarification des normes relatives aux droits fondamentaux des déplacés internes et l'arrangement des mécanismes institutionnels propres à assurer l'effectivité desdits droits. Ces deux démarches sous-tendent les deux principales hypothèses qui se profilent ici.

La première hypothèse est la suivante : toute détermination du devoir être ou toute démarche normative internationale en matière de déplacement interne qui ne garantit pas la précision de la règle, la clarté des prescriptions, la pertinence des droits énoncés, une couverture suffisante de la situation qu'elle est censée régir, l'accessibilité pour ceux à qui lesdits droits sont destinés et les modalités de sanction en cas de non-observation, ne peut point prétendre contribuer convenablement à l'effectivité des droits fondamentaux des déplacés internes. Reconnaissant que « tout particulièrement en matière de droits de l'homme, les énoncés sont le plus souvent imprécis, généraux et abstraits » [236], il est utile de poser quelques significations de départ, fussent-elles « objectivées » ou « reconstruites », pour mieux évaluer les efforts en cette matière. Dès lors,

— en considérant qu'assurer l'effectivité des droits des déplacés internes à travers la norme passe indubitablement par une procéduralisation ou rapprochement des autorités normatives des destinataires des normes [237], et un énoncé desdits droits dans des instruments juridiques, et la nature de

---

233 Divers acteurs « onusiens » ou non interviennent dans les contextes de déplacement interne. Comme on le constatera, il peut y avoir entre eux des rapports de force ou plutôt une certaine facilité à se coordonner, et à l'évidence, le résultat en est dépendant.

234 « La question de l'effectivité des droits ne peut faire abstraction des conditions socio-économiques dans lesquelles les droits sont proclamés » (Véronique CHAMPEIL-DESPLATS et Danièle LOCHAK [dir.], *À la recherche de l'effectivité des droits de l'homme*, Presses universitaires de Paris 10, 2008, p. 22).

235 Le droit tout seul ne suffit pas toujours, voire jamais, à assurer sa propre effectivité.

236 Véronique CHAMPEIL-DESPLATS et Danièle LOCHAK (dir.), *À la recherche de l'effectivité des droits de l'homme*, Presses universitaires de Paris 10, 2008, p. 16.

237 À propos de la procéduralisation, voir, Jacques LENOBLE, *Droit et communication*, Paris, Édition du Cerf, 1994, 109 p. ; Antoine LYON CAEN, « Droit du travail et procéduralisation », in *L'avenir de la concertation sociale en Europe*, t. II, Public. Du Centre de philosophie du droit, Université Catholique de Louvain, mars 1995.

l'instrument en question est importante, car il faut s'assurer que l'option choisie réponde aux besoins et à la gravité de la situation des déplacés internes ;

— en spécifiant ce degré d'effectivité au moyen de l'examen de l'effort international dans la détermination d'un cadre juridique international spécifique relatif à la protection des déplacés internes, et comment elle promeut celui-ci ;

— en interrogeant l'adéquation des normes et des droits concernant les déplacés internes avec les comportements sociaux, nationaux et des écarts éventuels entre les normes juridiques et la réalité qu'elles sont censées régir, c'est-à-dire entre le droit et l'expérience ;

— en mesurant à la fois la conformité, ou *compliance to the law*, et les écarts éventuels par lesquels il faut entendre le degré d'ineffectivité, ou *gap approach ;*

— en étudiant non seulement les comportements nationaux ou sociaux, mais aussi les instances chargées d'assurer l'application des droits et des normes relatifs aux déplacés internes, la clarté de la règle, la nitescence des droits en question, le degré d'accessibilité pour ceux à qui ils sont destinés, et justement, à propos de cette question des destinataires de la règle ou des droits, les inégalités d'accès à leur connaissance, « les capacités différentielles des acteurs internationaux, nationaux et sociaux à mobiliser les ressources juridiques » seront interprétées comme des causes d'effectivité ou d'ineffectivité différentielles ;

— en mettant en exergue et en analysant les raisons derrière, tout en recherchant l'efficacité d'un mode atypique d'élaboration des normes internationales dont on fait de plus en plus cas d'ailleurs, à savoir cette prégnante tendance à réglementer plutôt au moyen d'instruments internationaux non contraignants [238],

il s'avère non seulement que la démarche normative « onusienne » a nettement fait évoluer le cadre juridique international portant protection des droits fondamentaux des déplacés internes ; notamment en énonçant plus précisément les droits des déplacés internes, en offrant aux différents acteurs un instrument leur permettant de protéger et de revendiquer les droits des déplacés internes, et que les déplacés internes sont de plus en plus conscients de leurs droits et la société internationale plus soucieuse de leur respect ; mais aussi que d'énormes lacunes subsistent tant dans le contenu des normes que

---

[238] L'adoption d'instruments non contraignants à l'échelle internationale s'est accentuée à la fin du XXe siècle. L'on a par exemple les Principes directeurs des Nations unies pour la prévention de la délinquance juvénile (1990), les principes des Nations unies pour les personnes âgées (1991), Principes directeurs sur le déplacement interne (1998), etc. Très spécifiquement et pas moins important, relevons aussi la tendance générale depuis le début du millénaire, des différentes délégations à vouloir enserrer les travaux de la Commission du Droit international dans les instruments non contraignants (principes, directives, guides, projets d'articles…).

dans leur portée et qu'il est urgent de pallier ce manque par le renforcement de l'existant en ce domaine.

La seconde hypothèse est que tout système qui ne met pas en place des mécanismes institutionnels appropriés pour assurer le respect des droits énoncés ; qui fait montre d'une configuration qui ne permet pas aux normes établies de produire leur plein effet ; qui ne garantit pas que l'architecture institutionnelle internationale en place réponde adéquatement aux besoins de protection des droits fondamentaux des déplacés internes ; qui, lorsque l'État ne peut plus demeurer considéré comme référent lorsqu'il s'agit de protéger les déplacés internes, ne peut se substituer effectivement et efficacement à lui ; ne peut véritablement prétendre contribuer à suffire, sur la plan institutionnel, à l'effectivité des droits fondamentaux des déplacés internes. Pour que le devoir être défini par l'ONU en matière de déplacement interne soit, cette organisation devrait introduire des mécanismes institutionnels adaptés ; organiser ses institutions, qui sont le procédé pour elle de remplir les obligations nouvelles ou réaffirmées qu'elle contracte envers les déplacés internes ; et soit prévenir le déplacement, soit éprouver si tout déplacé interne jouit des droits à lui reconnus, soit encore garantir que des solutions durables lui soient administrées ; à défaut desquels il n'y a pas de véritable protection des droits, par conséquent, pas d'effectivité des droits [239]. Il faut surtout assurer une suffisance des moyens mis à disposition et l'adaptation de l'ONU et de ses actions aux fins visées ; or entre les droits affirmés et le degré de leur réalisation sociale, il point un énorme fossé, du fait aussi des incongruités institutionnelles. En effet, si les différentes réformes du système « onusien » ont offert une architecture institutionnelle plus améliorée, faisant notamment avancer la concrétisation des droits, il reste encore urgent de perfectionner la structure. Si la théorisation de l'architecture institutionnelle internationale a eu à répondre à une certaine logique, la confrontation de cette dernière avec le monde extérieur ou la réalité du terrain a très vite démontré toute sa faiblesse.

Cette étude recherche la portée de la contribution de l'ONU dans la garantie de l'effectivité des droits fondamentaux des déplacés internes, et le cas échéant propose des modalités de transfiguration de l'approche « onusienne » pour parvenir à cette effectivité promise. Le lien étroit entre les normes et les institutions pourrait rendre possible une analyse globale de cette approche de manière à faire ressortir les avancées et limites des mécanismes normatifs et institutionnels pour ensuite faire des propositions globales. Mais, par souci de clarté et sans prétendre rompre ce lien qui sera du reste réaffirmé et célébré tout

---

239 L'idée que l'effectivité des droits exige de coutume des moyens matériels et humains concrets de passage de l'énoncé juridique au monde a été exprimée depuis for longtemps, notamment par Léon Duguit (Léon DUGUIT, *Les transformations du droit public*, Paris, Armand Colin, 1913, 285 p.) et René CAPITANT (intervention de René Capitant devant la première Assemblée nationale constituante de 1946, voir Séance du 8 mars 1946, Journal officiel, 9 mars 1946, p. 645).

au long de ce travail au moyen de chevauchements voulus ou non, cette étude propose préliminairement d'examiner la recherche par l'ONU de l'effectivité des droits fondamentaux des déplacés internes à travers la construction d'un cadre juridique international relatif à la protection des déplacés internes. Ceci demande de s'interroger sur le degré de pertinence de l'appareil juridique international relatif à la protection des droits fondamentaux de ces personnes tout en faisant ressortir les avancées et les lacunes et en envisageant des modalités de son perfectionnement (première partie). Cette étude inclut par la suite un examen de la recherche par l'ONU de l'effectivité des droits fondamentaux des déplacés internes à travers la construction d'une architecture institutionnelle internationale relative à la protection des droits fondamentaux des déplacés internes. Cet examen passera non seulement par une recherche de l'adaptabilité de l'architecture institutionnelle « onusienne » à l'aune de la protection des déplacés internes, ce qui commande la présentation de l'apport et des lacunes des différentes réformes du système de l'ONU au regard de la protection des droits fondamentaux des déplacés internes, mais aussi par la formulation des hypothèses de transfiguration de ladite architecture institutionnelle (seconde partie).

PARTIE I
LA CONSTRUCTION DU CADRE JURIDIQUE INTERNATIONAL RELATIF À LA PROTECTION DES DÉPLACÉS INTERNES

L'explosion des guerres civiles dans la dernière décennie du XXe siècle a laissé des millions de personnes déracinées à l'intérieur des frontières de leur État et établi l'urgence de réaffirmer leurs droits fondamentaux, responsabilité qui incombe aussi à l'ONU[240]. Cette dernière devait alors rappeler aux États leur obligation de protéger les déplacés internes qui ne sont autres que leurs propres citoyens, s'assurer que les droits et besoins de ces « oubliés » sont bien définis et inscrits dans les textes de droit positif, donner à l'affirmation de leurs droits une portée officielle au sein du pouvoir politique, etc. Rappeler les droits fondamentaux des déplacés internes par des normes exige que ces dernières occupent un certain rang dans la hiérarchie afin qu'il puisse découler des

240 L'affirmation des droits de l'homme, une des activités quotidiennes de l'ONU, passe par la contribution à l'élaboration des normes, à l'affirmation des droits spécifiques aux groupes spécifiques et situations particulières (l'ONU est par exemple allée au-delà de l'affirmation de simples droits politiques), à l'effort de responsabilisation de la société internationale et à la mise en place des programmes et partenariats avec d'autres organisations. La reformulation de son agenda occupe aussi une place importante ici.

rapports à l'intérieur du système une protection effective desdits droits. À ce propos, l'approche de l'ONU a été on ne peut plus atypique.

À l'heure actuelle, il n'existe pas de convention universelle vouée à la protection des déplacés internes. Ces personnes sont protégées par diverses branches du droit, notamment le droit national, le DIDH et dans le cas où l'État est en proie à un conflit armé, le DIH. Les déplacés internes doivent bénéficier de façon égale et sans discrimination des mêmes droits et libertés garantis par le droit national et le droit international, comme tous les autres ressortissants de l'État sur le territoire duquel ils se trouvent. La plupart des déplacés internes se trouvent à l'intérieur des frontières de l'État dont ils sont ressortissants. Ils ont alors droit à la pleine protection de la législation nationale. Ils jouissent des mêmes droits que le reste de la population ; c'est-à-dire sans distinction défavorable fondée sur leur déplacement. En plus du droit national, les trois corps de règles suivants fournissent un cadre juridique riche pour la protection dans toutes les situations de déplacement, y compris lors des conflits armés :

— le DIDH s'applique à la fois en temps de paix et dans les situations de conflit armé et couvre considérablement la situation des déplacés internes ;

— le DIH s'applique dans les situations de conflit armé, qu'il soit international ou non international : les déplacés internes se trouvant sur le territoire d'un État en conflit armé, sous réserve qu'ils ne participent pas activement aux hostilités, sont considérés comme des civils, à ce titre, ils ont droit à la protection offerte aux civils ;

— et le droit pénal international que l'on définit comme « la branche du droit criminel qui règle l'ensemble des problèmes pénaux qui se posent au plan international ».

Ces branches du droit visent à assurer une protection fondamentale aux déplacés internes. Elles couvrent la prévention du déplacement, le déplacement proprement dit et l'après-déplacement. Tous ces instruments, bien sûr importants, ne constituent qu'un corps de règles disparates dont la compilation a été nécessaire.

Les Principes directeurs, compilation d'éléments du DIDH, du DIH et du droit des réfugiés par analogie, couvrent toutes les phases du déplacement interne : la prévention, la protection pendant le déplacement et la proposition des solutions durables (ces dernières couvrent le retour des déplacés internes dans la sécurité et la dignité, la réinstallation, la réinsertion et le développement autonome). Les Principes de Pinheiro concernent particulièrement la restitution des logements et des biens dans le cas des réfugiés et des personnes déplacées. L'adoption de ces textes qui s'inscrivent dans la religion de l'ONU a très vite été suivie par un débat sur leur pertinence et leur cohérence. Une approche juridique et pragmatique révèle les véritables lacunes desdits instruments. Pour ce qui est du contenu, l'on a pour défi actuel la nécessité de s'assurer que les normes en question offrent une réponse adaptée à toutes les situations causant le déplacement de populations. Aussi a-t-on quelques fois des normes qui conviennent moins ou ne conviennent pas du tout ; ce qui interroge alors la nécessité ou non de modifier les normes existantes. Par la suite, se pose la question de l'obligatoriété desdites règles. Celles-ci ne constituent-elles qu'un ensemble de préceptes sans valeur obligatoire ? Existe-t-il une cohérence juridique entre ces droits et normes et les différents ordres juridiques ? Ces droits, objets de publications, débats et conférences dans les cercles diplomatiques new-yorkais et genevois atteignent-ils le terrain ? Les ressources, humaines ou non, déployées autour des normes sont-elles suffisantes à garantir leur observation ? Vient enfin la question de savoir si les efforts devraient se porter vers un meilleur respect du droit positif ou alors vers la création de nouvelles normes destinées à la catégorie particulière des déplacés internes ?

Il revient ici d'ausculter tant le contenu que la portée juridique des normes internationales relatives à la protection des déplacés internes. Cela revient à rechercher la cohérence, à relever les lacunes, à évaluer la portée pratique, à mesurer les effets desdites normes et bien évidemment à suggérer des réformes. Si l'effectivité d'une norme requiert que soient remplis certains critères parmi lesquels les pratiques d'application de la règle [241] et de contrôle de l'application des règles [242], elle exige d'abord, et c'est ce qui nous intéresse ici, l'association des acteurs « actifs » et « passifs » du déplacement interne à l'élaboration des règles, la légitimité de la règle [243], une effectivité en fonction du contenu de la règle [244] et en fonction de sa nature [245] et l'existence ou non des sanctions prévues par la règle suivie de leur applicabilité.

Le cadre juridique international relatif à la protection des déplacés internes, tel qu'il a été édifié sous les auspices de l'ONU, s'avère insuffisant pour atteindre les objectifs fixés (Titre I). Il y a aujourd'hui une forte aspiration à un cadre juridique international approprié (Titre II).

---

241 Voir François RANGEON, « Réflexions sur l'effectivité du droit », in Danièle LOCHAK (dir.), *Les usages sociaux du droit*, Paris, Presses universitaires de France, 1989, p. 141.

242 Nous y reviendrons plus loin, notamment dans la seconde partie de ce travail.

243 Ceci renvoie à son acceptation par les destinataires.

244 Entrent ici la clarté, la cohérence et la précision des normes.

245 Impératif, incitatif, d'ordre public, interprétatif…

TITRE I.

L'ÉDIFICATION INACHEVÉE DU CADRE JURIDIQUE INTERNATIONAL RELATIF À LA PROTECTION DES DÉPLACÉS INTERNES

Les droits fondamentaux des déplacés internes ont pour assises juridiques tant les sources écrites que les sources non écrites du droit. Sont d'importance particulière ici les traités internationaux et le droit coutumier touchant aux trois branches du droit international suivantes : DIDH, DIH et droit des réfugiés. Le DIDH offre une réelle garantie aux déplacés internes en raison de son application générale et des droits conférés aux individus. Sa nature et sa pertinence pour les déplacés ont été reconnues ; notamment par le HCR [246]. Le DIH quant à lui, présente un intérêt particulier pour la protection des déplacés internes. Les situations auxquelles il s'applique sont les mêmes que celles dans lesquelles les déplacés sont les plus vulnérables et la « guerre » constitue de nos jours une des causes principales du déplacement interne. Puis, il couvre les déplacés tant du fait des conflits armés internationaux [247] que des conflits

246 Haut Commissariat des Nations unies pour les réfugiés, *Note on International Protection*, UN Doc. EC/59/SC/CRP.10, 11 juin 2008, paragraphe 2.

247 Art. 49 (1) (2) de la Convention de Genève IV, Art. 85(4) (a) du Protocole additionnel I, Art. 49(1) (2) de la Convention de Genève IV.

armés non internationaux [248]. D'un point de vue juridique, le droit des réfugiés n'est pas applicable aux situations de déplacement interne, le champ d'application *ratione materiae* et *ratione personae* des deux concepts différant largement [249]. Toutefois, bien qu'il soit établi sur le concept d'humanitarisme et sur les principes de base des droits de l'homme, il conserve néanmoins un lien symbolique avec la problématique des déplacés internes et ses aspects juridiques. L'essence proprement dite du concept de réfugié, c'est-à-dire le droit à la sécurité personnelle et la préservation de soi, lie les concepts l'un à l'autre [250].

Il existe en effet un large éventail de normes disparates parmi lesquelles quelques unes soit ne s'appliquent pas dans toutes les situations de déplacement, soit se trouvent dans un corps de règles sans toutefois avoir leur équivalent dans l'autre. Ce pandémonium normatif n'a eu pour suite logique qu'une protection incomplète ; d'où le recours aux normes alternatives.

Les principaux défis de la fin du XXe siècle étaient de réaffirmer le DIDH et le DIH existants, « clarifier les points obscurs » et surtout « combler les lacunes juridiques » [251] : c'est-à-dire de clarifier le droit existant et le faire évoluer. À cet égard, l'ONU a réalisé un travail remarquable : la contribution à l'élaboration et à l'adoption des Principes directeurs de 1998 et d'autres textes importants. Les Principes directeurs, texte principal et modèle sur la question, sont le résultat d'une approche établie sur la compilation des normes juridiques existantes en un seul document. Principes *a priori* normatifs, mais revêtant surtout une nature politique, étant donné qu'ils devaient, entre autres objectifs, susciter une prise de conscience [252]. Il avait été jugé plus urgent d'appliquer les normes existantes

---

248 Art. 17 du protocole additionnel II.

249 Pour les distinctions entre personnes déplacées et les réfugiés, voir Luke T. LEE « The Refugee convention and Internally Displaced Persons », 13 *International Journal of Refugee Law* (2002), p. 363-366.

250 Le déplacé interne et le réfugié cherchent refuge soit pour éviter les effets néfastes des événements passés au cas où il y aurait des risques réels que ceux-ci se reproduisent, soit pour en éviter de nouveaux qui auraient le même effet. En outre, l'attention internationale à l'égard des déplacés internes avait été initialement liée au régime des réfugiés : mêmes acteurs, normes et procédures par analogie. Voir Walter KÄLIN, « Guiding Principles on Internal Displacement : Annotations », *Studies in Transnational Legal Policy*, n° 32, (Washington DC: American Society of International Law, 2000) p. 4.

251 Doc. ONU E/CN.4/1998/53/Add.2, 16 octobre 1998, par. 9. Voir aussi Cordula DROEGE, « Developments in the legal Protection of Internally Displaced Persons. Ten years of Experience since the Guiding Principles », in Ten Years of the Guiding Principles on Internal Displacement, *Forced Migration Review*, Volume: special issue, Issue : 8-9, Dec 2008, p. 8.

252 Cordula DROEGE, « Developments in the legal Protection of Internally Displaced Persons. Ten years of Experience since the Guiding Principles », in Ten Years of the Guiding Principles on Internal Displacement, *Forced Migration Review*, Volume: special issue, Issue : 8-9, Dec 2008, p. 8.

que de procéder à des réformes juridiques [253] : c'est-à-dire que le respect du droit positif prévalait sur l'élaboration de nouvelles normes.

L'inadaptation du droit positif a nécessité et suscité de réelles mesures profondes de correction et d'amélioration, mesures s'inscrivant dans une approche très atypique. Il conviendra de clarifier l'étape actuelle de codification et d'adaptation, mieux de pertinence des normes aux diverses crises de déplacement interne. Il semble que, bien qu'il y ait eu de réels progrès, des lacunes subsistent. Comme l'a relevé à juste titre Catherine-Amélie Chassin dans un cadre plus large, celui des migrations contraintes, les normes posées demeurent insuffisantes[254].

Cette insuffisance des normes en matière de déplacement touche à la fois à leur contenu (Chapitre I) et à leur portée juridique (Chapitre II).

---

253 Rapport du Représentant du Secrétaire général sur les déplacés internes, Doc. E/CN.4/1996/52, 22 février 1996, paragraphe 12.

254 Catherine-Amélie CHASSIN, « Avant-propos », in Catherine-Amélie CHASSIN (dir.), *Les migrations contraintes, Actes du colloque de Caen*, Pedone, 2014, p. 6.

CHAPITRE I.

L'INSUFFISANCE DU CONTENU DES NORMES INTERNATIONALES RELATIVES À LA PROTECTION DES DÉPLACÉS INTERNES

Le déplacement interne est régi par le droit international, notamment le DIDH et le DIH dont certaines règles sont érigées au rang de normes coutumières. Les normes y afférentes ont évolué de la période d'oubli ou de négligence du phénomène du déplacement interne par la conscience collective à celle de sa prise en compte effective, c'est-à-dire du début des années 1990 à aujourd'hui.

Toutes les branches du droit international ayant un rapport direct avec cette étude n'ont pas connu la même évolution. Certaines n'ont pas évolué depuis quelques décennies. Le DIDH a nettement évolué de la guerre froide à aujourd'hui ; or le DIH, formulé dans le contexte de la Guerre froide, est resté le même plusieurs décennies après la fin de celle-ci [255]. Le droit des réfugiés lui non plus n'a vraiment évolué depuis la fin de la Guerre froide : ses deux

[255] Si les premières conventions et protocoles relatifs au DIH datent d'avant la Guerre froide (1864, 1899, 1906, 1929), ceux qui ont cours aujourd'hui datent de 1949 (quatre conventions), 1977 (deux protocoles additionnels) et 2005 (troisième protocole additionnel qui porte tout simplement adoption d'un signe distinctif nouveau).

principaux textes datent de 1951 (Convention) et de 1967 (Protocole) [256]. Les initiatives normatives « onusiennes » vouées au déplacement interne tiennent ces trois corps de règles comme principaux fondements juridiques.

Si ces règles générales et « spécifiques » peuvent être, selon l'occurrence, précises et adaptées, force est de constater qu'en dépit des progrès remarquables, quelques inadaptations peuvent être décelées. C'est ce qui ressort de l'examen tant des normes internationales générales, fondements juridiques des droits fondamentaux des déplacés internes (Section I) que des initiatives « onusiennes » consacrées exclusivement au déplacement interne (Section II).

256 Le droit des réfugiés a été influencé principalement par la Convention de l'OUA de 1969 régissant les aspects propres aux problèmes des réfugiés en Afrique (considérée comme la convention internationale la plus généreuse et la plus souple en matière de protection des réfugiés) et par la Déclaration de Carthagène de 1984.

SECTION I.
LES FONDEMENTS JURIDIQUES DES DROITS FONDAMENTAUX DES DÉPLACÉS INTERNES

Il conviendra de rappeler en premier lieu les différentes catégories de droits (§ 1) et en second lieu le champ d'application des instruments juridiques internationaux constituant ces fondements juridiques (§ 2).

§ 1. LES DIFFÉRENTES CATÉGORIES DE DROITS

À première vue, les principaux instruments de protection des droits de l'homme, à savoir la Déclaration universelle des droits de l'homme [257], le Pacte international relatif aux droits civils et politiques et le Pacte international relatif aux droits économiques, sociaux et culturels, sont des textes remarquablement généraux qui couvrent tous les individus sans exclusion aucune. En réalité, ils ne s'adressent pas particulièrement aux déplacés internes et l'on serait même tenté d'affirmer qu'ils les ignorent. Leur application aux situations de déplacement interne est très légère, voire inexistante. Bien qu'ils soient généraux et qu'ils couvrent de ce fait presque tous les droits de l'homme, l'on regrette qu'ils ne fassent pas spécialement référence aux situations de déplacement, ni même au terme « déplacement ». Il a été nécessaire de rendre plus spécifiques au déplacement interne des normes trop générales, consistant simplement à renforcer ces règles de potentielle utilité pour le déplacement interne et à les rendre valides entre États.

Les droits pertinents à la protection des déplacés internes ont été répertoriés et présentés dans un rapport par le RSG. D'autres textes aussi y sont consacrés. Ont été identifiés neuf domaines prioritaires qui couvrent les besoins principaux des déplacés internes. À savoir l'égalité et la non-discrimination ; le droit à la vie et à la sécurité personnelle ; la liberté personnelle ; les besoins de subsistance ; les besoins liés au déplacement ; les besoins d'identification personnelle, les documents et l'enregistrement ; les besoins liés à la propriété ; le besoin de conserver les valeurs familiales et communautaires ; et le besoin de construire une confiance en soi [258]. Ces droits découlent des traités relatifs aux droits de l'homme.

---

[257] La portée de la Déclaration universelle des droits de l'homme au sein de l'architecture normative internationale ne doit aucunement occulter le fait que ses dispositions ne sont pas de nature conventionnelle. La DUDH n'est pas un traité.

[258] Rapport du Représentant du Secrétaire général sur les déplacés internes, compilation et analyse des normes juridiques ; Rapport analytique. Doc. E/CN.4/1996/52/Add.2, 37-358.

Tout être humain est doté de droits basiques qui sont des attributs inhérents à la dignité humaine [259]. Ces droits sont clairement définis en droit international et présupposent l'existence d'un système juridique international. Le DIDH met en place des règles que les États parties aux traités ont l'obligation d'appliquer à toute personne relevant de leur juridiction. L'on a d'un côté des obligations des États relevant des traités auxquels ils sont parties et de l'autre celles relevant de certains instruments ou normes qui ont valeur de coutume, voire de normes de *jus cogens*. Ainsi, la DUDH, le PIDCP et le PIDESC bénéficient-ils d'une application universelle, étant donné la large adhésion dont ils font l'objet. Certains droits relevant de ces instruments sont des droits élevés au rang de coutume [260]. À ces trois principaux instruments d'application générale, il faut ajouter la Convention pour la prévention et la répression du crime de génocide [261], la Convention sur la torture, la Convention sur l'élimination de toutes les formes de discrimination à l'égard des femmes [262] et la Convention relative aux droits de l'enfant [263]. L'on relève aussi bien évidemment des règles de *soft law* qui s'appliquent à tous, déplacés internes compris, sans distinction et sans exigence d'adhésion ou de participation.

Les neuf catégories de droits et besoins identifiés par le RSG dans son rapport analytique se rapportent à trois grands principes : le principe d'égalité et de non-discrimination, le principe de la vie et de la sécurité personnelle et le principe de la liberté personnelle. Les instruments juridiques mentionnés ci-dessus ne se référant pas spécifiquement aux déplacés internes, les mesures à appliquer à ces derniers doivent être déduites par analogie aux dispositions qui se rapportent aux principes d'égalité, de vie et sûreté personnelle et à celui de liberté personnelle : c'est-à-dire que ces principes doivent être rendus applicables aux situations de déplacement interne. La raison est la suivante : les déplacés internes sont des êtres humains et les principaux instruments

---

259 Louis HENKIN, *The Rights of Man Today*, London : Stevens & Sons, 1979, p. 3. La Cour de San José aussi l'a si bien rappelé (voir *Juridical Condition and Rights of Undocumented Migrants*, Advisory Opinion of the IACtHR of 17 September 2003, OC-18, Ser A, No, paragraph 73.).

260 Pour le débat sur la coutume, voir : North Sea Continental Shelf Cases, ICJ 1969, *Nicaragua v. United States*, ICJ Reports 1986 ; Theodor MERON, *Human Rights and Humanitarian Norms as Customary Law*, 1989. Voir aussi Christopher GREENWOOD, *Customary Law Status of the 1977 Geneva Protocols in Humanitarian Law of armed Conflict: essays in honour of Frits Kalshoven*, (Martinus Nijhoff Publishers, Dordrecht/Boston/Leiden, 1991).

261 La Convention pour la prévention et la répression du crime de génocide a été adoptée le 9 décembre 1948 et est entrée en vigueur le 12 janvier 1951. En août 2014, elle comporte 146 États parties et un État signataire.

262 Adoptée le 18 décembre 1979, la Convention sur l'élimination de toutes les formes de discrimination à l'égard des femmes est entrée en vigueur le 3 septembre 1981. En août 2014, elle compte 188 États parties et 99 États signataires.

263 Adoptée le 20 novembre 1989, la Convention relative aux droits de l'enfant entre en vigueur le 2 septembre 1990. En août 2014, 194 États l'ont ratifiée et 140 l'ont signée.

internationaux relatifs aux droits de l'homme s'appliquent à tous, sans distinction ni exclusion. En plus de ces trois grandes catégories (A), d'autres droits et besoins existent, étroitement liés à la situation spécifique des déplacés internes (B).

A. Des droits généraux

Entrent dans cette catégorie le droit à l'égalité et à la non-discrimination (1), le droit à la vie et à la sûreté personnelle (2) et le droit à la liberté personnelle (3).

1. Le droit à l'égalité et à la non-discrimination

Le principe d'égalité se traduit en ces concepts standards : non-discrimination et égalité devant la loi. En l'absence d'une véritable définition de ces termes, on s'accorde sur ce qu'ils signifient toute distinction, exclusion, restriction ou sémantisme fondé sur quelque motif que ce soit, qui a pour but ou pour effet de détruire ou de compromettre la reconnaissance, la jouissance ou l'exercice, dans des conditions d'égalité, des droits de l'homme et des libertés fondamentales dans les domaines politique, économique, social et culturel ou dans tout autre domaine de la vie publique [264].

Les instruments universels relatifs aux droits de l'homme ne font pas explicitement mention de la prohibition de la discrimination contre les déplacés internes ; une discrimination qui serait fondée sur le critère de déplacement. Le droit international n'a pas envisagé les déplacés internes en tant que groupe particulier comme c'est le cas pour les personnes handicapées ou les personnes d'un certain groupe social ou racial [265]. Cependant plusieurs traités internationaux exigent des États qu'ils protègent les droits et libertés reconnus par ces traités, sans discrimination aucune, ce qui inclut tous les êtres humains dont les déplacés internes.

La Charte de l'ONU interdit toute discrimination établie sur la race, le sexe, la langue ou la religion, notamment lorsqu'elle insiste sur l'exercice et la réalisation des droits de l'homme et des libertés fondamentales de façon générale et sans discrimination [266].

---

264 Définition déduite de celle donnée au terme « discrimination raciale » par l'article 1 de la Convention internationale sur l'élimination de toutes les formes de discrimination raciale.

265 L'on a souvenir de la tension surtout à la fin du XXe et au tout début du XXIe siècle entre les défenseurs des groupes spécifiques (déplacés internes notamment) et les opposants à cette singularisation des groupes qui voient en cela une sorte de mise à l'écart d'autres personnes.

266 Charte des Nations unies, articles 1(3), 13(1) (b), 55(c) et 76(c).

La DUDH dispose en son article 1er que « tous les êtres humains naissent libres et égaux en dignité et en droits. Ils sont doués de raison et de conscience et doivent agir les uns envers les autres dans un esprit de fraternité ». Elle énumère des droits civils, sociaux et politiques [267] dont tout être humain peut jouir sans discrimination fondée sur quelque critère que ce soit [268].

Le PIDESC précise des droits et garanties dont tout individu devrait bénéficier sans distinction [269].

Le PIDCP contient aussi des dispositions sur la prohibition de la discrimination. L'article 26 qui dispose que tous sont égaux devant la loi et bénéficient sans discrimination d'une protection égale est, de l'avis du RSG, d'une application générale, en ce sens qu'il vise l'exercice de tous les droits, conventionnels ou non, que les États parties confèrent aux individus sur leur territoire ou sous leur juridiction [270]. La Convention sur les droits de l'enfant [271] et la Convention sur l'élimination de toutes les formes de discriminations à l'égard des femmes [272] contiennent elles aussi des clauses de non-discrimination.

De fait, les déplacés internes peuvent trouver dans le système global de protection des droits de l'homme une protection adéquate contre les actes discriminatoires et une égale protection devant la loi, mais il n'existe pas dans ces instruments une disposition particulièrement dédiée à eux, ni de disposition qui les identifie comme étant un groupe vulnérable, nécessitant des mesures spéciales de protection. Il y avait, en effet, besoin que ces instruments internationaux précisent que nul ne devrait être traité de manière discriminatoire du seul fait du déplacement.

2. Le droit à la vie et à la sûreté personnelle

Le droit à la vie est souvent décrit comme le droit suprême, le droit de l'homme le plus fondamental. L'article 3 de la DUDH dispose que « tout individu a droit à la vie, à la liberté et à la sûreté de sa personne ». Le PIDCP va plus loin lorsqu'il dispose en son article 6 alinéa 1er que « le droit à la vie est

---

267 Articles 3 à 29 de la DUDH.

268 Article 2 de la DUDH.

269 Voir par exemple l'article 2(2) du PIDESC.

270 Rapport du Représentant spécial du secrétaire général sur les personnes déplacées à l'intérieur de leur propre pays, Francis Deng, à la Commission des droits de l'homme : 1995/57, E/CN.4/1996/52/Add.2, par 49.

271 Article 2 (1) de la Convention sur les droits de l'enfant.

272 Cette convention lie le concept d'égalité de traitement à celui de non-discrimination. L'égalité de traitement ici implique de prendre des mesures positives pour rétablir l'égalité comme prévu à l'article 4.

inhérent à la personne humaine. Ce droit doit être protégé par la loi. Nul ne peut être arbitrairement privé de la vie ». La Convention de 1948 sur la prévention et la répression du crime de génocide se focalise exclusivement sur la protection du droit à la vie. Elle énumère les actes qui sont susceptibles de constituer un crime de génocide [273] et oblige les États à punir de tels actes. Toute privation de la vie d'autrui ne signifie cependant pas violation du droit à la vie ; n'est interdite que la privation « arbitraire ». Bien qu'elle soit strictement encadrée, la peine de mort existe encore.

L'importance d'examiner ce droit vient du fait que les déplacés internes traversent, pour la majorité, des situations de guerre, de violence et sont victimes de graves abus tels que les actes de génocide, la disparition forcée, la torture, le viol, etc. Les déplacés internes risquent leur vie et leur sûreté personnelle, qu'ils se trouvent en mouvement ou déjà installés dans des camps. Toutes les dispositions énumérées plus haut protègent les déplacés internes, même dans des situations de conflit armé, et ce, qu'ils soient partie au conflit ou non.

Le droit à la sûreté personnelle et physique implique l'interdiction de la torture, de la disparition forcée, du viol et de toute autre atteinte physique contre la victime. La torture, les traitements cruels, inhumains et dégradants sont sujets à une interdiction absolue, quelles que soient les occurrences. Le droit à la liberté contre la torture est un droit absolu et indérogeable, et ce en tout temps [274].

La violence établie sur le genre, constituée de tout acte dirigé à l'adresse d'un individu du seul fait de son appartenance à un certain sexe (il peut s'agir de viol, de violence sexuelle, de violence domestique) est strictement prohibée. Cela s'applique tant aux hommes qu'aux femmes, bien que ce droit soit largement appliqué aux femmes en particulier. De façon générale, parmi les déplacés internes, l'on a un grand nombre de femmes et filles victimes de viols et autres abus sexuels. Le Comité des droits de l'homme a émis des résolutions visant particulièrement le renforcement de la protection des droits des femmes et enfants déplacés [275]. Il y en a une qui vise à combattre l'exploitation et la

---

[273] L'article 2 de la Convention dispose : « Dans la présente convention, le génocide s'entend de l'un quelconque des actes ci-après, commis dans l'intention de détruire, ou tout ou en partie, un groupe national, ethnique, racial ou religieux, comme tel : meurtre de membres du groupe ; atteinte grave à l'intégrité physique ou mentale de membres du groupe ; soumission intentionnelle du groupe à des conditions d'existence devant entraîner sa destruction physique totale ou partielle ; mesures visant à entraver les naissances au sein du groupe ; transfert force d'enfants du groupe a un autre groupe ».

[274] Article 2(2) de la Convention contre la torture et autres peines ou traitements cruels, inhumains ou dégradants. Voir aussi article 7 du PIDCP, l'article 5 de la DUDH.

[275] UN. Doc. E/CN.4/2003/L11/Add.3, adopté sans vote le 15 avril 2003 à la 56e réunion ; et la Résolution 2003/52/Add.1, 16 janvier 2003.

violence sexuelles commises par quelque acteur que ce soit. Aussi le Comité de suivi de la convention sur l'élimination de toutes les formes de discrimination à l'égard des femmes évoque-t-il le droit à une égale protection relevant du DIH, donc en situation de conflit armé [276]. En outre, l'article 4 de la Déclaration des Nations unies sur l'élimination de la violence contre les femmes précise que cette violence les empêche de jouir, dans des conditions normales, de leurs droits fondamentaux. Il dispose aussi que les États ont la responsabilité d'éliminer la violence contre les femmes, ce qui implique la prévention et la sanction de celle-ci [277].

À la lecture de tous ces instruments et bien sûr ceux sur la non-discrimination, on pourrait affirmer avec le RSG que le droit international offre une protection adéquate aux déplacés internes pour ce qui est de la violence liée au genre [278]. Mais, en réalité, bien que toutes ces dispositions interdisant cette forme de violence existent, leur application, particulièrement aux déplacés internes, reste vague et parfois les crimes de cette nature restent impunis. Bien plus, de l'avis même du RSG, si tel est que le droit international à travers tous ces instruments juridiques pourrait raisonnablement protéger les déplacés internes contre la violence liée au genre, cette protection serait renforcée si tous ces droits étaient réunis dans un seul et même instrument juridique international plutôt que de les avoir éparpillés dans divers textes [279].

Le droit de ne pas disparaître par la force n'est pas ignoré. La Déclaration des Nations unies sur la protection de toutes les personnes contre les disparitions forcées [280] précise que l'on peut parler de disparition forcée lorsque :

> « Des personnes sont arrêtées, détenues ou enlevées contre leur volonté ou privées de toute autre manière de leur liberté par des agents du gouvernement, de quelque service ou à quelque niveau que ce soit, par des groupes organisés ou par des particuliers, qui agissent au nom du gouvernement ou avec son appui direct ou indirect, son autorisation ou son assentiment, et qui refusent ensuite de révéler le sort réservé à ces personnes ou l'endroit où

---

276 CEDAW, Recommandation générale n° 19 (11e sess, 1992) paragraphe 9.

277 Selon l'Article 4 de la Déclaration sur l'élimination de la violence à l'égard des femmes : « Les États devraient condamner la violence à l'égard des femmes et ne pas invoquer de considération de coutume, de tradition ou de religion pour se soustraire à l'obligation de l'éliminer. Les États devraient mettre en œuvre sans retard, par tous les moyens appropriés, une politique visant à éliminer la violence à l'égard des femmes et, à cet effet… ».

278 Rapport analytique, para 142.

279 Rapport analytique, paragraphe 142.

280 Déclaration adoptée par l'Assemblée générale dans sa résolution 47/133 du 18 décembre 1992.

elles se trouvent ou d'admettre qu'elles sont privées de liberté, les soustrayant ainsi à la protection de la loi… » [281].

Cette Déclaration condamne une telle pratique tout en affirmant que tout acte de disparition forcée constitue une atteinte à la dignité humaine et est contraire aux objectifs de la Charte des Nations unies et de la DUDH. Les déplacés internes sont, comme toutes autres personnes, protégés contre ces pratiques. La Déclaration ne s'applique cependant qu'aux actes de disparition forcée perpétrés par ou pour le compte des agents étatiques. Cette Déclaration a été suivie par l'adoption par la Conférence mondiale sur les droits de l'homme de la Déclaration et du programme d'action de Vienne de 1993. Cette dernière évoque l'illégalité de la disparition forcée et exige des États qu'ils mènent des enquêtes lorsqu'il existe des raisons de croire que la disparition forcée a eu lieu, et d'en poursuivre les auteurs [282]. Le RSG conclut ainsi que la disparition forcée d'un déplacé interne dans toutes circonstances, y compris les conflits armés, est interdite et que cette prohibition s'applique à toutes les parties au conflit [283]. Cette pratique n'est cependant interdite qu'implicitement dans ces instruments. Il n'y a pas d'interdiction explicite de ces actes dans les instruments généraux de protection des droits de l'homme.

3. Le droit à la liberté personnelle

Du droit à la liberté personnelle, on déduit le droit d'être libre de toute détention arbitraire qui est une variante de la liberté de mouvement. Des déplacés internes sont confinés dans des camps, privés de la liberté de mouvement, simplement du seul fait de leur déplacement. Ces pratiques, si elles ne sont pas motivées par des raisons militaires impérieuses ou de sécurité des déplacés, sont illégales au regard du droit international. Le droit d'être libre de toute détention arbitraire est interprété de façon large et implique qu'une détention répondant aux normes internes peut être illégale sur le plan du droit international [284] ; attendu que, comme le proclament la DUDH en son article 9, « nul ne peut être arbitrairement arrêté, détenu ou exilé » et le PIDCP en son article 9 (1), « tout individu a droit à la liberté et à la sécurité de sa personne. Nul ne peut faire l'objet d'une arrestation ou d'une détention arbitraire. Nul ne peut être privé de sa liberté, si ce n'est pour des motifs et conformément à la procédure prévus par la loi ». La convention sur les droits des enfants énonce le même principe, à l'égard des enfants bien évidemment, en son article 37(b).

---

281 Déclaration adoptée par l'Assemblée générale dans sa résolution 47/133 du 18 décembre 1992, Préambule.

282 Déclaration adoptée la Conférence mondiale sur les droits de l'homme, Vienne, 24-25 juin 1993, et par l'ONU le 12 juillet 1993, A/CONF.157/23.

283 Rapport analytique du RSG, paragraphes 97 & 98.

284 Rapport analytique, paragraphe 97.

Des dérogations sont admises en cas de CANI et les conditions de détention dans ces circonstances ne sont pas du tout réglementées en DIH. Selon le rapport analytique du RSG, l'article 5 du Protocole II aux Conventions de Genève prévoit un régime de traitement des personnes privées de leur liberté pour des raisons liées au conflit armé, autorisant ainsi implicitement la détention des déplacés internes. Pour les situations de CAI, le même rapport précise que la IVe Convention de Genève en son article 42 autorise la puissance au pouvoir de laquelle se trouvent des civils protégés, à mettre ceux-ci en détention si la sécurité de la première l'exige [285]. En somme, la détention des déplacés internes n'est pas clairement réglementée par le droit international. Ceux-ci devraient pourtant bénéficier de la liberté de mouvement, liberté de choisir leur lieu de résidence, de quitter les camps et autres lieux d'installation [286].

Entre aussi dans cette catégorie le droit de ne pas être recruté de force, pris en otage ou subir les formes contemporaines d'esclavage : les déplacés internes sont généralement exposés à l'enrôlement forcé soit dans l'armée étatique, soit dans celle de la faction dissidente et les enfants sont les plus exposés. Sur ce point spécifique, l'article 38 de la Convention sur les droits de l'enfant exige des États qu'ils respectent et assurent la bonne mise en œuvre des normes de DIH applicables aux enfants dans les conflits armés, notamment la non-participation active des enfants de moins de quinze ans aux hostilités. Toutefois, cette convention ne s'applique qu'aux États. Le DIH ne dit mot sur le recrutement d'enfants par les groupes dissidents. Or l'on constate que, dans les conflits armés internes, civils et enfants déplacés sont des cibles de recrutement pour les acteurs non étatiques.

La prise d'otage mérite aussi une attention particulière de ce fait qu'en cas de trouble interne, les déplacés internes risquent la prise d'otage tant par les agents de l'État que par les acteurs non étatiques. Ils peuvent aussi être utilisés comme bouclier humain. En DIDH, il n'existe pas de texte interdisant l'utilisation d'individus comme bouclier humain dans des conflits armés. Toutefois, la perpétration de tels actes violerait bien d'autres garanties. La Convention internationale contre la prise d'otage détermine les actes constitutifs de prise d'otage et les auteurs de tels actes, mais ne s'applique malheureusement pas aux conflits armés ou troubles internes [287]. Encore une fois, puisque la prise d'otage entraîne la violation d'autres droits, on considère que prendre en otage est

---

285 Rapport analytique, paragraphe 155.

286 Rapport analytique, paragraphe 156.

287 L'article 13 de la convention internationale contre la prise d'otage dispose : « La présente convention n'est pas applicable lorsque l'infraction est commise sur le territoire d'un seul État, que l'otage et l'auteur présumé de l'infraction ont la nationalité de cet État, et que l'auteur présumé de l'infraction est découvert sur le territoire de cet État ».

certainement proscrit. Pour ce qui est du DIH, l'on peut étendre la prohibition de l'article 3 commun aux Conventions de Genève, à la prise d'otage. Aussi l'article 4 du Protocole II interdit-il l'utilisation du bouclier humain et l'article 57 alinéa 7 du Protocole additionnel I précise-t-il :

> « La présence ou les mouvements de la population civile ou de personnes civiles ne doivent pas être utilisés pour mettre certains points ou certaines zones à l'abri d'opérations militaires, notamment pour tenter de mettre des objectifs militaires à l'abri d'attaques ou de couvrir, favoriser ou gêner des opérations militaires. Les parties au conflit ne doivent pas diriger les mouvements de la population civile ou des personnes civiles pour tenter de mettre des objectifs militaires à l'abri des attaques ou de couvrir des opérations militaires ».

Cette interdiction constitue désormais une règle de droit international coutumier [288]. Des normes existent dans un corps de règles, mais pas dans l'autre.

L'esclavage sous ses formes contemporaines couvre à la fois l'esclavage traditionnel et nombre d'autres pratiques telles que la prostitution infantile, la vente d'enfants, la pornographie infantile, l'exploitation d'enfants par le travail, les mutilations sexuelles sur fillettes, l'enrôlement d'enfants dans les forces armées, le trafic d'êtres humains et le commerce d'organes, l'exploitation de la prostitution et la servitude [289]. Ces pratiques affectent évidemment les déplacés internes. Le droit de ne pas être soumis à l'esclavage et autres pratiques similaires est garanti par le droit international coutumier [290] et par bon nombre de dispositions conventionnelles. Le PIDCP proscrit ces pratiques [291]. L'on aurait pu citer aussi la DUDH qui, constituant le fondement de plusieurs instruments juridiques internationaux sans pour autant que ses dispositions soient conventionnelles, les proscrit aussi [292]. Mais d'autres dispositions conventionnelles plus spécifiques sont très pertinentes ici : l'article 6 de la Convention sur l'élimination de toutes les formes de discrimination à l'égard

---

288 Voir notamment l'étude du CICR sur le droit international coutumier, particulièrement la règle 97 sur l'interdiction des boucliers humains (Jean-Marie HENCKAERTS et Louise DOSWALD-BECK, *Droit international humanitaire coutumier, Volume I : Règles*, Comité international de la Croix-Rouge, 2006, p. 445-450).

289 Fact sheet n° 14, Contemporary Forms of Slavery, paragraphe 2, *Haut Commissariat des Nations unies aux droits de l'homme*, Organisation des Nations unies, Genève, juin 1991.

290 La règle 94 de droit international humanitaire coutumier interdit l'esclavage et la traite des esclaves sous toutes ses formes. Voir Jean-Marie HENCKAERTS et Louise DOSWALD-BECK, *Droit international humanitaire coutumier, Volume I : Règles*, Comité international de la Croix Rouge, 2006, p. 432.

291 Article 8 alinéa 1 du PIDCP.

292 Article 4 de la DUDH.

des femmes interdit le commerce de la femme et l'exploitation de la prostitution ; la Convention relative aux droits de l'enfant proscrit le travail des enfants, l'exploitation, l'abus et le commerce d'enfants. Toutes ces dispositions s'appliquent aux déplacés internes même si elles restent générales.

B. Des droits et besoins spécifiques aux déplacés internes

La situation spécifique des déplacés internes les singularise et exige que l'on s'assure particulièrement du respect de certains droits, en l'occurrence les droits et besoins au cours du déplacement (1) et aux droits et besoins après le déplacement (2).

1. Droits et besoins au cours du déplacement

L'on pense notamment et au premier abord aux besoins de subsistance. Le droit à la nourriture, à l'eau potable, l'accès aux services médicaux, au logement et aux vêtements sont d'une importance particulière pour les déplacés internes. La DUDH dispose en son article 25(1) : « Toute personne a droit à un niveau de vie suffisant pour assurer sa santé, son bien-être et ceux de sa famille, notamment pour l'alimentation, l'habillement, le logement, les soins médicaux ainsi que pour les services sociaux nécessaires ». Ce même droit est reconnu à tous par le PIDESC qui prévoit en son article 11 que « les États parties au présent Pacte reconnaissent le droit de toute personne à un niveau de vie suffisant pour elle-même et sa famille, y compris une nourriture, un vêtement et un logement suffisants, ainsi qu'à une amélioration constante de ses conditions d'existence ». Vont aussi dans le même sens la Déclaration universelle pour l'élimination définitive de la faim et de la malnutrition [293], la Convention internationale relative aux droits de l'enfant [294] et la Convention sur l'élimination de toutes les formes de discrimination à l'égard des femmes [295]. Les États reconnaissent ce droit à chaque individu, y compris les déplacés internes et s'engagent à prendre des mesures de façon individuelle ou en coopération avec d'autres États, pour assurer ce droit. Cette responsabilité incombe à l'État. L'État a la responsabilité d'assurer le minimum essentiel de droits sociaux aux déplacés internes [296].

Vient ensuite l'assistance humanitaire. Il existe aujourd'hui une certaine conciliation entre souveraineté étatique et protection internationale des

---

293 Voir notamment son paragraphe 1.

294 Convention internationale relative aux droits de l'enfant, article 27 sur le développement physique, mental, spirituel et social de l'enfant.

295 Article 14 alinéa 1 de la Convention sur l'élimination de toutes les formes de discrimination à l'égard des femmes.

296 Rapport analytique, paragraphe 119.

déplacés internes. La souveraineté ne signifie plus strictement non-intervention dans les affaires intérieures d'un État, mais elle est source de responsabilité à charge de l'État [297]. Elle exige de ce dernier qu'il facilite la condition humaine, protège les droits de l'homme et rende compte tant sur le plan interne que sur le plan international [298]. En cas de crise humanitaire, l'accès aux populations dans le besoin est autorisé sous certaines conditions. Selon l'article 18(1) du Protocole I aux Conventions de Genève, les parties au conflit doivent favoriser un accès humanitaire aux populations dans le besoin. L'intervention humanitaire doit présenter quelques caractéristiques, dont l'impartialité. Une clause requérant le consentement des parties existe. Toutefois, celle-ci n'autorise pas l'État ou une partie au conflit à refuser son agrément pour de simples raisons superficielles [299]. Des principaux instruments internationaux relatifs aux droits de l'homme, il ressort une obligation d'accepter l'assistance humanitaire pour préserver le droit à la vie. L'expression « tous les moyens possibles » est généralement employée [300]. Elle inclut l'acceptation par les États de l'aide humanitaire pour assister une population en danger, les déplacés internes en l'occurrence. Dans ces conditions, un État qui interdit l'accès humanitaire aux déplacés se trouvant sur son territoire, viole les dispositions relatives à la protection du droit à la vie [301]. Francis Deng conclut que les États parties au PIDESC ont l'obligation de ne pas refuser sans raison valable une offre d'assistance aux déplacés internes, et peut-être existe-t-il une obligation d'accepter une offre raisonnable, ajoute-t-il [302]. Aussi, la Charte des Nations unies oblige-t-elle les États à coopérer dans la résolution des problèmes humanitaires. Cette obligation de coopérer, d'après Francis Deng, a pour corollaire l'obligation qu'ont les États de recevoir l'assistance humanitaire internationale aussitôt que celle-ci est offerte et nécessaire [303]. La pratique du Conseil de sécurité des Nations unies confirme l'obligation qu'ont les États d'accepter l'offre internationale d'assistance, par cela même que, comme le dit le RSG, les résolutions sur le nord de l'Irak, l'Azerbaïdjan et la Bosnie Herzégovine amènent à conclure que dans les situations de CAI et de CANI

---

297 Voir à ce sujet les travaux sur la souveraineté comme responsabilité ; notamment Francis DENG, Sadikiel KIMARO et al. (auteurs), *Sovereignty As Responsibility : Conflict Management in Africa*. Brookings Institutions Press, août 1996, 275 p.

298 Francis DENG, Sadikiel KIMARO et al. (auteurs), *Sovereignty As Responsibility : Conflict Management in Africa*. Brookings Institutions Press, août 1996, p. 1-34.

299 Protocole additionnel I aux Conventions de Genève, article 70 sur les actions de secours. Cet article 70 constitue une règle de droit international coutumier. The ICRC Customary International Humanitarian Law Study ; préparé et publié par le CICR, 2005 (règles 55-56). Voir la Revue de la Croix Rouge Internationale, 2006, vol. 1.

300 Voir notamment article 2(1) du PIDESC.

301 Voir Rapport analytique. Paragraphe 363.

302 Voir Rapport analytique. Paragraphe 365.

303 Voir Rapport analytique. Paragraphe 362.

menaçant la paix et la sécurité dans la région, les États sont obligés de permettre aux agences « onusiennes » et autres organisations internationales humanitaires, l'accès aux civils dont les déplacés internes [304].

Enfin, le droit à la liberté de mouvement qui traduit ici le droit de se déplacer librement, de choisir son lieu de résidence dans l'État, le droit de traverser les frontières et chercher asile, l'interdiction de l'asile arbitraire est garanti en termes généraux par la DUDH en son article 13 [305]. La Convention numéro 169 de l'OIT sur les peuples indigènes et tribaux interdit en son article 16 le déplacement et la réinstallation des peuples des terres qu'ils occupent. Sauf, précise-t-elle, si ceux-ci sont jugés nécessaires à titre exceptionnel. En outre, ils ne doivent avoir lieu qu'avec le consentement donné librement et en toute connaissance de cause. Ainsi, selon ce même article, toute personne déplacée a le droit de retourner en son lieu de résidence habituelle dans des conditions de sécurité et de dignité aussitôt que les causes du déplacement ont cessé d'exister. Toutefois, cette disposition ne s'applique pas aux déplacés pour cause de conflits armés, du moment que la Convention 169 ne s'applique qu'à des catégories particulières : indigènes et déplacés pour cause de développement. Le PIDCP en son article 12, plus précis sur la question que la DUDH, garantit le même droit et ne permet de dérogations que lorsque celles-ci sont prévues par la loi et nécessaires à la sécurité nationale, l'ordre public, la santé et la moralité publiques, ou les droits et libertés d'autrui.

Des règles générales existent, qui reconnaissent un droit général au retour. Il en existe aussi de plus spécifiques, mais l'articulation de celles-ci ne leur permet pas d'englober les déplacés internes du fait des conflits. En l'absence d'un droit au retour spécifique reconnu aux déplacés internes, l'on se tourne vers le concept de « non-refoulement » qui existe en droit des réfugiés. Quelle est cependant sa valeur ? Pour une partie de la doctrine, et cela semble se confirmer, le droit au retour des déplacés internes devrait être énoncé dans un futur instrument juridique [306]. En réalité, le droit au retour est une autre formulation du droit de se déplacer librement qui est garanti en droit coutumier. Comme tel, ce droit est garanti à tous. L'on en déduit qu'il est garanti aux déplacés internes.

---

304 Simon BAGSHAW, *Normative Framework for the Protection of Internally Displaced Persons*, 2005, p.111.

305 « 1. Toute personne a le droit de circuler librement et de choisir sa résidence à l'intérieur d'un État. 2. Toute personne a le droit de quitter tout pays, y compris le sien, et de revenir dans son pays », article 13 de la DUDH.

306 Gouda Ali GOUDA, *Internal Displacement law and Policy: Analysis of International Norms and Domestic Jurisprudence*, Vandeplas Publishing, United States of America, April 2009, p. 91.

2. Droits et besoins après le déplacement

Les déplacés internes laissent très souvent derrière eux et dans la précipitation leurs biens, meubles comme immeubles. Par voie de conséquence, au retour se pose le problème de la réparation, en particulier la restitution ou la compensation. L'on relève des cas où le gouvernement protège lesdits biens contre un accaparement par toute tierce personne. Seulement, cette protection étatique est parfois insuffisante, comme ce fût le cas en ex-URSS où la législation n'était pas adaptée à la restitution de la propriété. Jusqu'à une époque récente, le droit à réparation n'était que très peu reconnu. Le RSG ne précisait-il pas dans son Rapport analytique de 1992 que ce droit n'est pas totalement reconnu, garanti et devrait l'être dans de futurs instruments [307] ? L'on a pu noter des avancées dans ce sens, générées par des normes et surtout la pratique diplomatique et la jurisprudence.

Plusieurs instruments juridiques internationaux pertinents aux déplacés internes reconnaissent le droit à un recours et le droit à la réparation [308] pour violation des droits de l'homme. Sur le droit à un recours, l'article 8 de la DUDH dispose : « Toute personne a droit à un recours effectif devant les juridictions nationales compétentes contre les actes violant les droits fondamentaux qui lui sont reconnus par la constitution ou par la loi » [309]. Sans prétendre à l'exhaustivité, l'on a dans la même veine l'article 2 du PIDCP, l'article 6 de la Convention sur l'élimination de toutes les formes de discrimination raciale, l'article 14 de la Convention contre la torture et autres peines ou traitements cruels, inhumains et dégradants.

Dans sa résolution 687 de 1991, le Conseil de sécurité a décidé de créer un fonds pour assurer la compensation des gouvernements, entreprises et personnes étrangères qui ont souffert de l'invasion du Koweït par l'Irak. En

---

307 Rapport analytique, 1992, paragraphe 284.

308 Le droit à la réparation peut être entendu comme un corollaire du droit à un recours. C'est l'approche adoptée par la Commission des droits de l'homme notamment dans les *Principes fondamentaux et directives concernant le droit à réparation des victimes de violations flagrantes du droit international des droits de l'homme et de violations graves du droit international humanitaire*. Néanmoins, cela ne fait pas l'unanimité. Pour Pierre D'Argent, « le droit à la réparation n'est pas inclus dans le droit à un recours, lequel n'est pas "compris" dans l'obligation de respecter le droit. Le droit à la réparation naît de la violation du droit, et est en ce sens externe à l'obligation de le respecter ; le droit à un recours, entendu [ainsi que les principes qui le conçoivent] comme le droit d'accès à un tribunal, est le moyen de réclamer la jouissance du droit primaire substantiel, ou à défaut la réparation du dommage qui naît de sa violation. On en revient donc à la question du droit à la réparation en tant que droit individuel consacré par l'ordre juridique international, suite à la violation du droit international » (Pierre D'ARGENT, « Le droit de la responsabilité internationale complété ? Examen des principes et directives concernant le droit à un recours et à réparation des victimes de violations flagrantes du droit international des droits de l'homme et de violations graves du droit international humanitaire », *A.F.D.I.*, 2005, p. 43).

309 Déclaration universelle des droits de l'homme, article 8.

l'espèce, les victimes de violations de droits de l'homme ont été éligibles pour compensation. Des développements ont suivi dans le même sens. Les accords de Dayton garantissent aux réfugiés et déplacés internes le droit au retour et celui à la restitution des biens dont ils ont été privés pendant les hostilités. La Commission des droits de l'homme a procédé quant à elle à la présentation des Principes fondamentaux et directives concernant le droit à un recours et à réparation des victimes de violations flagrantes du DIDH et de violations graves du DIH [310]. Ils appellent à la compensation, à la restitution, à l'excuse, à la réhabilitation pour les victimes et aux garanties de non-répétition des violations comme des formes de réparation.

La contribution jurisprudentielle est principalement l'œuvre de la Cour internationale de Justice qui, dans un avis consultatif, a nettement affirmé les obligations de l'État en matière de réparation d'un dommage qu'il a causé à des individus [311].

Aujourd'hui, même si ce droit n'est pas très clairement défini ni ne fait l'objet de mise en œuvre certaine, en l'occurrence pour ce qui est des déplacés internes, il est vraisemblablement en plein essor dans l'ordre juridique international. L'adoption des instruments internationaux spécifiquement voués à la protection des droits des déplacés internes a renforcé, comme l'a relevé Veronika Bílková [312], la dynamique internationale en faveur de la reconnaissance d'un droit à réparation pour les déplacés internes. Le champ de cette dynamique va bien au-delà du seul cadre du droit au recours et du droit à la réparation.

§ 2. CHAMP D'APPLICATION DES INSTRUMENTS JURIDIQUES INTERNATIONAUX PERTINENTS À LA PROTECTION DES DÉPLACÉS INTERNES

Les principes internationaux sur le déplacement interne couvrent le déplacement interne dans ses différents contextes et sous ses différentes formes. Mais ils s'appuient surtout sur des fondements juridiques bien définis. Le DIH et le DIDH, principaux fondements juridiques des principes internationaux sur le déplacement interne, couvrent des champs d'applications

---

310 Adopté et proclamé par l'Assemblée générale : RES. 60/147 du 16 décembre 2005 ; Commission des droits de l'homme, RES. 2005/35, UN. Doc. E/EN.4/2005/L.10/Add.11 (19 avril 2005).

311 CIJ, *Conséquences juridiques de l'édification d'un mur dans le territoire palestinien occupé*, Avis consultatif du 9 juillet 2004, *Recueil 2004*. La Cour enjoignait à Israël de réparer les dommages moraux et physiques causés aux personnes physiques ou morales concernées, de restituer les biens immobiliers saisis ou de procéder à l'indemnisation des personnes en question pour le préjudice subi. Voir les paragraphes 152 & 153.

312 Veronika BÍLKOVÁ, « Towards a general right to reparation for internally displaced persons ? », *Czech Yearbook of public and private international law*, 2011, vol. 2, p. 95-112.

qui diffèrent et se recoupent selon les cas. Il conviendra de préciser quel domaine, en rapport avec le déplacement interne, chacune des branches du droit pertinentes ici peut couvrir. L'une est plus spécifique que l'autre (A). Ces deux branches du droit peuvent s'appliquer de façon cumulative, mais ce cumul, lui non plus, ne dissipe le vide juridique en matière de déplacement interne (B).

A. Des champs d'application différents

Le DIDH s'applique tant en temps de paix qu'en temps de guerre [313]. Il s'applique à tous, indépendamment de l'âge, du sexe, du contexte dans lequel on se trouve. Il s'applique à tous les déplacés internes. Le critère pris en compte ici est la nature d'être humain.

Le champ d'application du DIH a été étendu, notamment son champ d'application matériel. En effet, « originairement limité aux conflits armés internationaux, et encore très largement voué à ce type de situations, le DIH a été progressivement étendu [...] aux conflits armés internes, puis, pour certaines de ses règles, aux catastrophes naturelles » [314]. Nonobstant cette évolution, la protection assurée par le DIH se manifeste en considération du contexte et peut s'appliquer ensuite en considération des catégories de personnes. Il distinguera notamment les enfants des femmes [315] et les déplacés internes ne bénéficieront véritablement de cette protection que s'ils se trouvent dans des situations de CAI ou de CANI [316].

Dans un contexte de conflit armé et s'il existe un conflit entre DIDH et DIH, c'est le dernier qui s'applique comme *lex specialis*. Toutefois, celui-ci peut avoir recours au premier dans certains cas : le DIDH peut servir à l'interprétation du DIH dans des hypothèses où ses normes sont plus précises que celles de celui-ci [317].

Des dérogations sont admises en DIDH. Les États peuvent déroger à certaines normes lorsqu'« un danger public exceptionnel menace l'existence de

---

313 La protection offerte par les traités relatifs aux droits de l'homme ne cesse pas en temps de guerre. La CIJ l'a affirmée dans son Avis du 9 juillet 2004, *Conséquences juridiques de l'édification d'un mur dans le territoire palestinien occupé*, paragraphe 106.

314 Mario BETTATI (éd.), *Droit humanitaire*, Points Essais, 2000, p. 35.

315 Protocole additionnel aux Conventions de Genève n° I, article 77 § 2 et 3 sur l'interdiction de l'enrôlement et de la participation des enfants aux hostilités.

316 Cette condition est encore exigée même si elle tend vers un dépassement. Voir Michel BÉLANGER, *Droit international humanitaire général*, Paris, Gualino éditeur, 2e éd., 2007, p. 75.

317 *Conséquences juridiques de l'édification d'un mur dans les territoires palestiniens occupés*, *Avis consultatif*, *C.I.J. Recueil 2004*, p.136.

la nation » [318]. La protection des déplacés internes s'avère incomplète lorsque ceux-ci se trouvent en dehors d'un conflit armé, mais dans un État dont le gouvernement a déclaré l'état d'urgence, situation qui autorise une dérogation à certaines règles relatives à la protection des droits de l'homme. Bien que cette dérogation ne touche pas au noyau dur des droits de l'homme [319] et même en reconnaissant que les règles relatives aux droits de l'homme auxquelles dérogation n'est pas permise sont applicables en toutes circonstances, c'est dans ces périodes d'exception que les droits doivent être spécialement protégés. Alors,

> « une telle clause qui confie à l'État le soin d'apprécier les circonstances en cause et donc de se libérer des obligations relatives aux droits de l'homme est d'autant plus lourde que c'est dans ces circonstances exceptionnelles que les droits de l'homme sont les plus menacés et les garanties pour leur protection les plus importantes » [320].

Dans ces circonstances, les déplacés internes se trouveraient davantage vulnérables étant donné leur condition.

Ces différences sont à l'évidence, et comme le précise à juste titre Hakata Kei, de nature à entraîner des lacunes dans la protection des déplacés internes [321].

B. Une couverture insuffisante

Les normes de DIH et de DIDH pertinentes à la protection des déplacés internes s'appliquent de façon générale au déplacement interne. Mais elles ne couvrent pas toutes les situations spécifiques.

Pour ce qui est de la prévention du déplacement, le DIDH interdit la torture, les traitements inhumains ou dégradants, et garantit d'autres droits cruciaux en matière de prévention du déplacement [322]. L'on a en DIH des dispositions qui formulent expressément l'interdiction du déplacement forcé. L'article 17 du deuxième Protocole aux Conventions de Genève dispose que :

---

318 Voir article 4 du Pacte international relatif aux droits civils et politiques de 1966.

319 Référence faite au droit à la vie, à la protection contre la torture et l'esclavage, à la dignité, la liberté de pensée, de conscience et de religion, l'interdiction de l'application rétroactive du droit pénal.

320 Frédéric SUDRE, *Droit international européen des droits de l'homme*, Puf, 1989, p. 113.

321 Kei HAKATA, « Vers une protection plus effective des personnes déplacées à l'intérieur de leur propre pays », *RGDIP* (Paris), N° 3, 2002, p. 619-644.

322 Cette interdiction apparaît clairement dans la DUDH en son article 5 et dans la Convention contre la torture.

> « Le déplacement de la population civile ne pourra pas être ordonné pour des raisons ayant trait au conflit sauf dans les cas où la sécurité des personnes civiles ou des raisons militaires impératives l'exigent… les personnes civiles ne pourront pas être forcées de quitter leur propre territoire pour des raisons ayant trait au conflit » [323].

Quant à la protection pendant le déplacement, le DIDH garantit le droit à la sécurité personnelle, à un logement [324], à la nourriture, [325] etc. Au cours du déplacement, les déplacés internes sont assimilés à la population civile et c'est à ce titre qu'ils sont protégés. Il relève du droit coutumier que :

> « Toutes les mesures possibles doivent être prises afin que les personnes civiles concernées soient accueillies dans des conditions satisfaisantes de logement, d'hygiène, de salubrité, de sécurité et d'alimentation et afin que les membres d'une même famille ne soient pas séparés les uns des autres » [326].

La protection lors du retour, de l'intégration ou de la réinstallation est une étape au cours de laquelle les besoins des déplacés internes ne sont pas suffisamment pris en compte par le DIH et le DIDH. Le DIH ne couvre expressément la question spécifique du retour que dans le contexte des déplacements juridiquement encadrés qui incluent les évacuations effectuées pour des raisons de sécurité ou parce que des nécessités militaires impérieuses l'exigent. Les questions de restitution de bien et de compensation ne sont pas réglées clairement. Il s'agit d'évidence d'une phase du déplacement pendant laquelle la protection est des plus fragmentaires.

DIH et DIDH s'appliquent tous deux aux situations de déplacement interne. D'un tel cumul, l'on aurait pu imaginer une protection exhaustive. Tel n'est pourtant pas le cas. En effet, ces règles sont dispersées dans différents instruments et ne prennent pas en compte de façon inconditionnelle la situation et les besoins spécifiques des déplacés internes. Le droit international se trouve ainsi inadapté [327]. La compensation en cas de perte de biens lors du déplacement, la garantie contre le retour forcé, la délivrance des documents d'identité et nombre d'autres aspects essentiels de la protection ne sont pas pris

---

323 Cette règle est considérée comme relevant du droit coutumier. Voir Règle 129 (Jean-Marie HENCKAERTS et Louise DOSWALD-BECK, *Droit international humanitaire coutumier, Volume I : Règles*, CICR, 2006).

324 Déclaration universelle des droits de l'homme, article 25.

325 Pacte international relatif aux droits économiques, sociaux et culturels, article 11.

326 Règle 131 du Droit international humanitaire coutumier (Jean-Marie HENCKAERTS et Louise DOSWALD-BECK, *Droit international humanitaire coutumier, Volume I : Règles*, 2006).

327 Francis DENG, Conclusions on the compilation and analysis of legal norms, 1996, in E/CN.4/1996/52/Add.2.

en compte par les normes générales de DIDH et DIH. L'incorporation du droit international dans le droit national, incorporation non effective dans certains cas, retentit significativement sur la protection. Notamment dans l'hypothèse d'un CANI dans lequel le DIH pénètre moins facilement. Les droits par celui-ci garantis resteront méconnus du fait de la difficulté à y accéder et seront par conséquent moins appliqués.

SECTION II.
LES INITIATIVES NORMATIVES « ONUSIENNES » VOUÉES SPÉCIFIQUEMENT AUX DROITS FONDAMENTAUX DES DÉPLACÉS INTERNES

Avant 1998, des lacunes juridiques relatives au déplacement interne ont été répertoriées à plusieurs niveaux. Dans certains domaines, l'on pouvait noter une absence totale de règles. Tel a été le cas pour les pièces d'identité ou l'indemnisation pour la perte de biens pendant le déplacement, le fait que la plupart des règles internationales ne lient pas les acteurs non étatiques, le fait que les droits de l'homme puissent être restreints ou ignorés dans des situations de tensions ne pouvant être qualifiées de conflits armés, et des points obscurs du fait que les normes étaient tellement floues qu'il fallait absolument les interpréter afin de les appliquer aux déplacés internes.

Des textes se sont succédé en la matière. En 1998 ont été présentés les Principes directeurs sur le déplacement de personnes à l'intérieur de leur própre pays [328]. Ils sont fondés sur une analyse et une compilation des normes juridiques existantes en la matière [329] et visent à répondre aux besoins particuliers des personnes déplacées à l'intérieur de leur propre État à travers le monde. Puis, en 2005, seront présentés les Principes relatifs à la restitution des logements et des biens des réfugiés et des déplacés internes, plus connus sous le nom de Principes de Pinheiro. Ces derniers concernent exclusivement la restitution des logements et des biens dans le cas des réfugiés et des déplacés internes et visent à aider tous les acteurs nationaux et internationaux, à résoudre les questions d'ordre juridique et technique que soulève la restitution dans les situations où le déplacement a contribué à priver arbitrairement ou illégalement des personnes de leur logement, de leurs terres et de leurs biens ou de leur lieu de résidence habituelle [330]. Toujours en 2005, le 16 décembre précisément, l'Assemblée générale des Nations unies adopte la résolution 60/147 sur les Principes fondamentaux et directives concernant le droit à un recours et à réparation des victimes de violations flagrantes du DIDH et de violations graves du DIH.

Ces textes et le travail des RSG et Rapporteurs Spéciaux sur les droits de l'homme des déplacés internes ont fortement contribué à la sensibilisation de l'opinion publique à la situation des déplacés internes. Ils étaient également censés combler les lacunes juridiques et clarifier les points obscurs. Il conviendra de rappeler dans quel sens et jusqu'où le droit y afférent a été précisé. Couvre-t-il aujourd'hui toutes les situations auxquelles l'on peut faire

328 E/CN.4/1998/53/Add.2

329 E/CN.4/1996/52/Add.2 et E/CN.4/1998/53/Add.1

330 Voir principe 1.1 de Pinheiro.

face en matière de déplacement interne ? Prend-il en compte les divers problèmes rencontrés par les déplacés internes ? Nous le verrons en examinant l'adaptation à l'aune de la notion de « déplacé interne » (§ 1), puis en considération des droits au regard des différentes phases du déplacement interne (§ 2).

§ 1. NOTION DE « DÉPLACÉ INTERNE »

Les progrès normatifs réalisés en matière de déplacement interne semblent présager la mise en place d'un statut juridique international spécial pour les déplacés internes. Malgré cela, nous sommes encore dans l'expectative, puisqu'aujourd'hui encore il n'en existe pas un (A). Il faut néanmoins relever le profilage qui est pratiqué à l'échelon national (B).

A. L'inexistence du statut juridique international du déplacé interne

Parler des « déplacés internes » nous rappelle très vite l'une des principales questions qui se posent en la matière, celle de savoir s'il y a nécessité ou non d'adopter un régime international spécial de protection. En l'état actuel du droit international, le déplacement interne est un état de fait qui entraîne certaines conséquences juridiques. Il est un processus et non un statut. Les déplacés internes bénéficient de la protection que leur offrent les instruments internationaux ou régionaux de protection des droits de l'homme, à la seule condition que leur État les ait ratifiés. Le statut du déplacé interne n'est pas défini par le droit international. En DIH par exemple, les déplacés internes ne constituent pas une catégorie à part et c'est l'expression « population civile » qui les englobe. Ils bénéficient de ce fait de toutes les dispositions offrant une protection aux civils. L'inexistence d'un tel statut ne signifie cependant pas détachement de la société internationale pour le phénomène. Le souci de prendre en compte leurs besoins propres de protection anime plusieurs acteurs nationaux, régionaux et internationaux, comme en témoignent l'élaboration des Principes directeurs et tout le travail réalisé par les prédécesseurs du Rapporteur spécial, lui-même et leurs collaborateurs. Il en est résulté notamment une définition de la notion de « déplacés internes », la reconnaissance de la spécificité des besoins de protection des déplacés internes [331] et la précision de leurs droits. Toutefois, tous ces développements remarquables ne dotent pas les déplacés internes d'un véritable statut juridique international. Le paragraphe 2 de l'introduction aux Principes directeurs offre une définition des personnes déplacées à l'intérieur de leur propre pays :

---

[331] S'il est largement admis que les déplacés internes sont peu protégés, les efforts fournis et les avancées en matière de protection et de mesures y afférentes demandent de relativiser le propos.

« Des personnes ou des groupes de personnes qui ont été forcés ou contraints à fuir ou à quitter leur foyer ou leur lieu de résidence habituelle, notamment en raison d'un conflit armé, de situations de violence généralisée, de violations des droits de l'homme ou de catastrophes naturelles ou provoquées par l'homme ou pour en éviter les effets, et qui n'ont pas franchi les frontières internationalement reconnues d'un État ».

Mais, il n'y est pas question d'une définition juridique. Il s'agit tout simplement d'un instrument permettant la délimitation du champ d'application des Principes directeurs. Le fait d'être déplacé dans son État d'origine ou État de résidence habituelle ne confère pas un statut juridique international particulier comme c'est le cas pour les réfugiés.

Les déplacés internes restent citoyens ou résidents habituels de leur État et bénéficient de la protection et de l'assistance rattachées à cette qualité. Les droits et garanties qui leur sont reconnus découlent simplement de leur qualité d'êtres humains et de citoyens ou de résidents habituels d'un État donné. Ces droits et garanties proviennent de la vulnérabilité particulière et des besoins spécifiques qui résultent du fait d'être déplacé. Dès lors, ils peuvent invoquer leur droit à la protection en vertu des droits mentionnés dans les Principes directeurs et contenus dans les conventions internationales. Ils ne le feront que parce qu'ils sont déplacés, ayant des besoins spécifiques, et non parce qu'ils se sont enregistrés et sont formellement reconnus comme des déplacés internes. En pratique, certains États leur concèdent un statut juridique et leur garantissent un système leur permettant de bénéficier effectivement des droits qui leur sont reconnus. Ce statut peut leur être refusé ou être révoqué. Toutes les situations de déplacement interne ne sont pas régies par le droit international. Certaines ne présentent pas un intérêt particulier pour la société internationale. Si les besoins des déplacés sont effectivement et efficacement satisfaits par leur gouvernement, l'implication de la société internationale n'est pas nécessaire, sauf invitation formulée dudit gouvernement.

Contrairement à ce qui existe en droit des réfugiés, il n'existe pas de statut de personne déplacée à l'intérieur de son propre pays dont on pourrait jouir après qu'il a été officiellement reconnu à un individu. Le statut international du réfugié qui a été mis en place repose sur la rupture du lien juridique qui les unit à leur État d'origine. Or, pour les déplacés internes, ce lien reste en théorie effectif, même si en pratique c'est généralement le contraire. Il a bien sûr été utile de préciser à quel moment l'on ne devrait plus être considéré comme déplacé interne. Un consensus n'avait pas pu être établi à ce sujet [332].

---

332 Erin MOONEY, « The concept of internal displacement and the case for internally displaced persons as a category of concern », *Refugee Survey Quarterly*, Vol. 24, Issue 3, 2005, p. 21-23 ; voir

.../...

Aujourd'hui encore, en matière de déplacement interne, il n'y a pas de clause de cessation comme c'est le cas pour les réfugiés. On ne parle donc pas de fin du déplacement, mais de réalisation des droits, et de couverture des besoins au même titre que les autres citoyens.

Le fait que les réfugiés et les déplacés internes soient confrontés à un grand nombre de problèmes communs n'a pas suffi à mobiliser la volonté d'impartir aux derniers un statut juridique spécial en droit international. Pourtant, le caractère inopérant de la protection nationale devrait suffire à l'inspiration de la création d'un véritable instrument de leur protection internationale [333]. Cette absence de statut trouve plusieurs justifications, parfois présentées comme étant suffisantes : la première est que les déplacés internes se trouvent toujours sur le territoire qui constitue la zone de compétence de leur État ; la deuxième postule que les droits et garanties dont ils jouissent leur sont dus en tant qu'êtres humains, citoyens ou résidents de l'État concerné ; et la troisième rappelle que la protection internationale n'est que complémentaire, donc mise en œuvre seulement si l'État n'a pas la capacité ou la volonté d'assurer le devoir de protection qui lui revient au premier chef. Ces raisons constituent l'assise de la position de Walter Kälin pour qui il n'est pas nécessaire de créer un statut juridique spécifique : « *Internally displaced persons need not and cannot be granted a special legal status comparable to refugee status* » [334]. Les conséquences sont pourtant graves. Sans prétendre à l'exhaustivité, cette absence de statut entraîne le manque de données fiables sur les déplacés internes et le fait que l'on ne puisse déterminer avec exactitude ni le début ni la fin du déplacement interne pose problème lorsqu'il faut comptabiliser ces personnes.

L'on peut dès lors se poser la question suivante : s'il était mis en place un statut juridique international du déplacé interne, celui-ci modifierait-il les droits des déplacés, ou alors modifierait-il les obligations de l'État ou des États à leur égard ? Dans le cadre du profilage, certains États mettent sur pied un véritable statut juridique interne du déplacé interne, ce qui bien évidemment renforce les droits et établit de véritables obligations juridiques des acteurs en présence.

---

aussi du même auteur, « Bringing the End into Sight for Internally Displaced Persons », *Forced Migration Review*, Issue 17 (2003), p. 4-7.

333 Catherine TEITGEN-COLLY, « Le défi international des migrations », in Christophe JAFFRELOT et Christian LEQUESNE (dir.), *L'enjeu mondial : les migrations*, Paris, Presses de Sciences Po/L'Express, 2009, p. 133.

334 [« Les déplacés internes n'ont pas besoin et ne peuvent se voir reconnaître un statut spécial semblable à celui des réfugiés »], Walter KÄLIN, *Guiding Principles on Internal Displacement : Annotations*, The American Society of International Law and the Brookings Institution, 2000, p. 3.

B. Le profilage comme palliatif

L'absence d'un statut juridique du déplacé interne n'exclut pas la prise de mesures administratives comparables à la détermination du profil, l'enregistrement à l'échelon interne. Cela permettrait d'identifier les personnes qui sont déplacées et qui ont besoin d'une assistance particulière. Toutefois, l'absence de cet enregistrement n'entrave pas la jouissance de leurs droits en matière de droits de l'homme et de droit humanitaire [335]. Le profilage doit être réalisé suivant certains critères proposés dans différentes études réalisées dans le cadre « onusien » [336]. Il doit répondre à certains critères (2) et suivre une procédure tout en répondant aux objectifs définis (1).

1. Procédure et objectifs

La détermination du profil consiste en la collecte, l'enregistrement des données personnelles circonstanciées des groupes ou individus déplacés, afin de pouvoir les identifier à un moment donné. Cela inclut la détermination du nombre et d'autres analyses. Cet exercice doit commencer par une étude en vue d'identifier les lacunes dans le système d'information, en l'occurrence le manque d'informations. Il faudra alors définir les objectifs précis dont la finalité ultime est l'amélioration de la protection des déplacés internes [337]. De ces études il ressort les points énumérés ci-après.

La procédure choisie doit répondre à l'objectif de l'exercice. Cela revient à prendre en compte le niveau de détail requis, l'accessibilité, les ressources disponibles, la répartition géographique, les sensibilités des déplacés internes. Les méthodologies doivent être adaptées au cas d'espèce. De plus, il faut s'assurer que les éléments de données communs soient pris en compte et réunis en fonction des moyens de collecte utilisés. Concrètement, l'exercice doit consister en la préparation et la tenue de cette activité, l'analyse et l'utilisation des résultats. Enfin, la confidentialité des données doit être respectée,

---

335 Walter KÄLIN, « Guiding principles on internal displacement », *Studies in transnational legal policy*, N° 38, The American society of international law. 2008, Page 5.

336 *Guidance on profiling internally displaced persons*, Edited by the Norwegian Refugee Council's Internal Displacement Monitoring Centre and the United Nations Office for the Coordination of Humanitarian Affairs, 2008. p. 13-46 ; *Protecting Internally Displaced Persons: A Manual for Law and Policymakers*, Brookings-Bern Project on Internal Displacement, Octobre 2008. p. 13-15.

337 *Guidance on profiling internally displaced persons*, Edited by the Norwegian RefugeeCouncil' s Internal Displacement Monitoring Centre and the United Nations Office for the Coordination of Humanitarian Affairs, 2008, p. 8.

particulièrement en ce qui concerne les informations pouvant être utilisées pour identifier les individus [338].

Le profil ainsi établi constitue principalement un aperçu d'une population déplacée, avec des précisions sur le nombre de déplacés, sur leur âge, leur sexe et sur leur localisation. D'autres informations complémentaires comme les causes du déplacement, les modes de déplacement, les problèmes de protection, les besoins humanitaires et les éventuelles solutions peuvent être incluses. Cet exercice est nécessaire à chaque moment où les statistiques sur les déplacés ne sont pas claires, eu égard au changement d'occurrences. La protection et l'assistance congruentes vont nécessairement avec un *aggiornamento* régulier des données. Celui-ci est fait par les autorités nationales, avec un possible soutien des institutions internationales.

La détermination du profil des déplacés internes présente trois principaux avantages. Tout d'abord, elle favorise la disponibilité et la qualité des informations. Cela est nécessaire à l'obtention des figures pouvant être utilisées, tant pour les opérations sur le plan national que pour les statistiques globales. L'acheminement de l'aide et la protection se trouvent ainsi facilités. Ensuite, elle limite l'accès frauduleux à l'aide humanitaire à ceux qui n'en ont pas besoin. Elle facilite enfin la délivrance des cartes d'identité temporaires en remplacement des documents perdus.

Cette identification doit viser un but précis : les concernés devront être identifiés en tant que déplacés habilités à recevoir des prestations spécifiques. Ces prestations couvrent généralement l'aide alimentaire, les soins médicaux, la suppression des frais de scolarité, le droit de vivre dans des camps. En revanche, enregistrer tous les déplacés ne faisant pas preuve d'une dépendance à l'aide humanitaire peut ne pas se révéler nécessaire.

2. *Enregistrement versus création d'une nouvelle catégorie juridique de personnes : pratiques disparates des États*

Bien que l'attribution d'un statut juridique interne soit utile (a), elle peut présenter des risques (b).

a. Attribution d'un statut juridique interne

L'enregistrement ne constitue pas l'aube de la création d'une nouvelle catégorie juridique de personnes avec le « statut de déplacé interne ». Toutefois, en réponse au déplacement, certains États ont adopté des procédures qui vont

338 *Guidance on profiling internally displaced persons*, Edited by the Norwegian Refugee Council's Internal Displacement Monitoring Centre and the United Nations Office for the Coordination of Humanitarian Affairs, 2008. p. 13-46.

au-delà d'un simple enregistrement et incluent les procédures de « détermination du statut » similaires à celles utilisées pour la reconnaissance des réfugiés. L'on constate que plusieurs États ont adopté des législations prévoyant l'élaboration d'un statut juridique national pour les déplacés internes ou des groupes particuliers de déplacés internes, comme ceux déplacés par un conflit armé en particulier. Parmi les États ayant prévu des lois dans ce sens, on a l'Azerbaïdjan, la Bosnie-Herzégovine, la Colombie, la Croatie, la Géorgie. Tel a aussi été le cas dans la Fédération de Russie.

La question se pose dès lors de savoir si le statut juridique interne ainsi attribué aux déplacés internes a des implications sur leurs droits reconnus par les textes internationaux. Ce statut juridique modifie-t-il les obligations de l'État ou des États à leur égard ? En réalité, l'attribution de ce statut en conformité avec la législation nationale n'a pas d'incidence sur les droits dont bénéficient tous les déplacés internes en vertu du DIDH et du DIDH. Le statut juridique ainsi attribué suppose l'enregistrement des personnes y ayant droit et donne droit aux bénéficiaires à une assistance juridique, économique et sociale. Le but est de garantir les droits menacés par le déplacement et favoriser la mise en œuvre des solutions durables. L'attribution de ce statut ne relève pas d'une quelconque obligation internationale.

b. Risques

Tous ces efforts d'enregistrement ou de création d'un statut juridique dans certains cas peuvent se révéler superfétatoires ou rendre plus complexe la protection de ces personnes. Tout d'abord, faire dépendre l'attribution de l'aide humanitaire à la détermination préalable du statut juridique peut entraîner des retards dans la distribution de l'aide aux déplacés en situation d'« urgence humanitaire », car ils devraient attendre la reconnaissance officielle comme personne déplacée. Après, la définition nationale donnée aux déplacés internes peut être plus étroite que celle contenue dans les Principes directeurs, pouvant ainsi se traduire par un traitement inégal des personnes dans les mêmes conditions, par la privation des droits à eux reconnus en droit international. Ensuite, si les déplacés se trouvent dans des zones isolées, ils pourraient ne pas être capables de s'enregistrer et ne seront de ce fait pas admissibles à une quelconque assistance. Puis, il arrive aussi que des déplacés qui ont été marginalisés ou traumatisés évitent tout contact avec les autorités ou alors puissent être hésitants à fournir des informations personnelles. Enfin, ces enregistrements peuvent en plus favoriser la divisibilité des droits, certains pouvant s'enregistrer pour bénéficier de tel droit précis et d'autres pour tel autre droit, créant alors une amalgame pouvant donner lieu à privation d'une prestation qui normalement était due.

D'après le *Guide sur le profilage des personnes déplacées* [339], dans l'hypothèse où l'enregistrement est vraiment nécessaire, le nom et les autres éléments d'identification du titulaire doivent être inscrits sur la carte afin d'éviter les abus et la vente frauduleuse de la carte. La délivrance des cartes de « déplacé interne » doit être rapide, suivant des procédures simplifiées. Tout d'abord, l'enregistrement doit être non discriminatoire, ouvert, juste et transparent, avec des critères de candidatures clairs et des délais pour rendre la décision. Puis, les critères d'enregistrement ne doivent pas être plus restrictifs que ceux qui figurent dans les Principes directeurs et ne doivent pas non plus être limités dans le temps ou dans l'espace, afin d'assurer que toute nouvelle situation de déplacement pourra trouver des réponses sans que besoin soit de créer un nouveau mécanisme. En définitive, la procédure de prise de décision doit être rapide, surtout lorsque l'aide doit être précédée de l'enregistrement, et les demandeurs doivent bénéficier de toute occasion leur permettant de prouver leur éligibilité.

L'on observe dans le cadre « onusien » cette volonté d'encadrer les pratiques nationales en matière d'attribution de statuts juridiques aux déplacés internes pour favoriser l'harmonisation desdites pratiques et préciser des obligations en ce sens. Mais une fois encore ces questions relèvent de la compétence étatique qui peut ou non se servir des principes internationaux suggérés pour la cause.

§ 2. Différentes phases du déplacement interne et acteurs en jeu

L'étude de la pertinence nécessite aussi que l'on scrute les normes vis-à-vis de chaque cas ou phase du déplacement interne (A) et aussi vis-à-vis des différents acteurs impliqués (B).

A. Des différentes phases du déplacement interne

Les Principes internationaux sur le déplacement interne sont censés régir chaque situation donnée du déplacement interne. Ainsi a-t-on des principes relatifs à la protection contre le déplacement (1), à la protection pendant le déplacement (2) et des principes relatifs à la protection lors du retour des déplacés (3).

1. Des causes et de la prévention du déplacement interne

Le droit d'être protégé contre le déplacement est garanti tant par les Principes directeurs que par les Principes de Pinheiro. Ce qui répond au besoin

339 Anne Davies, *Guide sur le profilage des personnes déplacées,* Observatoire des Situations de Déplacement Interne, Bureau des Nations unies de la Coordination des Affaires Humanitaires, Genève, 2008.

de protection contre les expulsions forcées, la destruction des maisons ou la confiscation des terres. Le principe directeur 5 dispose que :

> « Toutes les autorités et tous les membres concernés de la société internationale respectent les obligations qui leur incombent en vertu du droit international, notamment les droits de l'homme et le droit humanitaire, et assurent leur respect en toutes circonstances de façon à prévenir et éviter les situations de nature à entraîner des déplacements de personnes ».

Les Principes de Pinheiro garantissent un droit d'être protégé contre le déplacement. Le principe 5 de Pinheiro interdit le déplacement arbitraire de son logement, de sa terre ou de son lieu de résidence habituelle. Ce principe trouve son utilité lorsqu'on s'interroge sur les causes du déplacement et sur le bien-fondé des demandes de restitution formulées par les déplacés internes. De fait, s'il est établi que les déplacés internes ont été forcés de fuir leurs foyers et leurs terres d'origine parce qu'ils en ont été expulsés de force, les demandes de restitution qu'ils présenteront s'en trouveront renforcées.

Si l'encadrement juridique des causes classiques du déplacement interne est avancé (a) le défi reste énorme concernant les causes émergentes de celui-ci (b).

a. Un effort réel d'encadrement des causes classiques du déplacement interne

S'inscrivent dans cette catégorie le déplacement dû à un conflit armé, le déplacement dû aux grands projets de développement et le déplacement dû aux catastrophes naturelles.

i. Déplacement dû à un conflit armé

Le déplacement dû à un conflit armé est un domaine régi par les Principes directeurs [340]. Les conflits armés sont une cause majeure de déplacement de populations. L'on relève une avancée réelle en matière d'encadrement juridique du déplacement interne dans les situations de conflit armé. Cela constitue l'un des points où les Principes directeurs ont fait avancer la réflexion juridique. La IVe Convention de Genève, sur la protection des civils, et le Protocole additionnel I érigeaient déjà en infractions graves les déportations ou transferts illégaux dans le cadre d'un CAI. Le Statut de Rome va plus loin lorsqu'il reconnaît que les déportations ou transferts illégaux constituent des crimes de guerre dans tout conflit armé [341] et des crimes contre l'humanité lorsqu'ils sont commis dans le cadre d'une attaque généralisée ou systématique lancée contre

---

340 Au principe directeur 6.2.b, défense itérative est faite des déplacements arbitraires qui interviennent dans des situations de conflits armés ; exception faite des cas où la sécurité des personnes civiles concernées ou des raisons militaires impérieuses l'exigent.

341 Articles 8.2 a) vii), 8.2 b) viii) et 8.2 e) viii) du Statut de Rome de la Cour pénale internationale.

toute population civile, même si ces actes sont commis en dehors du champ d'un conflit armé [342].

Le droit coutumier s'est trouvé éclairci, ce qui a fortement contribué à consolider le cadre juridique visant à protéger les personnes contre, pendant et après le déplacement interne. En ce qui concerne la protection contre le déplacement, comme règles du DIH qui doivent être appliquées par toutes les parties dans un conflit armé, international ou non international, on a l'interdiction du déplacement forcé :

> « Les parties à un conflit armé international ne peuvent procéder à la déportation ou au transfert forcé de la totalité ou d'une partie de la population d'un territoire occupé, sauf dans les cas où la sécurité des civils ou des impératifs militaires l'exige ; les parties à un conflit armé non international ne peuvent ordonner le déplacement de la totalité ou d'une partie de la population civile pour des raisons ayant trait au conflit, sauf dans les cas où la sécurité des civils ou des impératifs militaires l'exigent » [343].

Dans le contexte d'un CAI ou d'un CANI, certaines règles bien précises doivent être respectées. Le Tribunal pénal international pour l'ex-Yougoslavie réaffirmait dans l'affaire *Le Procureur c/ Milorad Krnojelac* [344] la règle selon laquelle tout déplacement à l'intérieur ou hors de l'État et commis pour des motifs que n'autorise pas le droit international constitue un crime sanctionné en droit international coutumier. Par déplacement illégal, il faut entendre le déplacement imposé par la force, c'est-à-dire :

> « Un acte commis en usant à l'égard desdites personnes ou de tierces personnes de la menace, de la force ou de la coercition. Par exemple menaces de violence, contrainte, détention, pressions psychologiques, abus de pouvoir, ou bien à la faveur d'un climat coercitif » [345].

ii. Déplacement dû aux grands projets de développement

Le déplacement de populations résultant d'expulsions forcées liées aux grands projets de développement est à la hausse et la réponse à ce type de

---

342 Article 7.1 d) du Statut de Rome de la Cour pénale internationale.

343 Jean-Marie HENCKAERTS et Louise DOSWALD-BECK, *Droit international humanitaire coutumier, Volume I : Règles*, (2006), règle 129.

344 Le Procureur c/Milorad Krnojelac, affaire *n° IT-97-25-A*, arrêt de la Chambre d'appel du 17 septembre 2003, par. 222.

345 Le Procureur c/Milorad Krnojelac, affaire *n° IT-97-25-A*, jugement de la Chambre de première instance rendu le 15 mars 2002, par. 475.

déplacement est aujourd'hui inadéquate [346]. Il s'agit dans la plupart des cas d'actions entreprises par l'État. Celles-ci recouvrent les programmes de développement urbain, la création de parcs industriels, les projets de développement des infrastructures comme des autoroutes, des ponts et des barrages [347], ou des procédés industriels comme l'extraction des ressources naturelles. Ces projets peuvent conduire à des déplacements involontaires, réinstallations et réintégrations. Un tel déplacement n'est pas interdit, parce que parfois considéré comme faisant partie de l'amélioration des infrastructures d'un État, mais le développement ne doit pas être avancé comme un argument pour masquer la discrimination et d'autres violations des droits de l'homme. Ces projets de développement doivent être justifiés par des raisons impérieuses d'intérêt public. Dès lors, les exigences de nécessité et de proportionnalité doivent être remplies [348]. La question du déplacement involontaire dans le cas des projets de développement a été abordée par d'autres organisations internationales, notamment la Banque mondiale [349], l'Organisation de Coopération et de Développement économiques (OCDE).

iii. Déplacement dû aux catastrophes naturelles

Sont inclus ici les déplacements déclenchés par des cyclones, inondations, tremblements de terre, etc. L'inclusion ou non des déplacés internes pour cause de catastrophes naturelles dans la définition donnée à la notion de « déplacé interne » avait et constitue aujourd'hui encore un brandon de discorde entre différents acteurs. Bien qu'il existe de légères différences entre ces deux sous-catégories de déplacés internes [350], l'on constate que plusieurs organisations, gouvernements et experts vont plus loin et s'opposent à l'inclusion des déplacés pour cause de catastrophes naturelles dans la définition des déplacés

346 Walter KÄLIN, « Walter Kälin on the Outlook for IDPs », *Forced Migration Review*, Issue 37 on Armed Non-state Actors and Displacement, mars 2011.

347 Voir notamment le projet du gouvernement brésilien de construire le barrage Belo Monte.

348 Principe directeur 6 alinéa c.

349 Politique opérationnelle du 4 décembre 2001 de la Banque mondiale qui relève que la réinstallation involontaire devrait être évitée ou minimisée le plus possible, en explorant toutes les alternatives viables du projet.

350 Elizabeth Ferris identifie au moins trois différences entre ces deux catégories de déplacés internes. Tout d'abord, les deux catégories ne bénéficient pas toujours de toutes les options de sortie de crise offertes. Dans certaines situations de catastrophe, les déplacés n'ont pas l'option de retour (en cas de disparition de la région par suite de l'élévation du niveau de l'océan par exemple) ; ce qui reste possible pour les déplacés du fait de conflit, même si cela peut prendre du temps. Ensuite les déplacés internes environnementaux rentreraient plus vite dans leur lieu de résidence que leurs homologues. Enfin, les déplacés environnementaux traverseraient plus les frontières étatiques que les déplacés pour cause de conflit armé. (Elizabeth Ferris, *The Politics of Protection: The Limits of Humanitarian Action.* Brookings Institution Press, Washington D.C., 2011, pages 203 et 204).

internes [351]. Le Rapporteur spécial s'inquiétait, somme toute, du fait que plusieurs États abritent un grand nombre de déplacés internes sans toutefois les reconnaître comme tels, ajoutant par le fait même au malheur du monde, puisqu'ils vont jusqu'à les nommer « populations mobiles et vulnérables », « personnes dispersées » ou « migrants internes » en dépit de l'acceptation internationale de la description du déplacé interne fournie par les Principes directeurs [352]. Suite au tremblement de terre au Pakistan en 2005, le gouvernement s'est opposé à la mise en œuvre des principes internationaux de protection pour la seule et unique raison que les personnes concernées n'étaient pas des réfugiés [353]. À l'évidence, cet État a fait peu de cas des Principes directeurs de 1998 en 2005. Le RSG a rappelé que les personnes forcées de quitter leurs maisons ont en commun les mêmes types de vulnérabilités, nonobstant la diversité des causes du déplacement. Tant les déplacés dans un contexte de catastrophe naturelle que ceux subissant un conflit armé ont besoin d'assistance et de protection sans distinction aucune [354]. Il a ainsi procédé à l'intégration de la question des déplacés internes pour cause de catastrophes naturelles dans son mandat, puis, à l'élaboration des *Directives opérationnelles sur les droits de l'homme et les catastrophes naturelles* [355]. Cette position a été confirmée par différentes hautes instances « onusiennes », notamment l'Assemblée générale des Nations unies qui reconnaît aussi comme « déplacés internes » ceux déplacés pour cause de catastrophes naturelles, avec les mêmes besoins de

---

351 Un rapport d'experts au gouvernement du Royaume-Uni de 2005 recommandait que le concept de personnes déplacées soit limité aux personnes déplacées pour cause de conflit seulement, car les causes et les solutions aux déplacements dus à un conflit et à une catastrophe naturelle seraient différentes. Ces deux catégories ne pouvant donc pas être incluses dans cette définition donnée aux déplacés (Stephen CASTLE et Nicolas VAN HEAR, « Developing DFID's Policy Approach to Refugees and Internally Displaced Persons », *Refugee Studies Centre*, University of Oxford, vol. 1, (février 2005), p. 12.). À la suite de l'Ouragan Katrina aux États-Unis, les responsables gouvernementaux ont classé les victimes en plusieurs catégories parmi lesquelles ne figure pas celle dite « personnes déplacées ». On pouvait y voir les « réfugiés », les « évacués » et les « victimes de catastrophes », car selon eux, les personnes déplacées sont des personnes dont le déplacement est dû à un conflit (Roberta COHEN, « Human Rights at Home », Statement at the Kennedy School of Government at Harvard University, 1er Novembre 2006 ; du même auteur, « An Institutional Gap for Disaster IDPs », *Forced Migration Review*, n° 32, April 2009, p. 58).

352 Comité des droits de l'homme, Rapport soumis par le Représentant du Secrétaire général sur les droits de l'homme des personnes déplacées à l'intérieur de leur propre pays, A/HRC/13/21 (2010), paragraphe 50.

353 Roberta COHEN, « For Disaster IDPs: An Institutional Gap », *Brookings institution*, August 2008. Disponible à l'adresse : http://isim.georgetown.edu/publications/20080808_Cohen_Disaster_IDPs.pdf (consulté le 14 septembre 2012).

354 Walter KÄLIN, « Natural Disasters and IDPs' Rights, » *Forced Migration Review*, Juillet 2005, p. 11.

355 Ces Directives opérationnelles sur les droits de l'homme et les catastrophes naturelles ont été adoptées en juin 2006 par l'Inter-Agency Standing Committee. Directives mises à jour en 2011 par le Rapporteur spécial sur les droits de l'homme des déplacés internes (A/HRC/16/43/Add.5).

protection [356]. La doctrine emboîte le pas au Rapporteur spécial sur cette question spécifique [357]. De façon générale, la réponse reste inadéquate pour les déplacements de cet ordre.

b. Un réel défi d'encadrement des nouvelles causes du déplacement interne

Ces causes peuvent *a priori* entrer dans le cadre du déplacement pour cause de catastrophes naturelles, mais il s'agit en réalité des situations plus spécifiques, complexes et différentes des catastrophes brusques que l'on a le plus souvent connues. La situation des déplacés internes se trouvant en zones urbaines est elle aussi très exigeante.

De nos jours, les catastrophes naturelles causent plus de déplacements que les conflits armés. Le changement climatique contribue hautement à ce phénomène. Les effets de ce changement ne sont plus tout seulement brusques, mais ils sont aussi progressifs. On est de plus en plus confronté aux catastrophes à évolution lente comme la sécheresse, la dégradation des terres agricoles, l'élévation du niveau des océans et des mers. Cette dernière est des plus inquiétantes. Elle est due à la fonte des glaciers, celle des calottes glaciaires et la dilation de l'eau, provoquées elles aussi par le réchauffement climatique. La fonte de la calotte du Groenland par exemple provoque une élévation du niveau des océans. Les risques d'inondations qu'encourent les populations vivant dans les zones côtières sont réels.

La promotion des droits fondamentaux des déplacés internes pour cause de catastrophes naturelles est en passe de devenir dans un futur proche plus importante et nécessaire. Pourtant le cadre législatif actuel ne permet pas de répondre de manière adéquate à cette question. Il est urgent de poser des bases juridiques pour la protection des personnes touchées par la montée des eaux, l'imminence de l'intensification des catastrophes à évolution lente. Aujourd'hui encore, les personnes forcées de se déplacer à cause des effets du changement climatique résultant du réchauffement climatique sont considérées comme « migrantes économiques ». Si les îles États [358] sont submergées par l'action de l'élévation du niveau des océans, conséquence du réchauffement climatique, la société internationale devra répondre au problème de leur statut juridique. Dans ce cas, devraient-elles être considérées comme réfugiées ? Dans l'affirmative, devrait-on concevoir un élargissement de la Convention de 1951 sur le statut des réfugiés ? Il est vrai que les États sont appelés à respecter les principes

356 Assemblée générale de l'ONU, Résolution 62/163 du 20 novembre 2007, préambule, paragraphes 1-3.

357 Voir notamment les travaux d'Elizabeth Ferris (Elizabeth FERRIS, *The Politics of Protection: The Limits of Humanitarian Action*. Brookings Institution Press, Washington D.C., 2011, pages 203-207).

358 Parmi les Iles-États les plus menacées par le changement climatique, l'on a les Bahamas, les Iles Marshall, Kiribati, les Maldives, Tuvalu, Vanuatu.

internationaux sur le déplacement interne et accentuer leur mise en œuvre en fonction du contexte de déplacement. On pourrait affirmer qu'il n'y a pas de vide juridique en tant que tel à ce niveau. Mais en réalité, en ce qui concerne les catastrophes à évolution lente, les dégradations environnementales, il y a effectivement un manque de critères de distinction claire entre les déplacements volontaires et les déplacements forcés de populations. C'est ce qui arrive souvent dans des situations de dégradation progressive de l'environnement. Certains mouvements peuvent être considérés comme volontaires, résultant par exemple du désir de trouver une vie meilleure dans les zones non touchées par des événements météorologiques. Ces mouvements s'inscriraient dans la logique des stratégies d'adaptation. D'autres en revanche présentent un élément visible de coercition comme la menace à la vie et à la santé. On pourrait prétendre que si une personne n'a pas accès aux éléments de base de protection des droits de l'homme à la suite d'un événement météorologique extrême dans sa région d'origine, et ne peut raisonnablement s'attendre à un retour, elle doit être considérée comme victime du déplacement interne et à ce titre bénéficier d'une protection en vertu des Principes directeurs. Il peut alors arriver que cette simple stratégie originelle d'adaptation devienne quelque temps plus tard une situation de « déplacement interne » au sens des Principes directeurs, auquel cas une confusion devient possible.

En cas de catastrophe naturelle à déclenchement soudain, le caractère forcé de la fuite est indiscutable. Or, lorsque la dégradation est graduelle ou la catastrophe à déclenchement lent, il n'y a pas une frontière certaine entre mouvement volontaire et départ sous la contrainte. L'élément de contrainte pose problème, pour la raison que les travailleurs migrants, considérés comme migrants volontaires, peuvent aussi être vus comme contraints par l'impécuniosité et l'absence d'occasions de travail dans leur région d'origine. La même difficulté réside dans l'élément de choix. Dans des circonstances difficiles, il peut arriver que certaines personnes décident de partir et d'autres de rester, au péril de leur vie. Isoler le facteur déclencheur du mouvement ne relève pas toujours du domaine de l'évidence. La vulnérabilité sociale est déterminante sur la capacité à faire face, et ce, même devant une catastrophe violente.

> « L'impact au jour le jour du changement climatique [...] augmente la vulnérabilité des personnes aux dangers. Ajouté aux autres risques liés au climat, on atteint le point qu'on appelle "désastre", qui correspond à la perte de ressources, à la malnutrition chronique et au déplacement » [359].

---

[359] CARE, « Humanitarian Implications of Climate Change: Mapping Emerging Trends and Risk Hotspots », 2008 Cooperativefor Assistance and Relief Everywhere, Inc. (CARE).

Il y a mélange des causes du déplacement et il y a un cumul. Il est évident que la complexité de la situation peut brouiller l'élément de coercition [360]. Sur cette question, Walter Kälin suggérait une réfutation de l'approche établie sur les vulnérabilités, puisqu'elle est difficile à mettre en œuvre de façon pratique et systématique. Selon lui,

> « le point de départ ne devrait pas être les motifs subjectifs des individus ou des communautés de leur décision de partir, mais plutôt la question de savoir si, à la lumière des circonstances qui prévalent et des vulnérabilités particulières des personnes concernées, il serait approprié de leur demander de rentrer dans leur lieu d'origine » [361].

Ceci tient compte du fait que le caractère approprié du retour doit s'apprécier en fonction de la « licéité » [362], de la « possibilité » [363] et du « caractère raisonnable » [364].

Quoi qu'il en soit, la vulnérabilité des personnes déplacées pour cause environnementale ne fait aucun doute. Dans l'Affaire *Gabčikovo-Nagymaros* [365], la Cour internationale de Justice a utilisé la notion de vulnérabilité pour caractériser l'environnement, elle qui, dans sa jurisprudence, eut à faire un parallèle entre l'environnement et les êtres humains. Ceci étant, les individus subissant les affres de l'environnement sont eux aussi à n'en point douter vulnérables et devraient être considérés comme tels.

La situation des déplacés internes établis en zones urbaines est elle aussi très préoccupante [366]. Ceux-ci ont des besoins différents de ceux des déplacés

---

360 Sur la notion de déplacement forcé, voir Jack M. MANGALA : « Prévention des déplacements forcés de population. Possibilités et limites », *Revue Internationale de la Croix Rouge*, déc. 2001 Vol. 83 No 844, p. 1072.

361 Walter KÄLIN, « Displacement Caused by the Effects of Climate Change », *IASC Groupe changement climatique*, 10 octobre 2008, III p6.

362 La licéité du retour s'analyse en vertu des textes du droit international des droits de l'homme et du droit des réfugiés : il n'est pas licite de renvoyer une personne dans un lieu où elle aurait à craindre pour sa vie ou dans un lieu où elle risquerait d'être exposée à de la torture ou des traitements cruels inhumains ou dégradants.

363 La possibilité regroupe tous les facteurs permettant de réaliser le retour (géographiques, administratifs…).

364 Le caractère raisonnable du retour s'apprécie en fonction des solutions durables proposées par la région de destination et notamment en matière de standards de vie. Fuyant des violations des droits de l'homme, le retour doit garantir le respect de ceux-ci et notamment les droits de subsistance ou les droits liés à la propriété et à la terre dont la violation a été à l'origine du déplacement.

365 CIJ, Affaire *Gabčikovo-Nagymaros* (Hongrie c/Slovaquie), arrêt du 25 septembre 1997, *Recueil 1997*.

366 Le nombre de déplacés internes établis en zone urbaine est évolutif. Un rapport de l'UN Habitat de mars 2010 établit que plusieurs villes de l'Afghanistan, de l'Égypte, du Koweït, de la Somalie

…/…

internes établis dans des zones rurales ou dans des camps. S'il est vrai qu'en zone urbaine les déplacés ont des facilités comme les aides sociales, ils sont toutefois confrontés aux mêmes difficultés que les citadins pauvres ; en l'occurrence l'insécurité, le surpeuplement, la criminalité, le chômage, etc. Le risque est grand qu'ils soient exposés aux expulsions comme cela a été le cas à Khartoum au Soudan entre 2003 et 2007. Au moins 300 000 déplacés internes s'étaient retrouvés sans abris du jour au lendemain. L'urbanisation présente des exigences et occasions différentes. Un retour en zone rurale des déplacés internes installés en ville n'est généralement que difficilement envisageable.

À l'évidence, « Le cadre législatif et normatif devrait être réexaminé en vue d'une prise en compte de ces nouvelles catégories de migrants forcés » [367].

2. Du déplacement interne proprement dit

Le déplacement est un critère essentiel dans la détermination et la constitution de la situation de déplacement interne. Pourtant la notion en elle-même fait débat (a). En cours de déplacement, les besoins des déplacés internes ne sont pas inchangés (b).

a. Définition et implications du critère de déplacement

Il ressort des Principes directeurs que, par « déplacés internes », on doit entendre :

> « Des personnes ou des groupes de personnes qui ont été forcés ou contraints à fuir ou à quitter leur foyer ou leur lieu de résidence habituelle, notamment en raison d'un conflit armé, de situations de violence généralisée, de violations des droits de l'homme ou de catastrophes naturelles ou provoquées par l'homme ou pour en éviter les effets, et qui n'ont pas franchi les frontières internationalement reconnues d'un État » [368].

Dans cette définition, un critère est pris en compte, « le déplacement », que l'on déduit de l'expression « fuir ou quitter » faisant référence ici à un départ organisé, programmé et non une seule fuite devant un danger immédiat. Déplacer (se) c'est partir, quitter un lieu, une position habituelle. C'est aussi

---

accueillent quelque 100 000 personnes déplacées. Kuala Lumpur et Nairobi accueillant chacune au moins 30 000 réfugiés et personnes déplacées. Disponible à l'adresse : http://www.unhabitat.org/documents/SOWC10/FR/R5.pdf

367 Déplacement interne : Dix Ans des Principes directeurs, *Revue des Migrations forcées*, numéro spécial, décembre 2008, p. 7.

368 Paragraphe 2 de l'introduction aux Principes directeurs de 1998 sur le déplacement interne.

forcer (quelqu'un) à quitter sa maison, spécialement pour cause de guerre ou de persécution [369]. Il y a ici la nécessité du mouvement d'un lieu à un autre.

Force est de constater que les déplacés internes peuvent présenter des signes particuliers comme c'est souvent le cas. Il y en a qui peuvent effectivement se déplacer pour une raison donnée et d'autres, au contraire, qui se trouvent dans l'impossibilité de le faire. La véritable question qui se pose, particulièrement du point de vue humanitaire, est de savoir si l'assistance devrait être apportée en considération des besoins ou plutôt eu égard à la catégorie de personnes. Cela s'explique par le fait que certaines personnes qui ne se sont pas déplacées ou n'ont pas pu se déplacer ont les mêmes besoins que celles effectivement déplacées d'un point « A » à un point « B », parce que se trouvant dans des zones théâtres de conflits armés, catastrophes naturelles ou toute autre cause du déplacement. Le déplacement effectif doit-il rester un critère déterminant pour la considération d'un individu comme un déplacé interne ? Faut-il baser la protection sur les besoins ou plutôt sur la catégorie de personnes ?

L'argument selon lequel avoir une définition internationalement reconnue du déplacé interne serait bénéfique n'a pas fait l'unanimité. Pour une partie de la doctrine, une telle définition serait non seulement un signe de distinction qui accroîtrait le risque de discrimination à l'égard d'autres groupes [370], mais aussi distinguerait tout simplement un groupe de l'autre, laissant de côté le véritable besoin de protection. C'est sans conteste la raison pour laquelle bon nombre d'acteurs humanitaires optent pour une approche établie sur le besoin ou « *needs-based approach* », plutôt qu'une approche assise sur des catégories et besoins spécifiques [371], il y va de l'éthique humanitaire. L'identification des déplacés internes comme une catégorie spéciale peut entraîner une discrimination, mais celle-ci sera dite positive, parce que mise en œuvre au profit du groupe vulnérable dans le but de faire correspondre, en l'élevant, son niveau de vie à celui du reste de la population. Une telle politique n'est pas mauvaise en soi, puisqu'elle n'implique pas une négligence du reste de la population. Il s'agit, en effet, d'une discrimination positive au sens de celle mise en œuvre pour les minorités [372]. L'important c'est de protéger les populations qui se trouvent vulnérables eu égard aux conjonctures contemporaines.

---

369 Catherine SOANES and Angus STEVENSON (eds.), *Oxford English Dictionary*, (Oxford: Oxford University Press, 2004).

370 Hine-Wai LOOSE, « The normative protection of IDPs : its challenges and inter-relationship between human rights and humanitarian law », *Centre Universitaire de Droit International Humanitaire : CUDIH*, Genève, 2006, p. 13.

371 Nils GEISSLER, « The international protection of internally displaced persons », *International journal of refugee law*, 11 (1999), p. 451-478, voir particulièrement p. 458.

372 Née et ayant connu ses premiers développements aux États-Unis dans les années 1960 et 1970 et évoquée pour la première fois par le président John F. Kennedy sous le nom d'*Affirmative action*, la *discrimination positive* vise à favoriser non seulement les descendants d'esclaves, mais aussi et de

…/…

Pour le CICR, l'étiquette « déplacé interne » est peu opérationnelle, étant donné que le critère de « déplacement » n'est pas toujours synonyme de vulnérabilité extrême [373], dans la mesure où il y a des crises pendant lesquelles d'autres catégories sont meilleures indicatrices des besoins dans l'urgence. Ce serait le cas du genre, de la religion, de l'ethnie et de l'âge. Il arrive que la protection soit requise initialement pour les personnes en fuite, mais lorsqu'il y a prolongement du conflit et que l'économie sociale se désintègre, les agences doivent alors prendre en charge à la fois les déplacés internes et les résidents dont les réserves et les mécanismes de survie se trouvent épuisés. Selon le CICR, l'effort international de sensibilisation sur la situation des déplacés internes ne doit pas conduire à négliger ceux qui n'ont pas pu quitter leurs foyers [374]. Sa position est claire à ce sujet comme, du reste, exprimée par son président, Jacob Kellenberger : « Le niveau de vulnérabilité d'une personne ne peut pas – ou du moins ne devrait pas – être évalué sur la seule base de son statut, par exemple de déplacé interne » [375], car ces populations qui n'ont pas pu se déplacer sont parfois confrontées à des menaces encore plus graves pour leur bien-être et leur survie. À la lecture des Principes directeurs, on note que la fin de la situation de déplacé interne n'est pas définie. Il n'existe pas aujourd'hui de consensus sur le moment à partir duquel une personne n'est plus considérée comme une déplacée interne, mais il existe quelques directives en ce sens, élaborées notamment par le Comité permanent interorganisations. Celles-ci identifient les processus par lesquels les solutions durables au déplacement sont trouvées et les situations contemporaines des personnes de retour ou réinstallées [376]. Plusieurs travailleurs humanitaires trouvent pratique et adapté de parler de besoins plutôt que de statuts préférentiels.

---

façon générale les citoyens discriminés sur la base de leur sexe et de leur origine ethnique. Elle connaît ses débuts sur d'autres continents, le vieux continent notamment, et n'est pas nouvelle en droit international.

373 Cécile DUBERNET, « Du terrain au droit, du droit sur le terrain ? Origines et trajectoires du label "déplacé interne" » *Recueil Alexandries* [en ligne], septembre 2007, (Esquisses). Disponible à l'adresse :
http://barthes.enssib.fr/TERRA/article644.html.

374 Déclaration du CICR concernant les personnes déplacées. Rapport du HCR du 8 novembre 2006.

375 Déclaration de Jacob Kellenberger, président du CICR, lors du Sommet spécial des chefs d'États et de gouvernement de l'Union africaine sur les réfugiés, les rapatriés et les déplacés internes. Kampala, Ouganda, 23 octobre 2009.

376 Ces repères sont prévus au document WO/0703/2072/7 et proposent dans la détermination de la fin du déplacement de considérer si les autorités nationales ont pris des mesures adéquates pour dialoguer avec les déplacés internes et assurer leur participation aux décisions relatives à leur retour et à leur réinstallation ; si les autorités nationales ont mis en place des conditions favorables au retour et à la réinstallation librement consentis, dans la dignité et dans la sécurité ; si les personnes anciennement déplacées sont capable de faire valoir leurs droits comme le reste de la population ; si les observateurs internationaux ont effectivement accès aux personnes anciennement déplacées ; et si la solution durable peut être dite viable.

Face à la passivité qui découle de la dénomination « déplacé interne » et la qualification approximative de la situation de déplacement, Cécile Dubernet propose l'utilisation de l'expression « migrants forcés »[377]. Pour elle, ces derniers agissent sous la contrainte, la peur, etc. Les migrants quant à eux sont au moins acteurs de leurs propres mouvements. Ils sont alors considérés comme sujets et non comme « victimes-objets » réduites à un simple descriptif signalant une condition de hors place, hors choix, voire hors-jeu. Cela répondrait mieux à la question de dignité humaine et constituerait aussi une précondition d'efficacité des politiques[378].

b. Encadrement juridique des droits pendant le déplacement

Contrairement au DIH qui ne prévoit pas de protection particulière pour les déplacés internes pendant le déplacement, car ne relevant pas d'une catégorie spécifique à ce stade et donc tous assimilés à la population civile, le DIDH garantit aux déplacés internes en cours de déplacement le droit à la sécurité personnelle et à un logement et le droit à la nourriture, à l'éducation et à l'accès à l'emploi. Les Principes directeurs vont plus loin. Pour ce qui est de la phase de déplacement, ils consacrent les droits tels l'accès aux nécessités de base, la protection contre la violence physique, le droit à l'éducation, le droit pour les déplacés internes de réintégrer leurs propriétés ou de recevoir un dédommagement. Les déplacés internes conservent le droit de demander l'asile dans un autre État et qu'effet conséquent y soit donné. Les besoins particuliers qu'éprouvent certaines catégories de déplacés internes méritent une attention spéciale. Les Principes directeurs classent sous ces catégories les enfants (mineurs non accompagnés), les femmes enceintes, les mères d'enfants en bas âge, les femmes-chefs de familles, les personnes souffrant d'incapacités et les personnes âgées. On y trouve aussi certains groupes comme les populations indigènes et les éleveurs. Une protection et une assistance particulières sont aussi prévues pour les femmes et enfants déplacés : en cas de travail forcé des enfants, prostitution forcée, droit des femmes à disposer des documents personnels émis à leur nom.

L'évolution juridique de ces dernières années, notamment l'éclaircissement du droit coutumier, a renforcé et consolidé le droit sous-tendant les Principes directeurs. Plusieurs principes relevant du droit international humanitaire coutumier apportent des précisions sur les droits des déplacés pendant le déplacement : le droit coutumier consacre l'obligation de prendre toutes les mesures possibles afin que les personnes civiles concernées soient accueillies

---

377 Cécile DUBERNET, « Du terrain au droit, du droit sur le terrain ? Origines et trajectoires du label « déplacé interne ». *Recueil Alexandries*, Esquisses, septembre 2007. Disponible à l'adresse : http://www.reseau-terra.eu/article644.html

378 Ibid.

dans des conditions satisfaisantes de logement, d'hygiène, de salubrité, de sécurité et d'alimentation, et afin que les membres d'une même famille ne soient pas séparés les uns des autres [379]. Cette règle s'applique tant dans les conflits armés non internationaux que dans les conflits armés internationaux. Elle vient s'ajouter :

— au droit de bénéficier de la protection au même titre que les autres civils [380] ;

— au droit d'être traité avec humanité [381] ;

— à l'interdiction de toute distinction de caractère défavorable dans l'application du DIH fondée sur la race, la couleur, le sexe, la langue, la religion ou la croyance, les opinions politiques ou autres, l'origine nationale ou sociale, la fortune, la naissance ou une autre situation, ou tout autre critère analogue [382] ;

— à l'interdiction du meurtre [383] ;

— à l'interdiction de la torture, des traitements cruels ou inhumains et des atteintes à la dignité de la personne [384] ;

— à l'interdiction des peines corporelles [385] ;

— à l'interdiction des mutilations, des expériences médicales ou scientifiques ou tout autre acte médical qui ne seraient pas motivés par l'état de santé de la personne concernée et qui ne seraient pas conformes aux normes médicales généralement reconnues [386] ;

— à l'interdiction du viol ou des autres formes de violence sexuelle [387] ;

— à l'interdiction de l'esclavage et de la traite des esclaves sous toutes ses formes [388] ;

— à l'interdiction du travail forcé non rémunéré ou abusif [389] ;

---

379 Jean-Marie HENCKAERTS et Louise DOSWALD-BECK, *Droit international humanitaire coutumier, Volume I : Règles* (2006), Règle 129.

380 Ibid., Règle 87.

381 Ibid.

382 Jean-Marie HENCKAERTS et Louise DOSWALD-BECK, *Droit international humanitaire coutumier, Volume I : Règles* (2006), Règle 88.

383 Ibid., Règle 89.

384 Ibid., Règle 90.

385 Ibid., Règle 91.

386 Ibid., Règle 92.

387 Ibid., Règle 93.

388 Ibid., Règle 94.

— à l'interdiction de la prise d'otage [390] ;

— à l'interdiction de l'emploi des boucliers humains [391] ;

— à l'interdiction des disparitions forcées [392] ;

— à l'interdiction de la privation arbitraire de liberté [393] ;

— à l'interdiction d'être condamné ou jugé si ce n'est en vertu d'un procès équitable offrant toutes les garanties judiciaires essentielles [394] ;

— et à l'interdiction d'être :

> « Accusé ou condamné pour des actions ou omissions qui ne constituaient pas un acte délictueux d'après le droit national ou international au moment où elles ont été commises. De même, il ne sera infligé aucune peine plus forte que celle qui était applicable au moment où l'infraction a été commise » [395].

Aussi, « nul ne peut être puni pour une infraction si ce n'est sur la base d'une responsabilité pénale individuelle » [396]. Ensuite, les peines collectives sont interdites [397]. Puis, « les convictions et les pratiques religieuses des personnes civiles et des personnes hors de combat doivent être respectées » [398]. Enfin, « la vie de famille doit être respectée dans toute la mesure possible » [399]. Quelques points obscurs dus à l'indistinction des normes se sont trouvés clarifiés, en l'occurrence le droit de circuler librement qui s'entend aussi de l'interdiction du rapatriement forcé.

Aujourd'hui encore, dans certaines situations de crise ne s'inscrivant pas dans le cadre d'un conflit armé, les droits de l'homme peuvent se trouver restreints, voire ignorés. Pourtant, c'est dans ces situations que les déplacés ont le plus besoin de protection, car particulièrement vulnérables. C'est le cas de la protection des déplacés du fait des catastrophes naturelles ; elle constitue du reste une grande préoccupation aujourd'hui. *Quid* des règles relatives aux documents d'identité ? Cela a été l'une des lacunes juridiques en 1996. Le

---

389 Ibid., Règle 95.
390 Ibid., Règle 96.
391 Ibid., Règle 97
392 Ibid., Règle 98.
393 Ibid., Règle 99.
394 Ibid., Règle 100.
395 Ibid., Règle 101.
396 Ibid., Règle 102.
397 Ibid., Règle 103.
398 Ibid., Règle 104.
399 Ibid., Règle 105.

principe directeur 20 y est relatif. Il affirme le droit à la reconnaissance en tout lieu de la personnalité juridique des déplacés internes, l'obligation de l'État de donner effet à ce droit au moyen de la délivrance des documents nécessaires et cela dans le respect de l'égalité. C'est la Convention africaine qui offre en ce moment un véritable cadre juridique adéquat en ce qu'elle prévoit en son article 13 que les États garantissent que soient délivrés aux déplacés internes, sans distinction selon le sexe ou l'âge, les documents d'identité dont ils ont besoin pour jouir et exercer normalement leurs droits.

3. De la phase d'après déplacement interne

Le retour, lorsqu'il n'est pas possible laisse place à la réinstallation ou à l'intégration. Dans un contexte de déplacement interne, le terme « retour » désigne le processus consistant à rentrer vers son lieu de « résidence habituelle ». Il conviendra de revenir sur l'élaboration et l'étendue des droits (a), sur leur évolution (b) et sur les défis actuels (c).

a. L'élaboration et l'étendue des droits

Le DIH ne couvre expressément le retour que dans le contexte de déplacements « licites », c'est-à-dire les évacuations effectuées pour raison de sécurité ou nécessités militaires impérieuses. Les déplacés devraient dans ces cas être ramenés chez eux dès la fin des hostilités. Le retour des déplacés, leur intégration et leur réinstallation ont fait l'objet d'une grande préoccupation pour les rédacteurs des Principes directeurs. Les principes directeurs 28, 29 et 30 y sont relatifs. Sont ainsi réglementés, le retour des déplacés internes dans leurs anciennes habitations, leur intégration dans leur nouveau lieu de résidence et leur réinstallation dans une autre région de l'État. Les déplacés sont libres de choisir l'une ou l'autre option. Dans tous les cas, les autorités devraient créer des conditions leur permettant de refaire leur vie dans quelque lieu que ce soit. L'implication des déplacés dans l'organisation du retour, l'intégration et la réintégration est très importante. Conformément aux Principes directeurs, les autorités doivent s'assurer qu'il n'y ait pas de discrimination dès lors que les déplacés internes sont de retour, en phase d'intégration ou de réinstallation. Le principe 3 de Pinheiro proclame lui aussi le droit à la non-discrimination et exige que les États s'assurent que toute discrimination de fait ou de droit sur des bases spécifiques est interdite et que tous les êtres humains, y compris les déplacés internes, sont égaux devant la loi. Le fait qu'ils aient été déplacés ne doit aucunement entraîner la privation du droit de ces derniers de participer aux affaires publiques, d'avoir accès aux services publics. Les déplacés internes doivent pouvoir rentrer en possession de leurs biens et pour cela les autorités doivent leur apporter leur soutien. Le principe directeur 30 insiste sur l'obligation qu'ont les États de permettre aux organisations et acteurs œuvrant pour le bien-être des déplacés, un accès effectif à ces derniers, tant pendant qu'après le retour, l'intégration ou la réinstallation.

Les Principes de Pinheiro quant à eux, s'appliquent spécialement aux situations dans lesquelles le déplacement a eu pour résultat de priver « arbitrairement » ou « illégalement » des personnes de leurs logements, terres, bien ou de leur lieu de résidence habituelle. Ces vingt-cinq principes répartis en sept sections représentent la première norme mondiale consolidée sur les droits de restitution des logements, terres et biens des déplacés internes. En effet, les déplacés de retour trouvent le plus souvent leur propriété occupée par autrui ou simplement détruite. Ces principes ont pour principal objectif d'aider les acteurs nationaux et internationaux à résoudre avec adéquation les questions d'ordre juridique et technique soulevées par l'application des droits à restitution des logements et des biens pour les déplacés internes. Ils garantissent aux déplacés internes le droit de se voir restituer tout logement, terre ou bien dont ils ont été privés arbitrairement ou illégalement, ou de recevoir une compensation pour tout logement, terre ou bien qu'il est matériellement impossible de leur restituer. Cela sur la base d'une décision d'un tribunal indépendant et impartial [400]. Il faut rappeler que ces principes font aussi référence au droit de récupérer les biens commerciaux lors du retour, ainsi que les biens agricoles, notamment lorsque ceux-ci ont été arbitrairement ou illégalement acquis par d'autres lors du déplacement. Le droit à la restitution est le moyen privilégié en cas de déplacement et considéré comme élément clé de la justice réparatrice. Étant donné qu'il permet aux déplacés ou aux groupes de déplacés internes, victimes d'une perte ou de dommages, d'être replacés dans la situation dans laquelle ils se trouvaient avant la survenance de cet événement. Il découle des Principes de Pinheiro que le droit à la restitution est un droit distinct, c'est-à-dire sans préjudice du retour effectif ou du non-retour des déplacés internes ayant droit à la restitution de leurs logements, de leurs terres et de leurs biens. Ce droit à la restitution s'accompagne du droit à l'égalité entre hommes et femmes. En effet, hommes, femmes, garçons et filles ont un droit égal à la restitution des logements, terres et biens [401].

b. L'évolution

Le droit coutumier s'est vu éclairci et cela a contribué à consolider le cadre juridique portant protection des déplacés internes pendant le retour, l'intégration et la réinstallation. Parmi les règles coutumières y relatives, on trouve le droit de regagner volontairement et en sécurité son foyer : « Les personnes déplacées ont le droit de regagner volontairement et dans la sécurité leur foyer ou leur lieu de résidence habituelle dès que les causes de leur déplacement ont cessé d'exister » [402]. Cette règle s'applique dans les conflits

---

400 Voir principe 2 de Pinheiro.

401 Voir principe 4 de Pinheiro.

402 Jean-Marie HENCKAERTS et Louise DOSWALD-BECK, *Droit international humanitaire coutumier, Volume I : Règles* (2006), règle 132.

CAI et CANI, aux personnes déplacées volontairement ou non. Les non-ressortissants expulsés en respect de la loi ne sont pas concernés. La protection des biens civils bénéficie aussi d'une couverture coutumière : « Les droits de propriété des personnes déplacées doivent être respectés » [403]. Il relève de la pratique des États que cette règle constitue une norme de droit international coutumier. Elle s'applique tant dans les CAI que dans les CANI. Très importante et incluse dans ces avancées est la question de la sécurité, question primordiale dans la phase retour. Plusieurs conventions ont été signées, contribuant toutes à la protection des droits de l'homme. L'on peut citer, et cette énumération n'est pas exhaustive, la Convention d'Ottawa [404] sur l'interdiction des mines antipersonnel, le Protocole V à la Convention sur certaines armes classiques [405] et la Convention sur les armes à sous-munitions [406].

c. Les défis actuels

Il n'y a actuellement pas de consensus permettant de déterminer à quel moment une personne ne peut plus être considérée comme une déplacée interne. Les Principes directeurs ne déterminent pas à quel moment une situation de déplacement interne prend fin. Les situations de déplacement interne prolongé ne trouvent pas non plus de véritable réponse. Par exemple, les enfants et grands enfants des déplacés internes, nés dans le lieu d'accueil devraient-ils être considérés comme des déplacés internes ? Quelle (s) génération (s) de personnes considérer comme une (des) déplacée (s) interne (s) ?

Une esquisse de solution de remplacement a été proposée par le Comité permanent interorganisations qui offre une structure permettant d'identifier la fin du déplacement [407]. Cette structure apporte des précisions sur les processus par lesquels les solutions durables au déplacement sont trouvées. Elle identifie aussi la situation exacte des personnes de retour ou réinstallées. Elle propose de considérer une solution durable comme atteinte lorsque certains critères sont satisfaits. Selon elle, il doit d'abord y avoir une mise en place par les autorités gouvernementales des mesures adéquates pour s'entretenir avec les déplacés internes et pour assurer leur participation effective aux décisions qui les

403 Ibid., Règle 133.

404 Convention sur l'interdiction de l'emploi, du stockage, de la production et du transfert des mines antipersonnel et sur leur destruction, 18 septembre 1997.

405 Protocole relatif aux restes explosifs de guerre (Protocole V à la convention de 1980), 28 novembre 2003. Ce protocole établit l'obligation d'enlever les restes explosifs de guerre.

406 Convention adoptée à Dublin en 2008.

407 Inter agency standing committee, 67th working group meeting, Benchmarks for determining when displacement ends, 17-21 march 2007. WO/0703/2072/7.

concernent. Doit suivre après, l'établissement par ces autorités de conditions favorables au retour, à la réinstallation librement consentie, dans la dignité et la sécurité. Ensuite, les personnes qui ont été déplacées à l'intérieur de l'État devraient être capables de faire valoir leurs droits au même titre que les autres ressortissants. Puis, les observateurs internationaux devraient être capables de fournir de l'aide et surveiller la situation des déplacés internes. Enfin, la solution durable doit être viable, puisque si cette solution sert seulement d'orientation, elle ne comble pas le vide.

La Convention de l'Union africaine sur la protection et l'assistance aux personnes déplacées en Afrique va plus loin que les traités de DIH [408]. Elle contient des dispositions relatives au retour volontaire et en sécurité des déplacés internes, le droit à une indemnisation ou à d'autres formes de réparation. Elle constitue une avancée remarquable en matière de protection des déplacés internes ; elle est aujourd'hui le plus beau fleuron de l'architecture normative internationale relative à la protection des déplacés internes [409].

B. Des acteurs concernés

Les efforts internationaux visent à responsabiliser tous les acteurs qui interviennent en matière de déplacement interne. Les acteurs initialement impliqués peuvent être catalogués en deux catégories : les États ou ceux qui agissent pour eux (1) et les autres acteurs qui n'agissent ni pour lui ni en son nom (2). Il faut y ajouter le rôle important que joue ou devrait jouer la société internationale (3).

1. Les États

Évoquer la protection des déplacés internes oblige à rechercher et établir les véritables obligations internationales des États en la matière. Celles-ci n'apparaissent pas très clairement, du fait de l'absence d'un instrument international conventionnel relatif à la protection des déplacés internes. Ce constat ne traduit pas pour autant absence de toute obligation internationale des États en la matière. Comme le rappelle Walter Kälin, si les États n'ont pas d'« obligations » juridiques particulières en vertu des seuls Principes directeurs ni d'autres textes exclusivement consacrés aux déplacés internes, qui

408 Convention de l'Union africaine sur la protection et l'assistance aux personnes déplacées : article 11 sur les obligations des États parties relatives au retour, à l'intégration locale ou et à la réinstallation durables ; article 12 sur la compensation.

409 Sur l'apport de la Convention de Kampala dans ce domaine, lire Mehari Taddele MARU, *The Kampala Convention and its contributions to international law : legal analyses and interpretations of the African Union Convention on the protection and assistance of internally displaced persons*, Eleven International Publishing, 2014, 398 p.

constituent des instruments non contraignants [410], il faut remarquer que bien qu'ils ne soient pas contraignants, tous les gouvernements, à travers les résolutions de l'Assemblée générale de l'ONU, les ont acceptés et reconnus comme étant des instruments importants de protection [411] : c'est-à-dire que les gouvernements s'engagent à respecter, protéger, garantir tous les droits reconnus aux déplacés internes. En l'occurrence la défense de les déplacer par la violence, de les attaquer, de bloquer l'accès aux services de base et la protection contre les acteurs non étatiques qui pourraient violer leurs droits. Il en va de même de l'assistance pendant le déplacement. Ils ont aussi l'« obligation » de créer des conditions favorables à la mise en œuvre des solutions durables. En effet, les Principes directeurs et autres principes invitent les organisations humanitaires et autres acteurs concernés à agir dans les limites de leurs mandats respectifs, pour la protection et l'assistance aux déplacés internes. Ils accordent toutefois la priorité à la responsabilité des États sur les territoires desquels le déplacement se produit ou celle des autorités maîtresses d'une partie du territoire. Les autorités nationales sont les débitrices premières de l'obligation de protéger les déplacés internes, ce qui est tout à fait en conformité avec le principe de subsidiarité. L'une des principales défaillances des Principes directeurs à ce niveau est comme le relève Richard Perruchoud, que l'on est en présence d'une approche globalement centrée sur l'État, même si invitation est faite aux organisations humanitaires et autres acteurs concernés à agir conformément à leurs mandats respectifs. Pour lui, et cela se vérifie d'ailleurs, les situations de déplacements massifs de populations entraînent dans la majorité des cas une déstabilisation de l'État, voire son effondrement ou sa destruction. Dans des circonstances pareilles, l'État ne peut plus être considéré comme référent de la protection. Il devient forcément soit l'oppresseur, soit un rouage incapable d'empêcher que ses citoyens soient violentés. La responsabilité de protéger de l'État se trouvant défaillante, les regards se portent *ipso facto* vers la société internationale [412].

Les principales obligations des États en matière de déplacement interne découlent des instruments qui constituent le fondement juridique des Principes directeurs, en l'occurrence les instruments de DIDH, de DIH et du droit des réfugiés par analogie. Il va sans dire que certains États n'ont ratifié ni les instruments essentiels relatifs aux droits de l'homme ni les Conventions de Genève. Ils ne sont pas juridiquement liés par les dispositions desdits traités, sauf si celles-ci font partie du droit international coutumier. C'est la question de

---

410 Sauf en vertu de la Convention de Kampala pour ce qui est de la région Afrique.

411 UNHCR, « Un ardent défenseur des droits des déplacés internes. Interview avec Walter Kälin », *HCR*, Genève, 14 novembre 2011. Disponible à l'adresse : http://www.unhcr.fr/4ec2271ac.html (consulté le 6 mars 2013).

412 Richard PERRUCHOUD, *Migration et Protection des Droits de l'homme*, Organisation internationale pour les Migrations, Publications des Nations unies, déc. 2005, p. 162.

la base juridique des obligations étatiques, du point de vue des normes conventionnelles et des normes non conventionnelles. Les obligations des États dépendent en majorité de la ratification ou non des instruments juridiques internationaux et force est de constater que depuis la présentation des Principes directeurs, on a assisté à la ratification de bon nombre de traités par un grand nombre d'États. Début 2015, le PIDCP comptait 168 États Parties [413], et le PIDESC, 163 [414]. Tous les États sont actuellement parties aux Conventions de Genève et, début 2015, le Protocole additionnel I comptait 174 États Parties et le Protocole additionnel II, 168 [415]. L'adoption du Statut de Rome a aussi été un fait remarquable [416]. À noter aussi les tribunaux pénaux internationaux pour l'ex-Yougoslavie et le Rwanda qui, tous deux à travers leur jurisprudence pertinente, apportent des précisions sur les normes internationales applicables au déplacement interne et par ricochet sur les obligations juridiques des États en matière de déplacement interne, étant donné qu'ils abordent des problèmes qui définissent le quotidien des déplacés internes [417]. Toutefois, le fait que les États soient inégalement parties à plusieurs instruments juridiques internationaux conduit à une possible couverture juridique incomplète ou déficiente. Comme autre conséquence, on a la présence d'une multitude de cadres juridiques nationaux avec mise en œuvre de normes internationales différentes. Les déplacés se trouvant dans une région donnée se trouveront ainsi mieux protégés ou bénéficieront de meilleurs mécanismes de protection que ceux se trouvant dans une tout autre région, étant donné la disparité dans la ratification des instruments juridiques internationaux. Il est vrai que le même problème se pose d'un point de vue global si l'on prend en considération la problématique récurrente de l'universalité des droits de l'homme, mais il faut voir qu'en matière de déplacement interne, les entraves à l'universalité effective (États jaloux de leur souveraineté à des degrés différents) ne sont pas les

---

413 Pour un tableau actualisé des ratifications du PIDCP, consulter l'adresse : https://treaties.un.org/pages/ViewDetails.aspx?src=TREATY&mtdsg_no=IV-4&chapter=4&lang=fr

414 L'état des ratifications du PIDESC est disponible à l'adresse : https://treaties.un.org/pages/ViewDetails.aspx?src=TREATY&mtdsg_no=IV-3&chapter=4&lang=fr

415 L'état de ratification de ces protocoles est disponible à l'adresse : http://www.icrc.org/dih

416 Dans une situation de conflit armé international, les transferts illégaux (déportations) constituaient déjà des infractions graves à la IVe Convention de Genève et au Protocole additionnel I. Le Statut de Rome va plus loin lorsqu'il reconnaît que les transferts illégaux constituent des crimes de guerre dans tout conflit armé (article 8.2 a) vii), 8.2 b) viii) et 8.2 e) viii) du Statut de Rome de la Cour pénale internationale) et des crimes contre l'humanité lorsqu'ils sont commis dans le cadre d'une attaque généralisée ou systématique lancée contre toute population civile, même si ces actes sont commis en dehors du champ d'un conflit armé (article 7.1 d) du Statut de Rome de la Cour pénale internationale).

417 Voir infra, p. 164.

mêmes que dans la première hypothèse (différences politiques, économiques, sociales et idéologiques entre gouvernements).

Une obligation juridique internationale des États en matière de déplacement interne ne peut donc découler que de ces traités ou du droit coutumier en formation et non des principes internationaux sur le déplacement interne. Le droit coutumier paraît plus protecteur et plus précis, puisque lors d'un CAI ou d'un CANI, il prévoit que toutes les parties ont l'obligation de prendre toutes les mesures possibles afin que les personnes civiles concernées soient accueillies dans des conditions satisfaisantes de logement, d'hygiène, de salubrité, de sécurité et d'alimentation, et afin que les membres d'une famille ne soient pas séparés les uns des autres [418].

2. Les acteurs non étatiques

Les responsabilités des acteurs non étatiques varient en fonction de la sous-catégorie à laquelle ces derniers appartiennent.

a. Identification

On entend généralement par *acteurs non étatiques* un ensemble d'organisations qui rassemblent les principales structures existantes ou émergentes de la société, en dehors de l'administration gouvernementale et publique [419]. Il s'agit ici d'une définition large qui ne distingue malheureusement pas selon la particularité, l'organisation et le but de ces acteurs. Comme acteurs non étatiques, relevons les sociétés militaires privées [420] qui constituent de nos jours de nouvelles parties aux conflits mais qui ne sont pourtant pas mentionnées dans les instruments de DIH, ce qui laisse un grand vide juridique. L'on a aussi les sociétés multinationales [421] qui occasionnent régulièrement le déplacement à

---

418 Jean-Marie HENCKAERTS et Louise DOSWALD-BECK, *Droit international humanitaire coutumier, Volume I : Règles*, 2006, Règle 131.

419 Voir la définition donnée par la Commission des communautés européennes dans une communication au Conseil, au Parlement Européen et au Comité économique et social du 7 novembre 2002 (COM [2002] 598 final) citée par François RUBIO, « Perspectives historiques des acteurs non étatiques sur la rédaction des traités internationaux », in Yadh BEN ACHOUR /Slim LAGHMANI (Dir.), *Acteurs non étatiques et droit international.* Colloque des 6, 7 et 8 avril 2006. Paris, Pedone, 2007, 398 p., add p. 65.

420 Avril MCDONALD, « The Legal Status of Military and Security Subcontractors » in Roberta ARNOLD / Pierre Antoine HILDBRAND (Dir.), *International Humanitarian Law and the 21st Century's Conflicts. Changes and Challenges.* Lausanne/Berne/Lugano, Éditions interuniversitaires suisses. édis, 2005, p. 215-253.

421 Gilles CARBONNIER, « Privatisations, sous-traitance et partenariat public-privé : charity.com ou business.org ? », *RICR*, décembre 2004, n° 856, p. 725-743. Voir aussi CICR, *Business and International Humanitarian Law. An Introduction to Rights and Obligations of Business Entreprises Under International Humanitarian Law*, Genève 2006, 28 p.

grande échelle pour cause de leurs programmes d'investissement et ont elles aussi un rôle à jouer dans le respect du droit et particulièrement du DIH [422]. Enfin, il faut tenir compte des groupes rebelles et insurgés qui sont, au demeurant, les plus impliqués dans les déplacements à outrance. Selon l'Appel de Genève [423], par « Acteur non étatique » (ANE) on doit entendre :

> « Tout groupe armé qui exerce des activités hors du contrôle de l'État et qui a recours à la force afin d'atteindre ses objectifs politiques ou quasi politiques. On doit comprendre ici certains groupes armés, les groupes rebelles, les mouvements de libération et les gouvernements *de facto* » [424].

Ce sont des acteurs privés qui ne sont pas des responsables officiels de l'État, y compris des groupes armés (même les groupes autres que les forces dissidentes ou autres groupes armés organisés, distincts des forces armées de l'État) et dont les actes ne peuvent être imputés officiellement à l'État. Il y a, en effet, des ANE qui s'apparentent à des gouvernements en ce qu'ils dirigent des États *de facto* qui possèdent toutes les caractéristiques d'un véritable État, fors la reconnaissance internationale. Nous nous limiterons dans cette étude aux autres parties au conflit dont font mention les instruments de DIH : insurgés [425], « levée de masse » [426], mouvement de libération nationale [427] et mouvement de résistance [428].

b. Clarification incomplète des responsabilités des ANE à l'égard des déplacés internes

Les relations entre les ANE et les déplacés internes sont étroites et diversifiées. Les déplacés internes sont le plus souvent considérés comme des collaborateurs ennemis tant par les gouvernements que par les ANE. Il est fréquent que les ANE les attaquent pour leur connivence présumée ou réelle.

---

422 En Colombie par exemple, la vague de déplacements forcés connut une forte augmentation durant la première moitié de la décennie 90, car en ce moment, entrèrent en jeu les politiques néolibérales facilitant les investissements de ces sociétés multinationales, exigeant de s'approprier des espaces nécessaires aux mégaprojets de type agricole, minier, pétrolier, portuaire, touristique.

423 ONG ayant pour objectif d'inciter les ANE à cesser d'utiliser des mines antipersonnel : www.genevacall.org. (cf. le site internet de l'Appel de Genève, www.genevacall.org, en particulier le très intéressant rapport de la Conférence de Genève des 4 et 5 juin 2007, « Exploring criteria & conditions for engaging armed non-State actors to respect humanitarian law & human rights law », Appel de Genève/PSIO/UNIDIR, Genève, nov. 2008, 136 p. Disponible à l'adresse : http//www.genevacall.org/resources/testi-publications/gc-4-5jun07-conference.pdf).

424 Ibid.

425 Article 3 commun et article 1 du Protocole additionnel II.

426 Règlement de La Haye de 1907 ; article 4, A, 6 de la IIIe Convention de Genève (1949).

427 Article 1,4 du Protocole additionnel I.

428 Article 4,2 de la IIIe Convention de Genève.

Les principaux actes de violence commis par ces derniers sur les déplacés internes sont la torture, la violence sexuelle, les attaques indiscriminées, les enlèvements, le recrutement forcé (en particulier des enfants), la rapine et l'incendie des biens et le travail forcé. La distinction entre combattants et non-combattants s'estompe alors lorsque les ANE se trouvent dans les camps de déplacés internes. Ces acteurs peuvent constituer un véritable obstacle à l'aide humanitaire, obligeant ainsi la communauté humanitaire à collaborer plus étroitement avec le personnel local et des ONG nationales pour aider les déplacés internes et les migrants de retour. Il a alors été nécessaire de faire participer les ANE à la protection des déplacés internes, de les inviter à être plus présents dans ce que Michel Veuthey appelle les sept phases du respect du DIH que sont la codification, la ratification, l'application, la mise en œuvre, la sanction, la réparation et la réconciliation [429]. L'une des lacunes juridiques mentionnées par le RSG dans son étude en 1996 a été que la plupart des règles internationales ne liaient pas les ANE [430]. Si les règles de DIH sont contraignantes pour ces acteurs, la situation est tout autre lorsque l'on considère celles de DIDH [431]. La clarification des responsabilités des ANE à l'égard des déplacés internes a été l'une des préoccupations des rédacteurs de la *Convention de Kampala sur la protection et l'assistance aux déplacés internes en Afrique*. Mais à ce jour, elle constitue encore un véritable défi pour l'ONU.

Les Principes directeurs regorgent à la fois des règles de DIDH, de DIH et de droit des réfugiés par analogie. Cependant, on n'y trouve pas des dispositions de DIDH pouvant être appliquées aux ANE. Celles à eux applicables sont les règles de DIH. Ces dernières s'adressent à la fois aux États et aux ANE.

Les principales dispositions de DIH s'appliquant aux ANE en cas de CANI et qui ont été rappelées par les Principes directeurs et d'autres études [432] sont les suivantes :

---

429 Michel VEUTHEY, « Le rôle des acteurs non étatiques dans le respect du droit international humanitaire », *Annuaire français de relations internationales (AFRI)*, Paris, 2009, Volume X, p. 995.

430 Doc. ONU E/CN.4/1996/52, 22 février 1996, paragraphes 9 et 10.

431 Comme principales différences dans l'application du droit international des droits de l'homme et du droit international humanitaire, il faut noter que le droit international des droits de l'homme est applicable en tout temps, dans les relations entre États et individus, il est contraignant pour les États, mais des dérogations sont possibles et la protection se fait ici en termes de catégorie de personnes. Il n'en reste pas moins que le droit international humanitaire s'applique dans des situations de conflit armé, il régit les relations entre parties au conflit, il est contraignant pour les États et acteurs non étatiques, il n'y a pas de dérogation possible et la protection se fait en termes de situations : situations de conflit armé.

432 Walter KÄLIN, Guiding Principles on Internal Displacement, Annotations, *Studies in Transnational Legal Policy*, No 32, the American Society of International Law and the Brookings Institution Project on Internal Displacement, Washington D.C., 2000, p. 106-185 ; Greta ZEENDER, …/…

— l'obligation de traiter les déplacés internes avec humanité sans discrimination du fait de la race, de la couleur, du sexe, de la langue, de la religion, de l'origine sociale, etc [433] ;

— l'interdiction du déplacement arbitraire à moins que la sécurité des civils ou des impératifs militaires l'exigent [434] ;

— l'interdiction d'attaques contre les déplacés internes [435] ;

— l'interdiction de la torture même dans le cas où les déplacés internes ont participé activement aux hostilités [436] et l'interdiction du viol, de la prostitution forcée et toute forme d'atteinte à la pudeur [437] ;

— l'interdiction du recrutement et l'enrôlement d'enfants de moins de quinze ans [438] ;

— l'interdiction d'affamer les déplacés comme une méthode de combat [439] ;

— l'obligation de fournir une aide médicale aux blessés et malades [440] ;

— l'interdiction du pillage [441] ;

— l'obligation de faciliter le regroupement de familles momentanément séparées [442] ;

— l'obligation de respecter la liberté de religion [443] ;

— l'obligation de garantir une éducation aux enfants déplacés [444].

Aussi, il faut mentionner que les organisations humanitaires ont le droit d'offrir leurs services aux déplacés internes [445]. L'article 18 (2) du Protocole II

« Engaging Armed Non-State Actors on Internally Displaced Persons Protection », *Refugee Survey Quarterly*, 24/3, p. 100-101 (2005).

433 Principe directeur 4.1, fondé sur l'article 3 commun aux Conventions de Genève et article 2(1) et 4(1) du protocole II.

434 Principe directeur 6.1(b) fondé sur l'article 17(1) du protocole II.

435 Principe directeur 10.2 fondé sur le droit international coutumier.

436 Principe directeur 11.2.a fondé sur l'article 3 commun aux Conventions de Genève.

437 Principe directeur 11.2.a fondé sur l'article 4 (2) (e) du protocole II.

438 Principe directeur 13.1 fondé sur l'article 4 (3) (c) du protocole II

439 Principe directeur 10.2(b) fondé sur l'article 14 du protocole II.

440 Principe directeur 18.2 (d) fondé sur l'article 3 commun aux Conventions de Genève et sur l'article 7 du protocole II.

441 Principe directeur 21.2(a) fondé sur l'article 4.2 (g) du protocole II et sur le droit coutumier.

442 Principe directeur 17.3 fondé sur l'article 4(3) (b) du protocole II.

443 Principe directeur 22.1(a) fondé sur l'article 4 du protocole II.

444 Principe directeur 23 fondé sur l'article 4 (3) (a) du protocole II.

dispose que seul le gouvernement bien en place peut manifester son consentement et celui-ci ne peut être arbitrairement refusé. Il n'y est pas fait mention d'un quelconque besoin pour les groupes rebelles de consentir, même lorsque l'action de secours a lieu dans une région dont ils sont maîtres. Existe aussi l'obligation de protéger le personnel humanitaire, leurs matériels et moyens de déplacement [446]. Ce personnel est considéré comme ne prenant pas part active aux hostilités et toute attaque dirigée vers lui est interdite. Il s'agit là des dispositions relevant du DIH. La situation change totalement lorsqu'on se place dans l'optique du DIDH.

Nonobstant la réelle volonté de responsabiliser les ANE, des lacunes persistent dans la protection des déplacés internes lorsque des violations sont commises par ces acteurs. Greta Zeender n'en fait pas l'économie dans son étude sur les responsabilités des ANE vis-à-vis des déplacés internes [447]. Elle rappelle surtout que, les ANE n'étant pas liés par le DIDH, les Principes directeurs tentent de combler ce vide, constituant de ce fait une norme émergente. Ils doivent être respectés par toutes les autorités, groupes et les personnes sans distinction de leur statut juridique [448]. Parmi ces Principes directeurs relatifs aux droits de l'homme et concernant les ANE, l'on a, entre autres consécrations, le droit à l'identification, à la documentation personnelle et à l'enregistrement [449] ; puis le droit à l'emploi et le droit de participer aux activités économiques [450] ; enfin le droit de participer aux affaires communautaires, gouvernementales et publiques [451]. Ces dispositions sont très pertinentes lorsque les ANE constituent un gouvernement *de facto* avec maîtrise du territoire et de la population. Les Principes directeurs ont une portée bien plus grande que le DIH en ce qu'ils couvrent non seulement les CAI et les CANI, mais aussi les situations de violence généralisée et les catastrophes d'origine humaine ou naturelle. Par suite de leur développement, des traités récents relatifs aux droits de l'homme ont précisé des obligations spécifiques à charge des ANE. L'article 4.1 du Protocole sur les enfants soldats et le

---

445 Principe directeur 25.2 et 25.3 fondé sur l'article 3 commun aux Conventions de Genève et l'article 18 (2) du protocole II.

446 Principe directeur 26 fondé sur l'article 3 commun aux Conventions de Genève.

447 Greta ZEENDER, « Engaging Armed Non-State Actors on Internally Displaced Persons Protection », *Refugee Survey Quarterly*, 24/3, p. 102 (2005).

448 Principe directeur 2.1.

449 Principe directeur 20. Ce droit n'est pas expressément reconnu par le droit international humanitaire dans les situations de conflit armé non international.

450 Principe directeur 22(b). Droits que l'on retrouve en droit international des droits de l'homme ; notamment dans la Déclaration universelle des droits de l'homme et dans le Pacte international relatif aux droits économiques, sociaux et culturels. Ces droits ne sont pas abordés par le droit international humanitaire en cas de conflit armé non international.

451 Principe 22 (c) et (d). Ce droit peut être limité par l'État lors d'un conflit armé, mais il n'est pas abordé par le droit international humanitaire.

Protocole additionnel à la Convention sur les droits de l'enfant dispose que « les groupes armés qui sont distincts des forces armées d'un État ne devraient en aucune circonstance enrôler ni utiliser dans les hostilités des personnes âgées de moins de 18 ans » [452].

Obtenir des ANE qu'ils s'engagent à respecter les droits des déplacés internes constitue encore de nos jours un véritable défi sur plusieurs points, lesquels sont ébauchés dans la Convention de Kampala qui contient de nombreuses dispositions importantes, relevant du DIH et qui engagent les ANE. Cette nouvelle convention prévoit l'obligation de protéger les déplacés internes et de leur fournir une assistance. Elle contient des dispositions visant à prévenir le déplacement forcé et interdit formellement le déplacement arbitraire [453]. C'est, selon les termes de Walter Kälin, la Convention de Kampala qui clarifie mieux à ce jour les responsabilités des ANE en matière de déplacement interne [454].

3. La société internationale

Les Principes de Pinheiro réservent une section à la responsabilité de la société internationale. Son principe 22 insiste sur le rôle que doivent jouer l'ONU et les autres acteurs internationaux. Ce rôle couvre la supervision de la mise en œuvre des programmes de restitution des logements et des biens. L'intervention de la société internationale est nécessaire ici, considérant que la restitution intervient forcément dans un contexte post-conflictuel, occurrence n'étant pas le cadre idéal pour la mise en œuvre expédiente des programmes de restitution. En Bosnie-Herzégovine par exemple, plus de 100 agences différentes étaient impliquées dans le processus de retour et de restitution [455]. D'après les Principes de Pinheiro, « la communauté internationale devrait promouvoir et protéger le droit à la restitution des logements, des terres et des biens, ainsi que le droit au retour librement consenti dans la sécurité et la dignité » [456].

---

452 Le Protocole facultatif concernant l'implication d'enfants dans les conflits armés a été adopté le 25 mai 2000, à New York, par l'Assemblée générale des Nations unies.

453 Convention de Kampala, article 7 alinéa 5.

454 André-Michel ESSOUNGOU, « Personnes déplacées : vers la fin du calvaire. La convention de l'Union africaine marque un progrès, mais des défis persistent ». *Afrique Renouveau*, vol. 24, numéro 1, avril 2010, p. 6.

455 *Manuel sur la restitution des logements et des biens des réfugiés et des personnes déplacées: pour la mise en œuvre des Principes Pinheiro*, OCHA, UN HABITAT, UNHCR, FAO, HCDH, NRC et IDMC, mars 2007.

456 Principes de Pinheiro, alinéa 1er du principe 22.

Conclusion du Chapitre I

Les normes internationales générales, notamment de DIDH et de DIH, constituent un cadre juridique important à la protection des déplacés internes. Seulement, leurs insuffisances et relative pertinence eu égard aux exigences de couverture de la condition des déplacés internes sont saillantes : couverture partielle de la situation et des problèmes des déplacés internes, incongruité eu égard à certains besoins spécifiques des déplacés internes, etc. À titre d'exemple, et comme il a été développé plus haut, l'on a des normes de DIDH qui font l'objet de dérogations dans des situations d'urgence [457] et le DIDH en général ne régit pas directement certaines situations découlant des cas d'urgence, comme le transfert de masse, le déplacement forcé, l'accès à l'assistance humanitaire [458].

Ces faiblesses ont généré le besoin d'élaborer des règles internationales plus spécifiques. Ont été adoptés à l'échelle universelle les Principes directeurs de 1998 et les Principes de Pinheiro de 2005, fruits d'une audace et d'une détermination, et qui sont, pour le déplacement interne, plus adaptés, précis, mais pas à suffire.

La problématique de l'adoption d'un statut juridique international (universel) du déplacé interne reste encore posée ; la question de l'offre de la protection et de l'assistance en fonction des droits ou des besoins est laissée à la sagacité des humanitaires [459] ; et bien d'autres questions tout aussi importantes sont toujours posées.

Le progrès et les insuffisances en matière de contenu des normes établis, *quid* de la valeur juridique des normes spécialement vouées à la protection des déplacés internes ?

---

457 Le droit de ne pas faire l'objet d'arrestation, de détention arbitraire et le droit à la liberté de mouvement, de résidence, de propriété privée ; pourtant ces droits sont essentiels aux déplacés internes très souvent en situation d'urgence.

458 Si tant est que la liberté de mouvement est garantie (article 12.1 du pacte international sur les droits civils et politiques, l'article 13.1 de la Déclaration universelle des droits de l'homme, la convention N° 169 de l'organisation internationale de travail), il n'y a pas de garantie particulière contre le transfert de masse, le retour forcé des déplacés (Compilation and Analysis of Legal Norms, part I, E/CN.4/1996/52/Add.2 paragraphes 58, 105).

459 De l'avis de plusieurs acteurs du domaine des droits de l'homme et du droit humanitaire, dont António Guterres, cette réelle contradiction ne devrait pas en être une : « There is a question of whether response should be based on "needs" or on "rights". To be honest, I think that the response needs to be based on both needs and rights. One of the rights that exist is that a person's needs are addressed, and one of the needs that exist is that a person's rights are respected. I don't see a contradiction. The two things need to be completely seamed together » (High Commissioner's Dialogue on Protection Challenges. Theme. Protecting the Internally Displaced: Persisting Challenges and Fresh Thinking. Summary [11-12 December 2013], p. 12).

CHAPITRE II.

LA PORTÉE JURIDIQUE LIMITÉE DES NORMES INTERNATIONALES RELATIVES À LA PROTECTION DES DÉPLACÉS INTERNES

Les principales normes internationales destinées aux droits fondamentaux des déplacés internes sont des « principes », à savoir les Principes directeurs adoptés en 1998 et les Principes de Pinheiro présentés en 2005. De façon générale, par « principe », il faut entendre :

> « Une proposition juridique non nécessairement écrite qui ne se rattache pas à un ensemble de faits spécifiques, qui donne des orientations générales, des directives auxquelles le droit positif doit se conformer, et qui traduit une exigence d'équité, de justice ou de morale » [460].

Les principes internationaux sur le déplacement interne, comme en règle générale, sont les prémices du raisonnement soit lors de l'élaboration des normes, soit lors de l'interprétation des normes [461]. Ce sont ces principes qui devraient orienter les gouvernements, organisations, juges et autres acteurs pertinents dans l'interprétation des règles de *hard law* en vigueur. Ceux-ci sont-

---

460 Ronald DWORKIN, *Law's Empire* (Harvard UP 1986) ; traduction française : *L'empire du droit*, Paris, PUF, 1993.

461 Patrick MORVAN, *Le principe en droit privé*, Paris, LGDJ, 1999, p. 46 et suivantes.

ils juridiquement ou politiquement [462] tenus de s'en servir ? Cette question renvoie à la problématique de l'acceptation de la règle ; une acceptation qu'il faut différencier de la connaissance [463] de ces droits fondamentaux des déplacés internes par ses destinataires et différents acteurs pertinents, et une acceptation qui constitue en réalité une condition de l'effectivité desdits droits.

Si l'élaboration des normes régissant convenablement des phénomènes spécifiques et complexes comme le déplacement interne est une entreprise laborieuse, les faire accepter par les différents acteurs concernés l'est davantage. Triompher de la phase de l'acceptation des normes par différents acteurs et destinataires oblige très souvent à procéder tout d'abord à l'enserrement des droits à affirmer dans des instruments « indirectement » contraignants (le droit déclaratoire) et à les faire progresser vers un instrument contraignant par la suite. Le processus déclaratoire se pose parfois comme le seul truchement possible. Tel a été le cas en ce qui concerne la responsabilité en matière de droits de l'homme des sociétés transnationales et autres entreprises. La résistance des États avait fait de l'adoption des Principes directeurs l'unique possibilité [464]. L'option des Principes directeurs a été privilégiée dans plusieurs

---

462 Politiquement, puisque l'ONU emploie aussi des modes non juridiques pour asseoir les droits fondamentaux des déplacés internes.

463 Il ne serait pas toujours indispensable qu'une règle de droit soit connue pour être appliquée. Toutefois, la connaissance précise du droit pourrait constituer un obstacle à son effectivité. C'est l'avis de François Rangeon qui rappelle que le mystère et le caractère intimidant du droit contribuent à ce qu'il soit mieux respecté ; et inversement, on échappe d'autant mieux à une loi qu'on en connaît bien les faiblesses et les lacunes. Voir François RANGEON, « Réflexions sur l'effectivité du droit », dans Danièle LOCHAK (dir.), *Les usages sociaux du droit*, Paris, Presses universitaires de France, 1989, p. 139.

464 L'expansion dans les zones marginales des entreprises minières, gazières et pétrolières ; et la délocalisation de la production des industries de vêtements, chaussures et électronique vers les pays aux faibles conditions de travail ont fait poindre à l'horizon, précisément dans les années 1990, la question de l'ouverture de ces entreprises aux droits de l'homme. Un projet de normes sera créé, réaffirmant l'obligation principale des États, des obligations secondaires, mais légales desdites entreprises à respecter les conventions des droits de l'homme. Les entreprises ont vivement combattu l'idée de la mise sur pied d'un instrument contraignant, et la Commission des droits de l'homme n'a finalement pas adopté le projet. Nommé Représentant spécial du Secrétaire général chargé de la question des droits de l'homme et des sociétés transnationales et autres entreprises par Kofi Annan pour faire évoluer la situation (2005-2011), John Ruggie proposera en juin 2008 un cadre politique (et non juridique) fondé sur trois principes : *protect (state responsibility to legislate and regulate), respect (corporate to act with due diligence and address adverse impact) and remedy (access by victims to redress).* Cette proposition a très vite bénéficié du soutien du Conseil des droits de l'homme. Des Principes directeurs ont été adoptés en 2011 sur ce sujet. Si les bases d'un encadrement juridique ont été posées, beaucoup de questions demeurent non résolues sur ce sujet (voir Radu MARES, « Business and Human Rights After Ruggie : Foundations, the Art of Simplification and the Imperative of Cumulative Progress », in Radu MARES (ed.), *The UN Guiding Principles on Business and Human Rights. Foundations and Implementation*, Martinus Nijhoff Publishers, Leiden, Boston 2012, p. 1-50).

autres domaines ; notamment celui de l'extrême pauvreté avec la présentation des *Principes directeurs sur l'extrême pauvreté et les droits de l'homme* [465].

La valeur de ces Principes directeurs se mesure à l'aune des changements qu'ils induisent dans le comportement des destinataires et acteurs concernés. Si émettre un jugement y relatif peut être prématuré, il ne reste qu'à leur souhaiter plein succès. Toutefois, il est des cas où l'issue est on ne peut plus claire. Il en existe où le droit déclaratoire, une fois établi, n'a pas franchi l'étape de « conventionnalisation ». C'est le cas de la fameuse *Déclaration sur le droit au développement*, déclaration adoptée par l'Assemblée générale de l'ONU le 4 décembre 1986 [466]. Parée d'une pertinence tant sur le plan juridique, politique que moral, elle n'a pourtant jamais été véritablement mise en œuvre, car s'inscrivant en faux contre les politiques actuelles des « Occidents » [467], des « grandes puissances », des organisations internationales telles le FMI, la Banque mondiale, l'OMC, le G8 et l'OTAN [468]. En revanche, d'autres normes déclaratoires établies sous ce même procédé sont devenues contraignantes, leur relai du déclaratoire au conventionnel ayant été un franc succès. Sans prétendre à l'exhaustivité, c'est le cas d'évoquer la Déclaration des droits de l'enfant de 1959 [469] qui a conduit à la Convention relative aux droits de l'enfant de 1989 [470] ; puis, la Déclaration sur la protection de toutes les personnes contre

---

465 Principes adoptés par consensus par le Conseil des droits de l'homme le 27 septembre 2012 (Résolution du Conseil des droits de l'homme A/HRC/RES/21/11).

466 Résolution de l'Assemblée générale des Nations unies, A/RES/41/128 du 4 décembre 1986.

467 La divergence de vues entre les États-Unis et l'Europe ou certaines grandes puissances européennes sur ce qu'il y aurait de mieux à apporter aux autres nations du monde particulièrement dans certaines occurrences de crise a introduit l'idée de l'existence de plus d'un occident. L'un des symptômes de cette démarcation d'approches serait la crise irakienne (voir à ce sujet Nayla FAROUKI, *Les Deux Occidents*, Éditions des Arènes, mars 2004, 351 p.). L'Irak ne sera pas un cas isolé. Concernant la Syrie, certaines initiatives individuelles ont été prises, mais n'ont pas pu bénéficier du soutien nécessaire d'autres puissances. Même dans des contextes où l'unité de vision semble retrouvée, l'on relève quelques dissensions latentes.

468 Melik ÖZDEN, *Le Droit au Développement : état des débats tenus à l'ONU sur la mise en œuvre de la Déclaration historique adoptée à ce propos par l'Assemblée générale des Nations unies, le 4 décembre 1986.* Genève : CETIM, 2007, p. 2-3. Collection du Programme Droits Humains du CETIM. Disponible à l'adresse :
http://www.cetim.ch/fr/documents/bro6-develop-A4-fr.pdf.

469 La Déclaration des droits de l'enfant a été adoptée le 20 novembre 1959 par l'Assemblée générale des Nations unies au moyen de sa résolution 1387 (XIV). Disponible à l'adresse :
http://www.humanium.org/fr/normes/declaration-1959/texte-integral-declaration-droits-enfant-1959/ (consulté le 15 février 2015).

470 Convention relative aux droits de l'enfant, adoptée et ouverte à la signature, ratification et adhésion par l'Assemblée générale dans sa résolution 44/25 du 20 novembre 1989, elle est entrée en vigueur le 2 septembre 1990, conformément à l'article 49. Disponible à l'adresse :
http://www.ohchr.org/FR/ProfessionalInterest/Pages/CRC.aspx (consulté le 15 février 2015).

les disparitions forcées de 1992 [471] qui a débouché sur une convention entrée en vigueur le 23 décembre 2010, à savoir la Convention internationale pour la protection de toutes les personnes contre les disparitions forcées [472].

Dans la nomenclature des Principes directeurs et autres instruments déclaratoires, les principes sur les droits des déplacés internes présentent une certaine particularité tant du point de vue de leur typologie (Section I) que de leur applicabilité (Section II).

---

471 Déclaration sur la protection de toutes les personnes contre les disparitions forcées, adoptée par l'Assemblée générale dans sa résolution 47/133 du 18 décembre 1992. Disponible à l'adresse : http://www1.umn.edu/humanrts/instree/french/Fh4dpaped.html (consulté le 15 février 2015).

472 Convention internationale pour la protection de toutes les personnes contre les disparitions forcées, entrée en vigueur le 23 décembre 2010. Disponible à l'adresse : http://www.ohchr.org/FR/ProfessionalInterest/Pages/ConventionCED.aspx (consulté le 15 février 2015).

SECTION I. LA TYPOLOGIE DES NORMES INTERNATIONALES VOUÉES EXPRESSÉMENT AU DÉPLACEMENT INTERNE

Les Principes directeurs constituent les premières normes internationales conçues expressément pour répondre aux besoins des déplacés internes. En 2005 ont été présentés les Principes de Pinheiro ayant le même objectif, mais couvrant spécifiquement la restitution des biens des déplacés internes et réfugiés. L'on ne trouve dans aucun des deux textes cette volonté des États d'affirmer leurs obligations juridiques en matière de mise en œuvre. L'appartenance de ces principes à la catégorie des règles de *soft law* ou de *hard law* (§ 2) est tributaire de l'originalité de leur édification (§ 1).

§ 1. DE L'ÉDIFICATION DES PRINCIPES INTERNATIONAUX SUR LE DÉPLACEMENT INTERNE

Le processus d'édification des Principes de Pinheiro est quasi similaire à celui des Principes directeurs. L'une de leurs particularités est qu'ils ont tous les deux été préparés par des experts internationaux et non par des États. Cependant, l'élaboration et surtout l'acceptation des Principes directeurs de 1998 ont été subtiles, voire énigmatiques en raison notamment du contenu desdits principes, des hésitations des États à les accepter [473] et de leurs implications (A). Il en a été différemment de l'acceptation des Principes de Pinheiro qui s'est avérée bien moins difficile (B).

A. Édification des Principes directeurs de 1998

L'étape première du développement des Principes directeurs a été la préparation d'une compilation et analyse des normes juridiques applicables au déplacement interne. Cette compilation fut présentée à la Commission des droits de l'homme en 1996 [474] et le supplément en 1998 [475]. De cette compilation et analyse, les experts ont tiré des conclusions claires avec au premier chef la nécessité d'une réaffirmation du droit aux fins d'une meilleure adaptation aux déplacés internes, puis la clarification des lacunes et des zones

[473] Les hésitations du Mexique à l'égard des Principes directeurs ont été parmi les plus compromettantes difficultés dans la mise sur pied de cet instrument.

[474] Report of the Representative of the Secretary-General on internally displaced persons, compilation and analysis of legal norms, E/CN.4/1996/52/Add.2, 05 December 1995.

[475] Report of the Representative of the Secretary-General, Mr. Francis Deng, submitted pursuant to Commission on Human Rights resolution 1997/39. Addendum. Compilation and Analysis of Legal Norms, Part II: Legal Aspects Relating to the Protection against Arbitrary Displacement, E/CN.4/1998/53/Add.1, 11 February 1998.

d'ombre. Les Principes directeurs devaient être développés en réponse à ces conclusions. La dernière main a été mise à ce travail de développement lors d'une conférence de cinquante experts internationaux en 1998 et ces Principes ont été présentés à la Commission des droits de l'homme la même année par le RSG de l'époque, Francis Deng. Contrairement à la procédure en matière de conventions et déclarations, ces Principes n'ont pas été négociés par les États. Ils ont été développés sous la houlette de Francis Deng, par des acteurs non gouvernementaux ; notamment un groupe d'experts indépendants de toutes les régions [476]. Loin de l'idée d'établir un cadre juridique ou de proposer un texte en vue d'une déclaration sur les droits des déplacés internes, il revenait à Francis Deng de proposer un cadre qui serait selon lui approprié au phénomène du déplacement interne. Il avait toute la latitude de décider lui-même de la nature du texte eu égard aux circonstances contemporaines. Le texte qui sera présenté n'est ni une convention, ni une déclaration de l'Assemblée générale de l'ONU, mais des Principes directeurs, non juridiquement contraignants, produits après une longue période de préparation et de discussion par les experts juridiques et les représentants d'organisations intergouvernementales et non gouvernementales. Lors de l'élaboration des Principes directeurs, il n'avait pas été jugé nécessaire de mettre en place un nouveau traité, pour ce que les traités existants étaient considérés par les rédacteurs desdits principes comme traitant déjà, au moins implicitement, des droits des déplacés internes [477]. Il ne revenait alors à l'équipe de rédacteurs que d'identifier et d'analyser les normes qui offraient une certaine signification pour les déplacés internes d'une part, et faire ressortir les lacunes et zones d'ombre en droit international et y faire face d'autre part. Puis, il lui revenait de répondre à la nécessité d'offrir au RSG et dans de brefs délais, un cadre normatif qui lui sera utile dans l'accomplissement de son mandat, étant donné que l'élaboration d'un traité ou d'une déclaration implique ces dernières décennies de longues négociations, pouvant affecter ou bloquer l'utilisation effective de l'instrument international relatif aux droits de l'homme dans un contexte de déplacement interne. Les rédacteurs des Principes directeurs étaient aussi convaincus qu'un document fondé et reflétant le droit international existant constituerait un guide efficace pour les États, organisations internationales et organisations non gouvernementales œuvrant dans le domaine.

---

[476] Parmi les principaux experts ayant participé à ce développement figurait Walter Kälin de la Faculté de droit de l'Université de Berne (Berne, Suisse) devenu en 2004 Représentant du secrétaire général des Nations unies sur les droits de l'homme des personnes déplacées ; Manfred Nowak du Ludwig Boltzmann Institute of Human Rights (Vienne, Autriche) ; et Robert Goldman du Washington College of Law de l'American University (Washington DC, États-Unis).

[477] Walter KÄLIN, « How Hard is Soft Law ? The Guiding Principles of Internal Displacement and the Need for a Normative Framework », *Brookings CUNY project on internal displacement*, December 19, 2001. Page 4.

Dans un système juridique international centré sur l'État, les experts juridiques ne peuvent tout simplement pas créer du droit. La question qui se pose dès lors est la suivante : pourquoi n'avoir pas opté pour un instrument international conventionnel ? En effet, Walter Kälin fait remarquer qu'il est difficile, depuis les années 1990, de parvenir à un traité en matière de droits de l'homme. La procédure de négociation et d'adoption est houleuse et longue. Ceci est également valable devant la Commission des droits de l'homme (aujourd'hui Conseil des droits de l'homme) de l'ONU [478]. C'est en réponse à la gravité et à l'urgence du phénomène du déplacement interne que les experts ont opté pour l'évitement de cette longue procédure afin d'offrir dans un bref délai un cadre normatif immédiatement opérationnel. Il fallait prendre conscience aussi du fait que, envisager un traité ayant pour base le droit existant, comme c'est le cas pour les Principes directeurs, pourrait amener les États à reconsidérer ledit droit ou fragiliser la coutume existante en arguant de la désuétude de certains principes. L'autre raison avancée par ces derniers est que l'adoption d'un projet de convention ne garantit aucunement qu'il entre effectivement en vigueur. Obtenir le nombre de ratifications nécessaires à l'entrée en vigueur d'un traité relatif aux droits de l'homme serait devenu pénible et incertain. Par ailleurs, même si le nombre de ratifications nécessaires était obtenu, il faudra s'assurer que les États les plus concernés l'aient ratifié. Dans le cas du déplacement interne, certains États sont bien plus touchés que d'autres et la ratification par les premiers est cruciale.

Bien plus, la ratification des traités par l'État n'implique pas toujours leur application ; le droit des traités comporte des techniques qui lui permettent d'éviter l'application des traités sans toutefois violer techniquement le droit international [479]. La première technique est la réserve au traité qui permet à l'État d'exclure de nouvelles obligations qui vont au-delà de celles déjà acceptées [480] : c'est-à-dire de modifier au moyen d'un acte unilatéral et pour son propre compte, les effets juridiques de certaines des dispositions d'un traité à

[478] C'est le cas du projet de protocole facultatif à la Convention contre la torture dont les négociations ont commencé depuis 1992 au sein du groupe de travail. Ce protocole a finalement été adopté en 2002 et est entré en vigueur en septembre 2009 après la ratification de la Suisse.

[479] Walter KÄLIN, « Implementing Treaties in Domestic Law : From "Pacta sunt servanda" to "Anything goes"? », in: Vera GOWLLAND (Ed.), *Multilateral Treaty-Making: The current Status of Challenges to and Reforms needed in the International Legislative Process*, The Hague/London/Boston 2000, p. 95-112.

[480] Plusieurs traités admettent une ratification avec possibilité de réserves. La réserve est une déclaration unilatérale impliquant exclusion ou modification de l'effet juridique d'une disposition de Vienne de spécifique dans son application à un État particulier. L'art. 2(1) (d) de la Convention de 1969 sur le droit des traités dispose que « L'expression ""réserve"" s'entend d'une déclaration unilatérale, quel que soit son libellé ou sa désignation, faite par un État quand il signe, ratifie, accepte ou approuve un traité ou y adhère, par laquelle il vise à exclure ou à modifier l'effet juridique de certaines dispositions du traité dans leur application à cet État ».

l'égard duquel l'auteur de la déclaration s'apprête à s'engager définitivement. Bien que la technique de réserve au traité présente l'avantage de permettre la ratification en grand nombre des traités, l'augmentation du nombre de réserves traduit plutôt un manque de volonté d'accepter de nouvelles obligations. La deuxième technique est l'exclusion du caractère *self executing* du traité, sans toutefois adopter une législation pour sa mise en œuvre, cela dans le but d'éviter toute possibilité que les individus s'en prévalent vis-à-vis des autorités et tribunaux dans les procédures internes. Enfin, selon le Professeur Walter Kälin, il était prématuré d'élaborer un traité combinant DIDH et DIH [481] : les Principes directeurs devaient couvrir à la fois les situations de tension, trouble, CAI et de CANI ; d'où la nécessité d'élaborer des dispositions reflétant à la fois des éléments du DIDH et du DIH. C'est justement ce que l'on observe à la lecture des Principes directeurs. Cette approche de leurs rédacteurs s'inscrit dans la tendance de la doctrine juridique contemporaine à traiter le DIDH et le DIH comme un ensemble unique de normes de droits de l'homme sous différents systèmes institutionnels [482].

Ce procédé d'élaboration des normes est certainement très ouvert, favorisant une grande implication des ANE, nécessaire en matière de déplacement interne. Il en ressort néanmoins un manque de véritables obligations juridiques à charge de différents acteurs impliqués dans le déplacement de populations. C'est là le véritable problème. Il n'est pas prématuré, étant donné les changements et évolutions intervenus, de se demander aujourd'hui si toutes les raisons qui ont conduit à l'adoption d'un instrument de cette nature tiennent encore.

B. Édification des Principes de Pinheiro de 2005

Semblablement à ce que représentent les Principes directeurs de 1998 pour l'architecture normative internationale relative au phénomène du déplacement interne, les Principes de Pinheiro constituent « la première norme mondiale consolidée sur les droits de restitution des logements, des terres et des biens des personnes déplacées » [483].

En 1997, le Comité pour l'élimination de la discrimination raciale propose à la Sous-Commission sur la protection et la promotion des droits de l'homme d'étudier la question du recouvrement des biens des réfugiés et des déplacés

---

481 Walter KÄLIN, « How Hard is Soft Law ? The Guiding Principles of Internal Displacement and the Need for a Normative Framework », *Brookings CUNY project on internal displacement*, December 19, 2001. Page 4.

482 Theodor MERON, *Human Rights in Internal Strife: Their International Protection*, Grotius Publications, Cambridge, 1987, p. 28.

483 Scott LECKIE, « Les nouveaux droits à la restitution des logements, des terres et des biens », *Revue migration forcée*, 2006, n° 25, p. 52.

internes. Cette Sous-Commission adopte en 1998 la résolution 1998/26 sur la restitution des logements et des biens dans le cadre du retour des réfugiés et des déplacés internes, résolution par laquelle elle :

> « Invite la Haut Commissaire des Nations unies pour les réfugiés à élaborer, en consultation avec la Haut Commissaire des Nations unies aux droits de l'homme des principes directeurs visant à promouvoir et à faciliter le droit de tous les réfugiés et, si cela est conforme à son mandat, des personnes déplacées à l'intérieur de leur propre pays, à rentrer librement, en toute sécurité et de leur plein gré dans leurs foyer et lieu de résidence habituel » [484].

Paolo Sérgio Pinheiro est nommé Rapporteur spécial, chargé de la préparation d'une étude préliminaire qui servira de base à l'élaboration des Principes de Pinheiro. Ces derniers seront présentés et adoptés par la Sous-Commission de la protection et de la promotion des droits de l'homme des Nations unies le 11 août 2005.

Ces principes sont, comme les Principes directeurs, inspirés des règles de droit positif. Ils offrent des conseils pratiques qui précisent et éclaircissent les règles internationales régissant la mise en œuvre des programmes et mécanismes de restitution des logements, terres et biens. Comme le rappelle le *Manuel sur la restitution des logements et des biens dans le cadre des réfugiés et des personnes déplacées*, les Principes de Pinheiro sont des :

> « Éléments juridiques, politiques, procéduraux, institutionnels et techniques relatifs à la mise en œuvre de la restitution des logements et des biens. Ils leur apportent ainsi un outil pour définir des politiques visant à garantir la mise en œuvre du droit à restitution des logements et des biens et à faire appliquer les lois, les programmes et les politiques sur la restitution en respectant les principes en vigueur dans le domaine du droit international des droits de l'homme, du droit humanitaire et du droit des réfugiés, ainsi que le droit national en vigueur » [485].

Le thème des Principes de Pinheiro n'est pas aussi large que celui des Principes directeurs de 1998. Il couvre spécifiquement la restitution des logements et des biens.

L'élaboration et l'adoption de ces principes ont été facilitées par plusieurs facteurs parmi lesquels la convergence des programmes de restitution au plan

---

[484] Haut Commissariat des Nations unies aux droits de l'homme, Sous-Commission sur la protection et la promotion des droits de l'homme, résolution 1998/26 du 26 août 1998, paragraphe 6.

[485] *Manuel sur la restitution des logements et des biens des réfugiés et des personnes déplacées*, O.C.H.A., UN HABITAT, HCR, FAO, O.H.C.H.R., N.C.R. et I.D.M.C., mars 2007, 107 p.

national, combinée à la sensibilisation mondiale grandissante sur la détresse des déplacés de retour en quête de droits de restitution [486]. Il faut y ajouter aussi la préparation d'un cadre favorable du simple fait de l'existence des travaux précédents dans des domaines proches du thème abordé par les Principes Pinheiro [487].

§ 2. LES PRINCIPES INTERNATIONAUX RELATIFS AU DÉPLACEMENT INTERNE : DU « DROIT MOU » OU DU « DROIT DUR »

La question de la classification des principes a suscité une attention spéciale de plusieurs juristes dont Walter Kälin qui, dans l'une de ses communications, a clairement répondu à la question de savoir si les Principes directeurs de 1998 constituaient des règles de *soft law* ou de *hard law* [488]. Les Principes directeurs de 1998, tout comme ceux de 2005, bien qu'ils ne soient *a priori* pas contraignants (A), constitueraient dans une certaine mesure des instruments internationaux contraignants (B).

A. Un droit *a priori* non contraignant

Assurément, les principes ne satisfont pas aux critères d'un véritable traité [489]. Ils ne sont pas un traité ou un instrument juridiquement contraignant conclu par les États ou les organisations internationales [490]. Les États n'ayant pas été véritablement impliqués dans leur formulation, il ne ressort directement du texte aucune obligation juridique à leur charge [491]. Les États n'ont en réalité accepté aucune obligation en vertu des principes seuls. Lors de l'élaboration des Principes directeurs déjà, leurs rédacteurs s'étaient résolus à tenir pour vrai

---

486 Scott LECKIE, « Les nouveaux droits à la restitution des logements, des terres et des biens », *Revue migration forcée*, 2006, n° 25, p. 52.

487 La Convention de 1951 sur le statut des réfugiés, les Principes directeurs de 1998 sur les droits des personnes déplacées à l'intérieur de leur propre pays et bien d'autres instruments.

488 « Walter Kälin's Speech on How Hard is Soft Law ? The Guiding Principles on Internal Displacement and the Need for a Normative Framework », *Brookings-CUNY project on internal displacement*, December 19, 2001.

489 Quelques critères essentiels sont précisés à l'article 2 tant de la Convention de Vienne de 1969 sur le droit des traités que de la Convention de Vienne de 1986 sur le droit des traités entre États et organisations internationales ou entre organisations internationales. Cet article précise le sens de certaines expressions utilisées lors de l'élaboration des instruments juridiques internationaux ; notamment celle de « traité ».

490 « Walter Kälin's Speech on How Hard is Soft Law ? The Guiding Principles on Internal Displacement and the Need for a Normative Framework », *Brookings-CUNY project on internal displacement*, December 19, 2001, p. 5.

491 Muhammad Rafiqul ISLAM, « The Sudanese Darfur Crisis and Internally Displaced Persons in International Law: The least Protection for the Most Vulnerable ». *International Journal of Refugee Law*, 18 (2006) 354, à 365.

qu'un document avec des normes contraignantes portant exclusivement sur les droits des déplacés internes ne serait pas voulu par les États. C'est sur la base de ces considérations que les principes présentés ont été conçus et limités à la réaffirmation et à la précision du droit positif. Constituent-ils des règles de *soft law* par lesquelles il faut entendre, entre autres significations [492], une description pratique pour une variété d'instruments juridiquement non contraignants utilisés dans les relations internationales contemporaines par les États et les organisations internationales [493] ? Alors que le véritable débat porte principalement sur l'appartenance théorique aux règles de *soft law* ou non, il faut au préalable s'assurer que les principes sur la protection des déplacés internes remplissent les conditions d'une règle de *soft law*. Leur processus d'élaboration est mis en exergue ici.

Leurs spécificités, celles des Principes directeurs notamment, les privent jusque même du simple caractère de règles de *soft law* : c'est-à-dire ces recommandations qui reposent sur un consensus entre États, ayant une certaine autorité et pouvant être prises en compte dans les procédures judiciaires, mais dont la non-observation ne constitue pas une violation au sens strict du droit international et n'engage donc pas la responsabilité de l'État [494]. En effet, nous le rappelle Simon Bagshaw, « la majorité des instruments internationaux relatifs aux droits de l'homme adoptés sous les auspices des Nations unies entrent dans la catégorie des instruments de *soft law* » [495], et se voient attribuer le plus souvent le nom de déclarations, lignes directrices, principes, etc. Les rédacteurs des Principes directeurs étaient bien conscients que le système juridique international actuel, stato-centré, ne permet pas à un groupe d'individus, fussent-ils des experts, de créer du droit [496]. Toutefois, le caractère de règle de

---

492 Rappelons que plusieurs significations de la notion de « *soft law* » ont été proposées, notamment par Baxter (1980), Chinkin (1989), Sztucki (1990), Dupuy (1991), Hillgenberg (1999). Cela ne veut pour autant pas dire que tous acceptent ce concept de *soft law*. Les juristes conservatistes pour qui, soit la norme est contraignante, soit elle n'a pas de valeur juridique, ne le font que difficilement. Voir notamment Prosper WEIL, « Towards Relative Normativity in International Law ? », *AJIL* 77 (1983), pp. 411-442.

493 Alan BOYLE, « Soft Law in International Law-making » in Malcolm D. EVANS (Ed), *International Law*, second edition, Oxford: Oxford University Press, 2006, p. 141.

494 « Walter Kälin's Speech on How Hard is Soft Law ? The Guiding Principles on Internal Displacement and the Need for a Normative Framework », *Brookings-CUNY project on internal displacement*, December 19, 2001, p. 6 ; Robert K. GOLDMAN, « Internal Displacement, the Guiding Principles on Internal Displacement, the Principles Normative Status, and the Need for their Effective Domestic Implementation in Colombia ». *Anuario Colombiano de Derecho Internacional (ACDI)*, Bogotá, Vol. 2, 2009, p. 70.

495 Simon BAGSHAW, *Developing a Normative Framework for the Protection of Internally Displaced Persons*, Arsdley, New York: Transnational Publishers, 2005, p. 101.

496 « Walter Kälin's Speech on How Hard is Soft Law ? The Guiding Principles on Internal Displacement and the Need for a Normative Framework », *Brookings-CUNY project on internal displacement*, December 19, 2001, p. 6.

soft law des principes internationaux sur le déplacement interne résulte moins de leur mode d'élaboration que de leur contenu. Ces principes constitueraient *a priori* de véritables règles de *soft law*, parce qu'offrant des directives ou orientations tout en ne créant pas d'obligations juridiquement sanctionnées. Bien plus, il faut reconnaître que, reposant aussi sur les caractéristiques d'une règle de *soft law* secondaire, ils constituent un exemple classique des règles de *soft law* primaire [497].

Leur force viendrait de ce qu'ils constituent en quelque sorte une première étape vers une éventuelle conclusion d'un traité et fournissent des propositions détaillées et techniques pour rendre le *hard law* existant « profitable » aux déplacés internes. Ils réaffirment bon nombre de dispositions juridiques en vigueur, les clarifient afin de faciliter leur application aux situations de déplacement interne. Même si les véritables outils juridiques donnant à la revendication politique des droits de l'homme une forme d'effectivité montrent des failles à certains niveaux [498], les droits fondamentaux des déplacés internes, enserrés dans les documents sus-précisés, ne se trouveraient pas encore à ce niveau de l'échelle. Le recours à un DIDH pouvant comprendre ceux des déplacés internes achoppe sur la souveraineté des États qui, non seulement implique le recours à l'instrument conventionnel, mais aussi, compromet toute entreprise visant à mettre en place, même dans ce cadre limité, une justice internationale. Cela revient à dire que, en effet, le projet politique demeure et la revendication d'effectivité constante.

B. Des éléments d'un instrument juridique international contraignant

Les principes, bien qu'ils soient des règles de « *soft law* », auraient plus de valeur que les autres instruments ordinairement reconnus comme règles de « *soft law* ». Si l'on ne s'en tenait qu'à leur substance, on pourrait affirmer sans conteste qu'ils sont un véritable traité, étant donné qu'ils identifient les droits et

---

497 Le *soft law* secondaire renvoie aux recommandations, jurisprudences ou commentaires généraux des instances internationales, décisions des commissions mettant en œuvre les normes internationales contraignantes. Comme sources de *soft law* primaire, on a généralement les textes de normes et instruments déclarant ou réaffirmant et clarifiant des normes générales ou vagues précédemment acceptées dans d'autres textes contraignants ou non. Voir notamment Dinah SHELTON, « Compliance with International Human Rights Soft Law », in Edith Brown WEISS (ed.), *International Compliance with Nonbinding Accords*, Washington D.C.: American Society of International Law, 1997, p. 120-127.

498 Ils font reposer l'effectivité des droits de l'homme sur un double choix politique : le choix de donner valeur à tout ou partie du corpus politique d'une philosophie des droits de l'homme qui n'est pas nécessairement uniforme, le choix d'interpréter et de concilier les droits de l'homme avec d'autres principes consacrés par des normes de même niveau qui peuvent parfois se trouver en concurrence. Ils font aussi dépendre l'effectivité des droits de l'homme du système de droit positif des États en premier lieu, et donc d'une forme de volonté politique qui s'exerce dans les États.

les « obligations » de certains acteurs, sujets du droit international[499]. Les Principes directeurs et ceux de Pinheiro ne constituent pas des instruments exécutoires pouvant être ratifiés par les États. Ils sont cependant établis sur le droit international pour les Principes directeurs et en plus sur le droit régional et national pour les Principes de Pinheiro[500]. En réalité, presque tous les Principes directeurs ont une base juridique et dans la plupart des cas un droit nouveau n'a pas réellement été créé. L'équipe du RSG a tout simplement déduit des normes spécifiques des principes plus généraux du droit international existant. C'est ce qui ressort de la lecture du Principe directeur 6, sur le droit d'être protégé contre le déplacement arbitraire. Ce droit n'est pas mentionné de façon explicite dans un instrument juridique. Il faut tout de même préciser que le DIH interdit le déplacement dans des situations bien précises. Les textes de droits de l'homme garantissent la liberté de mouvement et aussi le droit de choisir sa résidence et le droit d'y demeurer[501]. Le droit de ne pas être déplacé se trouve aussi dans les instruments relatifs aux droits des peuples indigènes[502]. On peut en déduire que le droit de ne pas être déplacé a été déjà établi de façon implicite en droit international.

Les rédacteurs des principes comme ils l'affirment eux-mêmes, ne sont pas allés au-delà du droit international existant. Selon Walter Kälin, les Principes directeurs sont l'illustration de la théorie contemporaine selon laquelle la création et l'application du droit ne peuvent pas être séparées, mais sont plutôt étroitement liées entre elles[503]. Pour lui, des Principes directeurs, se dégage aussi l'idée qu'en DIDH, on pourrait raisonnablement sortir des canaux et formes traditionnels d'élaboration des normes. La logique serait qu'il est plus approprié dans certains cas de tirer dans le corps de règles en vigueur des règles générales que l'on peut appliquer aux situations spécifiques et reformuler le

---

499 Makau MUTUA, « Standard setting in Human Rights: Critique and Prognosis », *Human Rights Quarterly*, 29 (2007), 547, p. 561: « The Special Representative manipulated the language to restate existing legal obligations. Thus, instead of 'rights', he uses the term 'principles', but there is no doubt that the Guiding Principles refer to the 'rights' of IDPs and 'binding obligations' of States with respect to IDPs » [« Le Représentant spécial a manipulé le langage pour réaffirmer les obligations juridiques existantes. Ainsi, au lieu de "'droits'", il utilise le terme "'principes'", mais il ne fait aucun doute que les principes directeurs font référence aux droits des déplacés internes et aux "'obligations juridiques'" des États à l'égard des déplacés internes »].

500 *Manuel sur la restitution des logements et des biens des réfugiés et des personnes déplacées*, mars 2007, O.C.H.A., UN HABITAT, HCR, FAO, O.H.C.H.R., N.C.R. et I.D.M.C., p. 19.

501 Voir Article 12 (1) du Pacte international relatif aux droits civils et politiques, article 49 et 147 de la IVe Convention de Genève, Articles 51 (7), 78 (1) et 85 (4) du protocole I, Articles 4 (3) (e) et 17 du protocole II.

502 Article 16 de la Convention N° 169 de l'OIT relative aux peuples indigènes et tribaux dans les pays indépendants.

503 « Walter Kälin's Speech on How Hard is Soft Law ? The Guiding Principles on Internal Displacement and the Need for a Normative Framework », *Brookings-CUNY project on internal displacement*, December 19, 2001, p. 7.

droit international existant dans un contexte plus restreint d'un problème donné. Les principes sur le déplacement interne en sont la parfaite illustration [504].

Contrairement aux conventions et autres instruments juridiques contraignants, les États ne peuvent pas être tenus responsables en vertu des seuls principes internationaux sur le déplacement interne. Ces principes ne peuvent non plus être invoqués sans l'appui d'un autre instrument juridiquement contraignant lors des procédures judiciaires à l'échelon national. Il reste cependant possible d'invoquer le droit contraignant qui constitue le fondement juridique de la plupart de ces principes. Ce droit-là peut être invoqué « partout » où besoin est. Il est alors primordial d'invoquer en premier lieu la norme contraignante. Dans un conflit armé, on invoquera par exemple les règles de DIH qui sont des règles bien circonstanciées.

Les Principes directeurs et de Pinheiro constituent donc *mutatis mutandis* des instruments n'ayant pas de véritable force juridique contraignante. Leur autorité vient du fait qu'ils sont reconnus par divers acteurs du droit international, créant un certain engagement moral. « Le droit déclaratoire » comme le rappelle Emmanuel Decaux, « marque un consensus politique qui engage moralement tous les États, à défaut de les lier juridiquement » [505]. Cette reconnaissance internationale, si elle s'intensifie, pourrait leur donner valeur de véritable norme contraignante comme cela a été le cas pour certains instruments internationaux. À l'origine non contraignante, la Déclaration universelle des droits de l'homme a été reconnue par la jurisprudence internationale comme norme du droit coutumier [506] et même comme norme de *jus cogens* pour certaines de ses dispositions [507]. D'autres conventions ont également été forgées suivant le même processus.

Cependant, l'utilisation des principes internationaux sur le déplacement interne et la référence à eux faite les élèveraient progressivement à la classe des véritables instruments juridiques contraignants internationaux. L'étape la plus marquante reste certainement la reconnaissance universelle, lors du Sommet mondial de 2005, des Principes directeurs comme instrument important à la protection des déplacés internes. Il faut y ajouter que plusieurs États, organes

---

504 Ibid.

505 Emmanuel DECAUX, « Dossier : La normativité », *Cahiers du Conseil Constitutionnel no 21*, janvier 2007.

506 Voir CIJ, 24 mai 1980, affaire du personnel diplomatique et consulaire des États-Unis à Téhéran. Il a été reconnu ici que le fait de priver abusivement de leur liberté des êtres humains et de les soumettre dans des conditions pénibles à une contrainte physique est manifestement incompatible avec les droits fondamentaux énoncés dans la DUDH.

507 Dans l'affaire TPIY du 10 décembre 1998, *A. Furundzija*, le juge considère que l'interdiction de la torture est désormais une règle impérative du droit international.

régionaux et institutions et organes de l'ONU acceptent les Principes directeurs comme faisant autorité [508]. C'est aussi le cas pour les Principes de Pinheiro [509].

En outre, la dénomination du texte ne fait pas l'instrument : « Le plus important c'est la substance, l'intention ; le label attaché à l'instrument n'est pas décisif » [510]. Bien plus, l'interaction entre la règle de *soft law* et celle de *hard law* implique que le caractère non contraignant du premier s'altère, voire disparaisse [511].

C'est pour ces raisons principalement que le professeur Kälin présente les Principes directeurs comme un instrument doté d'une réelle signification juridique. Il reste vrai que, même si les principes, directeurs notamment, « deviennent progressivement du droit coutumier, ils n'ont pas la force d'une convention formelle » [512].

---

508 « Walter Kälin's Speech on How Hard is Soft Law ? The Guiding Principles on Internal Displacement and the Need for a Normative Framework », *Brookings-CUNY project on internal displacement*, December 19, 2001, p. 8.

509 *Manuel sur la restitution des logements et des biens des réfugiés et des personnes déplacées*, O.C.H.A., UN Habitat, HCR, FAO, O.H.C.H.R., N.C.R. et I.D.M.C., mars 2007, p. 19.

510 Alan BOYLE, « Soft Law in International Law-making » in Malcolm D. EVANS (ed.), *International Law*, second edition, Oxford: Oxford University Press, 2006, p. 143.

511 Ibid.

512 Elizabeth FERRIS, « A Great Day for Africa! A Great Day for IDPs! ». *Brookings-LSE Project on Internal Displacement*, 14 Novembre 2012. Disponible à l'adresse : http://www.brookings.edu/blogs/up-front/posts/2012/11/14-african-union-ferris (consulté le 18 novembre 2012).

SECTION II.
L'APPLICABILITÉ DES NORMES INTERNATIONALES VOUÉES AU DÉPLACEMENT INTERNE

Quelques considérations sur la potentielle applicabilité des principes internationaux sur le déplacement interne sont nécessaires (§ 1) dans l'optique de mieux analyser la compétence réactive du pouvoir judiciaire (§ 2).

§ 1. LA POTENTIELLE APPLICABILITÉ DES PRINCIPES INTERNATIONAUX SUR LE DÉPLACEMENT INTERNE

De façon générale, l'applicabilité s'entend de :

> « La vocation ou aptitude d'un traité à régir une situation donnée, que ce soit dans les rapports entre les États parties en vertu des dispositions relatives à son champ d'application *ratione materiae*, *ratione loci* et *ratione temporis*, ou par l'effet de la volonté d'un ou plusieurs États (parties ou non parties) d'en appliquer les dispositions » [513].

L'applicabilité ne se confère pas toujours à la réalisation de la condition d'introduction des dispositions d'un traité en droit interne. Que le traité en question porte sur les droits de l'homme est de plus en plus considéré comme une condition suffisante [514]. Si cette dernière condition est remplie, ladite norme peut être prise en compte par le juge nonobstant sa non-introduction ou son introduction partielle en droit interne [515]. Puis, la place des droits individuels en droit international a nettement évolué. Il faut souligner comme le fait le Professeur Sébastien Touzé que l'individu n'est plus seulement

---

513 Jean SALMON (dir.), *Dictionnaire de droit international public.* Universités francophones, Bruylant/AUF, 2001, p. 71.

514 La doctrine s'accorde à reconnaître au droit international des droits de l'homme ou aux traités relatifs aux droits de l'homme en particulier un certain particularisme par rapport aux autres règles de droit international (voir Andrew DRZEMCZEWSKI, « The *suis Generis* Nature of the European Convention on Human Rights », *ICLQ*, 1980, p. 54-63 ; Bruno SIMMA, « International Human Rights and General International Law : a Comparative Analysis », *CCAEL*, 1993, vol. IV-2, p. 153-236 ; Bert E. W. VIERDAG, « Some Remarks about Special Features of Human Rights Treaties », *NYIL*, vol. XXV, 1994, p. 119-142 ; Gérard COHEN-JONATHAN, « Conclusions générales », in *La Protection des droits de l'homme et l'évolution du droit international*, Colloque de la SFDI, Pedone, paris, 1998, p. 321 ; Patrick Wachsmann, « Les méthodes d'interprétation des Conventions internationales relatives à la protection des droits de l'homme », in *La Protection des droits de l'homme et l'évolution du droit international*, Colloque de la SFDI, Pedone, paris, 1998, p. 171 ; Antônio Augusto CANÇADO TRINDADE, « The International Law of Human Rights at the Dawn of the 21st Century », *Cours euroméditéranéens Bancaja de droit international*, 1999, vol. III, p. 158 ; etc.

515 Claudia SCIOTTI-LAM, *L'applicabilité des traités internationaux relatifs aux droits de l'homme en droit interne*, Bruylant, Collection Institut droits de l'homme, 2004, p. 22.

destinataire potentiel de droits d'origine internationale, mais ceux-ci lui sont aujourd'hui explicitement reconnus par la norme internationale [516]. Ceci est désormais clairement établi en jurisprudence [517]. Puis, bien qu'une partie de la doctrine tienne encore pour actuelle la conception de l'individu en tant qu'objet du droit international [518], une autre relève, tout en l'appuyant, l'interpénétration entre droit international et droit interne ou la suppression des barrières entre ces deux ordres [519]. Boutros Boutros-Ghali n'affirmait-il pas que « par leur nature, les droits de l'homme abolissent la distinction traditionnelle entre l'ordre interne et l'ordre international. Ils sont créateurs d'une perméabilité juridique universelle » [520] ?

Toutes les normes du droit international n'ont pas vocation à fonder de véritables droits et obligations juridiques. Les principes de 1998 et de 2005 ne créent *a priori* ni de droits ni d'obligations juridiques. Ils régissent, dans une perspective non juridique, le déplacement interne et n'ont pas vocation à produire des effets juridiques ni dans l'ordre juridique interne ni dans les

516 Sébastien TOUZÉ, *La protection des droits des nationaux à l'étranger - Recherches sur la protection diplomatique.* Collection de la Fondation Marangopoulos, Pedone, Paris, 2007, p. 55-75.

517 De l'avis rendu par la CPJI le 3 mars 1928 dans l'affaire de la *Compétence des tribunaux de Dantzig*, il faut entendre, comme l'indique si bien le Professeur Sébastien Touzé que la Cour n'affirme pas « un principe absolu selon lequel le droit international peut créer de façon directe des droits en faveur des individus. Ces dernier restent doublement tributaires de l'écran étatique entre eux et le droit international, tant pour l'affirmation des droits que pour leur reconnaissance » (Sébastien TOUZÉ, *La protection des droits des nationaux à l'étranger - Recherches sur la protection diplomatique,* Collection de la Fondation Marangopoulos, Pedone, Paris, 2007, *p.* 61). Cette solution dégagée par la CPJI sera complétée et précisée par la CIJ dans son arrêt du 27 juin 2001 relatif à l'Affaire *LaGrand* (Allemagne c. États-Unis). Le principe posé à travers cet arrêt est que « la règle internationale reconnaît immédiatement aux individus un droit subjectif international, et ce, indépendamment de toute incorporation interne » (Sébastien TOUZÉ, *La protection des droits des nationaux à l'étranger - Recherches sur la protection diplomatique,* Collection de la Fondation Marangopoulos, Pedone, Paris, 2007, *p.* 64). Le même raisonnement a été suivi dans l'Affaire *Avena et autres ressortissants mexicains (Mexique c. États-Unis)* notamment dans les arrêts de la CIJ du 31 mars 2004 et du 19 janvier 2009.

518 Voir notamment David J. HARRIS, *Cases and Matrials on International Law*, 5e édition, Sweet & Maxwell, Londres, 1998, p. 142.

519 Michel VIRALLY, « Droits de l'homme et théorie générale du droit international », in, *Liber Amicorum Discipulorumque René Cassin, Méthodologie des droits de l'homme*, IV, pedone, Paris, 1972, p. 323-330 ; Antônio Augusto CANÇADO TRINDADE, « The International Law of Human Rights at the Dawn of the 21st Century », *Cours euroméditéranéens Bancaja de droit international*, 1999, vol. III, p. 145-221 ; Denis ALLAND, « Introduction », in Denis ALLAND (dir.), *Droit international public*, coll. Droit fondamental, droit international et droit communautaire, PUF, Paris, 2000, p. 28 ; Frédéric SUDRE, *Droit international et européen des droits de l'homme*, 5e édition remise à jour, PUF, Paris, 2001, p. 43 ; etc.

520 Boutros BOUTROS-GHALI, « Discours d'ouverture du Secrétariat général des Nations unies, Conférence mondiale sur les droits de l'homme, Vienne 1993 », dans Département de l'information des Nations unies, *Les Nations unies et les droits de l'homme* 1945-1995, Série Livres Bleus des Nations unies, vol. VII, New York, 1995, Document n° 84, p. 445.

rapports interétatiques. Ils ne relèvent pas de la catégorie des normes internationales contraignantes bénéficiant de l'applicabilité directe. *A priori*, ils ne bénéficient pas non plus d'une applicabilité indirecte, c'est-à-dire qu'ils ne pourraient pas faire l'objet d'une mesure interne de réception [521]. Ceci est dû à leur procédé d'élaboration, mais aussi à leur teneur. Ils constituent des orientations pour les acteurs humanitaires, des outils dont le juge se sert pour interpréter le DIDH et le DIH, et des directives devant guider les législateurs dans l'élaboration des lois relatives au déplacement interne.

Les normes pourvues d'une véritable applicabilité sont celles sur lesquelles les principes sur le déplacement interne reposent, c'est-à-dire ces normes qui constituent leurs fondements juridiques. Ces derniers sont les principaux traités relatifs au DIDH et relatifs au DIH, largement ratifiés par les États et pour la plupart dotés d'applicabilité, puisque constitués de « règles déterminées, créant des droits et des obligations pour les individus, et susceptibles d'être appliquées par les tribunaux nationaux » [522]. Les principes sur le déplacement interne proprements dits sont, pour ainsi dire, transparents. Leurs propres dispositions ne bénéficient pas d'une quelconque applicabilité. Les principes ne sont qu'un guide à travers lequel il faut voir, comprendre et mettre en application de véritables normes bénéficiant d'une applicabilité, ici des normes de DIDH, DIH et de droit international des réfugiés par analogie. Dès lors, ils sont applicables si et seulement si les normes sur lesquelles ils s'appuient bénéficient d'une applicabilité. Puisqu'ils rappellent tout simplement que telle ou telle autre situation de déplacement interne est régie par telle disposition de tel traité qui bénéficie déjà de l'applicabilité, et font une proposition de l'approche à mettre en œuvre dans le but d'interpréter les normes de DIDH, DIH et de droit international des réfugiés afin de les rendre plus pertinentes dans un contexte de déplacement interne. Si ceci signifie mise en œuvre, respect des principes sur le déplacement interne et donc leur confère une certaine applicabilité, celle-ci serait une « applicabilité empruntée », par opposition à une applicabilité due du fait du caractère intrinsèque de la norme.

Il est bien évidemment question ici d'une applicabilité juridique des principes sur le déplacement interne et non d'une applicabilité non juridique qui, elle, touche particulièrement à l'éducation ou à la sensibilisation sur les

---

521 Un traité peut être considéré comme étant indirectement applicable soit parce que sa substance ou son contenu a été repris dans une autre norme, soit parce qu'il est appliqué au travers d'une norme d'exécution qui précise ou complète son conenu (voir Claudia SCIOTTI-LAM, *L'applicabilité des traités internationaux relatifs aux droits de l'homme en droit interne*, Bruylant, Collection Institut droits de l'homme, 2004, p. 21).

522 C'est le sens donné à l'applicabilité directe par la Cour pénale de Justice internationale. Voir CPJI, Compétence des tribunaux de Dantzig, avis du 3 mars 1928, série B, No 15, p. 18.

droits des déplacés internes [523]. Or, c'est cette dernière approche qui semble bien fonctionner pour les principes internationaux sur le déplacement interne, non seulement dans le cadre interne, mais aussi à l'échelle internationale. Étant donné qu'ils produisent de réels effets juridiques qui peuvent selon l'occurrence couvrir la création d'un droit, le renforcement d'un droit, la modification des effets d'une règle de droit, voire la prévention de l'application d'une règle de droit. Cette applicabilité est très circonstancielle et ne peut s'évaluer qu'en fonction du degré auquel ils sont utilisés par ces différents acteurs, parmi lesquels le juge.

§ 2. LA COMPÉTENCE RÉACTIVE DU POUVOIR JUDICIAIRE

Il conviendra d'envisager l'applicabilité ici dans une acception large, c'est-à-dire comme recouvrant la panoplie d'effets ou de conséquences juridiques qu'ont les principes relatifs au déplacement interne sur les décisions des juges (dans le cas d'espèce le juge national, le juge régional et le juge international) sans forcément qu'ils aient constitué la base de la décision prise. En effet, qu'une règle s'impose à l'attention du juge, qu'elle soit prise en compte et qu'elle influe sur sa décision peut être, selon l'acception large de l'applicabilité, dite appliquée [524]. La réception des normes de DIDH et DIH relatives au déplacement interne par les juridictions est déterminante pour la protection des droits des déplacés internes. Quelle interprétation les tribunaux nationaux, régionaux et internationaux font-ils dès lors des normes relatives au déplacement interne ? Autrement dit, ces tribunaux considèrent-ils le droit positif (particulièrement DIDH) comme suffisant pour rendre des jugements ? Jusqu'à quel point l'interprètent-ils en utilisant les Principes directeurs et les Principes de Pinheiro ? C'est le rôle essentiel d'élucidation des normes par le juge [525].

L'applicabilité des principes sur le déplacement interne par le juge présente deux caractéristiques qu'il faut envisager ici. La première se manifeste comme suit : des affaires dans lesquelles sont invoqués les principes sur le déplacement interne peuvent être portées devant les juges, si ces derniers donnent concrètement effet à ces principes, on pourra alors parler de « justiciabilité » des principes sur le déplacement interne. La seconde quant à elle veut déterminer si

523 Cet aspect de l'applicabilité (applicabilité non juridique) et leur applicabilité par les autorités administratives (si l'applicabilité des normes internationales renvoie prioritairement à l'applicabilité par les juridictions, elle vise accessoirement l'applicabilité par les autorités administratives) sont largement développés dans d'autres parties de ce travail (voir p. 172).

524 Claudia SCIOTTI-LAM, *L'applicabilité des traités internationaux relatifs aux droits de l'homme en droit interne*, Bruylant, Collection Institut droits de l'homme, 2004, p. 20.

525 Le thème de l'élucidation des normes par le juge a été largement développé par les juristes, notamment le Professeur Emmanuel Decaux (voir Emmanuel DECAUX, « Dossier : La normativité », *Cahiers du Conseil Constitutionnel no 21*, janvier 2007).

les déplacés internes ou leurs représentants peuvent se prévaloir [526] des dispositions des principes sur le déplacement interne ou sont « affectés » [527] par lesdites dispositions devant ces juges. C'est la problématique de l'« invocabilité » des principes sur le déplacement interne. Bien que ces critères d'évaluation semblent universels, l'approche adoptée quant à elle n'est pas la même selon que l'on se trouve devant un juge national (A), régional (B) ou international (C).

A. Approche des juridictions nationales : le cas de la Cour constitutionnelle colombienne

Les Principes directeurs ne constituant pas *a priori* une norme contraignante, la valeur qui leur est reconnue dépend de la sagacité du juge national choisi. Il existe des juridictions nationales qui ne s'inspirent que des normes nationales et des normes internationales expressément promulguées ou ratifiées. D'autres considèrent les Principes relatifs au déplacement interne comme des instruments leur permettant d'interpréter les normes de droit international d'utilité au déplacement interne : c'est le cas de la Cour constitutionnelle colombienne, une cour qui s'inscrit dans un environnement particulier[528].

La Cour constitutionnelle colombienne traite régulièrement des affaires relatives aux droits des déplacés internes. Il s'agit dans la plupart des cas des affaires introduites au moyen de l'*acción de tutela* entendue comme cette requête par laquelle tout citoyen peut saisir un tribunal s'il estime ses droits fondamentaux violés [529]. Cette cour s'est prononcée sur des questions de

---

526 Par dispositions directement applicables, Frédéric Dumon entend les « dispositions dont les ressortissants des États contractants peuvent se prévaloir et qu'ils peuvent faire reconnaître et sanctionner par les autorités et les juridictions nationales » (Frédéric DUMON, « La notion de "disposition directement applicable" en droit européen », *CDE*, 1968, p. 377).

527 « Affectés », puisque pour Dominique Carreau, lorsqu'on parle de l'invocabilité, « il s'agit de savoir comment les personnes privées peuvent être directement affectées par le jeu du droit international » (Dominique CARREAU, *Droit international*, coll. Études Internationales, Pedone, 5e édition, paris, 1997, p. 469).

528 La Guerre civile colombienne est l'une des plus anciennes en Amérique latine. Le nombre de déplacés internes y est très élevé ; ce qui érige la Colombie au rang des premiers pays les plus touchés par le déplacement interne. La législation colombienne est l'une des plus progressives et prometteuses en cette matière. La Constitution colombienne de 1991 en son article 93 prévoit la primauté dans l'ordre interne des traités relatifs aux droits de l'homme et que l'interprétation des droits consacrés dans la constitution se fera en conformité avec lesdits traités.

529 L'*acción de tutela* peut être introduite devant tout juge, quel qu'il soit, pour requérir une action judiciaire immédiate contre tout représentant de l'autorité publique, lorsqu'il y a présomption de violation des droits garantis par la constitution. L'article 86 de la Constitution de 1991 dispose : « L'action de tutelle permet de protéger de façon immédiate les droits constitutionnels fondamentaux quand ceux-ci ont été violes ou menaces par une action, ou omission de l'autorité publique. Elle est déclarée par le juge de tutelle en tout moment et lieu à travers un processus préférentiel et sommaire ». Cette action s'apparente à certains égards à l'*acción de amparo* qui fonctionne en Espagne ; à la seule différence que l'accès à la Cour constitutionnelle n'est pas

.../...

déplacement interne bien avant la présentation des Principes directeurs, comme en témoigne la décision T -227 de 1997, concernant un groupe de déplacés internes en voie d'être réinstallés dans le département de Cundinamarca, déplacés dont les mesures les concernant ont été considérées par l'autorité publique de la région comme troublant l'ordre public. La Cour affirmait que :

> « Quand des femmes, des enfants et des personnes âgées sont obligés de quitter leur territoire et de parcourir de grandes distances faisant face à différents périls [...] la fuite est explicable, et il ne s'agit pas d'une question d'ordre public, mais un problème d'humanité qui doit être affronté de façon solidaire par tous, et, logiquement par les fonctionnaires de l'État » [530].

Jusqu'en 2003, les décisions par elle rendues sont on ne peut plus générales. À partir de 2004, elle rend ses décisions phares qui prennent en considération les différentes catégories de victimes qu'on peut considérer fragiles : à savoir, les Indiens, les femmes-chefs de famille, les enfants, les Afro-Colombiens, les handicapés en déplacement. La Cour fait montre d'une « *enfoque diferencial* », c'est-à-dire une approche différenciée vis-à-vis de chaque type de déplacement. L'approche du juge est orientée vers la garantie de l'égalité matérielle, à travers la mise en place d'actions positives au bénéfice des personnes dites faibles, notamment dans l'arrêt T-025/04 [531], la décision auto numéro 92 [532], ou encore la décision auto numéro 04 [533].

La Cour constitutionnelle colombienne s'appuie largement sur les Principes directeurs. Ceux-ci lui ont fourni le cadre interprétatif nécessaire pour

---

direct comme dans le cas espagnol (voir Adolfo ÁLVAREZ, « El cambio constitucional en Colombia y los obstáculosa las transformaciones del régimen político », in *Socialismo y Participación*, n° 82 du1998, p. 103. Sur le recours d'*amparo* en Espagne, voir : Catherine-Amélie CHASSIN, « La protection des droits fondamentaux à travers le recours d'amparo constitutionnel en Espagne », *Cah. Rech. Dr. Fond.*, n. 2002/1, pp. 27-36.). C'est un mécanisme simple et rapide dédié exclusivement à la protection des droits fondamentaux, qui ne nécessite pas l'intervention d'un défenseur.

530 Cour constitutionnelle colombienne, *Arrêt T -227* de 1997.

531 Dans cet arrêt T-025/04 de janvier 2004, la Cour constate les conditions de vie inhumaines des déplacés internes et déclare que toutes les autorités compétentes sont tenues de pallier lesdites défaillances.

532 Dans la décision auto numéro 92 du 14 avril 2008, la Cour envisage les femmes victimes du déplacement forcé comme sujettes à protection spéciale parmi les déplacés internes. Le juge présume une vulnérabilité accentuée des femmes déplacées, et une prorogation automatique de l'aide humanitaire d'urgence pour les femmes déplacées. Présomption ne pouvant être renversée que par la preuve de l'autosuffisance de chaque femme dans le respect des conditions de dignité. Le juge supprime les limites temporaires à l'aide humanitaire accordée aux femmes, faisant ainsi une exception à la règle qui la leur octroie pour trois mois.

533 Dans la décision auto numéro 04 du 26 janvier 2009, la Cour examine le cas de trente-quatre communautés indigènes en risque d'extinction suite au déplacement forcé. Elle ordonne la création de plans de sauvegarde pour leur protection.

déterminer à la fois l'étendue des droits en cause et les obligations de l'État en matière de déplacement interne. Elle établit dans l'affaire *T 025* du 22 janvier 2004 que la gravité des crises humanitaires causées par le phénomène du déplacement interne peut être décrite comme un « véritable état d'urgence sociale » [534], une « tragédie nationale qui affecte le sort d'un grand nombre de Colombiens et qui laisse sa marque sur l'avenir du pays pour des décennies à venir » [535] et « un grave danger pour la politique colombienne » [536]. Elle précise qu'un tel phénomène implique une « violation massive, prolongée et systématique » [537] d'un vaste ensemble de droits fondamentaux dont le contenu a été interprété à la lumière des Principes directeurs. Quant à l'étendue des droits, la Cour va plus loin et clarifie le contenu des droits qui doivent faire l'objet d'un niveau minimum de protection positive à assurer par l'État. La Cour se sert des Principes directeurs pour établir le sens et la portée desdits droits. Il s'agit notamment du droit à la vie, conformément au Principe directeur 10 ; du droit à la dignité, l'intégrité physique, psychologique et morale, conformément au Principe directeur 11 ; du droit à la famille et à l'unité familiale, conformément au Principe directeur 17 ; du droit à un niveau minimum de subsistance comme expression d'un droit fondamental à un minimum vital en vertu des Principes directeurs 18 et 24 à 27 ; du droit à la santé des adultes et enfants déplacés dans la droite ligne du Principe directeur 19 ; etc. En ce qui concerne les obligations de l'État, la Cour constitutionnelle colombienne fait aussi preuve de détermination en ce qu'elle érige des obligations à la charge de l'État. Les obligations dont il est question ici tendent à promouvoir les droits mis en cause, droits dont l'étendue est déterminée sur la base d'une interprétation faite à la lumière des Principes directeurs. Par suite de ces décisions, l'État colombien a procédé d'une part à une augmentation considérable des budgets alloués aux programmes relatifs aux déplacés internes qui se trouvent sur le territoire colombien et, d'autre part, à la mise en place de mécanismes d'évaluation permanente. Dans le même sillage, certains organismes œuvrant pour la promotion des droits des déplacés internes ont été légitimés et bénéficient d'un régime de protection.

Bien que de réels progrès apparaissent dans la protection colombienne des déplacés internes, l'on déplore quelques pratiques incompatibles tant avec les principes constitutionnels qu'avec les Principes directeurs. Rappelé par Manuel José Cepeda-Espinosa, un des neuf juges de la Cour constitutionnelle colombienne, qui nous en livre quelques-unes, ces pratiques sont dues ou sont en rapport avec la mauvaise collaboration entre différents membres du

534 Cour constitutionnelle colombienne, affaire *T 025* du 22 janvier 2004.

535 Ibid.

536 Ibid.

537 Ibid.

gouvernement, l'imprécision des programmes politiques, le manque de sécurité pendant le voyage retour des déplacés internes, etc [538]. C'est ce que constatait la Cour constitutionnelle dans l'*Arrêt Auto 8* de 2009. À cette même occasion, elle demande une nouvelle approche pour les politiques de logement, de génération de ressources et de réparation intégrale.

Cette hyperactivité du juge constitutionnel colombien en matière de déplacement interne fait de lui un acteur des politiques publiques, grâce notamment à l'*acción de tutela*. Il lui est souvent reproché d'aller au-delà de ses pouvoirs dans la mesure où, dans certaines décisions, il prend des mesures qui s'apparentent à celles prises par un législateur ou un administrateur. En effet, la justice constitutionnelle colombienne n'a pas seulement protégé les droits des demandeurs individuels, elle a aussi incité les autorités à apporter des changements structurels dans les politiques publiques. Elle a établi une série de lignes directrices pour l'élaboration des politiques publiques afin d'assurer que la réponse gouvernementale soit compatible avec les valeurs constitutionnelles et que le gouvernement protège effectivement les droits des déplacés internes [539]. La *Décision Auto 092* de 2008 sur la protection des femmes déplacées vient corroborer ce constat. En l'espèce, la Cour a mis en place douze programmes spécifiques pour les femmes colombiennes déplacées. Ce juge se refuse tout simplement à rester silencieux face à l'inertie des autres pouvoirs à la suite de la violation des droits de l'homme, sans toutefois mettre à mal le processus démocratique [540].

B. Approche des juridictions régionales

La Cour européenne des droits de l'homme et la Cour interaméricaine des droits de l'homme se prononcent, à des degrés différents, sur des questions relatives aux droits de l'homme en général couvrant occasionnellement celles relatives spécifiquement au déplacement interne, contribuant difficilement à leur protection à l'échelle régionale. La Cour africaine des droits de l'homme et des peuples, qui s'est prononcée dans bon nombre d'affaires déjà, n'a pour l'instant pas véritablement connu d'affaire relative ou incluant le déplacement

---

538 Manuel José CEPEDA-ESPINOSA, « Colombie: jusqu'où peut aller la Cour constitutionnelle colombienne pour protéger les personnes déplacées ? », in Putting IDPs on the map: Achievements and Challenges. In Commemoration of the Work of Roberta Cohen, *Revue des Migrations Forcées/Brooking-Bern Project on Internal Displacement*, numéro spécial, décembre 2006, p. 22.

539 Andrés CELIS, « Protection of the Internally Displaced by Constitutional Justice: The Role of the Constitutional Court in Colombia » in Rudolfo Arango RIVADENEIRA (ed.), *Judicial Protection of Internally Displaced Persons: the Columbian Experience*. The Brookings Institution, University of Bern Project on Internal Displacement, november 2009, p. 89.

540 Il peut arriver que le juge constitutionnel colombien gère le processus de formation des politiques publiques, mais la politique publique au sens strict relève de la compétence du Congrès.

interne [541]. La Commission africaine des droits de l'homme et des peuples (CADHP) quant à elle en a connu quelques-unes [542]. Néanmoins, nous nous attarderons plus sur la jurisprudence de la Cour européenne et celle de la Cour interaméricaine des droits de l'homme qui semblent prolifiques en la matière.

1. La Cour européenne des droits de l'homme

Le déplacement interne, comme la migration d'ailleurs, constitue encore aujourd'hui un véritable défi pour le Conseil de l'Europe et les institutions européennes en prennent acte. À la fin de l'année 2011, l'on comptait près de 2,5 millions de déplacés internes en Europe, dans le Caucase et en Asie centrale [543], dont plus de deux millions en Europe en fin 2010 [544]. La frustration de ces personnes est grandissante. Comme le rappelle si bien l'Assemblée parlementaire du Conseil de l'Europe, il y a un réel besoin d'offrir des solutions durables tant pour le retour, l'intégration et la réinstallation des déplacés internes que pour garantir la protection des droits des déplacés internes [545]. Il faut aussi relever le caractère endémique des situations de déplacement interne en Europe. À l'heure actuelle, l'Europe ne possède pas un instrument juridique particulier relatif aux droits fondamentaux des déplacés internes et comparable à la Convention de Kampala. Les déplacés internes en Europe bénéficient de la protection de leurs droits fondamentaux à travers la Convention européenne des droits de l'homme.

À ce jour, quelques requêtes ont été déposées pour le compte des déplacés internes, mais le nombre est relativement faible et n'apparaît pas en accord avec le nombre grandissant de déplacés internes sur le continent. La Cour européenne des droits de l'homme a eu à traiter des affaires couvrant certains de leurs droits, en l'occurrence le droit au retour, le droit au logement et le droit de propriété, dans les arrêts *Saghinadze et autres contre Géorgie* [546] et *Soltanov et*

---

541 La Cour africaine des droits de l'homme et des peuples n'est véritablement opérationnelle que depuis le début de l'année 2009. Le protocole portant création de la Cour africaine des droits de l'homme et des peuples était en vigueur depuis 2004 déjà.

542 Parmis les affaires portées devant cette Commission et en rapport avec le déplacement de populations, l'on trouve l'Affaire *Centre for Minority Rights Development (Kenya) and Minority Rights Group International on behalf of Endorois Welfare Council v. Kenya* (276/2003).

543 Report of the Internal Displacement Monitoring Centre and Norwegian Refugee Council, Internal Displacement Global Overview 2011: people internally displaced by conflict and violence.April 2012, p. 61.

544 António GUTERRES, Haut Commissaire des Nations unies pour les réfugiés, Discours à l'occasion de l'ouverture de l'année judiciaire de la Cour européenne des droits de l'homme, Strasbourg, 28 janvier 2011.

545 Voir recommandation 1917 de l'Assemblée parlementaire du Conseil de l'Europe. Texte adopté par l'Assemblée le 30 avril 2010, 18e séance, paragraphe 12.1.11.

546 *Arrêt Saghinadze et autres contre Géorgie* : No 18768/05 du 27 mai 2010.

autres contre Azerbaïdjan[547]. Pour ces questions, la Cour s'est référée à la Convention européenne des droits de l'homme et aux Protocoles, ainsi qu'aux instruments de DIDH. Ces instruments ne couvrant pas tous les aspects du déplacement interne, elle a dû les interpréter à la lumière d'autres textes, les Principes directeurs en l'occurrence. Dans l'affaire *Budayeva et autres contre Russie*, elle s'est ainsi prononcée sur les devoirs des États en matière de protection de la vie et de la sécurité des victimes de catastrophes naturelles spécialement[548], notamment en ce qui concerne les mesures préventives, les systèmes d'alerte et les évacuations. Pour elle, le devoir de protection entraîne l'obligation de prendre des mesures positives pour protéger les personnes contre le risque de catastrophes naturelles imminentes et d'offrir une indemnisation en cas de décès de personnes du fait de la négligence imputable aux autorités. Cette obligation positive implique que l'État devrait « établir un cadre législatif et administratif conçu pour fournir une défense effective envers les menaces au droit à la vie »[549]. La Cour européenne des droits de l'homme fait preuve d'une large ouverture au traitement des plaintes relatives aux déplacés internes puisque, bien que les plaintes émanant des déplacés internes puissent poser aussi des questions véritablement interétatiques (politiques) et ne relevant pas de la compétence de la cour, celle-ci connaît tout de même de l'affaire. C'est le cas des déplacés internes azerbaïdjanais, avec notamment l'affaire *Elkhan Chiragov et autres contre Arménie*[550]. Cette liste n'est pas exhaustive, la Cour s'est prononcée dans plusieurs autres affaires relatives aux droits des déplacés internes[551].

2. La Cour interaméricaine des droits de l'homme

Comme dans d'autres régions, le problème du déplacement interne est davantage préoccupant et ne laisse guère les gouvernements indifférents. Les

---

547 *Arrêt Soltanov et autres contre Azerbaïdjan*: Nos 41177/08, 41 224/08, 41 226/08, 41 245/08, 41 393/08, 41 408/08, 41 424/08, 41 688/08, 41 690/08 et 43 635/08 du 13 Janvier 2011.

548 Cour européenne des droits de l'homme, *Budayeva et autres c. Russie*, requêtes n° 15339/02, 21 166/02, 20 058/02, 11 673/02 et 15 343/02, arrêt du 20 mars 2008.

549 Cour européenne des droits de l'homme, *Budayeva et autres c. Russie*, requêtes n° 15339/02, 21 166/02, 20 058/02, 11 673/02 et 15 343/02, arrêt du 20 mars 2008, paragraphes 128 et 129.

550 Affaire *Chirago et autres contre Arménie* dans laquelle les plaignants réclament compensation pour violation de leur droit de propriété, car, les plaignants, Kurdes de l'Azerbaïdjan, ont été forcés de quitter le district azerbaïdjanais Lachin en 1992 et se sont trouvés dans l'impossibilité d'y retourner par le fait de l'occupation arménienne. La grande chambre a rendu une décision le 14 décembre 2011.

551 Voir CEDH, *Chypre c. Turquie n° 25781/94*, paragraphes 165-177 (refus d'autoriser des personnes déplacées à retourner à leur domicile) ; *İçyer c. Turquie, n° 18888/02* [2006] ; *Doğan et autres c. Turquie, n° 8803/02* (29 juin 2004) [*Doğan et autres c. Turquie*] ; *Xenides-Arestis c. Turquie, n° 46347/99* (7 décembre 2006) ; *Đokic c. Bosnie-Herzégovine, no 6518/04* (27 mai 2007) et *Mikayil Mammadov c. Azerbaïdjan, no 4762/05* (17 décembre 2009), etc.

États membres de l'Organisation des États d'Amérique reconnaissent que la détermination, la réaffirmation et la réunion des normes spécifiques de protection (les Principes directeurs et les Principes de Pinheiro) ont considérablement renforcé la protection des déplacés internes. L'OEA demande aux États membres d'inclure dans leurs plans et programmes sectoriels les besoins particuliers des déplacés internes, de tenir compte des Principes directeurs dans l'élaboration des politiques, de s'attaquer aux racines du déplacement interne de personnes et encourage les États membres à fournir la protection et l'assistance aux déplacés internes tout en facilitant l'accès des OI et ONG à ces personnes.

La Cour interaméricaine des droits de l'homme, elle qui veille au respect des droits de l'homme consacrés par la Convention américaine relative aux droits de l'homme [552], s'est prononcée sur des situations de déplacement interne aussi bien dans des affaires contentieuses qu'au moyen des mesures provisoires [553]. Pour le faire, elle se réfère aussi directement aux autres instruments juridiques internationaux, en l'occurrence le Protocole de Genève et les Principes directeurs dans des affaires relatives au déplacement interne. Il y a dans les instruments juridiques internationaux des dispositions pouvant s'appliquer congrûment aux situations de déplacement interne. Dans un contexte de CANI comme en Colombie, les dispositions relatives aux situations de déplacement de personnes contenues dans le Protocole II aux Conventions de Genève sont très pertinentes. Notamment l'article 17, qui interdit d'ordonner le déplacement de populations civiles pour des raisons ayant trait au conflit, sauf dans les cas où la sécurité des personnes civiles ou des raisons militaires impérieuses l'exigent. Dans ces cas, « toutes les mesures possibles seront prises pour que la population civile soit accueillie dans des conditions satisfaisantes de logement, de salubrité, d'hygiène, de sécurité et d'alimentation » [554]. Ces dispositions appropriées sont cependant limitées en nombre. Le droit positif y relatif s'avère insuffisant. La Convention américaine des droits de l'homme et plusieurs autres instruments juridiques internationaux relatifs aux droits de l'homme ne s'appliquent de façon adéquate aux situations de déplacement interne qu'après

---

552 La Convention américaine relative aux droits de l'homme ou Pacte de San José du Costa Rica, a été adoptée à San José du Costa Rica, le 22 novembre 1969, à la Conférence spécialisée interaméricaine sur les droits de l'homme. Elle est entrée en vigueur le 18 juillet 1978.

553 Quelques cas importants concernant les mesures provisoires: *casos de la Comunidad de Paz de San José de Apartado*, resolución de la Corte Interamericane de derechos humanos de 18 de junio de 2002, p. 3, 4, 12 & 17 (disponible à l'adresse : http://www.acnur.org/biblioteca/pdf/3307.pdf?view=1 [consulté le 18 novembre 2014]) ; *caso de las comunidades del Jiguamiando y del Curbarado*, resolución de la Corte Interamericane de derechos humanos de 15 de marzo de 2005, medidas provisionales respecto de la Republica de Colombia, p. 1, 2 & 17 (disponible à l'adresse : http://www.acnur.org/biblioteca/pdf/3303.pdf?view=1 [consulté le 18 novembre 2014]).

554 Protocole additionnel II aux Conventions de Genève, article 17 alinéa 1er.

une interprétation de ceux-ci à l'aune des Principes directeurs de 1998, semble nous rappeler la Cour de San José.

La Commission emboîte le pas à la Cour, en considérant les Principes directeurs comme les principes généraux de protection des déplacés internes et qu'à ce titre, ils devraient servir à l'interprétation des droits reconnus dans la Convention. Elle prône une interprétation systématique des textes de droits de l'homme à la lumière des Principes directeurs lorsqu'on se trouve face à une affaire portant ou incluant le déplacement interne. Les Principes directeurs sont particulièrement pertinents lorsqu'il s'agit de déterminer le contenu et la portée des normes.

Interpréter la Convention américaine des droits de l'homme à la lumière d'instruments juridiques internationaux amène le juge de la Cour de San José à créer une sorte de « sous-convention » au moyen de laquelle il juge l'affaire à lui soumise. C'est ainsi qu'il détermine si la responsabilité internationale d'un État pourrait être engagée eu égard au fait ou à l'omission en cause. Ainsi, une attaque sur les biens des civils par des groupes armés, attaque qui rendrait l'État responsable du fait du manquement au devoir de protection, ne correspond que vaguement à l'énoncé de l'article 21 de la Convention américaine, article portant sur le droit à la propriété privée [555]. De la même façon, un déplacement forcé de civils qui intervient après perpétration d'un crime contre l'humanité est plus qu'une simple violation du droit de déplacement et de résidence garanti par le Pacte de San José [556].

Dans l'affaire *Caso de la Comunidad Moiwana c. Suriname* relative à la violation du droit à la liberté de circulation et de résidence [557], la Cour s'est appuyée sur les articles 1.1, 5, 8, 9, 14.1, 28.1. À la lumière des Principes directeurs, la Cour a constaté dans cette affaire que les membres de la communauté *Moiwana* ne pouvaient retourner sur leur territoire tant que le déni de justice persiste et que bien d'autres conditions ne sont pas remplies pour un retour dans la sécurité.

En matière de déplacement forcé de personnes, la Cour fait une interprétation systématique. Dans un contexte de crise humanitaire, la Cour

---

555 Convention américaine relative aux droits de l'homme. Article 21 relatif au droit à la propriété privée : « 1. Toute personne a droit à l'usage et à la jouissance de ses biens. La loi peut subordonner cet usage et cette jouissance à l'intérêt social. 2. Nul ne peut être privé de ses biens, sauf sur paiement d'une juste indemnité, pour raisons d'intérêt public ou d'intérêt social, et dans les cas et selon les formes prévues par la loi. 3. L'usure ainsi que toute autre forme d'exploitation de l'homme par l'homme sont interdites par la loi. »

556 Selon l'article 22 du Pacte de San José, « Quiconque se trouve légalement sur le territoire d'un État a le droit d'y circuler librement et d'y résider en conformité des lois régissant la matière… »

557 Affaire *Caso de la Comunidad Moiwana c. Suriname* du 15 juin 2005.

part de l'article 22 de la Convention américaine [558], a recours aux Principes directeurs pour en déterminer le sens et la portée, puis à l'article 17 du Protocole II (1977) aux Conventions de Genève de 1949, pour établir la responsabilité internationale de la Colombie comme cela a été le cas dans l'affaire *Massacre de Mapiripan c. Colombie* [559]. La cour se sert ainsi tant des conventions internationales que d'instruments non conventionnels, les Principes directeurs en l'occurrence, pour donner à une clause conventionnelle un sens et une portée. Un an plus tard, la Cour a adopté la même démarche dans l'affaire *massacre de Pueblo Bello c. Colombie* [560]. Les Principes directeurs de 1998 sont à cet égard particulièrement significatifs, spécialement lorsque la Cour est amenée à déterminer l'étendue et la portée de l'article 22 de la Convention américaine des droits de l'homme dans une situation de déplacement interne [561].

C. Approche des juridictions internationales et internationalisées

Les juridictions internationales, en l'occurrence le TPIY, le TPIR et la CPI ont principalement une double fonction : une fonction répressive et une fonction dissuasive. Leur rôle ne se limite assurément pas à la simple mise en œuvre. En effet, leurs juges sont aussi investis d'une mission d'interprétation dont ils font un usage plus ou moins modéré. Les dispositions des règles relatives au déplacement interne ne sont pas exemptes de complexité. Les juges se doivent alors de faire un usage résolu de leur fonction interprétative. Ces juges ont statué à plusieurs reprises sur des cas relatifs aux droits des déplacés internes, notamment sur la question du déplacement forcé. Leur approche est celle de l'incrimination pour violations graves des droits des déplacés internes. Relativement au déplacement forcé, les tribunaux *ad hoc*, à travers leur texte fondateur ou leur jurisprudence [562], prévoient une responsabilité pénale individuelle pour violation du DIH dans une situation de CANI. La CPI leur emboîte le pas, en ce que son Statut qui lui donne compétence pour connaître

---

558 Convention américaine des droits de l'homme, article 22 relatif au droit de déplacement et de résidence.

559 Affaire *Mapiripan Massacre v. Colombia*, Merits, reparations and costs, Inter-Am. Ct. H.R., Series C N° 134 (Sept. 15, 2005) ; IHRL 1518 (IACHR 2005).

560 Affaire *massacre de Pueblo Bello c. Colombie* du 31 janvier 2006.

561 Voir paragraphe 171, Inter-American Court of Human Rights, Case of the *« Mapiripan Massacre v. Columbia »*. Judgement of September 15, 2005 (Merits, Reparations, and Costs).

562 Voir notamment l'article 3 commun, le protocole additionnel numéro II, les règles de droit international humanitaire coutumier. La responsabilité pénale individuelle pour violation de l'article 3 commun et du protocole additionnel numéro II est prévue par le statut du TPIR. Le statut du TPIY ne la prévoit pas explicitement, mais sa Chambre d'appels dans l'Affaire *Tadić* la prévoit, affaire qui a largement contribué à l'affermissement de l'approche criminelle dans les situations de conflit armé non international.

des violations de cet ordre a été largement inspiré des statuts et jurisprudences des tribunaux *ad hoc*. Leur contribution effective en la matière s'articule autour de deux champs principaux d'intervention : clarification et précision des règles d'une part et affirmation de leur nature d'autre part.

Les juridictions internationales contribuent à la clarification et à la précision des règles internationales relatives au déplacement interne à la lumière des principes y afférents. Si les Principes directeurs affirment que le déplacement n'est illégal que s'il est imposé par la force, c'est la chambre de première instance du TPIY qui a précisé le sens du terme « force ». Pour elle, la force ne se limite pas seulement à la force physique, mais couvre aussi :

> « Un acte commis en usant à l'égard desdites personnes ou de tierces personnes de la menace de la force ou de la coercition, par exemple menace de violence, contrainte, détention, pressions psychologiques, abus de pouvoir, ou bien à la faveur d'un climat coercitif » [563].

La Chambre poursuit que l'essentiel est « que le déplacement soit involontaire, que les personnes déplacées n'aient pas réellement le choix » [564]. Donc, l'absence de consentement au déplacement et l'absence de choix réel suffisent pour qu'un déplacement soit dit forcé.

Les juridictions internationales et internationalisées contribuent à l'affirmation de la nature coutumière de certaines règles. Le TPIY considère aussi comme des crimes sanctionnés par le Droit international coutumier certains comportements : « Les déplacements à l'intérieur d'un pays ou au-delà d'une frontière nationale, commis pour des motifs que n'autorise pas le droit international, sont des crimes sanctionnés en droit international coutumier » [565]. Tandis que le Statut de Rome ne semble pas faire une distinction claire entre les deux notions [566], le TPIY distingue en effet clairement la déportation du transfert forcé. Selon le TPIY,

> « l'élément matériel de la déportation est constitué par le fait de déplacer de force des personnes, en les expulsant ou par d'autres moyens de coercition, de la région ou elles se trouvent légalement,

---

563 *Le Procureur c/Milorad Krnojelac, affaire n° IT-97-25-A*, jugement de la chambre de première instance rendu le 15 mars 2002, paragraphe 475.

564 Ibid.

565 *Le Procureur c/Milorad Krnojelac*, affaire n° IT-97-25-A, arrêt de la chambre d'appel du 17 septembre 2003, paragraphe 222.

566 Statut de Rome de la Cour pénale internationale, 17 juillet 1998 : l'article 7(1) (d) considère « déportation et transfert de population » comme des crimes contre l'humanité ; l'article 8(2) (a) (vii) considère « déportation ou le transfert illégal ou la détention illégale » comme étant des infractions graves aux Conventions de Genève.

> au-delà des frontières officielles d'un État, ou dans certains cas, de frontières *de facto*, sans motifs admis en droit international » [567].

La Chambre d'appel admet dans la même affaire que « dans certaines occurrences, un déplacement par-delà les frontières *de facto* peut constituer une déportation » [568] : c'est-à-dire que lorsque la frontière *de facto* s'apparente à la frontière *de jure*, l'on peut parler de déportation. Dès lors, sous quelles conditions une frontière de fait peut-elle être considérée comme une frontière de droit ?

---

567 *Prosecutor v. Milomir Stakić* (Stakić Appeal Judgement), 22 March 2006, ICTY, Case No. IT-97-24-A, paragraphe 278.

568 Ibid.

Conclusion du Chapitre II

Les normes internationales consacrées spécifiquement au déplacement interne ont beaucoup évolué en termes d'autorité dans les contextes de déplacement interne. Leur utilisation et leur apport dans le domaine connaissent une croissance exponentielle. Mais, eu égard à leur processus d'élaboration et bien qu'elles aient des bases juridiques solides, qu'elles soient plus adaptées et plus précises que les normes internationales générales, elles ne bénéficient pas d'une valeur juridique comparable à celle des traités ordinaires de droits de l'homme. Elles ne créent notamment pas directement d'obligations juridiques à charge ou ne s'imposent pas véritablement aux différents acteurs, que sont les États, les juges, les acteurs non étatiques, les organisations humanitaires et de défense des droits de l'homme.

C'est à juste titre que deux principales questions restent en suspens : celle de leur portée et celle de l'effectivité de leur passage vers le *hard law*. Ce qui rend d'actualité la nécessité de multiplier les efforts de promotion et de dissémination afin d'obtenir une incorporation nationale, régionale et internationale plus poussée, gage de la mise en œuvre effective desdites normes et par ricochet de l'effectivité des droits fondamentaux des déplacés internes.

CONCLUSION DU TITRE I

Les normes de DIDH, de DIH et du droit des réfugiés, étant donné la large ouverture dont elles font preuve, constituent des instruments permettant de protéger, dans une certaine mesure, les déplacés internes. Une certaine mesure seulement en raison de leur fractionnement et mutisme sur certains aspects spécifiques du déplacement interne ; ce qui, nonobstant leur indispensabilité, laissait un vide considérable dans la sphère normative enceignant cette matière. Ces insuffisances ont obligé à envisager des moyens de les faire évoluer.

L'approche adoptée a été leur utilisation comme base juridique pour des instruments déclaratoires qui seront adoptés dans l'urgence et censés compiler et aider à interpréter les normes en vigueur pour les rendre convenablement applicables au déplacement interne et combler le vide. Il s'agit des Principes directeurs de 1998 qui couvrent la prévention du déplacement interne, la protection pendant le déplacement et l'après-déplacement ; des Principes de Pinheiro sur la restitution des logements et des biens des déplacés internes aussi ; et d'autres instruments de même nature, c'est-à-dire *a priori* juridiquement non contraignants. Ces principes internationaux relatifs au déplacement interne devaient sensibiliser aux besoins des déplacés internes, mobiliser au sein de la société internationale, proposer des solutions plus faciles afin de garantir la sécurité et le bien-être des déplacés internes. Les Principes directeurs et de Pinheiro principalement, corps de règles expressément conçues pour protéger les droits des déplacés internes, ne sont pas exécutoires. Pour s'appliquer effectivement aux situations de déplacement interne, ils devraient être incorporés aux politiques et normes nationales, régionales et internationales.

Ces principes à « valeur déclaratoire » ont nettement fait évoluer les normes et le moins que l'on puisse dire c'est qu'ils ont fait du chemin. Ils auraient bien pu, eu égard à leur mode d'élaboration et leur nature, être relégués aux périphéries de la conscience collective. Ils ont non seulement survécu, mais ils font surtout largement autorité aujourd'hui. Ils ont fait évoluer profondément les normes nationales, régionales et internationales dans leur connexion à la protection et à l'assistance aux déplacés internes. Divers acteurs les considèrent comme un cadre indispensable dans la réponse aux crises de déplacement interne.

L'on note en revanche la nécessité de quelques réaménagements. Notamment en ce qui concerne les dérogations et les ANE et il ne s'agit là que de quelques exemples seulement. Comme l'a à juste titre rappelé Roberta Cohen, la création d'un cadre normatif ne marque pas la fin du débat juridique en cette matière. Bien qu'ils soient acceptés de façon plus ou moins satisfaisante, la question de leur mise en œuvre effective subsiste [569]. L'incorporation constitue l'un des défis majeurs du moment. Incorporation qui constitue une étape très importante dans la mise en œuvre. Si l'efficacité des principes sur les droits des déplacés internes en tant qu'outils de mobilisation pour les déplacés internes et autres organisations y afférentes est limitée, c'est aussi dû à la limitation notoire de leur connaissance et de leur dissémination. Il est de la plus haute importance de s'assurer que les déplacés internes sont conscients de leurs droits humains et qu'ils voient en ces principes des instruments nécessaires à la promotion et à l'exercice desdits droits. Cela constitue, de l'avis d'Elizabeth Ferris, un véritable défi [570].

D'évidence, l'évolution intervenue dans la sphère normative relative au déplacement interne n'a pas dissipé toutes les lacunes dont font mention les rapports émis dans la dernière décennie du XXe siècle. Les plus préoccupantes aujourd'hui portent, selon la mouvance choisie, sur le contenu ou sur la portée ou l'usage qu'il est fait des normes vouées au déplacement interne dans la réponse à ce phénomène. La nécessité de renforcer le cadre juridique fait l'unanimité, mais il reste à s'accorder sur les modalités de l'entreprise.

---

569 Roberta COHEN, « Key Policy Debates in the Internal Displacement Field », *Refugee Watch*, No 32, December 2008, p. 96.

570 Elizabeth FERRIS, « Évaluer l'impact des principes: une tâche inachevée ». *Revue des migrations forcées*, n° spécial de décembre 2008 sur Déplacement interne : Dix ans des Principes directeurs, p. 11.

TITRE II.

L'ASPIRATION À UN CADRE JURIDIQUE INTERNATIONAL APPROPRIÉ

Les règles internationales vouées au déplacement interne, instruments normatifs au service de la protection de ces personnes, ont à ce jour eu une importance capitale. Leur msie en œuvre a permis de prévenir, dans une certaine mesure, le déplacement interne, d'améliorer la condition des déplacés internes et de favoriser leur sortie du pandémonium du déplacement au moyen des différentes solutions durables. Cependant, aujourd'hui encore, d'énormes lacunes entachent le cadre normatif international relatif au déplacement interne. Bon nombre de juristes, défenseurs des droits des déplacés internes et acteurs humanitaires s'accordent sur la nécessité de renforcer le cadre normatif en vigueur, mais s'opposent sur la démarche à suivre. Pour une partie de la doctrine, à l'instar de Walter Kälin, les efforts devraient être orientés aujourd'hui vers la bonne mise en œuvre des normes en place et non vers la création de nouvelles normes ou la transformation des Principes directeurs en une convention des Nations unies sur le déplacement interne [571]. Eu égard à leur nature et à l'objectif à atteindre, les normes internationales sur le déplacement interne requièrent un effort spécial de vulgarisation et de dissémination. Il y a eu dès leur présentation une nécessité de trouver des moyens de les faire utiliser par le plus grand nombre au plus grand profit des déplacés internes et des populations civiles. Pour ce faire, il a été impératif de mettre en place des moyens et mécanismes efficaces et la société internationale y a répondu. Cette réponse n'a toutefois pas encore comblé les attentes. Le contexte politique actuel [572] imposerait malgré cela de « continuer de développer un consensus du bas vers le haut » [573] : c'est-à-dire d'amener le plus grand nombre d'États et régions à adopter des lois et politiques nationales et régionales conformément aux principes directeurs de 1998. Pour d'autres en revanche, le meilleur moyen de renforcer le cadre normatif serait d'entériner les

---

571 Pour Walter Kälin, « il faut continuer de renforcer le cadre normatif pour la protection des droits de l'homme des personnes déplacées » (voir Walter KÄLIN, « Le futur des Principes directeurs » in Déplacement interne : Dix ans des Principes directeurs, *Revue des migrations forcées*, n° spécial de décembre 2008, p. 39).

572 Selon Walter Kälin, l'une des pratiques actuelles est que les États reconnaissent et prennent en compte le lien entre les Principes directeurs et les lois existantes, mais préfèrent discuter l'application des Principes directeurs sans devoir envisager la question des obligations juridiques (Walter KÄLIN, « Le rôle des Principes directeurs relatifs aux personnes déplacées de l'intérieur » in Déplacement interne : Dix ans des Principes directeurs, *Revue des migrations forcées*, n° spécial de décembre 2008, p. 8).

573 Walter KÄLIN, « Le futur des Principes directeurs » in Déplacement interne : Dix ans des Principes directeurs, *Revue des migrations forcées*, n° spécial de décembre 2008, p. 39.

Principes directeurs à travers un instrument juridique international contraignant [574]. De nouveaux arguments et expériences sous-tendraient ce postulat.

De cette divergence ressortent quelques questions essentielles. S'il fallait s'affairer exclusivement à impulser l'utilisation des normes existantes, où en sommes-nous aujourd'hui en termes de vulgarisation, de dissémination et de sensibilisation auxdites normes ? Puis, les arrangements internationaux actuels y relatifs peuvent-ils donner satisfaction dans le court ou le long terme ? Celles-ci nous amènent à interroger les mécanismes « onusiens » relatifs au renforcement de cette appropriation nationale, régionale et internationale des règles internationales portant sur les droits fondamentaux des déplacés internes (Chapitre I). En outre, l'évolution flagrante du phénomène du déplacement interne et le nombre grandissant d'États qui adoptent des lois et politiques alignées sur les Principes directeurs relatifs au déplacement interne obligeraient à reconsidérer la théorie de la « non-viabilité », malheureusement très répandue, au profit d'un instrument international conventionnel relatif aux droits des déplacés internes. Dès lors, une étude de la viabilité d'un tel instrument devient nécessaire (Chapitre II).

574 Pour d'autres, dont Gouda Ali Gouda, un instrument juridique contraignant pour la protection contre le déplacement arbitraire et la protection des déplacés internes est un impératif (Gouda Ali GOUDA, *Internal Displacement Law and Policy: Analysis of International Norms and Domestic Jurisprudence.* Vandeplas Publishing, April 2009. P. 221). À ceci s'ajoute une approche intermédiaire, proposée notamment par Luke T. Lee qui opte pour l'adoption d'un second protocole à la convention de 1951 sur le statut des réfugiés (Luke T. LEE, 'The Refugee Convention and Internally Displaced Persons' (2002) 13(3) *International Journal of Refugee Law* 363, pages 365 to 366).

CHAPITRE I.

LA CONTRIBUTION DE L'ONU À L'APPROPRIATION DES NORMES INTERNATIONALES RELATIVES AU DÉPLACEMENT INTERNE

La question ici est la suivante : s'il fallait s'en tenir uniquement au cadre normatif actuel, comme plusieurs juristes le soutiennent, celui-ci est-il suffisamment vulgarisé ou disséminé ? Les différents acteurs nationaux, régionaux et internationaux œuvrant pour la protection et l'assistance aux déplacés internes sont-ils suffisamment informés et sensibilisés sur les Principes internationaux relatifs au déplacement interne ? En effet, si l'on est satisfait aujourd'hui de l'acceptation universelle des principes sur le déplacement interne, force est de constater que la sensibilisation et la dissémination desdits principes sont loin d'être universelles.

Les États n'ont pas toujours été très réceptifs aux normes internationales relatives au déplacement interne, soit par manque de ressources financières ou de ressources humaines, soit parce qu'ils ne savent simplement pas comment les mettre en œuvre de façon convenable. L'ONU élabore des guides et documents de travail et organise des sessions d'enseignement avec un effort de traduction des documents en différentes langues pour rendre ces normes internationales plus accessibles. Elle fait de la promotion et de l'accompagnement dans l'élaboration des lois et des politiques.

L'un des défis ici est de faire comprendre aux différents acteurs et aux déplacés internes les « droits », « obligations » et « responsabilités » qui découlent des règles internationales relatives au déplacement interne. L'intégration de ces règles dans les instruments nationaux et régionaux, encore faut-il que celle-ci soit effective, ne peut être considérée comme étape finale de leur dissémination. Il est impératif de rendre ces principes plus intelligibles et accessibles au moyen d'un suivi rapproché, de la formation et des conseils. L'ONU semble s'investir davantage dans cette entreprise. Ces mesures « onusiennes » de suivi commencent véritablement à connaître une accentuation dans la dernière décennie du XXe siècle.

Disséminer les principes sur le déplacement interne consiste à contourner l'étape dite laborieuse et à issue incertaine de l'adoption et de la ratification d'une convention internationale sur le déplacement interne pour éventuellement obtenir une autre forme de règle contraignante, à savoir le droit coutumier. Thomas G. Weiss et David A. Korn ne rappelaient-ils pas que l'absence d'une convention contraignante a été partiellement surmontée avec l'adoption des Principes directeurs, mais ils devaient être disséminés et domestiqués afin de constituer du droit international coutumier [575] ?

Pour pallier la difficulté à consacrer les droits des déplacés internes à travers une approche positive de recherche de l'effectivité, à savoir la consécration desdits droits dans des textes de droit positif, l'on a recours à une autre approche de recherche d'effectivité, une démarche non juridique, à savoir la cohérence politique. Il s'agit nécessairement d'une cohérence entre politiques de niveaux différents, du respect d'une certaine hiérarchie entre politiques nationale, régionale et internationale. Cela permettrait aussi de s'assurer que les politiques mises en place dans les cercles diplomatiques new-yorkais et genevois sont congrûment suivies à l'intérieur des États. L'importance de la volonté politique dans le renforcement de l'effectivité des droits fondamentaux des déplacés internes n'est plus à démontrer. Il va de soi que l'obtention du consentement à la règle est essentielle à la légitimation de celle-ci. Faire accepter les principes internationaux sur le déplacement interne requiert un travail inouï d'information, d'explication du bien-fondé et une politique de marketing.

Aujourd'hui, la promotion des droits des déplacés internes se trouve au centre de la politique « onusienne » de promotion des droits de l'homme. Divers mécanismes « onusiens » existent pour la réalisation de cette tâche (Section I). Mais, en dépit des efforts, l'appropriation nationale, régionale et internationale des normes internationales relatives aux droits fondamentaux des déplacés internes n'est encore que timorée et partielle : elle est insuffisante (Section II).

---

575 Thomas G. WEISS and David A. KORN, *Internal Displacement: Conceptualization and its consequences*, Routledge: London and New York, 2006, p. 103.

SECTION I.
LES MÉCANISMES « ONUSIENS » DU RENFORCEMENT DE L'APPROPRIATION DES NORMES INTERNATIONALES RELATIVES AUX DROITS DES DÉPLACÉS INTERNES

Le rapport Cuénod relevait que la complexité des problèmes qui se posent dans les situations d'urgence comportant d'importants mouvements de populations exige une mobilisation de l'ensemble du système de l'ONU en vue d'une protection adaptée des droits des déplacés internes [576]. La promotion des droits des déplacés internes tant à l'échelon national, régional qu'international est largement ancrée dans la politique « onusienne » de promotion des droits de l'homme. La dimension du problème de déplacement interne et la spécificité des règles internationales gouvernant la question ont amené l'ONU à s'investir dans la promotion des droits des déplacés internes.

La prise de conscience de la nécessité de la promotion s'est faite dès l'adoption des Principes directeurs. La question était alors de savoir quel intérêt les organes et institutions « onusiens » accordent au problème de déplacement interne et aux droits des déplacés internes. Tant le Rapporteur spécial sur les droits des déplacés internes, le Secrétaire général de l'ONU, le Conseil de sécurité que bien d'autres contribuent tous à la promotion des droits des déplacés internes. Mais accordent-ils une importance adéquate et suffisante à un problème d'une telle ampleur ? L'examen de leurs activités en la matière apporte quelques éléments de réponse. Il faut d'ores et déjà relever qu'à travers des mécanismes variés, ces divers organes et institutions participent à la promotion et à l'effort d'incorporation des droits réitérés par les principes sur le déplacement interne. Ce qui conduit à une reconnaissance internationale accentuée desdits principes, témoignant ainsi l'intérêt des États individuellement et collectivement pour le phénomène du déplacement interne. En effet, l'ONU contribue de façon continue à cette incorporation comme en témoignent nombre de ses instruments et initiatives. Deux ans après la présentation des Principes directeurs, le Conseil de sécurité précisait que :

> « Les organismes des Nations unies et les organisations régionales et non gouvernementales, agissant en coopération avec les gouvernements des pays hôtes, s'appuient sur les Principes directeurs relatifs au déplacement de personnes à l'intérieur de leur propre pays [E/CN.4/1998/53 et Add.1 et 2], notamment en Afrique » [577].

---

[576] Report on Refugeess, Displaced Persons and Returnees, prepared by Mr. Jacques Cuénod, Consultant, UN document E/109/Add.1, 27 june 1991 (Cuénod report), paragraphe 129.

[577] Résolution 1286 du Conseil de Sécurité, relative au Burundi, du 19 janvier 2000.

L'Assemblée générale de l'ONU quant à elle, considère les Principes directeurs comme un instrument important pour la protection des déplacés internes [578]. Dans sa résolution A/RES/58/177 de 2004, elle réitère son satisfecit au RSG dans ses activités tout en promouvant les Principes directeurs. Elle

> « encourage le Représentant du Secrétaire général à continuer, à travers un dialogue suivi avec les gouvernements et toutes les organisations intergouvernementales intéressées, d'analyser les causes des déplacements internes, d'examiner les besoins et les droits des personnes déplacées [...] ainsi que de présenter des informations sur ces questions dans ses rapports à la Commission des droits de l'homme comme à elle-même » [579].

L'une des étapes les plus importantes de l'histoire des normes internationales vouées au déplacement interne est la reconnaissance à l'unanimité par les chefs d'États et de gouvernements lors du Sommet mondial de 2005 des Principes directeurs comme un « important cadre international de protection des personnes déplacées à l'intérieur de leur propre pays » [580]. L'Assemblée générale de l'ONU joue un véritable rôle de promotrice. Elle encourage l'utilisation des Principes directeurs et a notamment rappelé que : « Les Principes directeurs relatifs aux personnes déplacées à l'intérieur de leur propre pays constituent un cadre international important pour la protection des personnes déplacées » [581]. Bien plus, elle se félicite que :

> « Un nombre croissant d'États, d'organismes des Nations unies, d'organisations régionales et d'organisations non gouvernementales les appliquent en tant que norme et engage tous les acteurs concernés à y recourir lorsqu'ils ont affaire à des cas de déplacement interne » [582].

Plusieurs autres institutions et organes internationaux font référence aux Principes directeurs dans leur dialogue avec les États et avec d'autres acteurs pertinents. Notamment le Comité des droits de l'homme, le Comité des droits de l'enfant, etc. Des institutions et organisations plus spécifiques comme le HCR, le PNUD, l'UNICEF et le PAM ont intégré les Principes directeurs dans leur politique relative au déplacement interne et en font font une large

---

578 Résolution de l'assemblée générale de l'ONU, A/RES/60/1 du 24 octobre 2005.

579 Résolution de l'AG, A/RES/58/177 sur l'aide et la protection en faveur des personnes déplacées dans leur propre pays. 14 mars 2004

580 Résolution de l'Assemblée générale des Nations unies du 20 septembre 2005, A/60/L.1, paragraphe 132.

581 A/RES/62/153 du 18 décembre 2007.

582 Ibid.

diffusion. À travers leurs résolutions, ils invitent les États membres à inclure dans leurs plans, politiques et programmes les besoins particuliers des déplacés internes. La Résolution de l'Assemblée générale de l'ONU A/RES/65/99 du 20 janvier 2011 insiste sur la nécessité du retour des déplacés du fait des hostilités de juin 1967 et des hostilités postérieures [583]. Bien d'autres résolutions rappellent les droits des déplacés et réitèrent les droits mentionnés dans les Principes directeurs [584], tout en réaffirmant l'autorité de ces derniers [585].

Les mécanismes internationaux de promotion des droits des déplacés internes ne se limitent pas à la mention desdits droits dans les rapports et résolutions. Ils couvrent l'information au moyen des forums, des ateliers, des séminaires de formation et d'éducation, des visites de pays, des notes techniques, des directives, de la traduction de documentation en différentes langues, etc. Ils sont aussi utilisés en fonction des spécificités de l'institution ou de l'organe en question.

Si ces activités de dissémination ont valu des éloges de part et d'autre, récapitulées par Thomas G. Weiss et David A. Korn [586] notamment, d'énormes lacunes subsistent. La prévention constitue la principale étape sur laquelle les gouvernements et la société internationale échouent [587]. Or, en vérité, et comme le rappelle le Professeur Philippe Lagrange, c'est de la prévention que découle la meilleure garantie des droits des déplacés internes [588]. La promotion étant un des principaux mécanismes de prévention du déplacement, on peut en déduire qu'elle est chancelante.

---

583 Guerre de six jours : guerre qui opposa, du 5 juin au 10 juin 1967, Israël à une coalition (la Ligue arabe) formée par l'Égypte, la Jordanie, la Syrie et l'Irak. Cette guerre fut déclenchée comme une « attaque préventive » d'Israël contre ses voisins arabes, à la suite du blocus du détroit de Tiran aux navires israéliens par l'Égypte le 23 mai 1967.

584 Parmi ces résolutions, on peut citer les résolutions de l'Assemblée générale, A/RES/64/296 du 13 octobre 2010 sur la situation des déplacés internes et des réfugiés d'Abkhazie (Géorgie) et de la région de Tskhinvali/Ossétie du Sud (Géorgie) ; A/RES/62/153 du 18 décembre 2007 ; A/RES/62/249 du 15 mai 2008 ; A/RES/63/307 du 9 septembre 2009 et A/RES/64/162 du 18 décembre 2009. Il faut rappeler aussi la résolution 6/32 du Conseil des droits de l'homme du 14 décembre 2007 ; et bien d'autres encore.

585 A/RES/66/165 (2012) sur la protection et l'assistance aux déplacés internes, paragraphes. 2, 7, 8, 12, 13, 18-20 & 24.

586 Pour Arthur Helton, la promotion des Principes directeurs a été l'un des plaidoyers les plus sophistiqués. Robert De Vecchi quant à lui affirme que les efforts de M. et Mme IDP ont porté le problème du déplacement interne à l'attention des gouvernements et rendu évidente la nécessité de réagir… (Thomas G. WEISS and David A. KORN, *Internal Displacement: Conceptualization and its consequences*, Routledge: London and New York, 2006, p. 103).

587 Walter Kälin on the outlook for IDPs, *Forced Migration Review*, No 37, March 1, 2011, p. 43.

588 Philippe LAGRANGE, « Le droit des personnes déplacées. Entre unité et fragmentation », in Catherine-Amélie CHASSIN (dir.), *Les migrations contraintes, Actes du colloque de Caen*, Pedone, 2014, p. 58.

Intéressons-nous particulièrement aux efforts du RSG ou du Rapporteur spécial sur les droits des déplacés internes (Para I) avant d'examiner les activés en la matière d'autres organes « onusiens » (Para II).

§ 1. Le rôle du RSG ou du Rapporteur spécial dans la promotion des droits des déplacés internes

Le RSG/RS s'en fait l'interprète de l'ONU auprès de la société internationale sur la question du déplacement interne. Ses efforts couvrent quatre axes principaux : l'élaboration d'un cadre normatif, la création des cadres institutionnels sur le plan national, régional et international, la réalisation des missions dans des États, et la réalisation des travaux de recherche sur des questions spécifiques de déplacement interne [589]. Son plaidoyer pour l'incorporation des principes relatifs au déplacement interne n'est pas moins essentiel, il conviendra de le rappeler ici à l'aune de son interprétation de la notion de « déplacés internes » (A), de son engagement aux différentes étapes du déplacement interne (B) et de la vulgarisation par lui des principaux instruments internationaux relatifs aux droits des déplacés internes (C).

A. De la notion de « déplacés internes »

La définition de la notion de « déplacés internes » a été proposée par le RSG et son équipe. Il va de soi qu'il se réfère strictement à celle-ci dans ses différentes activités. Il fait la différence d'avec d'autres institutions en ce que ses efforts s'adressent non seulement aux personnes forcées ou obligées à fuir ou quitter leur foyer ou lieu de résidence habituelle, car, victimes de conflits, de violences généralisées, de violations des droits de l'homme ; mais aussi à celles victimes de catastrophes naturelles. Toutes celles-ci ne devant pas avoir franchi les frontières internationalement reconnues d'un État [590].

B. De l'engagement du RSG ou du Rapporteur spécial aux différentes étapes du déplacement interne

Le rapporteur spécial est la voix des déplacés internes tant devant les instances nationales, régionales qu' « onusiennes ». Il a reçu mandat de l'ONU

---

589 Voir mandat du Rapporteur spécial sur les droits de l'homme des déplacés internes. Disponible à l'adresse : http://www2.ohchr.org/french/issues/idp/index.htm (consulté le 15 octobre 2012).

590 En référence au HCR qui s'engage résolument dans la protection des déplacés internes victimes de conflits armés et exceptionnellement seulement pour ceux victimes de catastrophes naturelles. Le Rapporteur spécial pour les droits des déplacés internes s'intéresse à la réponse au déplacement interne en situation de changement climatique (voir notamment A/66/285 [2011], paragraphes 46-80) ; en situation de conflits armés (A/HRC/13/21 [2009], p. 23) ; grands projets de développement entraînant déplacement de populations (A/HRC/13/21 [2009], p. 23)…

pour identifier les besoins des déplacés internes et renforcer la réaction internationale y afférente. C'est à ce titre qu'il œuvre pour la prise de conscience et le respect des droits de ces populations tant à travers la prévention, la protection pendant le déplacement que la recherche de solutions durables.

La prévention du déplacement se pose comme étant le moyen le plus efficace de combattre le déplacement interne. Le Rapporteur spécial invite à « prêter une attention particulière aux stratégies de prévention »[591]. Mais dans l'ensemble, les efforts du Rapporteur spécial visent à rendre utiles les Principes directeurs dans toutes les phases du déplacement interne. Tant pour prévenir, protéger pendant le déplacement que pour réaliser des solutions durables. Aussi, toutes les causes du déplacement interne sont prises en compte ici. Rappelons qu'il s'étend largement sur la sensibilisation à l'utilisation des Principes directeurs en cas de risque ou de déplacement pour cause de catastrophes naturelles, l'une des causes contemporaines les plus sérieuses du déplacement interne.

C. De la vulgarisation des principaux instruments internationaux relatifs aux droits des déplacés internes

Le Rapporteur spécial fournit un effort véritable pour la dissémination des règles internationales sur le déplacement interne. Son postulat est que dans plusieurs régions du monde, prévaut toujours l'idée inopportune selon laquelle le déplacement interne est essentiellement une question interne. Le consensus entre les États et leurs gouvernements souverains étant le fondement même du droit international, l'option choisie est la construction du consensus à partir du bas : c'est-à-dire une approche qui requiert de convaincre les États touchés par le déplacement interne d'incorporer les principes sur le déplacement interne dans leur droit interne, une approche qui encourage aussi les organisations régionales à développer des cadres juridiques à l'échelon régional. À ce titre, l'équipe du Rapporteur spécial et des institutions spécialisées, notamment le *Brookings project on internal displacement*, offrent leur expertise à ces gouvernements et organisations en vue de l'élaboration des politiques, lois et institutions appropriées, cela à travers des sessions de formation sur les droits des déplacés internes (1) et au moyen de la coopération technique (2).

1. La formation aux droits des déplacés internes

Les sessions de formation sont organisées à la demande de l'ONU et en collaboration avec OCHA, le *Brookings institution*, le Rapporteur spécial, le HCR

---

591 Conférence de presse du Rapporteur spécial sur les droits des personnes déplacées dans leur propre pays, New York, 24 octobre 2012. Disponible à l'adresse : https://www.un.org/News/fr-press/docs/2012/Conf121024-BEYANI.doc.htm.

et d'autres institutions [592]. Le Rapporteur spécial contribue à la diffusion des principes sur le déplacement interne et à leur traduction en droit interne à travers principalement des séminaires [593], conférences, ateliers et cours [594] à l'endroit de différents acteurs afin de préparer une réaction plus efficace au plan national. Ces formations ont pour objectif à la fois d'explorer les dimensions du déplacement interne dans différentes régions du monde et d'adopter des solutions en accord avec les normes internationales sur le déplacement interne [595]. Vu sous cet angle, le Rapporteur spécial revêt le costume de « promoteur » des principes internationaux sur le déplacement interne, mais il en est un qui ne peut se rendre partout où besoin est et en tant que cela est de besoin. Ses possibilités de déplacement sont limitées pour des raisons non seulement politiques mais aussi de ressources à la fois humaines et financières.

2. La coopération technique

Le Rapporteur spécial entretient un dialogue entre le HCDH, institution qui soutient son mandat, avec d'autres institutions de l'ONU (OCHA, HCR…), des gouvernements, des organisations internationales, des organisations non gouvernementales et même des acteurs non étatiques afin de mieux sensibiliser aux normes sur le déplacement interne. Il le fait à travers :

— Les visites de pays, d'instances régionales et bien d'autres : le Rapporteur spécial conduit des missions à la fois officielles et non officielles pour promouvoir les politiques et législations nationales alignées sur les principes internationaux sur le déplacement interne à travers un appui aux structures nationales, sous-régionales et régionales des droits de l'homme. Il encourage la mise en place des lois et politiques sur le déplacement interne comme au Kenya avec sa contribution à la mise en place d'une politique sur le déplacement interne. Les visites de pays sont suivies d'un rapport contenant des

---

592 Divers ateliers initiés ou organisés avec le soutien de OCHA, du Conseil norvégien pour les Refugiés, ateliers de formation sur la protection des personnes déplacées dans leur propre pays, à Nzérékoré en Guinée du 28-29 juin 2006 ; à Masisi en République Démocratique du Congo du 4-6 juin 2003 ; à Kalemie en République Démocratique du Congo du 7-8 mai 2003 ; à Bujumbura au Burundi du 29-31 octobre 2001 ; et bien d'autres.

593 Notons ici le séminaire régional sur le thème « Protecting and promoting rights in natural disasters in the Great Lakes Region and East Africa », organisé les 16 et 17 juin 2011 à Kampala en Ouganda.

594 Nous avons par exemple le Cours annuel de formation sur le droit du déplacement interne, qui se tient à San Remo en Italie. Le constat est que le nombre de cours offerts sur le droit des déplacés internes est limité. Les séminaires, conférences et ateliers qui s'attachent aux perspectives plus spécifiques du problème sont plus usités.

595 Voir Rapport du RSG, Walter Kälin. Première Conférence régionale sur le Déplacement interne en Afrique de l'Ouest (Abuja. 26-28 avril 2006). Doc. A/HRC/4/38/Add.4 (2007), p. 2.

recommandations formulées par le porteur du mandat à l'endroit de l'État concerné.

— Le soutien par la documentation qui se traduit par la rédaction de documents servant à étayer et expliquer les principes internationaux sur le déplacement interne. On a dans ce sens plusieurs Annotations aux Principes directeurs et Manuels sur l'élaboration des politiques nationales à l'intention des gouvernements, etc. La traduction des principaux textes sur la question en différentes langues employées dans des régions spécifiques contribue à une plus large diffusion ou compréhension.

Si cette approche, mise en œuvre depuis la présentation des Principes directeurs, a connu un réel succès, il reste nécessaire, aujourd'hui encore, de mieux intégrer les droits que les principes réitèrent au sein du droit interne. En effet, les droits réitérés par ces principes sont dans beaucoup de cas intégrés simplement par le biais d'une référence générale dans une loi ou un document politique, notamment à cause du manque de compréhension, de la complexité de la tâche ou, dans d'autres cas, du manque de volonté politique pour apporter des réponses à la situation critique des déplacés internes. Pour y répondre, le Rapporteur spécial propose de mettre en œuvre de nouvelles stratégies [596] qu'il promeut au moyen de la mise en place d'un *Manuel à l'intention des législateurs et des responsables politiques* [597]. Ce Manuel ne fait pas qu'identifier les obstacles et les principes essentiels qui doivent être mis en œuvre au plan national. Il donne aussi des conseils sur la manière d'élaborer les lois et politiques nationales en vue de mieux protéger les droits des déplacés internes, conformément aux principes sur le déplacement interne. Toutefois, l'on est toujours dans l'expectative. L'un des handicaps du Rapporteur spécial est la limitation des ressources à lui allouées, dont le corollaire est la limitation du personnel de soutien.

§ 2. LE RÔLE D'AUTRES ORGANES « ONUSIENS » PERTINENTS DANS LA PROMOTION DES DROITS DES DÉPLACÉS INTERNES

Sans vouloir prétendre à l'exhaustivité, il conviendra de s'intéresser aux activités de promotion du Haut Commissariat des Nations unies pour les Réfugiés (A), du Secrétaire général des Nations unies (B) et du Conseil de sécurité (C).

---

596 Walter KÄLIN, « Le futur des Principes directeurs » in Déplacement internes : dix ans des Principes directeurs, *Revue des migrations forcées*. Numéro de décembre 2008, p. 38-39.

597 Le *Manuel à l'intention des législateurs et des responsables politiques* a été publié par l'Institut Brookings en octobre 2008. Ce Manuel donne un aperçu des problèmes que les déplacés internes rencontrent couramment, identifie les éléments de régulation indispensables et définit leur contenu minimal à l'aide de listes de contrôle. Il contient également des études de cas. Il est disponible à l'adresse : www.brookings.edu/idp.

A. Le Haut Commissariat des Nations unies pour les réfugiés

Le HCR contribue largement à l'effort de transformation des principes sur les droits des déplacés internes en un véritable outil de protection. Le fondement de l'engagement du HCR envers les déplacés internes est principalement la résolution de l'Assemblée générale de l'ONU du 12 février 1999 portant Haut Commissariat des Nations unies pour les réfugiés [598]. L'Assemblée générale réaffirme ici son appui au

> « rôle que joue le Haut Commissariat en offrant aux personnes déplacées une protection et une assistance humanitaire en réponse à des demandes spécifiques du Secrétaire général ou des organes compétents des Nations unies et avec le consentement de l'État concerné » [599].

Par ailleurs, « les activités en faveur des personnes déplacées ne doivent pas porter atteinte au principe du droit d'asile » [600].

Rappelons son rôle ici à la lumière des trois critères suivants : la notion de « déplacés internes » (1), son engagement dans les différentes phases du déplacement interne (2) et dans la vulgarisation des principaux instruments internationaux relatifs aux droits des déplacés internes (3).

1. De la notion de « déplacés internes »

La définition la plus acceptée de la notion de « personnes déplacées à l'intérieur de leur propre pays » est celle que l'on trouve au paragraphe 2 de l'introduction aux Principes directeurs de 1998. Celle-ci inclut les personnes ou groupes de personnes déplacées pour cause de catastrophes naturelles. Or, le HCR, dont le mandat principal est la protection des réfugiés, non seulement ne s'occupe qu'accessoirement des déplacés internes, mais aussi établit de subtils distinguos entre les déplacés internes victimes d'un conflit et ceux victimes d'autres causes, les catastrophes naturelles notamment. Il s'occupe principalement des premiers [601] et seulement exceptionnellement des seconds [602]. Bien qu'il ait eu des appels à renforcer la protection des déplacés internes pour cause de catastrophes naturelles, le HCR ne semble pas disposé à transiger avec sa démarche habituelle. Le sixième *Dialogue du Haut Commissaire*

598 Résolution du 12 février 1999 portant Haut Commissariat des Nations unies pour les Refugiés. Doc. A/RES/53/125.

599 Ibid., paragraphe 16.

600 Ibid.

601 Le HCR joue le rôle de chef de file dans les activités de protection et d'assistance aux déplacés internes victimes de conflits armés.

602 Parmi ses interventions les plus récentes en situation de catastrophes naturelles, l'on compte le Myanmar en 2008, le Pakistan en 2010, etc.

du HCR sur les défis en protection organisé en décembre 2013 portait encore principalement sur la protection des déplacés internes pour cause de conflits armés [603].

2. De l'engagement du HCR aux différentes étapes du déplacement interne

Le HCR apporte son soutien principalement pour la protection pendant le déplacement et dans la réalisation des solutions durables. Son action prend la forme d'une contribution aux interventions en faveur des déplacés internes. Ces interventions ont lieu lorsque le déplacement est effectif et les violations des droits réelles. En effet, il joue quatre rôles principaux :

— la direction du module global de protection ;

— le partage de la direction du module global de coordination et de gestion des camps ;

— la codirection du module global des abris d'urgence ;

— et la participation aux travaux des modules globaux de l'eau et de l'assainissement, de la santé, de la nutrition, de l'éducation, du relèvement précoce, de la logistique et des télécommunications d'urgence [604].

Dans ses activités, il invite les États et d'autres acteurs à mettre en œuvre les règles internationales relatives à la protection des déplacés internes en situation de déplacement ou de post-déplacement.

3. De la vulgarisation des principaux instruments internationaux relatifs aux droits des déplacés internes

Pour le HCR, les Principes directeurs de 1998 représentent bien plus qu'une simple compilation et réitération de règles juridiques. Cette pertinence des Principes directeurs dans le cadre d'orientation et la stratégie de mise en œuvre concernant les déplacés internes a été confirmée par le HCR en 2007 [605]. Le HCR sensibilise aux principes internationaux relatifs au déplacement interne. Il contribue à la mise en valeur desdits principes comme outil permettant d'expliquer aux autorités locales, nationales, régionales et internationales leur responsabilité vis-à-vis des déplacés internes. Il appuie les efforts faits pour

603 UNHCR, Dialogue du Haut Commissaire sur les défis en protection des 11 et 12 décembre 2013 au Palais des Nations à Genève.

604 Voir Rapport Global 2011 du HCR. L'action en faveur des déplacés internes. Disponible à l'adresse : http://www.unhcr.fr/500e9f67b.html.

605 Khassim DIAGNE et Hannah ENTWISLE, « L'UNHCR et les Principes directeurs » in Déplacement internes : dix ans des Principes directeurs, *Revue des migrations forcées*. Numéro de décembre 2008, p. 33.

incorporer ces principes aux instruments juridiques nationaux et régionaux [606]. En 2007 par exemple, ont été signés les Principes sur la réinstallation de l'État de Khartoum [607]. Ces Principes sont issus du principe directeur 6 sur la protection contre les déplacements arbitraires.

Il s'agit là de quelques bonnes pratiques qui nécessitent d'être perpétuées ou renforcées afin d'atteindre le plus grand nombre possible.

B. Le Secrétaire général de l'ONU

Dans son rapport analytique de 1992 sur les déplacés internes [608], le Secrétaire général de l'ONU a rappelé la nécessité pour tous les organes de l'ONU traitant de la question des droits de l'homme de s'engager dans la protection des droits des déplacés internes. Il a lui-même l'occasion d'influencer considérablement le cours des activités de promotion et de protection des droits de ces personnes. Il peut ainsi contribuer à une forte promotion des droits à travers ses rapports (notamment au Conseil de sécurité, à l'ECOSOC et à l'Assemblée générale) et ses différentes autres interventions.

Ici aussi, il convient d'étudier son rôle à la lumière des trois critères suivants : la notion de « déplacés internes » (1), son engagement dans les différentes phases du déplacement interne (2) et dans la diffusion des principaux instruments internationaux relatifs aux droits des déplacés internes (3).

1. De la notion de « déplacés internes »

L'on retrouve très fréquemment dans les rapports et déclarations du Secrétaire général la notion de « déplacés internes » et le rappel de la nécessité de prendre des mesures concrètes pour améliorer la situation de ces personnes. Cette notion est comprise ici au sens des Principes directeurs de 1998 qui ont été acceptés par la Commission des droits de l'homme et plus largement acceptés en 2005 ; ceci liant en quelque sorte le Secrétaire général. La question ne se trouve pas là ; elle est plutôt de savoir s'il les identifie spécialement autant que l'exige leur situation, par rapport à d'autres catégories vulnérables. Dans certains rapports et déclarations, l'affirmative se justifie ; dans d'autres, c'est plutôt la négative, ceci malgré le fait que la situation l'exige et que l'occasion ait

---

606 Il faut surtout noter le rôle du HCR dans l'incorporation des Principes directeurs à la convention de l'union africaine sur la protection et l'assistance aux déplacés internes.

607 Principes sur la réinstallation de l'État de Khartoum, signés en avril 2007 par les autorités nationales et l'ONU. Principes disponibles à l'adresse : http://www.unhcr.org/cgi-bin/texis/vtx/home/opendoc.pdf?tbl=SUBSITES&id=47fb81ee2

608 Rapport analytique du Secrétaire général sur les personnes déplacées dans leur propre pays (rapport à l'ECOSOC), 14 février 1992, paragraphe 109.

été offerte. Dans ses rapports sur la protection des civils dans les conflits armés (PoC), les déplacés internes sont présentés nûment comme des civils ordinaires et sans emphase sur leurs besoins spécifiques. Or, bien qu'ils soient des civils, leur situation est particulièrement grave et sans égal.

2. De l'engagement du Secrétaire général aux différentes étapes du déplacement interne

Pour prévenir le déplacement, le Secrétaire général rappelle l'interdiction du déplacement forcé, sauf circonstances exceptionnelles, et appelle au respect du DIH et du DIDH [609].

Pour ce qui est de la protection pendant le déplacement, il appelle les différents acteurs au respect du DIDH et du DIH pour ainsi limiter le risque de nouvelles violations, de dommages physiques et moraux et de dépendance à l'aide humanitaire. Mais, dans la plupart de ses rapports, ces recommandations ne revêtent pas de véritable spécificité. Très peu se rapportent spécialement à la protection des déplacés internes comme une catégorie vulnérable.

Quant à la protection après le déplacement, le Secrétaire général insiste dans quelques-uns de ses rapports sur les solutions de sortie de la situation de déplacement interne, solutions préconisées par les Principes directeurs et ceux de Pinheiro. L'on y trouve notamment le rappel du droit au retour qui suppose la résolution des questions liées au logement, aux biens et aux propriétés foncières [610]. Le nombre de ces résolutions faisant allusion à cette problématique est cependant limité [611].

3. De la vulgarisation des principaux instruments internationaux relatifs aux droits des déplacés internes

Après que le Conseil économique et social a pris note des Principes directeurs [612], le Secrétaire général des Nations unies a commencé à y faire référence dans ses rapports [613]. C'est le cas lorsqu'il recommande que :

---

[609] Rapport su Secrétaire général au Conseil de sécurité, S/2012/376 (2012), paragraphes 39, 41 et 74.

[610] Rapport du Secrétaire général sur la protection des civils dans les conflits armés, S/2007/643 (28 octobre 2007), paragraphes 52-59 ; S/2009/277 (29 mai 2009), paragraphe 17 notamment.

[611] Le rapport du Secrétaire général sur la protection des civils dans les conflits armés, S/2012/376 (22 mai 2012) ne fait pas véritablement allusion au droit au retour.

[612] E/1998/L.15, paragraphe.11.

[613] Rapports sur la protection des enfants dans les conflits armés (A/55/163-S/2000/712 de 2000) ; rapports sur la mise en œuvre de la Déclaration du Millénaire des Nations unies ; rapport sur la protection des réfugiés, civils dans les situations de conflits armés (S/1998/883 de 1998, S/1999/957 de 1999, S/2005/740 de 2005) ; et nombre d'autres.

« Le Conseil de sécurité demande aux parties à un conflit armé de respecter les Principes directeurs relatifs au déplacement de personnes à l'intérieur de leur propre pays, qui spécifient les droits et les garanties applicables à la protection des personnes, en particulier des enfants, contre les déplacements forcés » [614].

À bien y voir, le Secrétaire général a manqué quelques occasions ou alors s'est abstenu de démocratiser les Principes directeurs relatifs au déplacement interne. Ces derniers ne sont pas mentionnés dans quelques résolutions récentes et pourtant d'importance particulière. C'est le cas des récentes résolutions sur la protection des civils dans les conflits armés [615]. Cela rappelle le débat sur la place de la protection des droits des déplacés internes dans le mécanisme de la responsabilité de protéger. La responsabilité de protéger a été invoquée pour la première fois en 2007 sur la situation au Kenya et à cette occasion, les organisations de la société civile et la Commission nationale des droits de l'homme du Kenya ont requis la mise en œuvre des Principes directeurs. Cette requête se voulait logique d'autant plus que la nécessité d'incorporer les Principes directeurs et l'impératif d'appeler à leur prise en compte exigent des organes « onusiens » qu'ils en fassent une publicité sans faille. Or, le rapport de 2009 du Secrétaire général de l'ONU portant sur la mise en œuvre de la responsabilité de protéger [616] ne fait pas du tout mention des Principes directeurs de 1998. Le Secrétaire général de l'ONU procédait ainsi à une mise à l'écart pure et simple des Principes directeurs. Si la raison est que ces derniers ne constituent pas des règles de *hard law*, cela se poserait en nette contradiction avec les résolutions de l'Assemblée générale, de la défunte Commission des droits de l'homme et du Conseil des droits de l'homme. Ces derniers contribuent activement à la promotion des Principes directeurs, à leur mise en œuvre et s'y réfèrent régulièrement en tant qu'instrument important pour la promotion et la protection des droits des déplacés internes. Si en revanche cette non-mention s'inscrit dans le respect de la séparation entre le mécanisme de la responsabilité de protéger (dont le champ couvre exclusivement les quatre crimes les plus atroces : génocide, crime de guerre, crime contre l'humanité et nettoyage ethnique) qui offre un cadre de protection plus robuste, et le mécanisme plus général de la protection des civils dans les conflits armés (*Protection of Civilians in Armed Conflicts: PoC*) qui englobe la protection des civils sous toute menace imminente de violence physique [617], ce

614 Rapport du Secrétaire général, A/55/163-S/2000/712 (2000), paragraphe 21.

615 Voir notamment S/2009/277 (2009) ; S/2010/579 (2010) ; S/2012/376 (2012).

616 Rapport du Secrétaire général sur la mise en œuvre de la responsabilité de protéger, A/63/677 du 12 janvier 2009.

617 Responsabilité de protéger et Protection des Civils dans les Conflits armés (Protection of Civilians in armed conflicts: PoC) partagent pourtant plusieurs caractéristiques : toutes deux visent

.../...

serait là la confirmation que la société internationale ne fait que peu de cas des violations des droits des déplacés internes.

Sur le plan régional, le Secrétaire général de l'ONU a très vite salué l'adoption de différents instruments relatifs à la protection des déplacés internes, particulièrement la Convention de Kampala qui est une première, un jalon essentiel pour le renforcement du cadre juridique portant protection des droits des déplacés internes. Il encourage les États membres de l'Union africaine à la signer et la ratifier sans attendre [618].

Il est crucial que le Secrétaire général, dans ses résolutions, particulièrement au Conseil de sécurité, soutienne une plus grande prise en considération des normes internationales sur le déplacement interne, qui seules sont véritablement adaptées dans un contexte de déplacement interne. Celles-ci devraient être plus prises en compte en vue du déploiement des missions de maintien ou de rétablissement de la paix notamment.

C. Le Conseil de sécurité

La protection des déplacés internes se trouve au centre de la protection des civils dans les conflits armés (PoC), qui elle, constitue une priorité pour le Conseil de sécurité depuis son introduction à l'agenda de ce dernier en 1999 [619]. Comme l'a rappelé Ban Ki-moon dans l'un de ses rapports au Conseil de sécurité, c'est généralement à travers le déplacement de populations que l'on évalue l'ampleur d'un conflit armé [620]. Alors résoudre le déplacement forcé fait partie intégrante du rétablissement de la paix, du maintien de la paix, de la résolution du conflit. Résoudre ou réduire le problème du déplacement de populations est un gage pour le rétablissement ou le maintien de la paix et de la sécurité. Il y a là une justification suffisante pour que le Conseil de sécurité, qui s'est arrogé un rôle très important en matière de protection des civils, porte un intérêt spécial au problème de déplacement forcé de ces derniers. S'exprimant principalement au moyen des résolutions (sont aussi importants les *debates* et *presidential statements*), c'est à l'analyse de ces instruments que l'on déterminera quelle attention le Conseil de sécurité porte sur la situation des déplacés internes. Il faut rappeler d'ores et déjà qu'il a, à travers ses résolutions et

à assurer le bien-être des civils dans les situations de conflit armés, elles impliquent des acteurs civils et militaires « onusiens » et non « onusiens »...

618 S/2010/579 (2010) ; S/2010/611 (2010) ; S/2011/64 (2011) ; S/2011/278 (2011) ; S/2011/311 (2011) ; S/2011/549...

619 La résolution thématique S/RES/1270 du 22 octobre 1999, marque le début de l'engagement véritable du Conseil de sécurité envers les conflits armés internes, situations pendant lesquelles il fait usage de ses pouvoirs en vertu du chapitre VII de la Charte des Nations unies.

620 UN Security Council, Report of the Secretary-General on the protection of Civilians in Armed Conflict, S/2010/579, 11 November 2010, paragraphe 13.

déclarations, l'occasion de soutenir et promouvoir résolument les principaux instruments internationaux relatifs au phénomène du déplacement interne.

Une étude réalisée par Sanjula Weerasinghe et Elizabeth Ferris sur l'action du Conseil de sécurité en matière de déplacement interne dans ses résolutions adoptées de 1999 à 2010 révèle que ce dernier n'a fait mention des déplacés internes et des réfugiés que dans près d'un cinquième de ses résolutions, et bien moins pour les déplacés internes uniquement [621]. Si le Conseil de sécurité a attiré l'attention sur la vulnérabilité particulière des déplacés internes [622], son engagement vis-à-vis de ceux-ci n'est pas véritablement à la hauteur des exigences d'un problème aussi grave que le déplacement interne. Dans toutes les situations de conflits armés, il y a déplacement de populations. Or, dans sa réponse à ces situations, le Conseil de sécurité ne défère pas véritablement aux orientations offertes par les Principes directeurs sur le déplacement interne [623]. Cela évoque le débat sur la place du déplacement interne dans la mise en œuvre de la responsabilité de protéger ou la différence entre le concept de la responsabilité de protéger et celui de la protection des civils dans les conflits armés (PoC).

L'intérêt porté aux différentes étapes du déplacement interne par le Conseil de sécurité s'avère insuffisant. Tout d'abord, l'on constate qu'il fait peu de cas de la prévention du déplacement interne : il n'est fait allusion à la prohibition du déplacement forcé que dans quelques résolutions seulement [624], tandis que l'interdiction du déplacement arbitraire telle que soutenue par les Principes directeurs n'est, elle, pas du tout évoquée [625]. Puis, pour ce qui est de la protection pendant le déplacement et de l'assistance aux déplacés, le Conseil de sécurité, dans le peu de ses résolutions qui ont trait à la situation des déplacés internes, exige le respect du DIDH et du DIH, mais il devrait se prononcer

621 Sanjula WEERASINGHE and Elizabeth FERRIS, *Security Council, Internal Displacement and Protection: Recommendations for Strengthening action Through Resolutions.* The Brookings Institution. London School of Economics project on Internal Displacement, September 2011, p. 9.

622 Préambule de la résolution S//RES/1265 (1999) sur la protection des civils dans les conflits armés.

623 Sanjula Weerasinghe et Elizabeth Ferris rappellent dans leur étude que le Conseil de sécurité n'a pas du tout fait mention dans ses résolutions de 1999 à 2010 de la prohibition du déplacement arbitraire, pourtant énoncée par les Principes directeurs de 1998. (Sanjula WEERASINGHE and Elizabeth FERRIS, *Security Council, Internal Displacement and Protection: Recommendations for Strengthening action Through Resolutions.* The Brookings Institution. London School of Economics project on Internal Displacement, September 2011, p. 43).

624 Dans sa résolution S/RES/1674 (2006) sur la protection des civils dans les conflits armés, le Conseil de sécurité rappelle que le droit international humanitaire interdit le déplacement forcé de civils en périodes de conflits armés en violation des obligations en la matière (voir paragraphe 12).

625 Sanjula WEERASINGHE and Elizabeth FERRIS, *Security Council, Internal Displacement and Protection: Recommendations for Strengthening action Through Resolutions.* The Brookings Institution. London School of Economics project on Internal Displacement, September 2011, p. IX and 5 through 7.

davantage là dessus et surtout appeler différents acteurs à assumer leurs responsabilités en matière de protection des déplacés internes. En outre, il ne traite que partiellement de l'intégration, du retour et de la réintégration, bref des solutions durables offertes aux déplacés internes [626]. Il promeut l'adoption des solutions durables [627], mais son engagement dans ce sens est partiel et en manque de systématisme. Il est encore urgent qu'il se focalise un peu plus sur les questions de logement, biens et propriétés foncières dont la résolution est la condition *sine qua non* à l'effectivité des solutions durables. Enfin, et c'est l'étape où cet organe est le plus sollicité, l'on constate que le Conseil de sécurité n'aborde pas véritablement, ou ne le fait qu'avec légèreté, la participation des déplacés internes au processus de maintien et de construction de la paix. Privilégie-t-il réellement les besoins des déplacés internes lors de la recherche des solutions durable ? Sanjula Weerasinghe et Elizabeth Ferris émettent un doute là dessus, du fait notamment que, dans certains cas où le retour n'est pas possible ou pas l'objet idéal du choix, le Conseil de sécurité le pose avec insistance comme solution appropriée [628].

Dans ses résolutions de 1999 à 2010, en rapport avec les déplacés internes et les réfugiés, le Conseil de sécurité ne mentionne les Principes directeurs, principal texte portant sur les droits des déplacés internes, qu'une seule fois [629]. Le problème ne concerne pas la nature du texte, puisqu'il adopte la même attitude envers la Convention de Kampala, pourtant occasion lui est offerte de promouvoir ces instruments si importants tant pour les déplacés que pour ceux qui viennent à leur rescousse. Le Conseil de sécurité devrait utiliser son pouvoir et ces opportunités pour démocratiser et asseoir l'acceptation nationale, régionale et internationale de ces importants instruments.

---

626 Sanjula WEERASINGHE and Elizabeth FERRIS, *Security Council, Internal Displacement and Protection: Recommendations for Strengthening action Through Resolutions.* The Brookings Institution. London School of Economics project on Internal Displacement, September 2011, p. IX.

627 Rapport du Secrétaire général sur la protection des civils en période de conflit armé, S/2009/277 (29 mai 2009), paragraphe 17.

628 Sanjula WEERASINGHE and Elizabeth FERRIS, *Security Council, Internal Displacement and Protection: Recommendations for Strengthening action Through Resolutions.* The Brookings Institution. London School of Economics project on Internal Displacement, September 2011, p. 7.

629 On le trouve dans la résolution S/1999/957 (1999), particulièrement la recommandation 7 (voir Sanjula WEERASINGHE and Elizabeth FERRIS, *Security Council, Internal Displacement and Protection: Recommendations for Strengthening action Through Resolutions.* The Brookings Institution. London School of Economics project on Internal Displacement, September 2011, p. IX).

SECTION II.
L'INSUFFISANTE APPROPRIATION DES NORMES INTERNATIONALES RELATIVES AUX DROITS DES DÉPLACÉS INTERNES

L'ONU a, à travers des mécanismes mis en place pour la cause, réussi à attirer l'attention sur la situation des déplacés internes, à rappeler leurs droits et les mesures à prendre pour les protéger. Les Principes directeurs notamment sont aujourd'hui communément considérés comme un guide essentiel pour les gouvernements, acteurs humanitaires et défenseurs des droits des déplacés internes. La conférence d'Oslo a corroboré l'importance des Principes directeurs, considérés depuis longtemps comme un « outil opérationnel de grande valeur pour les acteurs engagés dans la protection et l'assistance des PDI » [630]. L'apport de ces normes et leur effet sur la politique internationale se mesurent à la lumière des critères suivants : l'étendue de leur acceptation comme normes internationales, le nombre d'États les ayant intégrées, leur utilisation en tant que référence par les acteurs humanitaires et de défense des droits de l'homme et la prise de conscience des déplacés internes de leurs droits.

Rappelons l'apport des efforts « onusiens » de promotion d'abord auprès des gouvernements et des principaux concernés que sont les déplacés internes (§ 1), puis à l'échelle internationale régionale et universelle (§ 2).

§ 1. INCORPORATION À L'ÉCHELLE NATIONALE ET LOCALE

La responsabilité tenant à la protection des déplacés internes repose en premier lieu sur les gouvernements et les pouvoirs locaux. C'est à ce niveau que le changement devrait s'opérer en priorité. L'idéal serait de voir les gouvernements affecter des ressources et le savoir-faire nécessaires et surtout faire preuve de volonté politique pour prévenir le déplacement interne, en réuire les conséquences lorsqu'il s'est produit et affrir des solutions durables. Les approches varient selon les États en présence.

L'incorporation à l'échelle nationale (A) est une étape importante vers la prise de conscience des déplacés internes eux-mêmes de leurs droits (B). Puis cette prise de conscience permet de définir le niveau d'intégration des principes internationaux sur le déplacement interne dans les lois et politiques nationales.

630 « Déplacement Interne : Dix Ans des Principes Directeurs », *Revue des Migrations Forcées*, numéro spécial, décembre 2008, p. 6.

A. Échelon étatique

L'incorporation des règles internationales se fait selon une procédure particulière qu'il conviendra de rappeler (1). Puis, en matière de déplacement interne, quelques bonnes pratiques se dégagent (2).

1. L'incorporation par les États des règles internationales sur le déplacement interne

L'incorporation qui semble nécessaire ici tant pour les États monistes que pour les États dualistes peut se faire sous plusieurs formes, notamment celles rappelées par la CPJI en 1928 :

> « D'après les principes universellement reconnus, il n'est pas indispensable que l'incorporation au droit national d'une règle de droit international, nécessaire pour son application interne, soit effectuée par voie législative : suivant les circonstances, cette incorporation peut également se faire par voie d'ordonnance, d'ordre militaire, d'arrêtés administratifs généraux ou particuliers, etc » [631].

S'il fallait se fier à ces principes, il faudra en outre s'assurer que les principes sur le déplacement interne présentent au moins les deux caractéristiques suivantes : d'une part l'intention des parties comme une condition subjective à l'applicabilité directe [632], et d'autre part une précision suffisante et l'inanité de recourir à des mesures d'application internes ou internationales [633]. La jurisprudence *LaGrand*, suivie par les arrêts de la CIJ dans l'Affaire *Avena et autres ressortissants mexicains*, vient changer la donne lorsqu'elle « pose le principe selon lequel la règle internationale reconnaît immédiatement aux individus un droit subjectif international, et ce, indépendamment de toute incorporation

---

631 Cour permanente de Justice internationale, Affaire *de la Compétence des tribunaux de Dantzig*, mémoire du gouvernement dantzikois, série C, No 14-I, 13e session, p. 335 et 338.

632 Dans un avis consultatif du 3 mars 1928 (*Compétences des tribunaux de Dantzig*, série B n° 15, p. 15 s.), la CPJI a posé l'intention des parties à un accord international comme une condition subjective à l'applicabilité directe. Dans cet Avis, la CPJI devait examiner la question à elle soumise de savoir si un accord international (le *Beamtenabkommen*), passé en l'occurrence entre la Pologne et la ville libre de Dantzig et relatif au statut des fonctionnaires du chemin de fer de Dantzig, créait au bénéfice de ces derniers des droits directement invocables devant les tribunaux de Dantzig. La CPJI répondit par l'affirmative, après avoir mis en avant le critère de l'*intention des Parties* telle qu'elle résultait à la fois de l'interprétation minutieuse des dispositions du traité et des conditions pratiques dans lesquelles il avait été exécuté.

633 Cette caractéristique dite objective voudrait que, pour que la norme internationale puisse être invoquée directement dans l'ordre interne, il faut qu'elle soit juridiquement et matériellement complète. Ceci a pour conséquence qu'en pratique, l'applicabilité directe dans l'ordre interne se rapporte davantage aux dispositions conventionnelles que coutumières (Pierre-Marie DUPUY et Yann KERBRAT, *Droit international public*, Précis Dalloz, 12e édition, 2014, p. 448).

interne » [634]. Le principe est clairement posé, mais les principes internationaux sur le déplacement interne remplissent-ils les critères d'une règle du droit international au sens de cette jurisprudence ?

Les États n'ont pas négocié les principes internationaux sur le déplacement interne. Ils n'ont ni signé ni ratifié ces instruments. Ces derniers ne constituent pas un traité [635] ; ce sont des énoncés qui ne lient pas les États sur le plan international. À ce titre, une incorporation est nécessaire pour que des droits et obligations soient créés non seulement pour les déplacés internes, mais aussi pour d'autres acteurs. Cette incorporation se veut différente de l'incorporation ordinaire des règles du droit international, étant donné que pour certains États, elle s'apparentera à une combinaison des différents modes d'expression de l'engagement d'un État (signature, échange d'instruments constituant un traité ; ratification et procédures voisines ; adhésion, acceptation, notification de succession ; et incorporation [636]). Cela revient à dire que la tâche est grandiose et exigeante.

L'incorporation des Principes sur le déplacement interne suppose l'intervention de plusieurs acteurs, un changement profond dans le discours, les politiques, les programmes tant nationaux, régionaux qu'internationaux : c'est-à-dire une prise en considération réelle des principes aux différentes étapes du déplacement auxquelles ils sont applicables. Une forte incorporation des principes est nécessaire si l'on veut leur donner et voir accroître leur valeur juridique et ainsi mieux promouvoir et protéger les droits des déplacés internes. L'examen de la dissémination de ces principes qui passe par une jauge à l'aune de leur pénétration dans des instruments nationaux révèle une incorporation

---

634 Sébastien TOUZÉ, *La protection des droits des nationaux à l'étranger - Recherches sur la protection diplomatique,* Collection de la Fondation Marangopoulos, Pedone, Paris, 2007, p. 64.

635 Lorsqu'une norme de l'ordre juridique international présente les caractères intrinsèques requis, pour les monistes, la signature et la ratification de ladite norme la rendent invocable dans l'ordre interne, lorsque pour les dualistes cette signature et cette ratification doivent être suivies d'une mesure d'introduction en droit interne opérée par les organes compétents de ceux-ci.

636 Le consensus en tant que fondement ultime du droit international (cette exigence d'acceptation des fondements pour les instruments relatifs aux droits de l'homme est bien illustrée par les conventions régionales. Illustration faite par le préambule de la Convention européenne des droits de l'homme lorsqu'elle précise : « Gouvernements d'États européens animés d'un même esprit et possédant un patrimoine commun d'idéal et de traditions politiques, de respect de la liberté et de prééminence du droit ».) est valable tant en droit des traités qu'en droit coutumier avec ses deux éléments constitutifs que sont une pratique étatique uniforme et la conviction que l'usage répété constitue une règle de droit. Le consensus est aussi le fondement de ces règles de *soft law*, catégorie à laquelle les Principes directeurs appartiennent *a priori*. En effet, l'obtention du consensus sur les Principes directeurs de 1998 a été difficile et n'a pas été faite suivant les canons habituels. C'est en septembre 2005 que les chefs d'États et de gouvernements, lors du Sommet mondial à New York, ont reconnu les Principes directeurs comme « une importante structure internationale pour la protection des personnes déplacées à l'intérieur de leur propre pays » (G.A. Res. 60/L.1, 132, UN. Doc. A/60/L.1).

multiforme et timorée. Elle est comme à l'échelle internationale, plus conceptuelle qu'opérationnelle.

Pour que les principes sur le déplacement interne créent des droits et obligations, les États devraient adopter une législation interne alignée sur lesdits principes. Ce procédé donnera non seulement une valeur juridique à ces principes mais aussi une justiciabilité et une invocabilité devant le juge interne. Il faudra alors s'assurer que le droit interne en vigueur sur le déplacement interne réussisse à clarifier la traduction en actions concrètes des principes généraux et abstraits du droit international évoqués par les principes relatifs au déplacement interne. L'examen de différentes législations nationales montre que le soutien et la mobilisation du RSG/RS ont influencé très positivement les législateurs et les normes juridiques nationales relatives à la protection des déplacés internes. Les principes sur le déplacement interne sont considérés par certains gouvernements comme un cadre utile et pertinent permettant de répondre aux problèmes liés au déplacement interne. Toutefois, les approches des États ou gouvernements font montre d'une réelle hétérogénéité ; l'incorporation se fait avec une intensité variable. Plusieurs gouvernements ne manifestent pas une volonté politique d'aider les déplacés internes. Il y en a aussi qui, ayant bel et bien cette volonté, élaborent des législations et formulent des politiques qui ne prennent que rarement en compte les besoins spécifiques des déplacés internes, créant ainsi un obstacle à la jouissance des droits à eux reconnus. John Holmes faisait le constat suivant : « La plupart des États touchés par les déplacements n'ont toujours pas de lois ou de politiques nationales relatives aux PDI » [637]. Certains gouvernements ont élaboré des lois et adopté des politiques sur le déplacement interne bien avant la présentation des Principes directeurs en 1998. C'est le cas des gouvernements de l'Azerbaïdjan, de la Colombie et de la Géorgie [638]. Si l'on comptait en 2008 près de vingt États et territoires ayant plus ou moins bien aligné leurs lois et politiques sur les principes de 1998 et 2005 [639], l'on en aurait environ vingt-cinq en fin 2013 [640]. Plusieurs autres les ont rejoints ou sont en passe de le faire, notamment l'Afghanistan, la République centrafricaine, le Kenya, le Nigeria, etc.

---

637 Déplacement Interne: Dix Ans des Principes Directeurs, *Revue des Migrations Forcées*, numéro spécial, décembre 2008, p. 3.

638 Elizabeth FERRIS, « Évaluer l'impact des Principes : une tâche inachevée », in Déplacement interne : dix ans des Principes directeurs. *Revue des migrations forcées*, GP 10, décembre 2008.

639 Déplacement Interne: Dix Ans des Principes Directeurs, *Revue des Migrations Forcées*, numéro spécial, décembre 2008, p. 10.

640 Document conceptuel, Dialogue du Haut Commissaire sur les défis de protection, 11-12 décembre 2013. Protéger les déplacés internes : défis pérennes et idées nouvelles. Page 3.

2. Quelques bonnes pratiques

La Géorgie a voté sa propre loi sur les déplacés internes en 1996, c'est-à-dire bien avant la présentation des Principes directeurs, mais sur inspiration des travaux préparatoires du RSG, Francis Deng. De plus, par suite de la visite de travail de Francis Deng, la loi a été modifiée en 2000 et davantage alignée sur les Principes directeurs. Un effort de mobilisation des déplacés internes et des organisations de la société civile a été nécessaire pour voir se concrétiser les droits garantis par la loi. Suite aux recommandations effectuées dans le rapport de mission en Géorgie de Francis Deng, une stratégie nationale globaliste pour les déplacés internes a été développée. Elle est établie sur les Principes directeurs et devrait créer des conditions nécessaires au retour des déplacés internes dans la dignité et en sécurité, favoriser les conditions de vie décentes, garantir la participation de ceux-ci au sein de la société, etc.

La Colombie est l'un des États au monde qui abritent un très grand nombre de déplacés internes pour cause de conflit armé. Le conflit perdure dans cet État depuis plus de quarante ans et y constitue la principale cause du déplacement de populations. Ce conflit oppose les forces gouvernementales et les deux principaux groupes armés « illégaux » : les Forces Armées révolutionnaires de la Colombie et l'Armée de Libération nationale. L'exemple de la Colombie illustre parfaitement l'intégration des principes sur le déplacement interne au droit interne. Le principal texte colombien en la matière est la loi n° 387 du 20 juillet 1997, loi inspirée des travaux préparatoires du RSG [641] et principalement des normes énoncées dans le Protocole additionnel II (1977) aux Conventions de Genève. Cette loi définit les responsabilités de l'État et prévoit l'adoption de mesures destinées à assurer la protection et l'assistance aux déplacés internes, à stabiliser leur situation socio-économique et à prévenir les déplacements forcés. Dans sa décision SU/1150 d'août 2000, la Cour constitutionnelle colombienne reconnaît que les Principes directeurs, étant donné qu'ils comblent les lacunes et clarifient les zones d'ombre que revêt le droit international existant, devraient servir d'orientation pour l'élaboration et l'interprétation de la législation nationale portant sur le déplacement interne, notamment celle adoptée en 1997. Elle va plus loin en 2001 lorsqu'elle décide d'incorporer les Principes directeurs au bloc de constitutionnalité, faisant ainsi desdits principes une loi nationale. Les Principes directeurs constituent ainsi la base fondamentale de la réponse institutionnelle au déplacement interne d'une multitude de politiques publiques.

---

641 Il faut rappeler qu'avant la nomination du premier Représentant spécial du Secrétaire général sur les personnes déplacées à l'intérieur de leur propre pays, il n'existait aucun mécanisme de protection à l'échelle internationale pour les droits des déplacés internes. Aujourd'hui, les organes conventionnels et les Procédures spéciales du Conseil des droits de l'homme traitent chacun dans les limites de leurs mandats respectifs la question de personnes déplacées, mais cela reste partiel et ponctuel.

C'est à juste titre que l'on affirme que « La législation colombienne est désormais la plus progressive du monde en matière de déplacement interne » [642].

Si ces exemples sont satisfaisants pour l'heure, il y a des cas où l'on regrette profondément la lenteur dans l'incorporation des principes sur le déplacement interne. En effet, malgré les efforts consentis, ils ne sont pas suffisamment disséminés [643]. Le fait qu'ils ne soient pas assez connus constitue une véritable désillusion que l'on a, pour le reste, pu éprouver dans plusieurs contextes de déplacement. Cela constitue une véritable entrave à leur pleine efficacité. Il existe des normes, des lois et des principes internationaux qui n'atteignent pas un grand nombre de déplacés internes. C'est le cas en Afrique du sud, au Sud Soudan, au Bangladesh, au Népal, etc. Dès lors, amener les déplacés à prendre conscience de leurs droits et considérer les Principes sur le déplacement interne comme des instruments utiles leur permettant l'exercice desdits droits constitue aujourd'hui encore un véritable défi.

B. Prise de conscience par les déplacés internes de leurs droits

L'un des défis a été et reste aujourd'hui encore de s'assurer que les déplacés internes sont conscients de leurs droits et qu'ils voient en ces Principes internationaux des instruments utiles à l'exercice de leurs droits. La question est dès lors de savoir dans quelle mesure ces instruments ont aidé les déplacés internes à trouver une issue favorable, notamment des solutions durables à leur déplacement ?

Les statistiques démontrent que de plus en plus de déplacés internes se servent des Principes directeurs, Principes de Pinheiro et autres lois nationales alignées sur ceux-ci pour exiger observation et respect de leurs droits. Ces textes sont largement considérés comme des instruments sous le viatique desquels la cessation des violations des droits des déplacés internes peut se concrétiser. L'on a pu voir en Colombie des déplacés internes brandir ces instruments pour exiger des autorités qu'elles respectent leurs droits. Cependant, le nombre d'États où cela est rendu possible reste limité. John Holmes ne rappelait-il pas que « de nombreuses PDI [personnes déplacées à l'intérieur de leur propre pays] ignorent toujours quels sont leurs droits ; et de nombreux obstacles persistent pour que ces droits soient partout

---

642 Manuel José CEPEDA-ESPINOSA, « Colombie: jusqu'où peut aller la Cour constitutionnelle colombienne pour protéger les personnes déplacées ? », in Putting IDPs on the map: Achievements and Challenges. In Commemoration of the Work of Roberta Cohen, *Revue des Migrations Forcées / Brooking-Bern Project on Internal Displacement*, numéro spécial : December 2006, p. 21.

643 « Voices of Internally Displaced in South Asia » (« La voix des personnes déplacées en Asie du Sud »), Groupe de recherche Mahanirban de Calcutta, 2006, p. 14 et 24.

respectés »[644] ? Il a par la suite formulé son invite à « la communauté internationale pour qu'elle apporte un soutien plus prononcé aux gouvernements et aux PDI elles-mêmes »[645].

§ 2. AVANCÉES DE L'INCORPORATION CONCEPTUELLE ET OPÉRATIONNELLE À L'ÉCHELLE RÉGIONALE ET INTERNATIONALE

Les mécanismes et le degré d'incorporation varient selon que l'on a affaire à l'échelle régionale (A) ou internationale universelle (B).

A. À l'échelle régionale

L'on a à ce niveau des instruments relatifs à la protection des déplacés internes plus ou moins alignés sur les Principes directeurs. Les instruments les plus pertinents se trouvent en Afrique, en Amérique latine et en Europe. Dans ces systèmes, les droits des déplacés internes peuvent être mis en vigueur devant les tribunaux régionaux de droits de l'homme. À ce jour, c'est en Afrique que l'on trouve les meilleurs exemples d'incorporation des Principes directeurs aux politiques et normes régionales. Les États d'Amérique latine et certains États du Pacifique font montre de leur intention d'adopter une convention à l'instar de celle de l'Union africaine sur la protection et l'assistance aux déplacés internes. Le changement est instant. Ce progrès est très circonstanciel. Il varie selon le continent sur lequel l'on se trouve et il est vrai que beaucoup reste encore à faire. Revenons sur les cas de l'Afrique (1), de l'Europe (2) et de l'Amérique (3).

1. *Afrique*

Bien avant les Principes directeurs, l'Afrique avait déjà des instruments en rapport avec les droits des déplacés internes[646], mais les plus pertinents interviendront après ces principes.

---

644 Déplacement Interne: Dix Ans des Principes Directeurs, *Revue des Migrations Forcées*, numéro spécial, décembre 2008, p. 3.

645 Ibid.

646 La Charte africaine des droits de l'homme et des populations de 1981 énonçait déjà les principes généraux des droits de l'homme appliqués aux personnes, notamment aux personnes déplacées. Il faut rappeler aussi la Charte africaine des droits et du bien-être de l'enfant (adoptée en 1990 et entrée en vigueur en 1999), qui exige explicitement des États qu'ils appliquent ses dispositions aux déplacés internes.

a. Les instruments de la Région des Grands Lacs

L'on a assisté en 2006 à la signature du *Pacte sur la sécurité, la stabilité et le développement dans la Région des Grands Lacs*[647]. Pacte entré en vigueur en juin 2008. Un protocole traite spécialement de la protection des déplacés internes, à savoir le *Protocole sur la protection et l'assistance à apporter aux personnes déplacées à l'intérieur de leur propre pays*. Deux autres peuvent aussi leur être appliqués : le *Protocole sur le droit de propriété des personnes de retour* et le *Protocole sur la prévention et la répression de la violence sexuelle contre les femmes et les enfants*. L'approche de rédaction de ce Protocole a pris en compte la possibilité pour les États membres d'assumer formellement l'obligation de mettre en œuvre les Principes directeurs. Il engage les États membres à adopter et à mettre en pratique les Principes directeurs. Son article 6 y est spécifiquement réservé[648]. Fait remarquable, les Principes directeurs sont mis en annexe du Protocole. Le Protocole établit de véritables obligations juridiques pour les États[649]. On y trouve une définition des mesures permettant de mieux protéger tous les déplacés internes, que leur déplacement résulte de quelque cause envisageable que ce soit et dans toutes les circonstances de déplacement. Les réponses apportées ici sont adaptées à l'expérience de la région des Grands Lacs. On en trouve qui visent à protéger les populations pastorales, les communautés d'accueil, les familles ayant des membres de différentes ethnies en leur sein. Le Pacte renforce la base juridique permettant aux déplacés internes d'exiger le respect de leurs droits tels l'accès à l'information, le droit d'être consulté pour toute décision pouvant affecter leur vie, le droit d'y participer, etc.

b. La Convention de Kampala

En 2006, les ministres des États membres de l'Union africaine ont mis en œuvre un processus pour le développement d'un cadre à l'échelle africaine sur les droits des déplacés internes. Il revenait à la Commission de l'UA de collaborer avec les partenaires pertinents pour garantir aux déplacés internes un cadre juridique approprié pour la protection et l'assistance dont ils ont besoin. En 2006, l'UA a initié le processus d'adoption d'une convention sur la question. Ce programme a abouti à l'adoption en octobre 2009 de la Convention de

---

[647] Ce Pacte est le premier instrument multilatéral au monde engageant les États membres à adopter et mettre en œuvre les Principes directeurs de 1998. Il a été signé par les 11 États membres de la Conférence internationale sur la Région des Grands Lacs.

[648] Article 6 du Protocole sur l'Adoption et mise en œuvre des Principes directeurs : « Les États membres s'engagent à adopter et à mettre en œuvre les Principes directeurs comme cadre régional permettant d'offrir une protection et une assistance aux personnes déplacées à l'intérieur de leur propre pays dans la Région des Grands Lacs… Les États membres veillent à ce que les personnes déplacées à l'intérieur de leur propre pays participent effectivement à l'élaboration desdites lois ».

[649] L'article 4 de ce protocole fixe le champ d'application du protocole en termes d'obligations pour les États membres de protéger les personnes déplacées.

l'Union africaine sur la protection et l'assistance aux déplacés internes en Afrique [650]. Désormais en vigueur depuis le 6 décembre 2012, cette Convention va plus loin que le précédent Protocole. Aussi, non seulement elle constitue la première codification régionale des principes directeurs dans le monde [651], mais elle va également plus loin dans la mesure où elle les développe [652]. Dans le préambule déjà, l'on note la réconnaissance de l'ampleur du phénomène du déplacement, y compris le déplacement dû aux catastrophes naturelles. Référence est aussi faite aux instruments juridiques fondateurs sur lesquels elle trouve son assise, à savoir la Charte des Nations Unies, l'Acte constitutif de l'Union africaine et les Principes directeurs de 1998. Le but est l'équilibre entre la souveraineté de l'État et sa responsabilité de protéger et la nécessité d'assister les déplacés internes qui se trouvent sur son territoire. Cette Convention incorpore les Principes directeurs directement dans le texte même de la Convention [653]. Les grandes lignes de cette Convention sont établies sur les Principes directeurs [654]. Dans l'ensemble, la Convention de Kampala, loin d'être une transposition en Afrique des Principes directeurs de 1998, admet quelques innovations relatives à la définition de la notion de « déplacés internes », aux règles de fond et de procédure et le système de coopération, ainsi qu'au mécanisme de suivi de la mise en œuvre de la Convention.

---

650 C'est lors de sa session extraordinaire des 22 et 23 octobre 2009 tenue à Entebbe en Ouganda, que l'Union africaine a adopté la Convention de Kampala.

651 Brigitta JAKSA and Jeremy SMITH, « Africa: From Voluntary Principles to Binding Standards », in Ten Years of the Guiding Principles on Internal Displacement, *Forced Migration Review*, Numéro spécial, décembre 2008, p. 18-19.

652 Moetsi DUCHATELLIER & Mutoy MUBIALA, « La Convention de l'Union africaine sur la protection et l'assistance aux personnes déplacées en Afrique : une codification régionale des Principes directeurs des Nations Unies relatifs au déplacement de populations », *Annuaire africain de droit international online*, Volume 18, Issue 1, 2012, pp. 389-411.

653 Étant donné que la pratique de l'UA ne permet pas les annexes à la convention, les Principes directeurs n'en ont pas fait l'objet contrairement au Protocole.

654 Bien que cette convention soit opportune, elle révèle quelques imperfections. Le principe directeur 4 rend illégale toute forme de discrimination. Or, la clause d'ouverture de la Convention de l'UA qui interdit aux États de discriminer et d'empêcher toute discrimination ne se limite qu'aux facteurs ethniques, raciaux ou religieux. Le principe directeur 1 qui dispose que les PDI « jouissent sur un pied d'égalité, en vertu du droit international et du droit interne, des mêmes droits et libertés que le reste de la population du pays », ne trouve pas une affirmation positive dans la convention de l'UA. On y trouve plutôt une obligation négative à la charge des États « d'empêcher l'exclusion et la marginalisation politique, sociale, culturelle et économique, qui peuvent entraîner le déplacement ». Il existe bien d'autres imperfections encore (voir Déplacement interne : dix ans de Principes directeurs, *Revue des Migrations Forcées*, décembre 2008, p. 18). Il est vrai qu'en certains domaines cette Convention est plus protectrice des droits des déplacés internes que les Principes directeurs. Bref, elle ne les copie pas à la lettre et va bien plus loin encore.

Sur la définition de la notion de « déplacé interne », les États parties à la Convention ont implicitement [655] consacré un élargissement de sa définition à travers l'article 10 de la Convention, article portant déplacements consécutifs aux projets de développement. Cet article dispose que :

> « 1. Les États parties préviennent, dans la mesure du possible, le déplacement provoqué par les projets réalisés par les acteurs publics ou privés ; 2. Les États parties assurent que les acteurs publics ou privés explorent toutes les alternatives réalisables sur la base de l'entière information et consultation des personnes susceptibles d'être déplacées en raison de projets ; 3. Les États parties entreprennent une évaluation de l'impact socio-économique et environnemental de toute proposition de projet de développement avant la mise en œuvre de ce projet. » [656]

Sur les responsabilités, la Convention de Kampala va nettement plus loin que les Principes directeurs. Quant à la responsabilité de l'État, elle rappelle le régime général posé par les Principes directeurs et innove en ce qu'elle prévoit des règles spécifiques relatives aux déplacements provoqués par des projets de développement [657]. Concernant celle des organisations internationales et des agences humanitaires, tout en leur garantissant un libre accès aux déplacés internes, elle les oblige à respecter le droit international et la législation nationale des États où elles opèrent ; les droits de l'homme des déplacés internes ; et les principes d'humanité, de neutralité, d'impartialité et d'indépendance des acteurs humanitaires [658]. Pour ce qui est de celle des groupes armés, la Convention de Kampala, non seulement les astreint aux mêmes devoirs que les États, mais apporte aussi une contribution majeure au

---

655 Les États parties à la Convention ont abandonné le projet d'élargissement explicite de la définition de la notion de déplacé interne comme on peut le constater dans le texte final de la Convention. Ledit projet incluait une nouvelle catégorie de causes à la base du déplacement de personnes, à savoir les projets de développement de grande envergure et le manque de développement. Le projet d'article 1(i) était libellé comme suit : « "Internally Displaced Persons" means persons or groups of persons who are inside internationally recognized State borders of their country but who have been forced or obliged to leave their home or places of habitual residence, in particular as a result of or in order to avoid i) The effects of armed conflict, situations of generalized violence, violations of human rights and/or natural or human-made disasters; ii) The effects of large scale development projects or lack of development. » (African Union [AU], « Draft AU Convention for the Protection and Assistance of Internally Displaced Persons in Africa », Doc. POL/HARDP/114 [1114], pp. 3-4).

656 Article 10 de la Convention de Kampala.

657 Elle le fait notamment au moyen de l'article 10 de la Convention. Pour plus de développements sur ce point, lire Moetsi DUCHATELLIER & Mutoy MUBIALA, « La Convention de l'Union africaine sur la protection et l'assistance aux personnes déplacées en Afrique : une codification régionale des Principes directeurs des Nations Unies relatifs au déplacement de populations », *Annuaire africain de droit international online*, Volume 18, Issue 1, 2012, p. 396-401.

658 Voir l'article 6 de la Convention de Kampala et le Principe directeur 24.

droit international en ce qu'elle engage la responsabilité individuelle des membres des forces armées, celle des acteurs non étatiques et des groupes d'opposition. Elle fait de la responsabilité des acteurs non étatiques une approche moderne de la responsabilité dans l'élaboration des traités.

Sur l'approche des droits, le texte de la Convention pose l'obligation de protéger les déplacés internes pendant le déplacement dans les lieux vers lesquels ils ont été déplacés et la protection de leurs biens. En outre, la Convention lie le retour aux solutions durables, dont la réparation en cas de perte de biens. Cette dernière vient enfin compléter le cadre juridique international relatif à la protection des réfugiés dans la mesure où elle « va au-delà de la portée que son titre implique et qu'elle contient également le droit à la protection contre le déplacement arbitraire. Ce qui inclut à la fois le déplacement interne et le déplacement au-delà des frontières internationales » [659].

Sur le mandat de protection et d'assistance aux déplacés internes, la Convention de Kampala donne un mandat spécial à l'Union africaine. Elle dispose en son article 8 que l'Union africaine a le droit d'intervenir dans des circonstances graves, notamment les crimes, le génocide et les crimes contre l'humanité touchant aux déplacés internes.

L'Union africaine n'a pas reproduit un instrument qui, comme les Principes directeurs, ne prévoit pas les mécanismes de sauvegarde. En effet, la Convention de Kampala a prévu deux mécanismes de suivi de sa mise en œuvre : le mécanisme de la Conférence des États parties [660] et le système d'examen des rapports [661].

En clair, il s'agit d'une convention conçue pour relier et répondre à toutes les phases de déplacement interne, d'une Convention qui définit les obligations de l'État partie en matière de prévention des causes du déplacement, de protection et d'assistance pendant le déplacement et d'offre des solutions durables pour mettre fin au déplacement interne, et d'une Convention qui traite du rôle de l'Union africaine, du rôle des organisations internationales, des agences humanitaires et des groupes armés dans la prévention et la réponse aux situations de déplacement interne.

En vertu de la Convention de Kampala et d'autres textes du continent, les déplacés internes peuvent soumettre une demande individuelle à la Commission africaine de droits de l'homme, procédure normale. Au sein de cette

---

659 Maria STAVROPOULOU, « La Convention de Kampala et la protection contre le déplacement arbitraire », in République Démocratique du Congo. Passé. Présent. Avenir ? *Revue des Migrations Forcées*, numéro 36, décembre 2010, p. 62.

660 Article 14 paragraphes 1 à 3 de la Convention de Kampala.

661 Article 14 paragraphe 4 de la Convention de Kampala.

Commission, on trouve un Rapporteur spécial chargé des réfugiés, demandeurs d'asile, des déplacés internes et des migrants en Afrique. Il est chargé, entre autres, de la mise en place d'études et des missions d'information, de l'engagement des discussions avec les États et autres parties, du développement des stratégies visant à offrir une meilleure protection des droits de ces populations.

2. Europe

Avec l'appui de l'ONU, les États membres du Conseil de l'Europe on fait un effort considérable de promotion des Principes directeurs. Ce Conseil s'intéresse particulièrement au sort des déplacés internes, comme en témoigne le nombre élevé de recommandations adoptées par son Assemblée parlementaire. Ces recommandations portent sur des questions telles que l'éducation des déplacés internes et leur situation humanitaire, notamment en Turquie, en Fédération de Russie, en Europe du Sud-Est, dans le Sud Caucase, en Géorgie, etc. Approuvées par le Conseil de l'Europe, elles vont au-delà d'une simple réitération des Principes directeurs. On y relève une véritable mise en valeur des obligations juridiquement acceptées par les États membres du Conseil de l'Europe, qui vont bien au-delà des « engagements » qui découleraient des Principes directeurs. Très révélatrice est la *Recommandation 6* de 2006, relative aux personnes déplacées à l'intérieur de leur propre pays, adoptée par le Conseil des ministres du Conseil de l'Europe [662]. Cette Recommandation reconnaît et s'aligne sur les Principes directeurs et autres documents pertinents relatifs à la protection des déplacés internes. Elle apporte des précisions sur l'application des principes spécifiques des droits de l'homme à des situations de déplacement en Europe. Concrètement elle reconnaît expressément que :

> « Les Principes directeurs des Nations unies et d'autres instruments internationaux pertinents en matière de droits de l'homme ou de droit humanitaire s'appliquent à toutes les personnes déplacées à l'intérieur de leur propre pays, y compris les déplacés internes de leur foyer ou leur lieu de résidence habituelle en raison de catastrophes d'origine naturelle ou provoquées par l'homme » [663]

Elle précise par ailleurs que :

> « les mesures appropriées et efficaces pour garantir l'égalité de traitement parmi les personnes déplacées à l'intérieur de leur

---

662 Organisation régionale (Europe) pour les droits de l'homme et la démocratisation.

663 Conseil de l'Europe, recommandation 6 de 2006, relative aux personnes déplacées à l'intérieur de leur propre pays, paragraphe 1.

propre pays, ainsi qu'entre celles-ci et les autres citoyens [peuvent] entraîner l'obligation d'envisager des traitements particuliers adaptés aux besoins des personnes déplacées à l'intérieur de leur propre pays » [664].

Relevons aussi la résolution *Environmentally induced migration and displacement : a 21 st century challenge*, qui formule d'importantes recommandations concernant la prise en charge des situations contemporaines de déplacements forcés.

Aussi, la Convention européenne des droits de l'homme et ses quatorze protocoles renferment-ils quelques dispositions pouvant concerner particulièrement les déplacés internes. Tous les États membres du Conseil de l'Europe ont ratifié cette Convention. Dès lors, les déplacés internes relevant de la juridiction d'un des États membres du Conseil de l'Europe peuvent faire appel à la Cour européenne des droits de l'homme.

Il existe bien d'autres instruments pouvant être utilisés tant par le Conseil de l'Europe que par son Assemblée parlementaire pour s'assurer que les États remplissent leurs obligations en matière d'assistance et de protection des déplacés internes. Un mécanisme très important de protection est offert par la Charte sociale européenne et sa version révisée. Les ONG internationales ayant un statut participatif au Conseil de l'Europe et dont la réputation est confirmée par le Comité européen des droits sociaux peuvent soumettre des plaintes collectives, et ce, même si lesdites ONG ne tombent sous la juridiction d'aucun des États parties à la Charte sociale.

3. Amérique

La Convention américaine des droits de l'homme de 1969 établit des obligations générales de droits de l'homme. Les déplacés internes y trouvent aussi des garanties et peuvent, eux-mêmes ou leurs représentants, soumettre des demandes individuelles à la Commission interaméricaine. Elle peut prendre des décisions exécutoires et cela constitue l'étape précédant la saisine du tribunal. Jusqu'en 2004, cette Commission disposait d'un Rapporteur spécial chargé des déplacés internes. Plusieurs résolutions relatives aux déplacés internes ont été adoptées par l'Organisation des États d'Amérique [665]. L'adoption de ces

---

664 Ibid., paragraphe 2.

665 Voir les résolutions AG/RES. 1971 (XXXIIIO/03) « Protection des réfugiés, des rapatriés, des apatrides et des déplacés internes dans les Amériques » ; AG/RES. 774 (XVO/85) ; AG/RES. 838 (XVIO/86) ; AG/RES. 951 (XVIIIO/88) ; AG/RES. 1021 (XIXO/89) ; AG/RES. 1039 (XXO/90) ; AG/RES. 1040 (XXO/90) ; AG/RES. 1103 (XXIO/91) ; AG/RES. 1170 (XXIIO/92) AG/RES. 1214 (XXIIIO/93) ; AG/RES. 1273 (XXIVO/94) ; AG/RES. 1336 (XXVO/95) ; AG/RES. 1416 (XXVIO/96) ; AG/RES. 1504 (XXVIIO/97) ; AG/RES. 1602 (XXVIIIO/98), AG/RES. 1892 (XXXIIO/02) ; AG/RES. 2055 (XXXIVO/04) ; AG/RES. 2140 (XXXVO/05) ; AG/RES. 2229 (XXXVIO/06). Particulièrement les résolutions AG/RES.

…/…

résolutions marque une avancée considérable en matière d'alignement des normes aux principes sur le déplacement interne ou du moins de la prise en compte dans le discours et la politique régionale du problème du déplacement interne. Ces résolutions invitent les États à aborder les causes du déplacement interne, à s'engager et fournir protection et aide aux déplacés internes conformément aux Principes directeurs. Bien plus, elles encouragent les États à adopter et mettre en œuvre ces principes dans leurs législations nationales. Les principaux instruments juridiques internationaux relatifs aux droits de l'homme ne traitent pas particulièrement de la protection des déplacés internes du fait des catastrophes naturelles, mais ils s'appliquent néanmoins aux déplacés internes, quelle que soit la cause de leur déplacement. Pour s'assurer que les politiques de gestion des catastrophes naturelles sont conformes aux normes relatives aux droits de l'homme, l'OEA a adopté le 3 juin 2008 une résolution relative aux personnes déplacées à l'intérieur de leur propre pays [666]. En son paragraphe 7, elle invite les États :

> « Lorsqu'ils fournissent une aide aux personnes déplacées à l'intérieur de leur propre pays en raison de catastrophes d'origine naturelle ou provoquées par l'homme, à protéger les droits de l'homme de ces personnes en adoptant une approche des secours et de la reconstruction qui soit conforme au droit international des droits de l'homme et au droit interne, compte tenu des Principes directeurs relatifs au déplacement de personnes à l'intérieur de leur propre pays » [667].

B. À l'échelle internationale universelle

L'élaboration des règles internationales sur le déplacement interne et leur acceptation de plus en plus satisfaisante ont débouché sur une prise de conscience qui s'est très vite matérialisée à l'échelle internationale par l'adoption de mesures fortes à la fois dans l'humanitaire, le juridictionnel et quasi-juridictionnel, l'institutionnel et les relations internationales.

La principale évolution relative à l'humanitaire a été la supputation des mécanismes internationaux d'intervention auprès des déplacés internes, dont le constat contrariant a déclenché la réforme du système humanitaire. Cette réforme avait été pensée pour améliorer le cadre institutionnel relatif à la réponse au déplacement interne. Une restructuration majeure s'est ensuivie, à savoir l'établissement des *clusters* (secteurs) en 2005. Aujourd'hui, ces différentes

---

2277 (XXXVIIIO/07) et AG/RES. 2417 (XXXVIIIO/08) du 3 juin 2008 sur les personnes déplacées dans leur propre pays.

666 Résolution du 3 juin 2008 sur les personnes déplacées à l'intérieur de leur propre pays. Doc. AG/RES.2417 (XXXVIIIO/08).

667 Ibid., paragraphe 7.

agences humanitaires qui interviennent conformément à leurs *clusters* respectifs incorporent les Principes directeurs dans leurs programmes d'intervention en situation de crise humanitaire.

Les juridictions pénales internationales et les différents organes de traités se prononcent de plus en plus sur des questions relatives au déplacement interne ou alors évoquent dans leurs décisions et arrêts la situation particulière des déplacés internes. Les activités de promotion des Principes directeurs et de Pinheiro ont contribué à imprégner ces différentes instances de la philosophie de Francis Deng, Roberta Cohen et bien d'autres sur les droits fondamentaux des déplacés internes. Il est désormais rendu possible qu'elles se servent de ces principes pour interpréter les différentes normes dont elles assurent le suivi. Bien plus, elles ont contribué à compléter ou à préciser lesdites normes [668].

Le mécanisme institutionnel lui aussi a évolué. La création du poste de RSG est la première véritable avancée institutionnelle en la matière. Puis différents bureaux et personnel ont été commis au soutien de ce mandat. Notamment près OCHA, le HCDH, le HCR et même le CICR qui, sur cette question, travaille en collaboration avec l'ONU. Il n'est cependant pas sûr que la taille de ces personnels et bureaux soit proportionnelle au phénomène du déplacement interne.

Au-delà du cadre humanitaire, juridictionnel et quasi juridictionnel et institutionnel, l'idée de la protection des déplacés internes s'est progressivement fait une place dans le discours international ou les relations internationales. Référence y est faite par le Conseil de sécurité, l'Assemblée générale, le Secrétaire général, d'autres institutions et organes « onusiens », divers acteurs humanitaires dans leurs relations avec les États et surtout les États entre eux. Il existe des raisons de croire qu'il y a une véritable appropriation internationale du phénomène du déplacement interne. Bénéficie-t-il pour autant d'une place analogue à celle des droits de l'homme en général ou de certaines sous questions spécifiques prioritaires de droits de l'homme dans les relations internationales ? Rappelons que la politique des droits de l'homme y occupe une place de choix, tout en étant victime de son succès dans la mesure où elle est souvent mise au service de la puissance [669]. Certaines « grandes puissances » qui très souvent font prévaloir les questions de droits de l'homme évitent cependant de mentionner spécifiquement celle du déplacement interne, l'incluant simplement dans le tout « droits de l'homme » ou autres sous questions sans tenir compte des spécificités du phénomène du déplacement

668 Voir notamment la précision du sens du mot « force » apportée par la Chambre de première instance du TPIY. Voir supra, p. 165.

669 Sur l'instrumentalisation de la politique des droits de l'homme au profit des « grandes puissances », voir Bertrand BADIE, *La diplomatie des droits de l'homme. Entre éthique et volonté de puissance,* Paris, Fayard, Coll. « L'espace du politique », 2002, 324 p.

interne [670]. Dès lors, si des raisons fondées sur la nécessité de protéger les droits de l'homme sont souvent avancées pour exiger d'un État qu'il adopte telle ou telle politique, celles relatives spécifiquement à la protection des déplacés internes le sont moins, eu égard à la puissance et au nombre d'États qui y ont recours.

L'on suppute mieux l'étendue de l'ancrage de ce thème dans l'agenda international. Si ce positionnement constitue un véritable succès grâce notamment aux efforts de l'équipe du Rapporteur spécial en particulier et de l'ONU de façon générale, la nécessité de le poursuivre et le renforcer pour asseoir tant théoriquement, opérationnellement, qu'institutionnellement la politique internationale relative au déplacement interne ne fait aucun doute. António Guterres relève que la nécessité de nous assurer que le déplacement interne dans toutes ses dimensions est bien inscrit à l'agenda international fait l'unanimité et en faire un point prioritaire sur cet agenda doit être notre engagement commun. Pour lui, et cela s'est somme toute avéré, il y a un contraste entre l'ampleur du problème de déplacement interne et sa dilution dans le débat international politique et humanitaire. Contraste qui empêche le plein engagement de la société internationale à résoudre les problèmes de ces populations [671].

---

670 Voir la politique nationale et internationale du gouvernement des États-Unis d'Amérique concernant l'ouragan Katrina.

671 High Commissioner's Dialogue on Protection Challenges. Theme. Protecting the Internally Displaced: Persisting Challenges and Fresh Thinking. Summary (11-12 December 2013), p. 12.

Conclusion du Chapitre I

Les Principes internationaux relatifs au déplacement interne élaborés, leur valeur connue et surtout la nécessité de sensibiliser à ces normes et contribuer à leur intégration faisant l'unanimité, l'ONU a pris des mesures qui se sont avérées efficaces, mais pas à suffire. Des structures et activités de promotion ont été progressivement développées. Le Rapporteur spécial sur les droits des déplacés internes, des hautes instances de l'ONU et les institutions à elles rattachées contribuent largement à cet effort de dissémination. Ceci a conduit à une plus grande acceptation de ces normes par les auteurs du déplacement interne et les acteurs chargés de prendre des mesures pour le prévenir ou y répondre lorsqu'il s'est produit. Cependant, le mandat et les activités des principaux organes « onusiens » à même de mieux contribuer à la dissémination desdites normes sont en réel contraste ou inadéquation avec l'ampleur et les exigences du phénomène et il y a surtout une incongruité des politiques de certains organes de l'ONU eu égard à cette entreprise de promotion. Ces insuffisances suspendent la dissipation du besoin d'un instrument international conventionnel. À ce propos, le temps qui passe fait poindre davantage de raisons qui sous-tendent l'hypothèse qui vient reconsidérer l'impensabilité de la viabilité d'un instrument international conventionnel portant sur les droits fondamentaux des déplacés internes.

CHAPITRE II.

LA VIABILITÉ D'UN INSTRUMENT INTERNATIONAL CONVENTIONNEL RELATIF À LA PROTECTION DES DÉPLACÉS INTERNES

Bien que le cadre juridique international relatif à la protection des personnes déplacées à l'intérieur de leur propre pays ait nettement évolué, nombre de problématiques préoccupantes se chronicisent. La principale est relative à la conciliation de la souveraineté de l'État avec l'impératif pour la société internationale de secourir les populations vulnérables sur le territoire de leur propre pays lorsque ce dernier ne peut ou ne veut le faire. Aussi l'élaboration des Principes directeurs n'a-t-elle pas suffi à clore le débat juridique sur la protection des déplacés internes. Bien qu'ils aient été développés et présentés, il se pose encore aujourd'hui, deux décennies après leur présentation, le problème de leur mise en œuvre effective. Même si de nettes avancées sont tangibles, satisfaction n'est encore apportée ni aux déplacés internes eux-mêmes, ni à certains acteurs impliqués dans les activités de protection et d'assistance. Comme ce fut le cas en matière des droits de l'enfant avant 1989, il est difficile d'apporter une protection internationale efficace aux déplacés internes en l'absence d'un instrument international juridiquement contraignant.

L'on relève une unanimité sur le fait que le rôle de l'ONU devrait être renforcé quant à la protection des déplacés internes ; notamment sur le plan normatif [672]. L'idée d'une convention internationale sur les droits des déplacés internes avait été initialement émise. Mais elle avait été rejetée pour plusieurs raisons au profit de celle des Principes directeurs. Bien que la situation ait évolué, à des échelles différentes selon l'angle sous lequel on l'analyse, plusieurs défenseurs « onusiens » des droits des déplacés internes et leurs collaborateurs semblent satisfaits des arrangements normatifs et juridiques actuels, ou alors se contenter de réaliser des « colmatages » du déficit des différents principes internationaux relatifs au déplacement interne, notamment par l'élaboration des documents de travail, manuels, annotations, etc [673]. Pour plusieurs d'entre eux, dont Elizabeth Ferris et Walter Kalin, ce n'est pas aujourd'hui que l'on peut s'attendre à la mise sur pied d'une convention internationale sur la question. À titre illustratif, la lecture que fait Elizabeth Ferris de la situation est qu'« il y a peu d'appétit international pour rédiger un instrument juridique universel contraignant » [674]. Pour elle comme pour plusieurs de ses collaborateurs, la préoccupation actuelle serait d'amener un plus grand nombre d'États à adopter, incorporer et s'inspirer des Principes directeurs lorsqu'ils sont amenés à répondre aux situations de déplacement interne : c'est-à-dire de promouvoir et disséminer les Principes directeurs en soutenant les États, sous-régions et régions pour qu'ils les incorporent dans leurs instruments juridiques respectifs. L'on note ce désir d'incorporer les principes relatifs au déplacement interne afin qu'un jour ils puissent, tous ou presque, valoir normes de droit international coutumier [675]. C'est dire, comme la Déclaration universelle des droits de l'homme de 1948, gagner en notoriété avec l'acquis du temps qui passe et divers autres instruments qui viennent la renforcer ; notamment les Pactes de 1966 et leurs différents protocoles. Suivant le même schéma, la multiplication d'instruments nationaux, sous-régionaux et régionaux, voire « onusiens »,

---

672 Roberta COHEN, « Strengthening Protection of IDPs, The UN's Role ». *Georgetown Journal of International Affairs*, Vol. 7, Issue 1 (Winter/Spring 2006), p. [101] — [110] | | 7 Geo. J. Int'l Aff. [101], 2006 ; puis Walter KÄLIN, Walter Kälin on the Outlook for IDPs, *Forced Migration Review*, Issue 37 on Armed Non-state Actors and Displacement, march 2011.

673 Voir notamment le Manuel d'Application des Principes Directeurs Relatifs aux Déplacements Internes, *Brookings Project on Internal Displacement et OCHA*, novembre 1999 ; Walter KÄLIN, *Guiding Principles on Internal Displacement, Annotations*, 1st edition, 2000 and 2nd edition, 2008 ; Handbook for the Protection of Internally Displaced Persons, Inter-Agency Standing Committee, June 2010, etc.

674 Elizabeth FERRIS, « A Great Day for Africa! A Great Day for IDPs! ». *Brookings-LSE Project on Internal Displacement*, 14 Novembre 2012. Disponible à l'adresse : http://www.brookings.edu/blogs/up-front/posts/2012/11/14-african-union-ferris (consulté le 18 novembre 2012).

675 Sur le changement progressif du statut des normes, voir Edith Brown WEISS (ed.), *International Compliance with Non binding Accords*, Washington D.C.: American Society of International Law, 1997, 264 pages.

inspirés des Principes directeurs rendrait obligatoire l'application des droits énumérés dans ces principes.

La perpétuation des violations des droits des déplacés internes oblige à s'interroger sur le bien-fondé de l'attachement exclusif à ce mode d'élaboration des normes internationales. Il faut bien sûr tenir compte de la coutume internationale sur le déplacement interne qui voit progressivement le jour. Mais la lenteur dans sa formation et dans la formation de la coutume en général n'obligerait-elle pas à considérer aussi d'autres options pour effectivement répondre à un problème aussi grave et instant qu'est le déplacement interne ?

En l'absence d'un instrument juridique contraignant, possiblement une convention sur les droits des déplacés internes ou un protocole sur les droits de ces derniers que l'on pourrait rattacher à la Convention de 1951 relative au statut des réfugiés (la portée juridique étant la même), les déplacés internes restent, semble-t-il, pas moins oubliés ou abandonnés de l'agenda international. Bien que les principes directeurs aient fait l'objet d'une large reconnaissance internationale, il semble manquer un réel engagement au moyen d'un traité : c'est-à-dire « un accord international conclu par écrit entre États et régi par le droit international, qu'il soit consigné dans un instrument unique ou dans deux ou plusieurs instruments connexes, et quelle que soit sa dénomination particulière »[676]. Il serait encore très d'actualité, ce principe de la relativité des règles du droit international et des situations ou qualités constituées sous l'empire desdites règles.

Après plus de vingt ans du mandat de l'ONU sur le déplacement interne et deux décennies d'existence des Principes directeurs et les résultats tels qu'ils se présentent au monde, il y a assez d'éléments nouveaux qui rendraient opportun et nécessaire de considérer les justifications de la proposition, pas tout à fait nouvelle, de la mise en place d'un véritable instrument juridique international. Il conviendra de réexaminer l'opportunité du relai des Principes directeurs à un instrument international conventionnel (Section I) avant de faire une recherche de la faisabilité de l'entreprise (Section II).

---

676 Convention de Vienne sur le droit des traités, article 2, paragraphe 1a.

SECTION I.
L'OPPORTUNITÉ DU RELAI DES PRINCIPES DIRECTEURS À UN INSTRUMENT INTERNATIONAL CONVENTIONNEL

Bien que les principes internationaux relatifs au déplacement interne comblent un grand vide dans le système international de protection des déplacés internes, un instrument international conventionnel présenterait assurément plus d'avantages. Pour être efficace, il devrait dépasser les limites actuelles des premiers. Plusieurs raisons pour lesquelles l'on n'a pas opté pour un instrument international conventionnel sur les déplacés internes avaient été avancées [677]. Les principales sont :

- le manque de soutien des États à la fin du XXe siècle en faveur d'une véritable convention, la question du déplacement interne était jugée très sensible et la crainte d'un empiètement sur la souveraineté de l'État était réelle ;
- la mise en place d'un traité était perçu comme pouvant durer des décennies, pourtant il était nécessaire d'avoir un document pour favoriser la réponse aux problèmes pressants des déplacés internes [678] ;
- plusieurs États ne jugeaient pas nécessaire de développer une convention, car pour eux, le droit existant garantit une protection adéquate aux déplacés internes.

Pourtant, sur ce point et sur bien d'autres d'ailleurs, presque vingt ans après l'adoption des Principes directeurs et après plus de vingt ans d'existence du mandat des Procédures spéciales sur le déplacement interne, des zones d'ombre existent toujours.

Les règles de DIDH, de DIH et de droit international coutumier s'appliquent bien sûr aux déplacés internes dans des domaines bien définis et pour des questions spécifiques. Toutefois, il est nécessaire non seulement de les interpréter pour les rendre plus adéquates et utiles à la protection de ces personnes, mais surtout de les compléter par un véritable instrument juridique contraignant pour ainsi rompre avec ces tergiversations et facultés dans les activités des acteurs de mise en œuvre desdites normes. Cette dernière proposition est, somme toute, une pratique courante dans l'élaboration des normes internationales. La Convention relative aux droits de l'enfant par exemple exige des gouvernements qu'ils protègent les enfants contre toute

---

677 Walter Kälin n'en fait pas l'économie dans sa publication « How Hard is Soft Law ? The Guiding Principles of Internal Displacement and the Need for a Normative Framework » (*Brookings CUNY project on internal displacement*, 19 décembre 2001), notamment aux pages 3 et 4.

678 À cette période déjà, des organisations humanitaires réclamaient un document clair et concis qui pourrait guider leurs activités de protection et d'assistance sur le terrain.

forme d'exploitation sexuelle et de violence sexuelle, et qu'ils prennent des mesures appropriées pour empêcher l'enlèvement, la vente ou la traite d'enfants [679]. C'est le *Protocole facultatif sur la vente d'enfants, la prostitution des enfants et la pornographie mettant en scène des enfants* [680] qui vient compléter cette Convention de 1989 sur cet aspect précis. Entre autres prescriptions, ce Protocole enjoint aux États de prendre des mesures spécifiques pour mettre un terme à l'exploitation sexuelle contre les enfants, il interdit la vente d'enfants, etc. Ces raisons qui ont poussé à l'adoption d'un tel protocole à propos des droits de l'enfant existent sous une forme plus substantielle en matière de déplacement interne.

Évoquer l'opportunité du relai des principes internationaux sur le déplacement interne vers un instrument international conventionnel revient ici à répondre à la question de savoir si l'instrument célébré ici permettra d'améliorer la pratique actuelle. En clair, en quoi ces changements permettront-ils d'améliorer la pratique ?

Disons avec Paul Freeman et bien d'autres qu'une convention ou un protocole en ce sens offrirait des procédures claires d'application des droits en question [681]. En effet, un tel instrument viendrait combler le vide en régissant certains points spécifiques qui ont trait à la fois aux droits fondamentaux des déplacés internes (§ 1) et aux obligations des acteurs en jeu (§ 2).

§ 1. Des droits fondamentaux des déplacés internes

Il conviendra d'apporter quelques précisions tant sur l'étendue des droits (A) que sur les titulaires desdits droits (B).

A. De l'étendue des droits

Ambiguïté et imperfection pourraient s'inviter dans la description de l'étendue des droits des déplacés internes. Situation qu'il conviendra de corriger au moyen d'un véritable instrument juridique contraignant. Les Principes directeurs ont été à l'évidence d'une grande importance, mais la tâche reste considérable.

La durée de la protection est très circonstancielle. Elle varie en fonction des causes, des milieux, des stratégies d'adaptation, etc.

---

679 Voir les articles 34 et 35 et de la Convention relative aux droits de l'enfant.

680 Protocole du 25 mai 2000, entré en vigueur le 18 janvier 2002.

681 Paul Freeman, « International Intervention to Combat the Explosion of Refugees and Internally Displaced Persons », *Georgetown Immigration Law Journal*, Vol. 9, No 3, 1995, p. 598.

Des dérogations sont actuellement permises en certaines circonstances, notamment dans les situations d'urgence. Cette insuffisance a aussi trait aux situations ne relevant pas d'un conflit armé ; ce qui exclut par ricochet l'exigence de l'application du DIH [682]. Les Principes directeurs ont sans doute directement ou non contribué à corriger les imperfections jadis existantes concernant les dérogations. Mais tout n'a pas été corrigé. La Convention de Kampala pourrait servir d'orientation en ce qu'elle ne prévoit pas de suspension d'application en cas d'urgence nationale : elle est applicable en tout temps, tant dans une situation où la violence armée n'a atteint ni le seuil requis pour que soit applicable l'article 3 commun ni celui plus élevé pour rendre applicable le Protocole additionnel II.

Les droits individuels des déplacés et la doctrine de la responsabilité des États seraient mieux définis et délimités au moyen d'un traité. Cela mettrait aussi un terme à l'ambiguïté qui caractérise la doctrine juridique en la matière. Un instrument juridique conventionnel contribuera nettement à la cohérence, à l'objectivité et à l'uniformité de la réponse internationale au problème de déplacement interne.

L'implication des changements climatiques sur les droits de l'homme mérite une attention spéciale. Les conséquences juridiques de ces changements pourraient toucher aux droits tels que le droit à la vie, le droit à l'eau, le droit à l'alimentation, le droit à la santé et le droit au logement. Sous cette perspective, la recherche des solutions durables pour les communautés déplacées constitue un défi majeur, étant donné les effets irréversibles de certains phénomènes comme la perte de terres arables ou de la biodiversité.

B. Des titulaires des droits

Il importe de revenir sur la définition du point de vue des causes du déplacement (1) et sur la question de la délimitation temporelle (2).

1. La qualification du point de vue des causes du déplacement

La question de savoir qui peut être considéré comme un déplacé interne se pose encore légitimement. Un débat avait eu lieu lors de l'élaboration des Principes directeurs concernant l'inclusion ou non des déplacés internes pour cause de catastrophe naturelle dans la définition de l'expression « déplacés internes ». L'opinion majoritaire parmi les experts internationaux consultés sur la question, celle qui a été finalement retenue dans les Principes directeurs,

---

682 Philippe LAGRANGE « Le droit des personnes déplacées, entre unité et fragmentation », in Catherine-Amélie CHASSIN (dir.), *Les migrations contraintes, Actes du colloque de Caen*, Pedone, 2014, p. 54.

inclut les personnes qui fuient pour cause de conflit armé, violence généralisée, violation des droits humains, catastrophe naturelle et catastrophe d'origine humaine. Toutefois, aujourd'hui encore, certains juristes et experts internationaux s'opposent à cette large conception. Pour Stephen Castles et Nicholas Van Hear notamment, le label « déplacé interne » ne devait être utilisé que pour désigner une personne qui fuit pour cause de violence ou de persécution [683], autrement dit un réfugié au cas où elle aurait traversé une frontière internationalement reconnue d'un État. En outre, les pays comme le Myanmar et le Pakistan n'admettent pas que les déplacés internes du fait des opérations militaires soient considérés comme tels [684]. Bien plus, les États-Unis ont quelquefois évité d'utiliser le label « déplacé interne » alors même que le contexte s'y prêtait [685]. Pour finir, les organisations qui recensent les déplacés internes n'incluent très souvent pas les déplacés internes pour cause de catastrophes naturelles.

Il s'est développé ces dernières années une large reconnaissance des catastrophes naturelles comme des causes du déplacement interne. Le développement des *Directives opérationnelles sur les droits de l'homme et les catastrophes naturelles* [686] vient corroborer cette prise en compte du problème, étant donné la récurrence des catastrophes naturelles.

Les personnes arbitrairement déplacées pour cause de grands projets de développement « représentent l'unique plus grande sous-catégorie dans l'ensemble personnes déplacées » [687] et n'ont pas été épargnées. Bien que les Principes directeurs s'appliquent à celles-ci, sur le plan international, elles ne sont parfois pas considérées comme des déplacées internes. Elles ne font pas partie des données collectées et ne bénéficient en général pas non plus de l'assistance offerte par les organisations qui œuvrent dans le domaine du déplacement interne. Il n'y a pas en réalité de consensus sur une éventuelle

---

683 Stephen CASTLES & Nicholas VAN HEAR, Developing DFID's Policy Approach to Refugees and Internally Displaced Persons, Vol. 1, *Refugee Studies Centre*, Oxford, 2005, p. 12.

684 Walter KÄLIN, « Walter Kälin on the Outlook for IDPs », *Forced Migration Review*, Issue 37 on Armed Non-state Actors and Displacement, mars 2011, p. 43.

685 Après le passage de l'Ouragan Katrina, les survivants, déplacés, ont d'abord été nommés « réfugiés » par le gouvernement et les médias américains (voir Roberta COHEN, « Human Rights at Home », *Brookings bern project on internal displacement*, statement at the Havard University's Kennedy School of Government. 1er novembre 2006 ; voir aussi Thomas G. WEISS, David A.KORN, *Internal displacement: conceptualization and its consequences.* Routledge, Taylon & Francis Group, 22/06/2006, p. 115) ; puis d'Américains déplacés par Georges Bush (Voir Roberta COHEN, Strengthening Protection of IDPs, The UN's Role. *Georgetown Journal of International Affairs*, Vol. 7, Issue 1 [Winter/Spring 2006], p. 109).

686 Protecting Persons Affected by Natural Disasters : IASC Operational Guidelines on Human Rights and Natural Disasters. *Brookings-Bern Project on Internal Displacement.* Juin 2006.

687 Michael M. CERNEA, « Development-induced and conflict-induced IDPs: bridging the research devide », *Forced Migration Review*, Special Issue, Dec 2006, p. 26.

agence qui s'occupera d'elles. La Banque mondiale et les banques régionales de développement ont élaboré des directives sur la réinstallation involontaire de ces personnes, mais ne sont concernés que les cas où lesdites banques sont impliquées dans les programmes de prêt.

Le même débat a pris corps au sujet des déplacés économiques. Ces derniers ne sont pas expressément inclus dans la définition de la notion de « déplacés internes » contenue dans les Principes directeurs. Toutefois, celle-ci leur est étendue périodiquement [688]. Une forte opposition est faite à l'inclusion des migrants économiques à la définition de l'expression « déplacés internes ». Attendu qu'ici, l'élément coercitif et involontaire n'est pas clairement établi, l'élargissement du concept à ces personnes créerait des déplacés internes difficilement gérables sur le plan opérationnel et le consensus établi autour des déplacés internes comme individus avec des besoins distincts de protection pourrait se trouver rompu.

Le débat porte en effet sur l'inclusion ou non des motifs spécifiques parmi ceux du déplacement interne. Sur ce point, il n'est pas forcément nécessaire de procéder à une énumération limitative des motifs interdits de déplacement interne. L'approche d'énonciation adoptée en matière d'interdiction internationale de la discrimination peut s'avérer utile ici. En effet, dans le droit international, l'énumération des motifs de discrimination interdits est généralement indicative et non limitative [689]. Ce caractère indicatif se manifeste par l'emploi dans les instruments juridiques internationaux portant sur la non-discrimination des expressions telles « autres situations », « toute personne » ou « autre chose ». Ces dernières indiquent que la liste n'est pas exhaustive et que d'autres motifs sont ou peuvent être inclus dans cette catégorie [690], ce serait le cas pour la discrimination fondée sur le motif des antécédents judiciaires [691]. Appliquer cette approche à l'énonciation des causes du déplacement interne pourrait laisser une certaine marge de manœuvre aux États et par ricochet en rassembler un grand nombre autour d'un instrument conventionnel international.

---

688 Regional Seminar on Internal Displacement in the Americas, *Brookings-SAIS Project on Internal Displacement*, Mexico City, 18-20 February 2004, p. 12.

689 La *Convention internationale sur l'élimination de toutes les formes de discrimination raciale* est l'exemple parfait de convention internationale qui fait exception à la règle de l'énumération indicative des motifs de discrimination.

690 Comité des droits économiques, sociaux et culturels, Observation générale numéro 20, la non-discrimination dans l'exercice des droits économiques, sociaux et culturels (art. 2, par. 2 du Pacte international relatif aux droits économiques, sociaux et culturels), Doc. E/C.12/GC/20 du 2 juillet 2009, paragraphe 15.

691 Rolince MBUNGO, « L'approche juridique internationale du phénomène de discrimination fondée sur le motif des antécédents judiciaires », *Revue québécoise de droit international (RQDI)*, numéro 27.2 (2014), octobre 2015, pp. 59-97.

2. Le temps du déplacement interne

Après la question de savoir « qui peut être considéré comme un déplacé interne ? », se pose la suivante : « Jusqu'à quand doit-on être considéré comme un déplacé interne ? ». Il n'y a pour l'instant pas de consensus sur le moment où un déplacé interne ne doit plus être considéré comme tel. Il n'y a pas de clauses de cessation comme on en trouve chez les réfugiés, la reconnaissance d'un individu comme un déplacé interne ne conférant pas de statut juridique en droit international. Les Principes directeurs ne manquent pas de rappeler que « le déplacement ne doit pas durer plus longtemps que ne l'exigent les circonstances » [692].

A priori, la fin du déplacement interne se constaterait lorsque le déplacé interne est retourné à son lieu de résidence d'origine. Une telle approche, du reste réductrice, s'alignerait parfaitement sur le postulat établi sur le droit au retour et sur les accords de Dayton qui prévoient le droit au retour au foyer d'origine [693]. Mais le retour n'est ni toujours possible ni toujours souhaité par les déplacés internes et mettre fin au déplacement de façon prématurée peut entraîner de graves conséquences.

Un autre argumentaire voudrait que la fin du déplacement interne soit considérée en prenant en compte la vulnérabilité des déplacés internes. En d'autres termes, lorsqu'il est clairement établi que les personnes concernées n'ont plus de besoins spécifiques, l'on devrait considérer qu'elles ne peuvent plus raisonnablement entrer dans la catégorie dénommée « déplacés internes ».

Si des critères de détermination de la fin du déplacement ont été établis (a), leur mise en œuvre s'est parfois avérée difficile (b).

a. Des critères de détermination de la fin du déplacement

Pour mette un terme à toutes les divergences, Walter Kälin, alors RSG, a établi un ensemble de critères qui déterminent la fin du déplacement interne [694]. Sont pris en compte non seulement le mouvement physique, mais aussi la nécessaire mise en place des conditions pouvant assurer la durabilité des solutions adoptées [695]. Ces critères permettent de savoir si les déplacés ont atteint, trouvé une solution viable et durable à leur situation. Le principal est

---

692 Principe 6.3.

693 Les Principes de Pinheiro quant à eux accordent plus d'importance au retour et à la restitution qu'à la réinstallation et à la compensation (*The Pinheiro Principles, 2005*, Centre on Housing Rights and Evictions, Geneva, www.cohre.org).

694 Inter agency standing committee, 67th working group meeting, Benchmarks for determining when displacement ends, 17-21 march 2007. Doc. WO/0703/2072/7.

695 Erin MOONEY, « The Concept of Internal Displacement and the Case for Internally Displaced Persons as a category of Concern », *Refugee Survey Quarterly*, vol. 24, n° 3, p. 22.

que le déplacement interne ne prendrait pas fin à l'atteinte d'un point particulier, mais plutôt dans un processus au cours duquel le besoin d'une assistance et d'une protection spécifiques commence à diminuer [696]. Concrètement, le déplacement prendrait fin lorsque l'une des solutions durables est mise en œuvre et lorsque les déplacés internes n'ont plus de besoins spécialement liés à leur déplacement, pouvant ainsi jouir de leurs droits de manière non discriminatoire vis-à-vis des citoyens qui n'ont jamais été déplacés. Ces solutions durables comprennent le retour au lieu d'habitation d'origine, l'intégration locale dans la communauté d'accueil des déplacés internes et l'installation dans une autre partie du pays. Celles-ci ne seront considérées comme étant durables que si elles sont assises d'abord sur une sûreté et une sécurité à long terme, ensuite sur la restitution et la compensation en cas de perte de propriété et pour finir sur un environnement dans lequel des conditions économiques et sociales normales sont garanties aux anciens déplacés internes. Il faut rappeler qu'à la fin du déplacement, les déplacés internes peuvent toujours réclamer la protection et l'assistance. Mais dans ce cas, leurs besoins ne seront pas différents de ceux d'autres citoyens se trouvant dans une situation similaire. Ils ont besoin ou bénéficient de la protection au même titre que tout autre citoyen, à savoir du DIDH et du DIH si nécessaire.

b. Une mise en œuvre difficile

Évaluer l'effectivité d'une solution durable requiert que l'on examine tour à tour le procédé au moyen duquel cette solution a été mise en place et les conditions contemporaines des anciens déplacés de retour, intégrés ou réinstallés. Cet exercice nécessite la vérification de quelques éléments. Les autorités nationales ont-elles mis en place les conditions propices à un retour sûr et digne ou à la réinstallation ailleurs ? Les personnes anciennement déplacées sont-elles en mesure de faire valoir leurs droits sur les mêmes bases que les autres citoyens ? Les acteurs internationaux sont-ils en mesure de fournir une assistance et de suivre la situation des anciens déplacés ? La solution durable est-elle viable ?

Les critères relatifs à la détermination de la fin du déplacement interne ont donc été mis en place. Mais contrairement à la situation de réfugié pour laquelle la Convention de 1951 précise clairement dans quelles hypothèses le réfugié ne peut plus être considéré comme tel [697], leur application dans certaines situations particulières de déplacement interne fait débat. En ce qui concerne la

696 Walter KÄLIN, The representative of the UN Secretary-General on the Human Rights of Internally Displaced Persons (2006), « Benchmarks of Durable Solutions for Internally Displaced Persons » (draft).

697 Convention de 1951 sur le statut des réfugiés, article 1 c (5) et (6).

réintégration par exemple, trois aspects présentant des problèmes spécifiques doivent être examinés.

L'on a par priorité la réintégration légale qui implique la réclamation des documents, propriétés, etc. Au sortir d'un conflit armé, l'accès à la propriété n'est pas toujours garanti du point de vue juridique. En l'absence de véritables mécanismes juridiques relatifs au recouvrement des biens, les déplacés internes en phase retour sont livrés à eux-mêmes. Ceci rend la mise en œuvre des solutions durables difficile. Dans l'incapacité de rentrer en possession de leurs biens, les déplacés internes resteront indéfiniment dépendants de la communauté et des agences humanitaires.

Ensuite vient la réintégration sociale qui implique la réconciliation entre les déplacés internes de retour et la communauté qui les accueille. La réconciliation est très significative à ce niveau. Elle doit couvrir la participation aux affaires publiques, l'accès égal aux services, etc. La réalisation et l'atteinte des solutions durables passent nécessairement par l'effectivité de cette réconciliation.

Enfin, l'aspect économique de la réintégration constitue un préalable au bénéfice des services et à la participation effective à la vie publique.

Il n'existe donc pas de véritable formule arrêtée et précise qui pourrait aider à déterminer que le déplacement et le besoin de protection ou d'assistance ont pris fin. Ceci étant, la situation des déplacés internes ou anciens déplacés internes doit être évaluée de façon globale et en concertation avec toutes les parties prenantes [698].

§ 2. Des acteurs du déplacement interne

L'hypothèse de départ ici est que les déplacés internes subissent le déplacement. Le problème se pose donc en ce qui concerne les véritables responsabilités de ceux qui le causent. Il est urgent de prévoir, en matière de déplacement interne, les véritables obligations juridiques des États (A) et les responsabilités des acteurs non étatiques (B). Un instrument contraignant pourrait aussi désigner une institution ayant la charge des déplacés internes (C).

A. Importance de véritables obligations juridiques des États

Lorsqu'est posée la question de savoir quelles sont les obligations internationales des États en matière de déplacement interne, il sied de rappeler, comme l'a fait Walter Kälin, que :

---

698 *When Displacement Ends: A Framework for Durable Solutions*, The Brookings Institution. University of Bern Project of Internal Displacement, June 2007, p. 10.

« Nous avons [...] les Principes directeurs de 1998 sur le déplacement interne. Bien que ce ne soit pas un instrument juridiquement contraignant, l'avantage de ces Principes directeurs réside dans le fait que tous les gouvernements les ont acceptés à maintes reprises dans les résolutions de l'Assemblée générale de l'ONU et qu'ils les ont reconnus en tant que cadre juridique important pour la protection, ce qui signifie essentiellement que les gouvernements ont une obligation de respect, de protection et de plein exercice des droits humains énoncés dans cet instrument de protection des déplacés » [699].

Rappelons cependant qu'une telle acceptation n'a pas valeur de ratification formelle d'un traité. Elle n'implique pas les mêmes engagements, encore moins les mécanismes de suivi de la mise en œuvre dudit instrument comme ce serait le cas dans le cadre d'un véritable traité entré en vigueur conformément aux procédures établies par la Convention de vienne de 1969 sur le droit des traités [700].

Un instrument international conventionnel présentera plusieurs avantages. Sans prétendre à l'exhaustivité, il conviendra d'en rappeler les suivants :

— Il précisera la véritable étendue de la responsabilité des États en matière de déplacement interne. La codification des obligations spécifiques des États en matière de déplacement interne renforcerait la notion de responsabilité étatique. Il faudra alors accompagner celle-ci de mécanismes de responsabilisation.

— Il fera autorité et bénéficiera d'une plus forte reconnaissance internationale. Cela contribuera à rendre l'État responsable en cas de manquement à ses obligations [701]. Il constituera un moyen de pression, qui amènerait les États à s'engager effectivement et à assumer leurs responsabilités en la matière. C'est là l'un des objectifs que se sont fixés les rédacteurs de la Convention de l'Union africaine sur la protection et l'assistance aux déplacés internes en Afrique [702].

— Il définira mieux les critères d'une intervention internationale pour protéger les déplacés internes et améliorera par ricochet la légitimité et le

---

699 « Un ardent défenseur des droits des déplacés internes. Interview avec Walter Kälin », *HCR*, Genève, 14 novembre 2011. Disponible à l'adresse : http://www.unhcr.fr/4ec2271ac.html (consulté le 6 mars 2013).

700 Convention de Vienne sur le droit des traités du 23 mai 1969 (entrée en vigueur le 27 janvier 1980). Voir notamment son article 2 sur la signification des expressions « traité », « ratification », « acceptation », « réserve »...

701 Luke T Lee, « The case for an international convention on displaced people », in JH Williams (ed.), *Invisible Refugees*, Washington, D.C.: Chicago-Kent College of Law and Pax International, 2003.

702 En 2014, elle comptait, parmi les 54 États membres de l'UA, 39 signatures et 22 ratifications.

soutien à une telle intervention. La solidarité internationale et l'unanimité pour condamner un État qui faillit à ses obligations sont largement tributaires d'un instrument international conventionnel. Les raisons de l'intervention de la société internationale en Libye ne sont-elles pas valables pour la Syrie ? [703] Les critères de l'incapacité, voire de l'irrésolution d'un État à protéger ses déplacés internes devraient être clarifiés. C'est déterminant, puisque la société internationale ne pourrait intervenir (selon les mécanismes en vigueur) que si le gouvernement n'a pas soit la volonté d'agir soit la capacité d'agir. Pourquoi préciser ces critères ? L'hypothèse est la suivante : prétendre que l'on peut faire face soit même à une crise de déplacement interne qui a cours sur son territoire n'est souvent qu'un refus non affirmé de toute intervention étrangère sur son territoire et non l'expression de la certitude de répondre congrûment à la crise. À propos de l'Ouragan Katrina de 2005, les États-Unis n'ont pas voulu admettre la présence de déplacés internes sur leur territoire. La réponse gouvernementale à ce déplacement de populations a été presque unanimement jugée très approximative, nettement inférieure à la réponse internationale au déplacement interne dans un État tel que le Pakistan. Il y a eu de vives fustigations sur la scène internationale ; notamment du fait du refus d'autoriser les acteurs internationaux à apporter de l'aide et de l'inefficacité de la gestion de l'aide matérielle internationale [704]. C'est un constat de négligence réelle qui a été établi. Les États-Unis eux-mêmes ont reconnu de graves défaillances, principalement sur l'initiative, comme exprimé dans le rapport du *Select Bipartisan Committee to Investigate the Preparation for and Response to Hurricane Katrina* :

> « *The failure of local, state, and federal governments to respond more effectively to Katrina (which had been predicted in theory for many years, and forecast with startling accuracy for five days) demonstrates that whatever improvements have been made to our capacity to respond to natural or man-made disasters, four and half years after 9/11, we are still not fully prepared. Local first responders were largely overwhelmed and unable to perform their duties, and the National Response Plan did not adequately provide a way for federal assets to quickly supplement or, if necessary, supplant first responders* » [705].

---

703 Certes, l'on peut poser la question de savoir si les raisons de l'intervention de la société internationale en Libye ne sont pas valables pour la Syrie. Toutefois, il convient de relativiser le propos en rappelant notamment qu'il n'y avait pas plus d'instruments contraignants invocables.

704 L'on avait alors assisté à un scénario atypique : une offre d'aide premièrement déclinée, deuxièmement acceptée partiellement, troisièmement collectée partiellement et quatrièmement utilisée partiellement.

705 [« L'échec des gouvernements (local, étatique et fédéral) à répondre plus efficacement à l'Ouragan Katrina (qui avait été prédit en théorie depuis de nombreuses années, et prévu avec précision étonnante pendant cinq jours) démontre que quelles que soient les améliorations qui ont été apportées à notre capacité à répondre aux catastrophes naturelles ou d'origine humaine, quatre ans et demi après le 11 septembre, nous ne sommes pas encore bien préparés. Les premiers

.../...

Ces insuffisances pouvaient valoir incapacité des États-Unis et constituer par le fait même une raison suffisante à une intervention de la société internationale. L'incapacité ne doit pas seulement s'entendre de la limitation de moyens financiers, elle couvre aussi et principalement l'impréparation du gouvernement à réagir efficacement. À celle-ci, l'on pourrait lier la nécessité de préciser ou de mandater une institution qui sera chargée de déterminer si le seuil d'incapacité ou d'irrésolution à réagir efficacement est atteint.

B. Obligations des acteurs non étatiques

Conformément au DIH, les groupes armés ont des obligations envers les populations qui sont sur le territoire dont ils sont maîtres ; obligations découlant des Conventions de Genève et de leurs Protocoles additionnels, notamment l'article 3 commun et le Protocole additionnel II. Le Conseil de sécurité (à travers ses résolutions) et le Statut de Rome rendent ces conventions applicables aux groupes armés. Ces derniers sont responsables au même titre que les États lorsqu'ils sont effectivement maîtres d'une partie du territoire. Cependant, il existe un réel vide juridique lorsque cette question est abordée sous l'angle du DIDH. Les Principes directeurs ne prévoient pas d'obligations spécifiques de respect des droits de l'homme par les acteurs non étatiques[706].

L'on aura intérêt à faire évoluer les normes sur ce point. La Convention de Kampala, convention la plus aboutie en matière de déplacement interne, précise les obligations des groupes armés en matière de déplacement interne, principalement des obligations négatives [707].

C. Institution internationale sur le déplacement interne

Au moyen d'un instrument international conventionnel, on pourrait confier le mandat du déplacement interne ou le suivi dudit instrument à une institution internationale. Avec un deuxième protocole à la Convention sur les réfugiés, le HCR pourrait s'en charger. Si l'on opte pour une convention autonome, une

---

intervenants ont été largement dépassés et incapables de s'acquitter de leurs fonctions, et le Plan national d'intervention n'a pas créé des conditions adéquates pour que les éléments fédéraux appuient rapidement la réponse à la catastrophe, ou le cas échéant, supplantent les premiers intervenants »], Rapport du Select Bipartisan Committee to Investigate the Preparation for and Response to Hurricane Katrina, 15 février 2006.

706 Voir plus haut les développements sur la clarification incomplète des responsabilités des ANE à l'égard des déplacés internes (voir p. 131).

707 L'article 7(5) de la Convention de Kampala impose une série d'obligations négatives aux groupes armés. L'on y trouve l'interdiction de procéder à des déplacements arbitraires.

agence pourrait être désignée ou alors on pourrait avoir un organe de traité à l'instar des neuf autres [708]. Cela présentera plusieurs avantages :

— Si c'est un organe de traité qui est mis en place, les allégations de violation des droits de l'homme en rapport avec les déplacés internes, actuellement examinées incommodément par les différents comités en place, bénéficieraient d'un traitement et d'une attention à la mesure du phénomène du déplacement interne. En effet, si tant est que les différents comités en place s'y penchent, cette ouverture sur les droits et la condition spécifique des déplacés internes n'est que très pusillanime et partielle [709].

— Si c'est une agence qui est créée, l'on romprait avec ces pratiques discriminatoires d'agences qui viennent actuellement en aide aux déplacés internes. Elles qui établissent une distinction sur le fondement de la cause du déplacement. C'est le cas du HCR notamment qui distingue et protège selon que le déplacement interne intervient du fait d'un conflit armé ou du fait des catastrophes naturelles.

---

708 Au début de l'année 2015, l'on comptait neuf organes de traité (Concernant la Convention contre la torture, il existe un Comité contre la torture [CAT] et un Sous Comité pour la prévention de la torture [SPT]). Actuellement, il n'en existe malheureusement pas un non plus pour superviser l'application de la convention de 1951 sur le statut des réfugiés.

709 Voir plus loin l'étude sur le rôle de ces comités en matière de protection des droits fondamentaux des déplacés internes (voir p. 279).

SECTION II.
LA RECHERCHE DE LA FAISABILITÉ DU RELAI DES PRINCIPES DIRECTEURS À UN INSTRUMENT INTERNATIONAL CONVENTIONNEL

Dans cette recherche de la faisabilité d'un instrument international conventionnel sur les droits fondamentaux des déplacés internes, il conviendra de tenir compte non seulement de la tendance juridique relative aux droits des déplacés internes (§ 1), mais également des caractéristiques de l'instrument international conventionnel proprement dit (§ 2).

§ 1. LA FAISABILITÉ EU ÉGARD À LA TENDANCE JURIDIQUE RELATIVE AUX DROITS DES DÉPLACÉS INTERNES

Le débat autour de l'adoption ou non d'un instrument international conventionnel sur le déplacement interne, convention ou protocole, vise en quelque sorte à répondre à la question suivante : la société internationale est-elle prête à accueillir favorablement un instrument juridique international contraignant sur la protection des déplacés internes ? Hilary Benn pose la question autrement : est-il vraiment raisonnable d'avoir des systèmes différents pour protéger des personnes qui fuient leurs foyers selon qu'ils ont traversé ou non une frontière internationale ? [710]

À l'évidence, la société internationale œuvre pour le renforcement du cadre juridique relatif à la protection des déplacés internes selon un processus qui appert très lent. Elle recherche vivement des réponses à quelques questions parmi lesquelles : les États se mettront-ils véritablement ensemble pour soutenir l'adoption d'un instrument international conventionnel ? Est-ce qu'il y aura un véritable changement après l'adoption d'un tel instrument ? Tout le monde est dans l'expectative. L'on est aussi curieux de voir les apports de la Convention de Kampala sur les avancées normatives actuelles. Aussi, la société internationale semble ne pas être particulièrement préoccupée par le problème du déplacement interne, ou alors moins préoccupée qu'à la fin du XXe siècle de traiter les déplacés internes comme une catégorie spécifique. Déjà, l'approche de la société internationale vis-à-vis des déplacés internes est très nuancée, répondant à des critères spécifiques ou sous-catégories et soucieuse d'offrir un traitement individualisé, étant donné que les déplacés internes ne constituent pas une catégorie monolithique. Elle s'intéresse plus au déplacement au-delà des frontières étatiques ; notamment à la condition des « réfugiés pour cause de

---

710 Hilary BENN, « Statement before the Overseas Development Institute », London, December 15, 2004.

catastrophes naturelles »[711]. Les États se pencheraient-ils plus vers l'amélioration du cadre normatif relatif aux déplacés environnementaux ? On pourrait y ajouter foi pour la simple raison que derrière une catastrophe naturelle ou écologique, il y a moins de volonté ou d'implication politique des États que derrière un conflit armé. Il serait plus facile pour eux d'accepter des obligations juridiques en matière de déplacement pour cause de catastrophes naturelles.

L'idée du développement éventuel d'un instrument international conventionnel n'est pas nouvelle. Dès la présentation des Principes directeurs, la priorité a été l'expansion de l'utilisation de ces derniers et le renforcement de leur usage à l'échelon national, régional et international. Comme l'a précisé Walter Kälin, une fois qu'un nombre suffisant d'États auront élaboré des lois et politiques nationales en conformité avec les Principes directeurs, un instrument contraignant pourrait suivre. Les premières années d'existence des Principes directeurs n'auraient pas ou pas suffisamment fait avancer le débat. Richard Perruchoud n'affirmait-il pas en 2005 qu'« en l'état actuel du débat normatif sur la question, il semble que les Principes soient le stade suprême que pouvait atteindre la réglementation en la matière. L'idée d'un instrument contraignant ne semble pas à l'ordre du jour au niveau des Nations unies »[712]. Il faut tout de même relever quelques linéaments d'un débat sur la question. En effet, l'on note une réelle augmentation du nombre d'États et de gouvernements qui, pour répondre au déplacement interne de populations, fondent leurs lois et politiques sur les Principes directeurs. Bien plus, au plan sous régional et régional, des initiatives sont prises dans ce sens. Nous assistons au développement croissant des instruments juridiques relatifs aux droits des déplacés internes. Ce développement présagerait l'obtention d'un véritable instrument universel conventionnel (A). Un tel instrument devra s'accommoder du « droit des déplacés internes » en formation (B).

A. Renforcement continu du cadre juridique relatif aux droits des déplacés internes

Aujourd'hui encore, l'accent est mis sur l'application des textes de droit en vigueur. Plusieurs juristes s'accordent pour affirmer qu'ils sont suffisants à

---

711 Pendant que des voix s'élèvent pour l'adoption d'une convention relative au statut international des déplacés (interétatiques et intraétatiques) environnementaux, des projets plus concrets visent plutôt à renforcer le cadre juridique des mouvements migratoires transfrontaliers pour cause de catastrophes naturelles. Voir notamment l'Initiative Nansen qui, lancée le 02 octobre 2012 à Genève par la Norvège et la Suisse, a pour principal objectif de combler les lacunes normatives et institutionnelles dans la protection des personnes contraintes par les catastrophes naturelles et le changement climatique à fuir à l'étranger.

712 Richard PERRUCHOUD, *Migration et Protection des Droits de l'homme*, International Organization for Migration, United Nations Publications, déc. 2005, p. 159.

protéger efficacement et effectivement les déplacés internes. L'Afrique aurait-elle simplement voulu éprouver ses capacités de « réglementatrice » lorsqu'elle a entrepris et mis sur pied un véritable instrument régional juridiquement contraignant relatif à la protection des déplacés internes sur le continent ? La Convention de Kampala, entre autres et fait nouveau, impose aux États une véritable obligation positive d'apporter la protection et l'assistance aux déplacés internes. Sur le plan international, bon nombre d'initiatives sont prises en vue de l'élaboration des conventions dans différents domaines, notamment le projet de convention en étude relative au statut international des déplacés environnementaux. L'on relève un ralliement progressif des différents bâtisseurs de la norme internationale (1), ce qui présagerait en quelque sorte le temps d'un instrument international conventionnel relatif aux droits des déplacés internes (2).

1. Le ralliement croissant des principaux acteurs du système juridique international

Divers acteurs contribuent, chacun à son niveau, au renforcement du cadre normatif international relatif aux droits des déplacés internes. L'on y trouve tant la doctrine, les juridictions, les États que les organisations régionales.

a. Une doctrine encourageante

La doctrine se mobilise pour encourager la reconnaissance et la concrétisation d'un statut juridique international à part entière du déplacé interne.

L'Association de droit international soutient la reconnaissance d'un statut juridique international du déplacé interne au moyen notamment de la formulation d'un projet de déclaration, dit Projet de déclaration de Londres (2000). Si ce projet, semblablement aux Principes directeurs, vise un encadrement juridique international adéquat du phénomène du déplacement interne, il se singularise sur plusieurs points essentiels :

— Il demande d'abord de construire pour les déplacés internes un régime de protection spécifique [713] ;

— Il propose après une définition des déplacés internes qui distingue le déplacement pour cause de violence de celui qui intervient dans d'autres contextes [714] ;

---

713 Association de droit international, Projet de Déclaration des principes de droit international sur les personnes déplacées internes, adopté par le Comité international des P.D.I. de l'Association de Droits international, Conférence de Londres, mars 2000, p. 2-3.

714 L'article 1 du Projet de Déclaration dispose : « 1. For the purpose of this Declaration, the term "internally displaced persons" refers to "persons or groups of persons who have been forced to flee or leave their homes or places of habitual residence as a result of armed conflicts, internal

.../...

— Il appelle ensuite à l'application complète tant par les autorités *de jure* que par les autorités *de facto* du DIDH, du DIH et du droit des réfugiés par analogie [715] ;

—Puis, il envisage un traitement préférentiel pour les déplacés internes les plus vulnérables [716] ;

— Il présente enfin l'assistance humanitaire aux déplacés internes comme ne constituant pas une ingérence dans les affaires intérieures du pays théâtre du déplacement [717].

L'idée de la création d'un régime spécial de protection fait de plus en plus d'adeptes. Pour Cathérine Teitgen-Colly, le caractère inopérant de la protection nationale devrait suffire à l'inspiration de la création d'un véritable instrument juridique international de protection des déplacés internes [718]. Luke T. Lee va aussi dans le sens de l'adoption d'un instrument juridique contraignant comme

strife or systematic violations of human rights, and who have not crossed an internationally recognized State border." 2. This Declaration applies also to persons internally displaced by whatever causes, such as natural or man-made disasters or large-scale developmental projects, whenever the responsible State or *de facto* authority fails, for reasons that violate fundamental human rights, to protect and assist those victims. » [« Aux fins de la présente Déclaration, le terme "personnes déplacées à l'intérieur de leur propre pays" sont "des personnes ou des groupes de personnes qui ont été forcés à fuir ou à quitter leur foyer ou leur lieu de résidence habituel, notamment en raison d'un conflit armé, d'une guerre civile, de situations de violence généralisée, et qui n'ont pas franchi les frontières internationalement reconnues d'un État." 2. Cette Déclaration s'applique également aux personnes déplacées internes pour toute autre cause, comme les catastrophes naturelles ou d'origine humaine ou des projets de développement à grande échelle, à chaque fois que l'État responsable ou l'autorité *de facto* échoue, pour des raisons qui violent les droits fondamentaux de l'homme, de protéger et d'aider les victimes. »]. (Association de droit international, Projet de Déclaration des principes de droit international sur les personnes déplacées internes, adopté par le Comité international des P.D.I. de l'Association de Droits international, ibid., article 1).

715 Ibid. Voir les articles 2, 3, 4 et 11.

716 Par déplacés internes les plus vulnérables, il est fait référence ici aux femmes enceintes, aux femmes avec enfants en bas âge, aux mineurs non accompagnés, aux personnes handicapées et aux personnes âgées (Association de droit international, Projet de Déclaration des principes de droit international sur les personnes déplacées internes, adopté par le Comité international des P.D.I. de l'Association de Droits international, ibid., article 2 paragraphe 2).

717 Ibid., article 10.

718 Catherine TEITGEN-COLLY, « Le défi international des migrations », in Christophe JAFFRELOT et Christian LEQUESNE (dir.), *L'enjeu mondial : les migrations*, Paris, Presses de Sciences Po/L'Express, 2009, p. 133.

c'est le cas pour les réfugiés [719]. S'inscrivent dans la même veine Cathérine Phuong [720], Hilary Benn [721], Kei Hakata [722] et bien d'autres.

b. Une jurisprudence favorable

Une jurisprudence prend forme sur la question du déplacement interne, tant à l'échelle nationale, régionale, qu'internationale.

Sur le plan national, il est désormais courant de voir des juges se prononcer sur des questions relatives au déplacement interne ; particulièrement ceux dont le gouvernement a procédé à l'incorporation des normes internationales portant déplacement interne. C'est le cas des juges de la Cour constitutionnelle colombienne. Pour ce qui est du crime de déplacement forcé particulièrement, sans tenir compte du fait que les juridictions internes le considèrent fréquemment comme une conséquence naturelle d'autres crimes ou une conséquence des conflits armés, que la responsabilité pénale des auteurs de tels actes est très souvent ignorée [723], l'on relève que ces juridictions en connaissent davantage. Ceci revient à dire que, malgré les lacunes, il existe une réelle volonté d'appliquer le droit international aux questions de déplacement forcé portées devant elles.

Sur le plan régional, les cours connaissent de plus en plus d'affaires impliquant le déplacement interne. Elles se servent tant bien que mal des règles internationales relatives aux droits des déplacés internes pour interpréter les conventions dont elles assurent le respect. L'on constate un réel effort d'alignement de la jurisprudence sur celles-ci. Cette acceptation progressive contribue au renforcement de la valeur de ces normes.

Les juridictions pénales internationales ont largement contribué à l'assise juridique de la lutte internationale contre le déplacement forcé. La Cour pénale internationale venant tout juste de commencer à prononcer des condamnations qui, qui plus est, ne mettent pas véritablement en exergue le déplacement

---

719 Luke T. LEE opte pour l'adoption d'un second protocole à la Convention de 1951 sur le statut des réfugiés (Luke T. LEE, « The Refugee Convention and Internally Displaced Persons » (2002) 13(3) *International Journal of Refugee Law* 363, pages 365 to 366).

720 Voir Catherine PHUONG, « Internally Displaced Persons and Refugees : Conceptual Differences and Similarities », *Netherlands Quaterly of Human Ritghs*, 2000, vol. 18/2, p. 215-229 ; Voir aussi Catherine PHUONG, *The International Protection of Internally Displaced Persons*, Cambridge, Cambride University Press, 2004, 293 p.

721 Hilary BENN, « Statement before the Overseas Development Institute », London, December 15, 2004.

722 Kei HAKATA, *La protection internationale des personnes déplacées à l'intérieur de leur propre pays*, Thèse, Université de Nancy II, 1998, 383 p.

723 Federico ANDREU-GUZMAN, « Criminal Justice and Forced Displacement: International and National perspectives », in Roger DUTHIE (ed.), *Transitional Justice and Displacement*, New York: Social Science Research Council, July 2012, p. 248.

forcé [724], il faut surtout relever les travaux plus fournis et audacieux des juridictions pénales internationales *ad hoc*. Le TPIR est allé au-delà de ce qui est prévu par son Statut pour connaître du déplacement forcé comme un crime contre l'humanité. Puis, le TPIY qui, dans les affaires *Le Procureur c/Milorad Krnojelac* et *Le Prosecutor v. Milomir Stakic*, précise l'acception du terme « force », rappelle la nature coutumière des règles interdisant le déplacement forcé arbitraire, établit clairement la différence entre déportation et transfert forcé, etc. Son statut qualifie de crimes de guerre la déportation et le transfert de civils, puis de crime contre l'humanité la déportation, en dépit du fait que le déplacement forcé ne fait pas partie des crimes qui sont sous sa juridiction [725].

Toutefois, jurisprudence croissante n'a pas comme sens jurisprudence suffisante et encore moins inutilité du point de vue de son utilisation juridictionnelle d'adopter un instrument international conventionnel. Bien que l'utilisation par les juges des principes internationaux sur le déplacement interne pour interpréter les normes générales relatives au DIDH, au DIH et au droit des réfugiés soit vivement souhaitée, le faire reste pour eux une faculté. Par ailleurs, si en tant que faculté, nous avons pu obtenir la jurisprudence actuelle, en tant qu'obligation d'assurer le respect d'une éventuelle convention sur le déplacement interne, la jurisprudence serait plus fournie et la protection juridictionnelle des droits des déplacés internes nettement mieux assurée.

c. Une croissance de la référence aux Principes directeurs dans les politiques, programmes et instruments juridiques nationaux

Imaginer un instrument international conventionnel sur le déplacement interne oblige à se poser la question suivante : existe-t-il aujourd'hui une volonté des États d'affirmer certaines obligations en matière de mise en œuvre des droits des déplacés internes telle que définie au moyen des instruments internationaux à l'instar des Principes directeurs de 1998 ? Dans l'affirmative, quelle en est l'étendue ?

L'on observe après la présentation des Principes directeurs, une forte croissance, même si inégalement répartie, des instruments juridiques nationaux relatifs au déplacement interne. Si les attentes sont encore grandes, de bons exemples peuvent être trouvés dans presque toutes les régions du monde.

Pour le continent africain, le cas du Kenya suscite un intérêt. Il faut noter particulièrement l'engagement du gouvernement kenyan à travers les

---

724 Rappelons que quelques investigations en cours incluent le déplacement forcé de civils. Notamment Affaires *Le procureur c. Ahmad Muhammad Harun et Ali Muhammad Ali Abd-Al-Rahman* ; situation en République du Kenya, autorisation d'enquête sur la situation en République du Kenya, ICC-01/09-19, 31 mars 2010 ; etc.

725 *Prosecutor v. Ante Govovina et al.*, judgement, IT-06-90-T, Trial Chamber, ICTY, 15 avril 2011, paragraphes.1738-1739.

programmes d'aide au retour, à l'abri, aux moyens de subsistance (février 2012) ; le projet de politique nationale sur le déplacement interne (mars 2010) [726] ; une politique de réconciliation nationale et l'engagement des pourparlers en vue de la réinstallation des déplacés internes (mars 2008) ; la traduction des Principes directeurs en langue Kiswahili ; etc.

En Amérique, il faut noter le cas de la Colombie. Le législateur colombien s'est inspiré des Principes directeurs bien avant la présentation de ceux-ci en 1998. Toutefois, c'est dès cette date que le nombre de textes sur la question connaît une nette augmentation. La Colombie compte en 2008 comme normes générales sur le déplacement interne, des dispositions constitutionnelles relatives au déplacement interne, trois lois, huit décrets, trois accords et deux résolutions [727]. À cette fertilité législative s'ajoute, contrairement à ce qui est prévu en droit international, la singularisation du déplacement forcé comme un crime autonome. Le Code pénal colombien dispose en son article 159 que le crime de déplacement forcé n'exige pas qu'il y ait « attaque généralisée et systématique contre les civils » et se distingue du crime de « déportation, expulsion, transfert ou déplacement de civils ». Le premier renverrait au crime contre l'humanité et le second au crime de guerre.

Parmi les pays les plus touchés par le déplacement interne dans la région Asie et Pacifique, l'on trouve le Sri Lanka. Si jusqu'en janvier 2011 ce pays n'a pas eu de législation sur la protection des déplacés internes, il y a eu tout de même une tentative, notamment le Projet de déclaration, mais qui se trouve dans l'impasse depuis 2008.

En Europe, un an après l'adoption des Principes directeurs, l'Azerbaïdjan adopte déjà des lois en rapport avec le déplacement interne : la loi sur la protection sociale des déplacés internes et personnes assimilées à eux (21 mai 1999) et la loi sur le statut des déplacés internes et les réfugiés (21 mai 1999). La Bosnie Herzégovine aussi a réalisé des progrès en matière législative. Il faut relever la loi sur les réfugiés de Bosnie Herzégovine et déplacés internes en Bosnie Herzégovine (1999, amendée en 2003), l'instruction sur le retour des réfugiés bosniaques et déplacés internes vers/sur le territoire de la Bosnie Herzégovine (1999), l'instruction sur le processus de révision du statut de déplacé interne et les directives pour les autorités responsables de la révision et de la reconnaissance du statut de déplacés interne en Bosnie Herzégovine (juillet 2005), et bien d'autres encore.

---

726 Il s'inspire largement des Principes directeurs et d'autres instruments internationaux.

727 Elle en compte plusieurs autres normes sur des questions plus spécifiques du déplacement interne comme l'éducation, la santé, les terres, le registre des déplacés internes, la politique nationale sur le déplacement interne, le logement, etc. Disponible à l'adresse : http://www.acnur.org/secciones/index.php?viewCat=1055 (consulté le 18 janvier 2013).

La Syrie abrite actuellement le plus grand nombre de déplacés internes au Moyen-Orient. Le conflit armé en cours dans ce pays rend difficile l'évaluation du nombre et des mesures prises (s'il y en a de nouvelles). L'Irak en abrite aussi un grand nombre et révèle une politique y afférente prometteuse. Il faut noter l'adoption en juillet 2008 d'une politique nationale sur le déplacement interne, puis, dans la suite de la formation du gouvernement de décembre 2012, une stratégie quadriennale a été mise en place pour résoudre le déplacement interne en Irak.

Si le rythme d'adoption des lois et politiques ne rime pas forcément avec celui de leur mise en œuvre effective, et malgré le nombre encore limité de pays les ayant adoptées, les chiffres actuels corroborent l'idée que les efforts pour l'incorporation, loin d'être vains, sont nettement encourageants.

d. Une croissance des instruments juridiques régionaux relatifs aux droits des déplacés internes

Cette croissance n'a pas cours sur tous les continents et il va sans dire que son rythme n'est pas le même partout. L'on verra que l'Afrique est très avancée ; elle est la plus avancée en matière d'élaboration d'une norme relative à la protection et à l'assistance aux déplacés internes. Elle est aussi et surtout le continent le plus touché par le phénomène du déplacement interne. Les autres aussi abritent bon nombre de déplacés internes. Ainsi, certains ont fait un pas considérable dans cette tâche normative, ce qui est salutaire étant donné l'absence d'un véritable instrument universel conventionnel en la matière. C'est cette insuffisance qui oblige ces continents accusant retard à franchir le pas en adoptant chacun un véritable instrument régional juridiquement contraignant pour pallier l'absence de cet instrument juridique universel.

i. L'expérience africaine

Les efforts et initiatives africains en matière de déplacement interne sont actuellement les plus riches et prometteurs de toutes les régions. L'on a au début le Pacte sur la sécurité, la stabilité et le développement dans la Région des Grands Lacs [728]. Deux de ses six protocoles traitent de la protection des déplacés internes, à savoir le Protocole sur la protection et l'assistance à apporter aux personnes déplacées à l'intérieur de leur propre pays et le Protocole sur le droit de propriété des personnes de retour. Aussi important pour les déplacés internes est le Protocole sur la prévention et la répression de la violence sexuelle contre les femmes et les enfants. Ce Pacte constitue le premier instrument multilatéral, pas seulement en Afrique, mais au monde,

---

[728] Le Pacte sur la sécurité, la stabilité et le développement dans la Région des Grands Lacs a été adopté lors de la Conférence internationale sur la Région des Grands Lacs tenue du 14 au 15 décembre 2006. Il est entré en vigueur en juin 2008. Il a été ratifié par les 11 États membres.

engageant les États membres à adopter et à mettre en œuvre les Principes directeurs de 1998 [729]. Tout d'abord, il définit les mesures permettant de mieux protéger les déplacés internes résultant de toutes les causes envisageables et dans toutes les phases du déplacement. Ensuite, les réponses qu'il apporte tiennent compte de l'expérience particulière de la Région des Grands Lacs [730]. Pour finir, il renforce la base juridique permettant aux déplacés internes d'exiger le respect de leurs droits, en l'occurrence le droit d'être informé, le droit d'être consulté et de participer aux décisions affectant leur vie, le droit à l'aide humanitaire, etc. La pertinence de ces instruments est réelle. Toutefois, l'instrument le plus significatif en la matière sur le continent africain est la Convention sur la protection et l'assistance aux déplacés internes en Afrique, convention de 2009. Cette convention est avant tout un instrument juridiquement contraignant qui engage les États africains à prévenir les déplacements, à protéger et assister les déplacés internes sur le continent africain. Elle est en deuxième lieu la preuve de l'importance que l'Afrique accorde à ce phénomène. Elle vient en définitive combler ce vide dans le droit international ; elle le fait à l'avantage des populations africaines déplacées à l'intérieur de leur pays. Accepter ce premier traité continental relatif aux déplacés internes montre que les dirigeants africains ont fait un audacieux pas en avant pour faire face à « l'une des grandes tragédies de notre époque », pour reprendre les termes de Kofi Annan. Cet instrument démontre la prise de conscience par les dirigeants africains des difficultés que rencontrent les déplacés internes et leur détermination à prévenir et arrêter les violations des droits de ces derniers. Cette convention constitue une lueur d'espoir pour les millions de déplacés internes africains comme le fait remarquer Walter Kälin [731] qui précise que, en ce qui concerne les Principes directeurs sous-tendus par l'ONU, le traité de l'Union africaine clarifie les responsabilités des États et des autres acteurs. Rappelons-le, sur la base des Principes directeurs, les États n'ont pas accepté d'obligations juridiques en matière de protection des déplacés internes. La Convention de Kampala est la transformation des Principes directeurs de 1998 en un instrument juridiquement contraignant pour la résolution du problème de déplacement interne en Afrique. Elle innove en ce qu'elle transforme la catégorie opérationnelle « déplacés internes » en véritable catégorie juridique, une catégorie bénéficiant d'un statut juridique. Elle offre une véritable définition juridique de ce qu'est un « déplacé interne ». Elle traite

---

729 « Rendre la Convention de Kampala opérationnelle pour les personnes déplacées. Guide pour la société civile : appui à la ratification et à la mise en œuvre de la Convention sur la protection et l'assistance aux personnes déplacées en Afrique », *Conseil économique, social et culturel de l'Union africaine (ECOSOCC) & IMDC*, juillet 2010, p. 12.

730 C'est le cas des mesures visant les populations pastorales.

731 André-Michel ESSOUNGOU, « Personnes déplacées : vers la fin du calvaire. La convention de l'Union africaine marque un progrès, mais des défis persistent », *Afrique Renouveau*, Département de l'information des Nations unies, Vol. 24, No 1, avril 2010, p. 7.

des déplacés internes en tant que véritables sujets du droit international et non plus simplement comme « victimes de circonstances »[732].

L'approche du phénomène du déplacement interne n'est pas la même selon que l'on a affaire aux Principes directeurs de 1998 ou à la Convention de l'Union africaine. C'est l'une des principales différences entre les deux instruments. Les Principes directeurs traitent du déplacement sous l'angle des besoins des déplacés internes[733] (en définissant leurs droits, avec quelques exceptions) lorsque la Convention de l'Union africaine l'aborde plutôt à l'aune des obligations juridiques des États face aux situations de déplacement interne[734]. Cette dernière précise les obligations juridiques et les responsabilités que les États acceptent en la signant[735]. Les États qui la signent acceptent d'assumer la principale responsabilité en matière de prévention des déplacements forcés. Cela inclut la poursuite des responsables de ces déplacements, c'est-à-dire les acteurs non étatiques armés, les compagnies militaires privées et les sociétés multinationales. Elle oblige les États à aider les déplacés internes et à faciliter leur installation après le déplacement. Les États et groupes armés sont ainsi tenus de protéger les déplacés internes dans les zones sous leur maîtrise effective, d'aider les communautés qui les accueillent, de faciliter l'accès des organisations humanitaires à ces populations. Ce traité exige des États qu'ils dédommagent les victimes pour le préjudice que le déplacement leur a fait subir. La démarche dans cette convention est la suivante : d'abord une précision des obligations juridiques des États, par exemple, les États parties doivent s'abstenir de provoquer le déplacement arbitraire de populations[736] ; par la suite, les droits des déplacés internes sont affirmés comme c'est le cas du droit de toute personne d'être protégée contre le déplacement arbitraire.

L'adoption de cette convention, pour les pays qui l'ont ratifiée bien évidemment, aide à remplir le « vide » juridique dans lequel se trouvaient les déplacés internes, mais aussi elle rend plus efficace la protection apportée à ces derniers. L'Afrique prend ainsi un rôle de leader pour créer le premier instrument juridiquement contraignant pour protéger les déplacés internes à travers le continent africain. Pour ce que, comme le rappelle Navy Pillay,

---

732 Chaloka BEYANI, « The Politics of International Law : Transformation of the Guiding Principles on Internal Displacement from Soft Law into Hard Law », *American Society of International Law.* Proceedings of the Annual Meeting, 102, 2008, p. 194.

733 Walter KÄLIN, *Guiding Principles on Internal Displacement: Annotations.* The American Society of International Law and the Brookings-Institution University of Bern Project on Internal Displacement, 2008, p. 18.

734 Convention de Kampala, articles 3 à 13.

735 Ibid.

736 Bien d'autres dispositions sont élaborées sous forme d'obligations juridiques des États et non seulement de droit des déplacés internes. C'est une approche qui s'inscrit dans le langage traditionnel des traités relatifs aux droits de l'homme.

jusqu'à son adoption, les déplacés internes ont été plus ou moins exclus du système international de protection juridique, même s'ils sont souvent déplacés exactement de la même manière et pour exactement les mêmes raisons que les réfugiés. Au moins, en Afrique, cela ne devrait plus être le cas [737].

Cette Convention ne manque ni d'éloges ni de laudateurs. Le HCR la salue et la qualifie de pionnière, attendu que son cadre juridique codifie pour la première fois les droits des déplacés internes. Pour Antonio Guterres, « C'est un moment historique, et pas seulement pour l'Afrique » [738]. Il poursuit :

> « Dans le monde, le nombre de personnes déracinées au sein de leur propre pays augmente. La Convention de Kampala place l'Afrique en tête pour l'adoption d'un cadre juridique sur la protection et l'assistance aux personnes déplacées internes » [739].

En adoptant cette Convention, l'Afrique a ainsi mis au défi la société internationale, et en particulier l'ONU, pour qu'elle commence à adopter un instrument similaire qui s'appliquera au monde entier pour garantir les droits des déplacés internes.

ii. L'exemple africain, un modèle pour la société internationale

La Convention de Kampala est un instrument important qui pourrait inspirer tant les autres régions du monde que l'ONU.

ii.i La Convention de Kampala, un modèle pour d'autres régions du monde ?

La Convention de Kampala est assurément un modèle pour d'autres régions du monde. À ce propos, Chaloka Beyani a relevé que :

> « L'adoption de la Convention de Kampala représente une avancée significative dans l'élaboration de normes visant à renforcer la protection et l'assistance au bénéfice des personnes déplacées dans leur propre pays. Si la Convention concerne le déplacement interne en Afrique, les normes et garanties qu'elle énonce ont un caractère international et peuvent servir de bonnes pratiques à d'autres régions du monde » [740].

---

737 « Pillay salue l'adoption par l'Afrique d'une convention pour protéger les déplacés », *Dépêches du Service d'Information des Nations unies*, 23 octobre 2009.

738 « Le Haut Commissaire des Nations unies pour le réfugiés salue l'avancée '"historique"' pour assurer la protection des personnes déplacées internes en Afrique », *HCR*, *Articles d'actualité*, 5 décembre 2012. Disponible à l'adresse : http://www.unhcr.fr/50c0adb0c.html (consulté le 24 mai 2014).

739 Ibid.

740 Rapport du Rapporteur spécial sur les droits de l'homme des personnes déplacées dans leur propre pays, M. Chaloka Beyani. Document A/HRC/26/33 du 4 avril 2014, p. 20.

L'Afrique n'est pas le seul continent à avoir pris des initiatives d'ordre normatif en faveur des déplacés internes. D'autres lui ont emboîté le pas, mais de façon pusillanime ou partielle, et ils sont vivement encouragés à envisager l'élaboration de cadres juridiques régionaux similaires pour la protection des déplacés internes [741].

Il n'existe pas de nos jours un instrument juridique qui soit pour l'Europe ce que la Convention de Kampala est pour l'Afrique. L'on trouve néanmoins quelques instruments juridiques d'importance pour les déplacés internes du vieux continent. Le Comité des ministres du Conseil de l'Europe s'attache à l'esprit et aux dispositions des Principes directeurs de 1998. Il fait montre de sa volonté de mettre ces Principes en œuvre lorsqu'il encourage les États membres affectés par ce phénomène à développer des législations et pratiques nationales en conformité avec l'ensemble de normes pertinentes. Sous l'impulsion du Comité sur les migrations, les réfugiés et la population de l'Assemblée parlementaire, le Comité des ministres a approuvé en 2006, treize recommandations portant sur les déplacés internes. Ces recommandations vont au-delà d'une simple réitération des Principes directeurs. La recommandation Rec(2006) 6 relative aux personnes déplacées à l'intérieur de leur propre pays et adoptée le 5 avril 2006 inscrit les Principes directeurs dans le contexte européen. Elle développe certains de ces principes sur la base des normes existantes du Conseil de l'Europe. Il faut préciser que cette recommandation contient plusieurs références à la Convention européenne des droits de l'homme, outil applicable, dans une certaine mesure, à la protection des déplacés internes en Europe. Aussi, l'Assemblée parlementaire du Conseil de l'Europe a adopté bon nombre de recommandations et de résolutions relatives à la protection des droits des déplacés internes, parmi lesquelles l'on trouve la recommandation 1877 (2009) sur « les peuples oubliés de l'Europe : protéger les droits fondamentaux des personnes déplacées de longue date ».

L'un des textes importants pour cette cause en Amérique est la Déclaration de Brasilia sur la protection des réfugiés et des apatrides dans les Amériques, Déclaration adoptée le 11 novembre 2010 dans la capitale brésilienne par dix-huit États des Amériques [742]. Cette Déclaration est, selon les termes d'Antonio Guterres, un modèle à suivre par d'autres régions du monde [743]. L'Amérique latine adopte au moyen de cette Déclaration une approche

---

741 Résolution du Conseil des droits de l'homme sur les droits des déplacés internes, Doc. A/HRC/20/L.14 du 29 juin 2012, paragraphe 5.

742 Les États ayant adopté cette Déclaration sont les suivants : Argentine, Bolivie, Brésil, Chili, Colombie, Costa Rica, Cuba, République dominicaine, Équateur, Salvador, Guatemala, Mexique, Nicaragua, Panama, Paraguay, Pérou, Uruguay et Venezuela. Les États-Unis et le Canada ont participé à la réunion internationale de Brasilia en qualité d'observateurs.

743 « L'Amérique Latine marque un pas important pour les déplacés dans le monde », *UNHCR, Points de presse*, 12 novembre 2010. (http://www.unhcr.fr/4cdd4f5b43.html, consulté le 7 février 2014).

commune des questions de déplacement et plus précisément de protection de réfugiés, apatrides et surtout des déplacés internes. Trois éléments principaux ressortent de cette Déclaration. Tout d'abord une insistance sur le principe de non-refoulement auquel les États se sont engagés. Ensuite, une prise en compte des considérations liées au genre, à l'âge, à la diversité dans les législations nationales relatives aux déplacés internes. Enfin, un encouragement des États à prendre des mesures pour faire face aux nouvelles situations de déplacement ne figurant pas dans la Convention de 1951 sur le statut des réfugiés.

L'une des particularités de l'Asie est son attachement au principe de non-intervention dans les affaires intérieures des États membres, principe qu'elle tient pour cardinal dans les rapports interétatiques. L'on y fait face à une absence caractérisée de structure régionale et de structures sous-régionales à même de prendre des responsabilités en matière de protection des déplacés internes. Cela résulte certainement du poids des différences politiques, économiques, sociales et idéologiques entre gouvernements de la région. Quelques instances sous-régionales sont pourtant sur pied, mais ne traitent pas, à dessein, du problème de déplacement interne. Elles n'ont pas pris une quelconque initiative en vue de protéger les déplacés internes. C'est le cas de l'Association des États de l'Asie du Sud Est (ASEAN) et de l'Association sud-asiatique pour la coopération régionale (SAARC). Les problèmes de déplacement interne étant considérés dans cette région comme la source de problèmes politiques, les États sont hésitants à les porter devant les cercles régionaux et ces derniers se refusent à se prononcer sur les affaires intérieures de ses États membres [744]. Même si les résultats ne sont pas vraiment tangibles, les États de cette région prennent de plus en plus d'initiatives, bien qu'individuelles, relatives au problème de déplacement interne, notamment les Philippines et le Sri Lanka. Les organisations non gouvernementales et autres institutions s'engagent aussi résolument. L'engagement des structures sous-régionales est vivement souhaité, pour la seule raison que c'est à travers ces ententes sous-régionales que l'on peut espérer obtenir un accord régional sur le problème du déplacement interne.

Il est urgent que d'autres régions suivent l'exemple de l'Afrique en prenant de réels engagements ; étant considéré que l'adoption de ces conventions régionales est importante non seulement pour les régions elles-mêmes, mais qu'elle peut également, dans une certaine mesure, servir de tremplin pour la mise sur pied d'une convention « onusienne » ou d'un protocole sur la question. Cette dernière viendra alors conférer à ces droits affirmés à l'échelle régionale

744 Du 22 au 24 février 2000, a eu lieu à Bangkok une conférence régionale en vue du développement des stratégies pour mieux répondre aux problèmes du déplacement. Toutefois, fait marquant, il n'y a eu aucun représentant d'organisations régionales intergouvernementales asiatiques.

cette universalité [745] chère aux droits de l'homme, une universalité de l'offre [746] suivie dans le meilleur des cas d'une universalité de l'acceptation. Cet instrument universel juridiquement contraignant sera bénéfique à plus d'un titre pour les États d'Asie et du Pacifique qui, abritant un nombre élevé des déplacés internes [747], ne bénéficient pas, contrairement à l'Afrique, l'Amérique et l'Europe, d'un véritable système régional de protection des droits de l'homme.

ii.ii L'apport des instruments régionaux africains à l'approche « onusienne » de protection des déplacés internes

La Convention de Kampala, non seulement vient compléter la Convention de 1951sur le statut des réfugiés[748], mais elle pourrait également être à la protection internationale des déplacés internes ce que la Convention de l'OUA sur les aspects spécifiques des problèmes des réfugiés en Afrique de 1969 a été à la protection internationale des réfugiés [749], voire bien plus. C'est du reste l'appel de Moetsi Duchatellier et Mutoy Mubiala pour qui la Convention de Kampala est :

> « Appelée à jouer un rôle pilote en matière de codification régionale des Principes directeurs de l'ONU relatifs au déplacement de personnes à l'intérieur de leur propre pays. Sur le

---

[745] L'universalité requiert une application des droits de l'homme à tous et dans toute société. Application selon laquelle « il ne sera fait aucune distinction fondée sur le statut politique, juridique ou international du pays ou du territoire dont une personne est ressortissante, que ce pays ou territoire soit indépendant, sous tutelle, non autonome, ou soumis à une limitation quelconque de la souveraineté » comme le prévoit l'article 2 de la Déclaration universelle des droits de l'homme de 1948.

[746] L'universalité de l'offre est l'une des caractéristiques des traités contemporains proposés aux Nations unies. Ces traités sont proposés tant aux États qu'aux entités non étatiques (Saint-Siège) et autres portions de territoires (Hong-Kong, Macao). Voir à ce sujet Joel ANDRIANTSIMBAZOVINA, Helène GAUDIN et al. (dir.), *Dictionnaire des droits de l'homme*, Presses universitaires de France, première édition, octobre 2008, p. 759.

[747] Selon l'Observatoire des Situations de Déplacement interne (IDMC), on compte en Asie du Sud et du Sud-Est 4.3 millions de déplacés internes en fin 2011. Disponible à l'adresse : http://www.internal-displacement.org, pays, déplacement interne en Asie et dans le Pacifique (consulté le 30 août 2012).

[748] Maria STAVROPOULOU, « La Convention de Kampala et la protection contre le déplacement arbitraire », in République Démocratique du Congo. Passé. Présent. Avenir ? *Revue des Migrations forcées*, numéro 36, décembre 2010. Disponible à l'adresse :
http://www.fmreview.org/fr/RDCongo/stavropoulou.htm (consulté le 22 février 2015).

[749] La contribution de cette Convention de l'OUA à la protection internationale des réfugiés inclut, sans prétendre à l'exhaustivité, l'élargissement de la définition du réfugié (la Convention de l'OUA s'est particulièrement avérée nécessaire dans la reconnaissance du statut de réfugié *prima facie* pour les déplacés par groupe) et l'élargissement des possibilités d'action et de contrôle du Haut Commissariat des Nations unies aux Réfugiés (sur ce point, voir Issa Ben Yacine DIALLO, *Les réfugiés en Afrique : De la conception à l'application d'un instrument juridique de protection*, Association pour l'étude des problèmes mondiaux des réfugiés, Wilhelm Braumüller, 1974, p. 144).

plan régional africain, elle devrait constituer un instrument majeur dans les réponses aux déplacements, de plus en plus nombreux, provoqués par les catastrophes naturelles provoquées notamment par les changements climatiques » [750].

L'on fonde en effet beaucoup d'espoir sur cette Convention et comme le rappelle Chaloka Beyani,

> « le cadre renforcé de protection et d'assistance défini par la Convention de Kampala au bénéfice des personnes déplacées devrait inspirer les interventions internationales et régionales face aux crises que connaît l'Afrique, y compris dans le cadre du Conseil de sécurité » [751].

Les protocoles de la Région des Grands Lacs en rapport avec le déplacement interne et la Convention de Kampala constituent pour la sous-région concernée ou pour l'Afrique des compléments des normes de DIDH et de DIH inscrites dans les Principes directeurs de 1998. En effet, les instruments juridiques de la région des Grands Lacs et la Convention de Kampala sont essentiellement fondés sur des préoccupations d'ordre régional tout en faisant une large place aux grandes directives posées par les Principes directeurs de 1998 principalement. La Convention de Kampala, elle, reconnaît en son préambule l'existence d'un cadre international important à la protection des déplacés internes. Elle reconnaît :

> « Les droits imprescriptibles des personnes déplacées, tels que prévus et protégés par les droits de l'homme et le droit international humanitaire, et tels qu'inscrits dans les Principes directeurs des Nations unies de 1998 sur le déplacement interne, reconnus comme un cadre international important pour la protection des personnes déplacées » [752].

Ces instruments africains élargissent les possibilités d'action et de contrôle de l'ONU en Afrique, en ce qu'ils constituent pour cette organisation des instruments nécessaires pour réaliser pleinement, dans l'espace couvert par lesdits instruments juridiques, le but et l'esprit des instruments internationaux universels portant protection des déplacés internes. Ils apportent une contribution importante au développement, à l'efficacité et à l'effectivité de la

---

750 Moetsi DUCHATELLIER & Mutoy MUBIALA, « La Convention de l'Union africaine sur la protection et l'assistance aux personnes déplacées en Afrique : une codification régionale des Principes directeurs des Nations Unies relatifs au déplacement de populations », *Annuaire africain de droit international online*, Volume 18, Issue 1, 2012, p. 411.

751 Rapport du Rapporteur spécial sur les droits de l'homme des personnes déplacées dans leur propre pays, M. Chaloka Beyani. Document A/HRC/26/33 du 4 avril 2014, p. 23.

752 Convention de Kampala, Préambule, p. 2.

protection internationale des déplacés internes en Afrique. L'on note notamment une influence de la Convention de Kampala dans l'approche de l'Assemblée générale de l'ONU des questions relatives au déplacement interne. En effet, la résolution « omnibus » de l'Assemblée générale sur le « renforcement de la coordination de l'aide humanitaire d'urgence fournie par les organismes des Nations unies » fait montre d'une plus grande importance portée, depuis l'adoption de la Convention de Kampala, sur l'accès humanitaire et les solutions durables, questions centrales dans ladite convention [753]. En outre, le Conseil de sécurité, sous l'influence de la Convention de Kampala, accorde davantage d'importance aux questions de déplacement interne, notamment dans ses résolutions sur des États d'Afrique [754].

La Convention de Kampala principalement a vraisemblablement influencé les approches et activités « onusiennes » de protection des déplacés internes en Afrique. Cet instrument africain peut faire avancer davantage la protection internationale des déplacés internes en Afrique. L'ONU devrait en faire un usage plus résolu. Il semble qu'elle s'est engagée dans ce sens, c'est-à-dire à tirer le meilleur de la Convention de Kampala. Son agence ayant mandat pour les réfugiés entend notamment continuer à promouvoir l'adhésion à la Convention de Kampala, à aider les États à transposer les dispositions de ladite convention dans leur législation nationale [755] et à la disséminer [756]. Elle entend aussi travailler avec l'Union africaine à la mise en œuvre de ladite convention dans les États membres de l'Union [757]. Mais il reste que la transposition de cet engagement en action reste pusillanime. Bien de prescriptions cardinales de la Convention de Kampala ne sont pas prises en compte ou pas adéquatement ou régulièrement par les organes clés de l'ONU. Le Conseil de sécurité devrait résolument condamner le déplacement arbitraire, appeler au respect du droit au retour volontaire et de façon générale hisser la Convention de Kampala au rang de norme indispensable, ceci au moyen de ses résolutions. Bien plus, d'autres organes ou agences de l'ONU devrait faire usage de la Convention de Kampala dans leurs diverses activités. Ceci est valable en l'occurrence pour le Conseil

---

753 Assemblée générale, résolution A/RES/65/133 du 15 décembre 2010 portant renforcement de la coordination de l'aide humanitaire d'urgence fournie par les organismes des Nations unies.

754 Le Conseil de sécurité fait mention de la Convention de Kampala dans sa résolution S/RES/2113 du 30 juillet 2013 sur le Darfour.

755 Voir l'Aperçu régional opérationnel – Afrique 2014 du Haut Commissariat des Nations unies aux Réfugiés. Disponible à l'adresse : http://www.unhcr.org/pages/4aae621d43f.html (consulté le 29 novembre 2014).

756 Le HCR a notamment contribué au développement d'un manuel à cet égard (Mike ASPLET, *Internal Displacement: Responsibility and Action. Handbook for Parliamentarians 20.* Geneva: Inter-Parliamentary Union ; UN High Commissioner for Refugees, 2013, 138 p.).

757 Voir l'Aperçu régional opérationnel – Afrique 2014 du Haut Commissariat des Nations unies aux Réfugiés. Disponible à l'adresse :
http://www.unhcr.org/pages/4aae621d43f.html (consulté le 29 novembre 2014).

économique et social qui se refuse à connaître des questions relatives aux conflits armés.

2. Vers le temps d'un instrument international conventionnel relatif aux droits des déplacés internes

Les principales raisons pour lesquelles l'on n'avait pas opté pour un instrument international conventionnel en 1998 incluaient celle selon laquelle la négociation d'un nouveau traité n'était absolument pas nécessaire du fait que les traités existants couvraient déjà implicitement les droits des déplacés internes dans une large mesure [758]. Était aussi avancée l'idée que, pour répondre adéquatement au problème de déplacement il était nécessaire de combiner les normes de DIDH et de DIH, et, à l'époque de l'élaboration des principes, il paraissait prématuré de concevoir un traité incluant à la fois les éléments de ces deux corps de droit [759]. Bien plus, il a été évoqué la difficulté à obtenir des ratifications en vue d'une entrée en vigueur au cas où le texte était adopté, due non seulement à l'incertitude à propos de la ratification par les États les plus touchés par le déplacement, mais aussi à l'éventualité de l'émission des réserves par les États [760]. Enfin, négocier un traité était considéré comme susceptible de reconsidérer les dispositions des traités existants ou d'affaiblir le droit international coutumier, sur le fondement que certains de ses principes ne seraient plus valides [761]. Cette approche, présentée comme l'unique possible, laisse aujourd'hui encore les déplacés internes dans une situation juridique critique (a), qui oblige plus que jamais à un engagement progressif des États pour leur cause (b).

a. Inscription normative partielle du déplacement interne à l'agenda international : déboires des déplacés internes

Les principes relatifs au déplacement interne ont été développés pour combler un « presque vide » [762] juridique sur le déplacement interne. Ils sont largement acceptés et bénéficient d'une grande notoriété, mais ils n'ont pas véritablement rendu facultative l'élaboration d'un instrument international conventionnel. Il y a des justifications à cela.

---

758 Walter KÄLIN, « How Hard is Soft Law ? The Guiding Principles of Internal Displacement and the Need for a Normative Framework », *Brookings CUNY project on internal displacement*, December 19, 2001. Page 4.

759 Ibid. p. 4.

760 Ibid. p. 3.

761 Ibid. p. 3.

762 Ces principes ne créent pas de nouvelles normes. Ils ne sont qu'une compilation et une réaffirmation de normes existantes.

Comme le relevait déjà Gouda Ali Gouda, l'absence d'un instrument juridiquement contraignant a pour conséquence, entre autres, que la situation des déplacés internes n'est pas adéquatement présentée, débattue dans les forums des Nations unies, étant donné que les États n'ont pas l'obligation de traiter des questions s'ils n'y sont pas juridiquement tenus [763]. De la même façon, les organes de traités en place n'abordent les questions de déplacement interne que de manière superficielle, celles-ci ne se trouvant spécifiquement dans l'orbite d'aucun d'eux. Aussi, acquiescer à la large discrétion dont disposent les États dans l'abord du problème de déplacement interne devant les institutions « onusiennes » revient à confier ledit problème à un nombre très limité d'États et d'organisations [764]. D'autres éléments viendront accréditer le bien-fondé de cette position.

Le Secrétaire général des Nations unies ne fait pas allusion aux Principes directeurs dans son rapport de 2009 sur la mise en œuvre de la responsabilité de protéger, générant ainsi une grande déception du côté de plusieurs défenseurs des droits de l'homme et acteurs et humanitaires, notamment ceux de la société civile. Pourtant, deux ans seulement auparavant, lors de la première mise en œuvre de la responsabilité de protéger, les organisations de la société civile et la Commission nationale kenyane des droits de l'homme avaient requis l'application des Principes directeurs à la situation au Kenya [765]. En outre, cette approche du Secrétaire général le pose en opposition nette avec l'Assemblée générale, la Commission des droits de l'homme et le Conseil des droits de l'homme qui, dans leurs résolutions, font référence aux Principes directeurs comme un instrument important pour la protection des déplacés internes [766]. Cette occultation des Principes directeurs du Rapport de 2009 n'est pas un oubli, le Secrétaire général l'a faite à dessein. Le bureau des affaires juridiques aurait supprimé de ce rapport de 2009 toute référence aux Principes directeurs pour la simple raison que ceux-ci ne constituent pas un *hard law* [767]. En 2005, les États n'avaient pas voulu les inclure dans le champ de la responsabilité de protéger, reléguant, partant, les déplacés internes aux périphéries de cette norme en construction. L'absence d'un cadre juridique international portant sur le déplacement interne aurait empêché son inclusion au principe de

---

763 Gouda Ali GOUDA, *Internal Displacement law and Policy: Analysis of International Norms and Domestic Jurisprudence*, Vandeplas Publishing, United States of America, April 2009, p. 222.

764 Ibid.

765 Roberta COHEN, « Reconciling responsibility to Protect with IDP Protection ». *Brookings project on Internal Displacement*, March 2010, p. 8.

766 Ibid.

767 Ibid.

responsabilité de protéger [768]. Vu sous cet angle, le déplacement interne n'est que périphérique à la responsabilité de protéger [769]. C'est là l'une des conséquences du caractère non contraignant des principes internationaux relatifs spécifiquement au déplacement interne. Le fait qu'ils n'aient pas été formellement acceptés comme des traités ordinaires entraîne qu'ils ne peuvent pas être inclus dans d'importantes réformes des mécanismes internationaux de protection des droits de l'homme et d'assistance humanitaire.

b. Vers un engagement progressif des États ?

Les négociations portant sur le document final du Sommet mondial de 2005 ont mis en évidence à la fois un accueil favorable des Principes directeurs par tous les gouvernements, mais aussi le fait que plusieurs États n'étaient pas encore disposés à reconnaître explicitement un caractère juridiquement contraignant auxdits principes. L'on note un réel progrès dans presque toutes les régions du monde [770], corroborant ainsi l'idée que le déplacement interne évoluerait progressivement d'une question purement interne à un problème interétatique. Il y aurait des raisons suffisantes de croire qu'un consensus universel commence à se former autour d'une mise en place d'un texte contraignant. L'idée d'un instrument international conventionnel sur les droits des déplacés internes n'est d'ailleurs pas nouvelle dans le cercle international.

La logique d'élaboration de la Convention sur les droits de l'enfant a été celle du consensus, du compromis politique, condition *sine qua non* de l'obtention de l'unanimité. Bien que la logique juridique pure n'ait pas été privilégiée, cette Convention n'en présente pas les séquelles aujourd'hui. S'en tenir à cet exemple conduirait à affirmer que l'engagement moral des États au sujet des Principes directeurs sur le déplacement interne peut suffire.

L'idée selon laquelle tous les États ne sont pas concernés par le déplacement interne pourrait instiller un doute sur d'éventuelles ratifications. Mais il y a en ce début de millénaire de plus en plus d'arguments et d'événements tendant à renverser ce postulat. Il n'est pas exclu, même si cela n'est pas souhaitable, que les gouvernements qui n'ont jamais connu l'expérience fâcheuse du déplacement interne en aient l'occasion. Tous ont en effet un intérêt réel à être parties à une convention sur la question. Le vent de démocratie qui a soufflé

---

768 Delphine SCHRANK, « Democratic Republic of Congo » in Jared GENSER and Irwin COTLER (eds.), *The Responsibility to Protect. The Promise of Stopping Mass Atrocities in Our Time.* Oxford University Press, 2012, p. 326.

769 Susan Gail HARRIS-RIMMER, « Refugees, Internally Displaced Persons and the Responsibility to Protect Doctrine. Paper Prepared for Protecting People in Conflict ans Crisis: Responding to the Challenge of Changing World », *ANU College of Law Research Paper No. 09-36*, Oxford, 22nd-24th sept 2009, p. 20.

770 Voir supra, p. 228.

sur les États du Maghreb (Tunisie, Égypte, Libye…) et les événements malheureux ayant eu lieu récemment au Japon [771] et aux États-Unis [772] prouvent que tout État peut être confronté aux problèmes du déplacement interne, quelles qu'en soient les causes. Le déplacement dû aux causes climatiques semble toucher sans distinction aucune, notamment du niveau d'équipement ou de « développement » des États. Catherine-Amélie Chassin l'a si bien relevé :

> « Les migrations climatiques […] peuvent concerner l'ensemble des États, riches comme pauvres. Le niveau économique n'aura ici aucune influence, car les mers s'élèvent inexorablement de la même façon, et les ouragans sont tout aussi puissants, que l'on soit à Port-au-Prince ou à la Nouvelle Orléans. Le niveau de développement de l'État n'aura dès lors d'incidence que sur sa capacité à gérer la crise qui en résulte »[773].

B. Instrument juridique nouveau et « droit des déplacés interne » en formation

Mettre en place un instrument international conventionnel sur le déplacement interne, s'il fait l'objet d'une large acceptation, sera un pas décisif de plus pour la protection internationale effective des déplacés internes. Mais il faut s'interroger sur l'effet de celui-ci sur le texte actuel, pour ce qu'il ne faut pas que le nouvel instrument juridique contraignant vienne compromettre les progrès réalisés par les Principes directeurs, notamment les règles coutumières en formation sur le déplacement interne. Il conviendra de concilier l'instrument juridique nouveau avec la notoriété actuelle des Principes directeurs d'une part (1), puis avec la coutume internationale en formation d'autre part (2).

1. Instrument juridique nouveau et notoriété actuelle des Principes directeurs

Les Principes directeurs de 1998 sont une compilation, une réaffirmation de normes existantes pouvant être appliquée aux situations de déplacement interne. C'est leur base juridique qui les rend exceptionnels. Les chefs d'États et de gouvernement, lors du Sommet mondial de septembre 2005 à New York, ont estimé à l'unanimité que les Principes directeurs constituent un « cadre international important pour la protection des personnes déplacées ». Le Conseil des droits de l'homme et l'Assemblée générale de l'ONU se sont

[771] Il existe aujourd'hui un grand nombre de « réfugiés nucléaires » au Japon.

[772] Ouragans Katrina, Irene, Sandy, etc.

[773] Catherine-Amélie CHASSIN, « L'appréhension juridique des migrations climatiques », in Catherine-Amélie CHASSIN (dir.), *Les migrations contraintes, Actes du colloque de Caen*, Pedone, janvier 2014, p. 117.

prononcés dans le même sens [774]. L'on note qu'un nombre croissant d'États, d'institutions ou organisations appliquent les Principes directeurs en tant que norme juridique. Plusieurs acteurs y font recours lorsqu'ils sont face à des cas de déplacement interne. Bien plus, ils occupent une place primordiale dans le dialogue entre l'ONU d'une part et les États, organisations et tous les autres acteurs concernés d'autre part. L'effet des principes est significatif si l'on s'en tient aussi à leur prise en compte dans l'élaboration des pactes et accords de paix depuis leur présentation [775].

Eu égard à la notoriété actuelle des Principes directeurs, est-il risqué de procéder à leur relai par l'instauration d'un instrument international conventionnel sur le déplacement interne ? Il a été avancé l'idée selon laquelle un traité en la matière anéantirait les efforts et avancées réalisés autour des Principes directeurs. Un traité serait-il de nature à renforcer l'acquis ou plutôt à compromettre les avancées obtenues ? Mieux, l'instrument international conventionnel aura-t-il la même notoriété, bénéficiera-t-il de la même acceptation dont jouissent aujourd'hui les Principes directeurs ? Pour une partie de la doctrine, position exprimée et fondée sur plusieurs arguments dans les années d'élaboration des Principes directeurs, opter pour un instrument international conventionnel ne serait pas bénéfique (1). Sans vouloir insinuer une remise en cause pure et simple des arguments jadis utilisés, il est utile de réexaminer ces faits nouveaux qui pourraient faire évoluer le débat (2).

a. Des arguments contre le choix d'un instrument international conventionnel

Le succès des Principes directeurs est tributaire de leur base juridique. L'une des raisons pour lesquelles ils sont autant acceptés est qu'ils sont inspirés des énoncés juridiques internationaux que les États se sont déjà individuellement rendus efficaces.

L'une des craintes lors de l'élaboration des Principes directeurs, comme l'a précisé Walter Kälin était que la négociation d'un tel traité, traité devant puiser autant dans le droit existant, offrirait l'occasion aux États de « renégocier, et d'affaiblir les traités en vigueur et le droit coutumier » [776]. La raison est qu'un instrument international conventionnel sur la protection des déplacés internes

774 Voir résolution du Conseil des droits de l'homme 14/6 sur le mandat du Rapporteur spécial sur les droits de l'homme des personnes déplacées dans leur propre pays. A/HRC/RES/14/C, juin 2010.

775 Elizabeth Ferris précise ici qu'« un examen de 43 accords de paix signés entre 1990 et 2008, a révélé que alors que seuls 10 des 18 accords signés avant 1998 mentionnaient le déplacement interne. Tous les accords d'après 1998 font référence aux PDI, sauf un ». Voir Elizabeth FERRIS, « Évaluer l'impact des Principes : une tâche inachevée », in Déplacement interne : dix ans des Principes directeurs, *Revue des Migrations Forcées*, décembre 2008, p. 10.

776 Walter KÄLIN, « Le futur des Principes directeurs » in Déplacement interne : dix ans des Principes directeurs. *Revue des Migrations Forcées*, décembre 2008, p. 38.

devrait, semblablement aux Principes directeurs de 1998, puiser dans plusieurs traités en vigueur et par ricochet dans plusieurs branches du droit international, notamment le DIDH, le DIH et le droit des réfugiés par analogie.

Il y avait aussi la crainte que les États les plus touchés et concernés par le déplacement interne ne ratifient la convention si elle avait été l'objet du choix. La Convention sur les droits de l'enfant n'est pas ratifiée par les États-Unis, la Somalie et le Soudan du sud [777], mais elle est largement utilisée et utile dans la mesure où elle renforce la protection des enfants dans le reste du monde. L'évolution des ratifications de la Convention de Kampala [778] n'insinuerait-elle pas qu'il y a parmi les États membres de l'ONU un nombre suffisant pour faire entrer en vigueur une convention sur le déplacement interne et servir efficacement à une bonne partie de ceux dans le besoin ?

Plusieurs États avaient insisté sur le fait que les Principes directeurs ne sauraient avoir un caractère contraignant, du seul fait qu'ils n'ont pas été « formellement négociés et adoptés par un forum intergouvernemental » [779]. Or, ils sont plus contraignants aujourd'hui que certaines règles *a priori* contraignantes.

L'on pourrait ajouter un argument à ceux-ci, au demeurant très d'actualité, à savoir le risque que l'entreprise portant sur la mise sur pied d'un instrument international conventionnel connaisse le même sort qu'ont connu les développements sur le principe de la responsabilité de protéger. Nous y reviendrons plus loin dans les développements.

b. De la légitimation progressive de l'idée d'un instrument international conventionnel

La notoriété actuelle des principes internationaux sur le déplacement interne ne sera pas compromise en cas d'adoption d'un instrument international conventionnel sur le déplacement interne si l'on considère les éléments suivants :

— Il y a un ralliement progressif d'États farouches opposants aux principes internationaux sur le déplacement interne et à l'idée que le déplacement interne puisse être une préoccupation de la société internationale. Aujourd'hui, les États acceptent progressivement des « obligations » en matière de protection des déplacés internes. Il y en a de moins en moins, voire très peu, à ne pas

---

777 Parmi les 193 États membres de l'ONU, seuls les États-Unis, la Somalie et le Soudan du Sud ne sont pas Parties à ce traité.

778 En 2014, elle comptait, parmi les 54 États membres de l'UA, 39 signatures et 22 ratifications.

779 Patrick L. SCHMIDT, « Process and Prospects for the U.N. Guiding Principles on Internal Displacement to Become Customary International Law: A Preliminary Assessment », *Georgetown Journal of International Law*, Vol. 35, Issue 3 (2004), p. 509.

reconnaître les Principes directeurs. Ces États qui s'opposaient farouchement à l'adoption des Principes directeurs en 1998 sont de plus en plus conciliants, voire partisans d'une telle évolution. Lors de l'adoption de la résolution de 1998 qui allait approuver les Principes directeurs [780], le Mexique avait fait part de son inquiétude concernant notamment le processus de développement des Principes directeurs [781]. Sa position a radicalement changé, et ce depuis fort longtemps. Il a rejoint les États qui soutiennent et défendent les Principes directeurs [782]. Aussi, la politique « états-unienne » relative au déplacement interne est en pleine évolution. Si au moment de l'Ouragan Katrina, la position américaine était que l'idée des déplacés internes ne se rapportait qu'aux États « pauvres », la mentalité a nettement changé. L'on en veut pour preuve que les travaux du *United States Agency for International Development (USAID)* sur la protection et l'assistance aux déplacés internes [783].

— L'entrée en vigueur de la Convention de Kampala a été un signal fort pour le reste de la société internationale et les ratifications se poursuivent. L'on ne doit pas voir en cette initiative une simple réussite de la dissémination et de la domestication des Principes directeurs. Il en découle un autre message tout aussi important qui peut se résumer en ces termes : bien qu'il y ait eu des avancées juridiques considérables sur la question du déplacement interne, grâce notamment aux Principes directeurs, le besoin d'un instrument international conventionnel ne s'est pas estompé. Il serait inadmissible de se contenter simplement des arrangements normatifs internationaux actuels. La Convention de Kampala se propose de renforcer les principes internationaux relatifs au déplacement, principalement en Afrique. Elle ne dépare en rien la teneur ou la portée ni de ces principes ni des textes qui constituent leur base juridique. Ne serait-ce pas là une réponse à l'un des arguments avancés lors de la conception des Principes directeurs de 1998, argument selon lequel envisager l'adoption

---

780 Il faut rappeler que par suite de cette remarque soulevée par le Mexique, les rédacteurs de cette résolution au moyen de laquelle les principes devaient être adoptés ont réajusté le langage, préférant l'expression « takes note of the report » à celle de « takes note with appréciation of the report ». Voir Patrick L. SCHMIDT, « Process and Prospects for the U.N. Guiding Principles on Internal Displacement to Become Customary International Law: A Preliminary Assessment », *Journal: Georgetown Journal of International Law*, Vol. 35, Issue 3 (2004), p. 509.

781 Simon BAGSHAW, « Internally Displaced Persons at the Fifty-Fourth Session of the United Nations Commission on Human Rights », 10 *Int'l J. of Refugee Law*, 16 March-24 April 1998,1998, p. 551.

782 Patrick L. SCHMIDT, « Process and Prospects for the U.N. Guiding Principles on Internal Displacement to Become Customary International Law: A Preliminary Assessment », *Georgetown Journal of International Law*, Vol. 35, Issue 3 (2004), p. 509.

783 Voir par exemple : *USAID Assistance to Internally Displaced Persons Policy. Implementation Guidelines* (octobre 2004).

d'un véritable traité sur le déplacement interne donnerait l'occasion aux États de « renégocier et d'affaiblir les traités en vigueur et le droit coutumier » [784] ?

2. Instrument international conventionnel et coutume internationale en formation

S'il était avéré que l'on tend vers une véritable coutume internationale sur le déplacement interne (a), quelle serait sa pertinence en comparaison à celle d'un instrument international conventionnel dans un contexte de déplacement interne ? (b). En cas de mise en place effective, une interaction est inévitable entre la coutume internationale et ledit instrument conventionnel (c).

a. Vers une coutume internationale ?

Avant d'étudier le niveau de coutume formée en matière de déplacement interne (ii), il conviendra de revenir un moment sur le mode de formation de celle-ci (i).

i. Formation de la coutume internationale

« Le principe est que, pour les sources, il n'existe pas de hiérarchie en droit international » [785]. Les différences se trouvent ailleurs et l'une des caractéristiques propres au droit coutumier est qu'il est la plus ancienne source du droit international et de tout droit en général [786]. La coutume est la preuve d'une pratique générale acceptée comme étant le droit. Lorsqu'on parle de coutume, on entend par là qu'une règle de droit va pouvoir exister malgré l'absence de tout accord formel entre États. Le processus coutumier est parfait par la réunion de deux éléments : un élément matériel ou encore *consuedo* qui requiert un accomplissement répété d'actes dénommés « précédents » [787], et un élément psychologique ou *opinio juris sive necessitatis* [788], c'est-à-dire un sentiment ou une conviction des sujets de droit que l'accomplissement de tels actes est obligatoire parce que le droit l'exige. Selon la CIJ, la substance du droit international coutumier doit être recherchée en premier lieu dans la pratique

---

[784] Walter KÄLIN, « Le futur des Principes directeurs » in Déplacement interne : dix ans des Principes directeurs. *Revue des Migrations Forcées*, décembre 2008, p. 38.

[785] Patrick DAILLIER, Mathias FORTEAU et Alain PELLET, *Droit international public*, L.G.D.J., 8e édition, 2009, p. 127.

[786] Gideon BOAS, *Public International Law, Contemporary Principles and Perspectives.* Edward Elgar Publishing, Cheltenham, UK-Northampton, MA, USA, 2012, p. 73.

[787] La pratique générale : l'on prend en compte ici de la répétition dans certaines conditions d'un comportement donné dans la vie internationale.

[788] L'*opinio juris sive necessitatis* a été inventé par la doctrine au début du XIXe siècle. Exigence inscrite par la suite à l'article 38 § 1 du statut de la CPJI puis de la CIJ. Les États doivent avoir le sentiment de se conformer à ce qui équivaut à une obligation juridique.

effective et l'*opinio juris* des États [789]. La doctrine n'est pas unanime sur l'importance à accorder à ces deux éléments. Comme nous le présente Patrick L. Schmidt [790], deux écoles s'opposent au sujet de la primauté de l'élément matériel ou de l'élément psychologique de la coutume. Bien qu'elle ne soit pas aussi largement acceptée comme l'école de la coutume « traditionnelle », une approche moderne de la coutume émergerait en tant que source importante du droit (droits de l'homme notamment).

La coutume « traditionnelle » résulte d'une pratique générale et constante des États, suivie de l'*opinio juris* comme une considération secondaire. Cette dernière nécessitant que l'État agisse avec le sentiment de se trouver devant une règle obligatoire. Cette coutume a un caractère évolutif. Elle est identifiée au moyen d'un processus inductif où la coutume est dérivée des cas spécifiques de la pratique des États. Selon la doctrine classique, la pratique doit être développée avant qu'on s'interroge sur l'existence de l'*opinio juris* et qu'on en cherche la preuve. Cependant, peut-on écarter toute antériorité d'un élément par rapport à l'autre ? Dans la pratique contemporaine, l'on reconnaît dans l'*opinio juris* le point de départ du processus coutumier. La coutume « traditionnelle » requiert d'abord une pratique générale : les éléments susceptibles de constituer des « précédents » sont les comportements des sujets de droit international. C'est le cas des actes juridiques internes et internationaux (mais cela n'est pas une nécessité). Ces actes doivent émaner des sujets du droit international et leur être opposables. Ces sujets sont les États [791], les organisations internationales [792], les institutions internationales [793], les organisations non gouvernementales et certaines personnes privées aussi, les écrits de juristes internationalistes qualifiés de praticiens, et décisions de juridictions nationales et internationales.

La coutume « moderne », elle, s'identifierait par un processus déductif qui s'appuie essentiellement sur ce que l'État « dit » que sur ce qu'il « fait » [794]. Avec

---

789 Voir plateau continental (Jamahiriya arabe libyenne/Malte), arrêt, CIJ, Recueil 1985, p. 29, paragraphe 27.

790 Patrick L. SCHMIDT, « Process and Prospects for the U.N. Guiding Principles on Internal Displacement to Become Customary International Law: A Preliminary Assessment », *Georgetown Journal of International Law*, Vol. 35, Issue 3 (2004), p. 495 à 498 notamment.

791 Les actes des États sont les actes accomplis par ses organes et qui ont une influence sur les relations internationales. La principale preuve de la pratique étatique réside dans les documents officiels, publiés, y compris les rapports et politiques de l'État, les lois, les décisions de justice. Mais, problème : certaines correspondances interétatiques ne sont pas connues de tous.

792 Les organisations internationales participent également par les résolutions qu'elles adoptent, les conventions internationales auxquelles elles participent et par l'ensemble de leurs relations avec d'autres sujets de droit international.

793 Les actes pris en compte incluent les actes juridictionnels et les arbitrages internationaux.

794 Anthea Elizabeth ROBERTS, « Traditional and Modern Approaches to Customary International Law: A Reconciliation », 95, *Am. J. Int'l L.*, 2001, p. 758. Voir aussi Patrick L. SCHMIDT, « Process

…/…

la coutume traditionnelle, la pratique générale précède l'*opinio juris*, c'est cette répétition du précédent dans le temps qui fait naître l'obligation. Or, avec la coutume moderne, l'*opinio juris* ne constitue plus une considération secondaire, mais une considération première. Le processus se trouve inversé ici. L'expression d'un « besoin de droit » est à l'origine d'une pratique qui parachève la formation de la norme coutumière. Cette forme de coutume se développe plus vite que celle traditionnelle, pour ce qu'elle émane des traités, déclarations des instances internationales [795], qui peuvent déclarer une nouvelle coutume, cristalliser une coutume émergente, générer de nouvelles coutumes [796]. Ces actes constituent ce « besoin de droit ». Dans ce cas, la formulation de ces instruments internationaux, leur dissémination et leur confirmation par la pratique des États sont déterminantes. C'est aux États qu'il revient de déterminer ce qui selon eux constitue du droit coutumier, et les juristes aussi peuvent émettre des opinions sur l'existence ou non d'une règle de droit coutumier, mais la décision définitive revient selon l'occurrence, aux juridictions [797]. Cette inversion, auparavant fustigée par certains observateurs, semble désormais considérée comme légitime, dans son principe, par la jurisprudence internationale [798]. Comme le rappelle Anthea Elizabeth Roberts [799], repris par Patrick L. Schmidt [800], l'approche moderne de la

---

and Prospects for the U.N. Guiding Principles on Internal Displacement to Become Customary International Law: A Preliminary Assessment », *Journal: Georgetown Journal of International Law*, Vol. 35, Issue 3 (2004), p. 497.

795 Ces décisions prises lors de grands « fora », ne sont pas toujours le reflet des intentions véritables des votants. En réalité, donner son assentiment ne signifie pas toujours qu'on voudrait voir émerger telle ou telle règle, mais aussi souvent l'expression d'un compromis politique dont le véritable but se trouve ailleurs. Voir à ce sujet, Gaetano ARANGIO-RUIZ, « The Normative Role of the General Assembly of the United Nations and the Development of principles of Friendly Relations », (1972 III), *Recueil des cours*, 431 ; Rosalyn HIGGINS, *Problems and Process: International Law and How We Use It* (Oxford: Clarenton Press, 1994) 26 ; Gideon BOAS, *Public International Law, Contemporary Principles and Perspectives.* Edward Elgar Publishing, Cheltenham, UK-Northampton, MA, USA, 2012, p. 88.

796 Patrick L. SCHMIDT, « Process and Prospects for the U.N. Guiding Principles on Internal Displacement to Become Customary International Law: A Preliminary Assessment », *Georgetown Journal of International Law*, Vol. 35, Issue 3 (2004), p. 497.

797 Patrick L. SCHMIDT, « Process and Prospects for the U.N. Guiding Principles on Internal Displacement to Become Customary International Law: A Preliminary Assessment », *Georgetown Journal of International Law*, Vol. 35, Issue 3 (2004), p. 498. Voir aussi Anthea Elizabeth ROBERTS, « Traditional and Modern Approaches to Customary International Law: A Reconciliation », 95, *Am. J. Int'l L*, 2001, p. 772.

798 Voir à ce sujet le recours à la notion de « tendances » par la CIJ dans l'affaire du plateau continental Tunisie-Libye (Rec. 1982, p. 47-48 ; ici la Cour n'en a pas tiré des conséquences très positives). Voir aussi l'argumentation des sentences arbitrales dans les affaires pétrolières Texaco-Calasiatic de 1977 (JDI 1977, p. 350) et Aminoil de 1982 (JDI 1982, p. 869).

799 Anthea Elizabeth ROBERTS, « Traditional and Modern Approaches to Customary International Law: A Reconciliation », 95, *Am. J. Int'l L*, 2001, p. 759.

coutume fait de plus en plus d'adeptes et s'affirme comme source importante du DIDH.

Pour qu'il y ait coutume, la répétition du précédent doit s'étendre tant dans le temps que dans l'espace, attendu que, pour qu'on puisse véritablement parler d'« usage », il faut un affermissement de la pratique dont la répétition est la condition. La jurisprudence internationale utilise les formules classiques qui visent une « pratique internationale constante » ou une « pratique constante et uniforme ». Dès lors, « seule une pratique constante, effectivement suivie et sans changement, peut devenir génératrice d'une règle de droit international coutumier » [801]. L'uniformité renvoie à la concordance des actes successifs d'un même État qui doivent être semblables les uns aux autres, mais la CIJ précise qu'il n'est pas nécessaire pour qu'une règle soit coutumièrement établie que la pratique correspondante y soit rigoureusement conforme [802]. Quant au nombre de fois ou à la durée après laquelle la répétition d'un précédent peut générer une règle coutumière, l'on se contente de délais plus brefs, mais durant ce laps de temps la pratique doit être fréquente et pratiquement uniforme. Aussi, la pratique doit être largement répandue. Ceci ne signifie pas nécessairement une exigence d'acceptation universelle, mais elle devrait inclure la conduite de tous les États qui pourraient participer à l'élaboration de la norme dont besoin est.

Ceci étant, des éléments de coutume en matière de déplacement interne peuvent être trouvés tant sous forme de coutume traditionnelle que sous celle de coutume moderne, de ce fait que les Principes directeurs ne sont pas qu'une simple compilation ou une analyse, mais constituent aussi un guide ou une source d'orientation sur la conduite à tenir dans des contextes de déplacement interne.

ii. Éléments de coutume internationale en matière de déplacement interne

La pratique générale doit refléter une large acceptation entre les États particulièrement concernés par le déplacement interne. L'on compte près de cinquante États répartis sur tous les continents présentant des degrés variés de déplacement interne. Si ceux-ci, en majorité, reconnaissent aux Principes directeurs un caractère de droit, alors cela constituera sans doute une large acceptation, *a fortiori* si l'on y compte les États ayant une haute concentration de déplacés internes. Grâce aux efforts de divers acteurs, presque tous les États touchés par le déplacement interne s'engagent progressivement et de façon

---

800 Patrick L. SCHMIDT, « Process and Prospects for the U.N. Guiding Principles on Internal Displacement to Become Customary International Law: A Preliminary Assessment », *Georgetown Journal of International Law*, Vol. 35, Issue 3 (2004), p. 497.

801 Voir l'interprétation de l'accord aérien du 6 février 1948, opposant les États-Unis et l'Italie, RSA, vol. XVI, p. 100.

802 Arrêt du 27 juin 1986, *Activités militaires et paramilitaires au Nicaragua*, Rec. Page 98.

satisfaisante. Les Principes directeurs ont évolué en termes de portée à des périodes très précises. Ce regain de valeur a forcément une influence sur le processus coutumier en cours ou en vue. Rappelons que les règles de *soft law*, catégorie à laquelle sont très souvent attribués les Principes directeurs et les autres principes sur le déplacement interne, facilitent l'évolution du droit international coutumier. Elles peuvent constituer selon l'occurrence la preuve de l'existence d'une norme, de l'*opinio juris* pour une éventuelle norme [803], ou encore de la pratique (élément matériel) [804]. L'évolution normative sur le déplacement interne se résume en deux étapes principales : selon que l'on se situe entre 1998 à 2005 (ii.i) ou de 2005 à aujourd'hui (ii.ii).

ii.i De 1998 à 2005

En 1998, bon nombre d'États ont soutenu les Principes directeurs devant l'ONU [805]. Plusieurs autres États ont manifesté leur soutien, même de façon orale. La pratique générale incluant à la fois ce que l'État fait et ce qu'il dit. Quelques légers désaccords ont cependant été exprimés au moment de la présentation des Principes directeurs. Pendant les tentatives de parvenir à un consensus sur la résolution approuvant les Principes directeurs, le Mexique s'est dit préoccupé par leur méthode d'élaboration. L'Inde, le Soudan, la Syrie aussi ont insisté sur le caractère non contraignant et se sont dit préoccupés par la manière dont ils ont été développés [806].

L'ONU s'est tant bien que mal engagée pour la promotion des Principes directeurs. À travers les résolutions de ses organes, elle invite les États touchés par le déplacement interne à faciliter le travail du Rapporteur spécial et à protéger les déplacés internes. Certaines déclarations promeuvent les Principes directeurs tout en les hissant quasiment au rang d'une règle contraignante [807]. La CIJ ne rappelait-elle pas que :

> « Les résolutions de l'Assemblée générale, même si elles n'ont pas force obligatoire, peuvent parfois avoir une valeur normative. Elles peuvent, dans certaines circonstances, fournir des éléments de preuve importants pour établir l'existence d'une règle ou

---

803 Le contexte de la négociation et le soutien ultérieur qu'apportent les États à l'instrument sont déterminants à ce stade.

804 Alan BOYLE, « Soft Law in International Law-making » in Malcolm D. EVANS (ed.), *International Law*, second edition, Oxford: Oxford University Press, 2006, p. 153.

805 La résolution de la Commission des droits de l'homme du 17 avril 1998 approuvant les Principes directeurs a été soutenue par 55 États.

806 Patrick L. SCHMIDT, « Process and Prospects for the U.N. Guiding Principles on Internal Displacement to Become Customary International Law: A Preliminary Assessment », *Georgetown Journal of International Law*, Vol. 35, Issue 3 (2004), p. 508.

807 Voir notamment la résolution 56/164 adoptée en 2000.

l'émergence d'une opinio juris. Pour savoir si cela est vrai d'une résolution donnée par l'Assemblée générale, il faut en examiner le contenu ainsi que les conditions d'adoption ; il faut en outre vérifier s'il existe une opinio juris quant à son caractère normatif » [808] ?

Mais, dans l'ensemble, les résolutions de l'ONU relatives aux Principes directeurs, bien qu'elles soient soutenues par les États, ne précisent pas que l'instrument que les États soutiennent constitue du droit international. À ce stade, ce soutien aux Principes à l'échelle de l'ONU ne révèle pas un quelconque sentiment de la part des États de se conformer à une règle. Toutefois, les actes spécifiques des États qui appliquent les Principes comme du véritable droit, analysés individuellement, semblent révéler l'*opinio juris* requis. Aussi, de la présentation des Principes directeurs à 2005, plusieurs gouvernements ont pris des mesures démontrant qu'ils considèrent ces Principes comme du droit international. L'engagement de la Colombie en la matière sert généralement de référence. Ces références aux Principes directeurs constituent la preuve requise qui déterminera si ces États considèrent les Principes comme du droit international. L'on remarque aussi du côté de ces États une conviction du caractère obligatoire des Principes. Cela est encore plus affirmé dans les décisions de justice qui constituent une preuve non négligeable. La Colombie et bien d'autres États, au moyen de leur action, reconnaissent aux Principes directeurs une certaine autorité, semblable à celle d'une véritable convention en matière de déplacement interne. Ainsi, les décisions se référant aux Principes directeurs sont-elles plus nombreuses. Celles-ci constituent à n'en point douter une véritable preuve de la pratique étatique. Des juridictions se sont prononcées conformément à l'esprit des Principes directeurs, la Cour constitutionnelle colombienne en l'occurrence. Les décisions des juridictions internationales *ad hoc* et internationalisées allant dans ce sens étaient jusqu'en 2005 peu nombreuses, mais on pouvait noter une croissance dans leur nombre. Bien plus, le droit de ne pas être arbitrairement déplacé, norme de droit international coutumier, est né de l'œuvre des juristes et publicistes hautement qualifiés, œuvre qui sert de manière subsidiaire à déterminer la règle de droit [809]. Leurs écrits peuvent servir de preuve du droit coutumier et aussi subsidiairement, développer le droit.

ii.ii De 2005 à aujourd'hui

Septembre 2005 marque un tournant décisif dans l'histoire des Principes directeurs. C'est en effet au mois de septembre de cette année-là que les chefs

---

808 CIJ, avis consultatif du 8 juillet 1996, *Licéité de la menace ou de l'emploi d'armes nucléaires*, *Recueil 1996*, p. 254-255, paragraphe 70.

809 Article 38 (1) (d) du statut de la CIJ.

d'États et de gouvernements réunis à New York ont reconnu les Principes directeurs comme « une importante structure pour la protection des personnes déplacées à l'intérieur de leur propre pays » [810]. Cette large reconnaissance a influencé positivement la perception et l'utilisation des Principes directeurs par différents acteurs. Après le Sommet mondial de 2005, de plus en plus d'États, face aux situations de déplacement interne, agissent par sentiment d'obligation juridique, non seulement les États considérés individuellement, mais collectivement, notamment à l'échelle des Nations unies, des organisations régionales et sous-régionales. Un nombre croissant d'États, d'organismes des Nations unies, d'organisations régionales et d'ONG les utilisent comme une véritable norme de droit international [811]. L'élaboration d'instruments régionaux et sous-régionaux s'alignant sur les Principes directeurs [812] et même allant au-delà [813] en est la preuve. Cela n'amènerait-il pas à reconsidérer l'idée selon laquelle un instrument international conventionnel sur le déplacement interne compromettra automatiquement la coutume internationale en formation ? Comme le démontre Gideon Boas, les obligations conventionnelles peuvent être constitutives de preuve de l'*opinio juris* [814]. Il ressort de son analyse que le traité peut interagir avec la coutume de trois façons différentes : il peut non seulement codifier la coutume préexistante et constituer la preuve de l'*opinio juris* qui pourrait contribuer à l'avenir à la formation de la norme coutumière, mais surtout cristalliser une coutume émergente. L'acceptation universelle des Principes directeurs en 2005 comme instrument important en matière de déplacement interne constitue en quelque sorte cet *opinio juris*. Mettre en place un traité sur un sujet déjà couvert par la coutume internationale permettrait, comme le relève Boas, de créer des mécanismes procéduriers nécessaires au suivi, à la mise en œuvre et au règlement des conflits en rapport avec les normes coutumières préexistantes [815]. Cela peut aussi être utile à plusieurs autres égards, notamment pour la précision des points obscurs que tolère la coutume.

---

[810] G.A. Res. 60/L.1, paragraphe 132, UN. Doc. A/60/L.1

[811] A/RES/62/153, paragraphe 10.

[812] Les États membres de la Conférence internationale sur la région des Grands Lacs (Protocole sur les personnes déplacées des Grands Lacs) iront jusqu'à « utiliser l'ouvrage intitulé "Notes explicatives aux Principes directeurs relatifs au Déplacement de Personnes à l'intérieur de leur Propre Pays" comme source autorisée pour interpréter les Principes directeurs » qu'ils s'engagent à internaliser. Voir article 6 al. 2 du Protocole de 2006 sur la Protection et l'assistance à apporter aux personnes déplacées.

[813] La Convention de Kampala notamment ne se limite pas à l'approche du problème de déplacement interne en termes de besoins comme les Principes directeurs, mais elle précise les obligations des États et autres acteurs en matière de déplacement interne.

[814] Gideon BOAS, *Public International Law, Contemporary Principles and Perspectives*. Edward Elgar Publishing, Cheltenham, UK-Northampton, MA, USA, 2012, p. 84.

[815] Ibid., p. 86.

Il en ressort que si les Principes directeurs ne sont pas encore par tous considérés comme du droit coutumier [816], quelques-uns d'entre eux le sont déjà [817] et les autres le deviendront certainement dans un futur proche. En revêtant ce caractère coutumier, parviendront-ils à pallier le manque d'un véritable traité international sur le déplacement interne ?

b. Pertinence de l'une ou de l'autre source en cas de déplacement interne

Il conviendra d'évaluer cette pertinence à travers quelques critères précis.

Il faut analyser premièrement leur applicabilité au plan international. Devant les juridictions de tradition civiliste, la coutume est une source reconnue du droit. Mais, et comme le relève d'ailleurs John Henry Merryman, bien qu'un grand soin lui soit donné dans les œuvres savantes, son importance est « faible et en diminution » [818]. En principe, il n'y a pas une hiérarchie entre le traité et la coutume, mais la pratique juridique internationale instaure fréquemment une priorité en faveur des traités. La Cour permanente de Justice internationale (CPJI) estimait dans son avis consultatif du 4 février 1932 sur l'examen des sources du droit applicable, que les autres sources du droit de la société internationale s'appliquent sous réserve des dispositions conventionnelles [819]. Dans l'affaire des phares, la CPJI porte son choix sur le traité qui offrirait une certaine commodité [820]. Quelques années plus tard, dans l'affaire des ressortissants des États-Unis au Maroc, la CIJ décide qu'« en l'absence de toute autre disposition conventionnelle en la matière », la coutume et l'usage ne peuvent constituer le fondement d'un droit d'assentiment [821]. L'article 38 du Statut de la CIJ cite les conventions internationales et traités devant la coutume internationale, mais l'on ne dirait pas qu'il s'agit là d'une quelconque hiérarchisation. En présence d'un litige porté devant le juge international et impliquant des déplacés internes, un traité en la matière présenterait plus d'avantages que la règle coutumière. Le traité est aussi plus précis et plus spécifique. Il s'agit là des critères déterminants en matière de déplacement interne, compte tenu de la complexité du phénomène. En plus, le traité est « adapté au procédé naturel de développement du droit entre États qui [...]

816 Certains gouvernements considèrent les Principes directeurs comme du droit international coutumier. C'est le cas des gouvernements allemand (Achter Bericht der Bundesregierung über ihre Menschenrechtspolitik in den auswärtigen Beziehungen und in anderen Politikbereichen, 150), irakien (la loi irakienne de 2008. paragraphe 5.3. sur le déplacement interne dispose que les Principes directeurs font désormais partie du droit international), etc.

817 L'interdiction du déplacement forcé de civils est une règle dont le caractère coutumier a été établi.

818 John Henry MERRYMAN, *The civil law tradition*, p. 23, 2e éd., 1985.

819 CPJI, Arrêts, ordonnances et avis consultatifs, 1932, Série A/B, n ° 44, p. 23-24

820 CPJI, Arrêts, ordonnances et avis consultatifs, 1934, Série A/B, n ° 62, p. 24-25.

821 CIJ, Recueil, 1952, p. 200 et 202.

n'acceptent d'être engagés que par une manifestation réfléchie et irrécusable de leur volonté » [822].

Il conviendra de revenir deuxièmement sur leur applicabilité au plan interne. L'application interne de certaines normes de droit international coutumier peut elle aussi être controversée, par la raison que l'autorité nationale n'a pas expressément choisi de leur donner effet en droit interne. C'est ce que nous rappelle John O. McGinnis qui distingue ce « *raw international law* » (droit coutumier) du droit international expressément adopté et incorporé en droit interne. Pour lui, d'un point de vue pragmatique, l'on est plus enclin à ne donner effet en droit interne au droit international coutumier que s'il est de nature à produire des normes « meilleures » que celles qui découlent de notre propre processus politique. L'une des faiblesses du droit international coutumier est que sa définition même révèle un énorme déficit démocratique : pour être considérée norme de droit international coutumier, « il suffit qu'une règle fasse l'objet de pratique générale et constante des États, suivie par un sentiment d'obligation juridique ». Il n'est pas fait allusion ni aux processus représentatifs ni au bien-être des citoyens. Ce droit néglige tout simplement la procédure démocratique de prise de décisions [823]. D'après lui, ce déficit démocratique se manifeste de diverses façons. Premièrement, les États n'ont pas à consentir de façon affirmative à la création d'une règle de droit international coutumier, mais ils sont supposés y avoir consenti s'ils ne s'y sont pas opposés. S'il y a un véritable instrument international conventionnel sur le déplacement interne, les États l'ayant ratifié devraient l'incorporer au droit interne. Or ce droit interne répond à un processus d'élaboration qu'on peut dire ou supposer démocratique. En droit interne, les normes ne sont pas créées par inaction, mais résultent essentiellement d'une démarche positive d'élaboration de la loi. Deuxièmement, cerner une norme de droit international coutumier ou simplement savoir si elle existe est souvent une tâche ardue. Or, nombreuses sont les règles de droit international coutumier qui ne sont pas écrites, contrairement aux dispositions conventionnelles qui ont une assise documentaire. En droit international coutumier, il faut, sur la base d'une certaine pratique, déterminer l'existence et le contenu d'une norme juridique. Ceux qui le font sont principalement des professeurs de droit international. Ils ont des vertus, mais ne sont pas toujours très représentatifs de leurs citoyens, rappelle-t-il [824].

---

822 Charles DE VISSCHER, « Coutume et traité en droit international public », *RGDIP*, 1955. p. 354.

823 John O. MCGINNIS, « The comparative disadvantage of customary international law », *Harvard Journal of Law and Public Policy*, vol. 30, No 1, September 2006.

824 John O. McGinnis nous rapporte qu'une étude menée aux États Unis a prouvé que les éminents professeurs américains de droit ne représentaient pas avec exactitude l'idéologie politique. Voir John O. MCGINNIS, Matthew A. SCHWARTZ & Benjamin TISDELL, The Patterns and Implications of Political Contributions by Elite Law School Faculty, 93 *GEO L.J.* 1167, 1170 (2005) « The

…/…

Il faudra revenir troisièmement sur leur pertinence proprement dite au déplacement interne. Considérant l'exigence du problème de déplacement interne, l'on s'attend raisonnablement à ce que des mesures urgentes soient prises, comme cela a été constaté lors de l'élaboration des Principes directeurs de 1998 [825]. Pourtant, le processus de développement coutumier en la matière est lent et incertain [826]. L'une des difficultés principales concerne la détermination de la date exacte à partir de laquelle on peut considérer qu'une pratique en matière de déplacement interne devient coutume. Depuis la présentation des Principes directeurs en 1998, peut-on véritablement parler d'une réelle règle coutumière en la matière ? Les avis divergent à ce sujet. Par la suite, il faudra apporter la preuve et, en matière de preuve, le traité est plus facile à prouver que la coutume.

§ 2. LA FAISABILITÉ TENANT À L'INSTRUMENT INTERNATIONAL CONVENTIONNEL PROPREMENT DIT

Il conviendra de rappeler ici l'éventualité d'un instrument international conventionnel sur les droits des déplacés internes eu égard à l'environnement conventionnel international (A) avant de revenir sur les modalités d'une éventuelle mise sur pied d'un tel instrument (B).

A. L'éventualité d'un instrument international conventionnel eu égard à l'environnement conventionnel international

L'environnement conventionnel international n'offre pas, sans équivoque aucune, des indications sur la faisabilité ou non d'une entreprise visant à assurer le passage des principes internationaux sur les droits des déplacés internes vers un instrument international conventionnel (1). Puis, si le choix doit être porté sur un instrument international conventionnel, il conviendra d'opérer certains arrangements (2).

---

contributions of politically active law professors are overwhelmingly Democratic: 81% of law faculty members in the study who make political contributions contribute wholly or predominantly to Democrats, while 15% contribute wholly or predominantly to Republicans ».

825 L'une des raisons pour lesquelles le choix a été porté sur les Principes directeurs est le besoin de fournir le plus rapidement possible aux différents acteurs un instrument devant leur servir dans leurs activités de protection et d'assistance aux déplacés internes.

826 Au caractère incertain de la coutume s'ajoutent les maximes classiques « *lex posterior derogat* » et « *lex specialis derogat* ». Le traité est généralement plus récent et aussi plus spécifique que la règle coutumière. Avec quelques exceptions : dans l'affaire du Nicaragua par exemple, selon la Cour, la coutume comportait une réglementation plus complète de la légitime défense que la Charte des Nations unies (CIJ, Recueil 1986, § 176).

1. Des indications amphibologiques

S'il existe des justifications du rejet ou de la mise en situation d'attente d'une telle idée (a), il en existe autant pour sa réception (b).

a. Exclusion de l'idée d'un instrument international conventionnel

Le développement contemporain du droit international laisse apparaître une difficulté à adopter des instruments juridiques de portée universelle. L'on en veut pour preuve que l'état des activités réelles de la Commission du droit international et des difficultés que soulève l'entreprise de codification. Censée favoriser le développement progressif et la codification du droit international, cette Commission ne serait devenue fonctionnellement qu'« une procédure ("législative") d'élaboration de propositions sur des questions de droit international » [827]. Bien plus, elle est de plus en plus invitée à s'engager dans l'adoption d'instruments déclaratoires [828] et le nombre de sujets à son ordre du jour se prêtant à une entreprise de codification se réduit peu à peu. Pour finir, ses travaux de ces dernières années ont plus été adoptés par les organes de l'ONU qu'ils ne l'ont été par les États.

Bien plus que des difficultés, il conviendra de prendre en compte l'échec de certains efforts d'élaboration des normes internationales ces dernières années, efforts portant sur un champ du droit que l'on peut dire connexe à la thématique du déplacement interne, notamment ceux portant sur la responsabilité de protéger. Quoique encore très insatisfaisants, les développements sur ce sujet semblent, selon certains juristes et acteurs humanitaires, avoir atteint leur paroxysme [829]. Il y a dès lors un risque que l'élaboration d'un instrument international conventionnel s'enfonce dans les mêmes eaux troubles, étant donné le lien théorique qui existe entre les deux thématiques. Toutefois, ce risque ne peut être clairement évalué. L'aspect politique nous échappant, il serait difficile de dire avec exactitude que les États ne ratifieront pas une convention sur ce sujet.

---

827 Carlo SANTULLI, « Travaux de la Commission du droit international, (cinquante-sixième session) », *Annuaire français du droit international*, L - 2004 - CNRS Éditions, Paris, p. 579.

828 Lors de la présentation du rapport de la Commission du droit international sur les travaux de ses soixante-troisième et soixante-cinquième sessions (A/66/10, A/66/10/Add.1 et A/68/10), le représentant de l'Italie, M. Andrea Tirittico, tout en se félicitant que la CDI ait inscrit à son agenda les questions de la « Protection de l'environnement en cas de conflit armée » et de la « Protection de l'atmosphère », a estimé que la Commission ne devrait pas s'engager dans l'élaboration d'un instrument juridiquement contraignant mais envisager plutôt l'adoption d'une déclaration sur les articles proposés. Disponible à l'adresse : http://www.un.org/press/fr/2013/AGJ3467.doc.htm (consulté le 21 janvier 2015).

829 Nous y reviendrons plus loin dans les développements (voir p. 436).

À ces deux principales raisons, il conviendra d'en ajouter une, cette fois-ci financière. En effet, l'élaboration d'un instrument international conventionnel demande un certain nombres de réunions ou consultations internationales qui peuvent s'avérer très coûteuses, *a fortiori* dans un contexte où l'ONU peine à financer ses activités.

b. Réception de l'idée d'un instrument international conventionnel

De la période de rédaction des Principes directeurs à aujourd'hui, il y a eu quelques francs succès dans la mise en place de conventions internationales dans des domaines spécifiques des droits de l'homme, s'inscrivant en faux contre l'argument avancé par plusieurs juristes de l'extrême difficulté dans le contexte de fin du XXe et début du XXIe siècle à produire un instrument juridique international.

L'on trouve ici la convention des Nations unies relative aux droits des personnes handicapées (CIDPH). Avant l'adoption ce cette convention, les personnes handicapées partageaient quelques points communs avec les déplacés internes : elles étaient elles aussi confrontées à une invisibilité des droits et à la discrimination, tout ceci entraînant le bafouement de leurs droits de l'homme. Bien que les États aient déjà des obligations envers les droits de l'homme et par ricochet envers les personnes handicapées, ceci en vertu des textes internationaux relatifs aux droits de l'homme, le processus d'établissement de cette convention a été lancé. Cette dernière a connu un succès fulgurant, se hissant au rang de la deuxième des principales conventions des Nations unies relatives aux droits de l'homme les plus rapidement adoptées [830].

L'autre réussite a été la convention sur l'interdiction des mines antipersonnel (ou traité d'Ottawa), dont l'élaboration s'est faite, comme les Principes directeurs, en dehors des cadres diplomatiques ou des canons habituels. Bien plus, la stratégisation, la rédaction, l'adoption et la signature de cette convention ont coïncidé avec les dernières années de rédaction des Principes directeurs sur le déplacement interne [831]. Convention qui entrera en vigueur le 1er mars 1999, un record historique pour les conventions de la même famille.

Bien plus, l'on a assisté ces dernières années au relai de quelques instruments du droit déclaratoire au conventionnel, notamment en matière des droits de l'enfant et en matière de disparitions forcées [832].

---

830 Le texte final de la convention a été adopté par l'Assemblée générale en décembre 2006. Elle a été ouverte à signature le 30 mars 2007 pour entrer en vigueur le 3 mai 2008.

831 L'initiative datant d'octobre 1996, le texte de la Convention a été rédigé en 1997, le traité adopté en septembre 1997 et signé par 122 États le 3 décembre 1997 à Ottawa.

832 Voir supra, p. 206.

Ces réussites insinueraient que l'environnement juridique international n'est pas complètement inopportun à la floraison d'un instrument international conventionnel sur les droits des déplacés internes.

2. Exigences de l'option d'un instrument international conventionnel

Pour que l'instrument international conventionnel apporte une plus-value à la protection des droits des déplacés internes, il faut qu'il soit efficace et effectif. Pour ce faire, quelques considérations sont nécessaires.

- Sur la portée *ratione personae* de l'instrument international conventionnel : si un instrument juridique devait être adopté par très peu d'États, cela ne vaudrait pas la peine. Seule une large adoption ajoutera aux efforts actuels.

- Sur les réserves à l'instrument international conventionnel : rendre un tel instrument efficace demandera de prévenir toute nuisance à son économie même, par la limitation par les États de l'exclusion ou de la modification de l'effet juridique de certaines de ses dispositions dans leur application à tout réservataire. Le régime des réserves a en effet été rendu moins rigide. Jusqu'au milieu du XXe siècle, l'unanimité était maintenue pour l'acceptation des réserves [833]. Aujourd'hui, chaque État participant à l'élaboration d'un instrument international conventionnel, et ceci est valable pour ce qui est des droits fondamentaux des déplacés internes, prendra position au sujet d'une éventuelle réserve. Mais, qu'elles soient d'exclusion ou modificatrice, les réserves ne devraient pas altérer la signification des dispositions essentielles de l'instrument à mettre sur pied, autrement dit, elles ne devront pas mettre en péril « l'objet et le but du traité ». Cette règle a été posée par la CIJ en 1951 [834], confirmée par la Convention de Vienne sur le droit des traités et prolongée

---

[833] L'unanimité (règle de vote en vertu de laquelle, pour l'adoption d'un texte, ou pour toute autre action au sein d'une conférence, d'un organe collégial ou d'un organe d'une organisation internationale, une proposition n'est adoptée que si elle obtient l'accord de tous les membres de cet organe ou de tous les participants au vote [Jean SALMON [dir.], *Dictionnaire de droit international public*, Bruxelles, Bruylant, 2001, p. 1113]) a constitué le mode commun d'adoption des traités jusqu'aux premières décennies du XXe siècle. À partir de 1945, il est admis d'adopter les textes des traités multilatéraux à la majorité (total de voix qui permet de décider quel groupement l'emporte dans un vote ou dans une élection [Jean SALMON [dir.], *Dictionnaire de droit international public*, Bruxelles, Bruylant, 2001, p. 679]), puis au consensus (procédure d'adoption d'un texte par un organe déterminé, sans recours au vote, en l'absence de toute objection formelle exprimée par un participant, et ce à la suite de consultations officieuses entre les participants les plus représentatifs des groupes d'intérêts de l'organe concerné [Jean SALMON [dir.], *Dictionnaire de droit international public*, Bruxelles, Bruylant, 2001, p. 239]). Toutefois, parallèlement, la règle de l'unanimité était maintenue pour l'acceptation des réserves. Voir Raphaële RIVIER, *Droit international public*, Puf, Thémis, 1ère édition, 2012, p. 74.

[834] Selon la CIJ, « le principe majoritaire, s'il facilite la conclusion des conventions multilatérales, peut rendre nécessaire pour certains États la formulation de réserves » (avis du 28 mai 1951, *Réserves à la Convention pour la prévention et la répression du crime de génocide*, *Rec.*, p. 22).

aujourd'hui encore par la pratique [835]. Cette évolution ne dissipe pas l'espoir d'obtenir un instrument pertinent, *a fortiori* si l'on prend en compte l'ouverture progressive des États aux droits des déplacés internes.

— Sur le règlement du contentieux de l'interprétation : il conviendra de prévoir des mécanismes de règlement du contentieux de l'interprétation. Ceci peut passer par la prévision de la compétence automatique d'une cour ou d'un organe de conciliation. Fort heureusement, il existe dans le droit international des comités de conciliation, des commissions arbitrales et des cours dont on peut s'inspirer. Toutefois, considérant que la procédure devant ces structures peut exiger un temps long et que avec le déplacement interne il est parfois urgent d'adopter des solutions, la meilleure option serait la mise sur pied d'un comité à l'instar du Comité des droits de l'homme ou des autres comités chargés du suivi des principaux instruments internationaux conventionnels relatifs aux droits de l'homme.

— Sur la facilitation de la compréhension de la question du déplacement interne : il pourrait être utile que la question du déplacement interne soit inscrite à l'ordre du jour de la Commission du droit international. Cette Commission a mentionné plusieurs fois les déplacés internes dans ses travaux et particulièrement dans son projet d'articles sur l'expulsion des étrangers [836]. Il serait nécessaire qu'elle examine profondément la question en vue de faire des propositions ou de procéder à la codification.

B. Les modalités d'une éventuelle mise sur pied d'un instrument international conventionnel

La thèse de l'élaboration d'un tel instrument, soulevée dès les premières années du mandat « onusien » sur le déplacement interne et écartée en raison des doutes sur son succès est d'actualité et rassemble davantage de monde [837]. L'idée de l'adoption d'une convention sur le déplacement interne ne se résume plus seulement à la mise sur pied d'un tout nouvel instrument. Deux principales propositions se rapportent à l'idée de convention. La première est celle d'une convention internationale sur les droits des déplacés internes qui, elle, peut prendre soit la forme de l'évolution des Principes directeurs de 1998 en convention internationale soit celle de l'élargissement de la portée géographique de la Convention de Kampala. La seconde est celle d'une convention sur les

835 Raphaële RIVIER, *Droit international public*, Puf, Thémis, 1ère édition, 2012, p. 75.

836 Projet d'articles sur l'expulsion des étrangers et commentaires y relatifs, 2014. Disponible à l'adresse : http://legal.un.org/ilc/texts/instruments/francais/commentaires/9_12_2014_francais.pdf (consulté le 22 janvier 2015).

837 Gouda Ali GOUDA, *Internal Displacement Law and Policy: Analysis of International Norms and Domestic Jurisprudence*. Vandeplas Publishing, April 2009, p. 221.

droits des déplacés internes et réfugiés qui peut aussi consister en l'adoption d'un autre protocole à la convention de 1951 sur le statut des réfugiés.

En outre, que l'on obtienne une nouvelle convention, une convention générée par les Principes directeurs de 1998 seuls, une convention internationale résultant de l'élargissement de la portée *ratione personae* de la Convention de Kampala, ou encore un protocole sur les droits des déplacés internes, l'important est que l'instrument mis sur pied ait la portée et le contenu juridiques qu'exigent les besoins de protection et d'assistance aux déplacés internes. Les Principes directeurs de 1998 constituent une base incontournable, et ce quelle que soit l'option choisie. On le voit, il existe différentes possibilités de choix, mais la pertinence de l'approche finale dépendra du degré de faisabilité de l'une ou de l'autre proposition. Il y a une certaine hiérarchie qui va naturellement se profiler au fur et à mesure que cette faisabilité sera évaluée. De la moins probable à la plus probable, cette hiérarchie semble la suivante : la négociation d'une nouvelle convention sur les droits des déplacés internes (1), la mise sur pied d'une convention sur les droits des déplacés internes et réfugiés (2) et l'élargissement de la portée *ratione personae* de la Convention de Kampala (3).

1. Une négociation d'une nouvelle convention sur les droits fondamentaux des déplacés internes

Ceci implique d'élaborer un nouveau traité presque *ex nihilo*. Ce qui revient à l'option qui avait été écartée au profit des Principes directeurs. Le contexte a nettement changé et négocier un tel instrument rencontrerait moins de difficultés aujourd'hui qu'hier. La lourdeur de la procédure de mise sur pied d'une convention, l'affaiblissement du droit en vigueur et la non-ratification d'une nouvelle convention sur le déplacement interne par les États les plus concernés, principales craintes ayant justifié la mise de côté de l'option de négocier une nouvelle convention à la fin du XXe siècle, si elles sont atténuées aujourd'hui grâce aux progrès réalisés depuis lors, ces dernières n'ont pas totalement été dissipées : c'est-à-dire que bien que la probabilité soit plus grande aujourd'hui, quelques difficultés restent à surmonter. Fort heureusement, avancer l'idée d'un instrument juridique contraignant ne mène pas forcément à cette seule démarche de négociation d'une nouvelle convention, ce qui serait certainement plus compliqué que d'autres possibilités qui nous sont offertes aujourd'hui.

2. Une convention unique sur les droits des déplacés internes et des réfugiés

C'est l'idée de mettre sur pied une convention commune pour ces deux catégories de déplacés déjà unies par un lamentable lien, celui d'avoir toutes deux été forcées ou obligées à quitter leur cadre géographique pour trouver refuge ailleurs, temporairement ou définitivement. La consécration d'un régime international commun pour leur protection, souhaitée par plusieurs juristes [838], serait en passe de se former si l'on s'en tient à Oriol Casanovas [839].

Il peut s'agir soit de la refonte totale de la convention de 1951, soit de l'ajout à cette convention d'un autre protocole additionnel. Luke T. Lee avait déjà proposé l'adoption d'un second protocole à la convention de 1951 sur le statut des réfugiés. Protocole qui apporterait trois changements majeurs. En premier lieu, l'ajout des conflits armés, de l'agression interne ou violations systématiques des droits de l'homme aux causes des situations de réfugié que sont la « crainte avec raison d'être persécutée du fait de sa race, de sa religion, de sa nationalité, de son appartenance à un certain groupe social ou de ses opinions politiques » [840]. Cela serait d'après lui, conforme à la définition des déplacés internes et mettrait en cohérence le droit et la politique d'un grand nombre d'États qui ont souscrit à la fois à la Convention sur le statut des réfugiés, à la Convention de l'Organisation de l'Unité Africaine (OUA) régissant les aspects propres aux problèmes des réfugiés en Afrique (1969) ou à la Déclaration de Carthagène sur les réfugiés (1984). Puis, énumérer les traités relatifs aux droits de l'homme et les instruments pertinents pour la protection et l'assistance à toutes les personnes déplacées notamment les réfugiés et déplacés internes. La spécification dans la convention de 1951 de droits individuels garantis aux seuls réfugiés et pas à d'autres étrangers et nationaux serait alors remplacée. Enfin, comme tout autre instrument universel de protection des droits de l'homme ne contenant pas de limitation géographique [841], le champ de la convention de 1951 devrait être élargi dans l'optique de supprimer l'expression « en dehors du pays de sa nationalité » de la définition du réfugié [842].

L'adoption d'une convention sur les droits des déplacés internes seuls se profile peu à peu, sans toutefois que les difficultés d'antan soient totalement balayées. Envisager la mise sur pied d'un régime international commun de protection pour déplacés internes et réfugiés présenterait davantage de risques, puisque le faire obligera soit à modifier certains fondamentaux de la Convention de 1951, soit à sa remise en question totale ou partielle. Cette Convention de 1951 est déjà très fragilisée. Il n'est donc pas sûr que cette proposition fasse avancer la protection des déplacés internes. En un peu plus

---

838 Philippe LAGRANGE, « Le droit des personnes déplacées. Entre unité et fragmentation », in Catherine-Amélie CHASSIN (dir.), *Les migrations contraintes, Actes du colloque de Caen*, Pedone, janvier 2014, p. 54 ; Oriol CASANOVAS, « La protection internationale des réfugiés et des personnes déplacées dans les conflits armés », *RCADI*, Vol. 306, 2003, p. 163-164.

839 Ibid., p. 163-164.

840 Article 1A (2) de la Convention de 1951sur le Statut des réfugiés.

841 C'est l'occasion de relever la DUDH, le PIDCP, le PIDESC, la convention contre la discrimination raciale, contre le génocide, etc.

842 Luke T LEE, « The Refugee Convention and Internally Displaced Persons » (2002) 13(3) *International Journal of Refugee Law* 363, p. 365-366.

de 20 ans, beaucoup a été fait pour la protection des déplacés internes, protection qui fonctionne relativement bien aujourd'hui. Si le concept d'une convention commune peut paraître louable, il faut considérer les risques de mise en commun de deux catégories de personnes dont la protection internationale de chacune est encore loin d'être effective. Si le régime de protection des réfugiés est très avancé, il n'a pas encore pu apporter entière satisfaction. Ce qui pose le renforcement préalable des deux régimes individuellement en une garantie « sûre » de la réussite d'un éventuel régime de protection commun pour réfugiés et déplacés internes.

3. Une extension de la portée ratione personae *de la Convention de Kampala*

L'approche la plus probable consiste non pas à renégocier une toute nouvelle convention ou un protocole sur les droits des déplacés internes, pour la seule raison que plusieurs États, dont le Bangladesh, le Pakistan, la Russie et bien d'autres, s'y opposeraient, mais à faire évoluer les normes les plus avancées en la matière vers l'instrument juridique international contraignant souhaité aujourd'hui. À ce propos, deux probabilités sont offertes : la première revenant à éployer suivant deux étapes la portée *ratione personae* de la Convention de Kampala, instrument juridique le plus avancé à l'heure actuelle en matière de protection et d'assistance aux déplacés internes, et la seconde à s'en servir comme un modèle et la reproduire dans d'autres régions en l'adaptant :

La première est de soumettre la Convention de l'Union africaine sur les déplacés internes à l'Assemblée générale de l'ONU pour adoption. Ce procédé n'est autre que celui suivi dans le cadre de la Convention de 1951 sur le statut des réfugiés, convention qui à l'origine n'était destinée qu'aux réfugiés du vieux continent. En effet, la Convention de 1951 relative au statut des réfugiés était à l'origine prévue pour les événements survenus en Europe et antérieurs au 1er janvier 1951. Il a fallu attendre son Protocole de 1967 pour voir supprimée la limitation géographique et temporelle. Après cette adoption, il conviendra de lever les limites spatiales de cette même Convention de Kampala : c'est-à-dire d'obtenir de l'Union africaine qu'elle invite les États non africains à la rejoindre. Là encore, il y a eu un précédent, notamment l'extension de la portée *ratione personae* de la convention de 1951 relative au statut des réfugiés.

La seconde qui se détache sensiblement de la première est de reproduire la Convention de Kampala dans d'autres régions du monde, avec quelques réadaptations bien évidemment. Ceci parce que la Convention de Kampala porte limite à plus d'un égard à la souveraineté de l'État, bien que, *a contrario*, interprétée positivement, la souveraineté ne soit pas toujours un inconvénient. Du fait de l'extrême audace de la Convention de Kampala, il pourrait s'avérer difficile d'avoir une convention de la sorte à l'échelle universelle. C'est en fonction des différents instruments juridiques mis en place au niveau des régions que le contenu d'une convention universelle sera défini dans l'optique de satisfaire le plus grand nombre. La Convention de Kampala aura alors aidé à la mise sur pied d'un instrument juridique universel, mais un peu plus souple dans ses prescriptions.

Une approche qui part de la Convention de Kampala semble la plus probable d'autant plus que les efforts internationaux de ce quinquennat 2013-2018 incluent parmi leurs objectifs principaux, la promotion et le soutien à la Convention de Kampala.

Conclusion du Chapitre II

Les lacunes dans le cadre juridique international relatif au déplacement interne obligeraient à accorder de l'importance aujourd'hui plus qu'hier à l'idée du développement d'un instrument international conventionnel sur ce sujet. L'on a pu noter des avancées normatives, politiques et jurisprudentielles, tant à l'échelle nationale, régionale, qu'internationale vers une acceptation d'un instrument d'une telle envergure. L'entrée en vigueur de la Convention de Kampala en décembre 2012 stimulerait particulièrement cette dynamique. Obtenir un tel instrument présenterait plusieurs avantages : celui-ci couvrirait convenablement les situations de déplacement interne ; définirait clairement les obligations des divers acteurs, étatiques ou non ; harmoniserait mieux les pratiques étatiques ; présenterait davantage d'avantages par rapport à la coutume qui est en formation ; etc. Quoi qu'il en soit, en matière de déplacement interne, il y a des éléments qui doivent être codifiés.

Si une telle entreprise s'avère progressivement possible et opportune, des risques subsistent ou naissent sur son chemin. Liée à la question de la faisabilité, se posent bien évidemment celle de la ratification de l'instrument en question par les États touchés par le déplacement interne et celle de la mise en œuvre effective de celui-ci. Toutefois, il faut noter que le problème ne se pose pas aujourd'hui avec la même acuité qu'hier. En clair, si de l'avis de plusieurs juristes et diplomates, le temps d'élaborer un instrument universel conventionnel sur les droits fondamentaux des déplacés peut ne pas encore être venu, il existe suffisamment de raisons de réévaluer cette question au regard des récents progrès réalisés et de l'évolution des positions étatiques sur le sujet.

Au-delà de la recherche des raisons pour ou contre le relai des principes internationaux sur le déplacement interne vers un instrument international conventionnel, ne conviendrait-il pas de vérifier au préalable si l'encadrement juridique international des questions de droits de l'homme notamment devrait absolument passer par l'entreprise de codification ? En effet, cette problématique du relai des principes internationaux sur le déplacement interne vers un instrument international conventionnel s'inscrit dans un environnement, mieux, intervient à une époque où la codification n'est ni très prisée ni le procédé idéal d'encadrement juridique des thèmes de droits de l'homme. La codification convient-elle encore au droit international ? Les Professeurs Raphaële Rivier et Philippe Lagrange posent la question ainsi : « Le droit international serait-il épuisé par la codification ? » [843]. Deux propositions s'offrent ici : soit le temps des conventions internationales est purement et simplement révolu, soit le droit international est un droit coutumier mal codifié.

---

[843] Raphaële RIVIER et Philippe LAGRANGE, « Travaux de la Commission du droit international (cinquante-huitième session) et de la Sixième commission (soixante et unième session) », *Annuaire français de droit international*, LII – 2006 – CNRS Éditions, Paris, p. 305.

CONCLUSION DU TITRE II

Une fois établis, les Principes directeurs et les Principes de Pinheiro, il s'est posé, comme nous l'avons rappelé et relevé plus haut, la question de leur pertinence et de leur cohérence. Notamment les procédés de leur renforcement dans l'optique d'obtenir leur utilisation et leur respect. Les méthodes employées pour y arriver ont inclus des démarches politiques et juridiques d'affirmation des droits : c'est-à-dire la promotion, la dissémination ou la vulgarisation des principes en question. Les mesures prises et les résultats obtenus n'ont pourtant pas dissipé la nécessité de réfléchir à la mise sur pied d'un instrument international conventionnel.

Disséminer, vulgariser et promouvoir les principes internationaux relatifs au déplacement interne contribuent assurément à faire connaître les droits non seulement par les acteurs chargés d'en assurer le respect, mais aussi par les titulaires proprement dits ; à l'intégration de ceux-ci dans les politiques nationales, régionales et internationales ; à les faire accepter et à leur faire acquérir une certaine légitimité, etc. Les rédacteurs de Principes l'avaient bien compris et les institutions « onusiennes » s'en chargent. Mais elles ne le font pas avec la même acuité et la même volonté. Le constat est que des entités ou institutions qui devraient faire un usage continu et résolu des principes sur le déplacement interne ne satisfont pas toujours aux attentes ; les guides et manuels sur l'utilisation des principes n'ont pas permis d'obtenir une harmonisation nette des pratiques, les ressources allouées à cela sont insuffisantes, etc. Il s'est posé la question de l'efficacité même de ces méthodes de renforcement de la légitimité. Puisqu'à ce jour encore, bon nombre de déplacés internes ignorent leurs droits et les pratiques des États et d'autres acteurs en la matière sont encore très divergentes. S'il est important de poursuivre en les renforçant ces méthodes de recherche de règles effectives, il serait bienvenu de considérer une autre option.

Plusieurs acteurs de protection des droits de l'homme et acteurs humanitaires sont satisfaits des arrangements normatifs actuels, ou simplement s'en servent comme étant des guides des activités de protection. Il se dégage aussi une ouverture vers un véritable instrument international conventionnel. Poursuivre dans ce sens serait la meilleure approche de renforcement de l'aspect normatif pour se rapprocher résolument de l'effectivité des droits des déplacés internes. Certains États ont donné le signal, tant par l'élaboration d'un instrument juridique qui couvre largement et avec satisfaction les situations de déplacement interne, mais aussi en le ratifiant progressivement. Référence faite à la Convention de Kampala. Celle-ci n'a pourtant pas requis autant d'années que plusieurs juristes ne l'imaginaient. Cette option n'affaiblirait pourtant pas la coutume et présenterait bien au contraire plus d'avantages qu'elle. Coutume qui bien qu'en formation, serait plus lente à prendre forme.

Aujourd'hui encore cette divergence d'approches de renforcement des règles persiste. Le fait que le projet de franchir le cap vers la mise en place ou l'initiative de mettre en place un instrument international conventionnel soit encore dans les limbes restreint considérablement l'étendue du renforcement. Les mesures employées dans les cercles « onusiens » jusqu'ici, bien qu'elles aient vraisemblablement contribué à une compréhension et une observation accrues des principes internationaux sur le déplacement interne, n'ont conféré à ces derniers qu'une légitimité plutôt que cette lointaine juridicité. Leur brandissement devant les tribunaux ou autorités et leur observation sont largement tributaires de la volonté des uns et des autres. Leur utilisation actuelle ne permet pas d'en tirer le plus grand profit. Cela révèle l'une des limites de ce mode d'élaboration des instruments juridiques internationaux. Il est vrai qu'opter pour ce mode garantit au moins une infime application des règles élaborées. Puis, comme le rappelle Walter Kälin, les efforts de construction du consensus par le bas « mèneront peut-être à l'idée qu'on devrait faire des Principes directeurs une convention universelle de protection des PDI ou même une expression du droit international coutumier » [844]. La réalisation de cette transition est indépendante d'une question de temps, auquel cas une quinzaine d'années aurait largement suffi, mais s'analyse en termes d'ouverture des États à ces règles. Aujourd'hui, les États sont à l'évidence plus conciliants qu'hier sur les questions de déplacement interne, mais la même méfiance dont ont fait preuve les rédacteurs des Principes directeurs est visible aujourd'hui encore. Ne serait-il pas temps de penser la mise sur pied d'un instrument international conventionnel ?

---

844 Walter KÄLIN, « The Future of the Guiding Principles on Internal Displacement », in Putting IDPs on the map: achievements and challenges. In commemoration of the work of Roberta Cohen, *Forced Migration Review*, Special Issue, December 2006, p. 6.

CONCLUSION DE LA PARTIE I

Lorsque vers la fin du XXe siècle, l'ONU s'engageait résolument à répondre au problème du déplacement interne, elle a fait de l'aspect normatif une des priorités. Inconcevable pour eux de baguenauder alors que Rome brûlait, les experts et universitaires, mandatés par l'ONU pour faire évoluer le cadre juridique relatif au déplacement interne, avaient alors choisi une option pour le moins atypique, à savoir l'enserrement des énoncés internationaux sur cette question dans un instrument « non contraignant ». L'histoire des Principes directeurs est, celle du rejet de la meilleure option possible (à savoir la mise en place d'une véritable convention internationale sur les droits fondamentaux des déplacés internes) au profit de l'adoption des Principes directeurs (de l'avis de leurs rédacteurs, facilement faisable). Dans l'une ou l'autre proposition, la recherche de la pertinence et de la cohérence des règles mises en place est un impératif.

À travers les principes sur le déplacement interne, les droits fondamentaux des déplacés internes et les responsabilités des acteurs chargés de leur protection ont été rappelés et affirmés, tous ces principes s'appuyant sur de solides bases juridiques. Ces principes ont été conçus pour couvrir et répondre aux situations de déplacement interne et ont été dans une large mesure incorporés et continuent à l'être tant dans les politiques et instruments nationaux, régionaux qu'internationaux. Si leur utilisation a permis de prévenir et amender la situation des déplacés internes, ils ne font assurément preuve que d'une adéquation partielle à la fois en ce qui concerne leur contenu que leur portée juridique. Leur couverture de la question du déplacement interne est moins spécifique sur certaines questions que celle offerte par la Convention de Kampala [845] et ils constituent plus des guides pour interpréter le droit en vigueur que des règles *self executing*. Élaborer les règles de ce type et surtout en matière de déplacement interne a rendu nécessaire de prendre des mesures complémentaires pour leur faire acquérir une certaine légitimité, voire une juridicité.

Les Principes directeurs ayant fait l'objet du choix, leurs rédacteurs entendaient renforcer leur pertinence au moyen de la recherche d'un consensus par le bas, pour qu'avec l'acquis du temps, ils deviennent des règles de droit international coutumier ; ou alors que l'on en fasse, une fois le consensus obtenu, une véritable convention internationale sur les droits fondamentaux des déplacés internes. Des institutions et entités de l'ONU mettent sur pied des

---

845 Maria STAVROPOULOU, « La Convention de Kampala et la protection contre le déplacement arbitraire », in République Démocratique du Congo. Passé. Présent. Avenir ? *Revue des Migrations Forcées*, numéro 36, décembre 2010, p. 63.

moyens juridiques et politiques pour rechercher ce consensus. Toutefois, comme nous avons pu le constater, cette entreprise nécessite d'être renforcée si l'on veut obtenir une pleine prise en compte et mise en œuvre des Principes internationaux sur le déplacement interne et un meilleur encadrement juridique du déplacement interne. Ces insuffisances ont relancé le débat sur la viabilité d'un véritable instrument international conventionnel, qui se trouve de plus en plus corroborée d'ailleurs. Eu égard au progrès obtenu et à la nature des lacunes normatives actuelles, il serait judicieux et expecté de réexaminer sérieusement l'idée du parachèvement du renforcement du cadre juridique en la matière, au moyen d'un instrument international conventionnel. C'est ainsi seulement que non seulement le problème du déplacement interne sera convenablement inscrit dans l'agenda « onusien », du moins en ce qui concerne le cadre juridique, vu ici comme la première phase du projet, mais encore, les activités portant prévention du déplacement interne, protection pendant le déplacement interne et réalisation de solutions durables bénéficieront d'une assise juridique internationale appropriée.

À l'évidence, obtenir des normes n'est pas l'étape finale de la recherche de l'effectivité des droits fondamentaux des déplacés internes. Il faut aussi s'assurer que les normes ainsi élaborées puissent faire l'objet d'un véritable suivi. Car, être titulaire des droits rend la revendication possible, mais c'est la revendication qui donne aux droits leur spéciale importance morale [846]. C'est l'idée de la nécessité et de la primarité d'affirmer effectivement les droits à travers un ensemble de normes cohérentes et pertinentes, mais surtout l'importance d'accompagner ou de compléter cette étape par la mise en place ou la création d'institutions et mécanismes chargés du suivi et du contrôle du respect desdites normes. C'est assurément l'autre dimension de la problématique du degré de réalisation dans les pratiques des règles énoncées. La nature des normes mises sur pied a irréfutablement une influence sur la qualité et la quantité des institutions et des mécanismes mis en place pour leur mise en œuvre et leur contrôle. Bien qu'infime, un rapport de subordination des mécanismes et institutions de contrôle aux textes dont le contrôle doit être assuré existe. Sans nous limiter uniquement aux implications de la nature des normes internationales relatives au déplacement interne sur les possibilités de mécanismes et institutions voués à leur mise en œuvre, nous aborderons la question plus large de la pertinence ou non de l'architecture institutionnelle internationale relative à la protection des droits fondamentaux des déplacés internes.

---

846 Joel FEINBER, « The nature and value of rights », conference on political and moral philosophy held at Ripon College, Wisconsin, September 18th and 19th 1969.

PARTIE II.

LA CONSTRUCTION DE L'ARCHITECTURE INSTITUTIONNELLE INTERNATIONALE RELATIVE À LA PROTECTION DES DÉPLACÉS INTERNES

Il est question ici d'une toute autre dimension de la recherche de l'effectivité des droits fondamentaux des déplacés internes, à savoir la mise en place des mécanismes institutionnels permettant de traduire en réalité les droits préalablement définis, c'est-à-dire de permettre une jouissance réelle des droits par leurs titulaires, ceci en assurant le suivi et le contrôle de l'application des engagements pris et le respect des obligations des différents acteurs du déplacement interne, ainsi qu'en condamnant et éventuellement en punissant leur violation.

L'architecture institutionnelle internationale est actuellement le talon d'Achille de la réponse internationale aux crises de déplacement interne. La nécessité de son aménagement devrait être au centre de la conscience collective.

Le principe fondamental qui sous-tend le droit international est que ce dernier est un ordre juridique « horizontal ». Ordre dans lequel il n'existe pas de souverain, pas de super-législateur pour faire adopter les lois par les différents gouvernements, pas de force de police centralisée ou pouvoir exécutif non plus pour faire respecter la loi. L'une des conséquences de cette « horizontalité » est que le droit international établit mieux les codes et standards [847] qu'il n'impose de sanctions. Aussi, il préserve plus la puissance de l'État qu'il ne la limite. Une partie de la doctrine, constituée de sceptiques notamment, ira plus loin pour soutenir que le droit international n'est pas véritablement du droit, prétendant que celui-ci n'a pas les caractéristiques coercitives dont sont dotées les autres branches du droit, en l'occurrence le droit pénal et le droit administratif au plan national, qui répondent plus à un ordre vertical. Les États ont pourtant mis sur pied des institutions internationales pour la promotion et la protection des droits de l'homme. L'on verra en s'appuyant sur le cas des déplacés internes que les États s'accordent à assouplir les barrières de la souveraineté, favorisant ainsi le développement, la promotion des normes internationales relatives aux droits de l'homme et surtout, c'est justement ce qui nous intéresse ici, la protection internationale proprement dite.

À l'instar des individus les plus riches qui, selon Thomas Pogge, ont un devoir impérieux de prendre des mesures pour éradiquer la pauvreté [848], l'ONU a l'obligation d'offrir aux déplacés internes un ordre institutionnel international adéquat à la jouissance et à la revendication de leurs droits fondamentaux. Cette obligation ressort clairement dans la Charte de 1945 [849]. Mettre en place l'architecture institutionnelle adaptée est certainement un réel défi, puisqu'il faut inclure dans le système de l'ONU des organismes et du personnel exclusivement responsables des questions de déplacement interne et à même de réagir dès que besoin est ; avoir à la disposition une capacité civile prête à agir dans les domaines de médiation diplomatique et d'administration au profit des États faisant face aux situations de déplacement interne ; posséder des capacités militaires pour un éventuel déploiement ; etc. En effet, l'effectivité des droits des déplacés internes dans le système de l'ONU découlera aussi nécessairement d'un régime de mise en œuvre qui est adapté aux problèmes que les normes ont pour objet de résoudre, et d'une politique des États qui permet aux normes de produire tous les effets escomptés. Politique étatique qui n'est pas très

---

847 Si c'est le rôle qu'il joue le mieux, cela se complique davantage de nos jours surtout en ce qui concerne les questions de droits de l'homme.

848 Le philosophe politique Thomas Pogge qui insiste sur les devoirs négatifs des plus riches sur les plus pauvres du monde évoque notamment l'obligation qu'ont les premiers de ne pas imposer aux seconds un ordre institutionnel mondial injuste (voir Thomas POGGE, *World Poverty and Human Rights : Cosmopolitan Responsibilities and Reforms*, 2nd edition, Cambridge, UK ; Malden, MA, USA : Polity, 2008, 352 p. Voir aussi du même auteur « Recognized and Violated by International Law: The Human Rights of the Global Poor » *Leiden Journal of International Law* 18/4 (2005).

849 L'on trouve dans le préambule de la Charte des Nations unies l'engagement à « favoriser le progrès social et instaurer de meilleures conditions de vie dans une liberté plus grande », à « recourir aux institutions internationales pour favoriser le progrès économique et social de tous les peuples ».

indifférente aux exigences des Nations unies. Il existe une certaine corrélation entre les deux.

Il faut justement penser aux mécanismes non juridictionnels [850] ; aux mécanismes juridictionnels avec notamment le droit à un recours comme élément d'effectivité [851], puisque consacrer l'effectivité des droits des déplacés internes c'est aussi et surtout en ce qui concerne l'aspect institutionnel typiquement, faire appliquer la règle par les divers acteurs par crainte de sanction et infliger des sanctions en cas de violation de la règle ; à la question d'intervention aux fins de prévention des atteintes et de protection des déplacés internes [852] ; à la prévention [853] ; etc.

L'ONU s'est occupée des déplacés internes par le truchement des organes généraux de protection des droits de l'homme et d'organes voués à la

---

850 L'on voit notamment le Comité des droits de l'homme de l'ONU dans son rôle en matière de promotion des droits des déplacés internes. Il lui revient de coordonner les activités relatives aux droits de l'homme des organes du système des Nations unies, de développer les capacités nationales et régionales en la matière et de surtout renforcer l'effectivité des mécanismes de protection des droits de l'homme et intégrer les droits dans les activités et programmes des Nations unies.

851 Dès lors qu'on évoque les droits des déplacés internes, on doit penser une possibilité de recours, recours surtout contre les autorités publiques dans les cas où il y aurait atteinte réelle. Pour les déplacés internes précisément cela peut se faire en matière civile et en matière pénale. Bref un procès équitable, devant un tribunal indépendant et impartial établi. Il ne suffit pas qu'au « onusien » et étatique, l'on reconnaisse des droits spécifiques aux déplacés internes et s'abstienne tout simplement d'y porter atteinte. Les victimes prétendues des violations de ces droits devraient avoir une voie juridique pour faire constater la violation et en faire tirer les conséquences. La mise en œuvre ne devrait pas seulement s'arrêter à l'énonciation de principes, les mesures nécessaires de conciliation ou d'aménagement des droits ne devraient pour aucune raison atteindre ceux-ci dans leur substance en les privant d'effectivité.

852 Il reviendra de voir ici les mécanismes d'intervention des institutions spécialisées de l'ONU, l'approche actuelle et sa contribution à l'effectivité ; notamment l'approche de responsabilité sectorielle. Il conviendra d'étudier aussi l'amélioration des interventions, de la prévisibilité et du partenariat dans le contexte des activités humanitaires.

853 Les droits des déplacés internes, semblablement aux droits de l'homme en général, posent le problème de la réparation. Une action attentatoire auxdits droits peut effectivement, par des voies juridiques, être prévenue ou, si elle a eu lieu, donner lieu à une réaction juridique par la sanction positive (satisfaction équitable) ou négative (condamnation des auteurs, annulation des actes). Si on envisage que des sanctions soient prononcées à l'endroit de ceux qui individuellement ou collectivement portent une atteinte aux droits des déplacés internes, on sait bien que les modalités de réparation ne peuvent jamais être satisfaisantes. Non par manque de volonté politique, mais par manque de possibilité de la conceptualiser. C'est justement cette absence de réparation possible qui caractérise ces droits comme une catégorie intellectuelle, par delà les différences politiques et les différences juridiques. Il convient alors de penser l'effectivité des droits comme l'unique modalité acceptable, puisque l'impossibilité de penser la réparation est réelle. Il ne pourra y avoir une théorie politique des droits des déplacés internes qui ne soit une théorie de l'effectivité desdits droits, qui n'envisage les modalités juridiques comme visant essentiellement à prévenir les atteintes aux droits.

protection d'autres groupes spécifiques [854]. La Commission des droits de l'homme par exemple s'est intéressée à quelques situations particulièrement graves comme celle de la Yougoslavie en 1992 et celle du Rwanda en 1994 [855]. À l'origine, le seul organe du système de l'ONU spécifiquement consacré aux déplacements internes était le RSG. Le travail de ce dernier s'est éployé dans les domaines suivants : le développement d'un cadre normatif, le développement d'un système de collaboration interinstitutionnelle pour aider les déplacés internes [856] et la mise en place d'un système de visites des États afin de mieux orienter l'action et établir un dialogue avec les gouvernements.

L'évolution des rapports internationaux en matière de droits de l'homme qui se concrétise par l'exigence de plus de rigueur et de responsabilisation dans la gestion, avec une plus grande place à l'éthique et aux droits de l'homme dans les rapports interétatiques [857], ouvre la voie à de mécanismes nouveaux. Aujourd'hui, la violation grave des droits de l'homme par exemple, comme le relève à juste titre Joseph Raz, ouvre la voie à concertation sur la scène internationale au sujet des moyens à envisager parmi lesquels une intervention militaire de la société internationale [858]. Kofi Annan ne soutenait-il pas lors du Sommet mondial de 2005 que la souveraineté ne doit pas servir de barrière lorsque des millions de personnes risquent leurs vies à l'intérieur de leur propre État ? Ce sommet a insisté sur la nécessité d'une protection internationale des déplacés internes, une protection au cas par cas [859]. La récente réforme du

---

[854] Les institutions mises sur pied pour la protection des catégories spécifiques comme les réfugiés (le HCR), les enfants (Comité sur le droit des enfants) et bien d'autres jouent un rôle dans la protection des déplacés internes.

[855] Elle se chargeait principalement d'ouvrir des bureaux pour faciliter les opérations de retour et de développement de programmes d'assistance technique et de services de protection des droits des déplacés internes. Elle a prioritairement orienté son attention vers les déplacements forcés et les obstacles mis à la prestation de l'assistance humanitaire. L'action de la Commission s'est avérée limitée pour deux raisons principales : la pression exercée par les gouvernements et le manque de ressources. Dans le cas du Rwanda par exemple (1994-1995), la commission ne s'était réunie qu'après le génocide et l'on a constaté une réelle lenteur dans le déploiement de fonctionnaires internationaux pour faciliter le retour des populations alors déplacées. Il est unanimement reconnu que cette opération connut un véritable échec logistique.

[856] Cela couvre la coordination des activités d'assistance aux déplacés, la gestion d'une base de données de déplacés internes, la mise en œuvre d'arrangements spécifiques en la matière, la réalisation de cours spécifiques, etc.

[857] Joseph RAZ, « Human Rights Without Foundations » in Samantha BESSON and John TASIOULAS (eds.), *The Philosophy of International Law*, Oxford: Oxford University Press, 2010, p. 321-338 ; John TASIOULAS, « The Moral Reality of Human Rights », in Thomas POGGE (ed.), *Freedom from Poverty as a Human Right: Who Owes What to the Very Poor?* Oxford: Oxford University Press, 2007, p. 75-102.

[858] Joseph RAZ, « Human Rights Without Foundations » *in* Samantha BESSON and John TASIOULAS (eds.), *The Philosophy of International Law*, Oxford: Oxford University Press, 2010, p. 321-338.

[859] Nations unies, Document final du Sommet mondial de 2005, paragraphe 139.

système de l'ONU a été l'occasion à la fois de renforcer la réponse internationale aux situations de déplacement interne, mais aussi de développer un système international qui protègera mieux les déplacés internes. Des mécanismes internationaux de contrôle ont été progressivement mis en place et améliorés à cet effet, permettant à l'ONU de jouer un rôle plus important en matière de protection de ces personnes.

Après la matérialisation de l'engagement de l'ONU à protéger les déplacés internes par la mise en place des différents mécanismes strictement juridiques et des mécanismes à caractère humanitaire d'une part et des renforcements et réaménagements successifs desdits mécanismes d'autre part, il était indubitablement nécessaire de s'interroger sur l'efficacité de la démarche de cette organisation dans ce domaine. Est-elle efficace dans ce rôle alors que les États de part et d'autre maintiennent des déplacés internes dans des conditions de vie exécrables ? La protection internationale arrive-t-elle aux personnes qui en ont réellement besoin ? Qu'a fait l'ONU de la situation en Irak ? Qu'a-t-elle fait de la situation en Libye ? Dans quelle mesure a-t-elle progressé en termes de mise en œuvre du droit existant ? Dans quelle mesure a-t-elle progressé dans le respect de ce droit et des mesures prises pour le faire respecter ? Au Darfour, il a été difficile, voire impossible, de protéger les déplacés internes contre les attaques armées. La liste des promesses non tenues de l'ONU pourrait être bien longue, insinuant un clair manquement à réaliser tout le succès possible. Ceci ouvre la voie non seulement à une nécessaire évaluation des procédés offerts aux déplacés internes pour obtenir protection effective, mais aussi à l'évaluation de l'étendue de cette protection au regard des mécanismes de l'ONU mis en place pour la cause. Concrètement, est-ce que les efforts de l'ONU en matière de réadaptation de ses institutions permettent aujourd'hui, ou ont permis de protéger adéquatement les déplacés internes ? L'examen de cette question nous amènera à répondre concomitamment à une autre qui lui est étroitement liée, à savoir : « Quelle architecture institutionnelle internationale pour répondre effectivement et efficacement aux besoins de protection des déplacés internes ? ». Bien que cette question soit d'actualité, étant donné sa présence dans plusieurs rapports « onusiens » et son énonciation récurrente lors des entretiens informels avec des experts « onusiens » sur les questions de déplacement interne, ce n'est pas qu'aujourd'hui qu'elle se pose. Elle avait déjà été soulevée quelques années auparavant et l'ONU a eu à prendre diverses mesures pour y répondre, l'une des plus récentes, mais aussi de très grande envergure étant la construction de l'approche à responsabilité sectorielle. La question demeure d'actualité dans la mesure où les arrangements institutionnels internationaux impatronisés jusqu'ici n'ont pas encore véritablement apporté satisfaction aux déplacés internes. Autrement dit, il y a de réelles lacunes et il est urgent aujourd'hui de trouver des procédés pour rendre efficace l'architecture institutionnelle internationale actuelle. Le rôle actuel des agences, les rapports d'évaluation, les activités de protection dans tel ou tel autre contexte, en cas de catastrophe naturelle notamment, sont suffisants à justifier et peaufiner un argumentaire sur cette problématique.

La souveraineté, rappelle Sadako Ogata, a considérablement limité et encadré les efforts de l'ONU pour la protection des déplacés internes[860]. Il y a bien évidemment un problème d'accès aux déplacés internes qui s'est posé. Celui-ci s'inscrit dans la problématique plus large de la relation entre la société internationale et les États pris individuellement. L'on a d'un côté le souci de la société internationale de protéger les déplacés internes, et de l'autre le principe de la souveraineté étatique dont la difficile conciliation rend les mécanismes de sanction du non-respect des droits, plus faibles que ceux que l'on a dans le cadre intraétatique. À ce propos, devant l'impératif de contourner cette souveraineté de l'État pour mieux assurer protection, la société internationale a dû développer différents mécanismes, dont les plus en rapport avec cette étude sont la Protection des Civils (PoC) et la Responsabilité de protéger. L'on verra aussi que même le mécanisme embryonnaire et émergent qu'est la responsabilité de protéger en pâtit. Le problème posé présente à la fois un aspect juridique et une connotation politique, dans la mesure où la question d'accès aux déplacés internes est aussi, voire surtout, une question de volonté politique. Cette volonté occupe une place de choix ici.

Il s'agira ici d'une évaluation des institutions et mécanismes de l'ONU assurant le suivi et le contrôle du respect des droits fondamentaux des déplacés internes. Ceux-ci couvrent à la fois les mécanismes et institutions d'envergure mondiale et ceux sur le terrain. L'un des véritables problèmes aujourd'hui en matière de protection des déplacés internes est un problème institutionnel : c'est-à-dire le problème du « qui fait quoi ? ». Cette question induit celles du « comment le fait-il ? » et du « qui a la charge ou qui devrait avoir la charge de telle ou telle activité relative à la protection des déplacés internes (à tous les déplacés internes) ? ». Cette dernière question n'a pour justification que la particularité du problème de la protection des déplacés internes du fait des catastrophes naturelles.

Au plan mondial, l'on trouve des mécanismes au moyen desquels les déplacés internes peuvent exiger que soit mis fin à toute violation de leurs droits et en demander, selon les cas, réparation. Pour ce qui touche au terrain, et c'est à ce niveau-là que se joue l'essentiel de la protection, des arrangements sont faits qui ne peuvent que relativement satisfaire les déplacés internes. Puisque les agences interviennent en fonction du contexte de déplacement : une agence voudra éventuellement se charger de la protection des déplacés internes du fait des conflits armés et pas de la protection des déplacés internes du fait

860 Roberta COHEN, « Key Policy Debates in the Internal Displacement Field », *Refugee Watch*, No 32, December 2008, p. 85.

des catastrophes naturelles, instaurant ainsi un traitement inégal et surtout une sous-catégorisation d'un groupe déjà en mal d'« identité juridique ».

La construction d'une architecture institutionnelle internationale défaillante (Titre I) oblige à penser des perspectives de son parachèvement pour une protection effective des droits fondamentaux des déplacés internes (Titre II).

TITRE I.

LA CONSTRUCTION FRAGMENTAIRE DE L'ARCHITECTURE INSTITUTIONNELLE INTERNATIONALE RELATIVE À LA PROTECTION DES DÉPLACÉS INTERNES

Dans un rapport élaboré en 2006, Walter Kälin relevait l'ignorance considérable des déplacés internes s'agissant des voies légales qui sont à leur disposition pour faire valoir leurs droits devant des instances nationales et internationales [861]. Suite à ce constat, un guide récapitulant les mécanismes pertinents a été délivré en 2006 [862] ; guide qui fait état de la multitude et de la diversité des techniques de contrôle de l'ONU. Le contrôle de la mise en œuvre des engagements relatifs à la protection des droits de l'homme passe par l'établissement des faits et la confrontation de ces derniers aux règles juridiques

[861] Groupes et individus particuliers : exodes massifs et personnes déplacées. Rapport du Représentant du Secrétaire général pour les droits de l'homme des personnes déplacées dans leur propre pays, Walter Kälin. UN Doc. E/CN.4/2006/71, p. 8.

[862] David FISHER, *The Guide to International Human Rights Mechanisms for Internally Displaced Persons and Their Advocates*. The Brookings Institution. University of Bern Project on Internal Displacement, June 2006, 224 p.

applicables [863]. Le déclenchement de ce mécanisme se fait suivant deux modalités spécifiques : d'une part la possibilité donnée aux États d'adresser des rapports à des organes bien établis, d'autre part le déclenchement de la procédure à l'endroit d'un État « contractant » soit par un individu ou un groupe d'individus, soit par un organe international sur la base des informations dont il dispose. L'issue de la procédure quant à elle peut être soit un simple constat rendu public ou non, soit la prononciation d'une condamnation formelle par des organes internationaux. Les juridictions pourront également ordonner une satisfaction équitable.

Dans le système de l'ONU et surtout en matière de protection des personnes, certaines de ces procédures ne sont pas mises en œuvre, tandis que d'autres sont privilégiées. Les mécanismes de l'ONU portant sur le contrôle du respect des droits des déplacés internes sont conventionnels ou extra-conventionnels. Les premiers sont dits conventionnels, car ils sont établis par les conventions et contrôlent le respect par les États parties des garanties prévues par lesdites conventions. Les seconds, extra-conventionnels, car institués par les organes compétents de l'ONU en vertu des pouvoirs qui leur sont conférés par la Charte des Nations unies [864]. À ces deux mécanismes, s'ajoute celui de la Protection des Civils dans les conflits armés (PoC) qui se traduit par des opérations « onusiennes » pour la promotion et la protection des droits de l'homme sur le terrain. Ces opérations revêtent depuis le début du millénaire le label de mission intégrée [865]. Elles interviennent pour le compte du Haut Commissariat des Nations unies aux droits de l'homme et contrôlent le respect des droits des déplacés internes dans les États où elles sont déployées (après accord de ces derniers). Le mécanisme de la responsabilité de protéger, bien qu'il soit au stade embryonnaire, s'ajoute à celui-ci.

Les principaux piliers de la machine « onusienne » de protection des droits de l'homme sont : le Secrétariat, les traités relatifs aux droits de l'homme et leurs organes de contrôle, le Conseil des droits de l'homme et l'Assemblée générale. L'on appréciera avec quelle aptitude ces organes contribuent à la protection des droits fondamentaux des déplacés internes (Chapitre I). Une

---

863 On trouve dans des systèmes particulièrement développés (conventions européenne et américaine) des organes judiciaires proprement dits, qui assurent toutes les tâches, alors que les fonctions d'autres systèmes sont essentiellement fondées sur la constatation.

864 L'Assemblée générale, le Conseil économique et social, le Conseil des droits de l'homme et le Secrétaire général de l'ONU contribuent essentiellement à l'établissement d'organes pareils. Notons qu'il n'y a pas de véritable sanction dans ce domaine comme c'est le cas dans l'ordre interne, mais à titre d'exception, existe l'exclusion d'un État de l'organisation internationale. Cette absence de sanction est tributaire des procédures de contrôle.

865 Il s'agit des missions qui font participer tous les acteurs du maintien de la paix, de la consolidation de la paix et de l'action humanitaire au processus de planification et au suivi de la mission, pour assurer la mise en œuvre d'une stratégie globale pour la transition de la guerre à la paix. C'est pour répondre à la complexité des nouvelles opérations de la paix.

réflexion sur les principaux mécanismes opérationnels permettra de comprendre jusqu'où la récente réforme humanitaire avec l'introduction de l'« approche *cluster* » et les nouveaux mécanismes de protection sur le terrain ont contribué à la mise en place d'un véritable système à même de véritablement protéger les droits fondamentaux des déplacés internes (Chapitre II).

CHAPITRE I.

L'OUVERTURE DES PRINCIPAUX PILIERS « ONUSIENS » DE PROTECTION AUX DROITS FONDAMENTAUX DES DÉPLACÉS INTERNES

Si l'on ne peut parler de vide institutionnel international en matière de protection des déplacés internes, la réalité prouve que les mécanismes de l'ONU y afférents ne sont pas comparables à ceux mis en place pour les réfugiés. Le HCR, initialement une organisation humanitaire vouée à l'assistance aux réfugiés du vieux continent, exerce de plus en plus des activités de protection à caractère purement juridique. Il a désormais une conception globale de la protection. En outre, semblablement aux migrants et aux déplacés internes, les réfugiés ont accès aux autres mécanismes des Nations unies, à l'instar de ceux fondés sur les traités. Ces mécanismes que l'on peut dire « généraux », par opposition au HCR qui est spécifiquement dédié aux réfugiés, sont les seuls dans le système de l'ONU dont peuvent se servir les déplacés internes ou leurs représentants, notamment dans les limites des activités de protection juridique. L'on jauge ainsi toute la différence dans la prise en compte de ces différentes catégories de personnes vulnérables. Il est bien sûr intéressant que des institutions et mécanismes généraux soient en place pour « pouvoir » servir les déplacés internes, mais peuvent-ils à travers leurs activités pallier l'absence d'une agence internationale dédiée exclusivement aux déplacés internes ?

Ne bénéficiant pas d'un régime spécial de protection, les déplacés internes doivent trouver une protection internationale principalement dans le domaine du DIDH. Depuis l'adoption de la Charte des Nations unies, le système de protection des droits de l'homme entre pratique étatique et ONU s'articule autour des principaux mécanismes pour la protection et la promotion des droits de l'homme (Section I). D'autres institutions et mécanismes pertinents sont à prendre en compte ici (Section II).

SECTION I.
SUR LE RÔLE DES PRINCIPAUX MÉCANISMES DE L'ONU RELATIFS À LA PROTECTION DES DROITS DE L'HOMME

S'il existe d'autres organes et entités de l'ONU chargés de la protection et de la promotion des droits de l'homme, en cette matière, l'ONU repose principalement sur deux mécanismes. Bien qu'ils ne soient pas véritablement contraignants, tous deux pourraient constituer des instruments internationaux essentiels à la protection des droits fondamentaux des déplacés internes. Il s'agit des mécanismes fondés sur les traités [866] (§ 1) et des mécanismes fondés sur la Charte de l'ONU (§ 2).

§ 1. MÉCANISMES FONDÉS SUR LES TRAITÉS ET MISE EN ŒUVRE DES RÈGLES PORTANT PROTECTION DES DROITS DES DÉPLACÉS INTERNES

La mise en place d'un mécanisme de contrôle de la protection des droits de l'homme fondé sur les traités constitue l'une des plus grandes réalisations du droit international dans son engagement à tenir les États responsables, à les obliger à rendre compte du traitement des individus qui se trouvent sur leurs territoires. Cela s'est matérialisé par l'adoption de traités qui établissent un organe chargé de contrôler la conformité des politiques étatiques aux normes et standards internationaux relatifs aux droits de l'homme. Il existe aujourd'hui neuf comités et un sous-comité [867]. Les Principes directeurs de 1998, bien qu'ils constituent le texte international (universel) le plus évolué relatif aux droits des déplacés internes, ne bénéficient pas d'un comité principalement dédié au

---

866 Les mécanismes fondés sur les traités ou organes de traités sur les droits de l'homme ou encore comités chargés du suivi des principaux traités relatifs aux droits de l'homme ne sont pas à proprement parler des organes des Nations unies. Ce sont des organes conventionnels, des comités d'experts indépendants, qui veillent à l'application des principaux traités internationaux des droits de l'homme. Ils ont été créés en fonction des dispositions des traités qu'ils sont chargés de superviser. Ils bénéficient d'un soutien essentiel de la part de l'ONU. En effet, le Haut Commissariat aux droits de l'homme aide les secrétariats des organes de traités à harmoniser leurs méthodes de travail et leurs systèmes de rapports. C'est pour cette raison que ces mécanismes seront étudiés ici.

867 Comme comités, l'on compte actuellement, le comité sur les droits économiques, sociaux et culturels ; le Comité des droits de l'homme ; le comité pour l'élimination de la discrimination raciale ; le comité pour l'élimination de toutes les formes de discrimination à l'égard des femmes ; le Comité des droits de l'enfant ; le comité contre la torture ; le sous-comité sur la prévention de la torture ; le comité sur les droits des personnes handicapées ; le comité sur les droits des travailleurs migrants ; le comité des disparitions forcées, rattaché chacun à une convention spécifique. Voir site internet du Haut Commissariat des Nations unies aux Droits de l'homme. Disponible à l'adresse :
http://www.ohchr.org/EN/HRBodies/Pages/HumanRightsBodies.aspx (consulté le 18 juin 2013).

contrôle de leur mise en œuvre pouvant s'apparenter à un comité en place. Ils ne constituent pas un véritable traité. En l'absence d'un tel instrument et d'un organe de traité pour examiner la licéité des pratiques étatiques et amener les États parties à rendre compte de la mise en œuvre de leurs obligations, la protection des droits fondamentaux des déplacés internes est très incomplète. Cela ne veut pour autant pas dire que les mécanismes fondés sur les traités n'ont pas d'importance pour les droits des déplacés internes. Il est dès lors nécessaire de s'assurer que des recours individuels ont été effectivement exercés pour le compte des déplacés internes, et de savoir dans combien de cas les différents comités ont exigé des États en question qu'ils se conforment à leurs engagements internationaux. Toutefois, étant donné que les déplacés internes sont avant tout des citoyens ordinaires, un problème ne devrait pas se poser à ce qu'ils intentent une action en violation de leurs droits garantis par les traités que les différents organes de traité sont chargés de protéger. Attendu que les traités actuels couvrent la majorité des droits des déplacés internes, mais sont vraisemblablement incomplets et inappropriés, il convient de se poser la question suivante : « Les différents organes de traité concèdent-ils une ouverture vers les Principes directeurs ? ». En effet, les Principes directeurs ne peuvent être utiles pour les comités en place que dans l'interprétation des dispositions des conventions dont ils assurent le suivi. Il est important d'analyser jusqu'à quel point ces comités se servent de ces Principes dans leur œuvre.

En l'absence d'un instrument international conventionnel sur les droits des déplacés internes, les organes de traité ne se préoccupent pas particulièrement des questions liées au déplacement interne [868]. Ils peuvent néanmoins utiliser les Principes directeurs dans la rédaction des commentaires généraux et dans l'examen des rapports étatiques [869]. Ainsi, l'on verra que les comités en place se servent progressivement des Principes directeurs pour interpréter les dispositions des conventions qu'ils surveillent (A), mais cette référence aux Principes directeurs est limitée et ne comble pas totalement le vide (B).

A. Une référence croissante aux principes sur le déplacement interne

Les activités du Comité des droits de l'homme en matière de déplacement interne font montre d'un engagement clair et progressif pour la protection des

---

[868] Maria STAVROPOULOU, « Monitoring the Rights of the Internally displaced », in G. ALFREDSSON et al. (eds.), *International Human Rights Monitoring mechanisms,* Kluwer Law International, 2001, p. 341.

[869] Joan FITZPATRICK, « Paper presented at the International Colloquy on the Guiding Principles on Internal Displacement, Vienna, Austria, September 20-23, 2000 », in Joan FITZPATRICK, *Human Rights Protection for Refugees, Asylum-Seekers and Internally Displaced Persons: A Guide to International Mechanisms and Procedures,* Transnational Publishers, 2002, p. 546.

droits fondamentaux des déplacés internes (1). D'autres comités, semble-t-il, lui ont emboîté le pas (2).

1. Le Comité des droits de l'homme

Comment le Comité des droits de l'homme s'inspire-t-il des Principes directeurs pour adapter le Pacte international sur les droits civils et politiques (PIDCP) à la protection des droits fondamentaux des déplacés internes ? Ce Pacte s'avère utile à la protection à plusieurs stades du déplacement interne :

- Sur la protection contre le déplacement[870], l'article 12(1) du PIDCP garantit à quiconque se trouve légalement sur le territoire d'un État donné le droit de circuler librement et de choisir librement son lieu de résidence. C'est une affirmation implicite du droit d'être protégé contre le déplacement arbitraire ou forcé contenu dans le principe directeur 6(1). Lors de l'examen des affaires ou rapports relatifs au déplacement interne, ce Comité pourrait faire usage de plusieurs Principes directeurs qui expliquent les principes de légalité, proportionnalité et nécessité, puisqu'ils sont tous relatifs au droit de ne pas être déplacé de force. Dans ses Commentaires généraux n° 27 (67), le Comité des droits de l'homme reconnaît le droit de ne pas être déplacé de force à l'intérieur de son propre État [871]. Dans ses observations finales sur le rapport de l'Azerbaïdjan de 2009, il invite l'État sur le territoire duquel il y a déplacement, à simplifier la procédure d'enregistrement afin de permettre à tout individu de résider légalement sur son territoire, y compris les déplacés internes. Ce Comité traite ainsi diligemment les déplacés internes en veillant sur le droit des individus à circuler et choisir librement leur lieu de résidence. Il fait ainsi une application combinée des articles 2, 12 et 26 du PIDCP [872].

- Sur la protection au cours du déplacement[873], les articles 9 et 10 du PIDCP interdisent la détention arbitraire et garantissent un traitement humain aux personnes privées de liberté. Les Principes directeurs 11, 12 et 14(2) sont de grande importance à ce niveau. Bien d'autres articles du PIDCP pourraient être interprétés de manière à protéger les déplacés pendant le déplacement. Ainsi, à la suite de l'examen du rapport de la Colombie en 2010, ce Comité a invité le gouvernement à mettre en place une politique qui offrira aux populations déplacées une prise en charge différenciée particulièrement pour les femmes, enfants, Afro-Colombiens et autochtones. C'est une invitation explicite à adopter une espèce de discrimination positive au profit des déplacés. Cette

---

870 Phase couverte par les Principes directeurs 5 à 9.

871 Human Rights Committee, ICCPR General Comments No 27. UN. Doc. CCPR/C/21/Rev.1/Add.9, 1999, paragraphe7.

872 Voir observations finales du 19 août 2009, CCPR/C/AZE/CO/3, paragraphe 18.

873 Phase couverte par les Principes directeurs 10 à 23.

position du Comité découle de l'interprétation qu'il fait des articles 12, 24, 26 et 27 du PIDCP. Il va d'ailleurs plus loin en appelant la Colombie à mettre en œuvre les recommandations émises par le RSG à la suite de sa visite dans cet État en 2006 [874]. Les recommandations de ce dernier étant faites sur la base des Principes directeurs de 1998, exiger leur mise en œuvre revient à exiger par ricochet la mise en œuvre des Principes directeurs.

- Quant à l'aide humanitaire[875], les articles 6 [876], 7 [877] et 8 [878] du PIDCP contiennent d'importants droits indérogeables relatifs à la protection du droit à la vie et à la prohibition de la torture, des traitements cruels et de l'esclavage. Les Principes directeurs 24, 26 et 27 vont dans le même sens en ce qu'ils précisent les « obligations » des différents acteurs en matière d'acheminement de l'aide humanitaire aux déplacés internes. Le Comité notait en 2006 la discrimination qui est faite et celle en cours dans l'assistance offerte aux victimes de l'ouragan Katrina. En l'espèce, les pauvres, majoritairement Afro-américains, ont été largement désavantagés dans la mise en œuvre des plans de sauvetage et d'évacuation. Ensuite, il y a eu des allégations d'échec dans l'évacuation des prisonniers de la prison de Parish et d'autres allégations selon lesquelles les résidents de la Nouvelle-Orléans ont été empêchés par les autorités de traverser le Greater New Orléans Bridge pour se rendre à Gretna en Louisiane. Par voie de conséquence, il y a eu violation à la fois des articles 6 sur le droit à la vie et 26 sur l'interdiction de la discrimination. Le Comité a invité les États-Unis à revoir leurs pratiques et politiques pour ainsi respecter leurs obligations, notamment de protéger la vie et d'interdire la discrimination, directe ou indirecte. Il a par ailleurs insisté sur la nécessité d'appliquer les Principes directeurs de 1998 pour toutes questions relatives à la prévention des catastrophes, à l'alerte, et au secours d'urgence [879].

- En ce qui concerne le retour, la réinstallation et la réintégration[880], les articles 6, 7 et 8 du PIDCP sur le droit à la vie, la prohibition de la torture, des traitements cruels et de l'esclavage peuvent aussi être interprétés à la lumière des Principes directeurs 28 et 30. L'interprétation de l'article 6 (article portant

---

874 Voir Observations finales du Comité des droits de l'homme de juillet 2010 sur la Colombie: CCPR/C/COL/CO/6, paragraphe 23. Pour les recommandations du Représentant du Secrétaire général pour les droits de l'homme des déplacés internes à la suite de sa visite en Colombie en 2006, voir A/HRC/4/38/Add.3.

875 Phase couverte par les Principes directeurs 24 à 27.

876 L'article 6 du PIDCP garantit le droit à la vie.

877 L'article 7 du PIDCP porte interdiction de la torture et des peines ou traitements cruels, inhumains et dégradants.

878 L'article 8 du PIDCP porte interdiction de l'esclavage et travaux forcés.

879 Voir Observations finales du Comité des droits de l'homme sur le rapport des États Unis, 2006, CCPR/C/SR.2395, paragraphe 26.

880 Phases couvertes par les Principes directeurs 28 à 30.

sur le droit à la vie) par le Comité à propos du rapport de la Mission d'administration intérimaire des Nations unies au Kosovo (MINUK) datant de 2006, s'inspire largement des Principes directeurs de 1998. Dans ses observations finales, le Comité constatait comme constituant une violation de l'article 6, le fait que les déplacés internes (déplacés issus des groupes Roms, Égyptiens et Ashkali du Kosovo) aient été réinstallés avec « une lenteur remarquable » ; que la consultation des populations déplacées avant leur réinstallation ait été très limitée ; qu'il y ait eu proximité des camps de réinstallation des sites pollués ; et que le traitement médical n'ait pas été assuré aux déplacés affectés. Le Comité considère ces conditions comme n'étant pas propices à la protection du droit à la vie défendu par l'article 6. Il s'inspire ainsi des Principes directeurs 28, 29 et 30. Il recommande à la MINUK la réinstallation des déplacés dans un environnement sain, une réinstallation précédée de consultations conformément aux Principes directeurs de 1998 ; mais aussi la compensation des déplacés pour les dommages causés à leur santé [881].

- D'autres droits pertinents sont prévus par les Principes directeurs, notamment les Principes directeurs 1 à 4 qui portent sur des droits généraux. À ce propos, l'article 2(1) du PIDCP interdit la discrimination pour quelque raison que ce soit, ou dans toute situation. L'expression « toute situation » inclut aussi l'interdiction de la discrimination du seul fait du déplacement dont le Principe directeur 1(1) fait mention. En garantissant le droit à l'égalité devant la loi, l'article 26 du PIDCP constitue aussi une garantie de non-discrimination en « toute situation » ne se limitant pas seulement à la jouissance des droits garantis par le PIDCP. Dès lors, toute discrimination sur quelque droit que ce soit et du seul fait du déplacement est contraire à cet article 26. Face à la situation dramatique des déplacés à l'Est du Tchad, ce Comité a constaté le non-respect des articles 2, 3, 7, 12 et 24 du PIDCP et appelé cet État à prendre toutes mesures nécessaires pour accroître de façon générale la protection de ces personnes conformément aux normes internationales ; y compris les Principes directeurs de 1998 [882].

2. Les autres Comités

D'autres comités traitent aussi des droits fondamentaux des déplacés internes, mais à des degrés différents. Les principaux sont le Comité contre la torture (CAT - sigle anglais), le Comité pour l'élimination de la discrimination à l'égard des femmes (CEDAW - sigle anglais), le Comité pour l'élimination de la

---

881 Observations finales du Comité des droits de l'homme sur le rapport de la MINUK, UN Doc. CCPR/C/UNK/1, 25 July 2006, Paragraphe 14.

882 Observations finales du Comité des droits de l'homme sur le rapport du Tchad, 2009. CCPR/C/TCD/CO/1, paragraphe 13.

discrimination raciale (CERD - sigle anglais) et le Comité sur les droits économiques, sociaux et culturels (CESCR – sigle anglais).

Le CAT a clairement manifesté son engagement pour des questions relatives au retour des déplacés internes. Dans ses Observations finales sur la Bosnie-Herzégovine, il invite l'État à construire des logements et infrastructures pour faciliter le retour des déplacés internes [883], cela dans le but de mettre fin aux mauvaises conditions de vie de ces personnes, conditions non conformes aux articles 3 [884], 7 [885] et 12 [886] de la Convention contre la torture. En l'espèce, le CAT a dû se servir des Principes directeurs, notamment les Principes directeurs 28 et 29. Il a au demeurant recommandé une application pleine des recommandations du RSG, à l'adresse de cet État [887]. Il s'est aussi prononcé sur les menaces contre les victimes du déplacement forcé qui demandent la restitution de leurs terres confisquées par des groupes armés [888] ; il l'a fait sur la base de l'article 14 sur le droit d'une victime d'un acte de torture d'obtenir réparation et d'être indemnisée équitablement et de façon adéquate. Le CAT considère donc le déplacement forcé suivi de la confiscation de biens comme constitutifs d'actes de torture. Il invite l'État à adopter des mesures effectives pour assurer la restitution des terres des déplacés internes, se conformant ainsi au principe directeur 29. Il s'est prononcé dans d'autres cas impliquant les déplacés internes ; notamment sur le Yémen [889] et le Sri Lanka [890].

Plusieurs Principes directeurs peuvent être utiles au CEDAW lorsque celui-ci est amené à traiter un cas impliquant les femmes déplacées à l'intérieur de leur propre État, en l'occurrence le Principe directeur 4(2) (obligation qu'ont les

---

883 Concluding observations of the Committee against Torture. UN Doc. CAT/C/SR.978, 2010, paragraphe 16.

884 L'article 3 de la Convention porte interdiction de l'expulsion, refoulement ou extradition lorsqu'il y a de réels motifs de croire que des actes de torture s'en suivront.

885 Selon cet article 7, L'État partie s'il n'extrade pas l'auteur présumé d'un acte de torture, soumet l'affaire à ses autorités compétentes pour l'exercice de l'action pénale. La personne poursuivie bénéficie de la garantie d'un traitement équitable à tous les stades de la procédure.

886 D'après l'article 12, Tout État partie veille à ce que les autorités compétentes procèdent immédiatement à une enquête impartiale chaque fois qu'il y a des motifs raisonnables de croire qu'un acte de torture a été commis sur tout territoire sous sa juridiction.

887 Voir rapport du Représentant du Secrétaire général sur les déplacés internes concernant la Bosnie-Herzégovine: E/CN.4/2006/71/Add.4.

888 Observations finales sur la Colombie: CAT/C/SR.925. (2009), paragraphe 20.

889 Observations finales de 2009, CAT/C/SR.917.

890 Observations finales, CAT/C/LKA/CO/3-4. Le comité juge ici les conditions des déplacés internes au Sri Lanka non conformes aux exigences des articles 2, 11 et 16 de la CAT et invite l'État partie à adopter des mesures nécessaires pour garantir l'intégrité physique et répondre aux besoins spécifiques des déplacés internes (y compris les soins médicaux et psychologiques), et ce conformément aux Principes directeurs. Référence explicite est faite aux Principes directeurs ici.

États de répondre aux besoins de groupes vulnérables, y compris les femmes enceintes, les mères d'enfants en bas âge, les femmes-chef de famille) et le Principe directeur 19(2) (obligation pour les États de subvenir aux besoins spécifiques des femmes déplacées internes) [891]. Le CEDAW reconnaît que les femmes déplacées font partie des plus vulnérables [892] et que cette situation spécifique appelle à une protection conséquente ; toutefois, il l'a fait sans mentionner les Principes directeurs. Il appelle aussi à appliquer les résolutions 1820 [893] et 1889 [894] du Conseil de sécurité qui font toutes deux référence aux déplacés internes.

Le CERD quant à lui, a reconnu depuis 1996 que la discrimination raciale et ethnique est étroitement liée au déplacement de populations. Ses recommandations suivent les Principes directeurs sur plusieurs points importants ; notamment sur le droit au retour (Principe directeur 28[1]), la compensation ou la restitution (Principes directeurs 21 et 29[2]), le droit de participer aux affaires publiques (Principes 22[d] et 29[1]), le droit à l'assistance au retour, à l'intégration ou à la réinstallation. Il en appelle au respect dans plusieurs de ses recommandations [895]. Le CERD se sert de plus en plus des Principes directeurs de 1998 pour inviter les États à prendre des mesures concrètes concernant les déplacés internes. Il insiste particulièrement sur la pleine reconnaissance aux déplacés des droits découlant de l'article 5 de la Convention et exige l'amélioration des leurs conditions de vie et de leur intégration [896] ; le renforcement de la participation des déplacés internes à la formulation des politiques et programmes les concernant (réinstallation, l'emploi, le logement, la santé et l'éducation) [897] ; et l'accès à la justice par les déplacés internes, la poursuite des auteurs d'actes criminels perpétrés à leur égard, la promotion du retour volontaire et la restitution des biens des déplacés internes [898]. L'interprétation qu'elle fait de cet article 5 est salutaire pour les déplacés internes ; elle est faite à la lumière des Principes directeurs de 1998 et le CERD y fait explicitement référence dans ses recommandations [899].

---

891 Joan FITZPATRICK, *Asylum Rights Protection for Refugees, Asylum-Seekers, and Internally Displaced Persons: A Guide to International Mechanisms and procedures.* Transnational Publishers, 2002, p. 556. D'autres Principes directeurs sont pertinents pour le CEDAW, à savoir le principe 4(2), le principe 7(3) (d), le principe 11(2), le principe 19(2), le principe 20(3), le principe 23(3) et le principe 23(4).

892 Voir les recommandations générales No 27 (2010).

893 S/RES/1820 de 2008 sur Les femmes et la paix et la sécurité.

894 S/RES/1889 de 2009 sur Les femmes et la paix et la sécurité.

895 Voir recommandations suite au rapport soumis par le Kenya en 2011 (CERD/C/SR.2119).

896 Voir recommandations sur le rapport soumis par la Géorgie en 2011.

897 Recommandation suite au rapport de l'Azerbaïdjan en 2009 (CERD/C/SR.1968) ; voir aussi recommandations faites suite au rapport soumis par les États-Unis en 2008 (CERD/C/SR.1870).

898 Recommandations suite au rapport du soudan de 2009.

899 Voir commentaires sur le rapport des Philippines de 2009, CERD/C/SR.1969, paragraphe 19.

Pour ce qui est du CESCR, il convient de relever que quelques articles du PIDESC sont très pertinents pour la cause des déplacés internes. C'est le cas de l'article 11 (droit à un niveau de vie suffisant : nourriture, logement, vêtements) [900] qui peut être lu conjointement avec le Principe directeur 18 sur le droit des déplacés internes à un niveau de vie suffisant. En effet, le Comité a eu à rappeler ce droit tout en invitant l'État partie à le garantir aux déplacés internes, considérés comme personnes ou groupes les plus défavorisés [901]. Il faut également relever l'article 12 sur le droit de toute personne de jouir du meilleur état de santé physique et mentale. Comme a eu à le faire le CESCR, cet article peut être lu de concert avec le Principe directeur 11 sur le droit des déplacés internes à la dignité et à l'intégrité physique, mentale et morale [902]. En outre, l'article 6 sur les conditions de travail s'inscrit dans la droite ligne du principe directeur 11 [903].

B. Un vide non comblé

Si certains mécanismes fondés sur les traités prévoient la possibilité d'une plainte individuelle pouvant profiter aux déplacés internes, à savoir le Comité des droits de l'homme [904], le CERD [905], le CEDAW [906], le CAT [907], le Comité sur les droits de l'enfant [908], le CDPH [909] et le Comité sur les droits

---

900 Voir notamment les recommandations du CESCR sur le Soudan de l'année 2000, E/C.12/1/Add.48, paragraphe 37.

901 Comité sur les droits économiques, sociaux et culturels, Rapport sur les quarante-sixième et quarante-septième sessions, (2-20 mai 2011, 14 novembre-2 décembre 2011), Doc. E/2012/22 & E/C.12/2011/3, paragraphe 173.

902 Le CESCR fait référence aux déplacés internes lorsqu'il évalue leur mise en œuvre par les États. Voir commentaires du CESCR sur le rapport du Sri Lanka de 2010, E/C.12/2010/SR. 40, 41 and 42, Paragraphes 2, 30, 32 et 33.

903 Voir recommandations du Comité sur le rapport soumis par le Kenya en 2008, E/C.12/2008/SR.34-36, paragraphe 16.

904 Il accepte les plaintes individuelles pour violation du pacte international sur les droits civils et politiques contre les États qui ont ratifié le premier protocole. Ce comité reçoit le plus grand nombre de plaintes individuelles.

905 Ce Comité accepte les plaintes individuelles pour les États qui ont fait la déclaration de l'article 14.

906 Il accepte les plaintes individuelles des déplacés contre les États ayant ratifié le protocole optionnel.

907 Il accepte les plaintes individuelles pour les pays ayant fait la déclaration nécessaire.

908 Le Protocole facultatif établissant une procédure de présentation de communications pour les violations des droits de l'enfant, accepté à l'unanimité le 17 juin 2011 par le Conseil des droits de l'homme de l'ONU, a été adopté le 19 décembre 2011 par l'Assemblée générale de l'ONU. Il est entré en vigueur le 14 avril 2014.

909 Il accepte les communications individuelles relatives aux États parties au protocole facultatif à la Convention relative aux droits des personnes handicapées.

économiques, sociaux et culturels [910], plusieurs autres comités ne reçoivent pour l'instant pas de plaintes individuelles. Il s'agit du Comité sur les droits des travailleurs migrants [911], du Comité sur les disparitions forcées [912]. Ils offrent uniquement la possibilité de soumettre au Comité des informations relatives aux droits des déplacés internes et à la violation de leurs droits avant qu'il n'examine les rapports étatiques.

Peut porter plainte, le déplacé interne dont les droits ont été violés ou le représentant de celui-ci. La durée moyenne de l'examen d'un cas dépend du Comité devant lequel la plainte du déplacé est déposée. Pour le Comité des droits de l'homme, il faut compter en moyenne 3 à 4 ans, vu le grand nombre de demandes qu'il examine. Le CERD fait plutôt preuve de célérité ; il reçoit moins de plaintes, puisque très peu d'États ont fait la déclaration autorisant les plaintes individuelles. Aussi, certains Comités peuvent examiner des plaintes qui sont déjà en cours d'examen devant un autre mécanisme des droits de l'homme qui connaît des plaintes individuelles : c'est le cas du CERD. D'autres ne l'admettent pas : l'on y trouve le CEDAW et le Comité des droits de l'homme. Ce dernier aspect pourrait bénéficier aux déplacés internes. Mais, les Principes directeurs constituant une compilation de droits contenus dans différents instruments juridiques internationaux, la plainte des déplacés internes devant ces Comités ne peut porter exclusivement que sur des droits garantis par les conventions dont ces comités assurent respectivement la bonne mise en œuvre. En d'autres termes, pour espérer obtenir satisfaction, l'intéressé peut être obligé de saisir concomitamment différents Comités en fonction de la compétence de chacun : ce qui n'est pas très pratique.

Les organes des traités se sont assurément prononcés sur les problèmes de déplacement interne dans plusieurs de leurs observations finales et commentaires généraux. Mais très peu l'ont fait suivant la procédure de plainte individuelle, c'est-à-dire lorsqu'il s'est agi de résoudre des cas bien particuliers. Aussi, plusieurs Comités reconnaissent la vulnérabilité des femmes et enfants [913] déplacés et en appellent à une protection renforcée ; sans toutefois faire référence aux Principes directeurs. L'on note d'une part la reconnaissance de la vulnérabilité de ces personnes et d'autre part, une ignorance quasi totale des Principes directeurs. Or, lorsqu'est posée une question de déplacement

910 Le Protocole facultatif se rapportant au Pacte international sur les droits économiques, sociaux et culturels, qui permet ce recours individuel est entré en vigueur le 5 mai 2013.

911 Ce Comité ne considèrera des plaintes individuelles que lorsque 10 des États parties auront accepté la procédure conformément à l'article 77 de la convention. Ils ne sont que deux à avoir accepté cette procédure pour l'instant.

912 Ce Comité peut recevoir des communications individuelles ou étatiques si les États ont fait la déclaration facultative prévue à cet effet. Le nombre d'États l'ayant faite n'est pas suffisant.

913 Voir commentaires généraux n° 9 sur les droits des enfants handicapés, CRC/C/GC/9, paragraphe 79.

interne, les Principes directeurs sont d'une grande utilité dans l'interprétation des dispositions des principales conventions relatives aux droits de l'homme.

Les décisions des Comités relatives aux plaintes individuelles ont plus d'autorité que les lettres d'allégation et appels urgents émis par plusieurs organes des Procédures spéciales du Conseil des droits de l'homme ; néanmoins, elles ne s'imposent pas aux États comme c'est le cas pour les arrêts des cours régionales des droits de l'homme.

Les observations finales de ces Comités ont indubitablement un effet politique positif sur la situation des déplacés internes, mais le système de rapports pose deux problèmes particuliers. Au premier chef, le peu d'empressement de certains États à soumettre leurs rapports : de nombreux États accusent un retard dans la soumission de leurs rapports, retard s'évaluant parfois en termes d'années [914]. Ensuite, le peu de temps et globalement le manque de ressources suffisantes dont font montre les différents Comités pour approfondir l'examen et la discussion dans des délais raisonnables des rapports reçus [915]. De plus, il faut tenir compte de la problématique, non plus de la lenteur, mais d'une soumission relativement faible des rapports par les gouvernements aux organes de contrôle. Après émission des recommandations par les Comités, force est de constater que les gouvernements n'en tiennent pas toujours compte. À ce stade, la seule sanction reste la publication dans un rapport de l'ONU ou tout autre document du manquement de l'État à ses obligations. [916].

C'est ce qui ressort aussi de l'analyse de la situation des États spécifiques. Si les débats et rapports des différents Comités font montre d'un certain intérêt pour les questions de déplacement interne, dans un État comme la République démocratique du Congo (RDC) et selon les domaines de compétence de

---

914 La Côte d'Ivoire n'a soumis son rapport initial au Comité des droits de l'homme des Nations unies qu'avec vingt ans de retard, c'est-à-dire en mars 2013 (Comité des droits de l'homme, Rapport CCPR/c/civ/1, 13 mai 2013) pour un rapport attendu depuis 1993. Voir http://www.ccprcentre.org/country/cote-divoire/ (consulté le 15 février 2015).

915 Sandra COLIVER, « International Reporting Procedures » in Hurst HANNUN (ed.), *Guide to International Human Rights Practice*, 2nd edition, University of Pennsylvania Press, 1992, p. 176 et suivantes.

916 Lorsque sont constatées les violations graves des droits de l'homme, une pratique informelle et qui contribue souvent à faire plier les États « fautifs » qui ne respectent pas les recommandations des comités et autres experts indépendants consiste à reporter le problème aux pays donateurs, à ceux-ci de poser le respect desdites recommandations comme la condition à l'octroi d'une aide éventuelle. Jean-François Flauss n'affirmait-il pas que « … l'exigence de protection des droits de l'homme tend à devenir, à tort ou à raison, le fondement éthique du droit international d'aujourd'hui » ? (Jean-François FLAUSS, « Droit des immunités et protection internationale des droits de l'homme », *RSDIE*, 2000, p. 302.

chacun des Comités : c'est le cas avec le CEDAW et les femmes déplacées [917], du CRC avec les enfants déplacés [918], du Comité des droits de l'homme [919], du CERD [920] et autres Comités, beaucoup reste encore à faire. Le même schéma se reproduit au demeurant en ce qui concerne d'autres États. Pour revenir sur le cas de la RDC, bien que les différents Comités font mention ou utilisent les principes internationaux sur le déplacement interne pour interpréter les normes dont ils assurent la bonne mise en œuvre, quelques-uns d'entre eux le font et dans très peu de cas [921]. Il y a une espèce de faculté dans le greffage des normes spécifiques de nature déclaratoire sur les normes plus générales qui persiste et limite la portée de la protection internationale. Lorsque référence y est faite dans les débats devant ces Comités et les rapports établis, celle-ci couvre l'appel à l'alignement des politiques et législations de la RDC sur les normes internationales portant sur le déplacement interne, notamment les Principes directeurs [922] et la Convention de Kampala [923].

Que le Comité des droits de l'homme soit la référence en matière d'utilisation des Principes directeurs lorsque lui est posé un problème en rapport avec le déplacement interne serait, entre autres raisons, tributaire du fait que Walter Kälin, RSG de 2004 à 2010, a été jusqu'à une date récente, membre dudit Comité [924] et que le PIDCP est très prolifique sur les questions relatives aux droits civils et politiques des déplacés internes. D'autres Comités peuvent également s'avérer très utiles pour les déplacés internes ; notamment le CAT. Toutefois, l'accent devra être mis sur leur culture et leur sensibilisation aux droits des déplacés internes ; y compris les instruments juridiques et normatifs y afférents. Aussi, s'assurer de la présence d'au moins un spécialiste sur les

---

917 CEDAW on the Democratic Republic of the Congo. CEDAW/c/cod/co/5, August 2006, paragraphe 15.

918 Committee on the rights of the child, CRC/C/SR.1385, January 2009, paragraphes 67 & 100 ; CRC/C/SR.1384, November 2009, paragraphes 9, 23, 33 & 76 ; CRC/C/COD/CO/2, February 2009 ; CRC/C/SR.706, June 2002, paragraphes 4 & 53 ; CRC/C/15/Add.153, July 2001 ; etc.

919 Human rights committee, CCPR/C/COD/CO/3, April 2006, paragraphe 15.

920 Committee on the elimination of racial discrimination, CERD/C/COD/15, November 2006, paragraphe 69 ; CERD/C/SR.1827, August 2007, paragraphes 8, 20 & 25 ; etc.

921 A l'analyse des documents des différents Comités en rapport avec la situation en République Démocratique du Congo, il ressort qu'environ 4 % seulement de ceux-ci mentionnent les normes internationales portant spécifiquement sur le déplacement interne. Disponible à l'adresse : http://tb.ohchr.org/default.aspx?country=zr.

922 Concluding observations of the Committee on the rights of the child: Democratic Republic of the Congo, CRC/C/15/Add.153, July 2001, paragraphe 63.

923 CEDAW, List of issues and questions with regard to the consideration of periodic reports: Democratic Republic of the Congo, CEDAW/C/COD/Q/6-7/Add.1, February 2013, paragraphe 19.

924 M. Walter Kälin, membre du Comité des droits de l'homme de 2011 à 2014.

questions de déplacement interne dans la composition de chaque Comité pourrait être une nécessité. Pour cela, une autre réforme sera indispensable ; notamment celle du mode de formation desdits Comités. Actuellement, la démarche de leur constitution est l'élection de différents experts par les États [925]. Si la récente réforme des organes conventionnels contribue résolument au renforcement et à l'amélioration du fonctionnement de l'ensemble de ces organes, ne commande pas davantage d'ouverture desdits organes aux questions spécifiques et pour lesquelles il n'existe pas un traité fondamental comme le déplacement interne [926]. Des réformes dans ce sens sont attendues.

§ 2. Mécanismes fondés sur la Charte des Nations unies

À la différence des organes de traité établis par les principaux instruments juridiques internationaux relatifs aux droits de l'homme, les mécanismes fondés sur la Charte sont créés sur décision d'un organe de l'ONU. En l'occurrence l'Assemblée générale pour la défunte Commission des droits de l'homme [927] qui elle-même avait créé les Procédures spéciales, mécanismes repris par le Conseil des droits de l'homme. Les mécanismes fondés sur la Charte ne sont pas juridiques par nature [928]. Leurs capacités de mise en œuvre sont limitées et ils s'appuient largement sur la volonté politique des gouvernements. Ils auraient malgré tout plus d'effet sur les pratiques étatiques que les mécanismes fondés sur les traités, puisqu'ils agissent comme des agents de la branche politique de l'ensemble des États membres [929]. L'État est considéré ici comme étant un membre d'une société internationale devant laquelle il est investi d'un double devoir : la responsabilité et l'obligation de rendre compte de ses activités de

---

925 Selon les articles 28 à 39 du Pacte, les membres du Comité sont élus par les États membres pour un mandat de quatre ans renouvelable.

926 La récente réforme des organes conventionnels a été sanctionnée par l'adoption par l'Assemblée générale de l'ONU le 9 avril 2014 de la résolution 68/268 (A/RES/68/268) portant Renforcement et amélioration du fonctionnement de l'ensemble des organes conventionnels des droits de l'homme. Elle porte particulièrement sur l'augmentation du budget ; l'amélioration de la procédure et la garantie de l'indépendance ; et le renforcement de la mise en œuvre, du suivi de la mise en œuvre et davantage de transparence.

927 Créé en 1946 en tant qu'organe subsidiaire de l'ECOSOC, composé de 53 États membres et se réunissant une fois par an, elle est remplacée le 15 mars 2006 par le Conseil des droits de l'homme sur résolution de l'Assemblée Générale 60/251.

928 Camille GIFFARD and Meagan HRLE, « The United nations Charted-Based Mechanisms » in Joan FITZPATRICK (ed.), *Human Rights Protection for Refugees, Asylum-Seekers, and Internally Displaced Persons. A Guide to International Mechanisms and Procedures.* Transnational Publishers, inc. Ardsley, New York, 2002, p. 137.

929 Patrick James FLOOD, *The effectiveness of UN human rights institutions*, Westport, Conn.: Praeger, 1998, p. 117. Disponible à l'adresse : http://site.ebrary.com/lib/nyulibrary/docDetail.action?docID=10005704.

protection envers ses citoyens. Aussi l'un des aspects positifs spécifiques à ces mécanismes est-il qu'ils permettent d'examiner la situation de tout État membre de l'ONU, indépendamment du fait que ce dernier ait ratifié un traité [930] ; ils permettent également de tenir les États responsables des violations commises même en situation de conflit armé, ce que ne font pas les tribunaux pénaux internationaux et internationalisés [931]. Ils comblent ainsi *ipso facto* le manque d'un mécanisme de suivi des Conventions de Genève et leurs différents protocoles. Ils en deviennent également le principal référent [932].

Prenant en compte les chevauchements ou interactions entre les différents mécanismes fondés sur la Charte et qui jouent un grand rôle dans la protection des déplacés internes, il faut retenir les principaux mécanismes que sont : le Conseil des droits de l'homme [933] qui intervient principalement au moyen d'une résolution, d'une décision ou d'un rapport (A) et les autres mécanismes fondés sur la Charte des Nations unies ; notamment l'Assemblée générale, le Secrétariat général de l'ONU, le Conseil de sécurité et d'autres mécanismes du même ordre (B).

A. Le Conseil des droits de l'homme

Le Conseil des droits de l'homme, comme le rappelle Edward Elmendorf, s'affirme de plus en plus [934]. Il met l'accent sur le dialogue et la coopération même dans les situations de violations graves des droits de l'homme. Il faut rappeler aussi que la Commission et la Sous-commission des droits de l'homme ont produit bon nombre de résolutions et rapports sur la situation des déplacés

---

930 Ce critère est pourtant déterminant suivant les mécanismes fondés sur les traités.

931 Philippe ALSTON, Jason MORGAN-FOSTER and William ABRESCH, « The competence of the UN Human Rights Council and its Special Procedures in Relation to Armed Conflicts: Extrajudicial Executions in the "War on Terror" », *The European Journal of International Law* 1 (2008): 183-209, in particular 184-185.

932 Walter KÄLIN, « Universal human rights bodies and international humanitarian law », in Robert KOLB & Gloria GAGGIOLI (eds.), *Research Handbook on Human Rights and Humanitarian Law*, Edwar Elgar, 2013, p. 455.

933 Rappelons que le Conseil économique et social a été créé sur la base de la Charte des Nations unies. On a assisté en 1946 à la création de la Commission des droits de l'homme, commission rattachée à l'ECOSOC, et chargée des activités des Nations unies relatives aux droits de l'homme. En avril 2006, l'Assemblée générale de l'ONU a adopté une résolution qui remplace la Commission par le Conseil des droits de l'homme. Ce conseil est un organe subsidiaire de l'Assemblée générale et non pas de l'ECOSOC comme l'était la Commission (le Conseil est composé de 47 membres élus par l'Assemblée générale. Il se réunit régulièrement).

934 Edward ELMENDORF, « The Human Rights Council Gets More Respect, » *PassBlue*, 14 septembre 2012. Disponible à l'adresse : http://passblue.com/2012/09/14/un-human-rights-work-commands- more-respect/. (Consulté le 2 juillet 2013).

internes [935]. Enfin, il est nécessaire de relever le Haut Commissariat aux droits de l'homme qui investit de plus en plus en termes de personnels pour le suivi des situations de déplacement interne. Dans ce cadre, on peut citer le déploiement du personnel sur le terrain pour la cause au Darfour en 2004 et dans d'autres États à l'instar de l'Afghanistan, du Burundi, de la Colombie et du Liberia [936]. En clair, plusieurs mécanismes interviennent à ce niveau avec des rôles différents en matière de protection des droits fondamentaux des déplacés internes.

Quelques précisions sont nécessaires sur la procédure de requête du Conseil des droits de l'homme et la protection des droits des déplacés internes. En effet, par souci d'impartialité, d'objectivité, d'effectivité et d'efficacité du contrôle, la procédure 1503 a été mise en place (27 mai 1970) ; révisée par la Résolution 2000/3 du conseil économique et social (19 juin 2000) [937]. Le 18 juin 2007, le Conseil des droits de l'homme a adopté la résolution 5/1 sur le « Conseil des droits de l'homme : Mise en place des institutions », résolution portant, entre autres, sur l'établissement de la procédure de plainte pour traiter les violations flagrantes de tous les droits de l'homme et de toutes les libertés fondamentales, quelles que soient la région du monde et les occurrences dans lesquelles elles sont commises. C'est une procédure confidentielle qui fait intervenir deux groupes de travail distincts : un groupe de travail sur les communications, à qui il revient d'examiner la recevabilité des

---

935 Report of the High Commissioner for Human Rights and Mass Exoduses, UN Doc. No E/CN.4/2005/80/Add.1, 31 January 2005, paragraphe 80.

936 Report of the High Commissioner for Human Rights and Mass Exoduses, UN Doc. No E/CN.4/2005/80/Add.1, 31 January 2005, Paragraphes 46 et 47.

937 Les résolutions 1235 (LII) du 6 juin 1967 et 1503 (LXVIII) du 27 mai 1970 portent toutes sur la définition de la procédure au sein du Conseil. La procédure publique (puisque donnant lieu à la publication d'un rapport), créée par la résolution 1235 du 6 juin 1967 de l'ECOSOC (résolution qui intervient lorsqu'avait cours la politique d'Apartheid en Afrique du Sud et en Rhodésie du Sud [Zimbabwe]) autorise la Commission et sa Sous-Commission à s'autosaisir sur des situations de violations flagrantes et systématiques des droits de l'homme : c'est-à-dire à prendre des mesures concrètes au sujet de plaintes relatives à la violation des droits de l'homme ; à entreprendre une étude approfondie des situations qui révèlent des violations constantes et systématiques des droits de l'homme et à présenter un rapport et des recommandations au Conseil. Cette procédure peut être initiée par un État, un groupe d'États ou la Sous-Commission et donner lieu à un véritable lobbying intensif, mais aussi déboucher sur une résolution de la CDH condamnant publiquement l'État en cause. Le but de cette procédure est d'exercer une pression diplomatique sur l'État mis en cause. Cette action donne lieu en général à une condamnation publique, une stigmatisation publique des États comme des auteurs de violations graves et systématiques des droits de l'homme. Sa mise en œuvre s'est cependant avérée très difficile, car de l'avis des États, très contraignante et gênante. Il a alors été élaboré un projet de résolution sur les règles relatives à l'examen des communications parvenues au secrétaire général (Résolution 728 F), à savoir la procédure confidentielle de la Résolution 1503.

communications [938] ; et un autre groupe sur les situations dont le mandat inclut la soumission des rapports sur les cas de violation flagrante des droits de l'homme et des libertés fondamentales au Conseil et la formulation des recommandations à ce dernier sur les mesures à prendre. Ce mécanisme se focalise sur les violations de masse des droits de l'homme. À ce titre, il est approprié pour les crises entraînant le déplacement de personnes. Le principal reproche qui lui était fait portait sur son inefficacité ; due principalement à sa nature confidentielle. Or, depuis 2007 [939], l'auteur de la communication et l'État intéressé sont informés de l'état de la procédure à des stades clés : irrecevabilité de la communication, saisine du groupe de travail des situations, communication laissée en suspens, adoption des conclusions, enregistrement de la communication par le secrétariat de la procédure des requêtes. Il s'agit, en effet, d'un mécanisme rénové et qui, on l'espère, devrait amener le Conseil à prendre des décisions fermes vis-à-vis des États mis en cause.

Le Conseil des droits de l'homme s'appuie sur quelques mécanismes spécifiques (1) qui l'aident à prendre des mesures globales (2).

1. *Quelques mécanismes spécifiques du Conseil des Droits de l'homme*

Il conviendra de rappeler ici le rôle de l'Examen périodique universel (a) et des procédures spéciales du Conseil des droits de l'homme (b).

a. L'Examen périodique universel du Conseil des droits de l'homme et le déplacement interne

L'Examen périodique universel (EPU) est un mécanisme central du Conseil des droits de l'homme. Il a été établi par la résolution 60/251 de l'Assemblée générale de l'ONU, résolution adoptée le 15 mars 2006 et qui est à l'origine de la création du Conseil des droits de l'homme. L'EPU, établi sur

938 Les communications peuvent émaner de tout individu ou groupe de personnes affirmant avoir été victimes de violations des droits de l'homme ou ayant une connaissance directe et sûre des violations. Toute communication doit contenir une description des faits et indiquer l'objet de la pétition et les droits qui ont été violés. Les communications rédigées en termes outranciers ou insultant l'État en cause ne sont pas examinées. Les communications anonymes ne sont pas recevables, non plus que celles qui reposent exclusivement sur des nouvelles diffusées par des moyens de communication de masse. Ne sont pas recevables non plus les communications incompatibles avec les principes de la Charte des Nations unies ou motivées par des raisons politiques ; les communications qui ne révèlent pas l'existence d'un ensemble de violations flagrantes et systématiques des droits de l'homme et des libertés fondamentales. Les recours internes doivent avoir été épuisés pour qu'une communication soit examinée, à moins qu'il ne soit établi que des démarches au niveau national seraient inefficaces ou que la procédure se prolongerait indûment.

939 Résolution du Conseil des droits de l'homme portant mise en place des institutions du Conseil des droits de l'homme, Doc. A/HRC/5/21, paragraphe 106.

des informations objectives et fiables, sur le respect par chaque État de ses obligations et engagements en matière de droits de l'homme, garantit l'universalité de la couverture et l'égalité de traitement à l'égard de tous les États [940]. Il permet de passer en revue, tous les quatre ans et demi [941], les réalisations de l'ensemble des États membres de l'ONU dans le domaine des droits de l'homme. Un groupe de travail du Conseil des droits de l'homme responsable de l'EPU a été mis en place. Comme le relève Ban Ki-moon, l'EPU est plein de promesses. Car, il ouvre un nouveau chapitre dans la promotion des droits de l'homme et en relève l'universalité [942]. Tout cela présagerait une forte influence de ce mécanisme sur la protection des déplacés internes. S'il peut être prématuré d'évaluer le rôle de l'EPU sur la protection des droits de l'homme en général et des questions spécifiques en particulier, du fait notamment qu'il n'est actif effectivement que depuis avril 2008, quelques éléments de son fonctionnement constituent déjà des témoignages suffisants. En effet, avec l'EPU, l'on pourrait croire en une gestion collective du problème du déplacement interne de l'État examiné. Ce n'est pas faux, pour la bonne raison que ce mécanisme permet de débattre « publiquement » des problèmes de déplacement interne que rencontre un État « ami », d'en déceler les difficultés et prodiguer des conseils, voire offrir un soutien pour trouver une réponse adaptée. En retour, l'État concerné prend l'engagement solennel d'améliorer la condition de ses déplacés internes [943]. L'autre avantage qu'offre l'EPU vient de ce que, contrairement aux organes des traités, il ne se limite pas au suivi de l'application d'une convention spécifique. Il peut utiliser les Principes directeurs pour interpréter divers instruments internationaux, notamment la Charte des Nations unies, la DUDH, le DIH en vigueur [944] et les engagements volontaires des États. Ensuite, selon que l'État en revue ait ratifié ou non un traité spécifique, il peut aller plus loin. Certes l'EPU offre l'avantage d'avoir un effet direct sur la politique gouvernementale grâce, entre autres, au réexamen des cas par État à la session suivante, venant ainsi renforcer le contrôle ; il ne s'agit pas pour autant d'un mécanisme parfait. L'EPU n'est ni la panacée pour résoudre tous les problèmes des droits de l'homme ni un

940 Résolution A/RES/60/251, 3 avril 2006, paragraphe 5 (e).

941 Auparavant, la durée d'un cycle de l'EPU était de quatre ans. Il est actuellement de quatre ans et demi. Voir Conseil des droits de l'homme, Résolution A/HRC/RES/16/21, 12 avril 211, paragraphe 3.

942 Déclaration du Secrétaire général de l'ONU Ban Ki-moon, SG/SM/11053, CDH/8 du 20 juillet 2007.

943 Voir notamment le rapport du Conseil des droits de l'homme à sa onzième session, A/HRC/11/37 à propos de l'Azerbaïdjan, paragraphe 592.

944 Sur le rôle du Conseil des droits de l'homme en matière de suivi de la mise en œuvre du DIH, voir Walter KÄLIN, « Universal human rights bodies and international humanitarian law », in Robert KOLB & Gloria GAGGIOLI (eds.), *Research Handbook on Human Rights and Humanitarian Law*, Edwar Elgar, 2013, p. 441-465.

mécanisme parfait *per se*[945]. Son imperfection relève tant de son mode de fonctionnement que de son ouverture aux questions de déplacement interne : ce dernier nous intéresse particulièrement.

L'apport de ce mécanisme s'évaluera mieux eu égard à son rôle en matière d'évolution du droit relatif au déplacement interne, d'incitation des États à adopter une politique exemplaire relative déplacement interne et d'amélioration de la protection des déplacés internes.

i. Sur l'évolution du droit relatif au déplacement interne

Ici, contribuer à faire évoluer le droit suppose d'aborder les questions de déplacement interne, d'évaluer les pratiques étatiques, de recommander l'adoption de politiques et lois alignées sur les règles internationales en place sur le déplacement interne, de recommander et de soutenir le renforcement desdites politiques et lois, etc. Le déplacement interne fait partie des thèmes qui reviennent de façon récurrente lors des échanges à l'EPU. Le premier cycle de l'EPU (2008-2011 [quatre ans]) pendant lequel tous les États membres devaient passer tour à tour a été l'occasion d'examiner les questions de déplacement dans différents États ; notamment en Colombie[946], en Serbie[947], au Sri Lanka[948], au Soudan[949], en République centrafricaine[950] et dans bien d'autres. Des différents rapports de ces échanges, il ressort que les déplacés internes sont pensés comme une catégorie vulnérable méritant une considération congrue. Leurs préoccupations en termes de besoins de protection sont débattues, notamment les questions de sécurité physique, d'accès au logement, d'accès à l'emploi, d'acheminement de l'aide humanitaire aux déplacés internes, etc[951]. En 2008, lors de l'EPU à Genève, le thème du déplacement interne a été mentionné six fois au cours de l'examen de la situation au Pakistan[952], et cinq fois concernant le Sri Lanka[953].

---

945 Purna SEN (ed.) and Monica VINCENT (research), *Universal Periodic Review of Human Rights, Towards Best Practice.* Commonwealth Secretariat, 2009, p. 40.

946 Rapport du groupe de travail de l'EPU sur la Colombie, A/HRC/10/82.

947 Rapport du groupe de travail de l'EPU sur la Serbie, A/HRC/10/78.

948 Rapport du groupe de travail de l'EPU sur le Sri Lanka, A/HRC/8/46.

949 Rapport du groupe de travail de l'EPU sur le Soudan, A/HRC/18/16.

950 Rapport du groupe de travail de l'EPU sur la République centrafricaine, A/HRC/12/2.

951 Voir la liste des recommandations figurant à la section II du rapport du Groupe de travail A/HRC/18/16, sur le Soudan. Paragraphes 83.57 ; 83.160. Voir rapport du groupe de travail A/HRC/13/8 sur la République Démocratique du Congo, paragraphe 121. Voir rapport du groupe de travail A/HRC/11/20 sur Azerbaïdjan, paragraphe 27, etc.

952 Purna SEN (ed.) and Monica VINCENT (research), *Universal Periodic Review of Human Rights, Towards Best Practice.* Commonwealth Secretariat, 2009, p. 45.

953 Ibid, p. 47.

L'on déplore cependant la restriction des efforts de l'EPU quant à son ouverture aux questions du déplacement interne. Dans un contexte où il faut encourager la responsabilisation en matière de déplacement interne, ce mécanisme devrait intégrer davantage les questions liées au déplacement interne dans sa mise en œuvre. C'est là un vecteur essentiel de la vulgarisation et de la dissémination des normes internationales relatives au déplacement interne.

ii. Sur l'incitation des États à adopter une politique exemplaire relative au déplacement interne

Atteindre cet objectif suppose un changement net de la politique de l'État en revue entre la période pré examen et celle post-examen, conformément aux étapes relatives à la soumission du rapport par ledit État, à l'examen des différents aspects de la situation de déplacement interne et à l'adoption et la mise en œuvre des recommandations. Cela est bien évidemment l'idéal. Quelques États montrent le bon exemple. La Colombie, un des États les plus touchés par le déplacement interne, est considérée comme celui qui fait le plus d'efforts en matière de soutien aux déplacés internes [954]. Bien évidemment, l'EPU a contribué à ce progrès. Lors de l'examen de la situation des droits de l'homme en Colombie, le thème du déplacement interne a été débattu et des recommandations ont été faites par différentes délégations d'États examinateurs. La Colombie a été invitée à redoubler d'efforts pour améliorer la situation des déplacés internes, notamment par un accroissement d'initiatives en vue du renforcement de la jouissance par les déplacés internes de leurs droits, par la poursuite des auteurs du déplacement forcé et par l'intensification des mesures de sécurité dans les communautés de déplacés internes, etc [955]. Par la suite, la Colombie s'est engagée à prévenir efficacement le déplacement interne ; à rendre plus consistants les indicateurs de jouissance des droits par les déplacés internes ; à consolider la génération des revenus, du relogement, des programmes de retour, de l'accès effectif à ceux-ci ; à renforcer l'approche différenciée ; et à appliquer la politique de réparation aux populations déplacées [956].

Quelques insuffisances sont à pallier si l'on veut atteindre le potentiel de ce mécanisme. Dans tous les cas, une plus grande considération des questions relatives au phénomène du déplacement interne est nécessaire. Parlant du mécanisme proprement dit, les États devraient suivre minutieusement la

---

954 Voir rapport du groupe de travail sur l'EPU sur la Colombie, A/HRC/10/82 du 9 janvier 2009, paragraphe 13.

955 Voir rapport du groupe de travail de l'EPU sur la Colombie, A/HRC/10/82 du 9 janvier 2009, paragraphe 87.

956 Voir rapport du groupe de travail de l'EPU sur la Colombie : A/HRC/10/82/Add.1, du 13 janvier 2009.

procédure d'élaboration préconisée des rapports ; notamment dans la résolution 5/1 portant sur la mise en place des institutions du Conseil des droits de l'homme [957]. Il faudra en même temps rompre avec la faible soumission des rapports étatiques pour examen. L'on regrette sans conteste le temps relativement long du temps qui sépare deux examens de la situation des droits de l'homme dans un même État [958]. Aussi les États ne sont-ils pas liés comme c'est le cas pour les mécanismes juridictionnels régionaux. Bien que l'engagement solennel traduise une forme de prise de responsabilité, il manque cet aspect contraignant qui met à mal l'effectivité de la protection. Bien plus, il est important d'assurer un bon suivi des recommandations. Le mécanisme sera ainsi plus efficient. C'est d'ailleurs l'avis de l'ONG UPR Info, qui a attiré l'attention sur le fait que la treizième Session ait fait si peu de cas de la mise en œuvre des recommandations du premier cycle [959]. Tant que les États membres ne s'engagent pas vraiment à participer au dialogue [960], à tenir compte des recommandations pertinentes faites par d'autres États membres, l'EPU ne constituera pas un mécanisme sur lequel on pourra véritablement s'appuyer pour une protection effective des droits fondamentaux des déplacés internes et des droits de l'homme en général.

iii. Sur l'amélioration de la protection des déplacés internes en général

Tous les efforts consentis sont orientés vers la prévention du déplacement interne et l'amélioration de la protection des déplacés internes. Ce dernier point est l'indicateur principal de l'efficacité ou non des mesures prises. Obtenir des États passés en revue la mise en œuvre des recommandations formulées et les accompagner dans cette entreprise sont tant d'éléments qui font que dans un État comme la Colombie l'on puisse brandir les Principes directeurs devant une juridiction pour exiger protection d'un droit spécifique. Ces améliorations sont visibles dans beaucoup d'autres régions du monde. Il reste cependant nécessaire de renforcer les efforts actuels.

---

957 Résolution A/HRC/RES/5/1du 18 juin 2007 sur la mise en place des institutions du Conseil des droits de l'homme.

958 La situation des droits de l'homme de tous les États membres de l'ONU est examinée tous les quatre ans et demi, à raison de 42 États par an, répartis en trois sessions de l'EPU de 14 États chacune.

959 UPR info « regrette » le manque d'attention portée au suivi des recommandations lors de la treizième session. Disponible à l'adresse : www.upr-info.org, mardi, 17 juillet 2012. (consulté le 24 août 2012).

960 Trois heures de dialogue initialement prévu.

b. Les Procédures spéciales du Conseil des droits de l'homme et le déplacement interne

L'on a très souvent déploré le caractère politique du Conseil des droits de l'homme ; organe intergouvernemental dont les principales faiblesses seraient la sélectivité et le parti pris [961]. Fort heureusement, les Procédures spéciales du Conseil des droits de l'homme sont là pour équilibrer cela. En tout état de cause, il y a de fortes raisons d'espérer, à travers ce canal, pouvoir infléchir les pratiques étatiques en matière de déplacement interne. En effet, les « Procédures spéciales » renvoient aux mécanismes rattachés au Conseil des droits de l'homme et qui s'occupent de la situation spécifique d'un État ou de questions thématiques dans toutes les régions du monde [962]. L'on attend des Procédures spéciales qu'elles fournissent de la documentation, qu'elles attirent l'attention de la société internationale sur les violations massives des droits de l'homme et toutes situations qui méritent une action urgente, qu'elles aident l'ONU à renforcer son rôle en matière de protection des droits de l'homme. Elles sont selon les termes de Bertrand Ramcharan, les actrices de première ligne dans la mise en œuvre de la responsabilité de la société internationale de protéger [963]. Il existait au 1er décembre 2014, quatorze mandats par État, composés de rapporteurs spéciaux et d'experts indépendants sur des États spécifiques ; et au 5 décembre 2014, il existait trente-neuf mandats thématiques animés par des groupes de travail, des experts indépendants et des rapporteurs spéciaux, parmi lesquels le Rapporteur spécial sur les droits de l'homme des personnes déplacées à l'intérieur de leur propre pays. Le Haut Commissariat aux droits de l'homme met à leur disposition du personnel, une aide logistique et un service de recherche.

---

961 Le Conseil des droits de l'homme a été accusé de favoriser Israël (Walter KÄLIN, « Universal human rights bodies and international humanitarian law », in Robert KOLB & Gloria GAGGIOLI (eds.), *Research Handbook on Human Rights and Humanitarian Law*, Edwar Elgar, 2013, p. 455).

962 Les Procédures spéciales apparaissent pour la première fois en 1967, à la fin de la doctrine « No power to act » (1946-1966), lorsque la Commission des droits de l'homme des Nations unies établit un Groupe de travail *ad hoc* pour enquêter sur la situation des droits de l'homme en Afrique du Sud et un Rapporteur spécial sur l'Afrique du Sud (Commission des droits de l'homme, résolutions 2 [XXIII] du 6 mars 1967 et 7 [XXIII] du 16 mars 1967). Elles ont au fil du temps constitué un système très développé qui se présente aujourd'hui comme l'un des plus importants instruments de la société internationale pour la promotion et la protection des droits de l'homme. Les mandats thématiques des Procédures spéciales connaissent leur essor de 1975 à 1980. Les Procédures spéciales connaissent une autre phase qu'on peut qualifier d'autodéveloppement de 1980 à 1993, date à partir de laquelle elles se systématisent. Plusieurs réformes interviendront par la suite, notamment en 1998-2000 (réformes de la Commission), 2002-2004 (réformes lancées à l'échelle du système des Nations unies) et 2005-2006 et 2011 (réformes portant sur le Conseil des droits de l'homme).

963 Bertrand RAMCHARAN, *The protection Role of UN Human Rights Special Procedures*, Leiden ; Boston: Martinus Nijhoff Publishers, 2009, p. 4.

Plusieurs titulaires de mandats examinent à l'occasion des questions relatives au déplacement de personnes à l'intérieur de leur propre État. C'est le cas de la Rapporteuse spéciale sur la violence contre les femmes [964], de l'experte indépendante sur les questions relatives aux minorités (notamment Gay McDougall) [965] et de bien d'autres. Mais les principales responsabilités en cette matière reviennent au Rapporteur spécial sur les droits de l'homme des personnes déplacées à l'intérieur de leur propre pays : la nomination du premier RSG constitue le premier mécanisme de protection au niveau de l'ONU pour les déplacés internes. Le premier RSG a été nommé par le Secrétaire général en 1992 [966] et il a joué un rôle décisif tant dans la mise en place des Principes directeurs de 1998 sur le déplacement interne que dans l'appel à une prise de conscience par la société internationale de la gravité du problème. À ce niveau, il est question d'examiner non plus l'aspect « législatif » de son rôle, mais plutôt ses réalisations ou ses capacités ; à la fois au niveau mondial et sur le terrain, en vue du respect des droits fondamentaux des déplacés internes.

Le Rapporteur spécial sur les droits de l'homme des personnes déplacées à l'intérieur de leur propre pays se pose en défenseur international des droits des déplacés internes (i). Il conviendra d'examiner l'efficacité d'un tel mécanisme (ii).

i. Le Rapporteur spécial : défenseur international des droits fondamentaux des déplacés internes

Défenseur international des droits fondamentaux des déplacés internes, le Rapporteur spécial sur les droits de l'homme des déplacés internes rend compte au Conseil des droits de l'homme et à l'Assemblée générale de l'ONU, s'engage dans le dialogue et le plaidoyer avec le gouvernement et autres acteurs concernant les droits des déplacés internes, contribue au renforcement de la réponse internationale au déplacement interne et réalise des visites d'États qui abritent des déplacés internes. Ces visites sont pour lui des occasions de contribuer à la promotion des droits des déplacés internes tels qu'énoncés dans les Principes directeurs, d'engager les gouvernements et autres acteurs sur les

---

964 Dans son rapport à la cinquante-quatrième session de la Commission des droits de l'homme, la Rapporteuse spéciale sur la violence contre les femmes (Mme Radhika Coomaraswamy) a fait état de la violence à l'égard des femmes déplacées dans leur propre pays, en particulier en Somalie (Doc. E/CN.4/1998/54, 26 janvier 1998, Chapitre III). Rashida Mandjoo (Rapporteuse spéciale sur ce même mandat depuis août 2009) lui emboîtera le pas dans son rapport de mission dans ce même pays (voir Doc. A/HRC/20/16/Add.3, 12 mai 2012, p. 7).

965 Rapport de l'Experte indépendante sur les questions relatives aux minorités, Gay McDougall, Doc. A/HRC/16/45, 16 décembre 2010, paragraphes 3, 8, 40, 57, 63, 64 et 71.

966 Par sa résolution 1992/73 du 5 mars 1992, la Commission des droits de l'homme a invité le Secrétaire General des Nations unies à nommer un représentant charge d'étudier les questions relatives aux droits fondamentaux des déplacés internes. Cette demande a été approuvée par le Conseil économique et social dans sa décision 1992/243 du 20 juillet 1992.

situations de déplacement interne et les droits des déplacés internes, de parrainer des séminaires et de mener des recherches sur les questions liées au déplacement interne. Le Rapporteur spécial récolte des informations auprès de diverses sources, notamment gouvernementales, institutionnelles et non gouvernementales. Son travail d'investigation l'amène en règle générale à examiner les abus commis pendant des conflits armés.

i.i. Les principales réalisations du Rapporteur spécial sur les droits de l'homme des déplacés internes

Les activités du Rapporteur spécial couvrent quatre aspects bien définis par le Conseil des droits de l'homme [967].

— Il assure un plaidoyer coordonné en faveur de la protection des droits des déplacés internes. Il lui revient de contribuer au rétablissement des droits des déplacés internes, d'alerter et de prévenir en cas de risque de violation grave des droits des déplacés internes, d'aider à la quête de justice à travers l'identification des victimes de crimes et d'appeler à la sanction des auteurs. L'enregistrement des violations permet aux acteurs présents et à venir de poursuivre les auteurs d'exactions ou de violations des droits. Leur dénonciation par le Rapporteur spécial est très souvent le seul moyen de mettre fin aux exactions.

— Sur demande du Conseil des droits de l'homme et avec le soutien du Haut Commissariat des Nations unies aux droits de l'homme [968], il se charge, entre autres, de nouer le dialogue entre son bureau et les gouvernements [969]. Cette approche des responsabilités du Rapporteur spécial couvre aussi le dialogue et la coopération avec les ONG et d'autres acteurs, il couvre également l'effort de rétablissement du dialogue entre toutes les différentes parties.

---

967 Résolution du Conseil des droits de l'homme définissant le mandat du Rapporteur spécial pour les droits des déplacés internes : A/HRC/RES/14/6.

968 « Le Haut Commissariat aux droits de l'homme assure le soutien global sur le plan technique et logistique des activités menées par le représentant, y compris en ce qui concerne les rapports thématiques et d'autres documents de travail sur divers sujets, ainsi que sous la forme d'appui sur le terrain durant la préparation et la réalisation des missions aux pays... aide également à assurer la communication et la complémentarité entre l'action du Représentant et la Division des procédures spéciales... et contribue ou coorganise des événements communs tels que des réunions spéciales sur certains problèmes particuliers, les événements de formation et les débats ». Rapport à l'Assemblée générale du représentant du secrétaire général sur les droits de l'homme des personnes déplacées dans leur propre pays : A/65/282 d'août 2010, paragraphe 50.

969 En ce qui concerne la RDC, voir le Rapport soumis par le rapporteur spécial sur les droits de l'homme des personnes déplacées dans leur propre pays, M. Chaloka Beyani, A/HCR/16/43 de décembre 2010, paragraphe 32.

— Il renforce la réponse internationale au déplacement interne, ceci par l'identification des groupes ou des populations en danger de déplacement et par l'élaboration des moyens de protection pour l'avenir. Son activité normative est intense. Ses visites et la constatation des violations des droits fondamentaux des déplacés internes l'ont amené à élaborer des instruments utiles à la protection ou au renforcement de la protection de ces personnes ; en l'occurrence les Principes directeurs de 1998 et les Annotations qui orientent divers acteurs dans l'élaboration des politiques et législations sur le déplacement interne. La voix du Rapporteur spécial est la voix des victimes. À travers ses activités et rapports d'activités, il l'a élevée au niveau international.

— Il assure l'intégration des droits fondamentaux des déplacés internes dans tout le système de l'ONU. Si le nombre de missions qu'il a menées durant les premières années de son mandat est très faible, celui-ci a progressivement augmenté. En 2005, le RSG a visité six États [970] et mené quelques visites de travail [971]. Il faut surtout remarquer l'habileté et la « rapidité » avec lesquelles il intervient face aux situations de déplacement interne ; notamment grâce à sa collaboration avec des institutions comme le *Brookings-LSE Project on Internal Displacement*.

i.ii. Les principaux challenges

Des obstacles à la réalisation du mandat du Rapporteur spécial tel qu'il est défini et dans les conditions qui sont les siennes, se posent à plusieurs niveaux :

Sur l'accès aux zones de déplacement, l'on relèvera que parmi les difficultés rencontrées par le Rapporteur spécial lors des visites dans des États, se trouvent la détérioration de l'atmosphère et la presque « déliquescence de l'État » ; tout ceci se caractérisant par un conflit armé et des situations d'urgence. Ces situations n'offrent pas toujours au Rapporteur spécial les conditions de sécurité minimales requises. Le RSG s'est rendu en Géorgie du 1er au 4 octobre 2008 (aussi en 2000, 2006, 2009 et 2010) sur invitation des autorités de cet État. Son principal objectif était de nouer un dialogue avec le gouvernement en vue d'assurer la protection des déplacés et la pleine jouissance de leurs droits. Les politiques des parties aux conflits en matière d'accès à la région de Tskhinvali (Ossétie du Sud) l'ont empêché de mener sa mission dans cette zone comme prévu ; la cause étant la difficulté d'accès. Dans ces cas, le début de la mission se trouve différé. Il faut parfois attendre la fin du trouble ou profiter d'une accalmie pour mener la visite.

---

970 Pays visités par le Représentant du Secrétaire général pour les déplacés internes en 2005 : Soudan, Népal, Serbie-et-Monténégro, Croatie, Bosnie Herzégovine et Géorgie.

971 Visites de travail menées en 2005 au Sri Lanka, en Thaïlande et en Turquie par le représentant du Secrétaire général sur les droits de l'homme des déplacés internes.

Quant à la collaboration, il se pose le problème de l'interlocuteur légitime. En effet, lorsque le Rapporteur spécial a pu se rendre dans un État, le véritable interlocuteur n'est pas toujours clairement identifiable. Comme cela a été le cas lors de la visite du RSG en Somalie en 2009. Il avait en face un État en déliquescence et sans véritable autorité, juste une autorité de fait avec des groupes armés ayant un contrôle sur le territoire. Il lui a été impossible de se rendre dans le sud et dans le centre de cet « État ». Ce refus de collaboration de la part des États relève du manque de volonté politique. C'est ce qui arrive souvent, même si dans d'autres cas le Rapporteur spécial a bénéficié d'une réelle collaboration.

En mettant en exergue la faiblesse de l'État face à la situation de déplacement, il faut rappeler les problèmes structurels tels que la criminalité aggravée, l'impécuniosité et l'incapacité de l'État à mettre en œuvre les recommandations du Rapporteur spécial. Le cas du Tchad est très révélateur : le conflit armé entre le gouvernement et les mouvements rebelles, la spirale de violences intercommunautaires, les incursions transfrontières des milices locales et en provenance du Soudan voisin provoquent les déplacements forcés à l'Est de cet État. En 2009, le Tchad abritait près de 160 000 déplacés internes ; particulièrement dans l'Est, c'est-à-dire les régions du Dar Sila et du Ouaddaï. Dans ces régions, les civils ont été abandonnés sans défense alors même que leurs villes étaient attaquées par des groupes armés. Le RSG a visité le Tchad du 3 au 9 février 2009. Il avait ainsi relevé la gravité de la situation, cette dernière se définissant par l'absence d'institutions étatiques effectives dans l'Est et le manque de services de base tels que la santé, l'eau, l'éducation tant dans les régions d'origine que dans les zones d'accueil des déplacés internes. Cela a rendu difficiles le règlement des conflits intercommunautaires, la poursuite des criminels, la lutte contre le grand banditisme et contre la prolifération d'armes. Cette faiblesse institutionnelle qui a conduit à une impunité quasi totale n'a pas rendu facultatif pour les déplacés internes de vivre plus longtemps dans les zones d'accueil.

Pour finir, il conviendra de ne pas exclure le scénario de la présentation au Rapporteur spécial de « villages Potemkine ». En réalité, autoriser l'accès sur le territoire, ne garantit pas que le Rapporteur spécial puisse effectivement accéder à la réalité du terrain. Fait important, le gouvernement décide presque souverainement du moment de la visite.

Dans ces conditions, il est très difficile de mener des visites et missions de suivi dans les délais impartis. Par exemple, après une visite en Azerbaïdjan datant de 2007 [972], ce n'est qu'en 2010 qu'une mission de suivi a pu être

972 Voir Rapport du RSG, Walter Kälin, Addendum, mission en Azerbaïdjan, A/HRC/8/6/Add.2.

réalisée [973]. Pour la période de 1992 à 2011, l'on compte une seule visite du Rapporteur spécial sur le terrain en RDC, ; celle-ci a été effectuée en 2008 [974]. Un rapport émis en 2009 portera sur le soutien à apporter au gouvernement congolais [975].

ii. L'efficacité

Les activités du Rapporteur spécial contribuent, semble-t-il, à prévenir le déplacement, à mobiliser la volonté de mettre fin aux causes du déplacement et à faire rentrer les déplacés internes dans leurs droits. L'apport de celles-ci s'évaluera sur quelques points bien précis.

En premier lieu, il faut l'évaluer à l'aune du droit relatif aux déplacés internes. Pour les États qui n'ont ni de lois ni de politiques relatives au déplacement interne, il revient au Rapporteur spécial d'« initier » et d'accompagner lesdits États dans l'alignement des pratiques nationales sur les principes internationaux relatifs au déplacement interne. Le Rapporteur spécial et ses prédécesseurs ont joué un grand rôle à ce niveau comme en atteste l'évolution de la législation et des politiques relatives au déplacement dans plusieurs États et régions [976]. Sur ce même point, relevons que le Rapporteur spécial se charge de développer le droit, en l'occurrence le droit relatif au déplacement interne, notamment par l'élaboration des Annotations, des documents de travail pour pallier les zones d'ombres comme la problématique de la fin du déplacement.

Puis, l'alerte rapide d'une situation de déplacement interne est aussi un critère d'évaluation de l'apport des activités du Rapporteur spécial. Les rapports du Rapporteur spécial font ressortir en général tous les aspects de la situation des droits de l'homme ; dont les risques présents ou futurs de déplacement interne et tout autre élément d'importance. Le Rapporteur spécial produit un nombre important de rapports sur les violations des droits des déplacés internes. La substantifique moelle desdits rapports fait ressortir les progrès réalisés, les manquements [977] et recommandations. Pour l'année 2010, le

---

973 Voir Rapport du RSG, Walter Kälin, additif, suivi de la mission en Azerbaïdjan en 2007, A/HRC/16/43/Add.2.

974 Voir le Rapport soumis par le Représentant du Secrétaire général sur les droits de l'homme des personnes déplacées à l'intérieur de leur propre pays, Walker Kälin, faisant suite à sa mission en République démocratique du Congo du 12 au 22 février 2008, A/HRC//8/6/Add.3.

975 Voir Rapport A/HRC/10/59 du 5 mars 2009 (Renforcement des capacités - Rapport conjoint de sept procédures spéciales thématiques sur l'assistance technique au Gouvernement de la République démocratique du Congo et l'examen urgent de la situation dans l'est du pays).

976 Afrique, Azerbaïdjan, Colombie, etc.

977 Walter Kälin rappelait dans l'un de ses rapports sur la RDC que le gouvernement s'était dédit de sa responsabilité de protéger et assister les déplacés internes, voir A/HCR/13/63, paragraphes 106 et 111.

RSG/RS a soumis dix rapports au Conseil des droits de l'homme [978]. Les preuves qu'il rassemble et fournit suscitent des réactions de l'ONU, et pourront être utilisées pour traduire les criminels devant la justice. Bien que les mesures prises par ce Conseil suite aux rapports du Rapporteur spécial et celles prises par le Rapporteur spécial ne bénéficient, à l'évidence, d'aucune force contraignante, elles permettent , semble-t-il, d'améliorer la situation des déplacés internes. Cependant, atteindre l'objectif fixé nécessiterait comme le relevait déjà à juste titre Ingrid Nifosi de créer et mettre l'accent sur la partie « alerte » des rapports présentés [979].

Enfin, comme autre critère important d'évaluation, relevons l'amélioration ou non de la situation des déplacés internes dans les États vers lesquels les activités du Rapporteur spécial ont été orientées. Ceci peut se définir au moyen de la comparaison de la situation d'avant la visite du Rapporteur spécial et de celle d'après ladite visite. La vélocité de l'intervention et la descente sur le terrain du Rapporteur spécial avec sa force dissuasive pourraient contribuer à sauver des vies et mettre fin ou atténuer de graves violations. Car, les États concernés ont ainsi la preuve que la société internationale suit de près leurs politiques vis-à-vis des déplacés. Elles permettent aussi de se rapprocher des gouvernements et d'engager avec eux un dialogue en vue de résoudre des problèmes précis. Les initiatives du Rapporteur spécial contribuent de façon significative à atténuer le non-respect des droits des déplacés internes. Elles stimulent notamment les actions préventives. Surtout, elles permettent d'identifier les problèmes existants et naissants, nécessitant une attention de la part de la société internationale. Les recommandations faites par le Rapporteur spécial aux différents acteurs contribuent à la mise en place d'un décor favorable à la protection. Des États ayant collaboré et collaborant avec le Rapporteur spécial, comme la Colombie, font montre d'une protection des déplacés internes non pas parfaite, mais à évolution satisfaisante.

L'apport des activités du Rapporteur spécial peut cependant être limité tant par des facteurs intrinsèques, c'est-à-dire son professionnalisme, que par des facteurs extrinsèques. La première proposition a jusqu'ici été bien prise en compte, attendu que les trois titulaires de ce mandat ont à ce jour fait montre des aptitudes et capacités requises pour ledit mandat. Il faut surtout prêter attention aux facteurs exogènes : le système de visite de pays et de rapport semble ne pas apporter entière satisfaction du fait de l'hostilité des États. Les accords de visite ne sont pas toujours obtenus à temps et dans certains cas pas du tout. Pendant les premières années de son mandat, le nombre de missions qu'il a menées et le suivi des conclusions et recommandations du Rapporteur

---

978 Voir site internet du Haut Commissariat des Nations unies aux droits de l'homme : http://ap.ohchr.org/documents/dpage_f.aspx?m=71.

979 Ingrid NIFOSI, *The UN Special Procedures in the Field of Human Rights*, Intersentia, 2005, p. 135.

spécial étaient très insignifiants. Il faut surtout insister sur le taux de réponse aux communications envoyées aux États qui est très insatisfaisant. L'ONU crée un facteur d'inefficacité dans la mesure où elle pratique une restriction des ressources allouées au mandat du Rapporteur spécial. Ce dernier a d'ailleurs eu à attirer l'attention de différents acteurs sur le fait que « le cadre des Nations unies demeurait faible et qu'il fallait certainement plus de ressources pour la protection des déplacés à l'intérieur de leur propre pays » [980]. En outre, l'on remarque avec Bertrand Ramcharan que les Procédures spéciales auquel est rattaché le mandat du Rapporteur spécial se concentrent plus sur l'atténuation des violations des droits des déplacés internes et sur l'aspect compensatoire. Le pan préventif est légèrement à la traîne [981]. L'une des manifestations parfaites de ceci repose sur les interventions des Procédures spéciales qui sont plus post-violations que préventives.

2. Le rôle global du Conseil des droits de l'homme en matière de déplacement interne

Par la résolution 60/251, l'Assemblée générale créa le conseil des droits de l'homme comme organe subsidiaire, remplaçant ainsi la commission des droits de l'homme [982]. Les deux mandats du Conseil sont de « promouvoir le respect universel et la défense de tous les droits de l'homme et de toutes les libertés fondamentales, pour tous, sans aucune sorte de distinction et de façon juste et équitable » [983]. La prévention qui constitue assurément une part importante des activités du Conseil n'a pas été ignorée, elle est incluse dans les mandats de promotion et de protection. Les attentes sont grandes et au demeurant, quelques mois après l'établissement du Conseil, Ban Ki-moon précisait que toutes les victimes de violations des droits de l'homme devraient être capables de voir le Conseil des droits de l'homme comme un tremplin pour l'action [984].

a. Sur la promotion des droits des déplacés internes

Promouvoir les droits des déplacés internes inclut ici de seconder les États dans la mise en œuvre de leurs obligations et engagements en matière de droits de l'homme. Ceci à travers l'éducation, l'assistance technique, le dialogue sur les questions de déplacement interne. Le Conseil le fait sous forme de la promotion des normes sur le déplacement interne, normes adoptées par l'ancienne Commission des droits de l'homme en 1998. Le Conseil contribue

---

980 Assemblée générale, AG/SHC/4048, troisième commission, 24e et 25e séances, 25 octobre 2012.

981 Bertrand RAMCHARAN, *The Protection Role of UN Human Rights Special Procedures*, Leiden ; Boston: Martinus Nijhoff Publishers, 2009, p. 3.

982 Assemblée générale, résolution A/RES/60/251 (Conseil des droits de l'homme) du 3 avril 2006.

983 Voir paragraphe 2 de la Résolution 60/251.

984 Ban Ki-moon, Secrétaire général des Nations unies, 12 mars 2007, Ouverture de la 4e session du Conseil des droits de l'homme.

aujourd'hui à leur promotion et à la promotion des droits des déplacés internes en général. Après avoir identifié les lacunes dans l'observation de ces droits par les États, le Conseil définit et encourage les États à adopter des mesures spécifiques. Dans sa résolution 23/8, le Conseil salue et encourage l'adoption des normes alignées sur les Principes directeurs [985] et appelle les États à :

> « Instaurer, comme il est prévu dans les Principes directeurs relatifs au déplacement de personnes à l'intérieur de leur propre pays et avec le soutien des parties prenantes internationales et nationales, des lois et des politiques nationales qui protègent l'ensemble des droits fondamentaux des personnes déplacées dans leur propre pays » [986].

Le Conseil contribue aussi à intégrer les droits des déplacés internes dans le système de l'ONU à travers la reconnaissance des Principes directeurs comme instrument international important pour la protection des déplacés internes ; dans les activités des États membres, des agences humanitaires, des bailleurs de fonds d'assistance humanitaire et d'aide au développement [987]. Il va plus loin et encourage les institutions de l'ONU connaissant principalement des questions de droits de l'homme et de droit humanitaire à renforcer leur collaboration et leur coordination, et les *Équipes de pays des Nations unies* dans les États faisant face au déplacement interne à fournir toute l'assistance possible au Rapporteur spécial [988]. Lorsque ces mesures sont mises en œuvre, elles contribuent au renforcement du dialogue sur les questions de déplacement interne ; facteur essentiel de la politique de promotion.

L'assistance technique n'est pas mise de côté, puisque le Conseil a jusqu'ici prolongé et ceci à plusieurs reprises le mandat du Rapporteur spécial [989]. Ce mandat, il faut le rappeler, est rattaché au Conseil des droits de l'homme. En le prolongeant, non seulement le Conseil exige des hautes autorités « onusiennes »

---

985 Mandat du Rapporteur spécial sur les droits de l'homme des déplacés internes, résolution 23/8 adoptée par le Conseil le 20 juin 2013, Doc. A/HRC/RES/23/8, paragraphes 16 et 17.

986 Ibid, paragraphe 8.

987 Mandate of the Special Rapporteur on the human rights of internally displaced persons, Resolution 23/8 adopted by the Human Rights Council on 20 June 2013, Doc. A/HRC/RES/23/8, see particularly paragraphes 12 & 13(a) ; Mandate of the Special Rapporteur on the human rights of internally displaced persons, Resolution 14/6 adopted by the Human Rights Council on 23 June 2013, Doc. A/HRC/RES/14/6, paragraphe 9.

988 Mandate of the Special Rapporteur on the human rights of internally displaced persons, Resolution 23/8 adopted by the Human Rights Council on 20 June 2013, Doc. A/HRC/RES/23/8, see particularly paragraphe 20.

989 Établi en 1992, ce mandat a été renouvelé une fois de plus en juin 2013 pour une durée de trois ans. Voir : Mandat du Rapporteur spécial sur les droits de l'homme des déplacés internes, Résolution 23/8 adoptée par le Conseil des droits de l'homme le 20 juin 2013, Doc. A/HRC/RES/23/8, paragraphe 13.

(Secrétaire général, Haut Commissariat aux droits de l'homme…) qu'elles mettent à la disposition du Rapporteur spécial l'assistance et le personnel nécessaires, mais il appelle également tout le système « onusien » et autres acteurs à collaborer et soutenir le Rapporteur spécial dans la conduite de ses activités.

Comme c'est le cas avec ses activités concernant les droits de l'homme en général, les efforts du Conseil en matière de promotion des droits des déplacés internes manquent encore d'une politique bien établie [990]. À l'évidence, il y a une panoplie de mesures que le Conseil ferait mieux de recommander à d'autres organes de l'ONU, au lieu de seulement les encourager à agir pour les droits des déplacés internes.

b. Sur la protection des droits des déplacés internes

La protection ici implique l'enquête sur les allégations de violations des droits des déplacés internes, la tenue de Sessions spéciales sur les situations de violation des droits de l'homme et l'élaboration des recommandations.

i. L'enquête

L'enquête dans les activités du Conseil se déroule de deux manières principales : à travers ses Procédures spéciales et au moyen des missions d'enquête. Le Rapporteur spécial et les commissions d'enquête (la Commission d'enquête sur la Syrie par exemple) jouent deux rôles principaux pour le Conseil : la transmission aux États concernés d'informations sur les violations des droits de l'homme, et la conduite des visites de pays. Ce qui leur permet de s'enquérir des réalités sur le terrain et de collecter des informations de première main sur les violations précédemment référencées dans les communications avec les États. Ces analyses détaillées de la situation des droits des déplacés internes sont portées à l'attention du Conseil lors des différentes sessions. Le Rapporteur spécial le fait de façon régulière et sur toutes les situations qui méritent attention. Les commissions d'enquête quant à elles ne sont pas automatiquement établies et leur mécanisme de rapports n'apporte pas satisfaction ; aspect sur lequel le Conseil devrait porter une attention particulière.

Ce mécanisme de rapports joue un rôle important sur le niveau et le contenu des débats au Conseil. Débats sur lesquels le Conseil se basera pour

---

990 Bertrand G. Ramcharam relevait il y a peu que l'intégration des droits de l'homme par le Conseil des droits de l'homme manque encore une politique bien élaborée. Voir Bertrand G. RAMCHARAM, « The UN Human Rights Council: The Perennial Struggle between Realism and Idealism », in Asbjorn EIDE, Jakob Th. MOLLER & Ineta ZIEMELE (eds.), *Making Peoples Heard, Essays on Human Rights in Honour of Gudmundur Alfredsson*, Martinus Nijhoff Publishers, Leiden, Boston, 2011, p. 122.

élaborer ses recommandations aux États et autres institutions et prendre des mesures nécessaires pour arrêter ou atténuer les violations des droits fondamentaux des déplacés internes.

ii. Les Sessions spéciales tenues par le Conseil sur le problème du déplacement interne

De son institution en 2006 à décembre 2013, le Conseil a tenu 19 Sessions spéciales [991]. Certaines ont eu trait aux thèmes comme la crise financière [992], la crise alimentaire [993], mais aucune n'a été spécifique aux questions de déplacement interne. Si l'on tient compte de la spécificité du déplacement interne, les questions qui y sont relatives ont été abordées lors de sessions spéciales aux thèmes généraux [994]. Le Conseil a assurément manqué de se servir de quelques opportunités qui lui étaient offertes pour régler efficacement des questions de déplacement interne. Quelques fois, il a salué ces gouvernements qui, par leur action, ont provoqué le déplacement forcé de populations [995].

iii. Les recommandations sur le déplacement interne

Le principal pouvoir du Conseil est d'émettre des recommandations ; ce sont des mesures non contraignantes. Il y est fait référence plusieurs fois dans la Résolution 60/251 [996]. Toutefois, il ne semble pas l'utiliser à chaque fois que cela est nécessaire. Toutes les résolutions formulées par le Conseil et spécifiques au déplacement interne sont relatives au mandat du Rapporteur spécial sur les droits des déplacés internes. Leur objet principal est le renouvellement du mandat du Rapporteur spécial, l'encouragement à une plus grande collaboration et coordination ; et l'appel à la mise à la disposition du titulaire du mandat des ressources humaines et financières nécessaires. Contrairement à son prédécesseur, le Conseil n'a pas encore émis de recommandation sur la situation spécifique des déplacés internes, mais il a traité des questions relatives aux droits des déplacés internes à travers les résolutions sur le renouvellement du mandat du Rapporteur spécial [997]. Une référence à

---

991 La liste complète des sessions spéciales tenues par le Conseil est disponible à l'adresse : http://blog.unwatch.org/index.php/2013/12/22/special-sessions-of-the-un-human-rights-council/

992 10e session spéciale, février 2009, sur la crise financière (condamnation de l'Ouest).

993 7e session spéciale, mai 2008, sur la crise alimentaire (condamnation de l'Ouest).

994 Voir à ce sujet les 16e, 17e, 18e, et 19e sessions spéciales portant critique au gouvernement syrien sur la situation des droits de l'homme dans le pays.

995 11e Session spéciale, mai 2009, qui congratule le gouvernement du Sri Lanka tout en ignorant le massacre de 20 000 civils.

996 Résolution 60/251, paragraphes 3, 5(c), 5 (i), 12.

997 La liste exhaustive des Résolutions du Conseil ou de la Commission des droits de l'homme sur les droits des déplacés internes est disponible à l'adresse : http://www.ohchr.org/EN/Issues/IDPersons/Pages/Resolutions.aspx

quelques situations spécifiques de déplacement interne peut être trouvée dans les résolutions émises par le Conseil et portant sur les questions générales de droits de l'homme. Le plus déterminant est certainement la nature des mesures qu'il a prises pour atténuer ou mettre un terme aux violations des droits fondamentaux des déplacés internes.

À titre d'illustration, les recommandations d'utilité pour les déplacés internes peuvent être interprétées comme envisageant l'adoption des lois et politiques sur le déplacement interne, la mise sur pied d'une architecture institutionnelle favorable à la protection des droits des déplacés internes, la prise des mesures nécessaires pour mettre un terme aux violences ou conflits, le financement de la réponse humanitaire dans les pays, l'implication des déplacés internes dans la prise des décisions les concernant, etc [998].

Quant au renforcement du dialogue et de la coopération pour la protection universelle des droits des déplacés internes, le Conseil a formulé quelques encouragements pertinents, mais il manque encore des recommandations significatives [999]. Une preuve étant que le Conseil ne s'est pas encore résolu à formuler des recommandations formelles sur la protection spécifique des droits des déplacés internes.

Ces recommandations sont à formuler à l'adresse des organes de l'ONU à même de prendre des mesures appropriées. Le Conseil a récemment décidé de soumettre le rapport de la Commission d'enquête sur la Syrie aux hautes instances de l'ONU et au Secrétaire général pour action nécessaire [1000], mais la saisine des institutions ayant le pouvoir de prendre les mesures qui s'imposent face à des situations de violations avérées des droits de l'homme ne constitue pas un automatisme pour le Conseil. Ce dernier s'est retrouvé quelques fois dans l'impasse.

Le Conseil peut certainement mieux faire, à la condition qu'il se débarrasse de quelques tares qui l'empêchent, comme à l'époque de la Commission, de se réaliser pleinement [1001]. Bien que le Conseil ne manque pas véritablement à

---

998 Voir : Situation des droits de l'homme en République arabe syrienne, Conseil des droits de l'homme, Doc. A/HRC/21/L32, 12 septembre 2012, paragraphe 22.

999 Mandat du Rapporteur spécial sur les droits de l'homme des déplacés internes, Résolution 23/8 adoptée par le Conseil des droits de l'homme le 20 juin 2013, Doc. A/HRC/RES/23/8, voir particulièrement les paragraphes 18, 19, 20 & 21.

1000 Situation des droits de l'homme en République arabe syrienne, Conseil des droits de l'homme, Doc. A/HRC/21/L32, 12 septembre 2012, paragraphe 22.

1001 Bon nombre d'auteurs ont répertorié les lacunes du Conseil des droits de l'homme. Voir Bertrand G. RAMCHARAM, « The UN Human Rights Council: The Perennial Struggle between Realism and Idealism », in Asbjorn EIDE, Jakob Th. MOLLER & Ineta ZIEMELE (eds.), *Making Peoples Heard, Essays on Human Rights in Honour of Gudmundur Alfredsson*, Martinus Nijhoff Publishers, Leiden, Boston, 2011, p. 115-133 ; Rosa FREEDMAN, *The United Nations Human Rights Council, A Critique and Early Assessment*, Routledge, 2013, 344 p.

protéger les droits fondamentaux des déplacés internes et les droits de l'homme en général, il existe toutefois quelques allégations de sélectivité le concernant. Il devrait rompre avec cette perfectibilité. La réticence à formuler des recommandations ou le faire de façon pusillanime informerait sur le fait que, pour beaucoup d'États le déplacement interne demeure une question largement interne. L'on n'attend pas du Conseil qu'il mette personnellement en œuvre toute forte recommandation par lui formulée [1002]. Cependant, élaborer des recommandations formelles sur l'approche à adopter face aux cas de déplacement interne, saisir l'Assemblée générale ou le Conseil de sécurité et assurer le suivi desdites recommandations sont tant de points essentiels sur lesquels le Conseil est vivement attendu.

Bien que ces mécanismes et institutions soient les plus indiqués en matière de protection des droits de l'homme, ils s'avéreraient plus efficaces s'ils bénéficiaient du concours effectif d'autres mécanismes, organes ou institutions propres ou partenaires des Nations unies. Notamment l'intervention humanitaire, le Conseil de sécurité, la justice transitionnelle, les juridictions pénales internationales et internationalisées, etc.

B. Les autres mécanismes fondés sur la Charte des Nations unies

Sans prétendre à l'exhaustivité, il conviendra de rappeler les mécanismes suivants : l'Assemblée générale de l'ONU (1), le Secrétaire général de l'ONU (2), le Conseil de sécurité (3), la Commission de la condition de la femme (4), le Groupe de travail intergouvernemental sur l'application effective de la Déclaration et du programme de Durban (5) et le Conseiller spécial sur la responsabilité de protéger et le Conseiller spécial pour la prévention du génocide (6).

1. L'Assemblée générale de l'ONU

L'Assemblée générale de l'ONU connaît et se prononce sur des questions relatives au déplacement interne. Elle constitue un large forum d'examen de ces questions, de prise de décisions et d'engagements. L'intervention de l'Assemblée générale sur cette question prend généralement plusieurs formes :

— L'attribution des mandats à des institutions spécifiques pour répondre aux crises de déplacement interne. De fait, le mandat du HCR en matière de protection des déplacés internes est fondé à la fois sur l'article 9 du Statut de

1002 La Résolution 60/251 n'accorde pas de pouvoirs contraignants au Conseil.

cette agence [1003], mais aussi sur une série de résolutions de l'Assemblée générale des Nations unies qui font suite à la prise en compte des compétences humanitaires particulières du HCR. Les premières interviennent dès les années 1970. Il s'agit et il faut le préciser, d'un mandat *ad hoc* qui a été donné et plusieurs fois renouvelé au HCR, et d'un engagement justifié par :

> « Des demandes spécifiques du Secrétaire général ou des organes compétents des Nations unies et avec le consentement de l'État concerné, compte tenu de la contribution que peuvent apporter d'autres organisations compétentes grâce à la complémentarité de leur mandat et de leur expérience, et souligne que les activités en faveur des personnes déplacées ne doivent pas porter atteinte au principe du droit d'asile » [1004].

— L'examen des situations spécifiques de déplacement et la formulation des réponses à y apporter. Il s'est notamment prononcé sur la situation des déplacés d'Abkhazie et de la région de Tskhinvali/Ossétie du Sud, rappelant l'urgence de répondre à la crise [1005], l'importance des Principes directeurs de 1998 [1006], et le devoir qu'ont les différents acteurs de prendre des mesures nécessaires pour faire respecter les droits de l'homme [1007].

Bien que cette liste ne soit pas exhaustive, les mesures prises par l'Assemblée générale et l'importance qu'elle accorde au phénomène du déplacement interne ne semblent pas suffisantes ou proportionnelles à l'ampleur de ce dernier.

2. Le Secrétaire général de l'ONU

Le Secrétaire général de l'ONU contribue tant bien que mal au renforcement du cadre juridique international portant sur les droits des déplacés internes [1008]. La réponse du Secrétaire général à ce phénomène couvre

---

1003 L'article 9 su Statut du HCR de 1950 dispose que : « Le Haut Commissaire s'acquitte de toute fonction supplémentaire que pourra prescrire l'Assemblée générale, notamment en matière de rapatriement et de réinstallation dans la limite des moyens dont il dispose ».

1004 Résolution 53/125 du 9 décembre 1998 de l'Assemblée générale, paragraphe 16.

1005 Assemblée générale des Nations unies, Résolution A/RES/67/268 du 23 août 2013 portant Situation des déplacés et des réfugiés d'Abkhazie (Géorgie) et de la région de Tskhinvali/Ossétie du Sud (Géorgie), p.1.

1006 Ibid.

1007 Ibid. p. 2.

1008 Voir plus haut les développements sur le rôle du Secrétaire général dans l'appropriation des normes internationales relatives au déplacement interne (voir p. 183).

la prévention [1009], la protection pendant le déplacement et la protection après le déplacement [1010]. Il faut cependant relever les limites de l'engagement du Secrétaire général pour la résolution des crises de déplacement interne, notamment en ce qui concerne les solutions durables [1011].

3. Le Conseil de sécurité

Le Conseil de sécurité fait si peu de cas de la prévention du déplacement interne en ce qui concerne la protection pendant le déplacement et l'assistance aux déplacés. Dans ses quelques résolutions qui ont trait à la situation des déplacés internes, il exige dans une moindre mesure le respect du DIDH et du DIH. Enfin, le Conseil de sécurité n'aborde pas résolument la question de la participation des déplacés internes au processus de maintien et de construction de la paix [1012].

4. La Commission de la condition de la femme

La Commission de la condition de la femme [1013] reçoit des communications sur des violations des droits des femmes déplacées ou des violations systématiques des droits des femmes déplacées dans un ou plusieurs États membres de l'ONU. Elle s'est prononcée quelquefois sur des questions relatives au déplacement interne, notamment pour exiger la mise en place des programmes et ressources éducatifs pouvant atteindre les filles non scolarisées du fait du déplacement ; pour exiger des mesures nécessaires assurant le bien-être des filles déplacées dans le cadre de l'assistance humanitaire [1014] ; pour exiger des mesures nécessaires pour s'assurer que les besoins de ces filles déplacées sont effectivement satisfaits dans le contexte de l'assistance humanitaire [1015] ; pour exiger l'élimination de toute forme de discrimination,

---

[1009] Rapport su Secrétaire général au Conseil de sécurité, S/2012/376 (2012), paragraphes 39, 41 et 74.

[1010] Rapport du Secrétaire général sur la protection des civils dans les conflits armés, S/2007/643 (28 octobre 2007), paragraphes 52-59 ; S/2009/277 (29 mai 2009), paragraphe 17…

[1011] Le rapport du Secrétaire général sur la protection des civils dans les conflits armés, S/2012/376 (22 mai 2012) ne fait pas véritablement allusion au droit au retour.

[1012] Voir les développements sur le rôle du Conseil de sécurité dans l'appropriation des normes internationales relatives au déplacement interne (voir p. 186).

[1013] La Commission de la condition de la femme est un organe de prise de décision politique au niveau mondial. Elle est une commission fonctionnelle du Conseil économique et social des Nations unies, consacrée exclusivement à la promotion de l'égalité de sexes et de la femme.

[1014] Il s'agissait ici de la protection contre les maladies sexuellement transmissibles, la violence liée au genre, le viol, l'abus sexuel, l'exploitation sexuelle, la torture, le travail forcé, etc.

[1015] Commission de la condition de la femme, Conclusions concertées sur l'élimination de toutes les formes de discrimination et de violence à l'égard des petites filles, Doc. E/2007/27-E/CN.6/2007/9, février-mars 2007, voir les paragraphes 13, 14.7, 14.8…

exploitation sexuelle et de violence contre les femmes déplacées internes et promouvoir leur implication dans la prise de décisions relatives à leur vie et à leur communauté [1016] ; enfin, pour recommander à l'ECOSOC d'exiger des gouvernements qu'ils prennent des mesures nécessaires pour faciliter le retour des déplacés internes [1017] et autres [1018]. Cette Commission connaît de plus en plus de questions relatives aux femmes déplacées internes.

5. *Le Groupe de travail intergouvernemental sur l'application effective de la Déclaration et du programme de Durban*

Le Groupe de travail intergouvernemental sur l'application effective de la Déclaration et du programme de Durban [1019] : ces deux textes font mention des problèmes relatifs au déplacement interne. Ils insistent en particulier sur la nécessité de combattre la discrimination qui peut être l'origine du déplacement des personnes [1020]. La possibilité de participer aux sessions du Groupe de travail est offerte aux ONG défendant les droits fondamentaux des déplacés internes. Les questions de déplacement interne ont été quelquefois examinées par ce Groupe de travail [1021], mais la question de la véritable portée de ses recommandations reste posée.

1016 Commission de la condition de la femme, Conclusions concertées sur le Renforcement de la participation de la femme au développement : instauration d'un environnement propice à l'égalité des sexes et à la promotion de la femme, notamment dans les domaines de l'éducation, de la santé et du travail. Doc. E/2006/27-E/CN.6/2006/15, Corr.1, and Corr.2, Paragraphe 7(k).

1017 UN. Doc. Nos. E/2003/27-E/CN.6/2003/12, Draft Resolution I, paragraphe 4 ; E/2003/27-E/CN.6/2003/12, Draft resolution II, paragraphe 4(m).

1018 E/2001/INF/2/Add.2.

1019 En 2001, les Nations unies ont organisé la Conférence mondiale contre la Discrimination raciale, la Xénophobie et l'Intolérance à Durban, en Afrique du Sud, un événement intergouvernemental majeur, qui a produit une Déclaration et un Programme d'Action pour aborder ces questions. En 2002, la Commission des Droits de l'homme a créé un groupe de travail composé des représentants gouvernementaux pour assurer la mise en œuvre de la Déclaration et du Programme.

1020 Rapport de la conférence mondiale contre le racisme, la discrimination raciale, la xénophobie et l'intolérance qui y est associée, Durban, août-septembre 2001. UN. Doc. A/CONF.189/12, Déclaration, paragraphes 53-55 ; Programme d'Action, paragraphes 34-36.

1021 Voir le rapport du groupe de travail présenté au Conseil des droits de l'homme, A/HRC/6/10, 8 novembre 2007 ; le rapport du groupe de travail à la Commission des droits de l'homme, E/CN.4/2006/18, 20 March 2006 ; rapport du groupe de travail à la Commission des droits de l'homme E/CN.4/2005/20, 14 décembre 2004.

6. Conseiller spécial sur la responsabilité de protéger et le Conseiller spécial pour la prévention du génocide

Il faudra également relever le rôle en cette matière du Conseiller spécial sur la responsabilité de protéger [1022] et du Conseiller spécial pour la prévention du génocide [1023]. Il y a quelques années, ces mandats ont été institués pour ces questions spécifiques et qui sont pertinentes pour le déplacement interne.

1022 Le poste de conseiller spécial sur la responsabilité de protéger (ayant rang de sous-secrétaire général) a été créé en février 2008, par le Secrétaire général des Nations unies. Le titulaire a pour rôle le développement conceptuel et le rassemblement d'un consensus afin d'aider l'Assemblée générale à poursuivre l'étude de la question de la responsabilité de protéger.

1023 Suite au génocide commis au Rwanda et dans les Balkans, Kofi Annan, alors Secrétaire général des Nations unies crée en 2004 le poste de Conseiller spécial sur la prévention du génocide. Il revient à ce dernier d'« informer sur les causes et les mécanismes du génocide, d'alerter les intervenants lorsqu'il y a risque et de faire prendre les mesures qui s'imposent ». À ce poste se sont succédé Juan Méndez, Francis Deng et aujourd'hui Adama Dieng.

SECTION II.
SUR LA CONTRIBUTION D'AUTRES INSTITUTIONS ET MÉCANISMES PERTINENTS

Les déplacés internes peuvent obtenir la protection de leurs droits à la fois à travers les mécanismes internationaux établis sur les traités et ceux établis sur la Charte. Ces deux-là ne sont pas les seuls : d'autres mécanismes sont mis à leur disposition. Cela rend compte du postulat selon lequel, offrir aux déplacés internes la possibilité de recommencer une nouvelle vie nécessite l'implication de divers acteurs à même de prendre en compte et résoudre des problèmes spécifiques de ces derniers. C'est l'occasion d'évoquer tout en évaluant leur pertinence, d'autres mécanismes classiques qui s'occupent également de la protection et de la promotion des droits de l'homme (Para I). L'on insistera sur l'importance que l'ONU accorde au mécanisme spécial de justice transitionnelle pour répondre aux violations des droits fondamentaux des déplacés internes (Para II).

§ 1. MÉCANISMES « ONUSIENS » DE PROTECTION PAR RICOCHET ET DROITS DES DÉPLACÉS INTERNES

Il existe d'autres institutions et mécanismes classiques d'intérêt pour la cause des déplacés internes. Ceux-ci relèvent strictement du système de l'ONU ou y sont associés. Ils se répartissent en deux : les premiers ont pour caractère commun leur non-juridictionnalité (A) et les seconds sont des juridictions pénales internationales et internationalisées (B).

A. Les institutions non juridictionnelles de l'ONU et associées

Les institutions dont il est question ici sont nombreuses. Sans prétendre à l'exhaustivité, il conviendra d'insister sur les activités de l'Organisation internationale du travail (1), de l'Organisation des Nations unies pour l'éducation, la science et la culture (2) et de la Banque mondiale (3).

1. L'Organisation internationale du Travail

Devenue la première agence spécialisée de l'ONU en 1946[1024], l'OIT contrôle la mise en œuvre de plusieurs conventions. Les conventions 107 et 169 ont une importance particulière pour les déplacés internes. Car elles contiennent des dispositions sur le déplacement forcé, le droit du travail et la protection sociale. L'OIT a mis en place différentes procédures de plaintes en

---

1024 Voir http://www.ilo.org/global/about-the-ilo/lang--fr/index.htm (consulté le 10 février 2015).

cas de non-respect des dispositions de ses conventions : on peut citer la procédure de la réclamation de l'article 24 de la Constitution de l'OIT :

> « Toute réclamation adressée au Bureau international du Travail par une organisation professionnelle des travailleurs ou des employeurs, et aux termes de laquelle l'un quelconque des Membres n'aurait pas assuré d'une manière satisfaisante l'exécution d'une convention à laquelle ledit Membre a adhéré, pourra être transmise par le Conseil d'administration au gouvernement mis en cause et ce gouvernement pourra être invité à faire sur la matière telle déclaration qu'il jugera convenable ».

L'on a aussi la procédure de requête au Comité sur la liberté d'association. Une requête peut être introduite concernant les droits relatifs au syndicat ; notamment le droit de rejoindre ou de former un syndicat, de faire grève.

Les déplacés ne peuvent pas soumettre des plaintes directement lorsqu'il y a violation de leurs droits. La réclamation sous l'article 24 ne sera soumise que par un syndicat (local, national ou international) ou une organisation d'employeurs. La requête au Comité sur la liberté d'association le sera par un État membre de l'OIT, un syndicat (local, national ou international) ou une organisation d'employeurs. Ces intermédiaires peuvent également soumettre des informations à l'OIT avant qu'elle n'examine les rapports étatiques. Si un déplacé interne représente une ONG internationale, une autre option pourrait être sa participation aux conférences internationales sur le travail pendant lesquelles la politique de l'OIT est discutée. L'accès des déplacés internes à ces mécanismes ne peut donc se faire qu'au moyen d'un intermédiaire.

2. L'Organisation des Nations unies pour l'éducation, la science et la culture

L'organisme de l'Organisation des Nations unies pour l'éducation, la science et la culture (UNESCO) d'importance pour la protection des déplacés internes est le Comité sur les conventions et recommandations du conseil exécutif. Ce dernier examine les plaintes portant sur les violations des droits de l'homme par tout État membre et dans le domaine de compétence de l'UNESCO. Il examine aussi les rapports périodiques des États [1025]. Le nombre de droits couverts par ce mécanisme est très limité, mais ceux-ci sont tout aussi importants pour les déplacés internes. Notamment le droit à l'éducation qui est essentiel pour les enfants déplacés. Les déplacés internes peuvent aussi introduire des requêtes pour violation des droits relatifs à la science, la vie culturelle, le droit à l'information, la liberté de pensée, de conscience et de religion.

[1025] Jusqu'en 2006, les déplacés internes et ONG ne pouvaient pas intervenir dans la procédure de rapports.

3. La Banque mondiale

Les projets de développement causent dans certaines situations un déplacement forcé interne de populations. Dès lors, en cas de risque de déplacement ou de déplacement effectif dû à un grand projet gouvernemental de développement ayant reçu le financement ou l'assistance de la banque mondiale, deux ou plusieurs déplacés ou potentiels déplacés peuvent faire une requête aux fins d'investigation par le panel d'inspection sur le projet, sur la base du non-respect par la Banque mondiale de ses propres engagements ou règles. Ils peuvent aussi se faire représenter par des ONG locales et sous certaines conditions par des ONG internationales.

Le panel d'inspection s'est doté d'une procédure quasi juridictionnelle. Il institue une voie d'action pour les individus et une responsabilité de l'institution intergouvernementale, la Banque mondiale en l'occurrence. Il ne s'agit pas ici d'un mécanisme de droits de l'homme *stricto sensu*, étant donné que ce panel d'inspection ne reçoit des plaintes que pour violation par la Banque mondiale de ses propres règles. La Banque mondiale a mis en place des politiques circonstanciées sur les conséquences sociales des grands projets de développement, notamment sur les populations indigènes, « impacts » environnementaux et réinstallation involontaire. Il faut relever ici sa politique opérationnelle 4.12 portant sur la réinstallation involontaire qui précise que le déplacement devrait être évité autant que faire se peut, réduit au minimum lorsqu'il est inévitable, et les personnes affectées consultées d'avance, informées et assistées dans la phase de réinstallation.

Ce panel n'examine cependant pas la responsabilité des différents gouvernements pour leur implication dans le déplacement pour projets de développement. L'opinion du panel, bien qu'elle ne soit pas formellement contraignante pour la Banque mondiale, a cependant à quelques occasions, amené celle-ci à modifier considérablement de politique.

Il convient de relever aussi le Compliance Advisor Ombudsman (CAO). Cette institution proche de la Banque mondiale est aussi d'importance pour les déplacés internes. Il est un corps indépendant chargé de conseiller, contrôler et examiner les plaintes relatives à l'« impact » environnemental et social des projets financés par deux sous-institutions de la Banque mondiale : la Société Financière internationale (SFI) et l'Agence de Garantie des Investissements (MIGA). Pour ce faire, il travaille aux côtés de groupes communautaires et organismes de la société civile. Les potentiels déplacés internes peuvent soumettre une plainte personnellement ou se faire représenter lorsque le projet en vue laisse entrevoir un réel risque de déplacement forcé. Il s'agit cependant ici d'un mécanisme préventif, dans la mesure où il vise plus à limiter les méfaits d'un projet qu'à réparer le dommage causé. Vu son rôle de conciliateur/médiateur, le CAO peut aider à résoudre les problèmes ainsi posés lors de la mise en œuvre du projet.

B. Les juridictions pénales internationales et internationalisées

Les autorités nationales ont l'obligation d'incriminer les violations des droits de l'homme dans leur législation interne, de poursuivre et de punir les responsables devant les juridictions nationales. Toutefois, dans certaines affaires criminelles les plus graves, celles-ci sont incapables ou n'ont pas la volonté de donner une suite adéquate à l'exigence légale et légitime de sanction ; le gouvernement pouvant révéler des intérêts à ce que la réponse à la crise prenne une direction ou une autre. D'où le recours ou l'intervention de la justice pénale internationale que l'on présente comme étant un tiers impartial. Cette justice pénale internationale elle aussi n'est pas exempte d'imperfections, en l'occurrence en matière de protection de déplacés internes. Walter Kälin n'affirmait-il pas que :

> « Si l'on est sérieux dans la prévention du déplacement forcé ou arbitraire, l'on doit mettre fin à l'impunité qui prévaut dans plusieurs situations de déplacement, traduire les auteurs de tels crimes devant la justice, et assurer réparation et compensation aux victimes » ? [1026].

Le cas de la Lord's Resistance Army (LRA) est particulièrement révélateur [1027]. La LRA entraîne encore aujourd'hui le déplacement forcé à grande échelle. Le déplacement forcé est pour elle un objectif délibéré, elle qui pose des actes d'une extrême violence et de terreur à l'égard des civils. Visiblement les autorités nationales et régionales ont du mal à démanteler le groupe et protéger les civils. En 2005, la Cour pénale internationale a émis des mandats d'arrêt contre le chef de la LRA, Joseph Kony, et quatre de ses chefs militaires. Où en sommes-nous en matière d'exécution desdits mandats ? Aujourd'hui encore, Joseph Kony court toujours. Les populations civiles de plusieurs États de cette région d'Afrique restent encore gravement touchées.

En conformité avec l'élan de juridictionnalisation du droit international qui se renforce véritablement à la fin du XXe siècle et au début du XXIe, différentes juridictions pénales ont été instituées sous les auspices de l'ONU et chargées de juger les crimes internationaux les plus graves [1028]. Ainsi avons-nous et selon

---

1026 Walter KÄLIN, « Walter Kälin on the outlook on IDPs », *Forced Migration Review*, March 1, 2011. Disponible à l'adresse : http://readperiodicals.com/201103/2364083751.html

1027 Voir Tim ALLEN and Koen VLASSENROOT, *The Lord's Resistance Army -Myth and Reality*, Zed Books London, 2010.

1028 Rappelons que les juridictions pénales internationales sont étroitement liées à l'ONU. Il existe un rapport d'interdépendance notamment entre CPI et Conseil de sécurité. Le Conseil de sécurité joue un rôle important non seulement dans la création des juridictions pénales internationales (son pouvoir instituant a des assises tant textuelles que jurisprudentielles), mais aussi dans leur fonctionnement (s'il existe un partenariat entre le Conseil de la CPI notamment en ce que le premier peut saisir la seconde et que cette saisine valorise en quelque sorte le fonctionnement de

.../...

l'étendue de leur compétence, la Cour pénale internationale [1029], les tribunaux pénaux internationaux *ad hoc* [1030] et enfin une troisième génération de juridictions pénales internationales [1031], à savoir les tribunaux pénaux internationalisés [1032].

La jurisprudence internationale du début du millénaire faisait montre d'une certaine outrecuidance présageant justement une poursuite effective du crime de déplacement forcé, principal crime entraînant les populations civiles dans la situation de déplacement forcé. La reconnaissance du déplacement forcé comme un crime sous le droit international coutumier [1033] a été un long processus dans lequel les juridictions internationales ont joué un rôle fondamental. Cette reconnaissance est réaffirmée par les grandes instances des Nations unies, à savoir l'Assemblée générale [1034], le Conseil de sécurité [1035] et la Commission des droits de l'homme [1036] ; elle est traitée dans plusieurs autres

---

la CPI, celle-ci est dans une large mesure subordonnée au Conseil de sécurité. Le Conseil de sécurité peut suspendre la Cour, puis la Cour est subordonnée au pouvoir politique du Conseil en ce qui concerne le crime d'agression). La Cour est utile au Conseil et le Conseil utile à la Cour, pour ainsi dire. Quant aux juridictions *ad hoc*, leur sort est entre les mains du Conseil de sécurité. Ce dernier peut à tout moment mettre fin à leurs activités.

1029 Statut de la Cour pénale internationale adopté en 1998.

1030 À savoir le Tribunal international pour l'ex-Yougoslavie et le Tribunal international pour le Rwanda, tous deux institutions des Nations unies, ont été créés en 1993 et en 1994 par le Conseil de sécurité dans le cadre du chapitre VII de la Charte des Nations unies.

1031 Voir Cyril LAUCCI, « Projet de Tribunal spécial pour la Sierra Leone : vers une troisième génération de juridictions pénales internationales ? », *L'observateur des Nations unies*, No 9, 2000, p. 195-217 ; Renaud DE LA BROSSE, « les trois générations de la justice pénale internationale. Tribunaux pénaux internationaux, Cour pénale internationale et tribunaux mixtes », *Annuaire Français des Relations internationales*, 2005, Vol VI, Éditions Bruylant, Bruxelles, p. 154-166.

1032 Rappelons que depuis la création des TPIY et TPIR, l'ONU n'a pas renouvelé la mise en place d'autres juridictions pénales internationales spéciales. Elle a plutôt procédé de concert avec les États concernés à la mise en place de juridictions internationalisées, brassage de systèmes nationaux et internationaux. Précisons qu'il n'existe aucun modèle standard de juridiction internationalisée, chacune de celles en place étant unique. Il existe aujourd'hui : les panels de crimes graves des tribunaux du Timor oriental (1999), le Tribunal spécial pour la Sierra Leone (2000), les chambres extraordinaires des tribunaux Cambodgiens (2003), les panels des tribunaux au Kosovo, la chambre spéciale des crimes de guerre de la Cour d'État de Bosnie-Herzégovine et le Tribunal spécial des Nations unies pour le Liban (2007).

1033 Rules 129 and 130, Jean-Marie HENCKAERTS and Louise DOSWALD-BECK, *Customary International Humanitarian Law, Vol I: Rules,* Cambridge Uni Press, 2005.

1034 Voir notamment, Assemblée générale des Nations unies, résolution A/RES/55/116 du 12 mars 2001 sur la situation des droits de l'homme au Soudan.

1035 Conseil de sécurité de l'ONU, résolution S/RES/1894 du 11 novembre 2009 sur la protection des civils dans les conflits armés ; résolution S/RES/1952 du 29 novembre 2010 sur la situation en République Démocratique du Congo, etc.

1036 Commission des droits de l'homme des Nations unies, résolution E/CN.4/2003/52 du 24 avril 2003 sur les droits de l'homme et les exodes massifs ; résolution E/CN.4/2003/78 du 25 avril 2003 sur l'assistance à la Somalie dans le domaine des droits de l'homme…

instruments juridiques internationaux[1037]. Il faut rappeler que toutes ces juridictions ne connaissent cependant pas spécifiquement du crime de déplacement forcé. Elles procèdent par des approches de substitution offertes par le droit international, à savoir l'abord du déplacement forcé sous l'angle du crime contre l'humanité lorsque le déplacement fait partie d'une grave attaque systématique et généralisée contre les populations civiles, puis de crime de guerre tant dans un CANI que dans un CAI.

L'on verra qu'en pratique, trois procédés s'offrent aux déplacés internes devant ces instances juridictionnelles internationales : à savoir la poursuite effective des contempteurs des normes et standards internationaux devant lesdites juridictions (1), la participation des déplacés internes aux différentes étapes de la procédure (2) et l'obtention ou non de réparation ou de la compensation pour préjudice subi (3). Ces mécanismes varient selon que l'on se trouve devant la CPI, les tribunaux pénaux internationaux *ad hoc* ou les tribunaux pénaux internationalisés.

1. Contexte de leur création, compétences et poursuites en rapport avec le déplacement forcé

Chacune de ces juridictions pénales internationales et internationalisées a été créée dans un contexte très spécifique et pour des objectifs clairement définis. Elles ont presque toutes connu des affaires en rapport avec le déplacement forcé, à l'évidence à des degrés différents.

La CPI se charge de poursuivre les auteurs des crimes contre l'humanité, crimes de guerre et génocides lorsque ceux-ci sont commis sur le territoire d'un État partie ou par un national d'un État partie ; lorsqu'ils sont commis après que l'État concerné a ratifié le Statut de Rome, et en cas d'incapacité de poursuivre et punir les actes de façon adéquate dans le cadre interne. Elle peut être saisie à la fois par le Conseil de sécurité, un État membre ou le procureur. Il est offert à tout individu, aux déplacés internes compris, la possibilité de transmettre des communications au procureur de la CPI en vue du déclenchement d'une enquête. Les victimes de tels crimes peuvent aussi

---

1037 Voir la Charte de Nuremberg (article 6.c.), la Charte du Tribunal militaire international pour l'Extrême-Orient (article 5.c.), les quatre Conventions de Genève (articles 49 et 147), le protocole additionnel I (article 85.4.a), le protocole additionnel (article 17), le statut du TPIY (articles 2 et 5), le statut du TPIR (articles 3 et 4), le statut de Rome de la cour pénale internationale (articles 7.1.d, 7.2.d, 8.2.a.vii, 8.2.b.viii et 8.2.e.viii), Éléments de crime de la cour pénale internationale, le statut de la cour spéciale pour la Sierra Leone (articles 2 et 3), le règlement 2000/15 de l'Administration transitoire des Nations unies au Timor oriental (ATNUTO) établissant les Chambres spéciales pour les crimes graves (sections 5.1.d, 5.2.c, 6.1.a.vii, 6.1.b.viii et 6.1.e.viii), l'Accord entre l'Organisation des Nations unies et le Gouvernement royal cambodgien concernant la poursuite, conformément au droit cambodgien, des auteurs des crimes commis pendant la période du Kampuchea démocratique (article 9 qui fait référence aux crimes de guerre, crime contre l'humanité et autres violations des Conventions de Genève), etc.

intenter une action en vue de réparation, compensation. Un grand nombre de personnes sont déplacées par suite de la perpétration de tels crimes. Aussi le déplacement forcé peut-il, sous certaines conditions, constituer un crime devant cette Cour. La CPI a ouvert des enquêtes au Soudan suite au renvoi du Conseil de sécurité. Celles-ci portent, entre autres, sur le déplacement forcé [1038]. Vu l'ampleur du déplacement au Darfour et surtout la vulnérabilité des populations, la CPI se devait de rompre avec l'impunité en cas de déplacement forcé et considérer ce dernier comme véritable crime conformément au droit international. La CPI a aussi engagé des enquêtes contre des politiques et hommes de médias kenyans qu'elle accuse de crimes relatifs au déplacement forcé de populations en lien avec les violences postélectorales de 2007-2008 [1039].

La RDC est un terrain propice aux activités de la CPI en rapport avec le déplacement forcé des populations [1040]. Le procureur de cette Cour rappelait sa compétence pour connaître des crimes contre les civils en RDC en ces termes :

> « Les crimes doivent cesser. La population des deux provinces du Nord-Kivu et du Sud-Kivu n'a que trop souffert. Les viols et les

1038 Affaire *Le Procureur c. Ahmad Muhammad Harun* (« Ahmad Harun ») et Ali Muhammad Ali Abd-Al-Rahman (« Ali Kushayb »), mandat d'arrêt contre Ahmad Harun ICC-02/05-01/07-02 du 27 avril 2007 ; le Procureur c. Ahmad Muhammad Harun ("Ahmad Harun") et Ali Muhammad Ali Abd-Al-Rahman ("Ali Kushayb"). Ahmad Muhammad Harun (« Ahmad Harun »), mandat d'arrêt contre Ali Kushayb ICC-02/05-01/07-03 du 27 avril 2007.

1039 Voir la décision No ICC-01/09 du 31 mars 2010, relative à la demande d'autorisation d'ouvrir une enquête à propos de la situation en République du Kenya rendue en application de l'article 15 du Statut de Rome.

1040 L'état de ratification par la RDC des instruments internationaux pertinents en matière de déplacement interne offre une base légale solide au contrôle international du respect des droits des déplacés internes dans ce pays. Solide, mais certainement insuffisante, même en prenant en compte les obligations de la RDC découlant du droit international coutumier. En effet, la RDC est partie aux principales conventions internationales relatives aux droits de l'homme, à savoir le PIDCP, son premier protocole, le PIDESC, la convention internationale sur l'élimination de toutes les formes de discrimination à l'égard des femmes, la convention contre la torture, la convention sur le droit des enfants et son protocole optionnel, la convention sur le statut des réfugiés et son protocole, la convention sur la prévention et la sanction du crime de génocide. Elle a ratifié les quatre Conventions de Genève de 1949 et ses deux protocoles additionnels, le Protocole I le 3 juin 1982 et le Protocole II le 12 décembre 2002. Elle a ratifié le statut de Rome de la cour pénale internationale. L'article 8(2) (b) (viii) considère comme un crime de guerre le transfert forcé que celui-ci soit direct ou indirect ; et l'article 7(1) (d) la déportation ou le transfert forcé de population comme un crime contre l'humanité. Le droit international humanitaire coutumier est aussi pertinent ici, notamment lorsqu'il prohibe le transfert forcé. Les Principes directeurs, s'ils n'ont pas la même autorité dans ce pays qu'en Colombie, ils ont une certaine influence et leur incorporation dans les lois et politiques nationales progresse. Ils ont d'ailleurs été traduits en Swahili local.

déplacements forcés sont des crimes graves qui ne sauraient rester impunis » [1041].

Le 19 avril 2004, le gouvernement de la RDC a officiellement déféré la situation au Procureur, lui demandant d'enquêter sur les crimes qui entrent dans les cordes de la Cour, c'est-à-dire qui auraient été commis sur tout le territoire de la RDC depuis l'entrée en vigueur du Statut de Rome le 1er juillet 2002. La même année, après une analyse minutieuse de la situation en RDC et particulièrement dans la région de l'Ituri, le Procureur a annoncé sa décision d'ouvrir la première enquête de la CPI. Très important, dans ses investigations, la CPI bénéficie de l'appui officiel de la MONUSCO. Au 13 juillet 2012, six mandats d'arrêt ont été émis par la CPI sur saisine de la Cour par le Président de la République sur la situation en RDC : Thomas Lubanga Dyilo [1042], Germain Katanga [1043], Mathieu Ngudjolo Chui [1044] (acquitté faute de preuve le 18 décembre 2012), Bosco Ntaganda [1045], Callixte Mbarushimana [1046], et Sylvestre Mudacumura [1047]. Quelles sont les charges retenues contre eux ? Thomas Lubanga a été reconnu coupable et condamné à quatorze ans de prison ferme (son double appel a été rejeté par la CPI), en qualité de coauteur des crimes de guerre pour avoir notamment procédé à la conscription, à l'enrôlement d'enfants de moins de quinze ans et à les avoir fait participer activement dans les conflits armés en Ituri, au nord-est de la République démocratique du Congo (RDC), dans la période allant du 1er septembre 2002 au 13 août 2003. Quant à Germain Katanga (condamné à douze ans de prison [1048]) et Mathieu Ngudjolo Chui (il a été acquitté le 12 décembre 2012 [1049]), la Chambre avait confirmé les charges de crimes de guerre suivants, commis lors d'une attaque du village de Bogoro vers le 24 février 2003 : avoir fait participer activement des enfants de moins de quinze ans dans les hostilités, avoir mené une attaque contre la population civile en tant que telle ou contre des civils ne prenant pas directement part aux hostilités, homicides

1041 Voir communiqué de presse du 01.11.2008, ICC-OTP-20081104-PR369.

1042 10 février 2006, actuellement au centre de détention de la CPI à La Haye et reconnu coupable de crimes de guerre pour enrôlement d'enfants et envoi au front.

1043 2 juillet 2007, actuellement au centre de détention de la CPI à La Haye.

1044 6 juillet 2007, actuellement au Centre de détention de la CPI à La Haye.

1045 26 août 2006.

1046 Libéré le 13 décembre 2011 pour insuffisance de preuves pour passer l'affaire en procès.

1047 13 juillet 2012, 58 ans, née au Rwanda.

1048 Voir CPI, Chambre de première instance II, Affaire *Le procureur contre Germain Katanga* N° ICC-01/04-01/07, 23 mai 2014. Disponible à l'adresse : http://www.icc-cpi.int/iccdocs/doc/doc1771079.pdf (consulté le 16 février 2015).

1049 Voir CPI, Chambre de première instance II, Affaire *Le Procureur contre Mathieu Ngudjolo Chui*, N°: ICC-01/04-02/12 du 18 décembre 2012. Disponible à l'adresse : http://www.icc-cpi.int/iccdocs/doc/doc1529535.pdf (consulté le 16 février 2015).

intentionnels, destruction de biens, pillage, esclavage sexuel et viol. La Chambre avait confirmé les crimes contre l'humanité suivants : meurtre, viol et esclavage sexuel. Quant à Bosco Ntaganda, après s'être rendu à l'ambassade américaine à Kigali le 18 mars 2013 et immédiatement transféré devant la CPI, il répond aujourd'hui de ses crimes devant cette Cour. Le 9 juin 2014, la Chambre préliminaire II a confirmé à l'unanimité les charges portées contre lui, à savoir treize chefs de crimes de guerre (meurtre et tentative de meurtre, attaque contre des civils, viol, esclavage sexuel de civils, pillage, déplacement de civils, attaque contre des biens protégés, destruction des biens de l'ennemi, viol, esclavage sexuel, enrôlement et conscription d'enfants soldats âgés de moins de quinze ans et leur utilisation pour les faire participer activement à des hostilités) et cinq chefs de crimes contre l'humanité (meurtre et tentative de meurtre, viol, esclavage sexuel, persécution et transfert forcé de populations) qui auraient été perpétrés en 2002-2013 dans la province de l'Ituri, en RDC. Il est fait allusion dans ce dernier cas au crime de déplacement de civils en tant que crime de guerre. Relevons toutefois qu'il y a une limitation des cas et actes incriminés, ayant pour cause la définition juridique internationale incomplète des obligations de différents acteurs du déplacement interne. Il faut aussi relever la lenteur de la CPI à punir ces exactions, *a fortiori* si l'on s'en tient à l'impunité et à la quiétude totale dont bénéficient d'autres grands criminels qui ne sont pas des ressortissants africains. Elle fait pourtant montre d'un zèle *sui generis* sur la situation en RDC et en Afrique en général [1050]. Les pourfendeurs de cette « politique judiciaire » de la CPI, parmi lesquels Jean Ping et Desmond Tutu, pour ne citer que ceux-là, évoquent quelques cas qui, bien qu'ayant présenté des irrégularités, n'ont pas fait l'objet d'une étude approfondie par la Cour [1051].

1050 En fin 2011, la CPI avait ouvert une procédure d'enquête dans sept cas, tous en Afrique. À savoir l'Ouganda, la RDC, la République centrafricaine (dans ces trois cas, les dossiers ont été ouverts à la demande des chefs d'État respectifs, se basant sur le fait que ces pays n'auraient pas les moyens de conduire dans les meilleures conditions de véritables enquêtes ou des poursuites contre les auteurs et les complices de graves crimes sur leur territoire, ils ont souhaité que l'instance judiciaire « onusienne » s'en charge), la Libye, le Soudan (c'est le Conseil de sécurité des Nations unies qui a enjoint la Cour à statuer sur la réalité et, le cas échéant, l'identité des responsables de crimes commis au Soudan [Darfour] et en Libye, attribuant ainsi à la CPI une compétence exceptionnelle sur les ressortissants d'un État non partie au statut de Rome pour des crimes commis sur leur propre territoire) le Kenya, la Côte d'Ivoire (dans ces deux cas, l'enquête a été soulevée directement par le Procureur général de la Cour). L'on assistera certainement à la mise en œuvre du quatrième mode de saisine de la CPI, celui qui permettra à un État qui n'a pas ratifié le Statut de Rome d'accepter la compétence de la Cour de manière exceptionnelle pour des crimes commis par ses ressortissants ou sur son territoire.

1051 Le conflit en Irak a été déclenché en mars 2003 contre l'avis du Conseil de sécurité et a donné lieu à de graves exactions ; l'on a aussi le conflit israélo-palestinien au cours duquel l'armée israélienne aurait commis des crimes de guerre, voire des crimes contre l'humanité, notamment au cours de l'Opération Plomb durci, du 27 décembre 2008 au 27 janvier 2009 contre le Hamas dans la bande de Gaza. Cette liste n'est pas exhaustive et, il faut le rappeler, le fait qu'un État n'ait pas ratifié le Statut semble ne plus être très déterminant, vu le mécanisme de déclenchement de la poursuite en

.../...

Les tribunaux pénaux internationaux *ad hoc* naissent dans un environnement particulier. En ce qui concerne le TPIY, il a été créé pour contribuer à la restauration et au maintien de la paix en Ex-Yougoslavie. Le problème du déplacement interne a occupé une place prioritaire dans le travail de ce Tribunal. En effet, l'Ex-Yougoslavie a traversé une grave crise de déplacement de populations. Le conflit en Bosnie de 1992 à 1995 a fait approximativement 1.3 million de déplacés internes [1052]. Il y en a eu de nouveaux après la signature du *Dayton Peace Agreement* de 1995 avec le transfert de territoire qui s'est ensuivi, et aussi le retour des réfugiés qui, une fois sur le territoire de l'État, ont été empêchés de retourner dans leurs résidences d'avant-guerre. Entre 1995 et 1999, 200 000 déplacés internes supplémentaires en Bosnie-Herzégovine ont été enregistrés [1053]. Quant au TPIR, le Conseil de sécurité de l'ONU décide de le créer le 8 novembre 1994 suite aux violations massives du DIH et des droits de l'homme survenus sur le territoire rwandais en 1994. Il avait compétence pour juger les personnes présumées responsables d'actes de génocide, de crimes contre l'humanité, de violations de l'article 3 commun aux Conventions de Genève sur le territoire du Rwanda et les citoyens rwandais présumés responsables de telles exactions commises sur le territoire d'États voisins entre le 1er janvier et le 31 décembre 1994 [1054]. D'avril à juillet 1994, des milliers de personnes ont perdu la vie. Selon l'ONU, le nombre varierait entre 500 000 et 800 000 [1055]. Le déplacement forcé a aussi fait un grand nombre de victimes : plus d'un million de personnes auraient fui le pays et un tiers de la population se serait déplacé à l'intérieur des frontières étatiques. L'année 1994 se présente comme l'année noire du Rwanda par le fait de la perpétration d'un « génocide sans importance » [1056] et d'autres violations graves du DIH, dont le déplacement forcé, commis sur son territoire et par des citoyens rwandais sur le territoire d'États voisins. Les tribunaux pénaux *ad hoc* ont, grâce à leur jurisprudence, considérablement contribué à la définition et à la reconnaissance du déplacement forcé comme un crime en droit international coutumier. Le

---

Libye et au Soudan (Valentin HODONOU, La justice internationale est-elle raciste ? *Slate Afrique*, 26 avril 2012. Disponible à l'adresse : http://www.slateafrique.com/23611/la-cour-penale-internationale-est-elle-raciste (consulté le 25 avril 2013).

1052 Internal Displacement Monitoring Centre's webpage, Countries page: Bosnia and Herzegovina, causes and background, causes of displacement.

1053 Internal Displacement Monitoring Centre's webpage, Countries page: Bosnia and Herzegovina, population figures and profile, global IDP profiles.

1054 Article premier de la résolution S/RES/955 du 8 novembre 1994 portant établissement et statut du Tribunal pénal international pour le Rwanda.

1055 Georges BENSOUSSAN, Yves TERNON et Assumpta MUGIRANEZA, « Rwanda, quinze ans après : penser et écrire l'histoire du génocide des Tutsi ». *Revue d'histoire de la Shoah*, Volume 190, Mémorial de la Shoah, 2009.

1056 Jean-Paul GOUTEUX, *Ruanda: Un genocidio senza importanza* (version italienne de Rwanda, Un génocide sans importance), La Coop. Tipolitographica, Carrara, 2005.

TPIY a eu à traiter de la déportation et du transfert forcé comme un crime de guerre et crime contre l'humanité dans plusieurs affaires, mais le déplacement forcé n'est pas inclus dans la liste des crimes relevant de sa juridiction. Le Statut de ce tribunal traite plutôt de la déportation et du transfert de civils comme des crimes de guerre d'une part et de la déportation comme un crime contre l'humanité d'autre part. L'affaire de l'ex-président serbe, Slobodan Milosević, aurait été un exemple de condamnation d'un ancien chef d'État pour déplacement forcé comme un crime de guerre et crime contre l'humanité en droit international, n'eût été son décès survenu en 2006. Les charges retenues contre lui incluaient la déportation et le transfert forcé de populations civiles, mais nombre d'autres affaires traitées par ce Tribunal portent, entre autres, sur le déplacement de populations. On peut citer les affaires *Ratko Mladić* [1057], *Vojislav Šešelj* [1058], *Goran Hadžić* [1059], *Vlastimir Djordjevic* [1060], *Vujadin Popović* [1061], *Ljubiša Beara* [1062], *Drago Nikolić* [1063], *Ljubomir Borovčanin* [1064], *Radivoje Miletić* [1065],

---

[1057] Ratko Mladić, cet homme que l'on surnomme « le boucher des Balkans » a été mis en accusation en 1995 par le TPIY, notamment pour le rôle qu'il est soupçonné d'avoir joué dans le massacre de près de 8 000 hommes et adolescents à Srebrenica en Bosnie Herzégovine. Il sera arrêté le 26 mai 2011 par les autorités serbes dans la province de Voïvodine, au nord de la Serbie après seize ans de cavale avant d'être extradé vers La Haye.

[1058] Vojislav Šešelj : Reddition en février 2003. Huit charges de crimes contre l'humanité et six charges de violations des lois et coutumes de la guerre pour sa participation à une entreprise criminelle collective. Le rapport final d'accusation est disponible à l'adresse : http://www.paixbalkans.org/tpiy/affaire-seselj.pdf. Le 7 mars 2012, le TPIY requiert contre Vojislav Šešelj une peine de 28 ans de prison pour crimes contre l'humanité et crimes de guerre.

[1059] Ancien Président de la République serbe de Krajina autoproclamée (RSK), Goran Hadžić est accusé de déplacement forcé, persécutions, de meurtre, d'emprisonnement, de torture, d'actes inhumains, de traitements cruels, d'expulsion et de destruction sans motif. Il a été arrêté le 20 juillet 2011 et transféré à La Haye deux jours plus tard.

[1060] Vlastimir Djordjevic a été arrêté le 17 juin 2007 au Monténégro et transféré le jour même à La Haye. En février 2011, il a été reconnu coupable de meurtres, d'expulsion, de transfert forcé et de persécution pour des raisons politiques, raciales et religieuses commis en 1999 au Kosovo.

[1061] Vujadin Popović : reddition et transfert au TPIY le 14 avril 2005. Reconnu coupable de génocides, extermination, meurtres et persécutions. Condamné le 10 juin 2010 à la réclusion à perpétuité.

[1062] Ljubiša BEARA : reddition le 9 octobre 2004 et transfert au TPIY le lendemain. Reconnu coupable de génocides, extermination, meurtres et persécutions. Condamné le 10 juin 2010 à la réclusion à perpétuité.

[1063] Drago NIKOLIĆ : Reddition le 15 mars 2005 et transfert au TPIY deux jours plus tard. Reconnu coupable d'ententes en vue de commettre le génocide, extermination, meurtre et persécution. Le 10 juin 2010, condamné à 35 ans d'emprisonnement.

[1064] Ljubomir BOROVČANIN : Reddition le 1er avril 2005 et transfert au TPIY le même jour. Reconnu coupable pour avoir aidé et encouragé les crimes d'extermination, de persécutions, de transferts forcés et de meurtre. Le 10 juin 2010, condamné à 17 ans d'emprisonnement.

[1065] Radivoje MILETIĆ : Reddition le 24 février 2005 et transfert au TPIY quatre jours plus tard. Reconnu coupable d'assassinats, persécutions et transfert forcé. Le 10 juin 2010, condamné à 19 ans d'emprisonnement.

Milan Gvero [1066], *Vinko Pandurević* [1067] et *Radovan Karadzic* [1068]. Le TPIR quant à lui s'est prononcé dans plusieurs affaires portant, entre autres, sur le déplacement forcé. Sans prétendre à l'exhaustivité, il faut y inclure l'affaire *le procureur c. Jean-Paul Akayesu* [1069], l'affaire *le procureur c. Casimir Bizimungu et al* [1070], l'affaire *Barayagaza Michel* [1071], l'affaire *Barayagwiza Jean Bosco* [1072] et l'affaire *Nshogoza Leonidas* [1073].

Les tribunaux pénaux internationalisés sont également institués à la suite de graves crises humanitaires pendant lesquelles sont commises des atrocités de divers ordres. Ils ont pour but de réprimer ces dernières et pallier l'absence ou l'inefficacité des mécanismes répressifs existants au plan national. Malgré les obstacles de divers ordres à la coopération avec d'autres États, des difficultés financières [1074], les tribunaux pénaux internationalisés tranchent des affaires tout aussi importantes. L'une des affaires les plus récentes et les plus médiatisées de ces tribunaux est l'affaire *Le procureur contre Charles Ghankay Taylor* [1075]. Cet ancien président libérien, reconnu coupable par le Tribunal spécial pour la Sierra Leone (TSSL) et condamné à cinquante ans de prison [1076]. Une première depuis le procès de Nuremberg qui jugea les dignitaires nazis, parmi lesquels Karl Dönitz [1077]. Ce procès présentait un intérêt particulier pour les réfugiés et déplacés internes, forcés de fuir à cause du climat de peur et de terreur créé par les forces fidèles à Taylor. On estime que la moitié de la population de la Sierra Leone avait dû se déplacer à cause du conflit. Élément important à relever, le TSSL a compétence pour poursuivre le déplacement

---

1066 Milan GVERO : Reddition le 24 février 2005 et transfert au TPIY le même jour. Reconnu coupable de persécutions et transfert forcé. Le 10 juin 2010, condamné à 5 ans d'emprisonnement ; libération anticipée accordée le 28 juin 2010.

1067 Vinko PANDUREVIĆ : Reddition le 23 mars 2005 et transfert au TPIY le même jour. Reconnu coupable pour avoir aidé et encouragé pour les crimes d'assassinat, de meurtre, de persécutions et de transferts forcés. Le 10 juin 2010, condamné à 13 ans d'emprisonnement.

1068 Radovan Karadzic, arrêté le 21 juillet 2008, transféré au TPIY le 30 juin de la même année. Accusé de Génocide, persécutions, extermination, meurtre, déportation, actes inhumains (génocide, crime contre l'humanité, Articles 4 et 5) ; le meurtre, des attaques illégales sur des civils, des actes de violence dont le but principal est d'étendre la terreur parmi la population civile, la prise d'otages (les violations des coutumes de guerre, Article 3).

1069 Jugement n° ICTR-96-4-T du 2 septembre 1998.

1070 Affaire n° ICTR-99-50-T.

1071 Affaire n° ICTR-05-86.

1072 Affaire n° ICTR-97-19.

1073 Affaire n° ICTR-2007-91.

1074 Leur financement est fondé sur le principe des contributions volontaires et certains États n'ont apporté aucune contribution.

1075 Affaire n° SCSL-03-01-PT, le procureur contre Charles Taylor.

1076 Condamnation intervenue le 30 mai 2012 et peine confirmée en appel le 26 septembre 2013.

1077 Karl Dönitz, bref successeur d'Adolf Hitler à la tête du IIIe Reich.

forcé comme un crime contre l'humanité [1078]. Il est cependant regrettable que plusieurs de ces tribunaux se concentrent plus sur les violations comme le meurtre, le viol qui occasionnent le déplacement que sur le déplacement forcé lui-même. L'acte d'accusation de Charles Taylor n'a pas inclus le crime de déplacement forcé et le jugement sommaire du TSSL ne fait que brièvement mention de la crise de déplacement massif survenue dans le pays. Il évoquait alors le rôle du gouvernement libérien et des forces rebelles dans le recrutement forcé et le rapatriement de réfugiés Sierra Léonais se trouvant en territoire libérien [1079]. Le jugement Taylor ne poursuit pas directement le déplacement forcé. Or, celui-ci devrait être considéré comme un crime autonome et puni comme tel.

Si jusqu'ici, lenteur de procédure, encombrement du greffe et arrestation difficile des inculpés ont caractérisé ces tribunaux, ils s'offrent en revanche progressivement en organes juridictionnels vivants, crédibles et élaborant une jurisprudence pénale internationale importante. Le domaine du déplacement interne n'est pas « totalement » exclu, car enfin, l'on verra que la possibilité leur est offerte aux fins de participation de traduire les auteurs de graves violations devant eux, de participer en tant que témoins, et d'obtenir de réparation ou compensation.

2. Participation des déplacés à la procédure : préprocès, procès et post-procès

Les statuts de ces différentes juridictions prévoient des mécanismes de participation des victimes à la procédure. Il existe devant la CPI une division d'aide aux victimes et aux témoins chargée, entre autres, de la protection des témoins et de toute personne en danger du fait du témoignage, du conseil des témoins et victimes. L'article 22 du Statut du TPIY dispose que :

> « Le Tribunal international prévoit dans ses règles de procédure et de preuve des mesures de protection des victimes et des témoins. Les mesures de protection comprennent, sans y être limitées, la tenue d'audiences à huis clos et la protection de l'identité des victimes »

L'article 21 du Statut du TPIR prévoit quant à lui que :

> « Le Tribunal international pour le Rwanda prévoit dans son règlement de procédure et de preuve des mesures de protection des victimes et des témoins. Les mesures de protection

1078 Voir article 2 du Statut du Tribunal spécial pour la Sierra Leone.

1079 Paragraph 98, Judgment Summary, Prosecutor v. Charles Ghankay Taylor, SCSL-03-1-T, 26 April 2012.

comprennent, sans y être limitées, la tenue d'audiences à huis clos et la protection de l'identité des victimes ».

Ces deux tribunaux *ad hoc* avaient chacun une division d'aide aux victimes et témoins, devant garantir à ces derniers d'intervenir avec dignité et sécurité dans la défense ou l'accusation. Les tribunaux pénaux internationalisés offraient eux aussi la possibilité aux victimes et témoins d'intervenir à quelques étapes de la procédure devant ces juridictions.

Les victimes et témoins devant ces tribunaux ont le statut de sujet du droit pénal international. Les victimes dans un procès international ont à la fois un droit à la protection, un droit à la restitution des biens, des droits procéduraux qui font que la protection de leurs droits subjectifs est plus importante que la protection de l'intérêt de la société internationale. Nous assistons indubitablement, pour reprendre les mots de Cherif Bassiouni, à l'émergence des droits des victimes de graves violations du droit international [1080]. Toutefois, il faut relever que le niveau de participation des victimes, prises globalement, diffère d'une juridiction à l'autre. La pratique du Tribunal spécial des Nations unies pour le Liban (TSL) par exemple tempère considérablement la participation des victimes, par rapport aux autres modèles internationaux existants. En outre, la participation de ces témoins et victimes devant ces instances (CPI, tribunaux *ad hoc*, tribunaux internationalisés) se limite de façon générale au soutien des enquêtes et à la preuve. Le véritable progrès est qu'ils peuvent faire valoir leurs intérêts et exiger réparation.

Toutefois, de véritables problèmes de protection se posent. La protection par exemple devrait couvrir l'encadrement et l'accompagnement avant, pendant et après le séjour au tribunal *ad hoc*. Or, en pratique, devant le TPIR notamment, la protection s'est très souvent limitée au respect de l'anonymat qui implique toujours selon ce tribunal que ni le public ni les journalistes ne connaissent l'identité du témoin. Pourtant, à partir du moment où les accusés ou leurs familles constituent un danger pour les témoins, une protection physique après leur retour au pays (Rwanda pour ce qui est du cas du TPIR) est

---

1080 Concernant la consécration des droits des victimes et témoins de crimes internationaux devant les juridictions internationales, voir Cherif BASSIOUNI, « International Recognition of Victims' Rights ». *Human Rights Law Review* (2006) Volume 6, Issue 2, p. 203-279 ; Luc WALLEYN, « Victimes et témoins de crimes internationaux : du droit a une protection au droit a la parole », *Revue internationale de la Croix Rouge* (mars 2002), Vol. 84, No 845, p. 51-78 ; Elizabeth BAUMGARTNER, « Aspects de la participation des victimes à la procédure de la cour pénale internationale », *Revue internationale de la Croix Rouge* (juin 2008), Vol. 90, No 870 p. 3 ; Procureur c. Katanga et Ngudjolo Chui, décision sur la demande de participation du témoin 166, 23 juin 2008 (ICC-01/04-01/07-632-t FRA du 09-02 — 2009), par. 10 (CPI. Chambre préliminaire I) ; Procureur c. Lubanga Dyilo, décision portant sur la participation des victimes, 18 janvier 2008 (ICC-01/04-01/06-1119- t FRA du 13-02-2008), par. 132-135 (Chambre de première instance I de la cour pénale internationale).

indispensable. Théoriquement, la protection une fois de retour au Rwanda incombe intégralement, non plus au TPIR, mais plutôt aux autorités nationales [1081]. De plus, les techniques de l'interrogatoire : l'utilisation du contre-interrogatoire dans la procédure devant le TPIR a quelquefois été très embarrassante pour les témoins, les obligeant à répondre à des questions très gênantes, voire touchant au domaine du tabou (la vie sexuelle au Rwanda par exemple). Le mécanisme du contre-interrogatoire est originaire du système judiciaire anglo-saxon (*common law*) et n'est pas usité au Rwanda. Ces lacunes constituent une véritable entrave au témoignage, occasionnant souvent le report de procès. Des cas de report pour absence de témoins à charge ont été constatés [1082], et des situations plus graves encore, notamment le boycott pur et simple des activités du Tribunal par les témoins et victimes [1083]. Il s'est encuivi des relations tendues entre associations de victimes, les États concernés que sont le Rwanda et Ex-Yougoslavie pour ne citer que ceux-ci, et les tribunaux *ad hoc* notamment. Les associations de victimes ont décidé quelques fois de l'arrêt complet de leur collaboration avec le TPIR [1084]. L'on ne pouvait prétendre que les victimes soient véritablement des parties au procès devant ces deux tribunaux. Les statuts de ces tribunaux, même s'ils font référence aux victimes, laissent clairement ressortir l'idée selon laquelle le but premier de leurs rédacteurs était la poursuite des criminels [1085]. Il y a un certain déséquilibre, une injustice à l'égard des victimes rwandaises, habituées de *civil law*. Pourquoi cet état de choses, alors que le déplacement forcé fait partie de graves violations ? Contemption des victimes du déplacement forcé ou dimension spéciale de leur protection ; quoi qu'il en soit, la participation active de la victime aurait été analysée comme pouvant retarder la procédure et compromettre le droit des accusés d'être jugés dans un délai raisonnable. Le droit des victimes de participer à la procédure et d'obtenir réparation a donc été écarté. C'est au Procureur qu'il revient de les représenter aux différentes étapes de la procédure.

3. Réparation

La réparation dans le contexte des institutions judiciaires, qu'il faut distinguer des réparations établies par d'autres mécanismes [1086], est définie de

---

1081 Rapport FIDH sur le Rwanda : « Entre illusions et désillusions : les victimes devant le Tribunal pénal international pour le Rwanda (TPIR) », n° 343, octobre 2002, p. 7.

1082 *Affaire le procureur c. Eliezer Niyitegeka*, décision d'ajourner le procès pour non-disponibilité des témoins, Chambre de première instance I, 19 juin 2002.

1083 Rapport FIDH sur le Rwanda : « Entre illusions et désillusions : les victimes devant le Tribunal pénal international pour le Rwanda (TPIR) », n° 343, octobre 2002, p. 12.

1084 Ibid, p. 4.

1085 Voir la résolution 827 du Conseil de sécurité établissant le TPIY.

1086 En l'occurrence les réparations à l'initiative des États (notamment les réparations des deux guerres mondiales, les réparations des habitants des Iles Marshall par les États-Unis, la

…/…

façon large dans la mesure où le jugement représente *per se* une forme de réparation. Le droit qu'ont les victimes des violations flagrantes à demander réparation constitue aujourd'hui un postulat fondamental du droit international. La Cour permanente de Justice internationale (CPJI), dans son *arrêt Usine de Chorzow* de 1928, a consacré ce principe en ces termes : « C'est un principe de droit international, voire une conception générale du droit, que toute violation d'un engagement comporte l'obligation de réparer » [1087]. La réparation, comme l'affirme la CPJI, est censée « effacer toutes les conséquences de l'acte illicite et rétablir l'état qui aurait vraisemblablement existé si ledit acte n'avait pas été commis » [1088]. C'est une jurisprudence qui est suivie aujourd'hui encore. Dans l'Affaire Yerodia, la CIJ a emboîté le pas à sa prédecesseure, en exigeant la prise de mesures supplémentaires pour garantir la *restitutio in integrum* dans le cas d'espèce [1089]. Le rétablissement de la situation d'avant le fait illicite s'avérant par instants difficile, voire impossible, d'autres procédés de réparation sont utilisés. Quelques années plus tard, la CIJ a confirmé cette existence dans l'ordre juridique international de ce droit à réparation [1090].

La réparation dans un contexte de déplacement forcé s'articule autour de plusieurs principes que sont la restitution, la compensation, la satisfaction, la réadaptation et les garanties que la situation ne se reproduira plus. Le principe capital pour les déplacés internes et d'évidence le plus mis en œuvre du fait qu'il constitue presque la condition *sine qua non* pour leur retour réussi, est celui de la restitution (restitution d'un droit, d'une propriété, de tout actif perdu en vue ou pendant le déplacement). Lorsque la restitution n'est pas possible, l'on procède à la compensation. L'approche construite autour de la réparation dans le contexte de déplacement interne n'est pas la même pour toutes les juridictions pénales internationales et internationalisées.

Commission des réclamations entre l'Erythée et l'Éthiopie, les réparations à titre gracieux, les Commions vérité qui reçoivent l'approbation de l'État concerné) celles à l'initiative des organisations internationales (pour fait illicite d'un État [La commission d'indemnisation des Nations unies concernant le Koweït et l'Irak, les programmes de réparations mis en œuvre par l'O.I.M.], pour fait illicite de l'organisation internationale).

1087 CPJI, *Affaire relative à l'Usine de Chorzow* (demande en indemnité, fond), arrêt du 13 septembre 1928, *Recueil des arrêts*, Série A, n° 17, p. 29.

1088 Ibid., p. 47.

1089 La CIJ ordonnait la mise à néant du mandat d'arrêt contesté suivie de l'information des autorités auprès desquelles le mandat avait été diffusé (CIJ, *Affaire du Mandat d'arrêt du 11 avril 2000*, République démocratique du Congo c/Belgique, arrêt du 14 février 2002, CIJ, *Recueil 2002*, paragraphe 76).

1090 CIJ, Avis consultatif du 9 juillet 2004, *Conséquences juridiques de l'édification d'un mur dans le territoire palestinien occupé*, *Recueil 2004*. En l'espèce, elle constatait « qu'Israël a l'obligation de réparer tous les dommages causés à toutes les personnes physiques ou morales concernées » (voir paragraphe 152).

Aucune disposition des statuts des TPI *ad hoc* ne permet aux victimes d'obtenir réparation pour les dommages subis devant ces instances. De telles réparations devaient être recherchées devant les juridictions nationales, précédées d'une décision de condamnation rendue par les tribunaux *ad hoc*. Par ailleurs, la seule satisfaction que pouvaient obtenir les victimes du déplacement forcé devant ces instances nationales était « la restitution à leurs propriétaires légitimes de tous biens et ressources acquis par des moyens illicites, y compris par la contrainte » [1091]. La règle 105 des règles de procédure et de preuve (RPP) du TPIY précise qu'après le jugement de culpabilité,

> « la Chambre de première instance doit, sur requête du Procureur, ou peut, d'office, tenir une audience spéciale pour déterminer les conditions spécifiques dans lesquelles devra être restitué le bien [contesté] ou le produit de son aliénation ».

En effet, la réparation est possible, mais pas devant les tribunaux *ad hoc*. Selon la règle 106, le greffier doit transmettre aux autorités nationales concernées le jugement déclarant un individu coupable d'un crime et ayant entraîné un dommage à des victimes. Revient alors à la victime de demander réparation devant les juridictions nationales compétentes. Or, si la saisine et l'obtention de réparation devant les juridictions nationales semblent faciles, l'accès par les déplacés internes ou par leurs représentants à ces juridictions s'avère labyrinthique et l'issue de la saisine incertaine ; ceci du fait des obstacles matériels et politiques. Comme obstacle à la justice dans ce contexte, il convient de relever l'hésitation des États concernés à livrer les criminels devant les TPI. C'est le cas du Rwanda qui a par instants voulu juger lui-même certains militaires soupçonnés de crimes de guerre commis en 1994, poursuites considérées comme une interférence dans la justice rwandaise, bien que celles-ci fassent clairement parties du mandat du TPIR. La réparation ici se complique davantage. Car, les juridictions internes ne considèrent fréquemment le déplacement forcé que comme une conséquence naturelle d'autres crimes ou une conséquence des conflits armés et que la responsabilité pénale des auteurs de tels actes est très souvent ignorée devant ces instances [1092]. Malgré les efforts consentis, le TPIR, semblablement au TPIY, a dû combattre l'image d'inefficacité et de gaspillage qu'il a véhiculé.

Mais la tendance change avec la CPI et les tribunaux internationalisés. Le Statut de la CPI prévoit la réparation, la restitution, la compensation et la

---

1091 Art. 23 par. 3 du TPIR et art. 24 par. 3 du TPIY.

1092 Federico ANDREU-GUZMAN, « Criminal Justice and Forced Displacement: International and National perspectives », in Roger DUTHIE (ed.), *Transitional Justice and Displacement*, New York: Social Science Research Council, July 2012, p. 248.

réhabilitation [1093]. La CPI est compétente pour rendre directement au profit des victimes une ordonnance de réparation à l'endroit d'une personne condamnée. En d'autres termes, contrairement aux TPI *ad hoc*, réparation est possible directement devant la CPI. En plus, celle-ci dispose d'un Fonds au profit des victimes [1094]. Les tribunaux internationalisés font également allusion à la réparation, mais plus à l'échelle nationale comme c'est le cas pour le TSL [1095].

En somme, en ce qui concerne les juridictions pénales internationales et internationalisées, l'on retiendra que le développement de la jurisprudence internationale sur le crime de déplacement forcé n'est pas aussi riche qu'il ne l'est pour d'autres crimes. Malgré le schéma offert, notamment dans l'approche du cas Taylor, la tendance actuelle est le dépassement du déplacement forcé comme une conséquence d'autres crimes « graves » et la poursuite du crime de déplacement forcé comme un crime autonome. C'est assurément une nécessité, pour la simple raison qu'au fil du temps, des mécanismes juridictionnels efficaces sont mis en place (CPI et le Fonds au profit des victimes par exemple…). Néanmoins, combien d'arrêts sont rendus dans les affaires relatives au déplacement forcé comme crime autonome ? Certes, il est important d'établir des juridictions, mais juridictionnaliser la protection d'un droit est fondamental ; encore faut-il que le droit en question soit au préalable bien défini.

Il faut aussi relever des défis généraux qui d'une façon ou d'une autre joueront sur la protection des déplacés internes par ces juridictions pénales internationales. En effet, la fermeture des TPI *ad hoc*, instances qui ont examiné plusieurs affaires impliquant le déplacement forcé [1096]. Le nombre d'affaires

---

1093 Voir art. 75 du statut de la CPI sur la réparation en faveur des victimes. Il dispose que bien que la Cour ne puisse pas rendre une ordonnance de paiement de réparation à l'endroit d'un État, elle peut rendre une ordonnance de réparation à l'endroit d'un condamné et au profit des victimes. À lire conjointement avec les règles 94 et 98 du Règlement de procédure et de preuve.

1094 Voir art. 79.1 du Statut de la CPI, règle 98 du Règlement de procédure et de preuve et la résolution 6 de l'Assemblée des États parties du 9 septembre 2002 sur la création d'un Fonds au profit des victimes de crimes relevant de la compétence de la cour et de leurs familles.

1095 Voir art. 25 du Statut du Tribunal spécial des Nations unies pour le Liban sur l'indemnisation des victimes.

1096 Elles étaient censées disparaître dès accomplissement de leur mission. Si celle-ci était de juger les auteurs de crimes particuliers et rendre justice aux victimes, il convient de rappeler que toutes les victimes n'obtiendront pas totale satisfaction, voire pas du tout. L'un des challenges auxquels ont fait face ces tribunaux *ad hoc* est de traduire les criminels devant eux et dans un « temps record » et très souvent il faut faire le choix des affaires à traiter. L'hypothèse est la suivante, lorsque plusieurs personnes, familles ou groupes sont victimes d'un même acte, ceux qui en ont le plus souffert peuvent avoir la priorité dans l'examen de leur situation, et les moins touchés presque ignorés. La procédure exigeant énormément de temps, il faut vite avancer afin que les criminels soient punis (voir Serge BRAMMERTZ, procureur au TPIY, conférence sur *Challenges of investigating and prosecuting grave violations of international humanitarian law*, Columbia Law School, New York, 6 décembre 2012).

examinées diminuera probablement, encombrant par ricochet la CPI qui, en manque réel de crédibilité cherche encore un moyen de s'affirmer. Elle souffre d'un manque d'indépendance et de séparation des pouvoirs. Malgré la pression de la puissante coalition d'ONG lors des négociations du Statut de Rome, le texte final a conféré au Conseil de sécurité « à la fois un pouvoir d'empêcher et un pouvoir d'initiative et de déclenchement des poursuites » devant la CPI [1097]. Le fait que plusieurs membres permanents de ce Conseil ne soient pas parties au Statut de Rome (Chine, États-Unis, Russie) rend cela davantage difficile à accepter par le juriste. Le Conseil a déjà eu à exercer ce pouvoir ; notamment concernant le Soudan avec la résolution 1593 du 31 mars 2005. Le moins que l'on puisse dire c'est que la justice pénale internationale dans son ensemble se doit d'être universelle en pratique.

Aujourd'hui, il est urgent qu'il y ait une plus large ratification du Statut de Rome, une suppression des discriminations dans l'application de différents critères et l'arrestation de certains inculpés [1098]. Ensuite, la CPI n'ayant plus les TPI *ad hoc* pour lui alléger la tâche, l'appui sur les juridictions nationales est salutaire et inévitable. L'avenir de la justice pénale internationale reposerait sur la justice pénale interne [1099]. Dès lors, durant que l'on veut faire du déplacement interne une question internationale et non plus exclusivement une question interne, les mécanismes internationaux de protection, eux, semblent nous en dissuader, du fait de leur inadéquation. Renforcer les capacités de la justice pénale internationale est un impératif pour la société internationale (à travers l'ONU), surtout si elle veut être la référente en matière de protection des droits des déplacés internes et des droits de l'homme en général lorsque l'État ne peut plus être considéré comme tel.

§ 2. ONU, JUSTICE TRANSITIONNELLE ET PROTECTION DES DÉPLACÉS INTERNES

La justice globale ne se limite pas uniquement à la justice pénale qui a dans plusieurs circonstances montré ses limites. À elle seule, elle ne suffit pas à rétablir la paix, à favoriser la réconciliation ; réconciliation acceptée ici comme un processus social impliquant la reconnaissance mutuelle des exactions passées et le changement des attitudes et des comportements destructeurs en des

---

1097 Paul TAVERNIER, « Sécurité internationale, droit international humanitaire et droits de l'homme. Quelques réflexions sur le rôle des juridictions internationales », in *La sécurité internationale entre rupture et continuité. Mélanges en l'honneur du professeur Jean François Guilhaudis*, Bruxelles : Bruylant, 2007, p. 551 & 552.

1098 Arrestation de certains inculpés seulement, puisque la mise en place d'une justice transitionnelle peut obliger dans certains cas à prendre une tout autre direction.

1099 Serge BRAMMERTZ, procureur au TPIY, conférence sur *Challenges of investigating and prosecuting grave violations of international humanitarian law*, Columbia Law School, New York, 6 décembre 2012.

relations constructives pour une paix durable [1100]. Les procès seuls ne suffisent pas à fournir un dédommagement adéquat et une garantie que les exactions ne seront pas répétées. Rendre honneur aux victimes et les encourager à participer à la société en sont aussi des tremplins. Les déplacés internes de retour ont besoin de vivre dans la paix, de se savoir membres de la communauté, de participer aux affaires, de vivre avec un sentiment de paix et de justice. La justice transitionnelle est de plus en plus mise en œuvre, étant donné qu'elle va plus loin que le simple rétablissement juridictionnel de la justice dont se charge la justice criminelle. Le rapport de 2004 du Secrétaire général sur le *Rétablissement de l'état de droit et administration de la justice pendant la période de transition dans les sociétés en proie à un conflit ou sortant d'un conflit* la présente comme un concept qui :

> « Englobe l'éventail complet des divers processus et mécanismes mis en œuvre par une société pour tenter de faire face à des exactions massives commises dans le passé, en vue d'établir les responsabilités, de rendre la justice et de permettre la réconciliation. Peuvent figurer au nombre de ces processus des mécanismes tant judiciaires que non judiciaires, avec (le cas échéant) une intervention plus ou moins importante de la communauté internationale, et des poursuites engagées contre des individus, des indemnisations, des enquêtes visant à établir la vérité, une réforme des institutions, des contrôles et des révocations, ou une combinaison de ces mesures. » [1101].

Le lien entre le déplacement forcé et la justice transitionnelle repose fortement sur la responsabilisation pour déplacement forcé lorsque celui-ci constitue une violation du droit international [1102]. Il manque encore dans la pratique émergente une liaison entre justice transitionnelle et déplacement forcé en dehors des hypothèses de violation d'une règle de droit [1103]. Cela est surtout valable pour le cas des réfugiés. Le lien entre déplacés internes et justice transitionnelle est encore plus évident, les citoyens qu'ils sont ont le droit de participer à la vie politique, mais est-ce toujours possible ? Dans un cas comme dans l'autre, et étant donné la gravité du problème du déplacement, une forte implication de la société internationale s'avère nécessaire. Aussi, parvenir aux

---

1100 Karen BROUNÉUS, *Reconciliation. Theory and Practice for Development Cooperation.* Stockholm: The Swedish International Development Cooperation Agency. September 2003, p. 3.

1101 Rapport du Secrétaire général sur le *Rétablissement de l'état de droit et administration de la justice pendant la période de transition dans les sociétés en proie à un conflit ou sortant d'un conflit*, UN Doc. S/2004/616, 23 août 2004, paragraphe 8.

1102 Maria STAVROPOULOU, « Displacement and Human Rights: Reflections on UN Practice, » *Human Rights Quarterly* 20, no 3 (1998): pp. 515-554.

1103 Susan HARRIS RIMMER, « Reconceiving refugees and internally displaced persons as transitional justice actors », *New issues in refugee research*, research paper No 187, p. 3.

solutions durables, chères aux déplacés internes, est très souvent un challenge qui exige l'implication de plusieurs acteurs et mécanismes. Lorsque la justice transitionnelle est réalisée, elle pourrait largement contribuer au processus de mise en place des solutions durables.

La tendance est de concilier justice et paix. Cet ensemble permet de punir les responsables de graves exactions et de mettre en place des mécanismes de justice transitionnelle. Le droit international joue un rôle à ce niveau, attendu que la société internationale se doit d'aider les sociétés à trouver la solution la mieux adaptée. À propos de la conception et de la mise en œuvre de la justice transitionnelle, Paul Gready ne suggérait-il pas un équilibre entre justice locale et justice internationale qui se manifesterait par « une transformation de la justice locale et internationale, ainsi que des contextes dans lesquels celles-ci opèrent, tout en cherchant à s'appuyer sur leurs capacités et leur légitimité complémentaires » [1104] ? Le DIDH dans ses mécanismes de protection, influence profondément la justice transitionnelle, mieux, cette dernière repose principalement sur le premier. Conformément au principe de complémentarité, le volet international de la justice transitionnelle est mis en œuvre pour de graves violations des droits de l'homme ou crimes spécifiques, ou lorsqu'on ne peut raisonnablement attendre de l'ordre interne qu'il rende justice dans des conditions acceptables ; soit du fait de l'incapacité de celui-ci, soit du manque de volonté des dirigeants. C'est une « justice transitionnelle d'exception » [1105], la justice nationale étant la « justice transitionnelle de droit commun » [1106]. Comme le rappelle Susan Harris Rimmer, le domaine de la justice transitionnelle a traditionnellement reposé sur les institutions nationales [1107]. Quoi qu'il en soit, l'exercice de la juridiction étrangère en conformité avec la juridiction universelle ou par le biais des tribunaux internationaux aurait un effet catalyseur et dynamique sur la société et surtout, créerait une atmosphère favorable au dialogue et à la réconciliation.

Il conviendra de revenir d'abord sur la participation des principaux mécanismes de l'ONU à la justice transitionnelle pour les déplacés internes (A) avant de rappeler le rôle des instances pénales internationales et internationalisées en la matière (B).

1104 Paul GREADY, « Reconceptualising Transitional Justice: Embedded and Distanced Justice », *Conflict, Security and Development*, 5 (1), 2005, p. 3.

1105 Fabrice HOURQUEBIE, « La notion de justice transitionnelle a-t-elle un sens ? », *L.P.A*, n° 90, 6 mai 2009.

1106 Ibid.

1107 Susan HARRIS RIMMER, « Reconceiving refugees and internally displaced persons as transitional justice actors », *New issues in refugee research*, research paper No 187, p. 1.

A. Participation des principaux mécanismes de l'ONU à la justice transitionnelle pour les déplacés internes

Au moyen de sa politique, l'ONU a largement influencé les accords de paix, de cessez-le-feu et autres accords du même genre. Le Conseil de sécurité prend de plus en plus des mesures en soutien à la justice transitionnelle. Notamment pour la réforme du secteur de la sécurité, pour l'institution des mécanismes de mise en cause de la responsabilité individuelle dans le but de mieux protéger les civils pendant un conflit armé [1108].

Ces organes de l'ONU ont contribué au renforcement du cadre normatif de la justice transitionnelle, en ce qui concerne notamment le droit à la justice, le droit à la vérité, la garantie que les exactions commises pendant le conflit ne se reproduiront pas. À ce sujet, l'Assemblée générale de l'ONU réaffirmait en 2005 le droit des victimes à réparation en adoptant les *Principes fondamentaux et directives concernant le droit à un recours et à réparation des victimes de violations flagrantes du droit international des droits de l'homme et de violations graves du droit international humanitaire* [1109]. Ils également contribué au renforcement des capacités institutionnelles pour répondre aux besoins des populations touchées par le conflit ; les déplacés internes en l'occurrence ou les victimes de façon générale. L'ONU adopte une approche plus complète et plus élaborée incluant les consultations approfondies dans les États concernés, elle contribue au renforcement des liens entre processus de justice transitionnelle et renforcement des capacités des institutions et elle incite les États membres à remplir leurs obligations de réparation notamment par le renforcement des capacités de leurs institutions. Ces efforts visent à assurer une efficacité administrative, le professionnalisme, le respect des normes et règles internationales. L'approche de l'ONU vis-à-vis de l'État de droit est aujourd'hui plus cohérente et mieux coordonnée [1110].

[1108] Voir à ce sujet les résolutions 1674 (2006) et 1894 (2009) du Conseil de sécurité.

[1109] Principes fondamentaux et directives concernant le droit à un recours et à réparation des victimes de violations flagrantes du droit international des droits de l'homme et de violations graves du droit international humanitaire, Résolution A/RES/60/147, annexe du 16 décembre 2005.

[1110] Il découle de la Résolution S/2004/616 que le concept d'état de droit ou de légalité « désigne un principe de gouvernance en vertu duquel l'ensemble des individus, des institutions et des entités publics et privés, y compris l'État lui-même, ont à répondre de l'observation de lois promulguées publiquement, appliquées de façon identique pour tous et administrées de manière indépendante, et compatibles avec les règles et normes internationales en matière de droits de l'homme. Il implique, d'autre part, des mesures propres à assurer le respect des principes de la primauté du droit, de l'égalité devant la loi, de la responsabilité au regard de la loi, de l'équité dans l'application de la loi, de la séparation des pouvoirs, de la participation à la prise de décisions, de la sécurité juridique, du refus de l'arbitraire et de la transparence des procédures et des processus législatifs ». S/2004/616 du 23 août 2004, paragraphe 6.

En revanche, et comme le rappelle le Secrétaire général de l'ONU, ces efforts devraient être redoublés afin d'intégrer les stratégies des Nations unies [1111]. L'ONU devrait adopter une démarche plus prévisible, plus efficace et plus transparente quant aux responsabilités. Cela au moyen du développement de la coordination sur le terrain, de l'accroissement de la cohérence de sa stratégie et du renforcement de ses arrangements avec le reste du système des Nations unies. Aussi devrait-elle s'assurer que les déplacés internes et de façon générale les populations marginalisées, sont pleinement associés aux mécanismes de justice transitionnelle. Dans des situations de conflit ou de post-conflit, les différentes parties peuvent essayer de trouver un accord en vue du rétablissement de la paix pouvant inclure l'amnistie. Il n'en reste pas moins qu'à ce sujet, la politique de l'ONU telle que rappelée en 2004 et qui reste inchangée est celle du refus de reconnaître toute amnistie pour les crimes de génocides, les crimes de guerre, les crimes contre l'humanité et les violations flagrantes des droits de l'homme [1112].

B. Instances pénales internationales et internationalisées, justice transitionnelle et déplacés internes

La justice transitionnelle, justice qui met l'accent sur la paix et la réconciliation (sans toutefois exclure les poursuites pénales) est un champ où se côtoient les principaux modèles modernes de justice, à savoir la justice rétributive (ou répressive, punitive) et la justice réparatrice (ou restaurative) [1113]. Si pendant des siècles, les conflits ont été résolus par la négociation sans aucune contrainte juridique, l'approche actuelle, décidée par 120 États à Rome en 1998, repose sur le postulat qu'une paix durable exige la justice [1114]. La CPI, les TPI *ad hoc* et les tribunaux pénaux internationalisés, tous mis en place avec le soutien de l'ONU, ont contribué à l'élargissement du champ d'application de la responsabilité pénale individuelle, corroborant ainsi la prévalence de la justice (en rapport avec le dilemme justice-paix) dans des contextes de conflit ou de post-conflit et toute autre situation ayant entraîné de graves exactions. Dans les relations entre la justice transitionnelle et les juridictions pénales internationales et internationalisées (plus enclines à offrir une justice rétributive), la sécurisation

---

[1111] Voir Rapport du Secrétaire général intitulé : État de droit et justice transitionnelle dans les sociétés en situation de conflit ou d'après conflit, S/2011/634, octobre 2011, p. 8.

[1112] Voir Rapport du Secrétaire général sur l'activité de l'Organisation des Nations unies A/59/1 du 20 août 2004, p. 58.

[1113] Le troisième modèle de justice moderne, à savoir la justice réhabilitative, bien qu'important ne présente pas un grand enjeu en cas de mise en œuvre de la justice transitionnelle.

[1114] Luis MORENO OCAMPO, « Building a Future on Peace and Justice: The International Criminal Court », in Kai AMBOS, Judith LARGE, Marieke WIERDA (Eds), *Building a Future on Peace and Justice: Studies on Transitional Justice, Peace and Development, The Nuremberg declaration on Peace and Justice*, Springer, 2009, p. 9.

du retour et la garantie de réconciliation et de paix durables pour les déplacés internes sont des préoccupations essentielles.

Le dilemme « justice ou paix et justice et paix » est à l'évidence présent ici (1) et l'on note une prise en compte limitée des « intérêts de la paix » dans l'application des textes (2).

1. Le dilemme « justice ou paix » et « justice et paix »

Dans les situations de conflit et de post-conflit les CPI, TPI *ad hoc* et tribunaux pénaux internationalisés privilégient très souvent la justice. Cette dernière est-elle toujours en accord avec le rétablissement de la paix et la réconciliation dont ont besoin les déplacés internes ? La justice peut-elle être considérée dans le contexte de retour des déplacés comme la préservation de la santé de la société, la vertu par excellence ? [1115] Deux écoles s'opposent, celle qui défend la primauté de la paix sur la justice et celle qui défend la préséance de la justice sur la paix. Ce dilemme ne date pas d'aujourd'hui et la justice a été vue dans plusieurs cas comme une condition *sine qua non* de la paix. L'on a souvenance de ces mots du Roi Salomon : « par la justice, un roi consolide son pays » [1116] ; de Lord Clarendon en 1856 : « nous ne voulons pas que la paix soit troublée, mais il n'y a pas de paix sans justice » ; ou encore de Benjamin Ferencz en 1980 : « il ne peut y avoir de paix sans justice, de justice sans droit et de droit sensé sans une cour pour décider ce qui est juste et légal dans une circonstance donnée ». Cette idée de l'effet positif de la justice sur la paix, ou « Shadow of the court » selon Ban Ki-moon, ne tarit pas de défenseurs aujourd'hui encore.

De récentes enquêtes empiriques sur les rapports entre paix et justice nous offrent des schémas contradictoires. Après le test de l'effet du TPIY sur la paix sociale en Bosnie, James Meernik remet en question les prétendus effets positifs de la justice sur la paix, particulièrement lorsque cette justice est décidée et initiée par la société internationale. Selon lui, le TPIY à travers ses arrestations et jugements de criminels de guerre a attisé les tensions entre les groupes en Bosnie [1117]. Toutefois, après d'autres études sur les activités des instances pénales internationales, il ressort plutôt que « le TPIY et le TPIR ont contribué de façon significative à la consolidation de la paix dans les sociétés en transition, et à l'introduction de la responsabilisation criminelle dans la culture

---

1115 En référence à la métaphore de Socrate selon laquelle la justice peut être comparée à la médecine qui préserve la santé du corps. Voir à ce sujet Létitia MOUZE, « La justice ou la nature des choses selon Platon », in Guy SAMAMA (éd.): *La Justice*, Paris (Ellipses), 2001, p. 25-40.

1116 *La Bible*, Proverbes, 29:4.

1117 James MEERNIK, « Justice and Peace? How the International Criminal Tribunal Affects Societal Peace in Bosnia », *Journal of Peace Research*, 42, 3. 2005, p. 287.

des relations internationales » [1118]. Il appert de ces contradictions que, se servir des institutions pénales internationales pour reconstruire la paix et favoriser la réconciliation est une entreprise délicate et scabreuse.

Le cas Taylor est très révélateur. En effet, l'inculpation de Charles Taylor a coïncidé avec son arrivée à Accra au Ghana pour une conférence sur la paix régionale dont le but était de mettre fin à la guerre civile au Liberia, via un essai de persuasion de Taylor à démissionner et trouver exil au Nigeria. Toutefois, ce dernier est retourné au Liberia aussitôt qu'il a été informé de l'émission du mandat d'arrêt à son endroit, compromettant ainsi les négociations de sortie de crise [1119]. David Crane, alors procureur du TSSL aurait ainsi émis un veto à l'arrêt de la violence dans de meilleurs délais [1120]. De l'échec de ces négociations d'Accra au départ de Taylor du pouvoir quelques mois plus tard, le 11 août 2003 précisément, près de 1000 personnes ont été tuées [1121] et nombre d'autres déplacées. Tout comme le procureur du TSSL du moment, certains diront qu'empêcher Taylor de signer un autre accord de paix à Accra ne constituait pas une opposition aux négociations de sortie de crise, puisque ce dernier avait signé bien d'autres accords auparavant sans toutefois les honorer :

> « Mon intention n'était pas de faire arrêter Charles Taylor. Je voulais l'extraire du processus de paix. Je savais que de nouvelles livraisons d'armes allaient arriver à Monrovia. Taylor avait déjà signé quatorze cessez-le-feu et huit accords de paix dont il n'avait respecté aucun. Je voulais l'empêcher d'en signer un, car il aurait été ensuite très difficile de l'inculper » [1122].

En revanche, les investigations et mandats d'arrêt de ces tribunaux peuvent ne pas influencer négativement le cours des négociations de sortie de crise. L'inculpation en 1995 de Mladic et Karadzic n'a pas fait échouer les accords de

---

1118 Payam AKHAVAN, « Beyond Impunity: Can International Criminal Justice Prevent Future Atrocities? », *The American Journal of International Law*, Vol 95:7, 2001, p. 9.

1119 Jess BRAVIN, « A Prosecutor Vows no Deals with Thugs in Sierra Leone War », *Wall Street Journal*, July 28, 2003, p. A1.

1120 Kenneth A. RODMAN, « The ICC and Transitional Justice: Should the Prosecutor Exercise Discretion in the Interests of Peace? » in Roel DE LANGE (ed.), *Aspects of Transitional Justice and Human Rights, proceedings of the 2006 annual conference of the Netherlands school of human rights research*, Nijmegen : Wolf Legal Publishers WLP, 2007, p. 5.

1121 Kenneth A. RODMAN, « The ICC and Transitional Justice: Should the Prosecutor Exercise Discretion in the Interests of Peace? », in Roel DE LANGE (ed.), *Aspects of Transitional Justice and Human Rights, proceedings of the 2006 annual conference of the Netherlands school of human rights research*, Nijmegen : Wolf Legal Publishers WLP, 2007, p. 5 ; Voir aussi U.S. Department of State, Bureau of Democracy, Human Rights and Labor, « Country Reports on Human Rights 2003-Liberia », February 25, 2004.

1122 Liberia : quand la justice torpille un processus de paix. *Le Temps*, disponible à l'adresse : http://www.letemps.ch/Page/Uuid/dccd71f4-e267-11df-92eb-4573e0b27b3a|1 (consulté le 22 février 2014).

Dayton [1123] et l'inculpation de Milošević le 27 mai 1999 n'a pas empêché le règlement de la guerre au Kosovo, règlement qui a permis le retour d'un grand nombre de déplacés internes [1124]. Il convient cependant de rappeler que ces inculpations ont été bien programmées dans l'optique de conjurer toute compromission des négociations de sortie de crise. Bien que des preuves aient été réunies pour inculper Milošević plus tôt, cela n'a été effectif qu'en 1999. La raison est qu'avant cette date, il était encore considéré comme étant un interlocuteur légitime et utile dans le processus de rétablissement de la paix. En effet, « comment puis-je à la fois, prendre un thé avec Milošević pour trouver un règlement négocié au conflit et, dans le même temps, le traiter en criminel de guerre ? » [1125]. Fatou Bensouda a une position plus tranchée sur la question. D'après elle, les négociations antérieures n'ont fait que sacrifier la justice pour la paix. Pourtant l'histoire nous apprend que la paix sans la justice n'a toujours été que de courte durée et le cycle de violence s'est poursuivi sans relâche [1126].

Ces cas illustrent parfaitement la nature du conflit qui peut exister dans certaines situations entre l'application stricte du droit pour rompre avec l'impunité et les exigences politiques de négociation et de résolution du conflit. Rendre justice est l'objectif premier des CPI, TPI *ad hoc* et TP internationalisés. L'article 53 du Statut de Rome de 1998 n'autorise, du reste, le procureur à n'utiliser son pouvoir discrétionnaire pour ne pas mener des investigations ou poursuites que s'il est établi que celles-ci iraient à l'encontre de l'intérêt de la justice, et non de la paix [1127]. Une application stricte et automatique traduit une certaine « décontextualisation » de la mise en œuvre de la règle de droit. Ce qui ne cadre pas tout à fait avec la pratique actuelle des juridictions pénales internationales, pour ce que les facteurs politiques déterminent bel et bien l'effectivité de l'approche criminelle et dans quelle mesure celle-ci peut contribuer à la paix. Justice et paix peuvent dans certains cas s'opposer de

---

1123 Les Accords de Dayton, signés le 14 décembre 1995 ont fait cesser les violences en Bosnie-Herzégovine.

1124 Voir les commentaires de Kenneth Toth et Richard Goldstone dans Kenneth A. RODMAN, « Compromising Justice: Why the Bush Administration and the NGOs are Both Wrong About the ICC », *Ethics and International Affairs* 20:1 (Spring 2006), p. 44.

1125 Propos tenus par un ambassadeur occidental anonyme à nous rapportés par Pierre Hazan dans son livre intitulé *La paix contre la justice ? Comment reconstruire un État avec des criminels de guerre ?* GRIP. André Versaille éditeur. Août 2010, p. 7.

1126 Fatou BENSOUDA, « Opinion on International Justice and Diplomacy », *New York Times*, March 19th, 2013.

1127 Pour le débat à ce sujet, voir « The meaning of the "Interests of Justice" in article 53 of the Rome Statute », *Human Rights Watch*,Policy Paper, June 2005 ; Amnesty International, Open Letter to the Chief prosecutor of the International Criminal Court: Comments on the Concept of the Interests of Justice, drafted by Martin Macpherson, Senior Director of the International Law and Organizations Program, June 17, 2005 ; Leslie VINJAMURI and Jack SNYDER, « Advocacy and Scholarship in the Study of International War Crime Tribunals and Transitional Justice », *Annual Review of Political Science* 7 (2004), p. 346-352.

manière à compromettre l'avenir des déplacés internes en phase de retour notamment, mais force est de constater que les tribunaux s'efforcent à tenir compte, semble-t-il, de la paix et la réconciliation lorsqu'ils sont amenés à rendre justice.

2. La prise en compte limitée des « intérêts de la paix » dans l'application des textes

Celle-ci concerne tant la prévention (a) que la sanction du crime de déplacement forcé (b).

a. Prévention du déplacement forcé (prévention des atrocités)

Punir avec fermeté ou créer des institutions fortes chargées de le faire peut révéler un effet dissuasif, mais l'on n'obtient pas toujours cet effet au moyen de la création des tribunaux. Le TPIR par exemple, créé après le génocide, aurait-il pu empêcher ou atténuer les effets du génocide s'il avait été créé avant ou pendant celui-ci ? Ces tribunaux n'ont pas du tout d'effet dissuasif, si l'on s'en tient à quelques atrocités de l'histoire. La guerre a continué pendant plus de deux ans après la mise sur pied du TPIY et le massacre de Srebrenica perpétré par Ratko Mladic qui faisait déjà l'objet d'investigations pour crimes contre l'humanité [1128]. Une intervention internationale forte s'est avérée nécessaire dans quelques cas ; notamment pour affaiblir les criminels qui ont encore dans certains cas une forte influence ou une grande autorité dans une région ou un État donné [1129]. Ces tribunaux ne peuvent pleinement dissuader que s'ils sont soutenus par des décisions politiques fortes, notamment du Conseil de sécurité en vertu du chapitre VII de la Charte. Kenneth A. Rodman ne disait-il pas que « les tribunaux internationaux peuvent être un complément important aux interventions humanitaires ; mais ils en sont de pauvres substituts » [1130] ?

1128 Kenneth A. RODMAN, « The ICC and Transitional Justice: Should the Prosecutor Exercise Discretion in the Interests of Peace? », in Roel DE LANGE (ed.), *Aspects of Transitional Justice and Human Rights, proceedings of the 2006 annual conference of the Netherlands school of human rights research*, Nijmegen : Wolf Legal Publishers WLP, 2007, p. 11.

1129 Annie WARTANIAN, « The ICC Prosecutor's Battlefield: Combating Atrocities While Fighting for States' Cooperation », *Georgetown Journal of International Law* 36:4 (2005), p. 1302-1310.

1130 Kenneth A. RODMAN, « The ICC and Transitional Justice: Should the Prosecutor Exercise Discretion in the Interests of Peace? », in Roel DE LANGE (ed.), *Aspects of Transitional Justice and Human Rights, proceedings of the 2006 annual conference of the Netherlands school of human rights research*, Nijmegen : Wolf Legal Publishers WLP, 2007, p. 14.

b. Sanction du crime de déplacement forcé et prise en compte des intérêts de la paix

La justice transitionnelle inclut des mécanismes de responsabilisation pour les abus commis et parfois des poursuites judiciaires [1131]. Ainsi, les CPI, TPI *ad hoc* et tribunaux pénaux internationalisés tiennent de plus en plus compte des « intérêts de la paix » dans leurs investigations et poursuites.

Prendre en compte les intérêts de la paix ne signifie pas toujours accorder l'amnistie qui reviendrait dans certains cas, à encourager l'impunité et par ricochet la commission des atrocités. En Sierra Leone, l'amnistie avait été accordée en vue de faciliter la paix et la réconciliation, mais c'est l'effet inverse s'est produit. On a assisté à la perpétration de graves crimes qui ont amené l'ONU et le TSSL à changer d'approche ; optant alors pour la poursuite criminelle [1132]. Bien que l'amnistie soit légalement acceptée et représente un geste de paix et de réconciliation à la fin d'une guerre civile ou d'un conflit armé interne [1133], l'ONU s'y oppose en ce qui concerne les crimes internationaux comme le génocide, les crimes contre l'humanité ou autres violations graves du DIH [1134].

Tenir compte des intérêts de la paix sans toutefois renoncer à la justice est possible. Le président Yoweri Museveni a saisi la CPI de la situation en Ouganda, marquée d'atrocités à grande échelle. Cette saisine a fait l'objet de vives critiques, celle d'un ancien ministre ougandais en l'occurrence, le nommé Betty Bigombe, qui essayait au moment de cette saisine d'impliquer la LRA dans un processus de paix. Ce dernier et plusieurs organisations de la communauté Acholi ont émis et défendu l'idée qu'une inculpation n'encouragerait pas la LRA à participer aux négociations et que la meilleure stratégie était l'offre d'amnistie en échange de la démobilisation, et ainsi mettre en œuvre les traditionnelles stratégies de réconciliation non punitives afin de

---

1131 Voir Ruti G. TEITEL, *Transitional Justice,* Oxford: Oxford University Press, 2000, p. 28. 33.

1132 Voir Résolution 1315 du Conseil de sécurité (14 août 2000) ; voir aussi le rapport du Secrétaire général sur l'établissement du Tribunal spécial pour la Sierra Leone (4 octobre 2000, UN Doc/2000/915). Sur la même question, voir Darryl ROBINSON, « Serving the Interests of Justice : Amnesties, Truth Commissions and the International Criminal Court », *European Journal of International Law* (2003), Vol. 14, No 3, p. 481-5-5 notamment p. 496.

1133 Le paragraphe 5 de l'article 6 du Protocole additionnel II de 1977 aux Conventions de Genève, relatif à la protection des victimes des conflits armés non internationaux, prévoit que : « À la cessation des hostilités, les autorités au pouvoir s'efforceront d'accorder la plus large amnistie possible aux personnes qui auront pris part au conflit armé ou qui auront été privées de liberté pour des motifs en relation avec le conflit armé, qu'elles soient internées ou détenues ».

1134 Conseil de sécurité, préambule de sa résolution 1315 (2000) sur la situation en Sierra Leone.

réintégrer les criminels au sein de la communauté Acholi [1135]. Après des échanges avec les représentants de cette communauté et des interviews avec les victimes et organisations de la société civile, le procureur, sur la base de l'article 53 du Statut de Rome, a fait savoir que l'inculpation pourrait être retardée afin de donner une chance au processus de paix [1136]. Par la suite, il délivrera des mandats d'arrêt contre cinq chefs de guerre, dont Joseph Kony ; laissant le soin à l'Ouganda de choisir entre approches pénales ou non pénales pour les crimes les moins graves selon qu'il y va des intérêts de la paix et de la réconciliation.

Assurément, engager des enquêtes et poursuites criminelles dans des situations de déplacement forcé ne peut nuire au rétablissement de la paix que lorsque celles-ci interviennent de façon décontextualisée, à un moment inadapté, ou alors ne tiennent pas nécessairement compte du contexte politique. « Le droit international ne peut pas être isolé du contexte politique dans lequel il doit fonctionner » [1137]. Pour ce faire, le juridique devrait être soutenu par le politique. Lorsque ces enquêtes et poursuites criminelles s'accompagnent d'un large soutien politique national et international, le processus de rétablissement de la paix et de réconciliation entre communautés déplacées et non déplacées se trouve renforcé. L'on constate par exemple qu'il est difficile de mettre en œuvre l'approche criminelle lorsque les criminels concernés ont encore une certaine aura, un certain pouvoir sur un grand groupe. Alors, il faut au préalable les neutraliser jusqu'à ce que les négociations ne soient plus nécessaires. Dans le cas contraire, il faut des compromis et des concessions avec la justice. Ces derniers impliquent des considérations politiques et comme le rappelle Cherif Bassiouni, le compromis est l'art de la politique, pas de la justice [1138].

1135 Voir International Crisis Group, « Shock Therapy for Northern Uganda's Peace process », *Africa Briefing* No. 23, April 11, 2005, p. 5 ; et Adam Branch, « International Justice, Local Injustice: The International Criminal Court in Northern Uganda », Dissent 51:3 (summer 2004), p. 22-25.

1136 Voir la déclaration de Yves Sorokobi dans « Uganda: ICC Could Suspend Northern Negotiations. Spokesman », *IRIN News*, April 18, 2005 ; voir aussi Katherine Southwick, « Northern Uganda Conflict: Forgotten But Still Deadly », *Yale Global Online*, March 9, 2005.

1137 Kenneth A. RODMAN, « The ICC and Transitional Justice: Should the Prosecutor Exercise Discretion in the Interests of Peace? », in Roel DE LANGE (ed.), *Aspects of Transitional Justice and Human Rights, proceedings of the 2006 annual conference of the Netherlands school of human rights research*, Nijmegen : Wolf Legal Publishers WLP, 2007, p. 21.

1138 Cherif BASSIOUNI, « From Versailles to Rwanda in Seventy-Five Years: The Need to Establish a Permanent International Criminal Court », *Harvard Human Rights Journal* 10 (1997), p. 12.

Conclusion du Chapitre I

Dans le but de protéger les droits fondamentaux des déplacés internes, l'ONU a recours à ses principaux piliers de protection des droits de l'homme avec un appui sur d'autres mécanismes qui lui sont liés. Si ces principaux piliers et mécanismes jouent un rôle important en matière de protection des déplacés internes, ils font montre d'une insuffisante ouverture aux droits de ces personnes. Certaines se démarquent nettement à travers leur engagement dans la résolution des problèmes de déplacement interne et la protection des droits des déplacés internes. Toutefois, les questions du plaidoyer et des sanctions constituent le talon d'Achille de cette dimension de l'action de l'ONU en matière de protection des déplacés internes. Il y a aussi à l'évidence une large place à la volonté politique et aux implications actuelles du principe de la souveraineté étatique.

L'on aura intérêt à sensibiliser davantage certains de ces mécanismes institutionnels aux droits des déplacés internes et les mesures à prendre pour faire face aux situations de déplacement interne. Quant aux autres, ils devraient manifester un peu plus de volonté d'agir en faveur des déplacés internes, puisqu'ils ont en effet, le savoir-faire nécessaire, voire les capacités humaines et financières requises. Bien que d'autres mécanismes spécifiques tout aussi importants soient en place (les mécanismes de protection sur le terrain), la protection des déplacés internes pourrait ainsi être renforcée. En effet, pendant que se met progressivement en place la protection internationale des déplacés internes à travers les mécanismes internationaux, la protection sur le terrain, bien que difficile mais indispensable, prend une tout autre direction. Elle touche de près à la souveraineté de l'État ; faisant *ipso facto* entrer en jeu beaucoup de considérations politiques.

CHAPITRE II.

L'OUVERTURE DES MÉCANISMES OPÉRATIONNELS « ONUSIENS » AUX DROITS FONDAMENTAUX DES DÉPLACÉS INTERNES

C'est sur le terrain, à l'intérieur des frontières étatiques que se produit le déplacement interne pour ses différentes causes et dans ses différentes phases. C'est également à l'intérieur des frontières étatiques que l'ONU met principalement en œuvre ses mesures de prévention et de protection. C'est non seulement le cadre spatial dans lequel se déroule le phénomène, mais également la destination des efforts internationaux en termes de mécanismes et d'institutions voués à la prévention et à la protection. Pour une promotion résolue et une protection rapprochée des droits de l'homme, l'ONU procède à l'implantation de ses bureaux dans des régions, sous-régions et États. Elle diversifie sa présence sur le terrain, avec une prépondérance de bureaux politiques, juridiques et humanitaires, renforcés selon le contexte par des opérations armées. Ce qui lui permet de mieux s'enquérir de la situation des droits de l'homme, de mieux coopérer avec et soutenir les États membres sur la question et surtout d'intervenir lorsque besoin est. Face à la difficulté de répondre et surtout de le faire dans le délai idéal pour prévenir de graves exactions contre les populations, l'ONU adopte de plus en plus une approche à caractère humanitaire. Il y a en effet une variation d'approches et cela n'est pas l'apanage de l'ONU seule. L'on constate que plusieurs acteurs humanitaires exercent désormais des activités de protection. L'ouverture se fait dans les deux sens ; pour la simple raison que des défaillances existent tant dans l'action humanitaire que dans la prévention des atrocités.

Le choix de l'architecture institutionnelle pour l'action sur le terrain dépend de plusieurs facteurs. L'un des plus importants est la volonté politique des différents acteurs. Cette volonté de réagir face à des situations de crise doit être mobilisée. La mobilisation dans ce contexte peut se faire à travers des plaidoyers et activités de promotion des droits du ou des groupes dans le besoin de protection, ici les déplacés internes. En outre, la présence des différentes agences sur le terrain et le choix des mécanismes varient en fonction des besoins du ou des groupes visés ; ainsi, ils doivent être à la fois adaptés et pertinents. Thomas G. Weiss l'a relevé :

> « Les urgences humanitaires sont devenues plus politisées, plus militarisées, et plus intra étatiques que leurs prédecesseures. Par conséquent, la coordination est de plus en plus considérée comme essentielle non seulement pour arranger les nouveaux éléments complexes institutionnels [orchestrate complex institutional inputs], mais aussi pour les situer par rapport à des facteurs et des acteurs politiques et militaires » [1139].

La réponse « onusienne » sur le terrain en matière de déplacement interne fait intervenir différentes catégories d'agences et institutions. Cette réponse a été initialement pensée collaborative et par la suite construite principalement autour de l'approche à responsabilité sectorielle et de la reconnaissance aux opérations de maintien de la paix d'une mission de protection des droits de l'homme. Très important encore, le choix de ces arrangements compte aussi parmi ses justifications une d'ordre budgétaire. Si le problème financier se pose pour l'ONU de façon générale, il point encore plus sérieusement s'agissant de ses institutions qui assurent la protection par le truchement de l'aide humanitaire sur le terrain. L'intensité et la qualité de leurs activités sont circonstancielles ; elles tiennent en compte tant les occurrences que la demande. En cas de conflit armé ou de catastrophe, le HCR par exemple procédera à un appel de fonds pour financer ses opérations. Ces dernières sont largement tributaires des fonds levés. En réalité, tant les activités de ces institutions que leur existence proprement dite dépendent largement du budget disponible, budget qui est très variable suivant la gravité de la crise [1140]. Elizabeth Ferris l'exprime en ces termes :

1139 Thomas G. WEISS, « Humanitarian Shell Games : Whither UN Reform ? », in *Security Dialogue*, Volume 29, number 1, march 1998, p. 11.

1140 Rappelons ces propos certainement mais déplorablement réalistes d'un représentant d'ONG : « What we need is a good disaster. We really scaled up after the tsunami, but now are going to have to let a lot of staff go unless there's another major disaster soon » [« Nous avons besoin

.../...

« Ce sont les donateurs traditionnels — une poignée d'entre eux représentent 95 pour cent de tous les secours humanitaires — qui font vivre les idéaux humanitaires, qui façonnent les programmes et les priorités des organisations multilatérales, et qui déterminent si une personne déplacée par les inondations sera capable de reconstruire sa maison ou si une femme agressée par un groupe d'insurgés reçoit des soins » [1141].

Le niveau de protection offerte par une agence à un groupe spécifique varie en fonction de la croissance ou de la coupe dans le budget qui lui est alloué. La relation entre les deux est nette. En clair, les donateurs contrôlent la protection, orientent la protection entière ou en priorité vers tel ou tel groupe et suivent *crescendo* étroitement les activités des différentes organisations qu'ils financent. Ils déterminent en quelque sorte la politique de ces organisations [1142]. Pourtant, et comme le rappelle par ailleurs Geneviève Bastid Burdeau, « le financement des organisations internationales constitue un moyen essentiel de l'autonomie et de l'efficacité de l'action de l'organisation internationale » [1143]. Non seulement les donateurs orientent l'utilisation des fonds, mais aussi leur politique de donation présente des répercussions sur l'efficacité de l'action des organisations qu'ils financent ; notamment la tendance à financer les ONG nationales et le retard dans la donation. Tout ceci entrave l'efficacité du système humanitaire [1144]. Cela leur a d'ailleurs valu de vives critiques de la part des bénéficiaires qui leur reprochent tant leur tendance à imposer des agendas externes au détriment des besoins des populations dans la prostration, leur exigence d'une réponse humanitaire réalisée en un temps record, le non-soutien de leur part à la présence physique sur le terrain, que leur échec dans le

---

d'une bonne catastrophe. Nous avons connu une escalade après le tsunami, mais sommes maintenant dans l'obligation de nous séparer d'une partie de notre personnel à moins qu'une autre catastrophe majeure ne survienne »]. Cité par Elizabeth FERRIS, *The Politics of Protection: The Limits of Humanitarian Action*. Brookings Institution Press, Washington D.C., 2011, p. 229.

1141 Elizabeth FERRIS, *The Politics of Protection: The Limits of Humanitarian Action*. Brookings Institution Press, Washington D.C., 2011, p. 228.

1142 Sur le rôle des donateurs dans l'action humanitaire, voir : Kerry SMITH, *Non-DAC Donors and Humanitarian Aid. Shifting structure, changing trends*. Briefing paper, Workstreams, Governments, Version 1, july 2011 ; Elizabeth FERRIS, *The Politics of Protection: The Limits of Humanitarian Action*. Brookings Institution Press, Washington D.C., 2011, pages 236 and 237 ; Abby STODDARD, *Report on International Humanitarian Financing: Review and Comparative Assessment of Instruments. A study for the Good Humanitarian Donorship initiative commissioned by the Office of US Foreign Disaster Assistance*, 22 July 2008, p. 34-36 ; Joanna MACRAE and others, *Uncertain Power: The Changing Role of Official Donors in Humanitarian Action*, 2002.

1143 Geneviève BASTID BURDEAU, « Les finances des organisations internationales », in Evelyne LAGRANGE et Jean-Marc SOREL (Dir.), *Traité de droit des organisations internationales*, Paris, LGDJ/Lextenso, 2013, p.566.

1144 Voir les études faites dans le cadre du Humanitarian Financing Initiative, études faites en réponse à la demande des donateurs en 2003.

développement des arrangements participatifs ou sous forme de partenariats [1145]. L'une des fâcheuses conséquences est que le principe humanitaire selon lequel l'assistance devrait être offerte selon les besoins seuls se trouve ainsi, par la force des choses, relégué au second plan.

Prenant en compte la nécessité d'apporter une protection rapprochée et effective aux déplacés internes subissant de réelles contraintes budgétaires et politiques, soucieuse de renforcer l'efficacité de son action au moyen d'arrangements institutionnels spécifiques, l'ONU s'efforce tant bien que mal d'asseoir et d'assumer son rôle de référent subsidiaire en matière de protection des droits et de réponse aux besoins des déplacés internes sur le terrain. Ses efforts sont consentis dans le but, entre autres, de traduire les droits proclamés des déplacés internes en droits effectifs.

L'approche de l'ONU vis-à-vis des déplacés internes varie d'un État à l'autre, certainement en fonction des particularités de ces derniers ; quoi de plus normal ? Mais, quels que soient le cas et le contexte, les attentes des déplacés internes sont quasi identiques. Il y a un minimum à satisfaire par le porteur de la responsabilité de protéger, dans un premier temps l'État, et si les circonstances l'exigent, l'ONU, subsidiairement. Le manquement à cette obligation ou responsabilité s'apparenterait à une trahison [1146].

Divers mécanismes et institutions sont créés sur le terrain à dessein de protéger les déplacés internes. Les mécanismes dont il est question ici ne sont pas des mécanismes strictement juridiques de protection, ils font intervenir à la fois une protection purement juridique et une protection à caractère humanitaire. Le débat rouvert en 1999 sur la protection part de cette interrogation de Kofi Annan à l'Assemblée générale :

> « Si l'intervention humanitaire constitue effectivement une atteinte inadmissible à la souveraineté, comment devons-nous réagir à un

---

1145 Mary B. ANDERSON, « The Giving-Receiving Relationship: Inherently Unequal? » in *The Human Rights Response Index 2008*, p. 5 (cité par Elizabeth FERRIS, *The Politics of Protection: The Limits of Humanitarian Action*. Brookings Institution Press, Washington D.C., 2011, p. 239).

1146 Trahison, c'est en ce terme que certains auteurs ont nommé la réponse de l'ONU aux déplacés internes dans le Sud et dans le Centre de l'Irak de 1991 à 2003. John FAWCETT and Victor TANNER, « Again and Again: The UN's Betrayal of the Internally Displaced in South and Central Iraq, 1991-2003 », in Anne F. BAYEFSKY (ed.) *Human Rights and Refugees, Internally Displaced Persons and Migrant workers: Essays in Memory of Joan Fitzpatrick and Arthur Helton*. Martinus Nijhoff Publishers, Leiden, Boston, 2006, p. 155-177. Ces auteurs nous révèlent ici la relation entre l'ONU et l'Irak fondée à un moment donné sur le « oil-for-food programme ». Période pendant laquelle l'ONU n'avait clairement accepté aucune responsabilité pour la protection des personnes déplacées sur les territoires sous la maîtrise de Bagdad, les laissant ainsi dans l'isolement et en situation de populations vulnérables non assistées. Rappelons que l'approche « onusienne » des questions de déplacement interne en Irak a profondément évolué depuis l'invasion de ce pays en 2003 menée par les États-Unis.

Rwanda ou à un Srebrenica, à des violations flagrantes et systématiques des droits de l'homme qui offensent tous les préceptes de notre humanité commune ? »[1147]

Ce débat qui se focalise particulièrement sur les situations de violences graves et conflits armés laisse apparaître deux approches différentes de protection : une approche de protection non coercitive des civils dans les conflits armés[1148] et une approche de protection coercitive qui apporte une nouvelle dimension aux interventions d'humanité. La première est mise en œuvre aujourd'hui tant bien que mal. La seconde ne fait pas encore l'unanimité et voit sa mise en œuvre compromise. La formulation de ces approches intervient à un moment où la protection des personnes pour cause de catastrophes ne se pose pas avec autant d'acuité qu'aujourd'hui. Feront-elles preuve d'ouverture à l'égard de ces nouveaux fléaux ?

La protection des déplacés internes par le truchement d'autres mécanismes et des partenaires « onusiens » (Section II), épaule celle établie sur les mécanismes ordinaires de protection (Section I). Mais, quelle que soit l'approche choisie, il faut au préalable une certaine volonté d'intervenir, volonté au demeurant très variable que l'on étudiera à la lumière de la réponse internationale en RDC (section préliminaire).

1147 Kofi ANNAN, *We The People: The Role of the United Nations in the 21st Century. Millennium Report of the Secretary-General*, March 2000.

1148 Cette approche se concrétise par l'adoption de la résolution 1265 (1999). Puis l'on aura, grandissant, des missions des Nations unies avec mandat de protection des civils (la première sera la résolution 1270 de 1999, portant création de la MINUSIL en Sierra Leone).

SECTION PRÉLIMINAIRE.
DE LA VOLONTÉ DE RÉPONDRE SUR LE TERRAIN ILLUSTRÉE À PARTIR DE L'APPROCHE EN RÉPUBLIQUE DÉMOCRATIQUE DU CONGO

Pour une réponse internationale sur le terrain, plusieurs paramètres entrent en ligne de compte, parmi lesquels on trouve en bonne place la volonté de la société internationale de réagir, une volonté transitoire qu'il faut remobiliser face à chaque crise qui point à l'horizon. D'évidence, elle fluctue selon l'État en présence, privilégiant par ricochet les déplacés de tel ou tel État ou de telle ou telle époque. Un facteur tel le nombre de déplacés internes ne constituera que difficilement une raison suffisante pour une réponse internationale immédiate et appropriée. Nous le verrons à travers l'étude de la réponse internationale au déplacement interne sur le terrain en RDC.

Le nombre de déplacés internes dans cet État est en forte hausse ces dernières années, notamment depuis 2008. Au 31 juillet 2010, l'on comptait environ 1.9 million de personnes déplacées à l'intérieur de la RDC [1149], précisément dans les provinces du Nord-Kivu, du Sud-Kivu, Orientale, de Katanga et de l'Équateur. Puis, au 31 mars 2012, l'on y comptait plus de deux millions de déplacés internes [1150]. Les déplacés internes constituent une part considérable des populations affectées en RDC [1151]. Ce qui érige parfois cet État au rang de troisième ou quatrième sur la liste des États les plus touchés par le déplacement interne [1152]. Il est établi que le gouvernement de la RDC, eu égard à ses efforts et mécanismes en place, est incapable de prévenir les crises, les atrocités et les guerres avec leur cortège de malheurs qui ont cours sur le territoire de la RDC [1153]. Plus particulièrement, en matière de déplacement interne :

> « Le gouvernement congolais ne respecte pas son obligation de protéger et d'aider les personnes déplacées à l'intérieur du pays et celles qui sont retournées chez elles. En conséquence, ces

---

1149 République Démocratique du Congo. Passé. Présent. Avenir ? *Revue des migrations forcées*, numéro 36, décembre 2010, p. 4.

1150 « RD Congo. Une crise humanitaire complexe (au 31 mars 2012) », *RDC humanitaire*. Disponible à l'adresse : http : //www.rdc-humanitaire.net (consulté le 27 juillet 2012).

1151 Nations unies, Plan d'Action Humanitaire 2012, République Démocratique du Congo. Disponible à l'adresse : http : //www.rdc-humanitaire.net (consulté le 27 juillet 2012).

1152 Delphine SCHRANK, « Democratic Republic of Congo » in Jared GENSER and Irwin COTLER (eds.), *The Responsibility to Protect. The Promise of Stopping Mass Atrocities in Our Time.* Oxford University Press, 2012, p. 317.

1153 Plusieurs rapports proposent la création d'un mandat de Procédures spéciales spécifiques à la RDC, mandat qui offrira un mécanisme fiable à même d'améliorer la situation des droits de l'homme dans le pays. Voir notamment le troisième rapport conjoint des sept experts des Nations unies sur la situation en République Démocratique du Congo. A/HRC/16/68 du 9 mars 2011, paragraphe 16.

personnes sont totalement tributaires de l'assistance de la communauté internationale » [1154].

Cet État est l'un des plus grands bénéficiaires de l'aide humanitaire. Il a reçu 408 millions de dollars US, soit 5,5 % de l'aide humanitaire globale en 2007 [1155]. Dotée d'un budget de 1,4 milliard de dollars et près de 20 000 soldats, la MONUC a été la plus grande et la plus chère des missions de maintien de la paix des Nations unies. La RDC a été le laboratoire de l'ONU en matière de protection des civils : des approches y ont été expérimentées et introduites. La liste, loin d'être exhaustive, inclut les *joint protection teams* [1156] et plus récemment une brigade d'intervention spéciale [1157].

La réponse de l'ONU au déplacement interne en RDC est inconstante et très évolutive. Son engagement sur cette question et sur la protection des civils de façon générale a évolué et s'est affirmé progressivement au fur et à mesure que son rôle et sa dimension prenaient de l'ampleur. L'on retrace la réaction de l'ONU en fonction des différentes étapes suivantes : du génocide rwandais à la première guerre de la RDC, de la première guerre de la RDC à la seconde, et de la seconde guerre de la RDC à aujourd'hui. Les deux premières phases sont caractérisées par un quasi-désintéressement de l'ONU à propos de la situation dans cet État (Para I), lorsque la seconde marque un réel engagement qui, s'il a à plusieurs reprises changé de casquettes, se poursuit aujourd'hui encore (Para II).

§ 1. Une quasi-résignation de l'ONU à propos des premières grandes crises de déplacement interne en RDC

Absence, silence et approbation caractérisent l'attitude de l'ONU, de l'Occident et des « grandes puissances » à cette période de l'histoire de la RDC ; un désintéressement toutefois différencié selon les contextes. Ces derniers sont celui de l'avant-première guerre de la RDC (A) et celui allant de la première guerre de la RDC à la seconde (B).

A. Avant la première guerre de la RDC

La situation en RDC pendant cette période est principalement caractérisée par l'échec du processus de démocratisation et une crise régionale.

1154 Deuxième rapport conjoint des sept experts des Nations unies sur la situation en République Démocratique du Congo, A/HRC/13/63 du 8 mars 2010, paragraphe 111.

1155 Development Initiatives, Global Humanitarian Assistance Report 2009, p. 26.

1156 Le *Joint protection Team* n'a pas été spécialement orienté vers la protection des déplacés internes, mais ces derniers n'en sont pas exclus.

1157 En déployant cette brigade d'intervention spéciale, l'ONU se dote d'un moyen de passer à l'attaque et de mener des opérations offensives ciblées. Ce sera une première.

Une démocratisation mise à mal : dans la suite d'une pression tant de la part de la population zaïroise que de l'étranger [1158], le président Mobutu convoque une conférence nationale souveraine [1159] et rétablit le multipartisme. Pourtant tout n'est que leurre, puisqu'il s'affairera par la suite à ébranler l'opposition et à se maintenir au pouvoir ; ceci en usant principalement de la violence, de la corruption et de la manipulation des antagonismes tribaux et régionaux. La situation des droits de l'homme est critique : déportation de populations civiles au Katanga, violences ethniques au Nord-Kivu, aggravation du tribalisme, violation généralisée des droits de l'homme à travers le pays, etc [1160].

À ce processus de démocratisation désormais dans l'impasse s'est ajouté en 1994 le génocide rwandais dont les flux migratoires qui en sont la conséquence ont déstabilisé le quasi-équilibre géopolitique en RDC ; dans l'Est de la RDC particulièrement (un Est plus peuplé que les autres régions de l'État). Le Nord Kivu s'est vu déstabilisé et le Sud Kivu plus fragilisé. En dépit des efforts internationaux et nationaux déployés, les méfaits du génocide n'ont pas pu être circonscrits au seul Rwanda. L'*opération turquoise*, décidée par l'ONU [1161], menée par la France au Rwanda et censée mettre fin au génocide produira pourtant des effets contraires à l'esprit du mandat : incapacité d'arrêter le massacre, et les corridors créés par la mission pour l'acheminement de l'aide humanitaire ont plutôt permis aux forces génocidaires de fuir le Rwanda pour l'Est de la RDC [1162]. C'est donc impuissant que l'on a assisté à une véritable vague de déplacements des réfugiés rwandais vers l'Est de la RDC, estimés à 1.2 million [1163]. Parmi ces réfugiés se trouvaient des membres des anciennes forces armées rwandaises et des milices responsables du génocide : c'est-à-dire des proches de l'ancien régime rwandais auquel le Président Mobutu était proche. Ces derniers utiliseront les camps de réfugiés à l'Est de la RDC comme base arrière pour des incursions au Rwanda. La crise s'installera peu à peu.

1158 Pression étrangère non seulement des bailleurs de fonds, mais aussi le souvenir de la fin tragique de son homologue roumain, Nicolae Ceausescu.

1159 Conférence qui s'est étalée sur une année et demie, soit du second semestre de 1990 à 1992.

1160 Haut Commissariat des Nations unies aux droits de l'homme, République Démocratique du Congo, 1993-2003, Rapport du projet Mapping concernant les violations les plus graves des droits de l'homme et du droit international humanitaire commises entre mars 1993 et juin 2003 sur le territoire de la République Démocratique du Congo. Août 2010, p. 51.

1161 Voir résolution du Conseil de sécurité S/RES/929 du 22 juin 1994 sur la situation concernant le Rwanda (opération multinationale).

1162 Si une partie de la doctrine s'accorde à coller une image d'Épinal au rôle de la France dans la crise rwandaise, il faut surtout reconnaître que tout avait été préparé avec le consentement illicite, implicite de ce pays et que le caractère officiellement humanitaire d'une partie de l'opération est très contesté (voir Benoît COLLOMBAT et David SERVENEY, *Au nom de la France. Guerres secrètes au Rwanda*, La Découverte, 2014, 260 p.).

1163 Haut Commissariat des Nations unies aux droits de l'homme, République Démocratique du Congo, 1993-2003, Rapport du projet Mapping, ibid. p. 51.

L'initiative de la résoudre sera prise par quelques États de la sous-région, voire principalement par le Rwanda. Pour répondre à la crise, les nouvelles autorités rwandaises optent pour la solution militaire. Elles sont soutenues par l'Ouganda et les Tutsis du Nord Kivu et du Sud Kivu exclus du bénéfice de la nationalité zaïroise par Kinshasa. L'objectif est de neutraliser les ex-forces armées rwandaises et les milices responsables du génocide et de provoquer le changement de régime à Kinshasa. Auront lieu, en RDC, les premières vagues de déplacement de populations fuyant les conflits.

La politique internationale du moment est l'abandon du régime du Président Mobutu, une des conséquences de la fin de la Guerre froide et de l'effondrement du bloc communiste. Quant à la réaction internationale humanitaire, toute l'attention était portée sur la façon de répondre à la situation des réfugiés venus du Rwanda. L'on a décrié l'absence d'appui de la société internationale au Zaïre pour faire face à la crise humanitaire générée par les déplacements de populations fuyant les conflits.

B. De la première guerre de la RDC à la seconde

Dès juillet 1996, les militaires de l'armée patriotique rwandaise (APR) et des éléments armés banyamulenge/Tutsis engagent leur infiltration dans le Sud Kivu via le Burundi, et la déstabilisation du Nord Kivu à partir de l'Ouganda. De sérieux accrochages commencent en fin août. Le 18 Octobre, sera créée à Kigali l'Alliance des Forces démocratiques pour la Libération du Congo (AFDL), à laquelle le Rwanda a fourni des troupes, l'armement et la logistique. Alliance ayant à sa tête Laurent Désiré Kabila. C'est sous le couvert de cette Alliance que les militaires de l'APR, de l'*Uganda People's Defense Force* (UPDF) et des forces armées Burundaises (FAR) entreprennent la conquête des provinces du Nord Kivu, du Sud Kivu et du district de l'Ituri. À partir de décembre 1996, le gouvernement de Kinshasa lance une contre-offensive. Bénéficiant progressivement de renfort, les troupes de l'AFDL /APR entrent dans Kinshasa le 17 mai 1997 et le 26 mai Laurent Désiré Kabila se proclame président de la RDC.

Cette guerre fait intervenir une coalition de plusieurs États : l'on a d'un côté l'AFDL, l'Ouganda, le Rwanda, le Burundi et l'Angola, et de l'autre le Zaïre, l'UNITA [1164] et l'Armée pour la libération du Rwanda. Elle génère tant des réfugiés que des déplacés internes, surtout dans l'Est de la RDC.

Comme à la fin de la présidence de Mobutu, le nouveau régime congolais perd ses principaux soutiens sur le plan international, cette fois-ci à cause du refus de coopérer avec l'équipe spéciale envoyée par le Secrétariat général de

1164 UNITA ou Union nationale pour l'indépendance totale de l'Angola, en portugais União Nacional para a Independência Total de Angola.

l'ONU pour enquêter sur le massacre de réfugiés dans l'Est de la RDC, de la remise en cause de plusieurs contrats signés avec des entreprises étrangères, des mesures autoritaires prises par le président Kabila, etc.

Pas de réel engagement de l'ONU pendant cette guerre ; cette organisation est totalement absente et silencieuse. Elle s'occupait plus des enquêtes sur les violations des droits de l'homme que du conflit en cours. Le Conseil de sécurité dénonçait notamment l'obstruction par les rebelles des enquêtes en cours et le blocage de l'aide humanitaire. Pendant cette période d'environ huit mois, seules deux résolutions ont été prises par le Conseil de sécurité, et ce sur la situation des réfugiés. Cependant, aucune à propos des déplacés internes ou sur ce que l'on pouvait qualifier de crime d'agression. À cette époque, l'engagement de l'ONU à propos du déplacement interne n'était qu'à ses balbutiements. Les « grandes puissances » ne se sont pas démarquées de ce fiasco de l'ONU ; leur silence levant le voile sur leurs intentions et objectifs latents concernant cet État.

§ 2. Un engagement de l'ONU dès la fin de la première guerre de la RDC

Vers la fin 1997, les relations entre le président Laurent Kabila, le Rwanda et les militaires tutsis dans les rangs des Forces armées congolaises (FAC) se dégradent considérablement. Ces derniers reprochaient au président Kabila de privilégier son clan katangais, de bafouer ses promesses de reconnaître le droit des Banyamulenge à la nationalité congolaise, et son rapprochement d'avec les ex-forces armées rwandaises/Interahamwe et les milices Mayi-Mayi dont on sait leur hostilité à la présence de l'Armée patriotique rwandaise en RDC. C'est sans surprise qu'en juillet 1998, Kabila décide du départ des militaires de l'APR du territoire congolais. La réaction ne se fait pas attendre, puisque le 2 août 1998, début de la deuxième guerre de la RDC [1165], les militaires tutsis se mutinent et lancent une rébellion visant à renverser le président Kabila ; ceci avec le soutien de l'APR, de l'armée ougandaise, de l'armée burundaise et de quelques militaires d'ex-forces armées zaïroises. Quelque temps plus tard, d'autres acteurs se trouveront impliqués, les acteurs de la sous-région dans un premier temps. L'Angola, le Zimbabwe, la Namibie, le Tchad et le Soudan interviennent désormais aux côtés du président Kabila. De l'autre côté, l'on aura le Rassemblement congolais pour la démocratie (RCD, composé de l'APR, de l'armée ougandaise, de l'armée burundaise et de quelques militaires d'ex-forces

[1165] La Deuxième Guerre du Congo est ce conflit armé qui eut lieu sur le territoire de la République Démocratique du Congo (RDC) qui débuta en 1998 et se termina officiellement en 2002, avec une fin formelle le 30 juin 2003. Elle impliqua neuf pays africains, et une trentaine de groupes armés, ce qui en fait la plus grande guerre entre États dans l'histoire de l'Afrique contemporaine. Raison pour laquelle elle est aussi appelée la Première Guerre mondiale africaine.

armées zaïroises), l'armée nationale congolaise, l'armée rwandaise, l'armée ougandaise et l'armée burundaise. Les combats vont se poursuivre, s'aggravant et causant d'énormes dégâts.

L'ancienneté de l'instabilité en RDC, en particulier dans l'Est, dont les vagues successives de déplacement de populations en sont des composantes, va finalement susciter l'intervention de différents acteurs, non plus seulement sous-régionaux, mais internationaux pour, entre autres, répondre aux crises faisant des déplacés internes et autres personnes vulnérables.

Progressivement l'ONU va s'impliquer, avec quelque hésitation cependant. Il s'agira d'une implication pas des moins atypiques. Une affirmation qui se manifeste tant sous la forme civile que militaire. L'on trouvera sur le terrain diverses structures de l'ONU répondant aux crises, dont celle du déplacement interne, à savoir une mission de maintien de la paix (MONUC/MONUSCO) et une vingtaine d'institutions et agences des Nations unies [1166] jouant chacune des rôles tant divers que déterminants. Il faudra attendre, en effet, un mois après le début des hostilités (31 août) pour que le Conseil de sécurité appelle à un cessez-le-feu et au retrait des armées étrangères. Les principales initiatives, de paix notamment, sont l'œuvre des Africains à travers les accords de Lusaka, Luanda, Pretoria et aussi les Résolutions de Sun City.

A. De 1999 à 2006

Les activités de planification et de mise en œuvre de l'approche de protection relèvent globalement du ressort de l'Assemblée générale de l'ONU qui a intégré depuis des décennies le problème du déplacement interne dans son agenda. Ses résolutions et déclarations y font très souvent référence. Concrètement, elle s'intéresse à la situation en RDC dès 1999 en évoquant simplement la situation des déplacés internes dans sa résolution A/RES/54/179 sur la situation des droits de l'homme dans le pays. Bien qu'elle (Assemblée générale) n'ait pas pris de résolutions spécifiques au déplacement interne, elle évoque dans ses différentes résolutions les conditions des déplacés internes notamment la croissance exponentielle en termes de chiffres des déplacés internes [1167], leur sécurité [1168] et la garantie de leurs

---

1166 Les principales agences et institutions « onusiennes » œuvrant en RDC sont le bureau conjoint des Nations unies aux droits de l'homme (ce bureau cumule le mandat de la division des droits de l'homme de la MONUSCO et celui du Haut Commissariat des Nations unies aux droits de l'homme), l'UNESCO, la Banque Mondiale, le FMI, le HCR, la MONUSCO, OCHA, l'OMS, l'OIT, l'UN-Habitat, l'ONUSIDA, le PAM, le PNUD, le PNUE, l'UNFPA, l'UNICEF, ONU-Femmes, l'UNMACC, l'UNOPS, l'ONUDI. Parmi les institutions partenaires, on a l'OIM et la BAD.

1167 A/RES/57/146, paragraphe 8 ; A/RES/57/233 paragraphe 3.a ; A/RES/58/123 paragraphe 17 ; A/RES/58/196 paragraphe 3.d.

droits [1169]. L'on pourrait croire à une certaine légèreté de l'Assemblée générale vis-à-vis de la cause des déplacés internes puisque dans ces résolutions elle fait allusion à ceux-ci comme avec tout autre groupe, sans particularité aucune.

Des mesures plus robustes seront prises par le Conseil de sécurité ; notamment pour mettre fin aux hostilités et limiter, voire faire cesser le déplacement de populations. Ces mesures contribuent à faire renaître l'intérêt de l'ONU pour la situation en RDC. En effet, le 9 avril 1999, par la résolution S/RES/1234, le Conseil de sécurité demande la signature immédiate d´un accord de cessez-le-feu. Après une intense pression diplomatique un Accord de cessez-le-feu, dit de Lusaka sera signé le 10 juillet 1999 [1170]. Malgré tout, les affrontements vont se poursuivre. En réponse, plusieurs autres résolutions [1171] interviendront cette même année dont la résolution S/RES/1279 du 30 novembre 1999, créant une opération de maintien de la paix : la Mission de l'Organisation des Nations unies en République Démocratique du Congo (MONUC). Cette opération est créée pendant la deuxième guerre du Congo et a d'abord été éployée comme une mission relevant du contexte du Chapitre VI de la Charte. De l'Accord de 1999 à 2002, l'on a relevé de constants affrontements, obligeant une réadaptation progressive du mandat de la MONUC. En 2000, son mandat s'étend à celle d'une mission complète de maintien de la paix conformément au Chapitre VII, l'autorisant ainsi à prendre des mesures nécessaires en fonction de ses capacités et dans les zones de son déploiement dans la seule intention de protéger les civils sous menace imminente de violence physique [1172]. Concrètement, elle devait limiter les pertes parmi la population civile, faire respecter les accords de cessez-le-feu et faire rentrer au Rwanda les ex-génocidaires rwandais. L'ONU renforcera sa présence armée dans cet État. Plusieurs autres résolutions du Conseil de sécurité interviendront en modification de cette mission intégrée [1173]. Bien qu'il y ait eu diverses initiatives des Nations unies, de 1999 à 2003, période de l'établissement d'un gouvernement transitoire, le camp

---

1168 A/RES/54/179, paragraphe 3.b. ; A/RES/57/146, paragraphe 8 ; A/RES/57/233 paragraphe 4.e. ; A/RES/58/123 paragraphe 17.

1169 A/RES/59/207, paragraphe 5.h. ; A/RES/60/170 paragraphe 6.k.

1170 Pour le texte de l'Accord de Lusaka, voir Conseil de sécurité, Résolution S/1999/815 du 23 juillet 1999.

1171 Voir S/RES/1258 du 6 août 1999 aux termes de laquelle le Conseil a accueilli avec satisfaction la signature de l´Accord de cessez-le-feu et a autorisé le déploiement du personnel militaire de liaison des Nations unies ; voir aussi S/RES/1273 du 5 novembre 1999 aux termes de laquelle le Conseil a prorogé le mandat du personnel militaire de liaison des Nations unies.

1172 S/RES/1291 du 24 février 2000, paragraphe 8.

1173 Voir S/RES/1304 du 16 juin 2000 ; S/RES/1316 du 23 août 2000 ; S/RES/1323 du 13 octobre 2000 ; S/RES/1332 du 14 décembre 2000 ; S/RES/1341 du 22 février 2001 ; S/RES/1355 du 15 juin 2001 ; S/RES/1376 du 9 novembre 2001 ; S/RES/1399 du 19 mars 2002 ; S/RES/1417 du 14 juin 2002 ; S/RES/1445 du 4 décembre 2002 ; etc.

occidental et la MONUC ont négligé les événements politiques et la guerre dans l'Est de la RDC, concentrant leurs efforts sur l'établissement de ce gouvernement transitoire et par ricochet, manquant de réelles opportunités de limiter les exactions [1174]. La MONUC a été particulièrement passive pendant les premières années de son mandat, incapable d'intervenir et de mettre fin aux violences à Moliro et Bunia notamment.

La période de 2003 à 2006 sera quant à elle une période transitoire. Il y a en place un gouvernement à même d'appuyer la société internationale dans ses efforts pour la paix, ce que cette dernière semblait attendre [1175]. Si en 2003 déjà l'approche de réponse humanitaire mise en place montre ses limites, l'on note aussi un réel besoin de renforcer la MONUC pour qu'elle puisse répondre efficacement à la crise qui persiste. L'accent sera mis sur cette dernière préoccupation ; attendu que pendant cette période il y a eu en RDC une multiplication des groupes armés à l'origine des vagues de déplacement de populations, groupes qui s'affrontent pour des raisons ethniques, pour être maîtres du territoire, pour le Rwanda, contre une intervention étrangère, etc.

L'ONU a bien évidemment réagi [1176] et a en plus dû collaborer avec d'autres organisations, efficacité obligeant, notamment pour la création de la Mission Artemis, une mission très spéciale. En effet, le 30 mai 2003, après moult rapports établis par le Secrétaire général et transmis au Conseil de sécurité et à l'initiative de l'Union européenne, le Conseil de sécurité autorisait l'Opération Artémis [1177], du nom de cette opération armée menée du 6 juin au 6 septembre 2003 spécifiquement à Bunia (chef-lieu de l'Ituri) par l'Union européenne au titre de la Politique européenne de Sécurité et de Défense (PESD). Les violations de droits de l'homme en cours dans cette région étaient d'une gravité particulière. Sa mission et celle de la MONUC plus tard étaient le maintien de l'ordre. Des individus dont des chefs des groupes armés ayant

1174 Herbert F. WEISS, « The Democratic Republic of the Congo : A Story of Lost Opportunities to prevent or Reduce Deadly Conflicts », in Richard H. COOPER and Juliette VOÏNOV KOHLER (eds.), *Responsibility to Protect: The Global Moral Compact for the 21st Century*, Palgrave Macmillan, 2009, p. 122-124.

1175 Ibid., p. 124.

1176 Voir S/RES/1457 du 24 janvier 2003 ; S/RES/1468 du 20 mars 2003 ; S/RES/1484 du 30 mai 2003 ; S/RES/1489 du 26 juin 2003 ; S/RES/1493 du 28 juillet 2003 ; S/RES/1501 du 26 août 2003 ; S/RES/1522 du 15 janvier 2004 ; S/RES/1533 du 12 mars 2004 ; S/RES/1552 du 27 juillet 2004 ; S/RES/1555 du 29 juillet 2004 ; S/RES/1565 du 1er octobre 2004 ; S/RES/1592 du 30 mars 2005 ; S/RES/1596 du 18 avril 2005 ; S/RES/1596 du 3 mai 2005 ; S/RES/1616 du 29 juillet 2005 ; S/RES/1621 du 6 septembre 2005 ; S/RES/1635 du 28 octobre 2005 ; S/RES/1649 du 21 décembre 2005 ; etc.

1177 Conseil de sécurité, résolution S/RES/1484 du 30 mai 2003.

commis des crimes ont été mis aux arrêts, mais les conditions pour un jugement approprié n'étaient pas remplies [1178].

B. De 2006 à 2009

L'année 2006 marque assurément un tournant dans la réponse internationale à la crise en RDC, particulièrement la crise du déplacement interne de populations. L'évolution de la situation créant de nouveaux défis à relever a rendu impératif de prendre des mesures concrètes qui couvrent à la fois les aspects civil et militaire.

Sur le plan civil, seront introduits le *cluster approach* principalement en ajout aux allocations du *Pooled Fund*, et autres plans d'action humanitaire. Depuis 2006, les agences de l'ONU et certaines ONG internationales travaillant en RDC interviennent suivant une réponse coordonnée, fondée sur le *cluster approach*. Une approche censée rendre la réponse internationale humanitaire plus systématique et prévisible. Cette approche a été introduite en RDC en tant qu'élément d'un ensemble de réformes incluant renforcement du Coordinateur Humanitaire, nouveaux mécanismes de financement humanitaires et structuration de la coordination des bailleurs. L'on a différents *clusters* globaux. À savoir : agriculture (assurée par le FAO), éducation (UNICEF et Save the Children), abris d'urgence (UNHCR et FICR), relèvement précoce (PNUD), télécommunications d'urgence (OCHA, PAM, UNICEF), logistique (PAM), coordination et gestion des camps (UNHCR et OIM), protection (UNHCR ; et sous *clusters* : protection des enfants [UNICEF], violence liée au genre [FNUP], RoL/Justice [OHCHR/PNUD], habitat, foncier, propriété [UN habitat], action mines [UNMAS]) santé (OMS), nutrition (UNICEF), eau, assainissement et hygiène (UNICEF). Les *clusters* se sont intégrés dans d'autres dispositifs en place comme les allocations du *Pooled Fund*, les plans d'action humanitaires. Il faut penser ici aux mécanismes de financement : pour renforcer la réponse à la crise en RDC, la communauté humanitaire délivre un plan annuel d'action humanitaire, financé par un mécanisme de multi donateur (les allocations du *Pooled Fund*, mis en œuvre en RDC en 2006), le Fonds Central d'Intervention d'Urgence (CERF) et des donateurs bilatéraux.

En outre, le changement dans l'architecture humanitaire est suivi de réorganisations dans le secteur des forces de maintien de la paix. Plusieurs résolutions du Conseil de sécurité interviendront dans ce sens, portant notamment prorogation du mandat de la mission de l'ONU tout en apportant quelques arrangements tels l'embargo sur les armes et d'autres mesures tout

---

[1178] Voir Haut Commissariat des Nations unies aux droits de l'homme, République Démocratique du Congo, 1993-2003, Rapport du projet Mapping, ibid. pages 417 à 421.

aussi importantes [1179]. Ajustements et améliorations nécessaires dans la mesure où la MONUC a à plusieurs reprises été accusée de se comporter en « touriste » et s'est même retrouvée impliquée dans la perpétration d'exactions, dont le déplacement forcé de populations [1180]. La MONUC a vu son mandat évoluer considérablement de 1999 au 30 juin 2010. Elle a été la mission de maintien de la paix la plus importante dans le monde avec 20.000 Casques bleus déployés. Comme plusieurs autres missions dont la MINUAD, la MINUS et la MINUL, la MONUC a, conformément à son mandat, mission de protection des droits de l'homme dont ceux des déplacés internes. Le Conseil de sécurité fera finalement de la protection des civils, personnel humanitaire et de l'ONU une priorité lors de la prorogation du mandat de la MONUC en décembre 2009.

C. De 2009 à aujourd'hui

L'on assiste à la mise en place en juin 2009 en RDC de l'*International Security and Stabilisation Support Strategy* (I-SSSS). Puis, l'ONU et la RDC ont entamé la mise en œuvre des plans de transition pour l'Est de la RDC, notamment les *Stabilisation and Reconstruction of Former Armed Conflict Areas in Eastern Congo* ([STAREC] qui contribuent dans des zones stabilisées de l'Est de la RDC à la mise en place d'un environnement sécurisé, la restitution de l'autorité étatique dans les zones jadis occupées par les groupes armés, la facilitation du retour et la réintégration des déplacés internes, la favorisation de la croissance économique). L'ONU a aussi adopté en 2010 un *system-wide strategy* pour la protection des civils en RDC, tendant à l'amélioration significative de l'accès à l'aide humanitaire, à la réponse aux exigences spéciales de protection de groupes vulnérables dont les déplacés internes, à la création d'un environnement favorable au retour durable des déplacées internes et à la réduction du nombre de déplacés internes. Cette stratégie tient compte de la mission intégrée des Nations unies. Concrètement, elle permet la rationalisation de la collecte de données et de l'analyse afin de mieux déterminer les activités de protection, identifier les zones de protection prioritaires pour l'opération des Nations unies, identifier des sites de déplacés internes couverts par le *cluster* protection et nécessitant sécurisation par la Mission de l'ONU. Ce système

---

1179 Voir S/RES/1654 du 31 janvier 2006 ; S/RES/1669 du 10 avril 2006 ; S/RES/1671 du 25 avril 2006 ; S/RES/1692 du 30 juin 2006 ; S/RES/1693 du 30 juin 2006 ; S/RES/1698 du 31 juillet 2006 ; S/RES/1711 du 29 septembre 2006 ; S/RES/1736 du 22 décembre 2006 ; S/RES/1742 du 15 février 2007 ; S/RES/1751 du 15 février 2007 ; S/RES/1756 du 15 mai 2007 ; S/RES/1768 du 31 juillet 2007 ; S/RES/1771 du 10 août 2007 ; S/RES/1794 du 21 décembre 2007 ; S/RES/1797 du 30 janvier 2008 ; S/RES/1804 du 13 mars 2008 ; S/RES/1807 du 31 mars 2008 ; S/RES/1843 du 20 novembre 2008 ; S/RES/1856 du 22 décembre 2008 ; S/RES/1857du 22 décembre 2008 ; S/RES/1896 du 30 novembre 2009 ; S/RES/1906 du 23 décembre 2009.

1180 Siobhan WILLS, *Protecting Civilians: The Obligations of Peacekeepers*. Oxford University Press, 2009, p. 60.

offre la possibilité de créer des sous-systèmes qui couvrent alors des régions spécifiques et pas toujours les régions touchées ou gravement touchées par le déplacement interne. On assiste finalement à une protection variant selon la zone dans laquelle on se trouve à l'intérieur du pays. Le *cluster* protection du Nord Kivu a développé sa propre stratégie de protection à l'intérieur de ce *system-wide strategy* en vue d'assister et protéger les déplacés internes et leurs communautés d'accueil et les déplacés de retour [1181].

L'aspect militaire de la réponse de l'ONU évoluera aussi. Le Conseil de sécurité décide de proroger jusqu'au 30 juin 2010 le mandat de la MONUC, décide également, puisque la RDC est entrée dans une nouvelle phase, que la Mission s'appellera à partir du 1er juillet 2010 *Mission de l'Organisation des Nations unies pour la stabilisation en République démocratique du Congo* (MONUSCO) [1182]. Cette dernière ayant en plus d'une composante civile, judiciaire et pénitentiaire, un effectif maximal de 19.815 soldats, 760 observateurs militaires, 391 fonctionnaires de police et 1050 membres d'unités de police. Le 28 mars 2014, le Conseil de sécurité décide de proroger d'un an (jusqu'au 31 mars 2015) le mandat de la MONUSCO, mission dotée d'une « brigade d'intervention » [1183]. Cette brigade contribue à l'amélioration de la protection des déplacés internes. Ses règles d'engagement l'autorisent à aller plus loin que les autres forces armées des Nations unies, notamment pour protéger les déplacés internes même lorsque ceux-ci ne sont pas attaqués par des groupes armés dans le sens du DIH [1184]. La MONUSCO est autorisée à utiliser tous les moyens nécessaires pour s'acquitter en priorité de son mandat de protection des civils, puis, du personnel civil et humanitaire, et des locaux, installations et du matériel de l'ONU. Elle assure le suivi de la mise en œuvre de l'embargo sur les armes. Elle participe à la stabilisation et à la consolidation de la paix en RDC, notamment par le renforcement de ses capacités militaires (notamment la justice et la police militaire), l'appui à la réforme de la police, la mise sur pied d'un programme de l'ONU pour appuyer la justice et développer l'appareil de justice (police, justice et prisons) dans les régions en conflit, la mise en place (à Kinshasa) d'une capacité centrale d'appui stratégique au programme susmentionné, l'aide au Gouvernement congolais pour consolider l'autorité de l'État sur un territoire

---

1181 HRW, 14 Septembre 2010, p.75, 81.

1182 Conseil de sécurité, Résolution S/RES/1925 du 28 mai 2010.

1183 Conseil de Sécurité, résolution S/RES/2098 du 28 mars 2013, sur la situation concernant la République démocratique du Congo. Le mandat de cette brigade a aussi été renouvelé lors du renouvellement du mandat de la MONUSCO le 28 mars 2014. Voir : Conseil de Sécurité, résolution S/RES/2147 du 28 mars 2014, sur la situation concernant la République démocratique du Congo.

1184 Conseil de sécurité, résolution S/RES/2098 du 28 mars 2013.

débarrassé des groupes armés. D'autres résolutions du Conseil de sécurité interviendront pour proroger ou renforcer le rôle de cette mission [1185].

1185 Voir Résolution S/RES/1991 du 28 juin 2011 portant sur l'extension du mandat de la MONUSCO jusqu'au 30 juin 2012, sur l'arrêt immédiat de toute violence et atteinte aux droits de l'homme de la part des groupes armés et sur l'appui apporté par la MONUSCO pour l'organisation d'élections prévues en novembre 2011 ; voir aussi Résolution S/RES/2021 du 29 novembre 2011 portant sur la poursuite, jusqu'au 30 novembre 2012, de l'embargo sur les armes et des autres mesures concernant la République démocratique du Congo à la suite de la prolifération du commerce illicite d'armes dans le pays.

SECTION I.
DE LA PERTINENCE DES MÉCANISMES ORDINAIRES DE PROTECTION DES DROITS DES DÉPLACÉS INTERNES SUR LE TERRAIN

La protection sur le terrain des déplacés internes présente quelques particularités. La conception de la protection à ce niveau est globale pour différentes agences, notamment pour le HCR. Cette dernière met en œuvre ou contribue à la mise en œuvre de deux modalités de protection. La première est la protection *stricto sensu* ou « juridique » qui consiste au soutien donné aux déplacés internes dans le domaine juridique de défense de leurs droits, dans le dialogue avec les autorités locales pour améliorer leur situation, dans la coordination des organismes intergouvernementaux et non gouvernementaux, etc. La seconde est la protection à caractère humanitaire. Celle-ci renvoie à l'assistance : fourniture d'aides matérielles comme les aliments, les vêtements, les logements, les soins médicaux, etc.

Le déplacement interne commence à préoccuper véritablement l'ONU à un moment où elle compte déjà un nombre très élevé, voire trop élevé d'agences. Cette multitude d'agences amenait déjà à s'interroger sur l'efficacité des choix. Des voix s'étaient élevées et c'est encore le cas aujourd'hui en faveur de trois choix possibles : à savoir la création d'une structure spécifique, l'attribution de cette tâche à une institution efficace comme le HCR pour satisfaire l'exigence de globalité [1186] et l'instauration d'une collaboration entre différentes instances de l'ONU. Le choix a été porté sur la collaboration au détriment des deux autres propositions. C'est cette collaboration qui devait alors façonner la réponse au déplacement interne sur le terrain.

L'architecture institutionnelle pour la protection des déplacés internes sur le terrain a été sujette à des arrangements interorganisationnels. Roberta Cohen en énumère les raisons : l'ampleur du problème du déplacement interne transcende les capacités d'une seule agence, des gouvernements se sont opposés à ce qu'une agence s'immisce explicitement dans les affaires de déplacement à l'intérieur des frontières étatiques, une nouvelle agence viendrait dupliquer les activités des agences existantes qui interviennent pour la cause des déplacés internes et il sera difficile de lever les fonds pour une telle agence, étant donné

1186 Aujourd'hui encore, cette option ne tarit pas d'adeptes. Pour le professeur Philippe Lagrange, « Mieux vaudrait dès lors penser en termes de globalité et songer à un organisme destiné à protéger les déplacés dans leur ensemble, sur le modèle de ce qui avait prévalu en 1946, avec la création de l'Organisation internationale pour les réfugiés, et qui pourrait tout à fait être le HCR avec un mandat élargi » (Philippe LAGRANGE, « Le droit des personnes déplacées. Entre unité et fragmentation », in Catherine-Amélie CHASSIN [dir.], *Les migrations contraintes, Actes du colloque de Caen*, Pedone, 2014, p. 58).

la limitation des fonds alloués aux causes humanitaires [1187]. En outre, pour Elizabeth Ferris,

> « plutôt que d'avoir une douzaine d'agences des Nations unies qui se lancent dans des programmes visant à répondre aux besoins et aux groupes particuliers, l'ONU ferait mieux d'accroître son apport et son efficacité grâce à une approche cohérente et coordonnée » [1188].

Depuis les années 1990, l'ONU multiplie les structures de coordination de toutes ses actions humanitaires en faveur des déplacés internes. L'on a depuis 1990 des coordonnateurs résidents chargés de coordonner l'assistance aux déplacés internes sur le terrain. En 1991, il a été créé le mécanisme du coordonnateur des secours d'urgence, chargé de coordonner à l'échelle du système de l'ONU la réaction aux situations d'urgence. Un an plus tard, un Comité permanent interorganisations a été mis sur pied. Ce dernier a créé en son sein un groupe de travail sur les déplacés internes [1189] et un réseau de haut niveau en 2000 [1190].

À partir de 1999, la réponse de l'ONU aux déplacés internes est organisée autour de l'approche collaborative, approche adoptée la même année par le Comité permanent interorganisations et dont le leitmotiv est qu'il ne revient pas à une seule agence de répondre aux crises de déplacement interne. Dans cette approche, les responsabilités des agences sont définies de manière *ad hoc*. Puis, au plan national, il revient au plus haut représentant de l'ONU, le Coordinateur résident ou le Coordinateur humanitaire, de coordonner les activités des différentes agences sur le territoire national.

Plusieurs études révèlent que ce système a fait montre de quelques lacunes [1191]. L'on constate non seulement que la nature de cet arrangement *ad*

1187 Roberta COHEN « Key Policy Debates in the Internal Displacement Field », *Refugee Watch*, No 32, December 2008, pages 92 & 93.

1188 Elizabeth G. FERRIS, *The Politics of Protection: The Limits of Humanitarian Action.* Brookings Institution Press, Washington D.C., 2011, p. 132.

1189 Voir paragraphe 46 du document E/CN.4/2003/86.

1190 Voir paragraphes 62 à 80 du document E/CN.4/2002/95.

1191 Voir principalement à ce sujet : Inter-Agency Standing Commitee, IDP Policy Package : Implementing the Collaborative Response to Situations of Internal Displacement : Guidance for UN Humanitarian and/or Resident Coordinators and Country Teams, 2004 ; Diane PAUL and Simon BAGSHAW, P*rotect or Neglect? Toward a More effective United Nations Approach to the protection of Internally Displaced Persons*, Brookings-SAIS project on Internal Displacement and OCHA/Affairs/Inter-Agency Internal Displacement Division, November 2004 ; The Future of the Collaborative Response to Internal Displacement: NRC Position paper, Norwegian Refugee Council August 2005 ; cité et ajouté par Elizabeth FERRIS, *The Politics of Protection: The Limits of Humanitarian Action.* Brookings Institution Press, Washington D.C., 2011, p. 117-119.

hoc n'est pas prévisible [1192], mais aussi que ces structures se sont confinées à l'assistance humanitaire seulement [1193]. Des réadaptations ont été opérées, en l'occurrence la création en 2002 du Groupe des déplacés internes au sein du bureau chargé des affaires humanitaires. Mais cette mesure n'a pas apporté un changement considérable.

Avec cette approche collaborative, il s'est posé un véritable problème de coordination et des fustigations sont venues de l'intérieur même du cercle organisationnel. En effet, bon nombre d'ONG et d'officiels de l'ONU remarquaient que bien que tout le monde soit pour la coordination, personne ne veut être coordonné [1194]. L'on pouvait aussi constater d'autres situations dans lesquelles toutes les agences présentes sur le terrain s'activaient sans véritable coordination. À ce propos, le RSG a noté que : « On sait que les organisations sont rebelles à la coordination et ne sont toujours pas prêtes à assumer des responsabilités dans les situations de déplacement interne » [1195]. Ces défaillances davantage mises à jour par les mésaventures comme celle du Darfour en 2004 [1196] ont construit une quasi-unanimité sur l'échec de l'approche collaborative. L'idée d'une refonte du système s'est installée dans l'immédiat [1197], une idée véritablement affermie en 2004-2005. Cette période a connu le lancement de diverses réformes dans le cadre de l'ONU avec notamment le travail remarquable de Jan Egeland, alors *Emergency Relief Coordinator*. En 2005 précisément, l'idée d'une agence unique qui serait responsable des déplacés internes a été ravivée par l'Institut pour l'étude des migrations internationales de l'université de Georgetown (ISIM). Sa proposition portait sur la création d'un *United Nations High Commisioner for Forced Migrants*, agence dont le mandat couvrirait à la fois les réfugiés et les déplacés internes [1198].

Une architecture institutionnelle impliquant plusieurs agences a une fois de plus été retenue. Elle l'a été pour les mêmes raisons qui avaient à la fin du XXe

1192 Elizabeth FERRIS, *The Politics of Protection: The Limits of Humanitarian Action.* Brookings Institution Press, Washington D.C., 2011, p. 226.

1193 Voir les rapports annuels successifs du Représentant présentés à l'ancienne CDH (depuis 2006 au Conseil des droits de l'homme) et à l'Assemblée générale.

1194 Thomas G. WEISS and David A. KORN, *Internal Displacement: Conceptualization and its consequences*, Routledge: London and New York, 2006, p. 79.

1195 Rapport du RSG du 22 février 1996, document E/CN.4/1996/52, § 25.

1196 En 2004 au Darfour, face à une situation de déplacement interne à outrance, la présence des organisations internationales humanitaires était très limitée, voire inexistante dans certains domaines.

1197 Cf. en particulier § 25 à 29 du rapport annuel du RSG, soumis à la 61ème session de la CDH, E/CN.4/2004/77.

1198 Susan MARTIN, Patricia WEISS FAGEN et al., *The Uprooted: Improving Humanitarian Responses to Forced Migration*, Lexington Books, New York, 2005, p. 112-123.

siècle justifié de vouer aux gémonies l'option d'une agence unique [1199]. Toutefois, les mécanismes de coopération sont différents des précédents : il s'agit cette fois-ci d'une approche à responsabilité sectorielle ou *cluster approach* (Para I). Présentée par une partie de la doctrine comme la panacée pour les acteurs humanitaires, celle-ci comblera-t-elle les attentes ? (Para II).

§ 1. LE RÔLE DE L'APPROCHE *CLUSTER*

C'est en 2005 que Jan Egeland, alors *Emergency Relief Coordinator*, a lancé la réforme humanitaire afin de pallier les lacunes dans la protection et l'assistance aux déplacés internes. Comme principales lacunes dans la réponse aux crises de déplacement interne, l'on déplorait l'absence de responsabilisation opérationnelle et de leadership dans des secteurs clés de vulnérabilité des déplacés internes [1200] : c'est-à-dire à la fois l'absence d'une institution spécifiquement responsable des déplacés internes et l'inadéquation des mécanismes informels de collaboration en vue de désigner des agences chefs de file *ad hoc*. Effort transformé quelques mois plus tard en un *system-wide reform initiative* [1201]. Cette réforme a-t-elle permis d'améliorer la réponse sur le terrain ? L'approche cluster a été conçue (B) pour atteindre cet objectif (A).

A. Les objectifs de l'approche *cluster*

L'approche *cluster* a été adoptée en 2005 comme élément de cette réforme humanitaire du système de l'ONU.

Le *cluster approach* se concentre initialement sur l'amélioration du leadership humanitaire, sur une réponse plus prévisible et responsable et sur un financement prévisible à travers la réforme de l'*Emergency Response Fund*. Elle ne prend pourtant pas en compte à cette époque les agences intergouvernementales. Il faut attendre 2006 pour que soit lancée la *Global Humanitarian Platform*, qui vient renforcer le partenariat entre ONU, ONG, CICR et les Sociétés nationales de la Croix-Rouge et du Croissant-Rouge [1202].

En clair,

[1199] Cité plus haut (Roberta COHEN « Key Policy Debates in the Internal Displacement Field », *Refugee Watch*, No 32, December 2008, pages 92 et 93).

[1200] Costanza ADINOLFI and others, *Humanitarian Response Review: And Independent Report Commissioned by the United Nations Emergency Relief Coordinator & Under-Secretary-General for Humanitarian Affairs, Office for the coordination of Humanitarian Affairs*, OCHA, 2005, p. 49 and 50.

[1201] Cité par Elizabeth G. FERRIS, *The Politics of Protection: The Limits of Humanitarian Action*. Brookings Institution Press, Washington D.C., 2011, pages 32 et 117.

[1202] Cette plateforme humanitaire mondiale, approuvée par Jan Egeland, est le résultat de l'initiative des ONG qui ont tenu à être consultées et plus impliquées dans le système *cluster*.

— Elle veut tout d'abord rendre l'assistance humanitaire plus efficace en instaurant un système de coordination sectorielle avec des organisations chefs de files désignées ;

— Elle vise ensuite à renforcer la capacité de réponse globale ainsi que l'efficacité de la réponse principalement par l'instauration d'une capacité globale suffisante dans tous les principaux secteurs d'intervention, ceci en vue d'assurer une réponse rapide et efficace à de nouvelles crises ;

— Elle vise après à assurer un leadership prévisible dans tous les principaux domaines d'intervention ;

— Conçue autour du concept de partenariat (partenariat entre agences de l'ONU, la Croix-Rouge internationale, le Croissant-Rouge, les organisations internationales et les ONG), elle implique de surcroît que les partenaires travaillent ensemble vers des objectifs humanitaires communs bien définis, tant au plan mondial que national ;

— Elle entend en outre renforcer le sens de la responsabilité, attendu que les chefs de file des *clusters* sont responsables au plan mondial de coordonner le secours afin de mettre en place une capacité de réponse prévisible et efficace conformément aux accords de l'IASC et au plan national, en plus de leurs responsabilités institutionnelles normales, ils sont responsables devant les coordonnateurs humanitaires pour remplir le rôle de chef de file ;

— Elle entend enfin contribuer à améliorer les stratégies de coordination sur le terrain et à établir les priorités par secteur d'intervention en attribuant la responsabilité de chef de file et de coordination à l'organisme compétent sur le plan opérationnel.

B. La méthode *cluster*

La mise en œuvre de l'approche *cluster* a été déterminée et encadrée au moyen de divers textes [1203]. Pour atteindre ses objectifs qui se résument à mieux répondre au problème de coordination, de prévisibilité et de responsabilisation, l'approche *cluster* délimite la responsabilité des agences vis-à-vis des déplacés internes. Elle ne modifie aucunement les responsabilités en matière de protection. Elle se réfère plutôt à celles humanitaires. L'on relève beaucoup de chevauchements cependant, notamment avec des agences

---

1203 Comité Permanent Interorganisations (IASC), Note d'orientation sur la mise en œuvre de l'approche de responsabilité sectorielle (« *Cluster approach* ») pour renforcer l'action humanitaire, 24 novembre 2006 ; Join Letter from Cluster Lead Agencies to their Directors/Representatives at Country Level, November 2009 ; IASC Guidance for Humanitarian Country Teams, November 2009 ; IASC Operational Guidance : Generic Terms of Reference for Cluster Coordinators at the Country Level, September 2010 ; Handbook for RCs and HCs on Emergency Preparedness and Response, IASC 2010 ; Cluster Approach Evaluations, 2007 & 2010.

humanitaires qui établissent des systèmes d'assistance juridique gratuite pour les déplacés internes. Les agences de l'ONU et les ONG reconnaissent que la réponse internationale aux situations d'urgence doit normalement couvrir non seulement l'aide humanitaire, mais aussi les questions de sécurité physique des personnes en danger [1204]. Fournir l'assistance sans garantir la sécurité physique ni assurer les droits des déplacés internes conduirait à la tragique description des victimes comme des « *well-fed dead* » [1205]. La définition retenue de la protection dans ces activités est la suivante : « Toute activité visant à obtenir le plein respect des droits de l'individu » [1206].

Lorsqu'une nouvelle situation d'urgence majeure requiert une réponse multisectorielle et la participation d'un large éventail d'acteurs humanitaires internationaux, recours doit être fait à l'approche sectorielle dès le début afin de mieux planifier et organiser la réponse internationale. Il y a d'abord une consultation des partenaires concernés par le coordinateur humanitaire ou le coordonnateur résident. Puis, ce dernier fait une proposition de pistes pour chaque domaine majeur et envoie une proposition au coordonnateur des réponses d'urgence (ERC). Ensuite, le coordonnateur de réponses d'urgence échange ces propositions avec les chefs de file globaux des secteurs. En outre, le coordonnateur de réponses d'urgence s'assure d'un accord au niveau global et en informe le coordinateur humanitaire/coordonnateur résident et les partenaires dans les 24 heures suivant la réception de la proposition. Enfin, le coordinateur humanitaire/coordonnateur résident informe le gouvernement hôte et tous les partenaires.

La forme et le fonctionnement de l'approche *cluster* sur le terrain sont très évolutifs, les acteurs humanitaires adaptant la conception initiale à leurs besoins et contraintes. En 2008, la réponse humanitaire faisait déjà montre des progrès grâce notamment à l'introduction de l'approche *cluster* : l'effort de la société internationale à mettre en œuvre la réforme humanitaire dans les pays touchés par les situations de violence complexes a été intensifié progressivement (en 2008 en particulier). Ces efforts se concentrent sur la mise en œuvre de l'approche *cluster*, notamment la mise en place d'une stratégie interagences pour combler les lacunes, le renforcement de l'efficacité de l'action humanitaire à travers l'institution des partenariats et la précision du leadership dans les secteurs clés de l'action humanitaire y afférente. L'introduction de la réforme humanitaire a aussi inclus une mise en œuvre des instruments de financement

---

1204 United Nations Inter-Agency Standing Committee, 2000, Protection of Internally Displaced Persons, *IASC Policy Paper Series*, n° 2, New York.

1205 L'expression *well-fed dead* est née en Bosnie dans les années 1990 et fait référence à l'attitude des puissances devant intervenir dans un contexte de crise, mais qui limitent leur action à une intervention humanitaire (fourniture de nourriture et médicaments) en faveur des victimes, sans toutefois s'engager à mettre fin à la cause de leur calvaire.

1206 The UN Inter-Agency Standing Committee's Protection Policy Paper of 1999.

tels que le fonds central d'intervention d'urgence (*Expanded Central Emergency Response Fund : CERF*), et les fonds communs humanitaires (*Common Humanitarian Funds : CHFs*).

Dix ans après sa toute première mise en œuvre (après le tremblement de terre de 2005 au Pakistan), l'on peut raisonnablement interroger l'apport de cette approche à la protection des déplacés internes.

§ 2. UNE CONTRIBUTION LIMITÉE À LA PROTECTION DES DÉPLACÉS INTERNES

Alors que l'approche *cluster* a été présentée comme celle à même de dissiper les lacunes de l'approche collaborative sous sa forme précédente, force est de constater qu'il reste d'énormes défis à relever. Les déplacés internes ont été au cœur de la création de l'approche *cluster*. Mais, une réponse améliorée à la crise du déplacement interne fait-elle explicitement partie de l'agenda ? L'approche *cluster* telle que mise en œuvre ne règle pas le problème ou ne comble pas le manque de responsabilisation et de mécanismes de leadership. L'approche *cluster* est censée améliorer la protection des déplacés internes principalement au moyen de la clarification des responsabilités. Il n'en reste pas moins que l'architecture institutionnelle actuelle ne présente qu'une clarification approximative des responsabilités des institutions. Ceci se répercute sur l'amélioration globale de la protection des déplacés internes.

Si le système de collaboration renforcé par l'approche *cluster* avait été présenté par une partie de la doctrine comme révolutionnaire et prometteur [1207], d'autres sont restés sceptiques : c'est le cas de Joël Charny [1208]. Ces avis partagés ne reflètent qu'un système qui révèle des lacunes (B) nonobstant quelques réelles améliorations (A). La mise en œuvre actuelle de l'approche *cluster* relance la question d'un véritable leadership de l'ONU (C).

A. Des progrès en termes de protection tributaires de l'approche *cluster*

L'approche *cluster* a introduit des avancées en termes de qualité, niveau et prévisibilité (2), mais rappelons tout d'abord son cadre général (1).

1. Le cadre général

Bien qu'il puisse paraître prématuré de juger l'aboutissant de l'approche *cluster* sur la protection des déplacés internes, les études de cas réalisées dans

---

[1207] Dennis MCNAMARA, « Humanitarian reform and new institutional responses », *Forced Migration Review*, Special Issue, December 2006, p. 10.

[1208] Joel CHARNY, « New approach needed to internal displacement », *Forced Migration Review*, Supplement, October 2005, p. 21.

différents pays [1209] démontrent qu'on peut affirmer qu'en ce moment déjà les réalisations dans le sens du renforcement de l'efficacité sont signifiantes.

L'approche *cluster* particulièrement, a revigoré la réponse humanitaire et les rendements au niveau étatique [1210]. Elle a contribué notamment à :

– L'amélioration de la couverture des besoins humanitaires dans des domaines thématiques (par exemple la meilleure protection des enfants déplacés) ;

– L'identification des lacunes dans l'aide humanitaire, la réduction des duplications, du gaspillage tant en termes de ressources humaines que financières, ce qui implique que les acteurs humanitaires orientent mieux leur aide et utilisent plus efficacement les ressources ;

– L'accroissement de la capacité des acteurs humanitaires à apprendre et à se former ;

– Au renforcement de la prévisibilité du leadership des organisations assurant des tâches de coordination (plus de clarté, plus de personnel mieux formé dédié à la coordination) ;

– Au renforcement du partenariat entre organismes de l'ONU et autres acteurs humanitaires internationaux (les ONG assument de plus en plus les rôles de co-leader ou coanimateur. Sont ainsi améliorés le partage d'informations, la cohérence et le pouvoir du plaidoyer humanitaire) ;

– Au renforcement de l'identité humanitaire des membres des *clusters* par la mobilisation des acteurs et des ressources pour l'aide humanitaire ;

– Et à l'amélioration de la planification et de la qualité des propositions pour les appels de fonds.

Si l'approche *cluster* en elle-même ne garantit pas que la communauté humanitaire apporte un meilleur soutien aux déplacés internes, la réponse humanitaire sur le terrain après introduction de cette approche offre une protection des déplacés internes plus aboutie. Cette approche a conduit à l'amélioration de l'assistance aux déplacés internes et à plus de prévisibilité dans la réponse humanitaire. Des aspects positifs sont tangibles ; notamment en Géorgie, au Liberia, en République centrafricaine et en RDC. Il conviendra de revenir un tant soit peu sur ce dernier cas.

1209 Voir études réalisées par le groupe Urgence Réhabilitation et Développement (URD) dans les pays suivants : Tchad, République démocratique du Congo, Haïti, Myanmar, les Territoires Palestiniens Occupées et l'Ouganda.

1210 En 2008, l'approche *cluster* a été officiellement mise en place dans les pays suivants : Afghanistan, Burundi, Géorgie, Guinée, Haïti, Irak, Kenya, Sri Lanka, Soudan et Zimbabwe.

2. L'apport de l'approche cluster *: étude de cas sur la RDC*

Introduite en RDC en 2006, l'approche *cluster* aura un fort aboutissant sur la condition des déplacés internes dans ce pays. La protection internationale des déplacés internes y a été renforcée considérablement grâce à cette approche. L'on remarque en RDC une large collaboration entre *clusters* global, national et provincial ; notamment dans les provinces du Nord Kivu et autres provinces du Nord-est, de l'Est et du Sud-est. La coordination mise en place permet une identification poussée des besoins des déplacés internes, l'échange d'informations avec interpellation de l'unité concernée à intervenir et de façon générale l'amélioration de la clarification des responsabilités des différents acteurs.

Le *cluster* protection a été activé en RDC. C'est le HCR qui en a la responsabilité principale, ceci tant pendant la période de déplacement qu'après le retour des déplacés internes. Il est responsable également du renforcement des modalités d'intervention et de protection locales, notamment par l'éducation et par la mobilisation. Il assure la coordination de l'action de protection de ses partenaires (partenaires opérationnels comme le FAO, le PAM et aussi aux partenaires d'exécution tels que des organismes gouvernementaux [1211], des ONG [1212] et bien d'autres organismes [1213]). Il joue le rôle de chef de file du *cluster* protection sur toute l'étendue du territoire de la RDC. Dans les provinces du Kivu notamment, le HCR est l'agence mère pour tout ce qui concerne la protection, les abris d'urgence, les violences sexuelles et sexistes, la gestion et la coordination des camps, le VIH et le sida [1214]. Il est important de rappeler que des *sous-clusters* protection ont été mis en place en RDC, notamment *sous-cluster* protection des enfants (UNICEF/Save the children), *sous-cluster* violence liée au genre (FNUP) et *sous-cluster* mines (UNMACC). Le *cluster* protection est parvenu à rationaliser le contrôle des violations. En collaboration avec la MONUC, ce *cluster* a favorisé le retour des déplacés internes, le déclenchement des poursuites et des enquêtes concernant les membres des Forces Armées de la RDC (DARDC) pour violation des droits des civils et l'établissement des sous-groupes thématiques. Toutefois, le déplacement interne ne bénéficie pas dans le *cluster* protection national de l'importance à lui accordée par le *cluster* mis en œuvre dans le Nord-Kivu. Ce dernier *cluster* en fait un point essentiel.

1211 La Commission nationale pour les réfugiés, Le gouvernorat régional du Nord-Kivu, etc.

1212 Actions et interventions pour le développement et l'encadrement social, Africa humanitarian action, Agence adventiste de secours et de développement, Aide et action pour la paix, Arche d'alliance, association africaine de défense des droits de l'homme, Association pour le développement social et la sauvegarde de l'environnement, CARE international, Conseil norvégien pour les réfugiés, International medical corps, Women for women international, etc.

1213 ONU-Habitat, UNOPS, Deutsche Gesellschaft für Technische Zusammernarbeit etc.

1214 UNHCR, profil d'opérations 2012, République Démocratique du Congo.

Le *cluster* réintégration et relèvement communautaire, établi en RDC en 2006 est un *cluster* transversal qui tend à intégrer les principes de relèvement dans les activités d'autres *clusters*. Il vise à intégrer à l'action humanitaire des capacités de redressement durable de la communauté. Il a mis sur pied un schéma de programmes de réintégration liés à l'ONU ou non, programme post-conflit, programme de réduction de la pauvreté afin d'identifier les lacunes dans la coordination. Ce schéma a permis l'élaboration de la stratégie commune de l'ONU sur la réintégration en RDC. Pour rendre ce *cluster* plus efficace, les autorités nationales ont été impliquées dans sa mise en œuvre. Il a contribué à l'établissement de la stratégie nationale de retour, réintégration et relèvement précoce.

Plusieurs autres *clusters* pertinents sont actifs en RDC, notamment le *cluster* sécurité alimentaire [1215], le *Cluster* éducation [1216], le *Cluster* biens non alimentaire et abris [1217], le *Cluster* logistique [1218], le *Cluster* santé [1219], le *Cluster* nutrition [1220] et le *Cluster* eau, assainissement et hygiène [1221].

Les secteurs d'intervention étant répartis à différentes agences qui sont évidemment amenées à travailler en étroite collaboration, la tâche de coordination dans toute sa grandeur revient à OCHA [1222] et au Coordinateur humanitaire. Cette coordination se matérialise par la gestion de l'information, la garantie de l'adaptation de l'approche *cluster* au contexte congolais, l'orientation de l'approche dans le temps, la mise en place des lignes directrices communes à

1215 S'en chargent le programme alimentaire mondial [PAM] et l'Organisation des Nations unies pour l'alimentation et l'agriculture [ONUAA /FAO]. Action contre la Faim [ACF] intervient comme co-facilitateur à Kinshasa. Le conflit en RDC entraîne la détérioration de la sécurité alimentaire et l'accroissement de la vulnérabilité notamment par l'aggravation de la malnutrition créant ainsi un accès difficile des déplacés internes à la nourriture. Le *cluster* y répond par la distribution de vivres, les transferts monétaires et le renforcement du rétablissement de la production alimentaire et de subsistance de façon générale.

1216 Il revient à l'UNICEF et Save the children. En plus du *cluster* national, il y a onze *clusters* provinciaux, quatre *sous-clusters* et deux groupes thématiques.

1217 UNICEF et Catholic Relief Services.

1218 Assuré en RDC par le PAM et CARITAS. Il est actif dans six provinces.

1219 Dirigé par l'OMS et ayant pour co-facilitateur Catholic Relief Services. Il réunit l'UNICEF, l'UNFPA, l'UNHCR, l'OMS et des ONG (nationales et internationales).

1220 Assuré en RDC par UNICEF et co facilité par ACF. Il regroupe différentes agences « onusiennes » comme FAO, PAM, UNICEF, OMS et plusieurs ONG (internationales et nationales), des programmes nationaux aussi comme le programme national de nutrition (PRONANUT).

1221 Dirigé par l'UNICEF et l'ASF-PSI. Il comprend un *cluster* national, douze *clusters* provinciaux et six *sous-clusters*.

1222 La présence du Bureau de la coordination des affaires humanitaires (OCHA) en RDC remonte à 2002. OCHA a, dans l'architecture des Nations unies, la principale responsabilité de coordination humanitaire.

l'*Équipe de pays des Nations unies*, etc. La mise en place d'une coordination efficace rend la gestion des problèmes multisectoriels et interrégionaux plus facile et contribue à la préservation et au renforcement de l'espace humanitaire, ce qui est bénéfique pour les déplacés internes. L'introduction de l'approche *cluster* et la coordination telle qu'assurée ont fortement favorisé la prévisibilité et l'efficacité du leadership, la gestion de l'information entre différents *clusters* et dans les zones gravement touchées et aussi le renforcement de l'intégration des préoccupations transversales.

La clarification de la responsabilité de protection humanitaire que les *clusters* offrent est toujours passible d'amélioration, comme l'on a déjà pu le constater. Ses différentes lacunes rendent difficile l'atteinte des objectifs initialement fixés.

B. Des lacunes

L'approche à responsabilité sectorielle a originellement été imaginée pour améliorer la réponse humanitaire aux crises de déplacement interne. Elle a finalement été étendue à toutes les populations vulnérables à tel point que la thématique du déplacement interne s'est trouvée presque offusquée. L'un des défis actuels est de lui donner cette visibilité du moment de la réforme humanitaire. Le faire exige indubitablement de revoir la répartition des responsabilités en matière de déplacement interne.

Comme critères d'évaluation, il conviendra de retenir la clarification des responsabilités des institutions (1), le fonctionnement du système global humanitaire (2) et la réponse proprement dite sur le terrain à la lumière du cas de la RDC (3).

1. Sur la clarification des responsabilités des institutions

Il faut faire le départ entre les responsabilités globales de protection (a) et celles de protection d'une sous-catégorie de déplacés internes, ceux déplacés pour cause de catastrophes naturelles (b).

a. Les responsabilités globales de protection et d'assistance

Les modalités de l'implication des acteurs nationaux et locaux paraissent inappropriées dans la mesure où la mise en œuvre actuelle de l'approche *cluster* n'inclut pas toujours ces acteurs. L'on note quelquefois la difficulté pour des *clusters* à se lier avec les mécanismes de coordination et de réponse existants et à s'appuyer sur eux ou simplement à les appuyer.

L'on remarque aussi une institutionnalisation partielle des responsabilités de leadership dans les organisations chefs de file de *clusters* et une inefficacité dans la gestion de ces derniers. Il est nécessaire de renforcer les mécanismes de gestion et de mise en œuvre des *clusters*, notamment par le renforcement de l'institutionnalisation des différentes responsabilités des acteurs et par la représentation des *clusters* tant au niveau global que national et local. Les *clusters* restent parfois très abstraits, pas assez pertinents pour les activités de terrain et ne promeuvent que rarement des approches participatives. Certains organismes nationaux et locaux se trouvent ainsi marginalisés.

Les arrangements institutionnels sur le terrain nécessitent d'être renforcés. Un accord a été signé en 2005 définissant les responsabilités des différentes agences de l'ONU responsables de la protection des déplacés internes. Dans le système des Nations unies, le HCR paraît la mieux indiquée des institutions pouvant opérer de façon adéquate dans ce domaine. Le HCR joue le rôle de chef de file pour le *cluster* protection, mais sa capacité à répondre au déplacement interne est faible [1223]. Dans certaines situations d'ailleurs, il a été chargé de s'occuper des déplacés internes, notamment en Bosnie, au Tadjikistan et en Tchétchénie. Les déplacés internes ne font pas formellement partie des programmes de protection du HCR et l'intervention de cette agence en ce domaine est soumise à deux conditions : nécessité d'un mandat explicite de l'ONU et autorisation de l'État concerné. Reproche est fait au HCR d'être « bureaucratique, coûteux, satisfait de lui-même et très souvent indifférent aux besoins de protection ». La question du déplacement interne est, et cela va de soi, considérée par cette agence de l'ONU comme secondaire et non comme l'objectif premier de son action [1224]. En 2006, elle a accepté un élargissement de son rôle envers les déplacés internes. Elle agit comme chef de file de *cluster* sur le terrain dans ses domaines de compétence qui sont les suivants : protection des déplacés internes, gestion des camps et abris d'urgence. D'autres agences assument le rôle de chef de file. L'UNICEF s'occupe de l'eau et de l'assainissement, le PAM de la nutrition et le PNUD du relèvement précoce.

De petits conflits entre agences compromettent l'atteinte des objectifs. L'on note, et Roberta Cohen le rappelle bien, que d'autres agences œuvrant dans le domaine ne sont pas toujours disposées à reconnaître l'autorité du HCR lorsque ce dernier joue son rôle de chef de file. Ceci est par exemple dû à la concurrence pour l'obtention des fonds. Aussi, OCHA a parfois développé dans certains États des structures de protection en parallèle, États dans lesquels le HCR est censé prendre les devants [1225].

Bien avant l'introduction de l'approche *cluster*, il y avait un fort soutien à un élargissement du rôle du HCR, car, considérant l'écart qui existait et existe sensiblement aujourd'hui encore entre protection des réfugiés et déplacés

---

1223 Roberta COHEN & Francis DENG, « Mass displacement caused by conflicts and one-sided violence », in *Armaments, disarmament and International Security*, Stockholm International Peace Research Institute (SIPRI) Yearbook 2009, 2009, p. 29-30, 35.

1224 « HCR : protection et besoins contemporains », *Revue des Migrations Forcées*, n° 26, octobre 2006.

1225 Roberta COHEN, « Key Policy Debates in the Internal Displacement Field », *Refugee Watch*, No 32, December 2008, p. 94.

internes, l'ONU se devait de considérer d'autres options. Il avait été suggéré à l'époque, afin de renforcer le cadre institutionnel, d'étendre le rôle du HCR : c'est-à-dire étendre son mandat pour qu'il ait plus de responsabilités en matière de protection des déplacés internes. Pour Roberta Cohen, revoir les responsabilités du HCR à la hausse sur la protection des déplacés internes est le minimum indispensable [1226]. Toutefois, l'idéal d'après elle, serait la mise en place d'un nouveau bureau plus enclin et capable de protéger les déplacés internes [1227]. Quant à Sadako Ogata [1228], l'intervention et l'implication accrues du HCR pour protéger les déplacés internes seraient tout à fait normales. Puisqu'il est irrationnel que le HCR porte secours et protège un groupe de personnes qui souffrent (les réfugiés) et ignore la misère d'autres personnes touchées [1229]. Venait à l'appui de cela le fait que, comme le rappelait déjà Ruud Lubbers [1230], le HCR a déjà été impliqué dans des dizaines d'opérations de protection et d'assistance aux déplacés internes selon des critères spécifiques [1231]. Cette considération des responsabilités du HCR en cette matière peut passer, comme proposait déjà Luke T. Lee bien avant l'adoption de l'« approche collaborative », par l'adoption d'un second protocole à la Convention de 1951 sur le statut des réfugiés. Selon lui, ce dernier apportera trois grands changements, à savoir la prise en compte des conflits armés, des troubles internes et des violations systématiques des droits de l'homme comme les autres causes de la situation de réfugié [1232], l'énumération des instruments et traités pouvant s'appliquer à la protection et à l'assistance des déplacés internes,

---

1226 Roberta COHEN, « Strengthening Protection of IDPs: The UN's Role », *Georgetown Journal of International Affairs*, Vol. 7, Issue 1 (Winter/Spring 2006), p. 104.

1227 Roberta COHEN, « Reconciling Responsibility to Protect with IDP Protection », *Brookings-LSE project on internal displacement*, march 25th 2010.

1228 La Japonaise Sadako Ogata a été Haute Commissaire des Nations unies aux réfugiés de 1990 à 2000.

1229 Divya VIKRAM, « Internally Displaced Persons », *JurisOnline*, January 2011. Disponible à l'adresse : http://jurisonline.in/2011/01/internally-displaced-persons/ (consulté en août 2012).

1230 Rudolphus Franciscus Marie « Ruud » Lubbers a été Haut Commissaire des Nations unies aux réfugiés de janvier 2001 à février 2005.

1231 Luke T LEE, « The Refugee Convention and Internally Displaced Persons », *International Journal of Refugee Law 363*, n° 13(3), 2002, p. 365.

1232 Comme pouvant causer la situation de réfugié, la convention de 1951 retient: « … craignant avec raison d'être persécutée du fait de sa race, de sa religion, de sa nationalité, de son appartenance à un certain groupe social ou de ses opinions politiques, se trouve hors du pays dont elle a la nationalité et qui ne peut ou, du fait de cette crainte, ne veut se réclamer de la protection de ce pays ; ou qui, si elle n'a pas de nationalité et se trouve hors du pays dans lequel elle avait sa résidence habituelle à la suite de tels événements, ne peut ou, en raison de ladite crainte, ne veut y retourner… » Article 1 A (2). De l'avis de Luke T. Lee, ajouter les conflits armés, troubles internes et violations systématiques des droits de l'homme aux causes mentionnées dans la convention de 1951 reflètera la situation actuelle, sera en conformité avec la définition des déplacés internes et favorisera la cohérence des lois et pratique des États qui ont ratifié à la fois la convention de 1951, la convention de l'OUA de 1969 et la déclaration de Carthagène de 1984.

et l'élargissement du champ de la Convention de 1951 par l'élimination de la phrase « hors du pays dont elle a la nationalité »[1233]. Le HCR reste largement perçu par plusieurs acteurs humanitaires et défenseurs des droits de l'homme comme l'agence à même de mieux prendre cette responsabilité, notamment en traduisant en réalité cette idée de « nécessaire » globalité de la réponse aux crises de déplacements interne et externe comme le suggère le professeur Philippe Lagrange[1234]. Si aujourd'hui le HCR fait preuve d'une certaine ouverture aux déplacés internes pour cause de conflits et exceptionnellement pour cause de catastrophes naturelles, cela ne constitue que le secondaire à son mandat principal. Pourtant, le nombre les déplacés internes est bien plus important que celui des réfugiés. Dès lors, le problème garde sa quasi-ampleur d'avant introduction de l'approche *cluster*.

La coordination de l'ONU dans les États abritant des déplacés internes est généralement liée au contexte. La composition de la présence de cette organisation dans un État dépend des priorités du gouvernement et de celles de la société internationale. Cette composition détermine l'effectivité des droits des déplacés internes. L'on notait en 2008 que dans presque la moitié des États bénéficiant du suivi de l'*Internal Displacement Monitoring Center* (IDMC), États caractérisés pour la plupart par un déplacement prolongé, le Coordonnateur résident (CR) des Nations unies ne joue pas le rôle du Coordinateur humanitaire (CH)[1235]. Cependant, la plupart des 26 millions de déplacés internes à la fin de l'année 2008 se trouvent dans des États où l'on trouve un Coordonnateur Résident/Coordinateur Humanitaire. Dans ces États, en effet, non seulement le CR n'a le soutien de conseiller principal sur les déplacés internes, mais il n'est pas désigné une agence leader de la protection internationale de ces personnes. Une expérience humanitaire dans les États concernés doit être mise à la disposition du CR en vue d'une protection et une assistance appropriées des déplacés internes. L'ONU a le plus souvent mis en

---

1233 Luke T LEE, « The Refugee Convention and Internally Displaced Persons », *International Journal of Refugee Law 363*, n° 13(3), 2002, p. 365 to 366.

1234 Philippe LAGRANGE, « Le droit des personnes déplacées. Entre unité et fragmentation », in Catherine-Amélie CHASSIN (dir.), *Les migrations contraintes, Actes du colloque de Caen*, Pedone, 2014, p. 58.

1235 En 2008, les pays faisant l'objet d'une enquête de l'IDMC et bénéficiant d'un coordonnateur résident de l'ONU/Coordinateur humanitaire sont : l'Afghanistan, le Burundi, la Colombie, la Côte d'Ivoire, l'Érythrée, l'Éthiopie, la Géorgie, l'Indonésie, l'Irak, le Kenya, le Liberia, le Myanmar, le Népal, l'Ouganda, le Pakistan, la République centrafricaine, la République Démocratique du Congo, la Somalie, le Soudan, le Sri Lanka, le Tchad, le Territoire palestinien occupé, le Timor oriental, et le Zimbabwe. Les autres pays faisant l'objet d'une enquête de l'IDMC sont : Algérie, Angola, Arménie, Azerbaïdjan, Bangladesh, Bosnie-Herzégovine, Croatie, Chypres, Guatemala, Inde, Israël, Liban, Macédoine, Mexique, Nigeria, Pérou, Philippines, République du Congo, Russie, Rwanda, Sénégal, Serbie (Kosovo inclus), Syrie, Turquie, Turkménistan, Ouzbékistan et le Yémen (ils bénéficient tous d'un coordinateur résident, sauf Chypres et Israël).

place une coordination combinant à la fois les rôles de CR et de CH dans les États avec une situation d'urgence complexe [1236]. Malgré le débat actuel sur les avantages et les inconvénients du rôle joint du CH/CR, l'augmentation considérable des interventions du CH (en 2008 par exemple) constitue une amélioration du leadership institutionnel de l'ONU sur les questions humanitaires. D'autres organismes de l'ONU sont appelés parfois à s'occuper des déplacés internes selon leur champ d'activités, en l'occurrence le PAM, l'UNICEF et le PNUD.

L'opérationnalisation inachevée de l'approche *cluster* relèverait non seulement de la faiblesse de la communication, mais aussi de profondes incohérences et divergences entre divers acteurs [1237].

b. Le cas particulier des responsabilités des agences envers les déplacés internes pour cause de catastrophes naturelles

C'est principalement dans les situations de conflits armés et de catastrophes naturelles que le déplacement interne intervient. En effet, bien qu'à l'origine un véritable consensus n'ait pas été obtenu à propos de l'inclusion des déplacés internes pour cause de catastrophes naturelles à la définition des déplacés internes, la majorité avait opté pour cette dernière proposition. Aujourd'hui encore cette large formulation n'est pas acceptée par tous [1238]. Il est vrai qu'il n'existe pas à l'échelle internationale de définition véritablement juridique de la notion de « personnes déplacées à l'intérieur de leur propre pays ». L'on s'accorde toutefois à considérer comme telle tant les personnes déplacées à l'intérieur du fait des conflits armés que celles déplacées à l'intérieur pour cause de catastrophes naturelles. Cependant, elles ne bénéficient pas toutes du même schéma de protection. Les déplacés pour cause de catastrophes naturelles n'auraient selon la thèse des opposants à leur reconnaissance comme des déplacés internes, pas de problèmes spécifiques de droits de l'homme : c'est-à-dire qu'ils jouiraient des mêmes droits que tout autre citoyen et, vu sous cet angle, il ne se poserait pas de problème de protection. Or, il est avéré qu'ils ont besoin d'assistance et de protection au même titre que les déplacés du fait

---

1236 La situation d'urgence complexe est une crise humanitaire dans un pays, région ou société où il y a un effondrement substantiel ou total de l'autorité du fait d'un conflit interne ou externe et qui nécessite une intervention internationale allant au-delà de l'action d'une agence unique ou du programme des Nations unies en cours dans ledit pays.

1237 Sue GRAVES and Others, « Lost in Translation: Managing Coordination and Leadership Reform in the Humanitarian System », *Humanitarian Policy Brief* 27 (London Overseas Development Institute, July 2007), p. 3.

1238 Le gouvernement indonésien à propos de la situation à Aceh a préféré considérer les populations déplacées du fait du Tsunami comme des « sans domiciles ». De même, à la suite de l'Ouragan Katrina aux États-Unis, les victimes ont tour à tour été décrites comme « réfugiées », « évacuées », « victimes de catastrophes », mais pas de déplacés internes. La seule raison est qu'il manquerait un élément essentiel, le conflit comme une cause de déplacement. Bien d'autres cas similaires existent.

des conflits armés comme il a été démontré dans le cercle « onusien »[1239]. L'acceptation, si elle n'est totale, progresse malgré tout, même si elle reste insatisfaisante étant donné le contexte actuel des déplacements. Comme le rappelle Roberta Cohen, « le changement climatique devrait augmenter fortement le nombre et la gravité des catastrophes naturelles, faisant des millions de déplacés sur tous les continents »[1240].

Toutes ces difficultés ont des répercussions sur les arrangements institutionnels en place. Le cadre institutionnel pour la protection et l'assistance n'est pas le même pour tous les déplacés internes. Le HCR, agence ayant une profonde expérience en matière de déplacement de populations et qui joue le rôle de chef de file du *cluster* protection établit une différence entre les déplacés internes sur le fondement de la cause du déplacement : conflits armés ou catastrophes naturelles. Il assure « pleinement » ses responsabilités de protection pour les déplacés internes du fait des conflits armés, leur fournit l'abri d'urgence, s'occupe de la coordination et de la gestion de leurs camps. Malheureusement, les déplacés internes du fait des catastrophes naturelles ne bénéficient que d'une intervention exceptionnelle du HCR[1241], notamment en cas de catastrophe ponctuelle et de gravité occasionnelle[1242]. Puis, si le HCR s'est engagé quelques fois pour ce qui touche au terrain pour répondre aux catastrophes naturelles, il ne l'aurait fait que dans les États où il avait déjà une présence[1243]. Le nombre de déplacés internes pour cause de catastrophes naturelles serait trop important pour que le HCR seul assure la responsabilité de leur protection[1244]. Il en ressort que leur situation fait l'objet d'un quasi vide institutionnel.

Pour pallier cela, le RSG a inclus les déplacés pour cause de catastrophes naturelles dans son mandat. Un sous-groupe sur les catastrophes naturelles a été établi au sein du *Global Protection Cluster Working Group*, sous-groupe placé

1239 Les Directives opérationnelles sur les droits de l'homme et les catastrophes naturelles (2006 et mises à jour en 2011) du représentant du secrétaire général sur les droits de l'homme des déplacés internes vont dans ce sens. L'Assemblée générale des Nations unies emboîte le pas au représentant du SG sur les déplacés internes dans ses résolutions (...).

1240 Roberta COHEN, « And Institutional Gap for Disaster IDPs ». *Forced Migration Review*, April 2009, No 32, p. 58.

1241 UNHCR, Internally Displaced People: Questions and Answers, September 2007. Disponible à l'adresse : http://www.unhcr.org/basics/BASICS/405ef8c64pdf.pdf .

1242 On y inclut les inondations au Pakistan (2010), le cyclone Nargis au Myanmar (2008), le tsunami dans l'Océan indien (2004)...

1243 Elizabeth FERRIS, *The Politics of Protection: The Limits of Humanitarian Action*. Brookings Institution Press, Washington D.C., 2011, p. 226.

1244 « Un ardent défenseur des droits des déplacés internes. Interview avec Walter Kälin », *HCR*, Genève, 14 Novembre 2011. Disponible à l'adresse : http://www.unhcr.fr/4ec2271ac.html (consulté le 3 juillet 2012).

sous le leadership du RSG et plus tard de l'*International Disaster Law Organization*. Ceux-ci n'exercent cependant pas d'activités sur le terrain.

Sur le terrain, aucune agence n'a la responsabilité de protéger cette catégorie de déplacés internes. Toutefois, comme le notait Walter Kälin,

> « les organisations internationales ont une longue expérience dans la protection des déplacés internes dans les camps et les colonies, en particulier dans les situations de conflit, qui peut être appliquée aux situations de catastrophe naturelle aussi » [1245].

Les agences sur le terrain ne répondent à leur « détresse » que partiellement. Par exemple, en cas de déplacement, le Coordonnateur Résident et le Coordonnateur Humanitaire déterminent conjointement avec le HCR, le HCDH et l'UNICEF quelle agence se chargera de leur protection à l'échelle étatique. Le HCR, l'UNICEF et le HCDH qui étaient pressentis pour assumer cette responsabilité se la renvoient regrettablement. Rappelons cet épisode de 2008 où, l'UNICEF, qui devait s'en charger après consultation avec ces deux autres agences, avait pourtant décidé de ne pas prendre cette responsabilité, craignant que son rôle de protection de l'enfant « fonde dans de plus larges responsabilités ». Cela faisait que nous retournassions inévitablement au système de coordination *ad hoc*, cette approche collaborative que l'on avait voulu améliorer à travers l'approche *cluster* [1246]. Que peut faire l'UNICEF dans ces situations ? Pour Roberta Cohen, bien que dans la plupart des cas, l'UNICEF a assumé le rôle de leader en matière de protection, son rôle de protection est limité [1247]. Le HCDH, n'étant pourtant pas une agence opérationnelle et n'ayant pas les capacités suffisantes pour assurer le leadership nécessaire, a été chef de file du *cluster* protection (avec l'UNICEF pour la protection de l'enfant et l'UNFPA pour la violence liée au genre) par suite de la catastrophe de janvier 2010 à Haïti [1248]. Les vives critiques qui se sont ensuivies ne pouvaient guère surprendre.

Les populations non déplacées, mais ayant les mêmes problèmes d'assistance et de protection que les déplacés internes se trouvent dans le même vide institutionnel que les déplacés pour cause de catastrophes naturelles. Tout bien considéré, cela rouvre le débat sur l'assistance et la protection des déplacés

---

1245 Protection of Internally Displaced Persons in situations of natural disaster. A Working Visit to Asia by the Representative of the United Nations Secretary-General on the Human Rights of Internally Displaced Persons, Walter Kälin. 27 February to 5 March 2005. Page 27.

1246 Cité par Elizabeth FERRIS, *The Politics of Protection: The Limits of Humanitarian Action.* Brookings Institution Press, Washington D.C., 2011, p. 121.

1247 Roberta COHEN, « An Institutional Gap for Disaster IDPs », *Forced Migration Review*, No 32, April 2009, p. 58.

1248 Elizabeth FERRIS, *The Politics of Protection: The Limits of Humanitarian Action.* Brookings Institution Press, Washington D.C., 2011, p. 121.

internes fondés sur la catégorie de personnes ou sur les besoins (« need-based approach »), distinction chère à plusieurs acteurs humanitaires qui optent majoritairement pour la seconde proposition.

De façon générale, bien de problèmes politiques en suspens au niveau universel sont à résoudre, tels que les liens avec les missions de maintien de la paix, les missions politiques dans l'espace humanitaire d'une part et les questions institutionnelles d'autre part.

2. Sur le fonctionnement du système global humanitaire

Des lacunes existent aussi à ce niveau. Une note de l'IASC révélait que l'approche *cluster* devrait faire des progrès en ce qui concerne la qualité, le niveau et la prévisibilité de la réponse aux crises de déplacement interne [1249]. En effet, l'approche *cluster* demande plus de temps : elle est plus lente à cause de la lourde coordination. La coordination, le dialogue (échange d'informations et l'expérience) et la formation (particulièrement des nouvelles équipes ou nouveau personnel) sont importants. Mais, la bureaucratisation à outrance du système humanitaire (bureaucratisation dotée d'un excès de formalisme) constitue un facteur d'ineffectivité de la protection. L'approche *cluster* peut constituer une menace pour les principes humanitaires, notamment dans les situations où les membres des *clusters* dépendent financièrement des *clusters* ou de leurs organisations chefs de file et où ces organisations font partie ou maintiennent des relations étroites avec les missions intégrées, les forces de maintien de la paix ou avec des acteurs impliqués dans les conflits. L'on constate très souvent que les *clusters* n'atteignent pas leur potentiel à cause d'une gestion et d'une animation insuffisantes. Ils se focaliseraient souvent plus sur le processus que sur l'action. L'approche *cluster* est, et c'est un avis largement partagé, très bureaucratique [1250]. Comme le rapporte Roberta Cohen, le HCR se heurte souvent à une lenteur et une résistance bureaucratiques, notamment l'hésitation de certains CH et CR à défendre avec assertion les déplacés internes. Plusieurs acteurs humanitaires perçoivent les activités de protection des droits de l'homme comme politiques et de nature à porter atteinte aux opérations de secours humanitaire, et même à conduire à l'expulsion des acteurs impliqués [1251].

Notons aussi l'encombrement du système dont parle Roberta Cohen, notamment pour ce qui est du rôle du HCR. Le système de collaboration dans

---

1249 *Guidance note on using the cluster approach to strengthen humanitarian response*, Inter-Agency Standing Committee (IASC), 24 November 2006.

1250 C'est notamment l'avis d'Elizabeth Ferris (Interview réalisée le 11 janvier 2013 à Brookings Institute, Washington DC).

1251 Roberta COHEN, « Key Policy Debates in the Internal Displacement Field », *Refugee Watch*, No 32, December 2008, p. 94.

lequel se trouve le HCR paraît pesant et complexe, car il doit d'abord faire des rapports aux CH /CR, et ces derniers aux rapporteurs spéciaux/RSG. Ce qui est improbable pour la protection des réfugiés, où le HCR joue un rôle de maître [1252].

L'action internationale en matière de déplacement interne s'est très souvent achevée après la phase d'urgence et l'appui à long terme moins prévisible lorsque les situations de déplacement interne se prolongent. Elle dépend en général du contexte régional de l'État en question, de la présence, des intérêts et des capacités des institutions régionales et surtout de la disposition ou non du gouvernement concerné à coopérer. L'appui en matière de développement et dans les situations post-urgence a tendance à ne pas s'adresser aux déplacés internes en tant que catégorie spécifique et il y a des failles dans la protection de leurs besoins spécifiques. Il faut noter aussi la relative étendue des activités des *clusters*. En effet, la durée des *clusters* n'inclut pas véritablement la poursuite des solutions durables. Les *clusters* sont parfois retirés prématurément, nonobstant la nécessité de les voir continuer. Ce fut le cas au Sri Lanka. Il est encore urgent pour les acteurs internationaux d'intégrer les stratégies de solutions durables dans leur réponse au déplacement interne.

Les *clusters* étaient censés instaurer la coordination nécessaire entre les différents acteurs internationaux et nationaux. Or, cette approche se focalise plus sur la dimension internationale aux dépens d'une appropriation au plan national. En outre, l'on note surtout une faiblesse des liens et de la coordination entre l'approche *cluster* et les mécanismes de coordination et de réponse. L'inefficacité de la coordination *interclusters* et l'intégration embryonnaire des questions transversales sont des réalités si l'on tient compte de la négligence des questions multidimensionnelles et transversales et leur prise en compte insuffisante dans la réponse humanitaire. L'on relève non seulement un besoin d'identification des mécanismes et des capacités de préparation, de réponse et de coordination en place, de leur rapprochement et de leur renforcement, un besoin d'identification des partenaires nationaux et locaux congrus, mais aussi la nécessité du renforcement de la coopération et de la coordination entre les *clusters*, les acteurs nationaux et les acteurs du développement à tous les niveaux. Après l'étude des cas dans plusieurs États, l'IDMC est arrivé à la conclusion que la réponse a été bien organisée dans la plupart des cas. Cela pourrait être dû à la capacité de ces gouvernements de bien conduire la réponse au problème contrairement aux gouvernements affectés par des situations d'urgence humanitaire complexe. Mais, selon lui, la capacité de réponse des agences internationales dépend de la meilleure coopération avec les autorités nationales (Éthiopie, Myanmar, Philippines), du meilleur accès physique (Pakistan), de meilleurs attention internationale et financement (Indonésie et Inde) et d'une

---

1252 Ibid.

meilleure coopération entre agences internationales (Kenya, Népal). Le refus d'un espace humanitaire dans les zones de conflit (Irak et Afghanistan) peut aussi empêcher les agences humanitaires d'apporter secours aux déplacés internes. On observe alors quelques barrières politiques au soutien international dans les situations de déplacement interne.

Il importe d'insister sur le renforcement de la qualité de la réponse humanitaire dans les interventions et les activités des *clusters*. S'il est vrai que d'importantes ressources sont investies dans l'approche *cluster* au niveau global, ces *clusters* globaux ne procurent toutefois qu'un soutien insuffisant au plan national. Aussi les coordonnateurs recrutés au niveau global pour travailler sur le terrain pour de courtes durées n'ont-ils pas toujours de connaissances pertinentes sur le contexte local. L'on a parfois plus de coordonnateurs de *clusters* au plan national qu'au plan local, pourtant c'est à ce niveau que les principaux rôles de coordination se jouent. Le processus de prise de décision est aussi souvent très centralisé. Il faut pour tout cela revoir les moyens à la hausse et surtout ceux alloués au niveau local pour l'approche *cluster*. Il faut aussi perfectionner les processus de rotation entre coordinateurs au plan national et local fût-ce par l'emploi des coordinateurs spécialement dédiés au plan local ; veiller à ce que les *clusters* nationaux supportent les *clusters* locaux ; et impulser la décentralisation du processus de prise de décisions.

Sur les situations de conflits armés, l'on relève un problème qui se chronicise ; à savoir celui de la non-observation des règles fondamentales du DIH. Il y a un progrès dans la sensibilisation de l'opinion publique au sort des déplacés internes. D'un autre côté, la plupart des déplacements n'auraient pas lieu si les parties adverses respectaient les lois des conflits armés. Surtout, les personnes obligées de fuir souffriraient moins si les belligérants leur accordaient la protection à laquelle elles ont droit en tant que civils. Sur ce dernier point, l'on ne note qu'une ténue amélioration.

Bien plus, il faut relever la fluctuation de la réponse internationale alors que les crises de « haut niveau » continuent d'attirer une réponse et un financement internationaux. Au début de la crise de 2008 en Géorgie, la société internationale s'est fortement mobilisée pour assister les personnes nouvellement déplacées : augmentation du personnel, appel à financement, désignation d'un Coordinateur humanitaire et mise en place de l'approche *cluster*. Il en est résulté une réelle amélioration de la protection de ces nouveaux déplacés internes. Pourtant les déplacés internes de depuis 1991 n'ont pas bénéficié d'une protection aussi immédiate. Cette réponse internationale à certaines crises majeures est loin d'être complète. En Colombie, en Éthiopie, aux Philippines et en Inde, États marqués par des déplacements prolongés, la réponse internationale a été très déficiente. Les obstacles matériels et politiques demeurent des freins à l'inconditionnelle protection des déplacés internes, et ce dans tous les États et régions.

En matière de responsabilité des gouvernements et autres ANE, les obstacles hors du contrôle de la société internationale incluent l'incapacité ou le manque de volonté des gouvernements de protéger les déplacés internes sur leur territoire, la négation par les gouvernements des déplacements dus aux conflits armés et le manque d'espace humanitaire pour cause de conflit armé.

3. Sur la réponse sur le terrain en RDC

Si l'on peut parler de bien-être des déplacés internes dans cet État, et de celui des populations affectées en général, ce bien-être ne serait pas allouable à l'approche *cluster*. Le *cluster* en RDC n'aurait eu que des échappées d'effet positif sur les populations affectées [1253]. Il n'aiderait pas à réduire les vulnérabilités des déplacés internes. L'approche *cluster* telle que mise en œuvre en RDC souffre de certaines lacunes que l'on rencontre de façon générale dans la mise en œuvre de l'approche dans différents États [1254], mais aussi des difficultés liées au contexte spécifique de la RDC. Les unes et les autres ont principalement trait aux responsabilités globales de protection et d'assistance, notamment la faiblesse de communication et les conflits entre agences, l'inefficacité dans la gestion des *clusters*. Concrètement, l'on note que :

— D'abord, ne sont pas vraiment assurées la connectivité et l'assimilation, ce qui limite l'efficacité dans le temps de l'approche sur les déplacés internes ;

— Ensuite, les *clusters* nationaux bénéficient de plus de prérogatives que ceux de provinces, nommément la forte concentration du pouvoir de prise de décision, de ressources de coordination [1255], ce qui s'apparente à une décentralisation inachevée ;

— Bien plus, à cause du problème d'accès, une présence moins importante des acteurs humanitaires dans cette partie du pays, et aussi le peu de ressources allouées à cette région de l'État, le *cluster* n'a pas eu le même succès à l'Ouest qu'à l'Est, mais il couvre les provinces les plus touchées par le déplacement interne, à savoir les deux Kivu et la province orientale ;

— En outre, certains *clusters* globaux n'ont pas été mis en œuvre à l'échelle nationale et inversement il existe des *clusters* nationaux qui ne répondent pas à un *cluster* global, ils peuvent se sentir orphelins ;

1253 Andrea BINDER, Véronique DE GEOFFROY, Bonaventure SOKPOH : *Rapport de l'IASC sur l'évaluation de l'approche* cluster, *phase II, étude pays, République Démocratique du Congo*, Berlin/Plaisians, avril 2010, paragraphe 98.

1254 Voir plus haut les défis de l'approche *cluster* (voir p. 372).

1255 Andrea BINDER, Véronique DE GEOFFROY, Bonaventure SOKPOH : *Rapport de l'IASC sur l'évaluation de l'approche* cluster, *phase II, étude pays, République Démocratique du Congo*, Berlin/Plaisians, avril 2010.

— Enfin, des tensions existent entre *cluster* et l'opération de l'ONU qui se veut une mission intégrée.

L'on aura intérêt à assurer un suivi et une évaluation renforcés des activités au sein des différents *clusters*. Aussi, l'interaction entre les *clusters* et la mission intégrée de l'ONU nécessite clarification. Le renforcement de l'échange d'informations entre acteurs humanitaires et la mission intégrée est nécessaire pour stimuler la réactivité de cette dernière face aux violations des droits des civils.

En ce qui concerne le *cluster* protection particulièrement, l'on note une insuffisance des effectifs du HCR et la limitation des ressources qui rendent le suivi des activités et la prise en charge des déplacés internes approximatives [1256]. La mise en œuvre actuelle du *cluster* protection nécessite une amélioration pour pouvoir satisfaire aux exigences d'efficacité et d'effectivité. Des difficultés de coordination sont flagrantes, notamment le manque d'intercompréhension dans la définition des rôles et responsabilités entre *clusters* nationaux et provinciaux. L'on note aussi le manque de conseil stratégique de la part du *cluster* national. Par ailleurs, l'on a relevé au Nord Kivu un désaccord entre le HCR et le reste de l'*Équipe de pays des Nations unies* sur la difficulté à résoudre l'incohérence entre les approches fondées sur le statut ou celles fondées sur les besoins, attendu que pendant certaines crises graves, les besoins des déplacés internes sont moins importants que ceux des communautés hôtes. Enfin, le HCR dépenserait plus d'argent dans la bureaucratie que dans la protection proprement dite des déplacés internes.

Si les mécanismes en place ont contribué à clarifier les responsabilités et en diminuer la lourdeur, il demeure nécessaire d'assurer une coordination au sommet afin de faciliter l'échange entre diverses institutions, pour la raison que, bien que les responsabilités soient réparties, du moins dans la plupart des cas, elles contribuent toutes à résoudre un problème unique qui est le calvaire des déplacés internes. Il existe donc un point commun et la nécessité d'une institution pour y répondre, c'est-à-dire pour « tirer les ficelles ».

SECTION II.
DE L'APPORT D'AUTRES MÉCANISMES ET DES PARTENAIRES « ONUSIENS » DANS LA PROTECTION DES DÉPLACÉS INTERNES

Il conviendra de relever particulièrement les opérations de maintien de la paix (§ 1) et aussi des partenaires de l'ONU qui appuient cette organisation dans l'accomplissement de sa mission (§ 2).

1256 UNHCR, profil d'opérations 2012, République Démocratique du Congo.

§ 1. De l'apport des opérations de maintien de la paix des Nations unies dans la protection des déplacés internes

À la fin du XXe siècle, les conflits armés et les violences graves constituaient les causes principales du déplacement forcé de personnes et les efforts ont été orientés vers l'amélioration de la condition des personnes se trouvant dans ces situations particulières. Il a fallu trouver un moyen de renforcer la protection des populations prises au piège. Les institutions comme le HCDH, le HCR, OCHA et autres qui mènent des activités de protection sur le terrain suivant des mécanismes spécifiques, sont désormais appuyées dans leurs activités par des mécanismes spéciaux. L'on y trouve non seulement l'approche de protection coercitive s'inscrivant dans la manifestation armée de la *responsabilité de protéger* qui soulève aujourd'hui encore beaucoup de difficultés particulières [1257], mais aussi le mécanisme de la *protection des civils dans les conflits armés* qui, se manifestant principalement par les opérations de maintien de la paix, bénéficie d'un quasi-consensus. La *protection des civils dans les conflits armés* constitue l'instrument principal du Conseil de sécurité pour la protection des civils. Il conviendra de développer davantage ce mécanisme ici. Il intervient comme son nom l'indique dans les situations de conflits armés. C'est l'idée de protection des populations civiles à travers une large opération de paix multidimensionnelle couvrant la création d'un environnement stable à même de relancer le processus de paix. Les missions de maintien de la paix existaient bien avant que la problématique de la protection des civils soit examinée. Référence est faite notamment aux mécanismes novateurs qui fonctionnaient à El Salvador [1258] : la première « commission-vérité » parrainée par l'ONU et le premier organe de suivi des droits de l'homme créé dans le cadre d'un mécanisme global de surveillance de conformité avec un accord de paix parrainé par l'ONU. Dès 1999 particulièrement, leurs mandats commencent à faire preuve d'une large ouverture sur la protection des droits de l'homme. La protection des civils se pose désormais comme le but principal des missions de la paix. Le Conseil de sécurité a à travers ses résolutions et déclarations placé cette question au centre des opérations de la paix. Il manifestait clairement son intérêt pour cette question dans la résolution 1265 (1999), par laquelle il élargît le mandat des opérations de la paix. Bien que cette extension fasse l'objet

---

1257 Voir infra, p. 422.

1258 La première mission de terrain de l'ONU à être chargée d'un mandat de droits de l'homme, ONUSAL est devenue opérationnelle alors que les négociations étaient toujours en cours pour régler le conflit armé interne en El Salvador. Bien qu'elle ait un mandat exprès pour surveiller les violations du droit international humanitaire ainsi que les violations des droits de l'homme, l'ONUSAL a décidé de donner la priorité à ce dernier. Cette décision a été fondée en partie sur son interprétation de l'intention des parties à l'accord définissant son mandat, mais elle a également été prise par respect pour le rôle du CICR et parce que l'ONUSAL a voulu éviter toute duplication inutile et potentiellement contre des efforts.

d'ambiguïté [1259], la réponse de l'ONU aux besoins de protection des populations civiles passe largement par la prise en compte croissante du besoin de protection des civils lors de la création [1260] des missions de la paix dont le nombre va grandissant et les tâches de plus en plus diversifiées. D'autres organes et institutions de l'ONU contribuent bien sûr à la protection des civils, et surtout contribuent, au moyen de la collaboration, à la définition et au renforcement des activités des opérations de la paix en matière de protection des civils. L'on y trouve le *General assembly Special Committee on Peacekeeping*, le Département des opérations de maintien de la paix, le Bureau de la coordination des affaires humanitaires, etc.

Il conviendra de revenir sur la mise en place et la pertinence ou non de ces opérations (A) avant de rappeler leur rôle en matière de déplacement interne (B) et les lacunes qu'elles rencontrent dans cette entreprise (C).

A. Mise en place et pertinence

Les toutes premières opérations de maintien de la paix ont influé sur le cours de l'histoire de plusieurs régions du monde. Elles l'ont fait dans un contexte de crises à la fois endogènes et exogènes [1261]. Elles ont vu leur rôle s'étendre pour couvrir non seulement des tâches purement militaires [1262], mais aussi des tâches non militaires [1263]. Comme premier mécanisme novateur, nous avons eu celui qui fonctionnait à El Salvador : la première « commission-vérité » parrainée par l'ONU et le premier organe de suivi des droits de l'homme, créée dans le cadre d'un mécanisme global de surveillance de conformité avec un accord de paix parrainé par l'ONU [1264]. Les activités de la Division des droits de l'homme de la Mission d'observation des Nations unies en El Salvador (ONUSAL) constituent un des premiers exemples de

1259 Des questions se sont posées par suite de l'adoption de cette résolution. Élargir le mandat des opérations de la paix les autorise à utiliser la force en dernier recours en cas d'atteinte grave à la population civile. Ce qui non seulement leur prive de leur impartialité et revient en quelque sorte à la mise en œuvre par elles du chapitre VII de la charte.

1260 Le Conseil de sécurité, conformément au chapitre VII de la charte, peut prendre des mesures nécessaires lorsqu'il existe de réelles menaces à la paix et à la sécurité internationales. Il est le mécanisme « onusien » dont les résolutions ont force de droit.

1261 Sur la nature de ces crises, lire Paul TAVERNIER, « Les opérations de maintien de la paix : crise des O.M.P. ou crise du maintien de la paix ? », in Madjid BENCHIKH (sous la direction de), *Les organisations internationales et les conflits armés*, Paris, L'Harmattan, 2001, p. 111-129.

1262 Sans prétendre à l'exhaustivité, ces tâches purement militaires ont inclus le suivi de la mise en œuvre des accords de cessez-le-feu et l'aide au désarmement.

1263 C'est l'occasion de rappeler l'aide à la reconstruction des institutions pour la bonne gouvernance, le suivi des droits de l'homme, le soutien à la réforme du secteur sécuritaire, etc.

1264 ONUSAL fut établie le 20 mai 1991 afin de surveiller tous les accords entre le Gouvernement de El Salvador et le Frente Farabundo Marti para la Liberacion Nacional (FMLN).

l'application du droit humanitaire par les mécanismes de droits de l'homme de l'ONU. La première mission de terrain de l'ONU d'avoir été chargée d'un mandat de droits de l'homme, ONUSAL est devenue opérationnelle alors que les négociations étaient toujours en cours pour régler le conflit armé interne en El Salvador. Bien qu'il ait un mandat exprès pour surveiller les violations du DIH ainsi que les violations des droits de l'homme, l'ONUSAL a décidé de donner la priorité à ce dernier. Les missions suivantes joueront un rôle encore plus étendu.

Les opérations de maintien de la paix ont été transformées progressivement en missions intégrées. En effet, l'idée de mission intégrée apparaît pour la première fois dans le Rapport du Secrétaire général des Nations unies sur le programme de réforme [1265]. Depuis les années 2000, l'approche de l'ONU vis-à-vis des opérations complexes dans des États en situations conflictuelle ou post-conflictuelle a fait émerger ce concept de missions intégrées. Selon le *Report on Intregrated Missions : Practical Perspectives and Recommendations*, par mission intégrée, il faut entendre :

> « Un instrument par lequel l'ONU tente d'aider les pays dans leur transition de la guerre à la paix durable, ou d'aborder une situation aussi complexe qui requiert une réponse du Système des Nations unies dans son ensemble, en incorporant divers acteurs et approches dans un cadre politico-stratégique global de gestion de crise » [1266].

Avec les missions intégrées, trois objectifs principaux sont à atteindre : le rétablissement de la stabilité, du droit et de l'ordre ; la protection des civils ; et la mise en place des fondements d'un relèvement durable, du développement et de la gouvernance démocratique [1267]. Elle inclut l'aspect politique, l'aspect militaire, la protection des droits de l'homme, les questions de genre, le développement, l'état de droit et les activités humanitaires. De l'avis de Kofi Annan, l'intégration s'entend du « principe directeur pour la conception et la mise en œuvre d'opérations complexes de l'ONU dans les situations de post-conflit » [1268]. Pour lui, l'intégration doit être établie sur un plan stratégique et des priorités communes, des interventions programmatiques et un séquencement de base [1269].

1265 UN General Assembly, Renewing the United Nations: A Programme for Reform, Report of the Secretary-General, A/15/950, 14 July 1997.

1266 Espen Barthe EIDE and others, *Report on Integrated Missions : Practical Perspectives and Recommendations, Independent Study for the Expanded UN Executive Committee on Humanitarian Affairs Core Group*, May 2005.

1267 Ibid., p. 12.

1268 UN, Note from the Secretary-General: Guidance on Integrated Missions, 2006, p. 1.

1269 Ibid.

Ce principe d'intégration a été appliqué aux opérations de maintien de la paix dans les États suivants : Afghanistan, Burundi, RCA/Tchad, Côte d'Ivoire, RDC, Timor Est, Haïti, Kosovo, Liberia, Soudan (Darfour). Ces missions n'ont plus à leur tête un commandant militaire, mais un représentant spécial du Secrétaire général des Nations unies. Elles sont chargées de l'identification des objectifs stratégiques dans des situations conflictuelles et post-conflictuelles. En cas d'inégale représentation politique ou d'inégalité à l'accès au pouvoir par exemple, il leur revient d'inclure la promotion d'un gouvernement inclusif dans le processus de négociation.

Après l'établissement de leur mandat, c'est l'évaluation de leur succès qui permet de transfigurer ou non ces opérations. Plusieurs critères concourent à la détermination de ce succès. Jacques Koko et Essos Essis en ont identifié quatre : l'étendue des ressources mobilisées pour une mission, la durée et l'intensité du conflit et le temps de préparation de l'intervention de la mission, le soutien politique du Conseil de sécurité à la mission et le type de conflit [1270].

Quelques dates importantes sont à rappeler : la création de la Mission des Nations unies au Liberia (MINUL) par la résolution 1509 (2003) du Conseil de sécurité le 19 septembre 2003 [1271], la création de la Mission des Nations unies en République centrafricaine et au Tchad (MINURCAT) par les résolutions du Conseil de sécurité 1778 (2007), 1834 (2008) et 1861 (2009) après consultation entre autorités tchadiennes et centrafricaines [1272] et l'autorisation par le Conseil de sécurité de L'Opération hybride de l'Union africaine/Nations unies au Darfour en juillet 2007 [1273].

1270 Jacques L. KOKO and Essos J. M. ESSIS, *Determinants of Success in UN Peacekeeping Operations*, University Press of America, 2012, p. 5.

1271 Relèvent de son mandat l'appui de la mise en œuvre du cessez-le-feu, la sécurité du personnel de l'ONU et des civils, le soutien des activités humanitaires et des initiatives en faveur des droits de l'homme, l'appui à l'effort de réforme de la sécurité nationale et l'aide à l'application du processus de paix. Le 11 novembre 2005, par sa résolution 1638, le Conseil de sécurité a décidé d'étendre ce mandat. La MINUL devait alors aussi se charger d'appréhender et placer en détention l'ancien président Charles Taylor dans l'hypothèse où il retournerait au Liberia, le transférer ou faciliter son transfèrement en Sierra Léone pour qu'il y soit jugé devant le Tribunal spécial.

1272 La MINURCAT s'acquitte de son mandat dans l'est du Tchad et dans le nord-est de la République centrafricaine et en liaison avec l'*Équipe de pays des Nations unies* et selon le cas en liaison avec le bureau d'appui des Nations unies pour la consolidation de la paix en République centrafricaine (BONUCA). L'opération MINURCAT a pris fin le 31 décembre 2010.

1273 Le Conseil de sécurité, agissant en vertu du chapitre VII de la Charte, a par sa résolution 1769 du 31 juillet 2007, décidé d'autoriser la Mission hybride des Nations unies et de l'Union Africaine au Darfour**1273** (MINUAD) à prendre toutes les mesures requises dans les secteurs où ses contingents seront déployés et dans la mesure où elle juge que ses capacités le lui permettent : « … pour faciliter la mise en œuvre effective et l'accord de paix pour le Darfour, en empêcher toute perturbation, prévenir les attaques armées et protéger les civils, sans préjudice de la responsabilité du gouvernement soudanais ». La MINUAD est la première mission de paix hybride, une référence incontestable de l'histoire des opérations de maintien de la paix. Sa mise en œuvre a

…/…

B. Rôle en matière de déplacement interne

La protection des civils dans les conflits armés englobe la protection des déplacés internes (ces derniers sont des civils, mais ils ont des exigences spécifiques). Le Conseil de sécurité le rappelle dans bon nombre de résolutions [1274]. Les opérations récentes sont chargées, entre autres, d'œuvrer en faveur du respect et de la protection des droits de l'homme et des libertés fondamentales des déplacés internes, de la phase préventive à celle de retour.

En matière de prévention du déplacement, il leur revient de défendre les civils contre la menace de violence [1275] et d'assurer la sécurité et la liberté de mouvement.

Pendant le déplacement, elles ont, entre autres responsabilités :

— de faciliter l'acheminement de l'aide humanitaire [1276], d'apporter effectivement une aide humanitaire et l'accès sans entrave aux personnes dans le besoin [1277] ;

— de contribuer à la promotion, à la défense et au suivi du respect des droits des déplacés internes ;

— de contribuer à la protection des personnes civiles en danger, en particulier les déplacés internes [1278] ;

— d'assurer la protection physique via les patrouilles autour des camps ;

— d'améliorer les conditions de sécurité lors de l'assistance humanitaire et d'établir des couloirs humanitaires ;

— d'assurer le suivi et les investigations sur les violations des droits des déplacés internes, de contribuer à la poursuite des criminels ;

---

permis l'application des clauses essentielles de la charte des Nations unies relatives aux accords régionaux (environ 60 ans après l'organisation de la première opération de maintien de la paix de l'ONU). Le processus de son établissement a été très laborieux et elle a contribué à la stabilisation d'une zone de conflit active. Sa particularité vient de ce qu'elle a été déployée dans une zone en cours de conflit, et du fait qu'elle soit hybride, ce qui n'est pas courant en matière de maintien de la paix en Afrique. Il s'agit de la mise en œuvre cumulative des dispositions essentielles des chartes de l'ONU et de l'UA.

1274 Le Conseil de sécurité rappelle notamment que la majorité des personnes déplacées à l'intérieur de leur propre pays pendant les conflits armés sont des civils et comme telles, devraient bénéficier de la protection que le DIH garantit aux civils (S/RES/1296, 2000, paragraphe 3) ; la nécessité de préserver de la nature civile et humanitaire des sites de déplacés internes (S/RES/1674, 2006, paragraphe 14 ; S/RES/1834, 2008, paragraphe 12).

1275 Voir mandat de la MINUL (Résolution 1509 de 2003 du Conseil de sécurité), 19 septembre 2003.

1276 Ibid.

1277 Ibid.

1278 Résolution S/RES/1861 (2009) sur la situation au Tchad, en République centrafricaine et dans la sous-région.

— de former la police, les forces armées et les acteurs non étatiques au DIDH, au DIH et à la protection des déplacés internes.

Lors du retour, elles sont chargées, sans prétendre à l'exhaustivité, de :

— contribuer à l'action internationale visant à défendre et à promouvoir les droits des déplacés internes et autres groupes vulnérables [1279] ;

— contribuer à l'instauration d'un environnement favorable à la reconstruction économique et au développement, ainsi qu'au retour volontaire, sécurisé et durable des déplacés internes dans leurs foyers [1280] ;

— contribuer au renforcement de la règle de droit, à la mise en œuvre de la justice transitionnelle, au développement d'un cadre juridique en consultation avec les autorités locales compétentes.

La protection occupe une place de choix dans le mandat des opérations de ce début du XXIe siècle. Ces activités de protection ont été incluses dans les mandats des MONUC, MINUAD, MINUS, MINUL, et d'autres missions. Afin de réaliser ces objectifs, l'opération concernée assure une présence, des moyens et des compétences suffisants dans le domaine des droits de l'homme en vue de contribuer aux efforts visant à protéger et à promouvoir les droits de l'homme, en particulier à l'intention des groupes vulnérables à l'instar des déplacés internes.

Le rôle de la MONUC/MONUSCO en la matière est très suggestif. En RDC, la protection des civils dont les déplacés internes, constitue une priorité pour le mandat de l'opération des Nations unies [1281]. Celle-ci définit la protection comme toute activité visant à assurer la sécurité de l'intégrité physique des populations civiles, notamment les déplacés internes, enfants, femmes ; empêcher la perpétration des crimes de guerre, crimes contre l'humanité et autres actes de violence contre les civils ; garantir l'accès humanitaire ; assurer la protection des droits des individus conformément au droit international, au droit humanitaire et au droit interne [1282]. Concrètement, la MONUC intervient à plusieurs stades du déplacement interne. Pour ce qui est de la protection contre le déplacement, la MONUC a œuvré pour l'intégration de la protection des civils dans ses opérations et dans celles des FARDC et elle a, avec les FARDC et le gouvernement, œuvré pour le retrait de grands criminels des postes de commandement et de l'armée. Les activités de la MONUC conjointement avec les forces gouvernementales ont contribué,

1279 Voir mandat de la MINUL (Résolution 1509 de 2003 du Conseil de sécurité), 19 septembre 2003.

1280 Voir à ce sujet le Rapport su Secrétaire général de l'ONU et du Président de la Commission de l'Union africaine, du 5 juin 2007 (S/2007/307/Rev.1), paragraphes 54 et 55.

1281 Voir Conseil de sécurité, résolution S/RES/1856 du 22 décembre 2008, paragraphes 3(a) et 49c).

1282 Voir la stratégie interne de protection des civils de la MONUC, mars 2009.

semble-t-il, à repousser les forces ennemies (CNDP, LRA, M23…), limitant ainsi les attaques contre les populations civiles. En application du concept de protection conjointe, la MONUC a procédé à la sécurisation des centres urbains, à la protection directe des populations civiles, notamment dans les zones de Kiwanja, Rutshuru et les environs de Mugunga [1283]. Quant à la protection pendant le déplacement, les activités de la MONUC couvrent le renforcement de la sécurité des personnes en déplacement (des patrouilles héliportées et terrestres dans les camps de déplacés internes), la sécurité dans l'acheminement de l'aide humanitaire et parfois la fourniture de nourriture et d'hébergement. À titre d'exemple, l'on a assisté en 2004 à l'entrée en conflit des forces de Laurent Nkunda avec l'armée de la RDC au Sud-Kivu : c'est la crise de Bukavu. La ville de Bukavu a été le théâtre de graves exactions. À la suite de l'incendie du marché de Kadutu à Bukavu, environ 2000 civils se sont réfugiés dans les sites de la MONUC. Cette dernière a alors offert aide alimentaire et hébergement à ces déplacés internes pendant quelques jours [1284]. En effet, le rôle de la MONUC s'est considérablement élargi avec le temps. La préparation des élections de 2006 en a été une occasion. Son rôle inclut dorénavant tant la protection des civils que l'extension de l'autorité du gouvernement congolais sur toute l'étendue du territoire [1285]. La MONUC a alors multiplié ses patrouilles, contribuant ainsi au renforcement de la sécurité des déplacés internes [1286]. Pour la protection lors du retour, lors de la réinsertion et du relèvement, il s'est agi ici d'assurer la sécurité du retour et de la réinsertion des déplacés internes. Le retour des déplacés étant entendu comme consubstantiel au renforcement de la sécurité.

C. La nécessité de renforcer les mesures de protection

Il faut surtout relever la tangibilité des difficultés lors de la mise en œuvre des mandats de protection. La réponse apportée aux problèmes des déplacés internes est partielle (1), ce qui établit la nécessité de quelques arrangements (2).

1. Réponse partielle aux problèmes des déplacés internes

L'examen du cadre général (a) sera suivi d'une étude sur les lacunes de quelques missions de l'ONU en matière de protection des déplacés internes (b).

[1283] Vingt-cinquième rapport du Secrétaire général sur la Mission de l'Organisation des Nations unies en République Démocratique du Congo, Doc. S/2008/218 du 2 avril 2008. Paragraphe 46.

[1284] MONUC and the Bukavu crisis, 2004. New York: Best Practices Unit, Department of Peacekeeping Operations. March 2005, p. 8.

[1285] Vingt-troisième rapport du Secrétaire général sur la Mission de l'Organisation des Nations unies en République Démocratique du Congo, Doc. S/2007/156 du 20 mars 2007.

[1286] Vingt-cinquième rapport du Secrétaire général sur la Mission de l'Organisation des Nations unies en République Démocratique du Congo, Doc. S/2008/218 du 2 avril 2008. Paragraphe 40.

a. Cadre général

Le mandat proprement dit des missions nécessite une plus grande clarification en ce qui concerne les différentes activités de protection, par exemple la protection contre la violence sexuelle lors du déplacement dû aux conflits armés [1287].

La durée et l'étendue de la couverture des droits des déplacés internes limitent aussi l'apport de ces opérations en cette matière. Leur mandat couvre la protection des déplacés internes. Mais le rôle politique n'y est pas toujours inclus. Ce qui empêche parfois les chefs de missions d'intervenir pour mettre fin à un danger réel. Cela a été le cas avec la MINURCAT où le chef de celle-ci n'avait pas le pouvoir de réagir face à l'insécurité dans laquelle vivaient les déplacés internes et les réfugiés. Bien que le chef de la MINURCAT ait fait des efforts en vue de la consolidation de la paix au plan national et régional, ses efforts se sont avérés marginaux à cause notamment de l'absence d'un mandat clair et non équivoque pour remplir une telle mission. Le champ de protection de la MINURCAT a simplement été très étroit eu égard à l'ampleur du problème tchadien. Les systèmes locaux de justice traditionnelle ont été détruits par les années de déplacement de populations, les structures en place pour faire régner la loi et l'ordre se sont trouvées dans un état de décrépitude, attendu que le gouvernement avait concentré ses efforts sur la défense militaire. Il y avait besoin d'aller bien au-delà de ce champ de protection inscrit dans son mandat. Besoin à la fois de mandat, mais aussi de moyens afin d'amender le règne de la loi et de l'ordre dans le but de résoudre les problèmes tels que le banditisme et l'impunité qui constituent des menaces pour les civils et les acteurs humanitaires. Lorsque cette mission se retirait à la demande du Tchad, elle avait un bilan très mitigé. Bien que sa présence ait permis de diminuer les causes de l'insécurité et de la violence qui prévalaient en 2007, il ne s'est agi hélas que d'une diminution. Ces causes existent encore aujourd'hui.

L'incompétence en matière de déplacement en est une autre cause. Les forces de maintien et de construction de la paix ne sont pas toujours bien préparées à offrir une réponse appropriée en situation de déplacement interne. L'on relève un besoin réel de formation aux droits des déplacés internes. Cette question de formation de ces missions a par ailleurs été soulevée lors d'une consultation à Genève avec le Rapporteur spécial [1288]. Cela permettra aux missions de mieux utiliser cette ouverture pour renforcer leurs activités de protection des déplacés internes, pour ne parler que de cette catégorie de personnes vulnérables.

1287 Rapport du Secrétaire général sur la protection des civils en période de conflit armé, Doc. S/2009/277 du 29 mai 2009.

1288 *Taking Stock of Internal Displacement: Report of consultation held at Chateau de Penthes*, Brookings-LSE project on Internal Displacement, Geneva, 28-29 November 2012, p. 3.

b. Étude sur les lacunes de quelques missions de l'ONU en matière de protection des déplacés internes

Évoquer les lacunes des missions de l'ONU en matière de protection des déplacés internes oblige un rappel de l'histoire de la mission de l'ONU au Rwanda (i). Le cas en RDC est aussi riche d'enseignements (ii).

i. Le Cas du Rwanda

Lorsque le premier contingent de la Mission des Nations unies pour l'assistance au Rwanda (MINUAR) [1289] foule le sol de cet État d'Afrique en décembre 1993, c'est avec un réel espoir d'assurer effectivement la supervision de la mise en œuvre des Accords d'Arusha concernant le Rwanda [1290]. Les termes du mandat de cette mission ne lui permettront pourtant pas de jouer efficacement ce rôle. Lorsque les forces de maintien de la paix des Nations unies ont été appelées au secours par les populations en danger, elles ont dû se référer à la police locale à cause de l'impossibilité établie par le mandat d'intervenir directement [1291]. Face à la dégénération de la situation des droits de l'homme dans cet État, les troupes ont exigé en vain de l'ONU qu'elle réévalue ou adapte le mandat de la MINUAR au contexte. Les plaintes de ces troupes, les rapports d'organisations des droits de l'homme, les notes d'ambassades, les mécanismes de l'ONU et autres vecteurs de mobilisation n'ont pas pu convaincre les acteurs à même de prendre les décisions requises ; les alertes ont simplement été ignorées.

La grave crise qui s'accentue dès le 6 avril 1994 avec le crash de l'avion ayant à son bord le président Habyarimana du Rwanda et le président Ntariyamira du Burundi, au lieu de susciter une augmentation de troupes internationales sur le territoire de l'État, a plutôt vu se retirer le contingent européen de la MINUAR. La réaction du Conseil de sécurité a été de réduire l'effectif de la force sur le terrain sans envoi d'un nouveau contingent pour la protection des civils en

---

1289 La MINUAR fût créée le 5 octobre 1993 pour veiller à l'application des Accords d'Arusha sur le Rwanda.

1290 Il s'agit de cinq accords signés de juillet 1992 au 4 août 1993 entre l'État rwandais et le Front patriotique rwandais (FPR) de Paul Kagame. Ces accords prévoient à terme l'intégration politique et militaire des différentes composantes internes et externes de la nation rwandaise et le départ des troupes françaises à partir d'août 1992 (les forces françaises présentes sur le territoire au titre de l'Opération Noroît se retirèrent effectivement le 15 décembre 1993, à l'exception de quelques dizaines de coopérants militaires, autorisés à rester selon les accords de coopération militaire bilatéraux).

1291 Le mandat initial de la MINUAR était de contribuer à assurer la sécurité de la ville de Kigali ; superviser l'accord de cessez-le-feu appelant à la délimitation d'une nouvelle zone démilitarisée ainsi qu'à la définition d'autres procédures de démobilisation ; superviser les conditions de la sécurité générale pendant la période terminale du mandat du gouvernement de transition jusqu'aux élections ; participer au déminage ; et aider à coordonner les activités d'aide humanitaire liées aux opérations de secours.

danger. Les pertes en vies humaines ont été très graves et le déplacement interne n'a pas pu être prévenu.

Bien que la phase d'après génocide ait été marquée par une plus forte présence des acteurs internationaux, notamment 5500 Casques bleus, la protection dans la phase de déplacement n'a pas semblé efficace. Les massacres de Kibeho qui se déroulent principalement du 18 au 24 avril 1995 n'ont pas pu être évités. Le 18 avril, les camps de déplacés hutus qui abritent de 100 000 à 200 000 personnes sont fermés. Quatre jours plus tard, l'armée patriotique rwandaise tire sur les déplacés de Kibeho, faisant environ 2 000 victimes selon l'ONU et 338 selon le gouvernement [1292]. Les troupes rwandaises avaient pris soin de bloquer l'accès des organisations internationales à Kibeho. La présence militaire de l'ONU autour du camp n'était composée que d'un contingent zambien de 200 hommes ; insignifiante eu égard au nombre de troupes gouvernementales. Les soldats rwandais ont notamment pu empêcher le contingent zambien de la MINUAR de distribuer de l'eau aux déplacés internes. Malgré l'insuffisance constatée de cet effectif de la MINUAR, il n'y a pas eu autre déploiement de troupes [1293].

De la MINUAR, l'on retiendra l'ambiguïté de son mandat [1294], sa passivité et son indifférence face au déplacement et au « malheur » des personnes déplacées. Il faut aussi relever la coordination défaillante entre les responsables de la mission et d'autres responsables de l'ONU pendant la crise dans cet État.

ii. Le cas de la RDC

En RDC, la contribution à la protection des déplacés internes par la Mission de l'ONU fait montre de certaines insuffisances communes aux activités dans ce domaine, insuffisances précisées plus haut [1295]. Il y'en a aussi bien évidemment d'autres, liées à la situation particulière de la RDC. Ces insuffisances compromettent l'effectivité de la protection. Si le principe d'intégration, appliqué aux missions des Nations unies depuis le début du XXIe siècle a couvert la mission en RDC, le problème d'ouverture insuffisante de ces missions aux questions de protection des droits de l'homme se dessine aussi et met à mal la réponse au déplacement interne dans cet État. L'ancien Représentant du Secrétaire général en RDC, Alan Doss, constatait plusieurs challenges dans la protection en RDC. Tout d'abord, l'indiscipline dans les forces armées de cet État ; en particulier après l'intégration accélérée des

1292 Les premiers bilans faisaient état de 4.000 à 8.000 morts.

1293 Stephanie T. KLEINE-AHLBRANDT, *The Protection Gap in the International Protection of Internally Displaced Persons : The Case of Rwanda.* Graduate institute of international studies, Geneva, Second edition, 2004, p. 58 & 59.

1294 Ibid., p. 77 & 78.

1295 Voir supra p. 390.

milliers de membres sous-entraînés des anciens groupes armés dans les forces régulières. Ensuite, les problèmes de contrôle et de commandement des forces armées de la RDC (FARDC). En outre, l'incapacité opérationnelle de la MONUSCO à poster ses troupes dans toutes les localités à cause de la vaste étendue du territoire, l'insuffisance d'infrastructures et les défis sécuritaires. Enfin, le besoin de moyens logistiques pour une capacité de réaction rapide.

À cela s'ajoute l'hésitation de la MONUSCO à utiliser la force nonobstant la réunion des conditions nécessaires. Elle rechignerait à mettre en œuvre les mesures prises conformément au chapitre VII de la Charte [1296] et se présenterait *ipso facto* comme une touriste au Nord-Kivu [1297]. Cet immobilisme n'est pas l'apanage de la MONUSCO seule [1298]. Des manquements du même ordre ont été observés au Darfour concernant la MINUAD, manquements en rapport direct avec un groupe de déplacés internes. En effet, le 24 mars 2013 à 18 h 20, un convoi de soldats de la paix des Nations unies et de l'Union africaine escortant trois bus de déplacés du Darfour à une conférence de la paix était arrêté par un groupe d'hommes en uniforme dans des Toyota Land Cruiser. L'inaction de cette force avait favorisé le kidnapping, l'administration de traitements inhumains auxdits déplacés internes pendant une durée de six jours et compromis leur participation à la conférence [1299]. Le silence de cette mission n'a pas semblé inquiéter dans le cercle des Nations unies. Plusieurs hauts responsables de l'organisation ont du reste opté de procéder à de la désinformation. Ceci a fini par générer un scandale à l'instar de l'affaire Snowden. En effet, indignée par le silence de la MINUAD face à des crimes perpétrés au Darfour, Aïcha El Basri, ex-porte-parole de la MINUAD (août 2012 à avril 2013), en plus de sa démission, s'est muée en « imprécatrice des errements et des lâchetés du système "onusien" » en occasionnant une importante fuite de documents confidentiels de l'ONU. Déclamant contre la pratique par ailleurs jugée inacceptable de l'ONU, elle met surtout en avant le fait que « l'ONU a sciemment caché des crimes commis au Darfour et passé

1296 Rappelons que la résolution S/RES/1291 de 2000 confère à la MONUC (aujourd'hui MONUSCO) mandat de protéger les civils de toute menace ou violence physique conformément au chapitre VII.

1297 RDC : la MONUSCO accusée de faire du « tourisme » au Nord-Kivu.www.rfi.fr, RDC/ONU, article publié le vendredi 4 mai 2012. Disponible à l'adresse : http://www.rfi.fr/afrique/20120524-rdc-monusco-accusee-faire-tourisme-nord-kivu.

1298 Sur les manquements au maintien de la paix au moyen des Opérations de maintien de la paix, voir Paul TAVERNIER, Paul TAVERNIER, « Les opérations de maintien de la paix : crise des O.M.P. ou crise du maintien de la paix ? », in Madjid BENCHIKH (sous la direction de), *Les organisations internationales et les conflits armés*, Paris, L'Harmattan, 2001, p. 111-129.

1299 Foreign Policy's Special Report on Blood Oath: Inside the United Nations' Darfur Debacle, See particularly Part 1 on « They Just Stood Watching », 7 April 2014. Disponible à l'adresse : http://www.foreignpolicy.com/articles/2014/04/07/special_report_darfur_united_nations_peacekeeping_investigation (consulté le 13 avril 2014).

sous silence les raids aériens menés par l'armée régulière contre des villages de civils, et cela pour ne pas indisposer Khartoum »[1300]. Pour ce qui est de la RDC, l'on attend beaucoup de la brigade d'intervention autorisée récemment par le Conseil de sécurité[1301], brigade « capable de mener des opérations offensives afin de neutraliser les groupes armés qui entretiennent la violence et l'insécurité à l'Est de la RDC ».

Il faut aussi relever la problématique de l'utilisation de la force pour faire cesser un conflit, mettre un terme au déplacement de populations. La relation entre les opérations de maintien de la paix (utilisation de la force) et le déplacement interne est on ne plus complexe. Il est évident que lorsque la force est employée, la probabilité que le déplacement forcé s'en suive est grande[1302]. L'affrontement entre cette mission de l'ONU et les groupes rebelles créerait le même effet qu'un conflit armé faisant intervenir des acteurs ordinaires. Ceci est d'autant plus évident que la branche armée de cette mission a connu un net renforcement. La brigade d'intervention nouvellement créée a un mandat qui va au-delà de celui de la MONUSCO. Les limitations dans l'emploi de la force ne sont pas les mêmes pour les deux entités. Il existe un réel risque qu'il y ait des tensions internes, ce qui causera plus de déplacement de populations. Il se pose à l'échelle nationale mais aussi internationale la question de l'efficacité d'une telle brigade d'intervention, car à chaque fois que l'ONU et la RDC ont de concert utilisé la force, il s'est ensuivi un déplacement de populations. L'on a clairement souvenir des Operations Kimia I et Kimia II[1303], menées par le gouvernement de la RDC (les FARDC) avec le soutien logistique de la mission de l'ONU pour lutter contre la rébellion FDLR à l'Est du pays, opérations dont l'efficacité a été largement interrogée[1304]. Si les forces armées de la RDC, appuyées par la MONUC, ont connu des réussites dans les limites de ces opérations, les méthodes utilisées notamment pour guerroyer contre les rebelles n'ont pas fait l'unanimité. Pendant que le Représentant de l'ONU en RDC, Alan Doss, se prononce en faveur de la poursuite des opérations militaires[1305], Philip Alston, alors Rapporteur spécial sur les exécutions extrajudiciaires juge

---

1300 Samy Ghorbal, « Aïcha El Basri. Elle balance l'ex-porte-parole ! », *Jeune Afrique*, N° 2786 du 1er au 7 juin 2014, page 13.

1301 Conseil de sécurité, Résolution S/RES/2098, mars 2013.

1302 La MONUC a quelquefois été auteure du déplacement forcé de populations. Voir Siobhan Wills, « Protecting Civilians: The Obligations of Peacekeepers », *Oxford University Press*, 2009, p. 60.

1303 L'opération Kimia II est lancée en mai 2009.

1304 Sur quelque développement sur l'efficacité de ces opérations, lire « Qu'est ce que le STAREC appuyé par les Nations unies apporte de nouveau et de concret ? », in *MONUC-Nouvelles* du 10 novembre 2009.

1305 Voir http://www.jeuneafrique.com/Depeche_imp_20091016T203903Z20091016T203856Z_ (consulté le 1er juin 2014).

l'opération Kimia II catastrophique, désastreuse en matière de droits de l'homme [1306]. Ce qui revient à dire que ces acteurs mêmes qui sont censés intervenir pour prévenir et mettre fin au déplacement de populations deviennent parfois les auteurs du déplacement de populations. L'UNICEF l'avait relevé :

> « L'Operation Kimia II menée par les FARDC avec l'appui logistique de la Mission des Nations unies en République Démocratique du Congo (MONUC) a causé de nouveau le déplacement massif de populations, ainsi qu'une aggravation de la crise humanitaire avec une recrudescence des exactions et de la violence contre la population civile » [1307].

Ces facteurs, joints à d'autres faiblesses de la mission, laissent les déplacés internes en RDC dans l'expectative des conditions de sécurité acceptables. Puisqu'aujourd'hui encore, forcés de se déplacer sempiternellement, ils sont confrontés aux exactions d'une gravité quasi semblable à celle d'avant la création de la mission, notamment les attaques par les groupes armés étrangers, le taux élevé de violences sexuelles de la part de différents protagonistes au conflit, les rapines et le grand banditisme, etc. Tout porte à croire que la condition déjà « sévère » des déplacés internes va s'aggravant. Puisque, ces dernières années, l'on a assisté à une augmentation du nombre de déplacés internes en RDC [1308].

Eu égard à ce qui précède, le mandat de cette mission s'apparente à un fiasco. Ce mandat étant prorogé jusqu'au 31 mars 2015 [1309], espérons qu'elle se fera plus dissuasive pour ainsi gagner en crédibilité et confiance auprès des populations déplacées. Notamment par une couverture militaire renforcée des zones à risque, au moyen d'une combinaison des couvertures (patrouilles) héliportées et des patrouilles terrestres et au moyen du renforcement des capacités d'accès aux zones laissées non couvertes, etc. Quelques mesures sont prises dans ce sens, dont l'une des plus importantes est la signature le 24 février 2013 à Addis-Abeba de l'Accord-cadre régional pour l'Est de la RDC qui vient, entre autres, renforcer les capacités de la MONUSCO afin qu'elle puisse

---

1306 Conférence de presse offerte pa Philip Alston à Kinshasa en octobre 2009, disponible à l'adresse : http://www.jeuneafrique.com/Depeche_imp_20091016T203903Z20091016T203856Z_

1307 UNICEF, « Stratégie provinciale du Nord-Kivu » in BCAH/OCHA, *Plan d'action humanitaire 2010, Kinshasa*, 2010, p. 1.

1308 Selon OCHA, au premier trimestre 2012, le nombre de déplacés internes en RDC franchit la barre de deux millions, passant de 1.7 million au 31 décembre 2011 à plus de deux millions au 31 mars 2012. Voir conférence de presse des Nations unies du mercredi 02 mai 2012, portant sur les activités des composantes de la MONUSCO, les activités de l'équipe pays et la situation militaire.

1309 Conseil de sécurité, résolution S/RES/2147 du 28 mars 2014, sur la situation concernant la République démocratique du Congo.

répondre plus adéquatement aux violences récurrentes dans le pays. Bien que le Conseil de sécurité ait déjà autorisé le déploiement de drones de surveillance dans le pays, l'entérinement de la décision de créer une brigade d'intervention robuste à même d'intervenir en cas de menace est salvateur. Toutefois, ces mesures du Conseil de sécurité ne sauraient constituer une fin en soi.

2. Arrangements nécessaires

Les missions de maintien et de construction de la paix détiennent leur mandat du Conseil de sécurité. Ce mandat est déterminé en considération aussi de l'avis de la Commission de construction de la paix des Nations unies et d'autres agences des Nations unies intervenant sur le terrain. Toutes ces institutions devraient prendre des mesures nécessaires à une intégration hardie des préoccupations des déplacés internes dans la dynamique des opérations de la paix. Elles ont des responsabilités à la fois respectives et communes à ce sujet, notamment la contribution à une plus large participation des déplacés internes au processus de paix.

Lui revenant la responsabilité de maintenir la paix et la sécurité internationales, le Conseil de sécurité devrait utiliser et promouvoir davantage les Principes directeurs sur le déplacement interne et les autres instruments appropriés lors de la définition des mandats des opérations de la paix.

La Commission de Construction de la Paix des Nations unies quant à elle, considérée comme une opportunité institutionnelle unique pour la promotion des droits des déplacés internes dans les efforts de construction de la paix, devrait éprouver si l'ONU et les autres acteurs répondent de manière appropriée aux problèmes de déplacement interne.

D'autres agences de l'ONU ont bien sûr leur rôle à jouer, en l'occurrence encourager à une plus large ouverture de ces opérations aux droits des déplacés internes.

Considérant que les opérations des Nations unies sont par instants à l'origine du déplacement forcé de populations, et que cet acte est accepté comme étant illicite par les plus hautes instances de l'ONU, la réparation à l'initiative des Nations unies devrait être développée davantage. L'initiative de l'ONU portant réparation pour fautes et infractions commises par son personnel n'est pourtant pas nouvelle. L'Assemblée générale de l'ONU a reconnu aux individus la possibilité de formuler des demandes d'indemnisation au titre de la responsabilité civile résultant d'opérations de maintien de la paix [1310]. Elle semble toutefois ne pas s'appliquer ou pouvoir s'appliquer

---

[1310] Assemblée générale des Nations unies, Résolution A/RES/52/247, « Demandes d'indemnisation au titre de la responsabilité civile : limitations temporelles et financières » du 17 juillet 1998.

congrûment aux déplacés internes. L'extrême limitation du délai de prescription pose problème [1311]. Aussi, le champ d'application de l'indemnisation se limite au préjudice corporel, à la maladie ou au décès, à la perte de biens ou dommages matériels, s'inscrivant dans le cadre d'une occupation illégale de locaux sans le consentement du titulaire, occupation imputable aux activités des membres de l'opération de la paix. Si la bonne mise en œuvre de cette indemnisation dans les conditions ainsi définies peut être d'importance pour les déplacés internes, il conviendra d'élargir son champ d'application.

§ 2. De l'apport des partenaires des Nations unies

Dans l'accomplissement de ses tâches, l'ONU s'appuie non seulement sur des organisations régionales et des États (A), mais aussi sur d'autres acteurs comme les ONG et des médias d'information (B).

A. Les organisations régionales et les États

L'éventail des activités de l'ONU couvre, sans prétendre à l'exhaustivité, celles politiques, humanitaires, culturelles, celles relatives au développement, au rétablissement de la paix, aux droits de l'homme et à l'environnement. Dans leur réalisation, l'ONU s'est très souvent appuyée sur des organisations régionales et sous-régionales (1) et sur les États (2).

1. Le recours par l'ONU aux organisations régionales et sous-régionales pour la protection des déplacés internes

L'appui des organisations régionales à l'ONU s'est renforcé au fil du temps prenant en compte divers facteurs parmi lesquels l'état des relations internationales et la nature ou l'intensité des menaces à la paix et à la sécurité.

Si le 7 octobre 1944 à Dumbarton Oaks, les quatre principales puissances en vue [1312] refusèrent de reconnaître les organismes régionaux, exacerbant ainsi une approche purement universaliste de la sécurité collective, une tout autre approche s'est progressivement ancrée dans la politique de l'ONU. C'est quelques mois seulement plus tard à San Francisco que la nouvelle tendance a commencé à poindre à l'horizon. La Charte, en son article 52, non seulement célèbre le rôle des organismes régionaux en matière de règlement pacifique des

---

1311 La demande d'indemnisation doit être introduite dans les six mois à compter de la survenance du dommage causé ou de la découverte de celui-ci, ou dans le délai maximum d'un an à compter de la fin du mandat de l'opération de la paix. La condition du déplacement interne, qui peut parfois priver les déplacés internes ou leur représentants de la possibilité d'ester en justice à un certain moment, n'a certainement pas été prise en compte lors de la fixation de ces délais.

1312 Chine, États-Unis, Grande-Bretagne et URSS.

différends tel qu'il est envisagé par le Chapitre VI [1313], mais précise aussi que lesdits organismes devraient être utilisés en priorité pour régler pacifiquement les différends d'ordre local avant de les soumettre au Conseil de sécurité [1314]. L'article 53 ouvre aussi la voie à l'utilisation par l'ONU des organismes régionaux pour mettre en œuvre les mesures coercitives prévues par le Chapitre VII de la Charte. Dans ce cas, toute action des organismes régionaux doit bénéficier d'une autorisation préalable du Conseil de sécurité.

Cette posture sera renforcée en 1992 au moyen du Rapport *An Agenda for Peace* de Boutros Boutros-Ghali qui souligne le rôle croissant que les organisations régionales devraient jouer en matière de diplomatie préventive et de maintien de la paix [1315], tout en rappelant que les organisations régionales viennent pallier l'ineffectivité du système de sécurité collective [1316].

L'intensification et la diversification des conflits auxquelles il faut ajouter la diversification des rôles des missions de la paix ont amené moins de trois ans plus tard à doter l'*Agenda pour la paix* d'un supplément [1317]. Le Secrétaire général y identifiait cinq modalités de coopération entre l'ONU et les organisations régionales, à savoir la consultation, le soutien diplomatique [1318], le soutien opérationnel [1319], le co-déploiement [1320] et l'opération conjointe [1321]. Ce rapport identifie quatre principes généraux qui doivent orienter la coopération : ce sont l'établissement des consultations, la primauté de l'ONU telle que définie dans la Charte, le partage des tâches clair et approuvé par chacune des organisations, et la cohérence des positions adoptées par les États qui sont à la fois membres de l'ONU et de l'organisation régionale concernée.

Aux côtés de l'ONU, plusieurs organisations régionales et sous-régionales ont développé et mis en œuvre des capacités significatives pour répondre efficacement et effectivement au phénomène du déplacement de personnes à

1313 Charte des Nations unies, article 52, paragraphes 1 & 2.

1314 Charte des Nations unies, article 52, paragraphe 2.

1315 Boutros BOUTROS-GHALI, *An Agenda for Peace, Report of the Secretary-General pursuant to the statement adopted by the Summit Meeting of the Security Council on 31 January 1992*, A/47/277-S/24111, NewYork, 17 juin 1992, Chapitre VII.

1316 Ibid., paragraphe 63.

1317 Boutros BOUTROS-GHALI, *Supplement to An Agenda for Peace, Position paper of the Secretary-General on the occasion of the Fiftieth Anniversary of the United Nations*, A/50/60-S/1995/1, 3 janvier 1995.

1318 Expertise électorale de l'OSCE au service d'opérations de construction de la paix en constitue un exemple.

1319 Il y a, entre autres occurrences, le cas de l'OTAN qui est venu en soutien de la FORPRONU en Bosnie.

1320 Comme exemple, le déploiement simultané au Liberia d'une opération de maintien de la paix régionale, ECOWAS, et d'une cellule ONU de soutien et d'évaluation.

1321 Pour le cas de Haïti, le personnel, la direction et le commandement ont été partagés entre l'ONU et l'Organisation des États américains.

l'intérieur de leur propre État. Comme l'a relevé Paul Tavernier, « l'ONU a tendance de plus en plus à s'en remettre aux organisations régionales pour organiser des opérations de maintien de la paix, en Afrique ou ailleurs »[1322]. Ce modèle de sous-traitance semble avoir le vent en poupe[1323]. L'ONU fait principalement recours à l'OTAN, à l'UA, à l'UE et aux organisations sous-régionales africaines[1324]. D'autres comme l'Organisation pour la sécurité et la coopération en Europe (OSCE), l'Organisation des États américains (OEA) et la Communauté des États indépendants (CEI) ont aussi contribué, mais de façon plus limitée et ponctuelle.

Ceci étant, quel a été l'apport de ces organismes régionaux dans la réponse « onusienne » au déplacement interne ? Le partenariat ONU-organisations régionales et sous-régionales se présente comme un vecteur essentiel de la protection internationale des déplacés internes. La coopération en matière de promotion des droits des déplacés internes constitue au certain l'un des aspects les plus tangibles de ces rapports. Les organisations régionales constituent de véritables artères de l'ONU en matière d'éducation, de sensibilisation, d'information à l'échelle des régions. Les accords de partenariat prolifèrent en ce sens, notamment en matière de déplacement interne. S'inscrit dans cette veine le Mémorandum d'accord entre le HCR et la Commission africaine[1325] aux termes duquel ces deux institutions s'engagent à coopérer sur la quasi-totalité des aspects de la promotion concernant les droits des réfugiés, des demandeurs d'asile, des rapatriés et d'autres personnes relevant de leurs mandats respectifs. Ce Mémorendum traduit, entre autres, une recherche de complémentarité entre les deux institutions pour mieux transposer dans le

---

1322 Paul TAVERNIER, « Les opérations de maintien de la paix : crise des O.M.P. ou crise du maintien de la paix ? », in Madjid BENCHIKH (sous la direction de), *Les organisations internationales et les conflits armés*, Paris, L'Harmattan, 2001, p. 111.

1323 Sur la sous-traitance, voir Philippe LAGRANGE, *La sous-traitance de la gestion coercitive des crises par le Conseil de sécurité des Nations Unies*, Thèse (sous la direction de Patricia Buirette), Université de Poitiers, 1999, 899 p. ; et Djamchid MOMTAZ, « La délégation par le Conseil de sécurité de l'exécution de ses actions coercitives aux organisations régionales », *Annuaire français de droit international*, 1997, p. 105-115.

1324 Communauté économique des États d'Afrique de l'Ouest (CEDEAO), Communauté sud-africaine de développement (SADC), Autorité intergouvernementale pour le développement (IGAD), Communauté économique et monétaire de l'Afrique centrale (CEMAC) et Afrique du Nord.

1325 Mémorandum d'Accord signé pendant la 33e Session ordinaire de la Commission africaine entre la Commission africaine et le Haut Commissariat des Nations unies pour les réfugiés, relatif au renforcement de la coopération mutuelle dans le domaine de la promotion et de la protection efficaces des droits humains des réfugiés, des demandeurs d'asile, des rapatriés et autres personnes concernées.

monde les objectifs déclarés par l'une et l'autre [1326]. La coopération en matière de protection des droits des déplacés internes constitue quant à elle l'autre dimension cardinale des rapports entre l'ONU et les organisations régionales. Elle se fait non seulement sous forme de consultations et soutien diplomatique, mais également sous forme de soutien opérationnel avec le codéploiement et les opérations conjointes. Indifféremment de l'option de coopération mise en œuvre, il faut relever le soutien apporté par l'Union européenne à l'ONU tout au long de la crise des Balkans, notamment au moyen de la Mission d'administration intérimaire des Nations unies au Kosovo (MINUK) [1327], de la Mission de police et l'opération militaire de l'Union européenne en Bosnie-Herzégovine [1328] ou de l'Opération militaire « Concordia » de l'UE dans l'ancienne République yougoslave de Macédoine [1329]. Cet appui sur l'UE continue dans d'autres sous-régions avec le soutien actuel de l'UE dans son plan de création des zones de cessez-le-feu en Syrie. L'Union africaine quant à elle est progressivement devenue une partenaire incontournable de l'ONU ; notamment en matière de paix et sécurité en Afrique. Plusieurs exemples attestent de l'efficacité de cette complémentarité ONU-UA. Sans prétendre à l'exhaustivité, il faut rappeler la coopération entre ces deux organisations sur les situations en RDC et dans la région des Grands Lacs, en Guinée-Bissau, au Mali et en République centrafricaine [1330]. L'ONU a aussi dû s'appuyer sur des organisations régionales pour mettre en œuvre ses plans dans une tout autre région du monde. Ce fut le cas avec le recours à l'OTAN pour l'intervention en Libye en 2011 dans le cadre de la responsabilité de protéger sur la base de la Résolution 1973 du Conseil de sécurité [1331].

Ces partenariats ont été utiles à l'ONU dans l'accomplissement de sa mission relative aux droits de l'homme, notamment la protection des droits fondamentaux des déplacés internes. Toutefois, cette coopération peut parfois présenter des limites. En effet, si ces organisations sur lesquelles l'ONU s'appuie sont aptes à accomplir certaines tâches majeures, elles se révèlent parfois insuffisamment préparées à répondre aux besoins particuliers des populations vulnérables, notamment ceux des déplacés internes. Aussi, l'on a

---

1326 « Mémorandum d'Accord entre la Commission africaine des droits de l'homme et des peuples et le Haut Commissaire des Nations unies pour les réfugiés », in : UNION AFRICAINE, *Rapport d'activités de la CADHP*, 2002-2003, p. 30.

1327 Dans le cadre de cette mission, l'UE s'est vu confier le pilier de la reconstruction.

1328 Cette mission créée le 1er janvier 2003 sur la base de la Résolution 1396 du Conseil de sécurité pour une période initiale de trois ans se poursuivra jusqu'au 30 juin 2012.

1329 Opération créée le 31 mars 2003 en vertu de la résolution 1371 du Conseil de sécurité dans le but de rétablir la paix et de stabiliser la situation politique. Cette Mission prit fin le 15 décembre 2003.

1330 En République centrafricaine comme au Mali, des missions sous conduite africaine ont été déployées avant de céder la place à des opérations de maintien de la paix des Nations unies.

1331 La Résolution 1973 du 17 mars 2011 portant sur la situation en Jamahiriya arabe libyenne.

parfois déploré le départ précipité de ces organisations régionales ou sous-régionales, un départ effectué alors que les conditions de sécurité notamment n'étaient pas pleinement remplies. L'OTAN avait certainement accompli sa mission en Libye lorsqu'elle se retirait de cet État quelques jours après la mort du Colonel Kadhafi et après que le Conseil de sécurité a mis fin à son mandat [1332]. Mais elle laissait derrière elle des déplacés internes et d'autres personnes vulnérables dans une situation sécuritaire et humanitaire très instable ; ceci en dépit des appels du gouvernement provisoire libyen pour sa prolongation. Les membres du Conseil n'avaient pas manqué, malgré le contexte, de souligner « la responsabilité qui incombe aux autorités libyennes de protéger leur population y compris les étrangers et les migrants africains ». C'était assurément méjuger des incapacités et de la quasi-déliquescence de l'État libyen au sortir de l'intervention armée de l'OTAN, ceci malgré l'apport de la Mission d'appui des Nations Unies en Libye (MANUL). Cette dernière a été créée le 16 septembre 2011 [1333] et sa mission initiale n'incluait pas de personnels militaires. L'Accord relatif au statut de la mission, accord qui établit son cadre juridique, n'a été signé que le 10 janvier 2012.

2. *Le recours par l'ONU aux États et autres entités étatiques pour la protection des déplacés internes*

Il conviendra de distinguer le rôle des États proprement dits (a) de celui d'autres entités étatiques, notamment les commissions nationales des droits de l'homme (b).

a. Le partenariat ONU-États

Les forces étatiques peuvent dans quelques cas s'avérer plus efficaces que celles de l'ONU. Ce fut le cas au Rwanda avec la zone humanitaire sûre créée par l'*opération turquoise*, une opération menée par la France. En effet, la zone humanitaire sûre créée au Rwanda en 1994 sur la base d'une résolution du Conseil de sécurité [1334] pour « contribuer, de manière impartiale, à la sécurité et à la protection des personnes déplacées, des réfugiés et des civils en danger au Rwanda » a d'abord été placée sous le contrôle de la France dans le cadre de l'*opération turquoise*. C'est au cours de la période de contrôle de cette zone par les soldats des Nations unies (MINUAR II), après le départ des forces françaises, que les populations y regroupées ont subi d'atroces attaques et ont été victimes de massacres perpétrés par les forces du FPR. Ces événements tragiques de

---

[1332] Conseil de sécurité, Résolution S/RES/2016 du 27 octobre 2011, paragraphes 5 et 6.

[1333] Conseil de sécurité, Résolution S/RES/2009 du 16 septembre 2011.

[1334] Résolution 929 du Conseil de sécurité du 22 juin 1994.

Kibeho se déroulent principalement en avril 1995 [1335]. Bien que le recours par l'ONU à certains États pour assurer la protection des personnes vulnérables, notamment les déplacés internes, se présente parfois comme un partenariat efficace, le renforcement d'un tel partenariat peut être utile, *a fortiori* à la réponse adéquate à certaines crises spécifiques à l'instar du déplacement interne.

b. Les autres entités étatiques : le cas des commissions nationales des droits de l'homme

Renforcer la collaboration entre l'ONU et les institutions nationales des droits de l'homme pourrait permettre d'atteindre le plus grand nombre de déplacés internes et répondre plus judicieusement à leurs besoins. Ces commissions sont en pleine émergence (i) et leur viatique en matière de protection des déplacés internes peut être déterminant (ii).

i. Émergence

L'émergence des commissions nationales des droits de l'homme fait d'elles un rouage essentiel de l'immense paysage institutionnel relatif à la protection internationale des déplacés internes. Cette émergence est tributaire de la promotion active du concept par l'ONU. Leur création est devenue une entreprise courante pour nombre de gouvernements. Ces derniers y sont encouragés par des acteurs internationaux et locaux [1336]. Ces commissions sont parrainées et financées par l'État et bénéficient d'une certaine autonomie. Elles ont pour mission la promotion et la protection des droits de l'homme, cela inclut parfois la résolution des conflits, l'éducation aux droits de l'homme, l'accompagnement des États dans l'élaboration des instruments de protection des droits de l'homme. Concrètement, elles examinent la législation proposée pour :

— s'assurer de sa conformité aux normes de droits de l'homme, pour recommander une réforme de la législation existante afin d'en assurer la conformité avec les normes de droits de l'homme ;

— conseiller les ministères et les institutions sur les critères d'incorporation des droits de l'homme dans leurs pratiques législatives et dans leurs législations ;

— mener des enquêtes publiques lorsqu'il existe des preuves évidentes de violations flagrantes et systématiques des droits de l'homme ;

1335 Pour les implications juridiques de ces événements, lire Stephanie T. KLEINE-AHLBRANDT, *The Protection Gap in the International Protection of Internally Displaced Persons : The Case of Rwanda.* Graduate institute of international studies, Geneva, Second edition, 2004.

1336 La première Commission des droits de l'homme a été mise sur pied au Canada en 1947.

— sensibiliser, éduquer et informer un large public sur les droits de l'homme ;

— enquêter et trouver une solution aux plaintes faites sur des allégations de violation des droits de l'homme ;

— prendre l'initiative de mener des enquêtes sur la situation des droits de l'homme ;

— surveiller les occurrences de violation et assurer la réalisation progressive des droits de l'homme ;

— faire de la recherche et fournir de la documentation ;

— développer les plans d'action nationaux pour la promotion et la protection des droits de l'homme ;

— etc.

Le Centre des Nations unies pour les droits de l'homme a organisé en 1991 une consultation sur les institutions nationales de droits de l'homme de laquelle il est découlé un énoncé de principes intitulés : Principes sur le statut et le fonctionnement des institutions nationales de promotion et de protection des droits de l'homme, dits Principes de Paris. Ces Principes ont été approuvés par les hautes instances des Nations unies. Le HCDH a institué un programme qui appuie les gouvernements qui ont entrepris l'établissement de ces commissions [1337]. Les Principes de Paris requièrent notamment que ces commissions travaillent en toute indépendance, disposent d'infrastructures et ressources suffisantes, fassent preuve de flexibilité et que leurs membres soient issus de diverses couches de la société.

La seule stratégie réactive en matière de protection des droits de l'homme s'est avérée insuffisante. C'est pour obvier à cette insuffisance que les commissions nationales de droit de l'homme émergent. Celles-ci ont le potentiel de développer la capacité de protéger les droits de l'homme au sein de toute structure gouvernementale. Dès lors, quel rôle peuvent jouer ces commissions en matière de protection des déplacés internes ?

ii. Rôle et capacités réelles des commissions nationales des droits de l'homme en matière de déplacement interne

Plusieurs études ont fait ressortir le rôle que peuvent et doivent jouer les commissions nationales des droits de l'homme en matière de déplacement

1337 « Protectors or Pretenders: Government Human Rights Commissions in Africa », *Human Rights Watch*, New York, 2001.

interne [1338]. Il ressort du Colloque de Vienne des 21, 22 et 23 septembre 2000 sur les *Principes directeurs relatifs au déplacement de personnes à l'intérieur de leur propre pays* que le déplacement interne est un aspect critique des droits de l'homme qui s'inscrit dans le mandat des commissions nationales des droits de l'homme et devrait être considéré comme partie essentielle de leur travail [1339]. Le mandat est clairement défini, mais quelques questions se posent. La construction de ces dernières leur permet-elle de traiter des droits des déplacés internes de façon durable et systématique ? Comment la société internationale peut-elle les aider dans cette tâche ?

Dans les États affectés par le déplacement interne, les institutions nationales de défense des droits de l'homme ont un rôle précieux à jouer dans la promotion et la protection des droits des déplacés internes. Les gouvernements l'ont explicitement reconnu et encouragé dans les résolutions de l'ONU :

> « La Commission des droits de l'homme [...] prend acte avec satisfaction des efforts que déploient les organisations non gouvernementales et du rôle croissant que jouent les institutions nationales des droits de l'homme, s'agissant d'aider les personnes déplacées dans leur propre pays et de promouvoir et protéger leurs droits fondamentaux [...] invite la Haute-commissaire des Nations unies aux droits de l'homme, en coopération avec les gouvernements et les institutions nationales de défense des droits de l'homme et autres entités compétentes du système des Nations unies, à continuer de promouvoir les droits fondamentaux des personnes déplacées dans leur propre pays, à améliorer leur protection sur le terrain et à élaborer des projets visant à remédier à leur détresse dans le cadre du programme de services consultatifs et de coopération technique, notamment dans les domaines de l'éducation aux droits de l'homme, de la formation et de l'assistance en matière d'élaboration de textes de loi et de politiques, et à communiquer des informations à ce sujet » [1340].

1338 Mario GOMEZ, *National Human Rights Commissions and Internally Displaced Persons, Illustrated by the Sri Lankan Experience*, The Brookings. SAIS Project on Internal Displacement, July 2002, p. 29-34 ; *Faire Face au Problème du Déplacement de Personnes à l'intérieur de leur Propre Pays ; Cadre Normatif précisant les Responsabilités des États*, The Brookings Institution – University of Bern Project on Internal Displacement, avril 2005, p. 20-21.

1339 Report of the International Colloquy on the Guiding Principles on Internal Displacement, Vienna, Austria, September 21-23, 2000. The Brookings Institution Project on Internal Displacement, 2000, p. 29.

1340 Commission des droits de l'homme des Nations unies, Résolution 2005/46. Personnes déplacées dans leur propre pays.

L'ONU encourage vivement les gouvernements à créer des institutions nationales comme étant la meilleure stratégie de promotion et de protection des droits de l'homme.

Des initiatives sont aussi prises au plan régional pour plus d'implication de ces commissions dans les activités de protection. C'est le cas du forum des institutions nationales des droits de l'homme de l'Asie et du Pacifique, composé de huit commissions nationales [1341], qui, lors de sa cinquième réunion annuelle d'août 2000, a exprimé son soutien à l'accroissement du rôle des commissions nationales des droits de l'homme pour des préoccupations relatives aux droits et besoins des déplacés internes.

Leur emplacement au sein de l'État, leur qualité d'institution nationale et leur flexibilité procédurale sont autant de critères qui, comme l'a relevé Mario Gomez, leur permettent d'agir efficacement en faveur des déplacés internes [1342]. Elles peuvent agir tant directement qu'à travers un travail commun avec le gouvernement concerné et le Rapporteur spécial.

La protection « directe » est construite sur le fait que le statut des commissions nationales des droits de l'homme leur permet, entre autres activités :

— d'assurer le suivi des alertes préventives de déplacement et s'assurer que des mesures effectives sont prises par les autorités pour protéger les populations contre le déplacement arbitraire et que ces mesures soient mises en œuvre en conformité avec les Principes directeurs [1343] ;

— de voir à ce que les déplacés internes bénéficient des mêmes droits que leurs concitoyens, bénéficient de l'accès à leurs droits sans discrimination et reçoivent la protection et l'assistance dont ils ont besoin ;

— d'assurer l'accès aux déplacés internes et leur capacité à recevoir des fournitures de base ; de s'assurer que les déplacés internes sont informés des initiatives prises en leur faveur et sont invités à émettre des idées et participer à la prise des décisions ;

1341 Composé l'année 2000 des États suivants : Australie, Fiji, Inde, Indonésie, Népal, Nouvelle Zélande, Philippines et Sri Lanka.

1342 Mario GOMEZ, *National Human Rights Commissions and Internally Displaced Persons, Illustrated by the Sri Lankan Experience*, The Brookings. SAIS Project on Internal Displacement, July 2002, p. 30.

1343 Dans le cadre du déplacement dû à la construction de routes, barrages, ponts, la Commission indienne des droits de l'homme a dû de sa propre initiative demander des rapports au gouvernement, mais surtout mettre en action sa propre équipe d'enquête sur le terrain. Les plaintes reçues dans ces hypothèses avaient trait au déplacement pour construction du barrage Bargi dans le Madhya Pradesh, le projet de réservoir de Kabini (le Karnataka), le projet de parc national Bandipur, etc.

— de surveiller en permanence les zones où la sécurité physique des déplacés est en danger ;

— de visiter les camps et habitations des déplacés internes pour évaluer avec précision les conditions dans lesquelles ils vivent ;

— d'œuvrer aux côtés des donateurs multilatéraux pour s'assurer que les ressources atteignent leurs destinataires ;

— et de mener des enquêtes sur les allégations de violations graves des droits des déplacés internes et s'assurer que les autorités y répondent de manière appropriée [1344].

L'appui au Rapporteur spécial, au gouvernement et autres acteurs locaux est matérialisé par le fait que ces commissions s'attèlent à faciliter, épauler, voire servir de prolongement du Rapporteur spécial sur les droits des déplacés internes, du gouvernement et autres acteurs dans leurs activités en matière de déplacement interne. Il leur revient de :

— conseiller le gouvernement sur les droits des déplacés internes, c'est-à-dire coopérer avec les organes législatifs nationaux lors de l'élaboration des législations relatives aux déplacés internes et aider à concevoir des politiques et des plans d'action en collaboration avec les agents de l'État pour régler efficacement les situations de déplacement interne [1345] ;

— surveiller et présenter des rapports sur la mise en œuvre de la législation nationale par le gouvernement, sur sa conformité aux obligations découlant des traités internationaux et sur la mise en œuvre des plans d'action et politiques nationales en faveur des déplacés internes ;

— organiser des sessions de formation sur les droits des déplacés internes, pour les institutions de l'État, l'armée et les organes chargés du respect de la loi ;

— créer des conditions adéquates pour un dialogue entre les déplacés internes et les acteurs humanitaires d'une part, et le gouvernement ou les institutions étatiques d'autre part ;

1344 À plusieurs reprises, la Commission indienne des droits de l'homme a traité des plaintes et agi dans l'optique de faire cesser les violations intervenues dans des situations de déplacement dues aux catastrophes naturelles. Notamment le cyclone qui a frappé les districts d'Orissa en 1999 ; le séisme du Gujarat de 2001 ; le tsunami qui a frappé les régions côtières de l'Inde en 2004 ; le tremblement de terre du Jammu-et-Cachemire en 2005 et bien d'autres situations.

1345 Suite au déplacement dû aux projets de développement, aux catastrophes naturelles et d'origine humaine, la Commission nationale indienne des droits de l'homme a recommandé l'incorporation des Principes directeurs dans la politique nationale de secours et de réhabilitation, dans la loi de réhabilitation et de réinstallation de 2007.

— nouer et entretenir des relations fortes avec les associations de déplacés internes et les ONG locales, les acteurs de la société civile œuvrant pour la protection des droits des déplacés internes ;

— travailler en collaboration avec les institutions nationales et les organes régionaux pertinents pour partager des informations relatives au déplacement interne en vue de développer de meilleures pratiques ;

— s'engager si possible vers les acteurs non étatiques afin de réduire les effets des conflits armés sur les déplacés internes ;

— assister le Rapporteur spécial dans différents domaines ;

— contribuer au débat sur le déplacement interne lors des différents fora ;

— et d'intervenir davantage en matière de développement des normes sur le déplacement interne.

B. Les ONG et les médias d'information

Ces acteurs s'imposent sur la scène internationale et infléchissent considérablement la réponse internationale aux atrocités de masse. Ils jouent un rôle essentiel dans la mobilisation de la volonté de l'ONU d'intervenir tant pour prévenir et s'occuper de la phase d'urgence que pour mettre sur pied des solutions durables.

> « Le contexte a changé entre l'époque du Rwanda et aujourd'hui, en ce sens qu'il existe plus d'ONG dans le monde ainsi que des fondations possédant plus de moyens que jamais auparavant, alors le gouvernement, plus que jamais, n'est plus qu'un des nombreux acteurs concernés »[1346].

Revenons sur le potentiel des ONG (1) avant d'examiner celui des médias d'information (2).

1. Les ONG

L'ECOSOC présente les ONG comme étant des organismes privés indépendants à but non lucratif, à caractère associatif et d'utilité nationale ou internationale et dont leur création ne relève pas d'un accord intergouvernemental ou d'un gouvernement. Ces organisations offrent un savoir-faire, des connaissances et expériences concrètes acquises dans les

---

1346 Jared Cohen, auteur de *One Hundred Days of Silence: America and the Rwanda Genocide.* Cité dans *Mobiliser la Volonté d'Intervenir: Leadership et Action pour la Prévention des Atrocités de Masse*, MIGS, Institut Montréalais d'études sur le génocide et les droits de la personne, Will to intervene project, 2009, p. 55.

domaines pointus et des zones difficilement atteignables. L'*Internal Displacement Monitoring Center* (IDMC) est l'une de ces ONG qui jouent un grand rôle en matière de résolution des crises de déplacement interne.

La question de la personnalité juridique des ONG reste encore aujourd'hui très discutée. Une partie de la doctrine se refuse à leur reconnaître une personnalité juridique internationale principalement sur la base de la conception traditionnelle de la personnalité juridique internationale qui voudrait que celle-ci soit évaluée objectivement et opposable *erga omnes* [1347]. Pour elle, les ONG ne sont pas totalement autonomes vis-à-vis des États et sont par ricochet dans l'impossibilité d'obtenir cette indépendance nationale et internationale *sine qua non* à leur personnalité juridique internationale [1348]. Comme le relevait Daniel Feldman, bien que ces ONG n'aient pas de statut juridique international, elles jouent un rôle très important sur la scène internationale [1349]. Les activités qu'elles mènent font d'elles de véritables sujets du droit international. Des pragmatiques transcendent cette question de personnalité juridique internationale et se proposent plutôt d'examiner les conditions sous lesquelles les droits et les devoirs actuels devraient être exercés [1350]. Il est largement reconnu qu'elles contribuent à l'efficacité, à la qualité de la prise de décision, à l'élaboration des normes et standards, à la mise en œuvre de ceux-ci. Ceci notamment par leur savoir-faire, connaissance et maîtrise de certains thèmes cruciaux [1351]. Leurs activités ont une résultante sur la gestion internationale de crises spécifiques, plus particulièrement sur la réponse internationale au phénomène du déplacement interne.

a. L'évolution du recours aux ONG par l'ONU

Boutros Boutros-Ghali ne relevait-il pas que « les ONG ont été plus importantes en Somalie que les agences des Nations unies. Pendant que les

---

1347 Pour quelques auteurs ne reconnaissant pas aux ONG une personnalité juridique internationale, voir Paolo BENVENUTI, The nature and Features of International Non-Governmental organizations (1979) IV *Italian Yearbook of International Law* ; Paolo BENVENUTI, « Organizzazioni internationali non-governative » in *encyclopedia del diritto*, vol. XXXI (Milano, 1981), p. 408 et suivantes. Voir aussi Christian DOMINICÉ, « La personnalité juridique dans le système du droit des gens » in J. MAKARCZYK (ed.), *Theory of International Law at the Treshold of the 21st Century*, Essays in Honour of Krzysztof Skubiszewski (Kluwer, The Hague, 1996), p. 154 et seq.

1348 Parmi les partisans de cette doctrine, l'on peut citer Schermers, Giuliano auxquels fait référence Paolo Benvenuti dans « Organizzazioni internationali non-governative » in *encyclopedia del diritto*, vol. XXXI (Milano, 1981), p. 411.

1349 Daniel FELDMAN, « International Personality », *Recueil des Cours* (1985 : II) 191, p. 359.

1350 Voir Janne Elisabeth NIJMAN, The Concept of International Legal Personality: TMC Asser Press, 2004, p. 456. Voir aussi Peter MALANCZUK, *Akehurt's Modern Introduction to International Law*, Sixth Ed., Routledge, 2000, p. 93.

1351 Voir à ce sujet Ingrid ROSSI, *Legal Status of Non-Governmental Organizations in International Law*. Intersentia, 2010, p. 62.

agences des Nations unies avaient peur de la situation, les ONG étaient déjà sur le terrain » [1352] ? Le phénomène ONG est apparu et s'est développé en Europe et aux États-Unis bien avant les années 1930 [1353]. Les ONG jouent sur la scène internationale un rôle croissant, répondant ainsi à la dynamique mondiale et naturelle qui laisse entrevoir l'aggravation de certains problèmes tels que le déplacement forcé, le changement climatique et bien d'autres encore.

L'ONU dans ses activités de protection des déplacés internes fait aujourd'hui largement recours aux ONG internationales et nationales pour réaliser bon nombre de ses projets. Une telle attitude trouve son fondement dans l'article 71 de la Charte qui dispose que :

> « Le Conseil économique et social peut prendre toutes dispositions utiles pour consulter les organisations non gouvernementales qui s'occupent de questions relevant de sa compétence. Ces dispositions peuvent s'appliquer à des organisations internationales et, s'il y a lieu, à des organisations nationales après consultation du Membre intéressé de l'Organisation ».

Le HCR, son agence qui joue un important rôle en matière de protection et d'assistance aux déplacés internes, admet dans une large mesure des contributions de la part d'ONG. Le partenariat HCR-ONG est très riche, de longue date et surtout très évolutif. Le travail du HCR et son envergure se développent en même temps que la collaboration avec un grand nombre d'ONG et autres organisations humanitaires. À l'origine, cette agence s'appuyait sur ces ONG pour des questions de financement. Ces dernières décennies, les collaborations pratiques ont pris le pas sur l'aspect purement financier. À la fin des années 80, plus de cent ONG internationales travaillaient dans des camps de réfugiés afghans et des zones d'installation au Pakistan. Au début des années 90, le HCR reconnaissait atteindre les limites de ses capacités face à l'ampleur du défi à relever. Par suite de la croissance des besoins des populations relevant de sa compétence, le Haut Commissaire a lancé en 1994 l'initiative « partenariat en action » ou PARinAC. Il en est résulté un cadre de coopération entre le HCR et de centaines d'ONG dans le monde avec lesquelles il travaille. Les relations de travail entre elles et le HCR se trouvent améliorées et facilitent ainsi l'examen des questions revêtant un intérêt commun. Ce partenariat a mis sur place de nouvelles structures et mécanismes de coopération au plan régional et national. Le HCR fait largement recours

---

1352 Cité par Elizabeth Ferris (Elizabeth G. FERRIS, *The Politics of Protection: The Limits of Humanitarian Action*. Brookings Institution Press, Washington D.C., 2011, p. 98).

1353 Maria Clelia CICIRIELLO, « The Participation of NGOs in the International Regulatory Function » in Aristotle CONSTANTINIDES and Nikos ZAIKOS (Eds.)*The Diversity of International Law : Essays on Honour of Professor Kalliopi K. Koufa*, Martinus Nijhoff Publishers. Leiden, Boston, 2009, p. 71.

aujourd'hui aux ONG pour mettre en œuvre bon nombre de projets, notamment la protection, l'éducation, la logistique et bien d'autres.

Il s'agit là d'un exemple seulement, mais l'ONU, prise de façon globale, collabore de plus en plus avec les ONG. Cela particulièrement depuis la réforme humanitaire lancée en 2005 et qui a, entre autres réussites, renforcé le partenariat entre l'ONU et les ONG. Cette stratégie implique une coopération de toute une série d'acteurs pour répondre aux besoins des déplacés, sur la base de leurs mandats et de leurs domaines de compétence respectifs.

b. Le rôle des ONG en matière de déplacement interne

Les ONG ont largement contribué à la mobilisation pour la cause des déplacés internes. L'on situe généralement le véritable engagement de l'ONU pour la cause des déplacés internes en 1992 avec la nomination du premier RSG. Cet engagement a été le résultat d'un véritable lobbyisme des ONG qui ont longtemps œuvré pour inscrire le problème du déplacement interne dans l'agenda international. Elles ont contribué à stimuler la réponse internationale au problème de déplacement interne, ceci selon deux procédés spécifiques. En premier lieu au moyen des négociations pendant lesquelles elles mènent des recherches, fournissent des conseils et établissent des rapports, dans le but d'attirer l'attention d'autres acteurs et ainsi mobiliser la volonté d'agir. Entre dans cette phase l'organisation des séminaires et des réunions sur le déplacement interne. En second lieu par la participation formelle aux conférences diplomatiques au moyen d'interventions directes, de présentation directe de leurs opinions aux différentes délégations étatiques. Il faut surtout relever le rôle du *World Committee for Consultation*, du *World Council of Churches*, du *Refugee Policy Group* [1354].

Puis, sur le plan normatif, il faut noter leur participation à la rédaction des projets de normes relatives à la protection des déplacés internes. Elles contribuent véritablement au développement d'un cadre juridique international répondant mieux à l'évolution des besoins des communautés [1355]. Les ONG ont commencé à s'y atteler bien avant la présentation d'un premier instrument de l'ONU sur la question [1356]. C'est donc à juste titre que Francis Deng a

---

1354 Simon BAGSHAW « Developing the Guiding Principles on Internal Displacement- The Role of a Global Public Policy Network », *Case Study for the UN Vision Project on Global Public Policy Networks*. December 1999, Page 7. Disponible à l'adresse : http://www.gppi.net/fileadmin/gppi/Bagshaw_Developing.pdf .

1355 Sur le rôle des ONG en matière normative, voir, Stephan HOBE, « The Role of Non-state Actors, in Particular of NGOs, in Non-contractual Law-making and the Development of Customary International Law : Comment », in Rüdiger WOLFRUM and Volker RÖBEN (eds.), *Developments of International Law in Treaty Making*, Springer, 2005, p. 319-329.

1356 Voir notamment les *Written statement submitted by the Commission of the Churches on International Affairs and the Friends World Committee for Consultation* (Quakers), *non-governmental organizations in consultative*

.../...

recours à elles lorsqu'il lui est demandé de préparer un rapport, *Comprehensive study* [1357], qu'il soumettra à la Commission en 1993. Ces ONG ont aussi apporté une très grande contribution à l'élaboration des Principes directeurs de 1998 [1358].

Enfin, l'une des évolutions les plus importantes de la pratique humanitaire est la progressive prise de conscience mondiale qui a amené les ONG à s'intéresser à la protection des déplacés internes, particulièrement à la réponse sur le terrain. Elles ont un rôle à jouer dans la réponse humanitaire en général et dans l'approche de responsabilité sectorielle en particulier. L'ONU travaille sur le terrain avec un certain nombre d'ONG. Le partenariat entre institutions de l'ONU et les ONG est plus renforcé, notamment par l'approfondissement des recherches au sujet des communautés de déplacés internes, par le rassemblement d'informations provenant du personnel d'ONG. Aussi, contrairement à d'autres institutions/organisations, les ONG peuvent s'engager avec les acteurs non étatiques afin de limiter les effets des conflits armés sur les déplacés internes. Elles ont plus de crédibilité dans ces hypothèses que d'autres institutions, les commissions nationales de droits de l'homme en l'occurrence qui sont selon le cas plus ou moins proches du gouvernement. Plusieurs ONG contribuent notamment aux activités de promotion et de protection des droits des déplacés internes. Elles interviennent généralement aux côtés des institutions de l'ONU en qualité de partenaires d'exécution. L'on compte parmi elles le Conseil norvégien pour les Réfugiés (NRC) qui œuvre pour la vulgarisation des droits des réfugiés et des déplacés internes, notamment par la formation des élus locaux et des membres de la société civile. Des ateliers s'inscrivant dans cette veine ont eu lieu en Côte d'Ivoire et dans nombre d'autres États [1359].

---

status (category II). UN doc. E/CN.4/1991/NGO/1 (1991) ; *Written statement submitted by the Refugee Policy Group, a non-governmental organization in consultative status (category II).* UN doc. E/CN.4/1992/NGO/21 (1992).

1357 Comprehensive study prepared by Mr. Francis M. Deng, Representative of the Secretary-General on the human rights issues related to internally displaced persons, pursuant to Commission on Human rights resolution 1992/73.

1358 Simon BAGSHAW, « Developing the Guiding Principles on Internal Displacement - The Role of a Global Public Policy Network », *Case Study for the UN Vision Project on Global Public Policy Networks.* December 1999, Page 16. Disponible à l'adresse : http://www.gppi.net/fileadmin/gppi/Bagshaw_Developing.pdf .

1359 Atelier de formation sur les droits des réfugiés et des déplacés internes, à l'intention des autorités locales et des acteurs de la société civile, tenu à Duékoué en juin 2007 à l'initiative du Conseil norvégien pour les Réfugiés.

c. Les arrangements nécessaires sur les capacités des ONG

Bien que les ONG soient devenues des partenaires reconnues de l'ONU [1360], quelques arrangements sont encore à faire à propos de leur statut. Ces arrangements peuvent se résumer en un renforcement de la coopération ONU-ONG et en la consolidation du statut des ONG. L'on aura intérêt à leur accorder ou reconnaître plus de pouvoir. Cela s'inscrit, au demeurant, dans la problématique globale de la capacité de l'ONU à répondre aux crises contemporaines et futures. Donner plus de voix aux ONG pourrait se traduire en une possible représentation des ONG œuvrant dans le domaine du déplacement interne à l'Assemblée générale des Nations unies, aux côtés des États. Cela permettrait une participation plus efficiente des ONG à la réponse globale au problème du déplacement interne. Il est vrai qu'aujourd'hui, l'on a des organismes, entités, organisations intergouvernementales, organisations non gouvernementales [1361] ayant reçu invitation de participer en tant qu'observateurs [1362] permanents ou non aux sessions et travaux de l'Assemblée générale des Nations unies. Ces acteurs n'ont cependant que rang d'observateur, contrairement aux États [1363], le système fondé sur l'État-nation étant encore très d'actualité. Puis, l'on ne trouve pas parmi ces organisations ayant rang d'observateur, une qui s'occupe particulièrement du déplacement interne. L'on a l'Organisation internationale pour les Migrations, le Comité international de la Croix-Rouge et la Fédération internationale des sociétés de la Croix-Rouge et du Croissant-Rouge qui s'occupent, entre autres, des migrations de façon générale, mais pas spécifiquement du déplacement interne.

1360 Il convient de rappeler qu'à la Sociétés des Nations, les ONG n'avaient pas un « brin » de droits. Elles étaient toutes des « exclues ». Il a fallu attendre la Charte du 26 juin 1945 (notamment son article 71) pour que la société civile (en général) devienne une partenaire reconnue.

1361 Rappelons qu'il n'existe pas d'arrangement consultatif formel entre les organisations non gouvernementales et l'Assemblée générale. Toutefois, sur la base de certaines résolutions de l'Assemblée générale (General Assembly Resolution 606 (VI) of February 1, 1952) et de l'ECOSOC (ECOSOC Resolution 455 (XIV) of June 25, 1952), les représentants d'ONG ayant statut consultatif avec ECOSOC peuvent être invités, à l'initiative du SG de l'ONU, à participer en qualité d'observateur aux réunions de l'Assemblée générale pendant lesquelles les questions économiques et sociales relevant des compétences desdites ONG sont débattues.

1362 L'usage voudrait que (puisque pas prévu par la Charte des Nations unies) peuvent avoir la qualité d'observateur aux travaux et sessions de l'Assemblée générale des Nation Unies, les États non membres de l'ONU, mais membres d'une ou de plusieurs institutions spécialisées de celle-ci, des entités, des organisations intergouvernementales qui en ont fait la demande. En qualité d'observateurs permanents, ceux-ci assistent à la plupart des réunions et peuvent en consulter la documentation.

1363 Tous les États ne sont bien sûr pas membres des Nations unies. Le Saint-Siège participe de façon permanente aux sessions et travaux de l'Assemblée générale de l'ONU en qualité d'observateur seulement.

2. Les médias d'information

Les médias d'information exercent une influence abyssale sur les États membres de l'ONU. La politique internationale actuelle laisse apparaître une certaine sensibilité face aux médias, étant donné qu'elle se formule et s'élabore aussi en réponse aux couvertures médiatiques. Bien que les médias ne soient pas généralement considérés comme des acteurs de protection, ils sont des acteurs « non étatiques » dont l'importante contribution directe ou indirecte dans l'alerte, la mobilisation des ressources et l'implication des gouvernements est largement reconnue et affirmée. Comme le relève Ban Ki-moon,

> « les journalistes jouent un rôle crucial en rendant compte du traitement et de la souffrance endurée par les civils dans les situations de conflits armés et de violations du droit humanitaire et des droits de l'homme » [1364].

Les États-Unis et le Canada sont notamment intervenus en Somalie (1992), en Bosnie (1995) et au Zaïre (1996) grâce à l'« effet CNN » [1365]. Quelques questions se posent. Ces médias sont-ils toujours à la hauteur des attentes ? Ou alors sont-ils tout simplement sélectifs dans la couverture des événements ? L'on pense très rapidement à l'indigente couverture médiatique internationale du génocide rwandais en 1994. Cette couverture a été interprétée comme une pression publique insuffisante et avancée par certains gouvernements pour justifier leur inaction. Plus grave encore, lors de cette crise, « la presse a joué un rôle énorme pour organiser le massacre » [1366]. Quoi qu'il en soit, l'ONU est progressivement plus sensible à ces acteurs, pour la raison qu'ils ont une capacité inouïe à mobiliser. Alison Des Forges relevait à ce propos que :

> « Si l'internet avait existé à l'époque du Rwanda, comment les choses se seraient-elles déroulées ? Qu'est-ce qui serait arrivé si nous avions disposé des technologies de l'information que nous avons aujourd'hui ? Je l'ignore, mais je crois que nous vivons dans un monde différent. À l'époque les médias n'ont pas fait autant qu'ils auraient dû, s'ils agissaient de la même façon aujourd'hui, les

---

1364 Report of the UN Secretary-General on the protection of Civilians in armed conflict, S/2012/376, may 22nd 2012, p. 4.

1365 *Mobiliser la Volonté d'Intervenir: Leadership et Action pour la Prévention des Atrocités de Masse*, MIGS, Institut Montréalais d'études sur le génocide et les droits de la personne, Will to intervene project, 2009, p. 56.

1366 C'est ce qu'a rappelé le professeur Mario Bettati au Sénat le 3 février 1999 (cité par Michel Veuthey, « Le rôle des acteurs non étatiques dans le respect du droit international humanitaire », *Annuaire français de relations internationales [AFRI]*, Paris, 2009, Volume X, p. 1010).

conséquences ne seraient pas aussi graves parce qu'il existe beaucoup d'autres façons d'obtenir l'information » [1367].

Sensible, quoique pas dépendant, attendu que l'« effet CNN » n'a pas toujours eu un ricochet positif :

> « En octobre 1993, des images télévisées montrant des membres des clans belligérants traînant le corps d'un soldat américain dans les rues de Mogadiscio ont incité le président Clinton à annoncer le retrait des troupes américaines de Somalie » [1368].

Aussi, l'intérêt que ces médias accordent à certains événements n'est pas toujours à la hauteur de ceux-ci, manquant ainsi à leur « responsabilité de rapporter ». Le Rapport Tyndall de 2004 démontre que les réseaux ABC, NBS et CBS n'ont tous les trois consacré en 2004 que 26 minutes au conflit au Darfour, alors qu'ils consacraient tous les trois et la même année un total de 130 minutes au procès de Martha Stewart [1369].

1367 Alison Des Forges, ancienne conseillère senior au sein de la division Afrique de Human Rights Watch.

1368 *Mobiliser la Volonté d'Intervenir: Leadership et Action pour la Prévention des Atrocités de Masse*, MIGS, Institut Montréalais d'études sur le génocide et les droits de la personne, Will to intervene project, 2009, p. 67.

1369 Ibid. p. 68.

Conclusion du Chapitre II

L'Office d'Aide humanitaire de la Commission européenne concluait déjà en 2010 que « La réponse globale de la communauté internationale malgré son étendue est loin de répondre à l'ampleur des besoins » [1370]. Ce constat est valable aujourd'hui encore et la situation est bien plus grave si l'on s'en tient à la croissance exponentielle du nombre de déplacés internes ces dernières années et surtout aux difficultés que ces personnes rencontrent. L'insécurité permanente et les attaques contre les déplacés internes justifient suffisamment le besoin de renforcement des mesures de protection.

La protection des déplacés internes sur le terrain est une des préoccupations majeures de l'ONU et son engagement pour la cause se mesure tant en termes d'institutions, d'opérations, de missions, que de création de mécanismes de coopération et d'entraide interinstitutionnelles. Ces efforts ont engrangé de réelles réussites. La multiplication des missions intégrées, l'introduction de l'approche *cluster*, la création d'une brigade d'intervention et autres mesures ont largement contribué à l'amélioration de la réponse sur le terrain au déplacement interne. Toutefois, les mécanismes et institutions pour la protection et l'assistance internationales des déplacés internes sur le terrain devraient encore être renforcés si l'on veut que ces populations soient effectivement protégées. Les attentes en termes de coopération entre agences, de collaboration avec les États et les acteurs non étatiques, d'accès aux déplacés internes et nombre d'autres besoins n'ont pas pu être véritablement comblées.

La réduction ou la suppression du déplacement forcé de populations, l'accès aux déplacés internes sur le terrain et leur soustraction du pandémonium du déplacement interne, tous des buts de l'ONU, exigent des réaménagements majeurs dans l'organisation de la réponse « onusienne » sur le terrain.

1370 Development Assistance Research Associates (DARA) and the European Commission Humanitarian Aid Office (ECHO), Evaluation of DG, ECHO's Actions in the Democratic Republic of the Congo: Final Report. 19 October 2010, p. 4.

CONCLUSION DU TITRE I

L'ONU s'est effectivement lancée à la recherche de l'effectivité des droits fondamentaux des déplacés internes par la mise en place d'une architecture institutionnelle. Bien que des progrès soient palpables, notamment la mise sur pied d'institutions et mécanismes « onusiens », généraux ou spécifiques, ouverts aux déplacés internes, force est de constater qu'aujourd'hui encore, les défaillances dans ces mesures de protection sont réelles et de divers ordres.

La nature des normes internationales sur le déplacement interne a un effet majeur sur l'architecture des institutions et mécanismes à mettre en place pour en assurer le suivi. L'affirmation juridique indirecte et insuffisante des droits des déplacés internes rend difficiles tout d'abord la mise en place d'un organe de traité et le suivi y afférent, puis la prise en compte des droits en question dans les autres mécanismes en place et enfin la prise de mesures fortes pouvant faire plier non seulement les États, mais aussi les acteurs non étatiques en cas de non-respect desdits droits. Sous cet angle, les mécanismes institutionnels de protection sont largement tributaires des mécanismes normatifs. Pour la protection des déplacés internes, l'ONU s'appuie autant sur des négociations politiques, l'offre d'assistance technique et financière, que sur l'affirmation d'un véritable mécanisme quasi contraignant ou contraignant. En l'absence d'un statut juridique international du déplacé interne, les différents mandats et compétences des différents acteurs et agences restent quasi instables et aléatoires.

Bien que les Principes directeurs ne constituent pas un instrument juridique conventionnel et ne bénéficient pas d'un organe de traité, les mécanismes conventionnels en place présentent une ouverture à la protection des droits fondamentaux des déplacés internes. Mais ces derniers sont limités dans leurs activités au suivi de la mise en œuvre des conventions pour lesquelles ils sont respectivement institués et chacune de ces conventions ne couvre que des droits relatifs à un aspect limité du déplacement interne.

Les mécanismes extraconventionnels aussi sont progressivement initiés pour les uns et réadaptés pour les autres afin de contribuer efficacement à la prévention du déplacement forcé, à la protection et à l'assistance en cas de déplacement et à la réalisation des solutions durables. Référence est faite à l'introduction de l'approche *cluster* suivie du Programme de transformation, à la mise en place des missions intégrées avec formation reçue sur les droits des déplacés internes, le mandat de Rapporteur spécial sur les droits de l'homme des déplacés internes, etc. Aujourd'hui encore, non seulement le nombre de déplacés internes continue de croître, mais parmi ceux-ci, plusieurs ne parviennent toujours pas à se servir ou simplement à tirer profit de ces institutions et mécanismes de l'ONU supposés principalement mis en place pour eux.

La sanction des violations ou du non-respect des normes relatives au déplacement interne, véritable rouage de l'effectivité des droits, est encore problématique. Si avec certains mécanismes et institutions, une certaine pression peut être effectuée à l'endroit des acteurs « délinquants » du déplacement interne, celle-ci reste largement insuffisante. Sans surprise, puisqu'en droit international, la sanction pour violation des droits de l'homme tout comme la réparation pour dommage causé ne sont pas exemptes d'insuffisances et d'imperfections.

S'il est nécessaire de renforcer les institutions et mécanismes de l'ONU portant sanction et réparation suite aux atteintes aux droits des déplacés internes, il l'est de même pour la prévention des atteintes et l'assistance offerte pour alléger les violences subies par ces personnes. De nouveaux mécanismes sont en construction et en cours d'expérimentation. C'est le cas de la responsabilité de protéger qui, semble-t-il, peut constituer un rouage de la réponse internationale au déplacement interne. Cependant, la réforme se veut plus large et inclusive. La nature du problème du déplacement interne exige non seulement des institutions et mécanismes spécifiques et forts de protection et d'assistance, mais aussi l'implication de divers autres acteurs : acteurs du développement, acteurs de l'environnement, etc.

TITRE II.

LE PARACHÈVEMENT DE L'ARCHITECTURE INSTITUTIONNELLE INTERNATIONALE

L'architecture institutionnelle de l'ONU portant protection des déplacés internes révèle une certaine spécificité. Au plan mondial, aucune agence de l'ONU n'est spécifiquement dédiée à la protection des déplacés internes, ni une agence comme le HCR qui a été mise en place pour les réfugiés, ni un organe de traité. Depuis 1992, il n'existe qu'un RSG/Rapporteur spécial sur les droits de l'homme des personnes déplacées à l'intérieur de leur propre pays. Pour ce qui touche au terrain, les efforts de répartition des responsabilités entre différentes agences et de multiplication des partenariats n'ont pas véritablement ou pas encore produit les résultats escomptés. Face à la nécessité de protéger les déplacés internes, des arrangements devraient donc intervenir tant au plan mondial que sur le terrain. Puis, comme le rappelait le Rapporteur spécial, il importe d'accentuer aussi les mesures de prévention du déplacement : c'est-à-dire de prendre des mesures pouvant empêcher que les civils se trouvent forcés ou obligés de se déplacer et, dans l'hypothèse où le déplacement est déjà survenu, de s'assurer que le nombre de déplacés n'augmente pas.

La nécessité d'un véritable leadership de l'ONU est réelle. Car, tant avec la défunte approche collaborative qu'avec la nouvelle architecture incluant l'approche à responsabilité sectorielle, plusieurs agences interviennent en faveur des déplacés internes. Le *UN's Emergency Relief Coordinator* (ERC) est actuellement responsable de la coordination. Or, comme le rappelle Roberta Cohen, « *The ERC does not have the authority to tell the powerful, billion-dollar operational organizations what to do* ». L'approche *cluster* n'a pas totalement dissipé les arrangements *ad hoc* d'antan. Les conflits et mésententes entre agences n'ont pas totalement été effacés ; l'on en a eu en 2008. Si la collaboration entre organisations est le mécanisme achevé, le fonctionnement actuel révèle la nécessité d'un leadership de haut niveau et du contrôle des activités des différents acteurs « onusiens » par les plus hautes instances de l'organisation. Il manque sur le terrain une approche *cluster* intégrée. Elle seule pourra répondre réellement aux besoins de protection et d'assistance des déplacés internes.

Certaines récentes initiatives générales contribuent à l'avancement de la protection des déplacés internes. C'est le cas du *Transformative Agenda* adopté en 2011 et de l'initiative *Rights Up Front* adoptée en 2013.

Le programme de transformation (*Transformative Agenda*) adopté par l'IASC en décembre 2011 est une réponse à l'inefficacité et aux faiblesses de la réponse internationale aux catastrophes en Haïti et au Pakistan en 2010. Il traduit la prise de conscience de la nécessité de se focaliser sur l'impact du changement plutôt que sur la mise en œuvre du changement apporté par l'approche *cluster*. Établi sur les trois piliers que sont le leadership, la coordination et la responsabilisation, il vise à améliorer la réponse collective en cas d'urgence humanitaire. Ceci implique l'amélioration de la protection des déplacés internes et une meilleure réponse au déplacement en cas de catastrophes naturelles. Ce programme suppose : le déploiement d'un « leader » humanitaire adapté, le renforcement des capacités de « leadership » et le déploiement rapide de « leaders » humanitaires, une planification stratégique améliorée, une responsabilisation accrue et des mécanismes de coordination simplifiés. Ce programme est actif et progressivement intégré dans divers mécanismes de l'ONU [1371].

L'initiative *Rights Up Front* ou Initiative « les droits avant tout », est une réponse au constat d'inefficacité de l'action de l'ONU au Sri Lanka dans le contexte de la crise de 2009. C'est le Rapport du *Groupe d'examen interne de l'action des Nations unies au Sri Lanka* [1372] dit *Rapport Petrie* [1373] (rapport établi en 2012) qui conduit l'ONU à publier le 17 décembre 2013 le Plan d'action de suivi intitulé *Rights Up Front : A Plan of Action to Strenghten the UN's role in Protecting People in Crisis*. Cette initiative vise à amender l'action de l'ONU relative à la

---

1371 La documentation relative à ce programme est disponible à l'adresse : https://icvanetwork.org/doc00005182.html

1372 Ce groupe a été établi par le Secrétaire général de l'ONU.

1373 Rapport disponible à l'adresse : http://www.un.org/News/dh/infocus/Sri_Lanka/The_Internal_Review_Panel_report_on_Sri_Lanka.pdf

protection des droits de l'homme dans le monde. Elle est établie principalement sur une action préventive et des mesures de réponse rapide aux violations des droits de l'homme. L'approche adoptée porte sur la protection des droits de l'homme et l'initiative inclut aussi la protection des civils avec un fort accent sur la prévention. Elle comprend, comme un autre élément important, une meilleure préparation organisationnelle de l'ONU afin de mieux faire face aux crises évolutives.

Ces deux initiatives s'intègrent parfaitement dans les mesures de protection des déplacés internes et couvrent l'ensemble de l'approche formulée par l'ONU sur les questions de droits de l'homme.

Parmi les mécanismes progressivement mis en place pour principalement ou accessoirement améliorer la protection des déplacés internes, l'on trouve en bonne place celui de la responsabilité de protéger. Ce dernier couvre le crime de génocide, le crime contre l'humanité, le crime de guerre et le nettoyage ethnique. Il s'agit d'un mécanisme encore en construction. Il peut être utile à la prévention du déplacement interne et à la protection des déplacés internes (Chapitre I). D'autres initiatives et mesures ont cours. L'on y inclut les deux aspects principaux sur lesquels portent les efforts internationaux du quinquennat 2013-2018 ; à savoir la promotion et le soutien à la Convention de Kampala d'une part, et la poursuite des solutions durables au déplacement interne avec insistance sur l'implication des acteurs de développement sur la question d'autre part [1374]. Toutefois, ces acteurs sont-ils les seuls dont on devrait encourager l'implication ? Les situations actuelles de déplacement interne exigent non seulement l'implication accrue des institutions internationales travaillant même occasionnellement pour la protection des déplacés internes, mais surtout un renforcement des structures nationales et régionales. On le voit, l'ONU devrait procéder à une restructuration de l'architecture institutionnelle relative à la protection des déplacés internes (Chapitre II).

1374 *Taking Stock of Internal Displacement : Twenty Years on*, Report of consultation held at Chateau de Penthes, Brookings-LSE project on Internal Displacement, Geneva, 28-29 November 2012, p. 2.

CHAPITRE I.

LA CONSTRUCTION PROBLÉMATIQUE D'UNE ARCHITECTURE INSTITUTIONNELLE AUTOUR DE LA « RESPONSABILITÉ DE PROTÉGER »

> « Nous ne devons jamais oublier, en effet, que nous avons échoué collectivement à protéger les plus de 800 000 hommes, femmes et enfants sans défense qui ont péri au Rwanda il y a 10 ans. De tels crimes sont irréversibles, de tels échecs, irréparables. Les morts ne peuvent être ramenés à la vie » [1375].

C'est en ces termes que Kofi Annan commençait son discours à la Commission des droits de l'homme à Genève le 7 avril 2004. L'échec au Rwanda ne constitue malheureusement qu'une énième confirmation de l'incapacité historique de l'ONU à arrêter les atrocités de masse [1376]. L'on a remarqué dans tous ces cas une abstention ou une incapacité d'une entité appropriée à prendre des mesures adaptées. Cela semble récurrent si l'on

---

1375 Kofi ANNAN, discours à la Commission des droits de l'homme des Nations unies, Genève, le 7 avril 2004.

1376 Les Arméniens, 1915 ; les Ukrainiens, début 1930 ; l'holocauste, 1939-1945 ; le Burundi, 1972 ; le Cambodge, 1975-1978 ; le Rwanda, 1994 ; Srebrenica Bosnie-Herzégovine, 1995 ; le Darfour, 2003-2005.

considère la détérioration de la situation en Irak [1377]. Il en va de même pour les crises de déplacement interne qui suivent de l'incapacité ou du manque de volonté des acteurs pertinents à prendre des mesures appropriées. Aussi le juge Cançado Trindade rappelle-t-il que :

> « La vulnérabilité de la situation des déplacés internes résulte précisément du fait qu'ils se trouvent sous la juridiction de l'État (leur propre État) qui n'a pas pris des mesures suffisantes pour éviter ou empêcher la situation de quasi-abandon qu'ils subissent » [1378].

Le silence face aux exactions commises contre les déplacés internes est plus destructeur que les exactions en elles-mêmes. Einstein ne disait-il pas que « le monde ne sera pas détruit par ceux qui font le mal, mais par ceux qui les regardent sans rien faire » [1379] ?

Les insuffisances dans la protection des déplacés internes par l'ONU ont longtemps été justifiées par le manque de ressources et les problèmes d'accès : difficulté à travailler dans des zones de conflit, attaques et menaces contre les travailleurs humanitaires, le principe de la souveraineté étatique, etc. Si l'on tient compte du principe de la responsabilité de protéger, bien qu'il soit encore en édification, les problèmes d'accès pour des questions de droits de l'homme trouveraient un début de solution.

La responsabilité principale de protection des déplacés internes incombe aux gouvernements, qui selon l'occurrence l'assument, l'assument partiellement ou ne l'assument pas du tout. En effet, il existe non seulement des cas où ces gouvernements n'en sont réellement pas capables (pour des raisons qui peuvent inclure l'insuffisance des ressources, la gravité de la situation, la faiblesse des institutions, etc.), mais aussi des cas où ils manquent de volonté politique pour le faire : c'est-à-dire que ces gouvernements peuvent eux-mêmes être des complices, directs ou indirects, des violations des droits de l'homme. La question est alors de savoir comment les encourager à prendre en main leurs responsabilités en matière de protection. L'intervention de l'ONU pour aider une communauté ou un État en crise est en réalité un rôle de suppléance dont la manifestation habituelle se résume à des mesures à court terme. De fait,

---

1377 Le Lt. Gen. Roméo Dallaire, ancien Commandant de la Mission des Nations unies pour l'Assistance au Rwanda (MINUAR), relève que la société internationale est en train de commettre en Irak les mêmes erreurs commises au Rwanda en 1994 (*The Washington Post*, 18 août 2014, disponible à l'adresse : http://www.washingtonpost.com/posteverything/wp/2014/08/18/i-stopped-the-rwandan-genocide-were-making-the-same-mistakes-in-iraq/).

1378 Opinion dissidente du juge Cançado Trindade concernant l'*Affaire Sawhoyamaxa Indigenous Community* (Jugement du 29 mars 2006). Voir A. A.CANÇADO TRINDADE, *The Access of Individuals to International Justice*. Oxford University Press, 2011. p.169.

1379 Albert EINSTEIN, *Comment je vois le monde*, édition Ernest Flammarion, 1979.

inverser la tendance pour voir les gouvernements assumer leurs responsabilités paraît une mesure plus appropriée.

Vers la fin du XXe siècle (1991), les résolutions du Conseil de sécurité de l'ONU constituaient déjà des demandes d'accès claires aux déplacés internes et aux autres populations vulnérables, et parfois autorisaient l'établissement de voies d'accès ou l'utilisation de la force pour atteindre les déplacés internes [1380]. La réponse internationale au déplacement interne a été axée au départ sur la fourniture de nourriture, de médicaments et d'abris aux déplacés internes. Cependant, suite aux déplacements des Kurdes, Bosniaques et Somaliens, la sécurité des déplacés internes est apparue comme étant une des dimensions prioritaires. Les déplacés internes se sont alors tournés vers la société internationale pour des besoins de sécurité. Avec le temps, l'assertion selon laquelle les déplacés internes, personnes qui se déplacent à l'intérieur des frontières étatiques, devraient bénéficier uniquement de la protection de leur État s'est avérée comme une vérité transitoire. Elle a été très vite dépassée. Le fait que le déplacement soit interne n'implique ni peu ni prou que la société internationale n'ait pas une part de responsabilité dans la protection.

En 1991, le *Refugee Policy Group (RPG)* organisait la première conférence internationale sur la protection des droits fondamentaux des déplacés internes. Sa lettre d'invitation faisait déjà état de la lenteur de la société internationale à reconnaître aux déplacés internes une nécessité de protection [1381]. Le souhait émis conférait au système international un rôle clé dans la protection des déplacés internes face à l'incapacité ou au refus des gouvernements concernés. Le débat sur la capacité de la société internationale à protéger les personnes à l'intérieur des frontières d'un État tire principalement ses origines de la défaillance des prérogatives du système international qui garantit une protection internationale en priorité aux réfugiés, au détriment des déplacés internes laissés à la charge de leurs gouvernements respectifs. La nécessité de la protection des déplacés internes a non seulement sonné le glas de la conception traditionnelle de la souveraineté et de l'action humanitaire, mais elle a aussi occasionné des changements opérationnels sur le terrain. C'est ainsi que le HCR, sous Sadako Ogata, a commencé à protéger les déplacés kurdes en Irak. À cette époque, non seulement les déplacés internes ne bénéficiaient pas, et c'est encore le cas aujourd'hui, d'un instrument juridique international contraignant comme la Convention de 1951 sur le statut des réfugiés, mais également les Principes directeurs n'avaient pas encore été élaborés.

1380 Pour le débat sur les raisons pour lesquelles les personnes déplacées ont fait leur apparition dans l'agenda international, voir, Roberta COHEN et Francis DENG, *Masses in Flight : The Global Crisis of Internal Displacement*, Washington, D.C.: The Brookings Institution, 1998, p. 3-5.

1381 Refugee Policy Group, lettre d'invitation, 15 mars 1991.

Le premier RSG, Francis Deng, a promu le concept de « souveraineté comme responsabilité » en tant que cadre le plus approprié pour la protection des déplacés internes. La responsabilité première du bien-être et de la sécurité des déplacés internes incombe aux gouvernements. Ainsi, lorsqu'ils en sont incapables, ils devraient demander ou accepter l'aide de la société internationale. Mais, s'ils refusent ou empêchent de façon délibérée l'accès aux populations en danger ou susceptibles d'être mises en danger, la société internationale a le droit et même la responsabilité d'agir. Cette action peut prendre la forme d'une démarche diplomatique, d'une pression politique, des sanctions et en dernier ressort d'intervention militaire, notamment dans les limites de la responsabilité de protéger. L'incapacité et l'absence de volonté des gouvernements de protéger sont des facteurs qui, considérés individuellement ou cumulativement, suffisent à légitimer l'intervention de la société internationale. Cette intervention consiste, comme le précise Neil McFarlane, en « un engagement dans les affaires intérieures d'un État avec l'intention de changer ou de modifier sa structure de pouvoir et d'autorité » [1382].

L'approche coercitive de l'intervention internationale revient sur le devant de la scène grâce à la dynamique initiée en 1999 sur la problématique de la protection. Deux approches en sont ressorties : la première, exceptionnellement coercitive, concerne la « protection des civils dans les conflits armés » ; et la seconde, plus poussée et incluant une dimension coercitive, dénommée « responsabilité de protéger ». C'est cette seconde approche qui attire notre intérêt ici.

L'expérience rwandaise et les différents crimes commis sur le continent africain ont amené la CEDEAO, puis l'Union africaine à faire de la non-indifférence un principe cardinal de la diplomatie africaine du XXIe siècle [1383]. D'autres résolutions à la non-indifférence existent aussi sur d'autres continents depuis des décennies. Co-présidée par Mohamed Sahnoun et Gareth Evans, la Commission internationale de l'Intervention et de la Souveraineté des

---

1382 Neil McFarlane, « Entre politique internationale et conflit local : l'intervention » in Pierre Hassner et Roland Marchal (dir.), *Guerres et sociétés*, Paris : Karthala, collection « Recherches internationales », 2003, p. 80.

1383 Les États de la CEDEAO ont adopté des instruments et mené certaines actions qui pourraient être considérés comme précurseurs de la responsabilité de protéger. Par exemple, le groupe de suivi des interventions de la CEDEAO ; des initiatives diplomatiques visant à mettre fin aux exactions dans certains pays de la sous-région ; la CEDEAO a mis en place des instruments tels le Plan d'Action Régional de la CEDEAO pour combattre l'illicit drug trafficking, etc. Voir rapport officiel de la 98e réunion plénière de la 63e session de l'Assemblée générale de l'ONU (A/63/PV.98, 2009). Voir aussi l'intervention d'Edward C. Luck lors du Council of Foreign Relations Symposium on International Law and Justice, particulièrement la Session one : International Obligations Toward Victims of Mass Atrocities. Council of Foreign Relations, New York City, New York, 17 octobre 2008.

États (CIISE) présentera par la suite un rapport sur la responsabilité de protéger (2001). Le principe sera adopté en 2005 à l'échelle universelle.

Le terme « responsabilité », vient du latin *respondeo* qui signifie « je réponds » [1384]. La question se pose de savoir de quelle responsabilité il s'agit. Est-ce une responsabilité morale, politique, juridique ou un cumul des trois ? Aussi est-il important de déterminer à qui revient cette responsabilité. Revient-elle à la société internationale de façon générale, à certaines institutions internationales, aux organisations régionales ou à certains États pris individuellement ? Bref, que « chante » ce principe de la responsabilité de protéger ? Toutes ces questions renvoient à l'idée de la conceptualisation et du perfectionnement dudit principe. Car aujourd'hui encore, la relation entre ce principe et le droit international est contestée par une partie de la doctrine [1385].

Entre autres objectifs, le principe de la responsabilité de protéger vise à améliorer la sécurité dont bénéficient les déplacés internes, considérant que le concept de souveraineté comme responsabilité est son devancier. Il énonce aussi que la responsabilité première de protection des déplacés internes revient aux gouvernements ou aux États, et peut, toutefois, se trouver du côté de la société internationale lorsque les premiers ont failli à cette obligation. Le manquement de l'État à assurer son devoir de protection de ses populations actionne la mise en œuvre de la responsabilité de la société internationale. C'est donc une logique de double responsabilité, mise en place pour les crimes de génocide, crimes de guerre, nettoyage ethnique et crimes contre l'humanité.

Pour atteindre ces objectifs, le principe de la responsabilité de protéger est fondé sur trois piliers [1386] :

— En premier lieu, la responsabilité permanente de l'État en matière de protection de ses populations qui, contrairement aux autres piliers, a déjà des assises juridiques tant en DIDH qu'en DIH [1387]. Il ressort du document final du Sommet mondial de 2005 que les États se sont accordés sur le fait que :

> « C'est à chaque État qu'il incombe de protéger ses populations du génocide, des crimes de guerre, du nettoyage ethnique et des crimes contre l'humanité. Cette responsabilité consiste

---

1384 John Randolph. LUCAS, *Responsibility*, Oxford: Clarenton Press, 1993, p. 5.

1385 Voir Ekkehard STRAUSS, « A Bird in the Hand is Worth Two in the Bush. On the Assumed Legal Nature of the Responsibility to Protect », *Global Responsibility to Protec*, 1/3: 291-323 (2009) ; et Sheri P. ROSENBERG, 'Responsibility to Protect: A Framework for Prevention', *Global Responsibility to Protect*, 1/4: 442-477 (2009).

1386 Rapport du Secrétaire général sur la mise en œuvre de la responsabilité de protéger, A/63/677 du 12 janvier 2009.

1387 Sur cette question, voir Carsten STAHN, « Responsibility to Protect: Political Rhetoric or Emerging Legal Norm? », 101 *AJIL* 99, 111-15 (2007).

> notamment dans la prévention de ces crimes, y compris l'incitation à les commettre par les moyens nécessaires et appropriés. Nous l'acceptons et agirons de manière à nous y conformer »[1388].

— Ensuite, le devoir qu'a la société internationale d'apporter assistance et de renforcer les capacités étatiques. C'est l'idée d'assistance collective dont parle Catherine Powell[1389] :

> « La communauté internationale devrait, si nécessaire, encourager et aider les États à s'acquitter de cette responsabilité [...] Nous entendons aussi nous engager, selon qu'il conviendra, à aider les États à se doter des moyens de protéger leurs populations du génocide, des crimes de guerre, du nettoyage ethnique et des crimes contre l'humanité et à apporter assistance aux pays dans lesquels existent des tensions avant qu'une crise ou qu'un conflit n'éclate »[1390].

— Enfin, une réaction résolue et en temps voulu de la société internationale ou action collective, pour reprendre les termes de Catherine Powell[1391]:

> « Il incombe également à la communauté internationale... de mettre en œuvre les moyens diplomatiques, humanitaires et autres moyens pacifiques appropriés, conformément aux chapitres VI et VIII de la Charte, afin d'aider à protéger les populations du génocide, des crimes de guerre, du nettoyage ethnique et des crimes contre l'humanité. Dans ce contexte nous sommes prêts à mener en temps voulu une action collective résolue par l'entremise du Conseil de sécurité conformément à la Charte, notamment son chapitre VII ... »[1392].

Ces piliers remplacent la précédente triade « prévention », « réaction » et « reconstruction » de la CIISE. L'action de la société internationale peut prendre la forme diplomatique, humanitaire ou tout autre moyen pacifique pouvant être suivi selon les cas de l'usage de la force conformément au chapitre VII de la Charte des Nations unies. En effet, « l'Organisation des Nations unies n'est pas une organisation pacifiste — il y a des moments où

1388 Document final du sommet mondial de 2005, paragraphe 138.

1389 Catherine POWELL, « Libya: A Multilateral Constitutional Moment? », 106 *Am. J. Int'l. L.*, 2012, p. 300.

1390 Document final du Sommet mondial de 2005, paragraphes 138-139.

1391 Catherine POWELL, « Libya: A Multilateral Constitutional Moment? », 106 *Am. J. Int'l. L.*, 2012, p. 300.

1392 Document final du Sommet mondial de 2005, paragraphe 139.

vous devez mettre la force au service de la paix »[1393]. L'idée selon laquelle la société internationale assume une part de responsabilité en cette matière est certainement la dimension la plus récente du principe de la responsabilité de protéger. En effet, comme le relève Luke Glanville, la responsabilité des souverains de protéger leurs populations est déterminante dans la justification de l'autorité souveraine depuis les XVIe et XVIIe siècles[1394]. La nature de ces responsabilités souveraines varie avec le temps. Mais du *Léviathan* de Thomas Hobbes à aujourd'hui, la reconnaissance d'une certaine autorité au souverain a pour finalité la protection par ce dernier de ses populations.

Quelle est la nature de la responsabilité de protéger ? Serait-elle un simple concept, une doctrine politique capable de guider l'action du Conseil de sécurité ? Le Conseil de sécurité y fait référence pour la première fois dans une résolution de 2006[1395] et le Secrétaire général de l'ONU a, dans différents rapports, clarifié ses perspectives et objectifs relatifs à la mise en œuvre de la responsabilité de protéger[1396]. Contrairement à l'ingérence humanitaire, prônée par Bernard Kouchner et Mario Bettati dans les années quatre-vingt, qui n'a jamais accédé au rang de norme juridique, une bonne partie de la doctrine voit en la responsabilité de protéger un avenir prospère. Gareth Evans et Alex Bellamy, pour ne citer que ceux-là, ne mentionnaient-ils pas en 2008 et 2009 qu'elle était sur le point de devenir une véritable norme de droit international à même de transformer les perspectives de réponse aux atrocités de masse[1397] ? Puis, quelques années plus tard, l'on obtint du Conseil de sécurité l'autorisation de mettre en œuvre la responsabilité de protéger en Libye[1398], une mise en œuvre vue comme la véritable activation de la responsabilité de protéger, prise globalement : c'est-à-dire l'autorisation d'une intervention militaire en tant que

---

1393 Kofi Annan's interview with Ole Torp of NKR TV Norway, November 19th 2012.

1394 Luke GLANVILLE, « The Antecedents of 'Sovereignty as responsibility' », *European Journal of International Relations*. Juin 2011.

1395 Résolution 1674 du Conseil de sécurité du 28 avril 2006 sur la protection des civils dans les conflits armés. Pour les justifications, le contexte et les apports de cette résolution, lire : Philippe LAGRANGE, « Résolution 1674 (2006). Protection des civils dans les conflits armés » in ALBARET Mélanie, DECAUX Emmanuel, LEMAY-HEBERT Nicolas et PLACIDI-FROT Delphine (Dir.), *Les grandes résolutions du Conseil de Sécurité*, Dalloz, Paris, 2012, p. 446-459.

1396 United Nations, Implementing the Responsibility to Protect: Report of the Secretary-General (General Assembly document A/63/677), 12 January 2009 ; Early Warning, Assessment and the Responsibility to Protect: Report of the Secretary-General (General assembly document A/64/864), 14 July 2010 ; and The Role of Regional and Sub-regional Arrangements in Implementing the Responsibility to Protect: Report of the Secretary-General (General Assembly document A/65/877, Security Council document S/2011/393), 27 June 2011.

1397 Gareth EVANS, *The Responsibility to Protect: Ending Mass Atrocity Crimes Once and for All*, Washington, DC: Brookings Institution Press, 2008 ; et Alex BELLAMY, *Responsibility to Protect: The Global Effort to End Mass Atrocities*, Cambridge: Polity Press, 2009.

1398 Manquement de la Libye à protéger ses populations, utilisation infructueuse des moyens pacifiques de sortie de crise, emploi de la force : lire les résolutions 1970 et 1973.

mécanisme d'*ultima ratio*. Nous nous serions trouvés dans un contexte d'évolution résolue de ce principe vers une véritable norme de droit international, n'eût été l'immersion en eaux troubles qu'a connu sa mise en œuvre en Libye. Il y a toutefois des raisons de garder espoir.

Le Conseil de sécurité est le seul organe de l'ONU qui bénéficie des attributs de « législateur » [1399] et peut prendre des « *Legislative resolutions* », du nom de ces résolutions ayant valeur juridique contraignante. C'est le cas de plusieurs de ses décisions prises dans le cadre du Chapitre VII, résolutions contraignantes sur la base de l'article 25 de la Charte [1400]. Cela dit, le Conseil de sécurité en autorisant des interventions humanitaires sous le sigle de la responsabilité de protéger, ferait passer cette dernière d'un simple concept, d'une doctrine politique à une véritable norme de droit international. L'entreprise est délicate, puisque bien qu'il y ait le consensus à la base des mesures du Conseil de sécurité, leur légitimité est remise en question [1401] et le pouvoir normatif du Conseil de sécurité s'est trouvé vigoureusement contesté [1402], ceci jusqu'à la fin du XXe siècle. La résolution 1373 du 28 septembre 2001 viendra changer la donne, elle marque un net revirement dans la pratique du Conseil : c'est la toute première fois que le Conseil de sécurité joue le rôle de véritable législateur [1403]. Bien qu'intervenant dans le contexte du 11 septembre, c'est une résolution générale par laquelle le Conseil de sécurité impose à tous les États des obligations plus étendues en matière de lutte contre le terrorisme ; obligations allant bien au-delà du droit international

---

1399 Michael C. WOOD, « The Interpretation of Security Council Resolutions », *Max Planck Yearbook of United Nations Law*, 1998, p. 77.

1400 « Les Membres de l'Organisation conviennent d'accepter et d'appliquer les décisions du Conseil de sécurité conformément à la présente Charte » (Article 25 de la Charte des Nations unies).

1401 Burns H. WESTON, « Security Council Resolution 678 (1990) and Persian Gulf Decision Making: precarious Legitimacy », *AJIL* 85 (1991), p. 516-535, voir particulièrement la p. 516.

1402 Dans sa contribution au livre intitulé The Role of Law in International Politics (ed. Byers, 2000, p. 321), Georg Nolte rappelle que s'il peut arriver que le Conseil de sécurité établisse des normes générales dans des domaines spécifiques, portant la casquette du législateur universel, ce rôle pour lequel il n'a pas été conçu. Le Professeur Carsten Hollweg va plus loin. Pour lui, « Il faut denier au Conseil de sécurité le droit de créer un nouveau droit international public et des nouvelles lois pénales. L'ONU ne représente pas encore un État mondial détenant une compétence législative universelle ». (« Le nouveau tribunal international de l'ONU et le conflit en ex-Yougoslavie: un défi pour le droit humanitaire dans le nouvel ordre mondial », dans *Rev. Dr. Pub. Sc. Pol.*, 1994, p. 1379).

1403 Voir, entre autres, Juge Gilbert GUILLAUME, « Terrorism and International Law », Grotius lecture, *International and Comparative Law Quarterly*, 2004, p. 537 ; Michael C. WOOD, « The Security Council as a Law Maker : The Adoption of (Quasi)-Judicial Decisions » in Rüdiger WOLFRUM & Volker RÖBEN, *Developments of international Law in treaty Making*, Springer, 2005, p. 234 ; Paul SZASZ, The Security Council Starts Legislating, *AJIL* 96 (2002), 901-905.

existant [1404]. D'autres résolutions qui s'y apparentent suivront [1405]. Les récentes résolutions du Conseil sur la responsabilité de protéger, faisant toutefois l'objet d'interprétations contradictoires, en sont l'illustration. Dans la perspective affirmative de la transformation de la responsabilité de protéger, les résolutions sur la Libye constituent pour une partie de la doctrine une réelle « poussée normative » [1406]. Franck Latty relève que l'adoption de la résolution 1973 sur la Libye est la consécration de l'évolution de la responsabilité de protéger d'une simple doctrine d'action à une obligation coutumière de la société internationale d'agir [1407]. Cette résolution consacrerait la mise en œuvre de la responsabilité de protéger qui incombe à la société internationale après qu'est établie la défaillance de l'État vis-à-vis de sa population. Le Conseil de sécurité contribuerait ainsi à « donner à la "Responsabilité" de la société internationale le caractère d'une obligation coutumière d'agir » [1408]. En vertu de la responsabilité de protéger, des obligations véritablement juridiques naîtraient au profit des populations victimes et dont les « débiteurs solidaires » [1409] sont les États et les organisations internationales. Rappelons-le, le Conseil de sécurité a le pouvoir de créer des droits et des obligations incombant aux États membres des Nations unies. En revanche, pour d'autres, les évolutions récentes ne sont pas aussi significatives qu'on veut le faire croire [1410]. De l'avis du Professeur Andrea Bianchi, on est loin de voir apparaître une norme de droit coutumier [1411].

1404 Voir Michael C. WOOD, « The Security Council as a Law Maker : The Adoption of (Quasi)-Judicial Decisions » in Rüdiger WOLFRUM& Volker RÖBEN, *Developments of international Law in treaty Making*, Springer, 2005, p. 232.

1405 Parmi ces résolutions du Conseil de sécurité prises dans le cadre du Chapitre VII et agissant en tant que véritable législateur, l'on trouverait en plus de la résolution 1373, les résolutions 1540 (28 avril 2004), 1673 (27 avril 2006), et dans une certaine mesure la résolution 1973 (2011).

1406 Pour Catherine Powell, ces résolutions sur la Libye constituent une « normative pull » pour ce qui est des deux derniers piliers particulièrement, qui eux n'ont pas encore de véritable assise juridique internationale. (Catherine POWELL, « Libya: A Multilateral Constitutional Moment? », 106 *Am. J. Int'l. L.*, 2012, p. 300).

1407 Franck LATTY, « Libye, Japon : la "responsabilité de protéger" au secours des populations », *LeMonde.fr*, 30 mars 2011.

1408 Ibid.

1409 Ibid.

1410 Voir notamment Aidan HEHIR, *The Responsibility to Protect: Rhetoric, Reality and the Future of Humanitarian Intervention*, Palgrave Macmillan, 2012, 301 pages ; et Stephen P. MARKS and Nicholas COOPER, « The Responsibility to Protect: Watershed or Old Wine in a New Bottle? » *Jindal Global Law Review* 2, no. 1 (2010), p. 86-130.

1411 Andrea BIANCHI, « La responsabilité de protéger, une arme à double tranchant », *Le Temps*, mercredi 13 avril 2011. Disponible à l'adresse : http://emploi.letemps.ch/

En clair, des progrès ont été réalisés, mais ils n'auraient pas suffi à dissiper les divergences sur la nature de la responsabilité de protéger [1412]. Les États membres restent divisés sur les modalités de sa mise en œuvre. À cela s'ajoute le fait que l'Assemblée générale de l'ONU traîne à entériner véritablement les plans de mise en œuvre proposés par le Secrétaire général [1413]. Quoi qu'il en soit, la résolution 1973 a créé de réelles obligations pour les États, et la véritable question aujourd'hui au lieu d'être de savoir si elle a créé une nouvelle norme ou non, devrait plutôt être formulée ainsi : « Quelle serait la signification de la résolution 1973 en tant que précédent ? ».

Eu égard aux évolutions récentes et malgré sa malencontreuse excursion libyenne, la responsabilité de protéger semble promettre un avenir meilleur aux déplacés internes. Il y aura certainement des prérequis pour sa nouvelle activation par le Conseil de sécurité. Fort heureusement, des propositions sérieuses portant sur son épurement sont actuellement à l'étude et pourraient générer de nettes avancées[1414]. Dès lors, serait-il un mirage de s'appuyer sur la responsabilité de protéger pour protéger les déplacés internes ? Mieux, ce mécanisme permet-il de protéger plus efficacement les droits fondamentaux des déplacés internes ? La justification de ces questions vient du fait que, même si la société internationale a, au cours de ces dernières décennies, fait un effort vers la juridictionnalisation du droit international et particulièrement du DIDH, notamment par la mise en place des tribunaux pénaux internationaux *ad hoc*, de la CPI et des tribunaux pénaux internationalisés, donnant ainsi voix aux victimes de graves crimes de droit international, la réponse internationale globale aux crises de ces dernières décennies atteste que la protection des populations civiles a toujours été reléguée au second plan. Est-ce qu'avec la responsabilité de protéger les intérêts des populations civiles dont les déplacés internes seront prioritaires par rapport aux intérêts internes et externes de divers États membres de l'ONU ? En réalité, l'adaptabilité de la responsabilité

1412 Ceci est dû, entre autres, au fait que l'élaboration des normes par le Conseil de sécurité est perçue comme une pratique nouvelle en droit international. Pour la littérature sur ce phénomène, voir : Tullio TREVES, « The security council as legislator » in Aristotle CONSTANTINIDES and Nikos ZAIKOS (Eds.), *The Diversity of International Law : Essays in Honour of Professor Kalliopi K. Koufa*, Martinus Nijhoff Publishers. Leiden, Boston, 2009 ; Stephan TALMON « The Security Council as World Legislature », (2005) 99 : 1 *American Journal of International Law*, p. 175-193 ; Bjorn EBERLING, « The Ultra Vires Character of Legislative Action by the Security Council », (2005) 2, *International Organizations Law Review*, p. 337-360 ; Catherine DENIS, *Le pouvoir normatif du Conseil de sécurité des Nations unies : Portée et limites*, Bruylant/Éditions de l'Université de Bruxelles, Bruxelles, 2004 ; Luigi CONDORELLI, « Le pouvoir législatif du Conseil de sécurité des Nations unies vu a la "Loupe Salmon" », in *Droit du pouvoir, pouvoir du droit, Mélanges offerts à Jean Salmon* (Bruylant, Bruxelles, 2007), p. 1229-1239.

1413 Melissa LABONTE, *Human Rights and Humanitarian Norms, Strategic Framing, and Intervention: Lessons for the responsibility to protect.* Routledge, Global Institutions Series, 2013, p. 31.

1414 C'est le cas, sans prétendre à l'exhaustivité, de la proposition faite par le Brésil en novembre 2011 ; à savoir le concept de « *Responsibility while Protecting* », voir infra, p. 454.

de protéger dans des situations de déplacement interne est très problématique (Section I). Il est toutefois faisable et utile de penser une « responsabilité de protéger » les déplacés internes (Section II).

SECTION I.
L'ADAPTABILITÉ DE LA « RESPONSABILITÉ DE PROTÉGER » À LA PROTECTION DES DÉPLACÉS INTERNES

Examiner la mise en œuvre proprement dite de la responsabilité de protéger pour résoudre les problèmes du déplacement interne nécessite de s'interroger au préalable sur la véritable relation entre la responsabilité de protéger et la protection des déplacés internes. Pour ce que, s'il est vrai que la responsabilité de protéger présente une certaine ouverture aux droits et besoins des déplacés internes, voire représente un intérêt capital pour eux (Para II), force est de constater qu'un doute sur la relation entre responsabilité de protéger et protection des déplacés internes a été créé. En effet, pour une partie de la doctrine, la protection des déplacés internes n'a pas à proprement parler été placée dans l'orbite de la responsabilité de protéger lors de la formulation de cette dernière (Para I).

§ 1. LE LIEN ENTRE RESPONSABILITÉ DE PROTÉGER ET PROTECTION DES DÉPLACÉS INTERNES

La protection des déplacés internes n'est pas spécialement visée ou ne fait pas partie des priorités lors de la mise en œuvre de la responsabilité de protéger [1415]. Ceci ne devrait pas laisser place au doute sur l'existence d'un lien entre les deux notions (A). Mais ce lien est-il souhaité ? (B).

A. Un lien fortuit

Plusieurs indices pourraient créer le doute sur le lien entre responsabilité de protéger et protection des déplacés internes. Tout d'abord, le Rapport de 2001 de la CIISE, rapport que l'on peut considérer comme l'un des textes fondateurs de la responsabilité de protéger, ne fait pas état d'un quelconque lien entre responsabilité de protéger et déplacés internes. Ce document fait, en réalité, seulement allusion aux réfugiés lorsqu'il précise que l'une des raisons majeures de la prévention des conflits est l'évitement de l'exode de réfugiés et tout autre débordement (*the avoidance of refugee 'outflows' or other 'spillovers'*), et insiste sur les difficultés à faciliter le retour dans l'État d'origine dans la phase post-conflictuelle. En outre, il faut relever l'étroitesse de la mise en œuvre de la responsabilité de protéger pour la protection des déplacés internes au Kenya lors des violences postélectorales de 2007 et 2008, ce que décriait par ailleurs

1415 Susan HARRIS RIMMER, *Refugees, Internally Displaced Persons and the Responsibility to Protect Doctrine. Paper prepared for protecting People in Conflicts and Crisis: Responding to the Challenges of a Changing World*, Oxford, 22nd -24th September 2009, p. 9.

Roberta Cohen. La responsabilité de protéger, telle que mise en œuvre dans ce cas, n'avait pas aidé à prévenir le déplacement forcé de populations. Environ 1 500 morts et 600 000 déplacés avant l'intervention internationale avaient été recensés. En l'espèce, le succès de cette mesure venait du fait qu'elle avait mis fin à la violence et empêché d'autres vagues de déplacement [1416]. Enfin, le Rapport de 2009 du Secrétaire général sur l'application de la responsabilité de protéger crée un certain doute sur l'existence dudit lien. Ce rapport, aussi important qu'il soit, ne fait pas allusion aux déplacés internes.

En revanche, responsabilité de protéger et protection des déplacés internes entretiennent un lien évident qui s'appuie sur deux facteurs principaux.

Le premier met en relief le fait que l'élaboration du principe de la responsabilité de protéger est intervenue dans un contexte où les efforts s'orientaient vers la recherche d'un meilleur mécanisme de protection des populations vulnérables, parmi lesquelles les déplacés internes. En effet, le concept de souveraineté comme responsabilité, développé principalement par « M. et Mme IDP » [1417] (1996), est la raison d'être des Principes directeurs. Ces derniers constituent un important instrument pour la protection des déplacés internes qui font partie des populations vulnérables aux côtés des réfugiés, femmes et enfants. Ces populations vulnérables sont la population civile et bénéficient d'un régime de protection faisant intervenir tant le DIDH, le DIH que le droit des réfugiés.

Le second, quant à lui, rappelle que la protection des déplacés internes ou le déplacement interne s'inscrivent dans le champ de la protection des civils, qui elle, entretient des liens étroits avec la responsabilité de protéger. En effet, protection des civils et responsabilité de protéger visent toutes deux à protéger des individus en œuvrant pour le respect des normes de DIDH, de DIH et de droit des réfugiés. Elles reconnaissent non seulement l'importance du Conseil de sécurité dont elles en définissent le rôle, mais aussi la nécessaire implication d'autres acteurs (institutions des Nations unies, gouvernements, ONG, et acteurs non étatiques) au rôle tout aussi important, pour ne pas résumer la protection des civils et la responsabilité de protéger à des interventions militaires. Il faut néanmoins retenir l'existence de quelques différences importantes entre *protection des civils* et *responsabilité de protéger*. En substance, pour ce qui touche à leur champ d'application, la protection des civils, dont les déplacés internes, va au-delà de la responsabilité de protéger et la responsabilité

1416 Roberta COHEN, « Comments on the relationship of R2P to both human rights and humanitarian issues. Panel on the Responsibility to Protect and Human Rights », *Harvard Human Rights Journal Annual Symposium*, February 2009.

1417 « M. et Mme IDP » sont des termes employés par Richard Holbrooke pour introduire Roberta Cohen et Francis Deng. (Cf. Thomas G. WEISS and David A. KORN, *Internal Displacement: Conceptualization and its consequences*, Routledge: London and New York, 2006, p. 147).

de protéger ne se limite pas qu'aux situations de conflits armés. La responsabilité de protéger est mise en œuvre pour des violations qualifiées de crime de guerre, crime contre l'humanité, nettoyage ethnique et génocide. Les trois derniers pouvant intervenir hors situation de conflit armé. La protection des civils se rapporte aux violations du DIDH et du DIH en cas de conflit armé [1418]. Ensuite, des différences existent quant à la nature des notions de *protection des civils* et de *responsabilité de protéger*. La protection des civils est aujourd'hui un concept juridique ayant pour base le DIH, le DIDH et le droit des réfugiés tandis que la responsabilité de protéger serait seulement un simple concept politique « qui se veut juridique ». Le lien entre les deux notions proviendrait aussi du fait que le mouvement forcé de populations est l'un des indices qui déterminent s'il faut envisager la mise en œuvre de la responsabilité de protéger ou non. Il révèle l'existence ou le développement progressif d'un conflit armé à travers les incidents et les situations d'urgence. Il peut aussi constituer une alerte donnée sur l'éventualité ou la préparation d'un crime de génocide, crime contre l'humanité, crime de guerre ou nettoyage ethnique.

En clair, les Principes directeurs de 1998 et la Responsabilité de protéger ont été développés à l'unisson et sur la base de l'interprétation positive de la souveraineté de l'État. Le Sommet mondial de 2005 a constitué un tournant marquant pour tous les deux : c'est lors de ce sommet qu'ils ont été mondialement affirmés [1419].

B. Une liaison souhaitée ?

Il faut assurément transcender l'existence de ce lien entre les deux notions pour s'intéresser à sa « souhaitabilité » et aux implications qu'il pourrait avoir sur la protection des déplacés internes. La responsabilité de protéger proprement dite se voit depuis sa conception opposer une forte résistance de la part de ceux qui la perçoivent comme un agenda interventionniste. La protection internationale des déplacés internes, elle aussi reste, tant d'un point de vue juridique que politique, subsidiaire à la protection mise en place par l'État concerné. Elle n'a été rendue effective jusqu'à ce jour, si cela est avéré, qu'au prix d'un effort inouï : démarche normative et arrangements institutionnels atypiques. Considérant les progrès obtenus en matière de protection, il est légitime de se demander s'il faut courir le risque de lier théoriquement responsabilité de protéger et protection internationale des

---

1418 Rapport du Secrétaire général de l'ONU sur la protection des civils dans les conflits armés. S/2012/376 du 22 mai 2012.

1419 Assemblée générale des Nations unies, Résolution A/RES/60/1 du 24 octobre 2005 portant Document final du Sommet mondial de 2005. Disponible à l'adresse : http://www.unrol.org/files/2005%20World%20Summit%20Outcome.pdf (consulté le 27 janvier 2015).

déplacés internes, deux thématiques qui procèdent à une réinterprétation du principe plus vivant de souveraineté de l'État. Placer le déplacement interne au centre de la responsabilité de protéger sera perçu par un grand nombre d'États comme un agenda interventionniste, une excuse pour intervenir. Il n'est pas sûr que cela ne serve la cause des déplacés internes.

Toutefois, attendu qu'il ressort des cas de mise en œuvre de la responsabilité de protéger que le déplacement a été évité ou réduit, et que les déplacés internes ont bénéficié d'un niveau acceptable de protection, il faut admettre qu'une utilisation accessoire ou tacite de ce principe sert la protection internationale des déplacés internes.

§ 2. La complexité de l'application de la responsabilité de protéger aux cas de déplacement interne

La question de l'importance véritable de la responsabilité de protéger pour les déplacés internes est soulevée avec récurrence. Lors de la conférence d'Oslo de 2008, plusieurs juristes notaient que :

> « Le concept de responsabilité de protéger n'a eu que peu de valeur pour protéger les droits humains des PDI, puisqu'un certain nombre d'États restent plus volontiers fidèles à la doctrine de souveraineté nationale lorsqu'ils s'attaquent au problème de déplacement interne » [1420].

C'est en réponse à la situation en Libye que les trois piliers de la responsabilité de protéger ont été, pour la première fois, cumulativement mis en œuvre. Cette mise en œuvre globale a-t-elle contribué à l'évolution ou à l'affermissement de l'intérêt de la responsabilité de protéger pour le déplacement interne ? (A) L'utilisation de la force change quelque peu la donne, rendant parfois la protection des déplacés internes problématique (B).

A. L'intérêt de la responsabilité de protéger pour le déplacement interne

Les activités visant à combattre le déplacement interne couvrent la prévention du déplacement, la protection pendant le déplacement et l'offre de solutions durables. La responsabilité de protéger telle que présentée dans le Rapport de 2001 couvrirait parfaitement toutes ces phases en ce qu'elle comprend des mesures allant de la prévention à la reconstruction post-conflit [1421]. Il conviendra toutefois de s'intéresser à sa mise en œuvre dans ces

---

[1420] Déplacement Interne: Dix Ans des Principes Directeurs, *Revue des Migrations Forcées*, numéro spécial, décembre 2008, p. 7.

[1421] Si lors de l'adoption de la responsabilité de protéger au Sommet mondial de 2005, son volet reconstruction post-conflit tel qu'il a été prévu par le rapport de 2001 a été amoindri, c'est-à-dire

.../...

situations (1) et à la place qu'elle accorde aux principes internationaux sur le déplacement interne (2).

1. L'application de la responsabilité de protéger

S'il existe de véritables lacunes générales qui compromettent l'invocation de la responsabilité de protéger, il faut surtout noter l'étroitesse de son champ d'application et l'exclusion de son champ des déplacés internes pour cause de catastrophes naturelles.

a. Invocation sélective et limitée de la responsabilité de protéger ?

L'hésitation des États à invoquer la responsabilité de protéger rend son application pour le moins limitée.

Plusieurs situations de crise occasionnant le déplacement de personnes n'ont pas connu le succès de la responsabilité de protéger. Le Conseil de sécurité qui décide de l'intervention est très expéditif dans certains cas et réfractaire dans d'autres. Manque de volonté collective ou inaptitude ? Quoi qu'il en soit, cette inaction s'apparenterait à un « permis de massacrer » [1422] ou un permis de commettre de graves exactions. Dans le cas de Burma en 2007, la Chine et la Russie ont clairement fait savoir qu'elles s'opposeraient à toute action collective contre la junte birmane, pour ce que la situation ne constituait pas une menace à la paix et à la sécurité internationales [1423]. Pour le cas du Darfour, la Chine à la demande du Soudan a bloqué toute référence à la responsabilité de protéger dans la résolution du Conseil de sécurité autorisant une force ONU-UA à protéger les déplacés internes et autres civils [1424]. Bien que le nombre de déplacés du Darfour soit supérieur à deux millions, ces derniers n'ont pas bénéficié de la mise en œuvre de la responsabilité de protéger. Il a fallu attendre juillet 2011 pour qu'elle figure dans la résolution créant la Mission des Nations

---

renvoyé dans le volet prévention, il (le volet reconstruction post-conflit) demeure un élément essentiel pris en compte lors de la mise en œuvre de la responsabilité de protéger.

1422 Ban Ki Moon déclarait le 13 juillet 2012 (au lendemain d'un massacre de civils dont des enfants et personnes en déplacement) que « Inaction becomes a license for further massacres. Members of the Security Council must build on the Action Group communiqué and follow through on their promises to act accordingly » [« L'inaction devient un permis de commettre des massacres. Les membres du Conseil de sécurité devraient s'appuyer sur le communiqué du Groupe d'action et donner suite à leur promesse d'agir en conséquence »]. Secretary-General Ban KI MOON, Statement on Syria, *UN news centre,* latest headlines, July 13th 2012.

1423 Jurgen HAACKE, « Myanmar, the responsibility to protect and the need for practical assistance », *Global Responsibility to protect*, 1/2: 179-181 (2009).

1424 Conseil de sécurité des Nations unies, résolution 1769 du 31 juillet 2007 remplaçant la résolution 1706 du 31 août 2006 qui au paragraphe 2 du préambule, fait mention de la Responsabilité de protéger lorsqu'elle autorisait la force en vertu du chapitre VII.

unies au Soudan du Sud (MINUSS) [1425]. La responsabilité de protéger sous sa forme coercitive n'a non plus été mise en œuvre pour mettre fin à la violence en cours dans plusieurs autres États parmi lesquels la Syrie.

i. Cas de mise en œuvre effective

Il est avéré qu'il n'est pas toujours aisé d'établir clairement le point de départ de toute intervention internationale relevant de la responsabilité de protéger. Les invasions de l'Irak en 2003 et de la Géorgie en 2008, puis le cyclone Nargis (Burma/Myanmar) de 2008, présentés respectivement par Tony Blair, Vladimir Poutine et Bernard Kouchner comme des cas de mise en œuvre de la responsabilité de protéger, ne rempliraient en réalité pas du tout les critères pour être considérés comme tels [1426]. Selon Gareth Evans, la Somalie et la RDC ont été pendant plusieurs années des cas remplissant les critères de mise en œuvre de la responsabilité de protéger. Ce fut aussi le cas du Sri Lanka en 2009 lors des confrontations entre forces gouvernementales et Tigres tamouls [1427]. Ce dernier cas est particulier en ce que l'Inde, fervente opposante de la responsabilité de protéger, a à deux reprises, invoqué celle-ci [1428]. Cela certainement parce que ses intérêts étaient en jeu. Ceci renforce *ipso facto* l'idée de la forte instrumentalisation du concept.

De 2005, date à laquelle les États membres de l'ONU ont reconnu la responsabilité collective de protéger les populations civiles, jusqu'en fin 2012, le Conseil de sécurité s'est référé à la responsabilité de protéger dans un nombre relativement limité de résolutions [1429]. Sont incluses les résolutions 1674 (2006) et 1894 (2009) qui fixent le cadre normatif de l'action du Conseil de sécurité sur la protection des civils dans les conflits armés, la Résolution 1706 (2006) sur la situation au Darfour, les Résolutions 1973 (2011) et 1970 (2011) sur la situation en Libye, la Résolution 1975 (2011) sur la situation en Côte d'Ivoire, la

---

1425 Résolution S/RES/1996 du 8 juillet 2011, portant création de la MINUSS. La responsabilité de protéger figure dans cette résolution, étant donné que le mandat qu'elle attribue à la MINUSS inclut le conseil et l'assistance au gouvernement sud-soudanais au moment d'assumer sa responsabilité de protéger les civils (paragraphe 3 de la résolution).

1426 Gareth EVANS, « Interview: The R2P Balance Sheet After Libya », in *The Responsibility to Protect: Challenges and Opportunities in light of the Libyan intervention*, e-International Relations, November 2011, p. 37. Disponible à l'adresse : http://www.e-ir.info/wp-content/uploads/R2P.pdf (consulté le 14 décembre 2013).

1427 Ibid., p. 38.

1428 See Richard Williamson' s talk on Libya and the responsibility to protect (Outcome document of the conference on Libya and the responsibility to protect, The Brookings Institution, Washington D.C., Thursday, June 16, 2011, p. 26).

1429 Limitation parce que nombre d'autres situations justifiaient objectivement la prise de mesures dans les limites de la responsabilité de protéger.

résolution 2014 sur le Yémen [1430] et la résolution 2085 (2012) sur la situation au Mali. Si aucune résolution de cet ordre n'a pour l'instant été adoptée concernant la Syrie, ce n'est pas faute d'avoir essayé. Le dossier syrien remet en cause la construction même du concept de responsabilité de protéger. Le Conseil de sécurité avait pourtant voté un projet de résolution le 4 février 2012 appelant le gouvernement syrien à l'arrêt de la violence contre la population civile et au retrait des forces armées. Projet de résolution qui n'avait pas connu le succès à l'étape d'adoption à cause du double veto russe et chinois.

Il existe une certaine tendance à ne considérer comme des cas de mise en œuvre de la responsabilité de protéger que ceux incluant l'usage de la force. Il n'en reste pas moins que bon nombre d'autres organes de l'ONU assument dans les limites de leurs pouvoirs, leur responsabilité de protéger les civils en vertu du principe de la responsabilité de protéger. C'est le cas de l'Assemblée générale, du Conseil des droits de l'homme, du Secrétaire général, etc. En effet, la responsabilité de protéger repose sur divers acteurs : les organisations internationales, les organisations régionales et sous-régionales, les États, la société civile et les individus. Parmi les cas les plus récents où différents acteurs ont exercé leur rôle en matière de responsabilité de protéger, l'on trouve : la République centrafricaine, le Sud Soudan et la Syrie. Néanmoins, le pan de la responsabilité de protéger qui fait réellement débat dans sa mise en œuvre c'est l'utilisation de la force dans le cadre du pilier III. Sur ce, il conviendra de revenir un tant soit peu sur la responsabilité de protéger telle qu'appliquée au Kenya en Libye et en Côte d'Ivoire.

— Le cas kenyan est présenté comme le premier véritable exemple de mise en œuvre de la responsabilité de protéger [1431]. Alors que cet État se trouvait dans un contexte de violence postélectorale, le Secrétaire général de l'ONU a jugé que le concept s'appliquait dans ce cas et a pris des mesures diplomatiques et politiques nécessaires. Le concept a été mis en œuvre en soutien de la médiation politique de Kofi Annan, de l'implication de l'Union africaine et de la pression politique des États-Unis et d'autres gouvernements occidentaux. Les autorités kenyanes avaient clairement accepté l'intervention régionale et internationale sans objection sur la base d'une immixtion dans les affaires intérieures. En outre, son application dans cette situation n'a pas nécessité de sanctions ou d'intervention militaire. Ce qui donne à entendre que le Secrétaire général de l'ONU peut l'invoquer en toute licéité et avec succès sans l'autorisation explicite du Conseil de sécurité. Bien qu'environ 600 000

[1430] Résolution S/RES/2014 du 21 octobre 2011 qui rappelle la responsabilité du gouvernement yéménite de protéger ses populations.

[1431] Roberta COHEN, « Comments on the relationship of R2P to both human rights and humanitarian issues. Panel on the Responsibility to Protect and Human Rights », *Harvard Human Rights Journal*, Annual Symposium, February 2009.

personnes aient été déplacées de force, cette opération a été considérée comme un succès. L'intervention de la société internationale dans ce cas a été en parfaite opposition avec l'indifférence affichée lors du génocide rwandais.

— La Libye : dans cet État, la mise en œuvre de la responsabilité de protéger a été complète, incluant l'utilisation de la force. C'est une grande première. La condamnation internationale des exactions du dirigeant libyen s'est faite avec une célérité remarquable et inhabituelle si l'on s'en tient aux cas tunisien et égyptien lors du printemps arabe. L'on a voulu qu'elle soit communément présentée comme « inconditionnelle » et « unanime ». La situation dans cet État a suscité la mise en œuvre de la responsabilité de protéger. Le 26 février 2011, l'on a eu une première résolution du Conseil de sécurité, la résolution 1970, qui a mis en place un embargo sur les armes à destination de la Libye. Elle a exigé de la Libye qu'elle cesse l'exportation d'armements et de matériel connexe. Puis, elle a exigé des États membres qu'ils prennent immédiatement les mesures nécessaires pour empêcher la fourniture, la vente ou le transfert directs ou indirects à la Jamahiriya arabe libyenne d'armements et de matériel connexe ainsi que toute assistance, aide financière de quelque nature que ce soit. Elle a en outre saisi la CPI du dossier libyen. Enfin, elle a décrété le gel des avoirs du Colonel et de ses proches. L'intensification du conflit en Libye a amené le Conseil de sécurité à adopter le 17 mars 2011, une résolution historique, à savoir la Résolution 1973 adoptée par dix voix pour et cinq abstentions (Allemagne, Brésil, Chine, Fédération de Russie et Inde), résolution visant à « interdire tous vols dans l'espace aérien de la Jamahiriya arabe libyenne pour protéger la population civile et pour faire cesser les hostilités »[1432]. En clair, les États membres de l'ONU avaient l'autorisation de participer à une zone d'exclusion aérienne au-dessus de la Libye dans le but de protéger la population civile, et de prendre « toutes les mesures nécessaires »[1433] pour protéger les populations et les zones civiles menacées d'attaques en Jamahiriya arabe libyenne. Au 19 mars 2011, les opérations et patrouilles sont en cours impliquant (déjà ou quelques jours plus tard) la Belgique, le Canada, le Danemark, les Émirats Arabes Unis, l'Espagne, les États-Unis, la France, la Grèce, la Norvège, la Pologne, le Qatar, le Royaume-Uni et la Turquie (la Suède rejoint la coalition le 11 avril). Dès le 31 mars, les opérations de la coalition passent sous le commandement de l'OTAN.

1432 Voir résolution 1973 du Conseil de sécurité.

1433 L'article 24 de la Charte des Nations unies érige le Conseil de sécurité en responsable principal du maintien de la paix et de la sécurité internationale. Incapable d'assurer lui-même le respect des décisions qu'il prend, le Conseil de sécurité se résout à habiliter certains États à prendre « toutes les mesures nécessaires » dans des circonstances particulières pour garantir, rétablir ces paix et sécurité internationales. Pour plus de développements sur ce sujet, lire Philippe LAGRANGE, « Le Conseil de sécurité et l'autorisation de prendre toutes les mesures nécessaires » in Vanessa BROCHOT (dir.), *Les Annales de Droit 2007* No 1. Publications de l'université de Rouen et du Havre. Collection les annales de droit, mars 2007, p. 199-258.

C'est l'OTAN qui se chargera de la suppression des défenses aériennes libyennes et de l'attaque d'unités au sol. Au lendemain de la mort du Colonel Kadhafi, survenue le 20 octobre 2011, l'OTAN annonce qu'elle arrête la mission *Unified Protector* le 31 octobre 2011.

Cette intervention « humanitaire » a donné lieu à de vifs débats et controverses [1434]. Elle n'a pas échappé aux vives critiques étant donné les zones d'ombres qui l'ont entachée. L'OTAN ne serait-elle pas allée au-delà du mandat établi par la résolution de l'ONU ? Quelques éléments portent à y ajouter foi : certains responsables occidentaux, de France notamment, ont évoqué un nécessaire soutien aux rebelles [1435] et la chute du gouvernement Kadhafi comme l'un des objectifs. L'opération militaire en Libye serait ainsi passée d'un mandat de protection des civils à une mission de changement de régime, considérant que la responsabilité de protéger telle qu'actuellement conçue est employable à cette fin [1436]. Est-ce que dans ce cas il n'était pas possible de maintenir le Colonel Kadhafi en place tout en protégeant les civils ? Autrement dit, la protection des civils était-elle subordonnée au départ de Kadhafi ? Lors de l'intervention, la coalition aurait livré des armes aux rebelles libyens au sud de Tripoli pour les aider à faire tomber la capitale [1437]. Ce soutien a contribué à l'assassinat du Colonel Kadhafi. « Qui a donné à l'OTAN le droit de tuer Kadhafi ? », Vladimir Poutine nous posait la question [1438]. Aujourd'hui encore, Jean Ping ne fait pas l'économie de cette détermination d'antan de l'Occident à éliminer le Guide libyen [1439]. L'on comprend mieux pourquoi, de la disparition du Colonel Kadhafi à début 2013, la Russie était à trois vetos successifs concernant la démarche du Conseil de sécurité en vue d'autoriser une intervention en Syrie, situation inédite depuis la fin de la Guerre froide. En clair, des zones d'ombres existent, ce qui rend difficile de se situer sans risque de se tromper. En tout état de cause, il fallait s'y attendre, *a fortiori* si l'on s'en tient à cette sagace affirmation de Daniel Ellsberg : « Regardez, toutes les administrations, tous les gouvernements mentent, tous les officiels mentent et rien de ce qu'ils disent ne doit être pris pour vérité. C'est plutôt une bonne

---

1434 Voir à ce sujet le dossier « Printemps arabe et démocratie » dans *Questions internationales*, n° 53, janvier-février 2012.

1435 Ces rebelles qui ont choisi de combattre perdent *ipso facto* le statut juridique de « civil ».

1436 Maria Luiza Ribeiro Viotti, Représentante permanente du Brésil aux Nations unies l'a porté à l'attention du Secrétaire général de l'ONU (lettre du 9 novembre 2011 au Secrétaire général, A/66/551. S/2011/701, paragraphe 10).

1437 « La France aurait livré des armes aux rebelles libyens », *Le Monde*, 29 juin 2011.

1438 Vladimir Poutine posait la question lors d'une visite officielle au Danemark quelques heures après le décès du Colonel Kadhafi.

1439 Voir surtout son récent ouvrage intitulé Eclipse sur l'Afrique : fallait-il tuer Kadhafi ? (Essai, Michalon, avril 2014, 220 p.).

règle »[1440]. D'autres « *Pentagon Papers* »[1441] seraient bienvenus dans la mesure où ils répondraient aux questions qui restent posées sur les réelles motivations et velléités des puissances qui décident et exécutent les interventions étrangères. Quoi qu'il en soit, comme d'habitude, les faits ont été têtus, raisonnant beaucoup plus fort que les mots voulus philanthropiques des puissances qui ont été sur le devant de la scène. Ceci n'est pas l'apanage des gouvernements seuls. L'ONU aussi se prête par moments à cette pratique de désinformation.

Aussi, lors de l'intervention en Libye, il y a eu des abus. Par exemple, l'approvisionnement des rebelles en armes par certains États membres violait *ipso facto* les termes de la résolution 1970 du Conseil de sécurité sur l'embargo sur les armes en Libye. Notons que la prise des armes par ces rebelles faisait d'eux, non plus des personnes ayant statut de civils, mais des combattants. Si, comme le soutenaient certains, la Libye avait besoin d'institutions fortes et non d'homme fort[1442], l'homme fort et les institutions « médiocres » n'ont jusqu'ici été remplacés que par un pandémonium authentique[1443]. Le hosanna d'une partie du peuple libyen, intervenu dans l'instant de la chute du Colonel Kadhafi, n'aura été que très éphémère. « Nous avons détruit la Libye ! », a reconnu Jean-Pierre Chevènement[1444].

— La Côte d'Ivoire : après des années de tentatives de réconciliation et de réinstauration de la paix, pour des élections présidentielles dignes d'une « vraie démocratie », les Ivoiriens ont finalement vécu cette échéance électorale en fin 2010. La victoire d'Alassane Ouattara a été annoncée par les Nations unies, une victoire très fustigée par ailleurs. Il s'est ensuivi une crise qui a duré plusieurs semaines. La gravité des violences postélectorales a amené le Conseil

---

1440 Daniel Ellsberg, un ancien analyste de la RAND Corporation. Daniel Ellsberg interview, July 14th 2006, *Infowars*, July 19th 2006.

1441 « Pentagon Papers » ou « papiers du pentagone » du nom du document United States-Vietnam Relations, 1945-1967: A Study Prepared by the Department of Defense (« Relations entre les États-Unis et le Viêt Nam, 1945-1967 : Une étude préparée par le Département de la Défense »). Il s'agit d'un document de 7 000 pages secret-défense émanant du Département de la Défense à propos de l'implication politique et militaire des États-Unis dans la guerre du Viêt Nam de 1945 à 1971, document communiqué à la rédaction du New York Times au début de l'année 1971 par Daniel Ellsberg, avec l'aide d'Anthony Russo, du linguiste Noam Chomsky et de l'historien Howard Zinn.

1442 En référence à la déclaration de Barack Obama lors de sa visite au Ghana en 2009. Il affirmait à la cantonade que « l'Afrique n'a pas besoin d'hommes forts, elle a besoin d'institutions fortes ».

1443 Trois ans après l'intervention internationale, le pays est plongé dans la guerre civile, il est devenu un vaste champ d'affrontements entre milices, pourtant maîtrisées, voire inexistantes, du temps du Colonel Kadhafi. La conviction fait de plus en plus place au doute sur l'opportunité de cette intervention.

1444 Entretien de Jean-Pierre Chevènement accordé au Figaro Magazine, le 8 août 2014. Propos recueillis par Patrice De Méritens. Disponible à l'adresse : http://www.chevenement.fr/

de sécurité à adopter le 30 mars 2011, la résolution 1975 [1445]. C'est en application de cette résolution que des puissances étrangères ont « extirpé » Laurent Gbagbo de la présidence de la République, et ce dernier a été par la suite traduit devant la CPI où il ne cesse aujourd'hui encore de clamer son innocence concernant tous les faits qui lui sont reprochés. Ici aussi des questions se posent, peut-être à juste titre. La protection des civils n'a-t-elle pas constitué un prétexte pour changer de régime ? Par exemple, l'ONU aurait dépassé son mandat en déclarant Alassane Ouattara vainqueur, prenant ainsi clairement parti [1446].

Ces cas de mise en œuvre sont les plus connus parce qu'ils ont été les plus médiatisés. Il y aurait bien plus de cas de mise en œuvre de la responsabilité de protéger. Elizabeth Ferris ne rapporte-t-elle pas que des diplomates et des fonctionnaires de l'ONU sont réticents à identifier leurs efforts comme faisant partie de la responsabilité de protéger par crainte que ces derniers soient associés aux interventions militaires [1447] ? Cela est dû notamment à l'assimilation simpliste de la responsabilité de protéger aux interventions militaires et à la méfiance consubstantielle à elle.

ii. Persistante sélectivité qui compromet l'affermissement de la responsabilité de protéger

Ces dernières années ont été marquées par des crises internes d'une gravité extrême. Certaines ont suscité la mise en œuvre du pilier III de la responsabilité de protéger (Libye, Côte d'Ivoire), d'autres non. Pourtant ces dernières ont présenté le même niveau de gravité que les premières. C'est le cas du Nigeria qui se résoud à céder progressivement du territoire à la secte Boko Haram ; secte qui connaît un succès et dont la terreur laisse plusieurs observateurs pantois. C'est aussi le cas de la Syrie. Bien que d'autres facteurs entrent en jeu dans le cadre d'une intervention internationale, il s'avérerait qu'au taux de change de la mort, certaines morts valent plus que d'autres ; la nationalité étant utilisée comme valeur repère.

Selon des sources de l'ONU, la crise qui dure en Syrie depuis plus de trois ans a déjà fait environ 10 000 morts et un grand nombre de déplacés internes [1448]. Plusieurs acteurs internationaux ont jusqu'ici assumé tant bien que mal leur responsabilité de protéger les déplacés internes ou les civils de façon générale en Syrie. Du début de la crise en Syrie au début 2014, le Conseil des

---

1445 Conseil de sécurité des Nations unies, La situation en Côte d'Ivoire, 30 mars 2011, *S/RES/1975*.

1446 Alex J. BELLAMY and Paul D. WILLIAMS, « The new politics of protection? Côte d'Ivoire, Libya and the responsibility to protect », *International Affairs*, vol. 87, issue 4, juillet 2011, p. 835.

1447 Elizabeth FERRIS, *The Politics of Protection: The Limits of Humanitarian Action*. Brookings Institution Press, Washington D.C., 2011, p. 172.

1448 Le nombre de déplacés internes en Syrie est passé de 430 000 en 2007 à 6 784 000 en fin 2017 (http://www.internal-displacement.org/countries/syria).

droits de l'homme a pris douze résolutions sur la situation des droits de l'homme dans cet État ; l'Assemblée générale quant à elle en a pris cinq [1449]. En revanche, le Conseil de sécurité n'est pas toujours arrivé à prendre une résolution autorisant une intervention comme cela a été le cas dans d'autres États. L'on constate une subite hésitation de la société internationale à ouvrir le front dans cet État. L'intervention en Libye, largement assumée comme un précédent, est tout à coup devenu impertinente. Ce qui établit, sans toutefois raisonnablement et clairement les distinguer, l'existence de « bonnes » et de « mauvaises » victimes, de bonnes et de mauvaises occasions d'intervenir, d'interventions qui permettraient de secourir et d'autres qui sacrifieraient trop. La responsabilité de protéger serait un principe à géométrie variable, corroborant l'idée d'une certaine persistance et domination des logiques anciennes. L'action de l'ONU dépend en réalité du bon vouloir et du niveau d'entente des États souverains qui la constituent. Les considérations politiques interviennent même lorsque l'action se veut « proprement humanitaire ». En effet, « comment ne pas soupçonner que l'assistance au nom de l'humanitaire repose sur des motifs politiques et opportunistes ? » [1450]. Dans ces conditions, la mise en œuvre de la responsabilité de protéger ne pourra être légitimée que par l'atteinte du plus grand consensus possible, par ailleurs très difficile à obtenir. Cette difficulté et le fait que les États n'interviennent que là où ils ont un intérêt — et bien d'autres facteurs — font de la sélectivité une réalité qu'il faut encor « accepter ». Aujourd'hui, les intérêts des États conditionnent encore largement les interventions autorisées par le Conseil de sécurité [1451], les relations internationales, voire le droit international en général. L'ONU, organisation sur laquelle avaient été fondés de grands espoirs, notamment celui du rassemblement derrière les causes nobles, n'est vue aujourd'hui que comme « une institution qui a liquidé toute possibilité d'une communauté internationale » [1452]. L'on se rend compte, en effet, du préjudice grave que cause l'absence de critères universellement acceptés de l'« intervention justifiée ».

1449 International Coalition for the Responsibility to Protect, Q & A: The Responsibility to Protect (RtoP) and Syria (http://responsibilitytoprotect.org/FINAL%20Syria%20Q%20and%20A.pdf).

1450 Jean-Marie CROUZATIER, « Le principe de la responsabilité de protéger : avancée de la solidarité ou ultime avatar de l'impérialisme ? », *Revue Aspects*, n° 2, 2008, p. 20.

1451 Relevons comme le fait à juste titre le Professeur Philippe Lagrange que « toutes les interventions autorisées par le Conseil de sécurité, y compris les plus apparemment désintéressées, n'ont jamais pu être entièrement exemptes d'arrières pensés géostratégiques, ne serait-ce que parce que les États qui intervenaient en finançant eux-mêmes leur opération ne pouvaient par définition le faire sans espérer recevoir en retour quelques contreparties » (Philippe LAGRANGE, « Voyage en realpolitik ou petit cours de brigandage international », in *Les voyages du droit – Mélanges en l'honneur de Dominique Breillat*, Poitiers : les éditions universitaires juridiques, L.G.D.J, 2011, p. 417).

1452 Elisabeth de Fontenay, Préface de Malka MARCOVICH, *Les Nations Désunies: Comment l'ONU enterre les droits de l'homme.* Éditions Jacob-Duvernet, Paris, 2008, page 9.

Cette intervention revêt les caractéristiques d'un pouvoir discrétionnaire et implique qu'il peut y avoir pour le même degré de violence ou d'atteinte aux droits de l'homme, une intervention dans tel cas et pas dans tel autre, de telles façons et non de telles autres, à tel moment et non à tel autre. Cela relève de l'irresponsabilité comme le mentionne à juste titre David Kennedy :

> « Il n'existe pas de vocabulaire pour évoquer ce pouvoir discrétionnaire comme un acte responsable d'une personne, une situation engendrant des coûts psychiques intenses pour les professionnels des droits de l'homme eux-mêmes, mais aussi légitimant leurs actes de discrétion inexplicable » [1453].

En outre, elle corrobore l'idée selon laquelle la responsabilité de protéger ne constituerait rien d'autre qu'une arme politique aux mains des « grandes puissances ». Il faut assurément en finir et c'est tout logiquement que l'on relèverait avec Elizabeth Ferris que « Si la responsabilité de protéger veut avancer, elle doit devenir une question mondiale plutôt que Nord-Sud » [1454].

Rompre avec cette sélectivité voudrait aussi que l'on juge les efforts des différents gouvernements à leur juste valeur : c'est-à-dire, comme le suggère Elizabeth Ferris, de mener des recherches substantielles sur les cas où les gouvernements exercent la souveraineté avec responsabilité. Pour elle, l'on n'a pas toujours connaissance suffisante des hypothèses où les gouvernements exercent une souveraineté responsable ou prennent des mesures positives dans des circonstances difficiles pour sortir de la crise. Dans bien des cas, les gouvernements prennent de réelles mesures encourageantes. Malheureusement, il est plus simple de porter un regard critique, et c'est ce que l'on a tendance à faire, que de reconnaître les progrès [1455]. Elle poursuit :

> « Le fondement de l'ordre international étant la souveraineté, la responsabilité de protéger ne peut être efficace que si elle se concentre sur les moyens de renforcer la volonté et la capacité des gouvernements à exercer leur souveraineté de manière responsable » [1456].

b. Étroitesse de son champ d'application

À l'heure actuelle, seules quelques situations de troubles ont vu s'appliquer la responsabilité de protéger dans sa dimension intégrale. L'intervention

---

1453 David KENNEDY, *The dark side of virtue: Reassessing International Humanitarianism.* Princeton university press, Princeton and Oxford. 2004, p. 30.

1454 Elizabeth FERRIS, *The Politics of Protection: The Limits of Humanitarian Action*, Brookings Institution Press, Washington D.C., 2011, p. 172.

1455 Ibid., p. 173.

1456 Ibid.

internationale suivant la responsabilité de protéger ne couvre pas très souvent toutes les phases du déplacement, que sont la protection contre le déplacement, la protection pendant le déplacement et la protection dans la phase retour. Au Kenya, son champ était circonscrit à la phase d'urgence et à l'arrêt du déplacement de masse. Après cette phase, les déplacés ont connu d'autres graves atteintes à leurs droits : les camps ont été fermés arbitrairement par le gouvernement nonobstant l'incertitude gouvernant les questions de sécurité dans les zones de retour ; et aujourd'hui encore des milliers de déplacés internes vivent dans des installations temporaires et sites de transit sans médicaments, nourriture et abris adéquats pour ne citer que ceux-ci. En Libye, l'ONU s'est largement appuyée sur l'OTAN qui a été la principale exécutante de la résolution 1973 du Conseil de sécurité. Mais l'OTAN s'est retirée quelques jours après le décès du Colonel Kadhafi. Son rôle s'est limité à l'intervention militaire. La reconstruction et le soutien à celle-ci n'ont pas été intégrés à son mandat. Pourtant, il découle du principe de responsabilité de protéger une responsabilité de reconstruire. La société internationale devrait aider les États à construire leur capacité à protéger leurs populations. La Commission des Nations unies pour le maintien de la paix a alloué un fonds à un petit programme dans le Rift Valley en vue d'apporter nourriture, médicaments aux déplacés. Toutefois, cette application de la responsabilité de protéger n'a pas fait preuve d'une protection globale des déplacés internes pouvant garantir sécurité et durabilité dans les zones de retour et d'intégration.

c. Exclusion d'autres catégories de déplacés internes

C'est le cas non seulement des déplacés internes suite aux catastrophes naturelles ou climatiques qui se trouvent exclus du champ d'application de la responsabilité de protéger [1457], mais aussi de ceux dont le déplacement interne est dû à d'autres calamités ou intervient dans d'autres contextes spécifiques (déplacement en milieu urbain notamment avec tous ses défis de protection et exigences). De fait, la responsabilité de protéger, comme elle a été envisagée par les Nations unies, couvre quatre crimes : le génocide, le crime de guerre, le crime contre l'humanité et le nettoyage ethnique. Les déplacés internes pouvant tomber sous le coup de la responsabilité de protéger sont ceux dont le déplacement est en rapport avec les crimes susmentionnés. Pour le Secrétaire général de l'ONU, étendre la responsabilité de protéger aux pandémies comme le VIH/sida, le changement climatique, ou aux catastrophes naturelles serait ébranler le consensus de 2005 et pousser ce principe au-delà de son objectif initial. En effet, cette exclusion serait conforme aux conclusions du Sommet mondial de 2005 qui omettent ou excluent les catastrophes naturelles de la formulation de la responsabilité de protéger. Ceci bien que le Rapport de la

---

1457 Ban KI-MOON, Address of the UN Secretary-General at event on Responsible Sovereignty: International Cooperation for a Changed World, Berlin, 15 July 2008.

CIISE sur lequel la responsabilité de protéger est largement fondée le recommande comme un des critères d'application de la responsabilité de protéger. Cette exclusion a malencontreusement été confirmée et renforcée. Comme le rappelait le Conseiller spécial du Secrétaire général, Edward Luck, la responsabilité de protéger ne peut être déclenchée que si un crime ou une extermination dans le cadre d'une attaque générale ou systématique contre la population civile était prévisible. D'un autre côté, en cas de catastrophe naturelle, si le gouvernement, par son action ou son inaction et de façon délibérée, cause un préjudice physique ou moral grave aux populations civiles, son action (ou inaction) peut être considérée comme constituant une attaque vis-à-vis des populations.

Vue sous cet angle, la protection des déplacés internes est, selon les termes de Susan Harris-Rimmer, périphérique à la doctrine de la responsabilité de protéger [1458].

Il faut néanmoins relever que les violations généralisées des droits de l'homme et les catastrophes environnementales peuvent dans certaines conditions nécessiter et susciter la mise en œuvre de la responsabilité de protéger. Ceci part de ce qu'elles causent dans certains cas le déplacement à grande échelle, créant ainsi des problèmes d'assistance et de protection. Bien plus, les crimes contre l'humanité peuvent être la conséquence des catastrophes naturelles. Ce problème a, au demeurant, été soulevé par le cyclone Nargis, il y a de cela quelques années. Le cas du Japon a tout aussi interpellé. Considérant la gravité de la catastrophe qui a fortement ébranlé le Japon en début 2011, il est légitime de se poser la question suivante : ne serait-il pas judicieux d'envisager une extension du champ de la responsabilité de protéger ? La CIISE avait pourtant et depuis longtemps opté pour cette dernière proposition, particulièrement en ce qui concerne « les catastrophes naturelles ou écologiques extraordinaires » [1459]. Les catastrophes nucléaires pourraient faire partie de cette liste si l'on s'en tient aux événements auxquels le Japon a récemment fait face.

2. La responsabilité de protéger et les Principes directeurs de 1998

Les Principes directeurs constituent le texte international de référence en matière de protection des déplacés internes. Pourtant ils sont omis ou simplement mis à l'écart dans bon nombre de mesures prises dans les limites de

---

1458 Susan Gail HARRIS-RIMMER ; « Refugees, Internally Displaced Persons and the Responsibility to Protect Doctrine », paper Prepared for Protecting People in Conflict ans Crisis: Responding to the Challenge of Changing World, Oxford, 22nd-24th sept 2009, *ANU College of Law*, Research Paper No. 09-36, p. 20.

1459 Suite au Cyclone Nargis en 2008, le ministre des affaires étrangères français d'alors, Bernard Kouchner s'en était en vain prévalu pour contraindre la Birmanie à ouvrir ses frontières à l'aide internationale.

la responsabilité de protéger et pour des situations incluant pourtant le déplacement interne. En l'occurrence, le Rapport du Secrétaire général sur la mise en œuvre de la responsabilité de protéger n'en fait pas mention, sans égard pour l'appel des organisations de la société civile et des commissions nationales des droits de l'homme à la promotion et à l'application desdits principes. Visiblement, le Bureau des affaires juridiques de l'ONU avait supprimé toute référence auxdits principes dans le texte arguant que ces derniers ne constituent pas du « *hard law* ». Cette démarche s'inscrit en faux contre les résolutions de l'Assemblée générale, de la Commission des droits de l'homme et du Conseil des droits de l'homme et surtout avec le travail du Rapporteur spécial sur les droits de l'homme des déplacés internes. Non seulement ces derniers encouragent une promotion plus large et une mise en œuvre appropriée des Principes directeurs, mais ils font aussi référence à cet instrument qu'ils considèrent comme étant indispensable en matière de protection des déplacés internes [1460]. Le Rapport du Sommet mondial de 2005 reconnaît également les Principes directeurs comme « un instrument normatif international important pour la protection des déplacés internes » [1461].

Lorsque la responsabilité de protéger est mise en œuvre, la promotion des Principes directeurs doit nécessairement faire partie de ses modalités, notamment lorsqu'on fait face aux violations des droits fondamentaux des déplacés internes.

B. La responsabilité de protéger et l'utilisation de la force

L'accent mis sur la protection des droits de l'homme lors de la mise en œuvre de la responsabilité de protéger peut être à l'origine dans certains cas de tensions avec les programmes humanitaires qui sont mis en place à l'endroit des déplacés internes.

La mise en œuvre de la responsabilité de protéger par les juridictions pénales internationales offre une hypothèse de conciliation complexe entre protection des droits fondamentaux des déplacés internes et opérations humanitaires visant à répondre aux besoins de ces populations [1462]. La répression par les juridictions pénales internationales des crimes les plus graves [1463] s'inscrit dans

---

1460 Voir à ce sujet la résolution de l'Assemblée générale 56/154 du 19 décembre 2001 ; Commission des droits de l'homme des Nations unies, résolution 2003/51 du 23 avril 2003 ; résolution de l'Assemblée générale A/RES/62/153 du 6 mars 2008.

1461 Assemblée générale des Nations unies, rapport du sommet mondial de 2005, paragraphe 132.

1462 Sur le rôle de la CPI et autres tribunaux des Nations unies en matière de mise en œuvre de la responsabilité de protéger, voir le rapport du Secrétaire général des Nations unies, mise en œuvre de la responsabilité de protéger, paragraphe 18.

1463 Ces crimes les plus graves comprennent le crime de guerre, le crime de génocide, le crime contre l'humanité et le nettoyage ethnique (voir articles 138 et 139 du Document final du sommet

.../...

la logique du combat contre l'impunité, combat qui constitue l'une des préoccupations de la responsabilité de protéger. L'ONU joue un rôle important tant dans l'institution que dans le fonctionnement de ces juridictions. Le 25 février 2011, le Conseil de sécurité a, par sa résolution 1970, saisi le procureur de la CPI de la situation en Libye. Cette procédure avait auparavant été mise en œuvre à propos du Soudan. L'émission par la CPI d'un mandat d'arrêt contre le président soudanais pour crime contre l'humanité vis-à-vis des civils dont les déplacés internes aux Darfour a amené le gouvernement soudanais à mettre plus d'un million de déplacés internes en risque. Elle a occasionné l'expulsion et la fermeture de plusieurs ONG. Ce mandat d'arrêt qui constituait assurément une étape importante dans un long processus d'investigation sur les crimes commis au Darfour a surtout démontré que ces mesures étaient de nature à ébranler les opérations humanitaires sur le terrain.

En outre, la responsabilité de protéger qui implique souvent la coercition peut compromettre les efforts internationaux et régionaux visant à apporter de l'aide humanitaire aux populations dans le besoin. Comme l'affirme John Holmes [1464], une opération militaire « ne serait pas utile aux populations qu'on essaie d'aider » [1465]. Le Conseil de sécurité autorise de plus en plus les missions de maintien de la paix avec pour responsabilité la protection des déplacés internes et autres populations affectées dans le cadre d'un conflit armé interne. Cette responsabilité inclut la garantie d'un accès humanitaire, la protection des déplacés internes à l'intérieur et autour des camps, l'arrêt des violences sexuelles, la protection du personnel humanitaire, la création des conditions propices et l'accompagnement au retour. Nombreux sont les cas où ces forces de maintien de la paix ont effectivement renforcé la sécurité des déplacés internes. Ce fut notamment le cas au Rwanda, en RDC, au Soudan (Darfour), en Sierra Léone et dans d'autres États. Pourtant, ces missions ont aussi profondément désillusionné tant ceux qui se trouvent dans la nécessité de la protection que les donneurs de mandat. L'on a pu relever du côté de ces troupes une formation déficiente, l'insuffisance du nombre de troupes et d'équipements, l'ambiguïté proprement dite des mandats ; tout ceci entraînant inexorablement une protection approximative. Dans certains cas, ces missions sont impliquées dans des exactions contre des déplacés internes, particulièrement à l'endroit des personnes vulnérables comme les populations

mondial de 2005). Il faut noter que les principales juridictions internationales ne connaissent pas toutes de ces crimes. La cour pénale internationale a compétence pour juger les crimes de guerre, le crime de génocide, le crime contre l'humanité. La compétence matérielle du TPIY couvre les infractions graves aux Conventions de Genève, le crime de guerre, le crime de génocide et crime contre l'humanité. Le TPIR connaît des crimes de génocide, crimes contre l'humanité, violations de l'article 3 commun aux Conventions de Genève et du protocole additionnel II.

1464 UN Emergency Relief Coordinator.

1465 « The responsibility to protect and its Application », *World Federalist Movement Institute for Global Policy*, 9 mai 2009.

de sexe féminin. Même en cas de déploiement d'une force militaire robuste, comme ce fût le cas au Kosovo, l'intervention n'a pas pu empêcher les massacres, viols et déportations ; les atrocités commises à l'endroit des déplacés internes et autres civils n'ont pu être empêchées [1466]. Ces imperfections ne viennent que s'ajouter au retard dans l'impatronisation de ces opérations militaires. Ce qui laisse croire que l'ONU n'a pas encore développé une capacité de réponse militaire prompte et inéluctable concernant la protection des déplacés internes. Après deux ans au Darfour, elle n'a pas été capable de déployer les troupes nécessaires avec l'équipement requis pour l'occurrence. En RDC, il lui aura fallu plus d'un mois pour autoriser un supplément de 3 000 hommes aux troupes dans le but de mettre fin à la violence dans le nord Kivu, et plusieurs mois encore pour déployer la force. L'action de la MONUC envers les déplacés internes a fait l'objet de profondes désillusions. Cette opération était censée soutenir et assister le gouvernement dans le rétablissement de la sécurité. Cependant, ces troupes gouvernementales ont été impliquées dans le déplacement et les violences sexuelles dont ont été victimes les déplacés internes et les autres civils [1467]. Ces infortunes créent une défiance envers les opérations militaires, ces dernières ayant été incluses dans plusieurs cas de mise en œuvre de la responsabilité de protéger. Au Darfour, les humanitaires ont exclu toute coercition militaire dans le contexte de la responsabilité de protéger, par la raison qu'elle pouvait engendrer l'expulsion des programmes mis sur place pour assister les déplacés internes [1468]. Il s'avère donc que les humanitaires sont le plus souvent acceptés parce que leur mission couvre seulement la fourniture de nourriture, de médicaments, d'abris, etc. De fait, aller au-delà de cette mission strictement délimitée pourrait entraîner un refus d'accès et même l'expulsion du personnel humanitaire. Toutefois, il faut garder à l'esprit que toute intervention militaire n'est pas vouée à l'échec et la responsabilité de protéger n'implique pas forcément une opération militaire. En effet, l'admettre renforcerait l'idée que la protection ne peut revêtir qu'un caractère humanitaire. Cette confusion entre responsabilité de protéger et action coercitive est très préjudiciable à la protection des déplacés internes. Force est de constater que la responsabilité de protéger, contrairement au droit d'ingérence, place le débat sous l'angle de la responsabilité de la protection et non plus du droit d'intervention. La coercition est, semble-t-il, de nature à compromettre les efforts humanitaires dans certains contextes. Fort heureusement, la responsabilité de protéger ne se résume pas qu'à cela. La mise

---

1466 Roberta COHEN and David A. KORN, « Failing the internally Displaced », *Forced Migration Review*, August 1999. p. 12-13.

1467 Mary Beth SHERIDAN, « Clinton to visit E. Congo », et Stephanie MC CRUMMEN, « Congo Women Treated as Spoils of War », *Washington post*, 11 August 2009.

1468 Voir Julie FLINT « In Sudan, Help Comes From Above », *New York Times*, 6 juillet 2007 ; et « Aid Held Hostage », *MSF Foundation*, Octobre 2006.

en œuvre de la responsabilité de protéger avec utilisation de la force armée en Libye donne l'image non pas, ou pas encore, d'une véritable responsabilité de protéger, mais plutôt d'une absence totale de responsabilité. Cette intervention a eu pour « mérite » d'avoir renforcé la méfiance envers le recours à la responsabilité de protéger. D'où l'urgence de joindre à cette responsabilité de protéger un mécanisme de responsabilisation, une obligation de rendre des comptes. En réalité, l'usage de la force armée n'est fait ou ne devrait être fait qu'en dernier ressort. Une référence à la responsabilité de protéger n'implique pas automatiquement recours aux mesures coercitives. Ce serait là une interprétation erronée du troisième pilier de la responsabilité de protéger qui englobe trois mesures différentes : elles sont toutes indépendantes et une seule est coercitive. Au titre de ce pilier, une réaction résolue et en temps voulu de l'ONU et ses partenaires peut prendre la forme du règlement pacifique [1469], de la collaboration avec les accords régionaux et sous-régionaux [1470] ou des mesures coercitives [1471]. Le deuxième pilier offre aux acteurs internationaux une possibilité d'intervenir au moyen de l'assistance et du renforcement des capacités. Il revient à ces acteurs de mettre ces mesures non coercitives en avant afin d'atténuer l'hostilité des États à l'idée de la responsabilité de protéger (plusieurs États et acteurs la réfutent de façon globale parce que la caractéristique la plus mise en avant, à tort, est la coercition) et concilier véritablement ce principe prometteur avec la protection effective des droits de l'homme, dont ceux des déplacés internes. Ces mesures non coercitives sont essentielles pour la prévention du déplacement interne et la prévention constitue de nos jours le meilleur moyen de combattre le déplacement interne. Les mesures prises pour prévenir les atrocités au Kenya en début 2008 constituent une mise en œuvre de la responsabilité de protéger et devraient être considérées comme telles [1472]. Très souvent, tant les experts que les décideurs font peu de cas de la panoplie de mesures diplomatiques et pacifiques qu'offre la responsabilité de protéger. Il est impératif de combattre cette tendance à assimiler à tort la protection des droits fondamentaux des déplacés internes par la mise en œuvre de la responsabilité de protéger à une intervention nécessairement militaire. C'est ainsi que l'on pourra rallier les sceptiques et intégrer dans la conscience collective l'étendue des mesures que la responsabilité de protéger offre. L'assistance humanitaire et la prévention des conflits, exemptes de toute intervention armée, favoriseraient l'évolution de la

1469 Charte des Nations unies, Chapitre VI.

1470 Charte des Nations unies, Chapitre VIII.

1471 Charte des Nations unies, Chapitre VII.

1472 La réponse internationale à la crise kenyanne en 2008 a été rapide et portée particulièrement sur la négociation et la médiation. Voir, Thomas G. WEISS, « Halting Atrocities in Kenya » in *Great Decisions* 2010 (New York: Foreign Policy Association, 2010), p. 19-24. Disponible à l'adresse : http://www.globalr2p.org/media/files/kenya-fpa-weiss.pdf

responsabilité de protéger [1473]. Cela d'autant plus que la responsabilité de protéger proprement dite se veut plus crédible pour pouvoir être efficacement utilisée au profit des déplacés internes. Il faut encourager, à l'instar d'Elizabeth Ferris, une utilisation de la responsabilité de protéger dans des situations autres que les interventions armées : « Si la responsabilité de protéger veut progresser [...] elle doit être employée au-delà des interventions militaires » [1474].

1473 Mely CABALLERO-ANTHONY and Belinda CHNG, « Cyclones and Humanitarian Crisis ; Pushing the Limits of R2P in Southeast Asia », *Global Responsibility to Protect*, 1 /2: 135-155 (2009), p. 145 ; voir aussi Brian BARBOUR et Brian GORLICK, « Embracing the "Responsibility to Protect": A Repertoire of Measures Including Asylum for PotentialVictims », *International Journal of Refugee Law*, 20/4: 533-566 (2008).

1474 Elizabeth FERRIS, *The Politics of Protection: The Limits of Humanitarian Action.* Brookings Institution Press, Washington D.C., 2011, p. 172.

SECTION II.
VERS UNE « RESPONSABILITÉ DE PROTÉGER » LES DÉPLACÉS INTERNES

Traduire la responsabilité de protéger en véritable action en vue de respecter les engagements de ne pas ressusciter les atrocités du passé nécessitait selon Gareth Evans, de relever trois défis majeurs ; à savoir, un défi conceptuel (s'assurer non seulement que la portée et les limites de la responsabilité de protéger sont universellement comprises, mais également la délimitation claire des hypothèses de mise en œuvre de celle-ci) ; un défi institutionnel (l'existence d'institutions et de ressources pour agir dans le sens de la responsabilité de protéger) ; et un défi politique (assurer la volonté politique d'agir) [1475]. Ces défis ont-ils été relevés ? Cela n'est pas si sûr, *a fortiori* si l'on s'en tient aux récents cas de mise en œuvre de la responsabilité de protéger. En matière de responsabilité de protéger, si l'action (notamment l'emploi de la force) peut comporter des conséquences peu glorieuses [1476], celles de l'inaction peuvent être encore plus graves [1477]. D'où l'urgence de faire évoluer l'opérationnalisation de la responsabilité de protéger. Assurément, le concept de responsabilité de protéger ne s'applique pas à toutes les situations qui le nécessitent, conséquence notamment de la forte résistance qui la mine ; cette dernière étant justifiée par une conception ambigüe et les difficultés à mettre la responsabilité de protéger en œuvre dans le seul respect de son objectif et de son esprit. Aujourd'hui, la nécessité de redéfinir, de repenser et d'opérationnaliser la responsabilité de protéger ne fait aucun doute. L'accent doit être mis principalement sur la mobilisation des ressources, la volonté politique et la responsabilisation. La question du déplacement interne par exemple n'a pas été mise au centre de la responsabilité de protéger. Ce recadrage, s'il est souhaité, demande que des leçons soient tirées des cas où elle a été mise en œuvre. Repenser la responsabilité de protéger dans la protection des déplacés internes commande deux démarches indispensables : en premier lieu une redéfinition de la responsabilité de protéger et en deuxième lieu sa large ouverture à la problématique du déplacement interne tant dans sa conception que dans sa mise en œuvre.

1475 Gareth EVANS, « Interview: The R2P Balance Sheet After Libya », in *The Responsibility to Protect: Challenges and Opportunities in light of the Libyan intervention*, e-International Relations, November 2011, p. 37.

1476 L'on peut citer ici l'assassinat du Colonel Kadhafi plutôt qu'un jugement par un tribunal compétent et le chaos dans lequel l'intervention armée internationale a entraîné la Libye.

1477 L'on comptait plus de 6.5 millions de déplacés internes en Syrie au début de l'année 2014 (Norwegian Refugee Council/Internal Displacement Monitoring Centre [NRC/IDMC], *Global Overview 2014: People internally displaced by conflict and violence*, May 2014, p. 2. Disponible à l'adresse : http://www.acnur.org/t3/fileadmin/Documentos/Publicaciones/2014/9958.pdf?view=1 [consulté le 6 juin 2014]).

Repenser la responsabilité de protéger implique, et plusieurs propositions vont dans ce sens, de mieux définir les occurrences et les critères entourant l'autorisation du mandat ; et de trouver un consensus sur la mise en œuvre de la responsabilité de protéger [1478]. L'une des propositions de réformes faisant actuellement l'objet d'un examen approfondi est celle faite par le Brésil. D'abord présentée à l'Assemblée générale de l'ONU en septembre 2011 par Dilma Rousseff sous le label « *Responsibility in Protecting* », elle sera revue et présentée au Conseil de sécurité par le Représentant permanent du Brésil en novembre 2011 sous le label actuel : « *Responsibility while Protecting* » ou *RwP* (protection responsable) [1479]. Ce nouveau concept propose d'une part d'établir des critères à prendre en compte par le Conseil de sécurité en vue de toute autorisation du recours à la force armée, notamment la proportionnalité et l'évaluation des conséquences. D'autre part, il demande la mise en place d'un mécanisme de suivi et d'un examen pour garantir un sérieux débat sur la mise en œuvre d'un tel mandat. Si ces propositions qui valorisent particulièrement les mesures de prévention des atrocités n'ont pas été largement acceptées sous leur enveloppe actuelle [1480], elles ont de toute manière eu le mérite de contribuer à la reprise du débat sur la reformulation de la responsabilité de protéger.

Cette première démarche faite, il faudra renforcer le lien entre responsabilité de protéger et déplacés internes. Ceci suppose que l'on ramène le second au centre du premier (para I) et que l'on redéfinisse le rôle des institutions et acteurs en jeu (para II).

1478 Pour Michael Doyle, il faut redéfinir les critères de mise en œuvre de la responsabilité de protéger et surtout y obtenir un consensus (Responsibility to Protect: Implications to the Crises in Syria and Other Nations, Conference held at the Peace Islands Institute, February 28th , 2013, New York) ; pour Elizabeth Ferris, à défaut d'une suspension de la mise en œuvre de la responsabilité de protéger, il faudrait combattre l'idée reçue selon laquelle elle est étroitement liée à l'action militaire, et aussi l'image nord-sud qu'elle reflète (Elizabeth FERRIS, *The Politics of Protection: The Limits of Humanitarian Action.* Brookings Institution Press, Washington D.C., 2011, pages 172 et 173), etc.

1479 A/66/551. S/2011/701, Letter dated 9 November 2011 from the Permanent Representative of Brazil to the United Nations Addressed to the Secretary-General.

1480 Le Brésil reformule ses propositions pour les rendre à la fois réalisables et largement acceptées. À son initiative, notons la United Nations Informal Discussion on « Responsibility While Protecting » (21 février 2012). Le débat suit son cours à l'Assemblée générale de l'ONU avec notamment le UN General Assembly Dialogue on the Responsibility to Protect : Timely and decisive response, du 5 septembre 2012. Sur les développements sur ce concept, voir Jennifer WELSH, Patrick QUINTON-BROWN and Victor MACDIARMID, « Brazil's "Responsibility While Protecting" Proposal: A Canadian Perspective », *Canadian Centre for Responsibility to Protect*, février 2013, disponible à l'adresse : http://ccr2p.org/?p=616 (consulté le 21 février 2015).

§ 1. PENSER L'ANCRAGE DU PROBLÈME DE DÉPLACEMENT INTERNE AU SEIN DE LA RESPONSABILITÉ DE PROTÉGER

La responsabilité de protéger est un principe émergent et prometteur pour la protection des droits de l'homme, dont ceux des déplacés internes. Pour la mettre réellement au service de cette dernière cause, la protection des déplacés internes devrait être plus intégrée dans la responsabilité de protéger. Pour cela, il est non seulement nécessaire d'accentuer l'intégration de la protection des déplacés internes dans les mesures de mise en œuvre de la responsabilité de protéger (A), mais également de revoir à la hausse l'étendue de l'application de la responsabilité de protéger aux situations de déplacement interne (B).

A. La portée d'une considération du fléau du déplacement interne lors de la mise en œuvre de la responsabilité de protéger

La protection des déplacés internes devrait être mise au centre de la responsabilité de protéger si l'on veut que cette dernière profite pleinement à la première. On a en souvenir la mise en œuvre de la responsabilité de protéger au Kenya suite aux violences postélectorales de 2007-2008 et sa couverture indigente de la protection des déplacés internes. Cette couverture a, au demeurant, suscité de vives critiques [1481].

L'acception de la notion de « protection des déplacés internes » doit être bien précisée lors de l'application de la responsabilité de protéger. En l'absence d'un traité international et d'une agence chargée de protéger les déplacés internes, c'est le Comité permanent interorganisations (IASC) qui joue ce rôle depuis 1999. Selon lui, la protection couvre toutes activités ayant pour but d'obtenir le respect des droits des individus conformément à la lettre et à l'esprit des textes juridiques y afférents. Dans le cas des déplacés internes, il s'agit du DIDH, du DIH et du droit des réfugiés par analogie. Par protection des déplacés internes, on doit entendre la défense de leur sécurité physique, la fourniture des besoins de base, la promotion de la jouissance de leurs droits économiques, sociaux, culturels, civils et politiques. Cela inclut un suivi international, une évaluation des problèmes, un plaidoyer en faveur des droits des déplacés, des efforts pour renforcer les initiatives locales.

Lorsqu'on met en œuvre la responsabilité de protéger, des mesures expresses de protection des déplacés internes doivent faire partie intégrale de la stratégie adoptée, pour la seule raison qu'en cas de conflit armé ou de catastrophe naturelle, les déplacés sont ceux qui paient le lourd tribut. Ils sont

---

1481 Critique de la part de Roberta Cohen notamment. Roberta Cohen, Nonresident Senior Fellow, Foreign Policy, Brooking Bern Project on Internal Displacement, Comments on the relationship of R2P to both human rights and humanitarian issues. Panel on the Responsibility to Protect and Human Rights, Harvard Human Rights Journal Annual Symposium, February 2009.

victimes de crime de guerre, de crime contre l'humanité, de nettoyage ethnique, etc. Ils sont en effet les plus vulnérables [1482]. D'où l'importance de l'incorporation de leurs besoins dans les priorités de toute mise en œuvre de la responsabilité de protéger.

Depuis la présentation des Principes directeurs en 1998, leur promotion demeure une grande préoccupation et cela devrait aussi faire partie de toute stratégie de mise en œuvre de la responsabilité de protéger. Le Secrétaire général de l'ONU devrait aussi contribuer davantage à cette promotion dans les situations où la responsabilité de protéger est appliquée. Il est vrai que son RSG a œuvré pour cette promotion (élaboration d'un manuel) [1483], et le Rapporteur spécial le fait aujourd'hui encore. Mais l'appui du Secrétaire général est indispensable. Une valorisation des Principes directeurs renforcera les efforts des organisations et associations qui œuvrent dans ce domaine. Dans les situations où est mise en œuvre la responsabilité de protéger, les organisations internationales et régionales doivent promouvoir les efforts nationaux ayant trait aux Principes directeurs.

La Commission de consolidation de la paix des Nations unies devrait s'assurer que les besoins spécifiques des déplacés internes font partie intégrante des plans de rétablissement lors de la mise en œuvre de la responsabilité de protéger. Le cadre stratégique de la Commission pour la République centrafricaine inclut dans la phase post-conflictuelle la réintégration des déplacés internes et promeut une stratégie pour le déplacement interne couvrant toutes les phases de déplacement (prévention, protection, solutions durables). Ce cadre stratégique devrait être appliqué régulièrement dans les contextes de responsabilité de protéger surtout lorsque les déplacés sont impliqués en grand nombre [1484]. Cela marque un progrès par rapport à la situation au Kenya où le programme de la Commission ne couvrait pas toutes les phases du déplacement, omettant les problèmes de propriété, de terrain et de partage de pouvoir entre différents groupes ethniques qui étaient à l'origine du déplacement.

1482 Voir Erin D. MOONEY, « The Concept of Internal Displacement and the Case for Internally Displaced Persons as A Category of Concern », *Refugee Survey Quaterly*, 24/3: 15-18 (2005).

1483 *Protecting Internally Displaced Persons: A manual for Law and Policymakers*, Brookings-Bern Project on Internal Displacement, october 2008.

1484 Walter KÄLIN, « Durable Solutions for internally displaced persons: an essential dimension of peace-building », Déclaration devant la commission de consolidation de la paix des Nations unies, Working group on Lessons Learned, 13 mars 2008.

B. L'étendue de l'application de la responsabilité de protéger aux situations de déplacement interne

L'application de la responsabilité de protéger au déplacement interne devrait aller au-delà de la phase d'urgence et couvrir à la fois la prévention (c'est-à-dire la coopération avec les gouvernements d'une part et la précision de la base normative qui régit cette coopération d'autre part), la protection et les solutions durables. Attendu que toute véritable activité de protection en faveur des déplacés internes couvre les actions préventives pour diminuer le risque de déplacement, des préoccupations de protection et d'assistance pendant le déplacement et l'intégration des questions de protection dans les programmes de retour et de réinstallation. Attendre que les conditions d'une intervention soient réunies pour agir c'est proprement ignorer un pan essentiel de la protection : tout ne se joue pas à l'intervention. C'est du reste ce qu'a rappelé David Kennedy :

> « Imaginez un humanitarisme international qui prend congé des préoccupations établies sur les justifications pour une "intervention" ; qui n'imagine plus le monde d'en haut, sur le "plan international", dans la "communauté internationale" ; qui se voit dans un milieu, entre autres, comme une culture comme une autre ; pas du sommet, regardant vers le bas, passif, attendant une justification pour agir. Les humanitaires internationaux pourraient développer l'habitude de reconnaître leur participation continue dans le quotidien, leur responsabilité pour ce qui est ; une telle heuristique peut également nous empêcher de surestimer les possibilités pour un engagement sans coût et neutre dans des lieux éloignés, ou sous-estimer notre rôle politique actuel en matière de gouvernance. » [1485]

L'application de la responsabilité de protéger à un cas de déplacement interne exige l'inclusion du renforcement de la responsabilité nationale de protéger les déplacés internes. Cette responsabilité, bien définie dans un rapport présenté par Walter Kälin à l'ONU en 2005 [1486], inclut : la phase préventive avec des mécanismes de réponse rapide à toute menace pour la population ; la campagne de renforcement de la solidarité nationale entre les déplacés ; l'adoption des lois conformément aux Principes directeurs ; la désignation des autorités nationales chargées de mettre en œuvre ces lois et politiques ; l'allocation de ressources nationales nécessaires ; la recherche de solutions pour les déplacés y compris un retour, une intégration ou une réinstallation durables ;

[1485] David KENNEDY, *The dark side of virtue: Reassessing International Humanitarianism*. Princeton university press, Princeton and Oxford. 2004, p. 351.

[1486] *Addressing Internal Displacement : A Framework for National Responsibility*, Brookings-Bern Project on Internal Displacement, April 2005.

l'assistance par la restitution des biens, la compensation et l'établissement des mécanismes de règlement des différends ; la mise en place des mécanismes de réconciliation de différents groupes ethniques.

Face à une catastrophe naturelle, l'on aura intérêt à faire preuve de flexibilité lorsqu'on interroge l'opportinuté de la mise en œuvre de la responsabilité de protéger. Il est proprement établi que l'exclusion des catastrophes naturelles de son champ d'application cause un grave préjudice aux déplacés internes. Pour plusieurs gouvernements, dont ceux d'Afrique du Sud, de Chine, du Costa Rica, d'Indonésie, de la Libye, du Panama, de la Russie et du Vietnam, la responsabilité de protéger n'aurait pas permis d'obtenir l'accès et la coopération avec le gouvernement birman, puisque selon eux, les raisons humanitaires ne sont pas du ressort du Conseil de sécurité. Pourtant, si le cyclone Nargis constituait une catastrophe ne relevant peut-être pas de la compétence du Conseil de sécurité, l'attitude de la junte quant à elle, à savoir l'obstruction de l'aide internationale humanitaire destinée à plus d'un million de sinistrés, était qualifiable de crime contre l'humanité et à ce titre, elle tombait sous le coup de la responsabilité de protéger. La décision d'exclure tous les survivants des catastrophes du champ de la responsabilité de protéger ne trouve plus de justification. Surtout dans les cas où les gouvernements refusent d'assumer leur responsabilité et commettent par ricochet des atrocités contre les survivants.

Aussi, l'on pourrait croire en une limitation des méthodes de prévention des atteintes aux droits des populations civiles suivant la responsabilité de protéger, dès lors que mises à part les opérations militaires, l'arme politique de l'ONU, sa diplomatie et autres actions du Conseil de sécurité ne sont pas véritablement employées. Les piliers I et II de la responsabilité de protéger sont particulièrement importants en matière de prévention du déplacement interne. Le pilier II précisément ouvre la voie à l'assistance humanitaire et au renforcement des capacités des institutions gouvernementales. Cette assistance et ce renforcement des capacités s'appuient sur la coopération entre États membres, sur les différents cadres normatifs et institutionnels régionaux et sous-régionaux, sur la société civile et sur nombre d'autres mécanismes du système des Nations unies. Ces mesures seraient en accord avec les chapitres VI et VIII de la Charte et les acteurs et décideurs devraient s'y appuyer dès les premières alertes afin que « de tels moyens pacifiques et mesures de prévention [aient] le plus de chance d'être efficaces s'ils sont pris tôt et sont soigneusement ciblés et calibrés » [1487].

1487 Rapport A/64/864 du Secrétaire général. Alerte rapide, évaluation et responsabilité de protéger. 14 juillet 2010, paragraphe 3.

§ 2. NÉCESSAIRE REDÉFINITION DU RÔLE DES ACTEURS EN JEU

Le document final du Sommet mondial de 2005 prévoit en son paragraphe 139 que :

> « Il incombe également à la communauté internationale, dans le cadre de l'Organisation des Nations unies de mettre en œuvre les moyens diplomatiques, humanitaires et autres moyens spécifiques appropriés, conformément aux chapitres VI et VIII de la Charte, afin d'aider à protéger les populations du génocide, des crimes de guerre, du nettoyage ethnique et des crimes contre l'humanité ».

La procédure est la suivante : l'Assemblée générale peut prendre des mesures en application des articles 10 à 14 de la Charte [1488] et aussi mettre en œuvre la procédure au titre de l'« union pour le maintien de la paix » définie dans sa résolution 377 (V) [1489]. Les organes intergouvernementaux ou le Secrétaire général peuvent aussi amorcer une série de mesures de règlement pacifique prévues par les chapitres VI et VIII [1490]. « Lorsque ces mesures pacifiques se révèlent inadéquates » [1491] et « que les autorités nationales n'assument manifestement pas la protection de leurs populations » [1492], les chefs d'États et de gouvernements assurent être :

> « Prêts à mener en temps voulu une action collective résolue par l'entremise du Conseil de sécurité, conformément à la Charte, notamment son chapitre VII, au cas par cas et en coopération, le cas échéant, avec les organisations régionales compétentes » [1493].

C'est donc au Conseil de sécurité qu'il revient de décider du déclenchement de la responsabilité subsidiaire de protéger au titre du troisième pilier et pour des situations relevant du chapitre VII de la Charte, chapitre relatif à la menace contre la paix et la sécurité internationales [1494].

Selon l'article 39 de la Charte,

> « le Conseil de sécurité constate l'existence d'une menace contre la paix, d'une rupture de la paix ou d'un acte d'agression et fait des

---

1488 Les articles 10 à 14 de la Charte sont relatifs aux fonctions et pouvoirs et l'Assemblée générale, tout comme les articles 15, 16 et 17.

1489 Rapport du Secrétaire général des Nations unies sur la mise en œuvre de la responsabilité de protéger. A/63/677. janvier 2009, p. 9.

1490 Ibid.

1491 Document final du sommet mondial de 2005, paragraphe 139.

1492 Ibid.

1493 Ibid.

1494 Rapport du Secrétaire général des Nations unies sur la mise en œuvre de la responsabilité de protéger. A/63/677, janvier 2009, p. 9.

recommandations ou décide quelles mesures seront prises conformément aux Articles 41 et 42 pour maintenir ou rétablir la paix et la sécurité internationales » [1495].

De 1945 à aujourd'hui, la perception des notions de « paix » et « menace à la paix et à la sécurité » a profondément évolué. Si à la fin de la Seconde Guerre mondiale, la menace contre la paix était entendue comme l'imminence ou le déroulement d'un CAI, elle a un sens plus large aujourd'hui. En effet, elle prend en compte les guerres civiles [1496], les crises humanitaires suivies de flux de réfugiés et déplacés internes [1497], les violations sérieuses du DIDH et du DIH [1498], les actes de terrorisme [1499] et bien d'autres situations. Dans ces conditions, le processus de décision évolue également ou alors est censé évoluer pour inclure diverses consultations et réunions ; ce qui ouvre la voie à une possible implication d'autres acteurs. Le Rapporteur spécial sur les droits de l'homme des déplacés internes peut jouer un rôle très utile à ce niveau.

Dans la société internationale actuelle, qui devrait être le porteur de cette responsabilité subsidiaire de protéger les déplacés internes ? Quels acteurs pour le déclenchement et la mise en application de la responsabilité de protéger pour les cas de déplacement interne ? Ces préoccupations renvoient *in concreto* à un besoin de renforcement du groupe législatif, de redéfinition des rôles des différents acteurs et décideurs. Il faut tenir compte du fait que les interventions multilatérales sont de plus en plus d'actualité, rompant avec l'idée d'interventions unilatérales [1500]. L'on relèvera qu'il y a une panoplie d'acteurs qui interviennent à des phases différentes de la procédure, et parmi eux, certains devraient jouer un rôle accru pour une meilleure protection des déplacés internes. Ceci est valable tant pour des institutions « onusiennes » (A) que pour d'autres institutions (B).

1495 Charte des Nations unies, article 39.

1496 S/RES/161 (1961) sur le Congo et S/RES/788 (1992) sur Haïti.

1497 S/R/794 (1992) sur la Somalie, S/RES/940 (1994) sur Haïti et S/RES/1199 (1998) sur le Kosovo.

1498 S/RES/1509 (2003) sur le Liberia, S/RES/1756 (2007) et S/RES/1856 (2008) sur la République Démocratique du Congo, etc.

1499 S/RES/1822 (2008) sur la Libye.

1500 Les principales interventions unilatérales se voulant humanitaires sont celles de l'Inde au Pakistan oriental (celle-ci a mis fin à la répression du mouvement autonomiste par l'armée pakistanaise, ouvrant alors la voie à l'indépendance du Bangladesh [1971]) ; du Viêt Nam au Cambodge (Renversement du régime Khmer rouge et fin de l'extermination d'une partie de la population, 1979) ; de la Tanzanie en Ouganda (répondant à l'invasion de son territoire par les troupes ougandaises, cette intervention aboutit au renversement du régime d'Idi Amin Dada [1979]) ; et dans une certaine mesure l'intervention turque à Chypre perçue à l'époque comme unilatérale, mais aussi expansionniste (elle a provoqué la chute de la junte occasionnant par la même occasion de graves violations de droits de l'homme et la partition de l'Ile, fait marquant, le maintien sur place d'un corps expéditionnaire turc jusqu'à présent [1970]).

A. Du rôle des institutions des Nations unies

Les institutions les plus en vue ici sont le Conseil de sécurité (1) et le Rapporteur spécial sur les droits de l'homme des déplacés internes (2).

1. Le Conseil de sécurité

Peu de temps seulement après l'annonce du principe de responsabilité de protéger, le Conseil de sécurité a été critiqué pour son rôle en cette matière. Pour Laurence Boisson De Chazournes et Luigi Conderelli :

> « Le véritable problème ne se pose pas en termes de terminologie ou de principes, mais ce qui fait cruellement défaut ce sont les outils ou les instruments de mise en œuvre effective et en ce qui concerne la responsabilité de protéger, il s'agit des titulaires de la responsabilité de protéger, en l'occurrence le Conseil de sécurité » [1501].

Bien que la représentativité et la composition du Conseil de sécurité constituent les principaux aspects qui ne satisfont ni ne rassurent point, elles ne sont inopportunément pas les seuls maux qui minent le Conseil de sécurité. Sans prétendre à l'exhaustivité, il faut y ajouter le processus de prise de décision et la décision en elle-même. Éprouver la force ou les faiblesses du Conseil de sécurité en matière d'autorisation des interventions dans le cadre du pilier III de la responsabilité de protéger, requiert de partir du cas de mise en œuvre le plus marquant de l'histoire de la responsabilité de protéger, à savoir l'intervention concernant la Libye du colonel Khadafi. Selon Ban Ki-moon, et c'est au demeurant la ritournelle de l'OTAN, « cette opération militaire des forces de l'OTAN a été menée dans le cadre strict de la résolution 1973 » [1502]. Il ne s'agit là vraisemblablement que d'un pharisaïsme qui occulte mal les faiblesses et graves négligences de cette institution qui se veut prestigieuse, à savoir le Conseil de sécurité.

Les circonstances entourant le vote de la Résolution 1973 nécessitent d'être rappelées. En effet, réuni en urgence à minuit le 17 mars 2011, le Conseil de sécurité s'apprête à voter la résolution, lorsqu'au dernier moment, la Russie et la Chine renoncent à apposer leur veto. Les raisons officielles font état d'un Président (le Colonel Kadhafi) devenu indéfendable, mais la réalité est tout autre. La Chine et la Russie laissent l'avenir de la Libye entre les mains des Occidentaux sur la base des rapprochements des années 2000. La Libye,

---

[1501] Laurence BOISSON DE CHAZOURNES, Luigi CONDORELLI, « De la responsabilité de protéger ou d'une parure pour une notion déjà bien établie », *RGDIP*, 2006, p. 16.

[1502] OTAN, Rapport annuel 2011 du Secrétaire général, disponible à l'adresse : http://www.nato.int/cps/fr/natolive/opinions_82646.htm (conculté le 22 février 2015).

estiment-ils, fait partie du domaine réservé des Occidentaux. Puis, la formule « toutes mesures nécessaires », a été inscrite au texte de la résolution [1503] à l'initiative des États-Unis et de la France quelques heures auparavant sans consultation préalable des alliés arabes, peut-être pas nécessaire, étant donné leur statut à l'ONU. Dès lors, lorsque le Conseil de sécurité autorise les États membres à prendre « toutes mesures nécessaires », pratique en constant développement [1504] et qui constituerait une panacée, il se dédouanerait de toute responsabilité de s'assurer que les dispositions de la résolution ont été respectées et minorerait ainsi les éventuelles dérives. Si l'on présumait au départ que le véritable but de la résolution était de protéger les populations civiles, à la fin de la mission et puisque celle-ci aurait connu du succès comme largement présentée, il semble que l'idée selon laquelle le véritable but était d'écarter le régime du Colonel Kadhafi ne fait plus aucun doute. Cela a été la véritable et surtout la seule réussite de l'intervention internationale armée en Libye.

Ces négligences et manquements compromettent gravement l'obtention d'une autre résolution du Conseil de sécurité autorisant la mise en œuvre de la responsabilité de protéger. Pour Hans-Christof Von Sponeck, ancien secrétaire général adjoint de l'ONU, « l'échec de cette tentative a porté un coup considérable au débat international sur la responsabilité de protéger » [1505]. Si l'objectif était de faire de la responsabilité de protéger une véritable norme internationale, la mise en œuvre de celle-ci en Libye, nous rappelle Jean-Marie Guéhenno, au lieu de faire avancer le débat en la matière, a plutôt constitué une véritable analepse [1506]. Toutefois, les avis sont partagés sur cette question. Pour Catherine Powell,

> « l'autorisation de la responsabilité de protéger par le Conseil de sécurité – au moins en ce qui concerne la responsabilité de la Libye à protéger ses populations – reflète un approfondissement de la transformation normative déjà en cours dans l'approche du système normatif international de la souveraineté et de la

---

1503 Voir résolution S/RES/1973 du 17 mars 2011 sur la situation en Jamahiriya arabe libyenne. Paragraphes 4 et 8.

1504 Sur la pratique d'autorisation de « toutes mesures nécessaires » par le Conseil de sécurité, voir Philippe LAGRANGE, « Le Conseil de sécurité et l'Autorisation de prendre Toutes les Mesures nécessaires » in Vanessa BROCHOT (dir.). *Les Annales de Droit 2007* No 1. Publications de l'université de Rouen et du Havre. Collection les annales de droit. Mars 2007, p. 199-258.

1505 Hans-Christof VON SPONECK, « Responsibility to Protect (R2P): Concept and Implementation, Opportunity and Misuse », *Dissident voice*, August 2nd 2012. Disponible à l'adresse : http://dissidentvoice.org/2012/08/ (consulté le 10 août 2012).

1506 Jean-Marie GUÉHENNO, Discussion on the conflict in Syria as well as his role as Deputy joint special envoy of the UN and the Arab League for Syria, discussion held at Columbia Law School, New York City, October 8th 2012.

> protection des civils – un changement qui réinterprète le compromis initial de la Charte des Nations unies »[1507].

À propos de l'intervention multilatérale en Syrie, plusieurs tentatives de résolutions du Conseil de sécurité ont été bloquées par les vetos russe et chinois.

Toute éventuelle autorisation du Conseil de sécurité dans le cadre du Chapitre VII, dernier chic en matière de haute couture de l'intervention pour reprendre les termes du Professeur Philippe Lagrange[1508], se veut bien circonscrite et plus précise. Cela permettra non seulement aux États exécutants, mais aussi au Conseil de sécurité qui donne mandat, d'inscrire leurs actions dans la licéité, l'opportunité et la légitimité. Le Conseil de sécurité dispose d'un moyen pour rompre avec la faiblesse de la procédure de l'autorisation. Il s'agit, comme le relève le Professeur Philippe Lagrange, de :

> « Donner un "mandat" le plus clair et le plus précis possible [...] de façon à ce que tout abus apparaisse sans contestation possible et que l'État exécutant en cause ne puisse faire valoir des objections tenant à des considérations de nécessité militaire »[1509].

Ce n'est qu'un tel procédé qui pourra, en cas d'intervention multilatérale armée, faire passer les intérêts des populations civiles devant ceux des États exécutants. Les interventions en vue de protéger les populations civiles seront alors crédibles, légitimes, et la responsabilité de protéger se verra hissée au rang de véritable norme de droit international, acceptable et acceptée de tous.

2. Le Rapporteur spécial sur les droits de l'homme des personnes déplacées à l'intérieur de leur propre pays

En ce qui concerne le plaidoyer et la politique en faveur des déplacés internes, l'ONU s'appuie essentiellement sur le RSG/RS, pour susciter la prise de conscience du phénomène et la promotion des Principes directeurs. Ce dernier est un volontaire, non rémunéré et travaillant à temps partiel. Le HCDH auquel son mandat est rattaché ne lui fournit qu'un support minimal. Comme le précise Roberta Cohen, son approche est un modèle de bureaucratie

---

1507 Catherine POWELL, « Libya: A Multilateral Constitutional Moment? », 106 *Am. J. Int'l. L.*, 2012, p. 315. Sur le même ordre d'idées, voir aussi pages précédentes, notamment page 302.

1508 Philippe LAGRANGE, « Voyage en realpolitik ou petit cours de brigandage international », in *Les voyages du droit – Mélanges en l'honneur de Dominique Breillat*, Poitiers : les éditions universitaires juridiques, L.G.D.J, 2011, p. 416.

1509 Philippe LAGRANGE, « Le Conseil de sécurité et l'Autorisation de prendre Toutes les Mesures nécessaires » in Vanessa BROCHOT (dir.). *Les Annales de Droit 2007* No 1. Publications de l'université de Rouen et du Havre. Collection les annales de droit. Mars 2007, p. 257.

irrationnelle (« mindless bureacracy »)[1510], étant donné qu'il traite du mandat des déplacés internes de la même façon que ceux des autres rapporteurs qui présentent leurs rapports au Conseil des droits de l'homme et, qui plus est, les autres mandats sont plus restreints dans leur champ, poursuit-elle[1511]. Le RSG/RS doit répondre aux besoins de plus de 33.3 millions de personnes et mobiliser des efforts nationaux, régionaux et internationaux pour les protéger. À propos de cette inadéquation, Thomas G. Weiss et David A. Korn affirmaient : « Même pour un observateur aguerri des Nations unies, il est difficile de comprendre comment ce théâtre a duré si longtemps » [1512]. Les déplacés internes ont besoin d'un Représentant à temps plein, accompagné d'un personnel et des ressources suffisantes.

Le Rapporteur Spécial devrait jouer un rôle plus important dans le déclenchement, la mise en œuvre de la responsabilité de protéger, plus particulièrement pour ce qui touche au déclenchement de cette procédure. Il n'est bien évidemment pas question de participer au vote des résolutions. Mais, ses rapports devraient faire l'objet d'une plus haute considération et constituer l'une des bases de la décision du Conseil de sécurité d'autoriser une intervention. Attendu que c'est lui qui mène des visites sur le terrain, que c'est lui qui alerte en cas de risque grave de déplacement de populations, il devrait être l'initiateur, le mobilisateur de la volonté de mettre en œuvre ce mécanisme lorsqu'une situation de déplacement interne l'exige.

À ce sujet, une collaboration étroite est nécessaire entre le Rapporteur spécial sur les droits de l'homme des déplacés internes, le Conseiller spécial sur la responsabilité de protéger et le Conseiller spécial du Secrétaire général pour la prévention du génocide. Celle-ci permettrait une forte contribution de ces trois « hauts fonctionnaires » à la mise en œuvre de moyens diplomatiques, humanitaires et autres moyens pacifiques appropriés, conformément aux chapitres VI et VIII de la Charte, afin d'aider à protéger les déplacés internes victimes de génocide, crimes de guerre, nettoyage ethnique et crimes contre l'humanité [1513].

1510 Roberta COHEN, *Reconciling R2P with IDP Protection*, Brookings-Bern Project on Internal Displacement, 25 mars 2010, p. 15. Disponible sur : http://www.brookings.edu/~/media/research/files/articles/2010/3/25%20internal%20displacement%20cohen/0325_internal_displacement_cohen.pdf (consulté le 09 février 2015).

1511 Ibid.

1512 Thomas G. WEISS and David A. KORN, *Internal Displacement : Conceptualization and its consequences.* Routledge: London and New York, 2006, p. 123.

1513 Document final du sommet mondial de 2005. Sous le titre « Devoir de protéger des populations contre le génocide, les crimes de guerre, le nettoyage ethnique et les crimes contre l'humanité », le texte adopté par tous les États membres relevait que si « c'est à chaque État qu'il incombe de protéger les populations du génocide, des crimes de guerre, du nettoyage ethnique et des crimes contre l'humanité », il « incombe également à la société internationale, dans le cadre de l'Organisation des Nations unies, de mettre en œuvre les moyens diplomatiques, humanitaires et

…/…

B. Du rôle d'autres institutions

Lors de sa mise sur pied, l'ONU comptait cinquante-et-un États fondateurs. Elle a été créée à un moment où l'État était conçu comme seul véritable acteur de la scène internationale, avec ses composantes que sont une population permanente, un territoire, un gouvernement et selon le cas une quatrième, plutôt discrète, à savoir la capacité à interagir sur la scène internationale [1514]. Son système a été bâti en considération du modèle westphalien de l'État ; de cet État souverain tant en interne qu'en externe. Non seulement l'ONU compte aujourd'hui 193 « États » membres, mais le modèle westphalien a été progressivement reconsidéré comme on peut le constater avec la prépondérance d'États effondrés, de quasi-États, d'États fantômes, d'États en faillite, mais aussi de bon nombre d'acteurs non étatiques tels que les groupements d'États, les multinationales, les ONG, etc. Bien qu'il conserve son attribut fondamental, un tout petit peu effrité il faut le reconnaître, à savoir la souveraineté, l'État ne parvient que difficilement à rester « un sujet de droit suffisamment puissant et "rare" pour prétendre conserver une place privilégiée dans la conduite des relations internationales » [1515]. L'ONU ne peut plus agir sans compter sur ces pas très nouveaux acteurs du système international. Le domaine de la mise en œuvre de la responsabilité subsidiaire de protéger pour la protection des déplacés internes n'est pas épargné et certains acteurs sont amenés à jouer un rôle important étant donné leur pouvoir ou le pouvoir qu'ils devraient se voir impartir, mieux, reconnaître. C'est le cas de certains acteurs non étatiques (1) et des institutions régionales et sous-régionales (2).

1. Les acteurs non étatiques

L'efficacité de la responsabilité de protéger en matière de protection des déplacés internes passe aussi par un dialogue avec les groupes insurgés. Un grand nombre de déplacés internes et autres civils sont souvent pris au piège et contrôlés par ces groupes [1516]. L'on note en effet un besoin de mobilisation de

---

autres moyens pacifiques appropriés, conformément aux Chapitres VI et VIII de la Charte des Nations unies, afin d'aider à protéger les populations » victimes de ces crimes.

1514 La capacité d'agir en toute indépendance sur la scène internationale est le véritable sens de ce quatrième critère, car il faut distinguer les différents gouvernements fédérés du gouvernement fédéral qui lui seul vaut dans les relations internationales. Si l'État n'est pas fédéral, le quatrième critère n'est pas exigé. Voir à ce sujet article 2 de la convention de Montevideo : « The federal state shall constitute a sole person in the eyes of international law » ; Gideon BOAS, *Public International Law, Contemporary Principles and Perspectives.* Edward Elgar Publishing, Cheltenham, UK-Northampton, MA, USA, 2012, page 167.

1515 Nguyen QUOC DINH, Patrick DAILLIER, Mathias FORTEAU et Alain PELLET, *Droit International Public.* 8e édition, LGDJ, Lextenso éditions, 2009, p. 449.

1516 Greta ZEENDER, « Engaging Armed Non-State Actors on Internally Displaced Persons Protection », *Refugee Survey Quarterly*, 24/3 : 96-111 (2005).

la volonté locale et nationale ou de neutralisation pure et simple de l'opposition afin de parvenir à une véritable mobilisation de la volonté internationale. C'est pour le reste ce que mentionnait à juste titre Jan Egeland [1517] : la négociation avec les acteurs non étatiques est d'une nécessité humanitaire qui peut apporter secours aux populations assiégées, réduire les abus vis-à-vis des civils et maintenir le cessez-le-feu [1518].

2. Le renforcement des institutions régionales et sous-régionales

La prise des décisions sur la question de l'intervention se fait généralement dans des grandes capitales par les chefs d'État et les législateurs. La responsabilité de protéger est très centrée sur l'ONU, alors même que celle-ci n'a pas véritablement les capacités requises pour sa mise en application. Pour une protection effective des droits fondamentaux des déplacés internes lors de la mise en œuvre de la responsabilité de protéger, il est nécessaire de renforcer les institutions régionales et sous-régionales sur lesquelles celle-ci sera établie.

Tout en reconnaissant l'amélioration des arrangements institutionnels dans le domaine ces dernières années, il faut affirmer que des lacunes persistent. L'efficacité et l'effectivité de la protection internationale nécessitent l'adoption de mesures fortes : c'est-à-dire une force de protection internationale pouvant déployer des forces militaires et policières bien entraînées avec un mandat clair et « robuste », attendu que la société internationale s'est déjà dédite de son devoir de fournir un nombre adéquat de troupes et des équipements adaptés. La protection des déplacés internes dépend aussi des forces et des équipements sur place. C'est donc à ces forces en place qu'il revient de protéger effectivement les déplacés internes. C'est un tel arrangement qu'il faut mettre sur pied. Cette position est d'ailleurs défendue par une partie de la doctrine [1519].

[1517] Ancien Sous-secrétaire général pour les affaires humanitaires.

[1518] Gerard MC HUGH and Manuel BESSLER, *Humanitarian Negociations with Armed Groups ; A Manual for Practitionners* (New York: Bureau des Nations unies pour la coordination des affaires humanitaires, janvier 2006) ; et Jan EGELAND, *A Billion Lives: An Eyeswitness Report from the Frontlines of Humanity,* New York: Simon & Schuster, 2008, p. 57-8, 203, 209, 214.

[1519] Gareth EVANS, *The Responsibility to Protect: Ending Mass Atrocity Crimes Once and for All*, Brookings Institution Press, 2009, p. 120-125, 214.

Conclusion du Chapitre I

Le manquement des États à protéger leurs déplacés internes est aujourd'hui une véritable préoccupation pour la société internationale. Cette dernière est désormais liée par une responsabilité de protéger et non plus titulaire d'un droit d'intervenir comme ce fût le cas il y a quelques années. En outre, l'une des avancées marquantes est l'acceptation large de l'idée que la souveraineté ne confère pas l'immunité. Les crises de ces dernières années et la responsabilité de protéger telle que mise en œuvre actuellement font de cette dernière un modèle de « mauvaise affaire » qui consiste à laisser les évènements s'empirer et offrir ensuite l'aide humanitaire ou mener une intervention armée.

Il n'en reste pas moins que la prévention du déplacement est chère à l'approche du phénomène du déplacement interne. La prévention ici passerait par le renforcement des capacités nationales, l'engagement des organismes de l'ONU et des organismes régionaux par la voie diplomatique [1520]. Comme le relèvent Sanjula Weerasinghe et Elizabeth Ferris, le Conseil de sécurité, eu égard à ses responsabilités découlant de la Charte, n'a accordé que très peu d'attention à la prévention du déplacement interne [1521]. La tendance semble changer, car comme le rappelle le Professeur Paul Tavernier, « au crédit des Nations unies, il convient toutefois de mentionner [...] l'accent mis récemment sur la prévention » [1522].

La responsabilité de protéger fait état d'une réflexion à court terme, d'une vue réduite des véritables intérêts nationaux et des populations civiles [1523]. C'est donc à juste titre que l'on peut s'interroger sur la véritable implication des stratégies politiques à court terme sur la paix et la sécurité internationales. Les cas de la Somalie et du Rwanda, pour ne citer que ceux-là, nous prouvent qu'elle est néfaste.

De plus, l'action en faveur des déplacés internes inclut à la fois une protection strictement juridique et une protection à caractère humanitaire. Dès

---

1520 Gayle E. SMITH et al, *The Price of Prevention : Getting Ahead of Global Crisis* (Center for American Progress and Enough, Washington, DC, Novembre 2008) ; et David HAMBURG, *Preventing Genocide: Practical Steps Toward Early Detection and Effective Action,* Paradigm: Boulder, co, 2008, p. 98-262.

1521 Sanjula WEERASINGHE and Elizabeth FERRIS, *Security Council, Internal Displacement and Protection: Recommendations for Strengthening action Through Resolutions.* The Brookings Institution. London School of Economics project on Internal Displacement, September 2011, p. 43.

1522 Paul TAVERNIER, « Un bilan de l'action humanitaire des Nations unies », *Questions internationales,* n° 56 Juillet-Août 2012, p. 67.

1523 Voir crise Tamoule de 2009, la Somalie et récemment la Libye (en Libye, l'ONU n'ayant pas les capacités de mettre en œuvre elle-même le volet « intervention militaire » de la responsabilité de protéger en application, elle a recours à l'OTAN qui s'est retirée quelques jours seulement après le décès de Kadhafi).

lors, lorsqu'on met en œuvre la responsabilité de protéger, l'on devrait davantage réconcilier les droits fondamentaux des déplacés internes et les objectifs humanitaires. Ce fossé doit être réduit et cela passerait par une meilleure organisation comme le suggèrent du reste Jacqueline Geis et Alex Mundt [1524]. En outre, la conception étroite de la responsabilité de protéger n'apporte pas satisfaction. Il est nécessaire que les causes du déplacement interne tombant sous le coup de la responsabilité de protéger soient élargies pour couvrir les causes aujourd'hui prégnantes dudit phénomène.

Tandis que la mise en œuvre de la responsabilité de protéger s'enfonce dans les eaux troubles des interventions internationales [1525], son application à la situation particulière du déplacement interne, largement acceptée comme une affaire principalement interne, prend une tout autre direction. La responsabilité de protéger en son pilier III, n'a pas brillé lors de ses rares apparitions dans des contextes de déplacement interne. Toutefois, quelques compromis peuvent redonner espoir et la rendre véritablement utile à la cause des déplacés internes. Des leçons devraient être tirées des mises en œuvre précédentes de la responsabilité de protéger afin de mieux la parer pour l'avenir. Elle pourra devenir une véritable richesse dans la lutte contre le déplacement forcé de populations. Le principe même de la responsabilité de protéger reste louable et à l'heure actuelle, l'ONU n'a pas échoué dans son opérationnalisation. Elle a incontestablement réussi dans la mesure où elle a découvert des méthodes qui ne peuvent pas fonctionner.

Nous sommes d'avis avec Elizabeth Ferris lorsqu'elle affirme que pour faire avancer le concept de responsabilité de protéger, l'ONU devrait :

> « Faire une poussée tous azimuts pour vaincre la résistance — par exemple, en utilisant le terme à chaque fois que les initiatives diplomatiques ou autres sont prises pour éviter des violations généralisées des droits de l'homme — ou devrait tranquillement opter pour une "pause stratégique" jusqu'à ce que le climat politique s'améliore » [1526].

Toutefois, rappelons que certaines mesures s'imposent à l'ONU. Cette dernière devrait travailler à assainir la responsabilité de protéger, à la dépolitiser

---

1524 Jacqueline GEIS and Alex MUNDT, « When to Indict? International Criminal Indictments, Peace Processes, & Humanitarian Action », paper prepared for the World Humanitarian Studies Conference, Groningen, Netherlands, February 2009, p. 13-18.

1525 Comme parangons d'interventions internationales, l'on trouve l'intervention d'humanité, l'ingérence humanitaire et aujourd'hui la responsabilité de protéger.

1526 Elizabeth FERRIS, *The Politics of Protection: The Limits of Humanitarian Action.* Brookings Institution Press, Washington D.C., 2011, p. 282.

pour reprendre les termes de Jan Egeland [1527] : c'est-à-dire supprimer toute sélectivité dans sa mise en œuvre, réduire considérablement tout risque de l'utiliser dans une praxis géostratégique et géopolitique. Puisqu'en réalité, si les États ont la certitude que la responsabilité de protéger ne vise et ne sera mise en œuvre qu'exclusivement pour protéger les civils ou les populations en danger, ce qui est une cause plus que juste, ils y seront indubitablement plus favorables. Il est certainement très simpliste de pointer du doigt les résistants à la responsabilité de protéger, mais il faudrait plutôt voir que cette vitupération n'est pas totalement injustifiée.

Bien que la solution armée soit parfois nécessaire, elle ne suffit pas à prévenir, répondre ou sortir d'une situation de déplacement interne.

Il existe un réel besoin d'impliquer d'autres acteurs, de renforcer les capacités des institutions actuelles et surtout de repenser l'hypothèse de la mise en place d'une institution dédiée exclusivement au déplacement de personnes à l'intérieur de leur propre État. Bref, l'architecture institutionnelle internationale relative au déplacement interne devrait être restructurée.

1527 Jan EGELAND, le 6 décembre 2006 devant le Conseil de sécurité de l'ONU. Disponibles à l'adresse : http://www.un.org/apps/newsFr/storyF.asp?NewsID=13308&Cr=Conseil&Cr1=egeland#.UdN3KZyLUgU).

CHAPITRE II.

VERS UNE RESTRUCTURATION DE L'ARCHITECTURE INSTITUTIONNELLE INTERNATIONALE

L'architecture et le mandat de certaines institutions de l'ONU les habilitent à connaître des questions relatives au de déplacement interne, à prendre des mesures fermes selon des mécanismes plus ou moins bien établis pour prévenir le déplacement, limiter les effets du déplacement et conduire vers la fin de la situation de déplacement interne. S'il en existe tant au plan mondial que sur le terrain, accompagnées des procédés de collaboration spécifiques, il se pose aujourd'hui encore le problème de leur véritable aptitude à répondre effectivement, chacune en fonction de ses compétences, ressources et prérogatives actuelles, aux violations des droits fondamentaux des déplacés internes. Pallier ce déficit requiert-il de faire reposer la responsabilité sur les institutions nationales des droits de l'homme ? L'ONU devrait-elle plutôt travailler avec les ONG ? Faut-il créer une commission internationale en charge de ces questions ? Que dire des institutions de l'ONU qui sont intervenues et qui interviennent davantage aujourd'hui en cas de déplacement interne ?

La typicité du phénomène du déplacement interne exige une réponse en son genre. Le nombre de déplacés internes ne cesse d'augmenter. Les mesures actuelles de protection ne suffisent pas à garantir une sécurité pérenne aux déplacés internes. Les solutions durables dont il est question en cette matière revêtent une dimension politique, économique et sociale. Ce constat exige d'aller au-delà des organismes orthodoxes de protection des droits de l'homme.

Il appert qu'un renforcement des ressources de l'ONU, tant humaines que financières, vouées à la réponse au phénomène du déplacement interne est nécessaire pour non seulement asseoir cette thématique dans l'architecture institutionnelle internationale, mais surtout préserver les acquis en la matière. De plus en plus de voix s'élèvent dans ce sens, principalement sur l'idée qu'il est encore nécessaire aujourd'hui de sensibiliser les organisations humanitaires et de développement aux besoins et problèmes spécifiques aux déplacés internes [1528].

Une réponse adéquate au phénomène du déplacement interne exige plus que jamais le renforcement des principales institutions de l'ONU et des institutions partenaires qui concourent à la protection des droits fondamentaux des déplacés internes (Section I). Mais, ce renforcement, aussi nécessaire soit-il, n'exclut pas l'opportunité de repenser une redistribution des rôles des différents acteurs en matière de protection des droits fondamentaux des déplacés internes (Section II).

1528 *Taking Stock of Internal Displacement : Twenty Years on*, Report of consultation held at Chateau de Penthes, Brookings-LSE project on Internal Displacement, Geneva, 28-29 November 2012, p. 4.

SECTION I.
DU RENFORCEMENT DES DISPOSITIFS « ONUSIENS » ET PARTENAIRES VOUÉS À LA PROTECTION DES DÉPLACÉS INTERNES

En ce qui concerne le plaidoyer et la politique en faveur des déplacés internes, l'ONU dépend essentiellement du Rapporteur spécial sur les droits de l'homme des déplacés internes pour susciter la prise de conscience du problème et la promotion des Principes directeurs. Puis, l'ONU a, à travers la formation et la coopération, renforcé les capacités de quelques institutions et organisations en matière de déplacement interne. Il faut aller au-delà de l'importance du rôle joué par le HCDH, le HCR, OCHA et par l'IASC pour s'intéresser à la multitude d'autres acteurs qui jouent eux aussi un rôle important. Le déplacement interne pose non seulement un problème de protection, mais également un problème de développement, un problème politique, un problème sécuritaire, etc.

Au moment où la principale attente est de voir les arrangements institutionnels renforcés, l'on a plutôt assisté ces dernières années à un déclin dans les pouvoirs et capacités des principaux bureaux et institutions en place intervenant dans la réponse au déplacement interne. Il s'est agi en réalité d'un relâchement global dans la réponse internationale au phénomène du déplacement interne.

Tout en prenant en compte les réformes de ces dernières années portant sur les arrangements institutionnels relatifs à la réponse au déplacement interne, dans le domaine humanitaire particulièrement, il faut relever que des lacunes persistent.

L'instauration d'un organe des traités pour le suivi d'une éventuelle convention internationale sur les droits fondamentaux des déplacés internes constituerait un pas en avant dans l'ouverture des mécanismes « onusiens » fondés sur les traités à la protection des droits fondamentaux des déplacés internes. Mais, puisque nous sommes encore dans l'expectative d'un tel instrument juridique conventionnel, il conviendra d'insister ici sur le renforcement des mécanismes existants. Ceci dit, il est important de revoir à la hausse le potentiel du Rapporteur spécial sur les droits de l'homme des déplacés internes (§ 1) et de redéfinir les « mandats » d'autres institutions et organes de l'ONU connaissant des questions relatives au déplacement interne (§ 2).

§ 1. DU RAPPORTEUR SPÉCIAL SUR LES DROITS DE L'HOMME DES DÉPLACÉS INTERNES

En 2010, contre toute attente, le changement dans cette procédure spéciale a été si superficiel que l'on s'est demandé si le mandat avait pu s'en trouver amélioré. Pendant que des voix s'élèvent depuis longtemps pour que le RSG devienne un fonctionnaire à temps plein de l'ONU, il y a tout simplement eu un changement de titre : du *Représentant du Secrétaire général pour les droits de l'homme des déplacés internes* à celui de *Rapporteur spécial sur les droits de l'homme des déplacés internes*[1529]. S'il n'y a *a priori* pas de différence majeure entre les deux titres en ce qui concerne les responsabilités générales et les méthodes de travail, notamment du point de vue de l'interaction entre les ONG et ces mandats, il convient de rappeler que le RSG est nommé par le Secrétaire général de l'ONU sur recommandation du Haut Commissaire aux droits de l'homme, tandis que le Rapporteur spécial est nommé soit par le président du Conseil des droits de l'homme, soit par le Haut Commissaire aux droits de l'homme. En outre, ce changement est de nature à constituer un recul qui réduit la visibilité du mandat et laisse présumer une discontinuité dans le leadership de l'ONU sur la réponse internationale au phénomène du déplacement interne. En effet, en 1992, il avait été jugé nécessaire de créer un mandat de l'ONU sur le déplacement interne. L'ampleur du problème nécessitait à l'évidence bien plus qu'un « simple » mandat de rapporteur spécial. Il avait donc été nommé un Représentant du Secrétaire général sur les personnes déplacées à l'intérieur de leur propre pays. Cette appellation ajoutant à ce mandat une connotation politique et lui attribuant une plus grande visibilité. Les Principes directeurs ayant été adoptés, ces derniers connaissant un réel succès et bénéficiant d'une large acceptation, il a été décidé de rebaptiser cette procédure spéciale comme la majorité des procédures spéciales du Conseil des droits de l'homme. Le mandat est devenu presque banal, ayant été dépourvu de sa connotation politique d'antan. Il est tout simplement considéré aujourd'hui au même titre que les autres mandats. Cette régression serait un des éléments probants du recul de l'engagement global de l'ONU dans la lutte contre le déplacement forcé et la protection des déplacés internes. Le Secrétaire général avait tout simplement décidé de convertir dès expiration de leurs mandats, tous ses représentants des mandats thématiques en rapporteurs spéciaux. Il n'est pas sûr que ces réformes du bureau du Secrétaire général reflètent des progrès dans le mandat sur le déplacement interne. Serait-ce ainsi un prélude au dessaisissement de l'ONU du problème ?

Le Rapporteur spécial sur les droits de l'homme des déplacés internes s'entend du titre donné à un individu travaillant pour l'ONU sur le thème du déplacement interne, dont l'activité est relative aux mécanismes des Procédures spéciales du Conseil des droits de l'homme de l'ONU. Conformément à cette procédure spéciale établie en 1992, quelques individus ou experts ont été

1529 Aujourd'hui encore, plusieurs juristes, analystes, défenseurs des droits de l'homme et acteurs humanitaires soutiennent l'idée de créer un poste permanent de représentant du Secrétaire général sur les droits des déplacés internes pour coordonner toutes les activités de l'ONU en cette matière.

successivement désignés pour analyser le déplacement interne, conseiller sur les mesures à prendre par les gouvernements et autres acteurs, alerter l'ONU et la société internationale sur le besoin de répondre à une crise ou situation de déplacement interne, plaider pour les victimes des violations et mobiliser la société internationale pour qu'elle réagisse au problème. Le titulaire du mandat est un volontaire, non rémunéré et travaillant à temps partiel. Il est de toute évidence un spécialiste des droits de l'homme ou encore un de ces individus internationalement reconnus dans le domaine des droits de l'homme [1530]. Le HCDH auquel son mandat est rattaché ne lui fournit qu'un support minimal. Ces spécificités ne l'éloignent pas totalement du statut des fonctionnaires des Nations unies. La Cour internationale de Justice a rendu un avis consultatif [1531] dans lequel elle apporte des éléments nécessaires à la définition du statut international du rapporteur spécial. Selon elle, le rapporteur spécial devrait être considéré comme un « expert en mission pour l'ONU », ayant reçu de la Commission des droits de l'homme (actuellement Conseil des droits de l'homme), mandat pour mener des visites *in situ.* Afin de garantir l'indépendance dans l'accomplissement de sa mission, non seulement il bénéficie de l'immunité et des privilèges prévus à la section 22 de l'article VI de la Convention sur les privilèges et immunités des Nations unies [1532], mais aussi, les États membres ont l'obligation de lui accorder ces immunités et privilèges. C'est sous cette casquette qu'il devrait :

> « Renforcer l'action internationale face au problème complexe des situations de déplacement interne, intervenir de façon coordonnée pour faire œuvre de sensibilisation et agir, au niveau international, en faveur d'une meilleure protection et d'un plus grand respect des droits fondamentaux des personnes déplacées dans leur propre pays, tout en poursuivant et renforçant le dialogue avec les

---

1530 Ingrid NIFOSI, *UN Special Procedures in the Field of Human Rights,* Intersentia, Antwerpen. Oxford 2005, p. 73.

1531 Le 29 avril 1999, la Cour Internationale de Justice a donné un avis consultatif contraignant sur le différend relatif à l'immunité de juridiction d'un rapporteur spécial de la Commission des droits de l'homme, affaire Dato'Param Cumaraswamy, rapporteur spécial chargé de la question de l'indépendance des juges et des avocats. Rapporteur a l'endroit duquel plusieurs procès avaient été engagés en Malaisie et de qui des dommages et intérêts d'un montant 112 000 dollars US avaient été réclamés. Selon la CIJ, la section 22 de l'art. VI de la convention du 13 février 1946 s'applique au cas Cumaraswamy et ce dernier jouit de l'immunité de toute juridiction pour paroles prononcées au cours d'une interview (voir article du numéro de novembre 1995 de la revue International Commercial Litigation). La CIJ a aussi requis que M. Cumaraswamy soit « dégagé de toute obligation financière mise à sa charge par les tribunaux malaisiens, notamment au titre des dépens ».

1532 Convention sur les privilèges et immunités des Nations unies du 13 février 1946, A/RES/22 (I).

gouvernements, les organisations non gouvernementales et les autres acteurs concernés » [1533].

Eu égard à cette mission, cette procédure spéciale regorge de réelles faiblesses (A) qu'il est urgent de dépasser (B).

A. Faiblesses du mandat du Rapporteur Spécial sur les droits de l'homme des déplacés internes

Sans revenir sur les tares d'ordre général que l'on reconnaît aux Procédures spéciales [1534], il faut particulièrement examiner l'adaptation ou non de cette procédure spéciale au problème du déplacement interne.

La faiblesse du mandat du Rapporteur spécial est décriée depuis la création du mandat tant par le titulaire du mandat que par d'autres professionnels avertis de l'ONU. Francis Deng relevait déjà en 1995 que pour que le RSG assume efficacement ses responsabilités, ses capacités devaient être renforcées ; attendu qu'il existe un écart considérable entre les aspirations de son mandat et les capacités du RSG/Rapporteur spécial à les poursuivre [1535]. Dans l'ensemble, « l'institution de mandats thématiques des années quatre-vingt et suivantes, a été l'un des "[...] développements les plus dramatiques" dans l'activité de la Commission des droits de l'homme de l'ONU » [1536]. Pour António Guterres, la construction des mandats de Francis Deng, Walter Kälin et Chaloka Beyani ne laisse aucun doute sur l'idée que, si ces mandats ont été progressivement acceptés par la société internationale et reconnus par les États, la dénomination du mandat semble impliquer un affaiblissement de celui-ci [1537]. En effet, cette

---

1533 Voir résolution du Conseil des droits de l'homme A/HRC/RES/14/6, paragraphe 11(b).

1534 Ted Piccone n'en fait pas l'économie dans son ouvrage *Catalysts for Rights: The Unique Contribution of the UN's Independent Experts on Human Rights* (Foreign Policy at Brookings, October 2010, p. 37-43). Il revient sur les insuffisances touchant au processus de nomination (manque de transparence, politisation) ; aux visites de pays et les communications (le manque de coopération de la part des États) ; à la procédure de suivi (absence d'un mécanisme de suivi systématique) ; aux ressources (le sous-financement des procédures spéciales) ; aux compétences des titulaires de mandats (expérience insuffisante de certains titulaires de mandat) ; au code de conduite (l'instrumentalisation par les États du code de conduite des titulaires de mandat pour limiter les efforts ces derniers) ; aux relations des titulaires de mandats avec l'EPU, aux organes de traité et autres défenseurs des droits de l'homme et acteurs humanitaires (la connexion ou le poids insuffisant des procédures spéciales par rapport à d'autres acteurs).

1535 Report on Internally Displaced Persons prepared by the representative of the Secretary-General, Francis Deng, UN Doc. A/50/558 of October 20 th 1995, paragraphe 82.

1536 Ingrid NIFOSI, *UN Special Procedures in the Field of Human Rights, Intersentia*, Antwerpen. Oxford 2005, p. 59. Voir aussi Nigel RODLEY, « The United Nations Non-Treaty Procedures for Dealing with Human Rights », in Hurst HANNUM (eds.) *Guide to International Human Rights Practice*, 1994, p. 70.

1537 High Commissioner's Dialogue on Protection Challenges. Theme. Protecting the Internally Displaced: Persisting Challenges and Fresh Thinking. Summary (11-12 December 2013), p. 12.

difficile institutionnalisation a encore des répercussions aujourd'hui. L'approche du Rapporteur spécial sur les droits de l'homme des déplacés internes est, comme le précise Roberta Cohen, un modèle de « bureaucratie irrationnelle », par la raison qu'il traite du mandat des déplacés internes d'une manière semblable à ceux d'autres rapporteurs spéciaux qui présentent leurs rapports au Conseil des droits de l'homme, et d'ailleurs les autres mandats sont plus restreints dans leur champ. Le Rapporteur spécial pour les droits de l'homme des déplacés internes doit répondre aux besoins de plus de 33.3 millions de personnes et mobiliser des efforts nationaux, régionaux et internationaux pour les protéger et prévenir de nouveaux déplacements.

L'on aura intérêt à renforcer le mandat en vue de permettre au Rapporteur spécial de travailler efficacement avec les États faisant face à une situation de déplacement interne. Ses visites ne sont pas toujours bien vues et il est parfois difficile de les mener pour cause d'entraves diverses, l'obligeant parfois à ne traiter qu'avec des États à fort élan coopératif. L'on a pu constater que, de 1992 à 2011, le Rapporteur spécial sur les droits de l'homme des déplacés internes a mené quarante-huit missions avec en moyenne 2,5 missions par an. L'on aurait pu s'attendre à ce que le nombre de missions augmente proportionnellement à celui des déplacés internes. Ce n'est pourtant pas le cas. L'année 2000 a connu le plus grand nombre de missions (cinq), jusqu'en 2011, ce chiffre n'a plus été atteint en un an [1538]. En outre, treize rapports ont été soumis par le Rapporteur spécial à l'Assemblée générale de 1993 à 2011 et trente-quatre rapports par lui soumis à la Commission et au Conseil des droits de l'homme de 2002 à 2011 [1539].

L'autre faiblesse du mandat du Rapporteur spécial vient de ce que l'ONU n'a pas défini de procédures claires et normalisées qui permettraient au Rapporteur spécial de mener ses activités. S'il est vrai qu'il peut se reporter à la pratique d'autres rapporteurs [1540], la détermination des méthodes de travail est laissée à la totale discrétion du Rapporteur spécial. Des discussions sur le mandat et les modalités de mise en œuvre ont été organisées. Ces échanges ont abouti à l'élaboration du *Manuel pour les rapporteurs spéciaux, experts indépendants,*

1538 Voir site du Haut Commissariat des Nations unies aux droits de l'homme, mandat du rapporteur spécial sur les personnes déplacées à l'intérieur de leur propre pays, visites de pays, disponible à l'adresse :
http://www.ohchr.org/EN/Issues/IDPersons/Pages/Visits.aspx (consulté le 20 février 2015).

1539 Voir site du Haut Commissariat des Nations unies aux droits de l'homme, mandat du rapporteur spécial sur les personnes déplacées à l'intérieur de leur propre pays, rapports annuels, disponible à l'adresse :
http://www.ohchr.org/EN/Issues/IDPersons/Pages/Annual.aspx (consulté le 20 février 2015).

1540 Notamment les trois premières procédures thématiques créées par la Commission des droits de l'homme. Pour plus de développements à ce sujet, voir Ingrid NIFOSI, UN Special Procedures in the Field of Human Rights, Intersentia, Antwerpen. Oxford 2005, 179 pages.

représentants, présidents de groupes de travail, à l'élaboration des *Principes directeurs sur les relations entre les détenteurs de mandats des Procédures spéciales et le personnel du Haut Commissariat des Nations unies aux droits de l'homme*, au *Règlement sur le statut, les droits et les obligations basiques des officiels autres que ceux du secrétariat et des experts en mission*, aux *Directives sur la préparation et la soumission des documents et la décision d'organiser des réunions préparatoires pour les nouveaux rapporteurs* [1541] et à d'autres mesures [1542]. Il est vrai que l'on peut relever des avancées considérables, mais le pouvoir discrétionnaire du Rapporteur spécial reste large. Cependant, même si ce genre d'« émulation » a conduit à une sorte d'« harmonisation spontanée » dans la mise en œuvre des mandats des rapporteurs spéciaux, elle n'a pas offert un système de Procédures spéciales avec une cohérence intrinsèque [1543].

La récente crise financière qui touche aujourd'hui encore le Haut Commissariat aux droits de l'homme limite considérablement l'efficacité et la réalisation des objectifs que se fixe le Rapporteur spécial.

B. Nécessité d'un réaménagement

Le travail à temps partiel et les ressources limitées caractérisent les conditions de travail du Rapporteur spécial sur les droits de l'homme des déplacés internes et celles de tous les autres rapporteurs spéciaux et représentants du Secrétaire général d'ailleurs. Il existe plus qu'avant un réel besoin de renforcer le mandat du Rapporteur spécial sur les droits de l'homme des déplacés internes non seulement en faisant de lui un fonctionnaire de même rang que les hauts fonctionnaires de l'ONU, mais aussi en lui allouant plus de personnel et de ressources pour qu'il lui soit possible de mener à bien la mission à lui confiée. Cela donnerait certainement plus de poids et de crédibilité à sa fonction. La complexité et la gravité du phénomène du déplacement interne auxquelles il faut surtout ajouter l'insuffisance de la réponse internationale et le peu de cas apparent que la société internationale en fait ont amené une partie de la doctrine à suggérer plusieurs rapporteurs spéciaux pour les droits de l'homme des déplacés internes, avec chacun des responsabilités sur une dimension particulière du phénomène du déplacement interne [1544].

1541 Rapport du Haut Commissaire des Nations unies aux droits de l'homme et suivi de la conférence mondiale sur les droits de l'homme : fonctionnement effectif des mécanismes de droits de l'homme ; le rapport de la dixième réunion des rapporteurs spéciaux, représentants, experts indépendants et présidents des groupes de travail des procédures spéciales de la Commission des droits de l'homme et le programme des services consultatifs : E/CN.4/2004/4, paragraphe 64.

1542 Rapport du Secrétaire général: « Strenghtening of the United Nations: an Agenda for Further Change ».

1543 Ingrid NIFOSI, *UN Special Procedures in the Field of Human Rights, Intersentia*, Antwerpen. Oxford 2005, p. 148.

1544 *Taking Stock of Internal Displacement : Twenty Years on*, Report of consultation held at Chateau de Penthes, Brookings-LSE project on Internal Displacement, Geneva, 28-29 November 2012, p. 9.

Les déplacés internes ont besoin d'un « représentant » à temps plein, accompagné d'un personnel et des ressources à la hauteur non seulement du mandat qui lui est confié, mais aussi du son des cris des déplacés internes. Roberta Cohen affirmait déjà en 1995 que pour une plus grande efficacité du RSG/Rapporteur spécial, le mandat de ce dernier devrait être renforcé et plus de ressources humaines et matérielles mises à sa disposition. Il est inconcevable que plus de vingt ans après la création de ce mandat, ses prérogatives soient quasiment les mêmes.

La grande discrétion laissée au Rapporteur spécial dans l'exercice du mandat lui est bien sûr utile pour l'accomplissement de ses tâches, mais elle ne garantit pas l'efficacité. Puisque son statut ne lui permet pas de prendre des mesures nécessaires. L'on demeure donc sur le terrain d'une ONU qui a la volonté de mieux faire face au phénomène du déplacement interne, mais qui de l'autre côté, manque un peu plus de volonté politique, de rigueur d'engagement et de responsabilité dans la mise en place des institutions chargées de le faire. Le déplacement interne est un problème dont la gravité requiert que le responsable dans le système des Nations unies, à savoir le Rapporteur spécial, bénéficie de plus de prérogatives que d'autres rapporteurs spéciaux.

Le renforcement des capacités du Rapporteur spécial doit être suivi d'une large intégration des activités de ce dernier dans le système de l'ONU en général. Comme l'a si bien rappelé Ted Piccone, l'ONU devrait faire plus pour intégrer le travail des Procédures spéciales dans ses activités, programmes et plans de travail [1545].

L'idée de la création d'un poste de Sous-secrétaire général pour les droits de l'homme des déplacés internes est actuellement en examen. Si cela s'objectivait, ce serait une réelle avancée en matière d'assise des questions de déplacement interne dans le cercle des Nations unies et surtout sur le plan de la facilitation de la réponse institutionnelle internationale au phénomène du déplacement interne.

§ 2. D'AUTRES ACTEURS « ONUSIENS » OU QUASI « ONUSIENS »

Il conviendra de revoir les capacités et le potentiel des institutions et organes de l'ONU connaissant des questions relatives au déplacement interne (A) et ceux des acteurs du développement dans la réponse aux crises de déplacement interne (B).

1545 Ted PICCONE, *Catalysts for Rights: The Unique Contribution of the UN's Independant Experts on Human Rights.* Foreign Policy at Brookings, October 2010, p. xi.

A. Les pouvoirs et capacités d'autres institutions et organes de l'ONU connaissant des questions relatives au déplacement interne

Bien que les juridictions internationales et internationalisées elles aussi doivent contribuer davantage à l'effort global de protection et d'assistance aux déplacés internes, il faut surtout insister ici sur le rôle des agences et mécanismes de l'ONU proprement dits. Le déplacement interne est le centre de toute l'attention du Rapporteur spécial sur les droits de l'homme des personnes déplacées à l'intérieur de leur propre pays. C'est son unique et sa principale activité. Ce n'est pas le cas pour plusieurs institutions de l'ONU qui interviennent pour assister et protéger ces personnes. L'assistance et la protection des déplacés internes ne constituent dans la plupart des cas pour elles qu'une activité secondaire ou une activité au même titre que toutes les autres. Parmi ces agences l'on trouve le HCR, OCHA et autres. Intégrer la question du déplacement dans l'agenda de ces agences a été une entreprise ardue, particulièrement pour ce qui est du HCR. Aujourd'hui cette agence ne prend qu'exceptionnellement en charge les déplacés internes pour cause de catastrophes naturelles. Cette intégration, qui s'inscrit dans une dynamique globale initiée depuis la fin du XXe siècle a connu un réel progrès, mais non seulement elle reste d'évidence insuffisante, mais également elle semble, ces dernières années, perdre de hardiesse.

L'inscription de la question du déplacement interne à l'agenda international à la fin du XXe siècle n'était en réalité que le point de départ d'un long processus. Bien que l'ONU ait créé en 1992 le poste de RSG, qu'elle ait entériné des instruments normatifs et qu'une répartition des responsabilités entre différentes agences soit impatronisée, la réelle assise de ces responsabilités au sein de ces différentes agences, notamment au moyen de la mise en place de ressources humaines et matérielles suffisantes et adaptées est encore lointaine. Le consensus sur la nécessité d'impliquer plusieurs agences pour prendre effectivement en compte les revendications des déplacés internes implique un engagement plus accentué de ces agences, une plus grande ouverture aux problèmes de déplacement interne. En clair, le mandat sur le déplacement interne devrait bénéficier d'un plus large soutien au sein des bureaux comme le HCDH, le HCR, OCHA et autres institutions jouant un rôle dans la réponse au déplacement interne. Les activités de ces institutions devraient couvrir largement les différentes phases du déplacement interne.

Or, quelques événements et mesures majeurs intervenus ou prises au sein de ces agences entravent quelque peu cet élan d'intégration. Il s'agit notamment de la réduction du budget ou des ressources humaines des unités mise en place au sein desdites institutions pour connaître des questions de déplacement internes. Ces réductions de personnel et bureaux responsables du déplacement interne sont-elles des signes précurseurs de la mise en place d'une véritable institution internationale vouée exclusivement au problème de déplacement interne ? Cela n'est pas si sûr. Il faut rappeler au passage que plusieurs agences et institutions développent actuellement des stratégies pour faire face au déplacement interne, à savoir le PNUD, la Banque mondiale et le HCR [1546].

B. Acteurs du développement et acteurs économiques

Si les mécanismes en place ne permettent pas de prévenir complètement et protéger efficacement au cours du déplacement interne, réaliser les solutions durables devrait être un impératif. Or, ceci constitue un véritable challenge. Les acteurs « onusiens » de développement pourraient contribuer largement à cet effort, étant donné que l'accompagnement des déplacés internes, particulièrement en termes de développement, se veut une dimension essentielle qu'il faut associer à l'humanitaire pour mieux rechercher des solutions durables particulièrement. Il y a en effet une prise de conscience à l'échelle « onusienne » de l'interdépendance des trois piliers fondamentaux de l'ONU et de la Charte : à savoir les droits de l'homme, le développement et la paix et la sécurité. Le HCDH rappelait, au demeurant, que cette interdépendance a été renforcée par les événements récents tels le printemps arabe et la récente crise financière mondiale [1547]. Le phénomène du déplacement interne exige et justifie amplement cette interdépendance. Elizabeth Ferris le rappelle si bien :

> « En fait, des millions de personnes sont déplacées, soit à l'intérieur soit au-delà des frontières [...] Alors les acteurs du développement devront s'engager à soutenir les mesures d'adaptation/atténuation et le soutien à long terme pour les communautés déplacées à retrouver des moyens de subsistance, acquérir un abri, et prévenir l'apparition de la maladie » [1548].

De plus en plus de situations de déplacement s'enlisent, entraînant des générations successives dans la précarité du déplacement. Rompre avec ce cycle infernal nécessite de mettre l'accent sur le développement des communautés tant dans les contextes d'intégration, de retour que de réinstallation. Les entités de l'ONU ou les entités associées ayant des activités en rapport avec le développement sont appelées à renforcer leur intervention ou à intervenir pour contribuer à la prévention et à la résolution des problèmes de déplacement interne.

1546 Pour la stratégie du HCR, voir le Dialogue du Haut Commissaire sur les défis en protection, 2013.

1547 United Nations Human Rights Office of the High Commissioner, *OHCHR Management Plan, 2014-2017, Working for your rights*, 2014, p. 63.

1548 Elizabeth FERRIS, *The Politics of Protection: The Limits of Humanitarian Action*, Brookings Institution Press, Washington D.C., 2011, p. 266.

Ces entités sont nombreuses et ont des secteurs d'intervention réelle ou potentielle très spécifiques. La Banque mondiale matérialise son engagement pour les États fragiles et a mis en place des dispositifs permettant de prévenir le déplacement forcé ; notamment en cas de grands projets de développement. Parmi ces dispositifs, l'on trouve son Panel d'Inspection et le *Compliance Advisor Ombudsman.* Cependant, des imperfections et limitations dans les compétences dont ces organes font montre alertent sur la nécessité d'une plus grande implication de la Banque mondiale pour cette cause. Le PNUD intervient aussi en matière de déplacement interne. Il détient un mandat sur la prévention des crises. Il contribue notamment à « renforcer la coopération et l'amélioration de l'efficacité en matière de désarmement, démobilisation et réinsertion (DDR) des ex-combattants » [1549]. Bien que ces efforts contribuent à prévenir directement ou non le déplacement forcé, force est de constater que des initiatives plus vastes sont encore attendues. Bien plus, le BIT lui aussi a mis sur pied des mécanismes permettant d'assurer dans une certaine mesure, puisqu'il existe des défaillances [1550], le respect du droit des déplacés internes au travail. L'un des éléments marquants est que l'accès des déplacés internes à ces mécanismes n'est pas direct et c'est à juste titre que l'on s'interrogerait sur l'efficacité desdits mécanismes. L'UN-habitat n'est point à la traîne. Elle intervient pour tout ce qui concerne l'habitat, le foncier et la propriété. L'accentuation du déplacement interne en zone urbaine et les difficultés qui s'ensuivent mettent ceux-ci « au premier plan des efforts humanitaires et de développement » [1551], mais surtout révèlent la nécessité d'une implication accrue de l'UN-habitat. Accroissement qui devrait, comme le rappelle la directrice exécutive du Programme des Nations unies pour les établissements urbains, Anna Tibaijuka, prendre en compte la nécessaire adaptation, voire transformation des mécanismes et modalités d'assistance jusqu'alors utilisés [1552]. Il ne s'agit bien évidemment ici que de quelques entités parmi tant d'autres qui interviennent ou pourraient intervenir. Mais celles-ci sont incomparablement très en vue.

L'engagement actuel des acteurs du domaine du développement, s'il a, semble-t-il, contribué à amender la situation des déplacés internes, n'a généré qu'une infime satisfaction, largement en deçà des attentes des populations « touchées ». Impliquer davantage ces acteurs, appel réaffirmé avec

---

1549 UNDP, Practice Note on Disarmament, Demobilization and Reintegration of Ex-combatants, July 2011, p. 4.

1550 Voir supra, p. 315.

1551 Anna TIBAIJUKA, « S'adapter au déplacement en milieu urbain », in *Revue Migrations Forcées*, numéro34 : S'adapter au déplacement en milieu urbain, avril 2010, p. 4.

1552 Ibid.

insistance [1553], se pose désormais comme la condition *sine qua non* de la réalisation des solutions durables pour les déplacés internes.

[1553] *Taking Stock of Internal Displacement : Twenty Years on*, Report of consultation held at Chateau de Penthes, Brookings-LSE project on Internal Displacement, Geneva, 28-29 November 2012, p. 12.

SECTION II.
DE LA REDISTRIBUTION DES RÔLES DES INSTITUTIONS EN MATIÈRE DE DÉPLACEMENT INTERNE

À l'heure actuelle, il n'existe pas de véritable régime général de protection des personnes déplacées à l'intérieur de leur propre État. Il reste nécessaire aujourd'hui de penser des règles de base pour pouvoir progressivement mettre sur pied un tel régime.

La protection des déplacés internes relève d'abord, comme en matière de protection des droits de l'homme en général, de la responsabilité des États. Il faut ajouter à ceci que les États sont très réticents à l'idée de l'implication de la société internationale dans ces questions qu'ils considèrent encore comme liées à la souveraineté étatique ; l'interprétation positive de la souveraineté étatique n'a pas totalement dissipé cette acception. Ce n'est qu'en cas d'incapacité ou de manque de volonté des États que l'international devrait réagir. Or, les procédés actuels de protection des déplacés internes laissent apparaître une forte concentration des efforts au niveau international universel et une réelle disconvenance des mécanismes au plan étatique. Le schéma actuel s'apparente davantage à une subsidiarité inversée. En effet, bien que les États aient, du point de vue statutaire, la responsabilité première en matière de protection des droits fondamentaux des déplacés internes, et la société internationale, à travers l'ONU principalement, la responsabilité subsidiaire de le faire, une lecture sous un angle fonctionnel semble nous présenter le schéma contraire.

Des mesures de prévention et de protection sont prises au niveau international, mais n'atteignent que très difficilement le terrain. John Holmes ne relevait-il pas que :

> « De nombreuses PDI [personnes déplacées à l'intérieur de leur propre pays] ignorent toujours quels sont leurs droits ; et de nombreux obstacles persistent pour que ces droits soient partout respectés » [1554] ?

L'ONU agit dans le sens du renforcement des capacités nationales et locales à répondre adéquatement aux crises de déplacement interne [1555]. Mais, la base devrait être développée ou construite davantage ; c'est l'une des conditions *sine qua non* de l'effectivité des droits fondamentaux des déplacés internes.

1554 Déplacement Interne: Dix Ans des Principes Directeurs, numéro spécial, *Revue des Migrations Forcées*, décembre 2008, p. 3.

1555 L'ONU et ses partenaires ont notamment préparé des instruments aidant à la compréhension du rôle majeur que devrait jouer l'État dans la réponse au déplacement interne. Voir le Brookings-Bern Project on Internal Displacement, *A Framework for National Responsibility*, April 2005. http://www.brookings.edu/research/reports/2005/04/national-responsibility-framework

Semblablement à ce qu'une partie de la doctrine prône dans toute démarche d'amélioration des normes internationales portant droits fondamentaux des déplacés internes [1556], l'architecture institutionnelle relative à cette question devrait se construire du bas vers le haut. En effet, l'ONU devrait appuyer la création des modèles ou structures de protection à l'échelle nationale, soutenir l'impatronisation de structures régionales par la suite et finalement couronner la pyramide par un organe international de protection des déplacés internes. Concrètement, l'étape première de la restructuration de l'architecture institutionnelle relative à la protection des déplacés internes devrait être la création d'organismes nationaux relatifs aux droits des déplacés internes (§ 1) ; la deuxième, la création des institutions régionales des droits des déplacés internes (§ 2) ; et la troisième, la mise en place d'une véritable institution internationale vouée à la protection des déplacés internes (§ 3).

§ 1. Des organismes nationaux sur les droits des déplacés internes

L'effectivité des droits fondamentaux des déplacés internes devra découler principalement des mécanismes étatiques. Elle dépend plus des États que des organismes régionaux et internationaux. Cela étant, l'ONU devrait inciter financièrement et techniquement ces derniers à créer des organismes à l'échelle nationale ; organisme ayant mandat pour la protection des déplacés internes. Leur légitimité se justifie largement (A). Ils pourront apporter une contribution efficace et effective à la construction d'un régime général de protection (B).

A. Légitimité des organismes nationaux

Plusieurs éléments concourent à la légitimation de la mise sur pied des organismes nationaux sur les droits fondamentaux des déplacés internes.

Le rôle de la société internationale en matière de protection des droits de l'homme est subsidiaire et la protection de ceux des déplacés internes ne fait pas exception à cette règle. Ce principe est presque devenu une ritournelle dans le discours sur les droits de l'homme. Les traités relatifs aux droits de l'homme l'ont rappelé [1557], les hautes instances de l'ONU l'ont réaffirmé [1558] et la

---

1556 Pour plusieurs juristes dont Walter Kalin, la démarche de renforcement des normes sur les droits de l'homme des déplacés internes devrait se faire du bas vers le haut, c'est-à-dire partir de l'élaboration des normes à l'échelle nationale, puis mettre en place des instruments juridiques régionaux et enfin convenir d'un instrument juridique universel (Walter Kälin, « Le futur des Principes directeurs » in Déplacement interne : Dix ans des Principes directeurs, numéro spécial, *Revue des Migrations Forcées*, décembre 2008, p. 39).

1557 Il découle des traités relatifs aux droits de l'homme que la responsabilité première de la protection des droits de l'homme en général incombe aux États parties, aux parties contractantes ou aux hautes parties contractantes (voir le PIDCP [art. 2], le PIDESC [art. 2], la Convention sur les droits de l'enfant [art. 2], etc.).

doctrine aussi le reprend [1559]. Cette subsidiarité devrait aussi apparaître dans l'architecture institutionnelle relative à la protection des déplacés internes. Ceci revient à dire que les institutions nationales devraient jouer un plus grand rôle en la matière. L'ONU ne devrait intervenir que dans un cadre très limité, notamment au moyen de l'Examen Périodique Universel, du Conseil des droits de l'homme et d'autres mécanismes par elle institués.

De plus, comme le rappelle Mutoy Mubiala, c'est la faiblesse ou le manque des structures de base ou nationales qui a donné du poids aux structures internationales de protection. Il faut dire avec lui que :

> « Il est important pour les Nations unies d'aider au renforcement des capacités (...) dans ce secteur, soit en appuyant les institutions nationales des droits de l'homme, soit en apportant leurs services consultatifs pour la création d'organismes spécifiquement consacrés aux personnes déplacées » [1560].

En effet, assurer l'effectivité des droits fondamentaux des déplacés internes ne requerrait pas dans une phase initiale un appui essentiel ou un fort accent sur les mécanismes internationaux.

C'est la faiblesse et l'insuffisance des structures nationales qui ont obligé les agences internationales à jouer un rôle aussi important en matière de protection des réfugiés. La responsabilité principale en rapport avec cette tâche appartient aux États [1561]. Or, il arrive régulièrement que le HCR décide lui-même de la reconnaissance du statut de réfugié à des individus [1562]. L'importance du rôle

---

1558 L'Assemblée générale le rappelle dans sa résolution 46/182 (Assemblée générale, résolution A/RES/46/182 du 19 décembre 1991, sur le renforcement des efforts collectifs de la société internationale, en particulier des Nations unies, et d'améliorer l'efficacité des interventions.), les Principes directeurs se sont fait l'écho de cette règle (la responsabilité principale en matière de protection des déplacés internes incombe à l'État comme rappelé aux Principes directeurs 3[1], 25 [1] et 28[1].) Et elle est rappelée dans plusieurs autres instruments « onusiens » (Conseil des droits de l'homme, résolution A/HRC/RES/20/9 sur les droits de l'homme des personnes déplacées à l'intérieur de leur propre pays, paragraphe 20.).

1559 Elizabeth FERRIS, Erin MOONEY and Chareen STARK, *From Responsibility to Response: Assessing National Approaches to Internal Displacement.* The Brookings Institution. London School of Economics project on Internal Displacement, November 2011, p. IX.

1560 Mutoy MUBIALA, *La mise en œuvre du droit des réfugiés et des personnes déplacées en Afrique, problèmes et perspectives*, Bibliothèque droit africain n° 4, Academia Eds, octobre 2006, p. 70.

1561 Il revient aux gouvernements de créer des procédures visant à constater la qualité de réfugié et pour fixer le statut juridique et les droits d'une personne à l'intérieur de leur ordre juridique interne.

1562 Si les États ne sont pas en mesure de conduire une procédure de reconnaissance équitable, le HCR peut assumer cette tâche en vertu de son mandat.

que joue le HCR en Afrique [1563], pour prendre l'exemple de ce continent, fait suite aux lacunes ou au manque de volonté de bon nombre d'États de cette région à assurer eux-mêmes la protection des individus remplissant les conditions pour être reconnus comme réfugiés.

En outre, il faut relever la pertinence des mécanismes nationaux. En effet, en matière de protection des déplacés internes, comme c'est le cas en matière de protection des droits de l'homme en général, les mécanismes nationaux présentent une plus grande pertinence par rapport aux mécanismes internationaux. Ces mécanismes étatiques ont très souvent fait l'objet du choix sur les questions de droits de l'homme et de droit humanitaire, reléguant au second plan les mécanismes internationaux. Certains mécanismes étatiques ont été prévus en DIH, notamment les modèles comme les « Puissances protectrices » [1564] et les « zones humanitaires sûres » [1565].

Par ailleurs, au plan étatique, l'on note dans certains cas une inadaptation du personnel et des institutions voués à certaines questions spécifiques, et dans d'autres cas une carence pure et simple. Les États sont très souvent démunis

---

1563 Outre la détermination du statut de réfugié comme une des tâches principales du HCR dans plusieurs pays africains, il a l'offre des consultations pour promouvoir le droit des réfugiés conformément à son mandat, pour protéger les réfugiés et pour contrôler la mise en œuvre de la Convention de Genève de 1951 relative au statut des réfugiés.

1564 Par Puissance protectrice, il faut entendre un État chargé de défendre les intérêts de l'une des parties dans le cadre de ses relations avec l'autre partie au conflit. Le système de Puissances protectrices est hérité de la Convention de Genève du 27 juillet 1929 relative au traitement des prisonniers de guerre. Il est codifié par les Conventions de Genève (articles 8/8/8/9 communs aux Conventions de Genève), le Protocole additionnel numéro I (article 5), la Convention de la Haye du 14 mai 1954 (article 21) et son deuxième protocole additionnel du 26 mars 1999 (article 34). Il incombe à la Puissances protectrice de s'assurer que les belligérants s'acquittent de leurs obligations d'ordre humanitaire (Protocole additionnel I aux Conventions de Genève de 1949). Les Puissances protectrices, en vertu de l'article 8 de la de la Convention III de Genève, sauvegardent les intérêts des belligérants. De nos jours et pour des raisons diverses, les États sont peu enclins à désigner des puissances protectrices. Le CICR qui bénéficie d'un statut particulier joue désormais ce rôle. Pour plus de développement sur ce point, voir Patricia BUIRETTE et Philippe LAGRANGE, *Le droit international humanitaire*, La Découverte, Repères, n° 196, avril 2008, P. 65 & 66.

1565 Une zone humanitaire sûre a été créée au Rwanda, pas par la MINUAR, mais sur l'initiative de la France soutenue par l'ONU. Sa création s'est appuyée sur la Résolution 929 du Conseil de sécurité du 22 juin 1994, qui autorise une intervention armée sous commandement et contrôle nationaux dans le cadre du chapitre VII afin de contribuer notamment « à la sécurité et à la protection des personnes déplacées, des réfugiés et des civils en danger ». Elle a été placée d'abord sous contrôle de l'*opération turquoise*, puis de la MINUAR. Après le départ de l'armée française, les soldats de l'ONU assurèrent la relève, mais avec un mandat différent. Ces derniers n'ont pas pu empêcher les forces de l'armée rwandaise d'attaquer et de massacrer la population restée regroupée dans la zone. Dans ce cas, le contrôle de la zone par la France s'est avéré plus efficace que son contrôle par l'ONU. En effet, les responsabilités de la force des Nations unies dans la protection de la population et le contenu de cette protection n'étaient pas suffisamment précises pour empêcher les massacres.

face à la nécessité de mettre en œuvre convenablement les mesures prises à l'échelle internationale pour répondre aux crises de déplacement interne. Le renforcement des capacités au plan étatique est déterminant. Cela semble au demeurant s'intégrer progressivement dans la conscience collective. Aussi convient-il de rappeler l'invite de John Holmes à « la communauté internationale pour qu'elle apporte un soutien plus prononcé aux gouvernements et aux PDI [personnes déplacées internes] elles-mêmes » [1566].

Enfin, au niveau des États ou de certains États, l'on a des organes ayant mandat sur des questions spécifiques de droits de l'homme. C'est le cas des Commissions nationales pour les réfugiés (CNR) [1567]. L'ampleur et la complexité du phénomène du déplacement interne indiquent l'importance d'une institution spécifique sur la question. Rattacher le thème du déplacement interne aux CNR ou autre organe de la même catégorie reproduira le même schéma qu'avec la protection des déplacés internes par le HCR, c'est-à-dire une protection de circonstance.

B. Contribution des organismes nationaux à la construction d'un régime général de protection

Le modèle d'organisme national qui pourrait bien fonctionner est celui d'une institution nationale des droits des déplacés internes ou une commission nationale sur les droits des déplacés interne. Il conviendra de mettre sur pied des institutions qui bénéficient des mêmes attributs que les institutions nationales de droits de l'homme établies conformément aux Principes de Paris. Il faudra surtout des institutions ayant pour mandat spécifique et unique la promotion et la protection des droits fondamentaux des déplacés internes. Si étendre le mandat de la CNR ou des institutions nationales des droits de l'homme à la promotion et à la protection des déplacés internes peut paraître très évident et rapide, cette approche-là ne résoudra pas le problème. Ces dernières sont trop générales pour s'occuper efficacement et effectivement des questions de déplacement interne. C'est ce que l'on constate du reste avec la protection des déplacés internes par le HCR. Il faut des institutions indépendantes et spécifiques qui pourront notamment organiser une coalition ou un système de coopération à l'échelle internationale. Il conviendra d'avoir des organes dévoués et spécifiques, à même de coopérer avec d'autres

---

1566 Déplacement Interne: Dix Ans des Principes Directeurs, numéro spécial, *Revue des Migrations Forcées*, décembre 2008, p. 3.

1567 La République démocratique du Congo a mis sur pied une CNR. Celle-ci a été créée par la loi N° 021/2002 du 16 octobre 2002 portant statut des réfugiés en République Démocratique du Congo. Cette même loi créé la Commission des Recours. Son organisation et son fonctionnement sont régis par le Décret N° 03/014 du 05 août 2003. Les modalités pratiques relatives son organisation et à son fonctionnement sont fixées par l'Arrêté Ministériel N° 129/2005 du 04 avril 2005 portant Règlement Intérieur de cette dernière. Elle a amorcé ses activités en avril 2004.

institutions. Ces institutions nationales pourront bénéficier de l'expérience et de l'appui des structures déjà existantes. Ainsi construits, ces organismes nationaux pourront jouer deux rôles principaux : constituer une base solide dans la pyramide institutionnelle et renforcer le régime général de protection.

Créer des organismes nationaux sur les droits fondamentaux des déplacés internes ne constituera que l'étape première dans la construction d'un régime général de protection des déplacés internes. Une fois créées et adéquatement développées, ces institutions nationales devront contribuer à la construction de la pyramide, notamment et d'abord par la recherche d'une harmonisation au plan régional, puis au plan universel. Pour ce faire, il sera nécessairement utile qu'il y ait une harmonisation dans la construction et le fonctionnement de ces structures nationales. Ces structures nationales peuvent elles-mêmes jouer un rôle majeur, notamment l'élaboration et l'adoption des principes directeurs relatifs à leur statut ; les institutions nationales de droits de l'homme l'ont fait au tout début des années 1990 [1568]. Les structures régionales et internationales elles aussi auront leur contribution à apporter à la construction d'un régime général de protection comme on le verra dans les développements suivants [1569].

Il faudra par la suite contribuer au renforcement du régime général de protection, pour ce que, une fois le régime général impatronisé, il sera nécessaire que chaque élément du système joue son rôle, qu'il assume ses responsabilités. L'effectivité de la protection des droits fondamentaux des déplacés internes dépendra de la contribution efficace et effective des différents acteurs étatiques, régionaux et universels. Mais elle reposera et s'appuiera principalement sur les mesures et mécanismes en vigueur dans le cadre étatique. À ce niveau de la pyramide, la contribution à la recherche de l'effectivité se voudra essentielle. Il conviendra, entre autres, de faciliter les activités de l'ONU et des institutions régionales visant à répondre aux besoins des personnes déplacées en matière de protection, d'assistance et d'aide au développement.

§ 2. DES ORGANISMES RÉGIONAUX SUR LES DROITS DES DÉPLACÉS INTERNES

L'effectivité des droits fondamentaux des déplacés internes devra venir aussi des organisations régionales. Ces dernières ont également un rôle important à y jouer. Cela étant, l'ONU devrait inciter financièrement et techniquement ces dernières à créer des véritables organismes régionaux ayant mandat spécifique

---

1568 Les institutions nationales des droits de l'homme ont élaboré et adopté elles-mêmes les « Principes directeurs relatifs au statut des Institutions nationales », encore connus sous le nom de « Principes de Paris » ou « Principes de Kléber » (sur l'élaboration de ces Principes, lire Emmanuel DECAUX, « Les principes directeurs des institutions nationales des droits de l'homme dits "Principes de Paris" » in *Structures gouvernementales et institutions nationales des droits de l'homme : expériences et perspectives*, Colloque international, Le Caire, Égypte, 10 et 11 mai 2003, p. 49-71).

1569 Voir p. 488.

pour la promotion et la protection des droits fondamentaux des déplacés internes. Leur légitimité se justifie largement (A) et il leur reviendra de contribuer effectivement et efficacement à la construction d'un régime général de protection (B).

A. Légitimité des organismes régionaux

Plusieurs éléments contribuent à l'assise de la légitimité des organismes régionaux sur les droits fondamentaux des déplacés internes.

Tout d'abord, les organisations régionales des droits de l'homme jouent un important rôle dans l'amélioration au plan étatique de la protection des droits de l'homme, notamment ceux des déplacés internes. La collaboration entre la Colombie et l'Organisation des États d'Amérique en matière de protection des déplacés internes est très révélatoire. L'amélioration de la protection des déplacés internes en Colombie est le reflet des valeurs et de l'efficacité des instruments juridiques et organes des droits de l'homme en vigueur sur le continent américain. En ce qui concerne le cadre juridique, il faut noter que la Convention américaine relative aux droits de l'homme, ratifiée par la Colombie, contient plusieurs dispositions générales qui sont pertinentes pour la protection des déplacés internes et elle offre la possibilité à ces personnes ou à leurs représentants de saisir la Commission interaméricaine des droits de l'homme. Puis, plusieurs résolutions relatives aux personnes déplacées ont été adoptées par l'Organisation des États américains [1570]. Quant aux institutions régionales, la Cour interaméricaine des droits de l'homme et la Commission ont véritablement été impliquées dans l'amélioration de la situation des déplacés internes dans la région et en particulier en Colombie [1571]. Le progrès en Colombie est largement tributaire de la coopération entre cet État et les organismes régionaux [1572]. Une des spécificités de la Colombie est son

---

1570 Voir les résolutions AG/RES. 1971 (XXXIIIO/03) « Protection of refugees, returnees, and stateless and internally displaced in the Americas » ; AG/RES. 774 (XVO/85) ; AG/RES. 838 (XVIO/86) ; AG/RES. 951 (XVIIIO/88) ; AG/RES. 1021 (XIXO/89) ; AG/RES. 1039 (XXO/90) ; AG/RES. 1040 (XXO/90) ; AG/RES. 1103 (XXIO/91) ; AG/RES. 1170 (XXIIO/92) AG/RES. 1214 (XXIIIO/93) ; AG/RES. 1273 (XXIVO/94) ; AG/RES. 1336 (XXVO/95) ; AG/RES. 1416 (XXVIO/96) ; AG/RES. 1504 (XXVIIO/97) ; AG/RES. 1602 (XXVIIIO/98), AG/RES. 1892 (XXXIIO/02) ; AG/RES. 2055 (XXXIVO/04) ; AG/RES. 2140 (XXXVO/05) ; AG/RES. 2229 (XXXVIO/06). Voir particulièrement les résolutions AG/RES. 2277 (XXXVIIIO/07) et AG/RES. 2417 (XXXVIIIO/08) du 3 juin 2008 sur les personnes déplacées à l'intérieur de leur propre pays.

1571 La Cour interaméricaine des droits de l'homme a, quant à elle, rendu plusieurs arrêts relatifs aux droits de l'homme des déplacés internes. Le premier sur l'affaire *Moiwana Village v. Suriname* (2005) et plusieurs autres progressivement. Notamment dans les affaires *Mapiripán Massacre v. Colombia* (Inter-American Court, 2005b), *Pueblo Bello Massacre v. Colombia* (Inter-American Court, 2006) et *Ituango Massacres v. Colombia* (Inter-American Court, 2006a).

1572 La Colombie a accepté la compétence de la Cour interaméricaine des droits de l'homme.

ouverture aux mécanismes régionaux des droits de l'homme. La Commission interaméricaine a, grâce à cette collaboration, utilisé ses multiples outils pour créer le changement, notamment en favorisant l'adoption des lois et politiques plus adaptées en Colombie [1573]. Puis, comme noté par Tatiana Rincón, il existe une similitude entre la jurisprudence du juge colombien et celle du juge de la Cour interaméricaine [1574]. Les deux juges adoptent des approches très similaires à l'égard de la protection des déplacés internes. Dans sa collaboration avec le juge régional, le juge colombien apparaît non seulement comme un bon élève de celui de la Cour interaméricaine de droits humains [1575], mais aussi comme un modèle à suivre [1576]. En clair, ces deux juges se renforcent mutuellement. Ce schéma de coopération se produit ou pourrait se produire dans d'autres régions. Cette interaction est encourageante et nécessaire. Mais, avoir de véritables institutions régionales vouées à la question du déplacement interne fera non seulement avancer la protection au plan étatique, mais aussi, complètera et viabilisera les solutions nationales. Ce dernier aspect vient du fait que, comme l'a noté Mutoy Mubiala, le déplacement forcé de populations présente un caractère transfrontalier, dépasse les capacités de réponses nationales et exige des approches sous-régionales ou régionales [1577].

Ensuite, l'ONU s'appuie sur les mécanismes régionaux, ces partenaires précieux, pour réaliser l'éventail quasiment complet de ses activités, notamment

---

1573 Voir à ce sujet les rapports de la Commission interaméricaine des droits de l'homme : OAS, Inter-American Commission on Human Rights, *Principle Guidelines for a Comprehensive Reparations Policy*, OR OEA/Ser.L/V/II.131/Doc.1(2008) ; et OAS, Inter-American Commission on Human Rights, *Statement by the Inter-American Commission on Human Rights on the Application and Scope of the Justice and Peace Law in Colombia*, OR OEA/Ser.L/V/II.126/Doc.16 (2006).

1574 Tatiana RINCÓN, « The Judicial protection of Internally Displaced Persons in Colombia: National and Inter-American Perspectives », in Rodolfo Arango Rivadeneira (Ed.), *Judicial Protection of Internally Displaced Persons: The Colombian Experience*, The Brookings institutions – University of Bern project on Internal Displacement, novembre 2009, p. 151.

1575 L'on voit notamment que, semblablement au juge de la Cour interaméricaine des droits de l'homme, le juge colombien a identifié l'existence d'un *corpus iuris* ou « régime de protection » des droits de l'homme des victimes du déplacement forcé (Tatiana RINCÓN, « The Judicial protection of Internally Displaced Persons in Colombia: National and Inter-American Perspectives », in Rodolfo Arango Rivadeneira (Ed.), *Judicial Protection of Internally Displaced Persons: The Colombian Experience*, The Brookings institutions – University of Bern project on Internal Displacement, novembre 2009, p. 167).

1576 De nombreux développements réalisés par la Cour interaméricaine des droits de l'homme et visant à renforcer la protection des droits des victimes du déplacement forcé ont été inspirés directement par des décisions du juge colombien (Tatiana RINCÓN, « The Judicial protection of Internally Displaced Persons in Colombia: National and Inter-American Perspectives », in Rodolfo Arango Rivadeneira (Ed.), *Judicial Protection of Internally Displaced Persons: The Colombian Experience*, The Brookings institutions – University of Bern project on Internal Displacement, novembre 2009, p. 167).

1577 Mutoy MUBIALA, *La mise en œuvre du droit des réfugiés et des personnes déplacées en Afrique, problèmes et perspectives*, Bibliothèque droit africain n° 4, Academia Eds, octobre 2006, p. 99.

sur le plan politique, de développement, de rétablissement de la paix, de l'aide humanitaire, des droits de l'homme, de l'environnement et de la culture. Ceci inclut bien évidemment la protection des personnes vulnérables dont les déplacés internes. Il convient de relever ici la contribution de l'Union européenne dans l'Ouest des Balkans et celle de l'organisation régionale africaine dans la région des Grands Lacs.

Enfin, bien qu'elle n'ait pas pu se concrétiser, l'idée d'une véritable institution régionale sur les droits des déplacés internes a déjà été émise et étudiée dans les cercles régionaux. Ce fut le cas en Afrique pendant les échanges sur la mise sur pied de la Convention de Kampala. En effet, lors de la préparation de cette convention, il avait été émis l'idée d'un Haut Commissariat aux déplacés internes en Afrique, à l'instar du Haut Commissariat des Nations unies pour les réfugiés. Assurément, la nécessité d'une telle institution a été reconnue depuis longtemps, mais sa mise sur pied s'est avérée astreignante et difficile. L'idée n'a en conséquence pas été retenue. L'on s'est contenté de continuer avec le système de procédures spéciales, à savoir le *Rapporteur spécial sur les réfugiés, les demandeurs d'asile et des personnes déplacées à l'intérieur*, procédure établie par la Commission africaine des droits de l'homme et des peuples à sa 35e Session ordinaire [1578].

En clair, les organisations régionales actuelles ont contribué suivant divers procédés à l'amélioration des normes, politiques et pratiques étatiques relatives au déplacement interne. Mais de véritables institutions régionales vouées à la protection des déplacés internes joueraient un rôle plus important. L'ONU devrait contribuer en à créer. Semblablement à ce qui est attendu au plan étatique, l'ONU devrait inciter financièrement ou techniquement les organisations régionales à créer des agences ou institutions régionales dotées d'un mandat spécifique sur la protection des déplacés internes.

B. Contribution des organismes régionaux à la construction d'un régime général de protection

À ce niveau, les mécanismes comme celui du Rapporteur spécial sur les droits de l'homme des déplacés internes pourraient être pertinents, *a fortiori* lorsque le mandat porte uniquement et spécialement sur le déplacement interne [1579]. Dans ce cas, il est nécessaire que ce mandat bénéficie des capacités

---

1578 Cette procédure spéciale a été établie par la CADHP à sa 35e Session ordinaire (Banjul, Gambie – 21 mai au 4 juin 2004) et le mandat du Rapporteur spécial a été établi au moyen de la Résolution 72 adoptée lors de la 36e session ordinaire de la CADHP (Dakar, Sénégal - 23 novembre au 7 décembre 2004).

1579 La Commission africaine des droits de l'homme et des peuples a établi en 2004 un mécanisme spécial qui examine des questions relatives au déplacement interne, mais pas uniquement. Il s'agit du mandat du Rapporteur spécial sur les réfugiés, demandeurs d'asile, migrants et les personnes

…/…

et des ressources nécessaires pour mener à bien une telle mission. Or, même le Rapporteur spécial de l'ONU sur les droits de l'homme des déplacés internes, procédure portant spécialement sur les déplacés internes, s'avère très inadapté eu égard à l'ampleur et aux exigences du phénomène du déplacement interne [1580]. D'où l'urgence de créer des organismes régionaux avec un mandat et des ressources à la fois humaines et financières plus consistants et à la hauteur de la situation. L'idée d'un Haut Commissariat régional, à l'instar de ceux de l'ONU, mais cette fois-ci sur les droits des déplacés internes, trouverait ainsi toute sa pertinence.

Créer des organismes régionaux sur les droits des déplacés internes ne constituera que la deuxième étape dans la construction d'un régime général de protection des déplacés internes. Une fois mises sur pied et adéquatement développées, ces institutions régionales devront poursuivre la construction de la pyramide, notamment par la recherche d'une harmonisation au niveau universel. À ce stade, il conviendra qu'il y ait une harmonisation dans la construction et le fonctionnement de ces structures régionales.

Il faudra par la suite que ces institutions régionales contribuent au renforcement du régime général de protection. L'effectivité de la protection des droits des déplacés internes reposera et s'appuiera aussi sur les mesures et mécanismes en vigueur dans le cadre régional. À ce niveau de la pyramide, la contribution à la recherche de l'effectivité passera par au moins trois procédés, à savoir :

– La création et le renforcement des structures nationales, notamment au moyen d'un appui technique ou financier. Une réelle contribution sur ce point pourra être attendue de la procédure spéciale régionale, du Haut Commissariat ou de toute autre institution régionale vouée aux droits des déplacés internes. Ce nécessaire appui régional aux structures nationales est aussi rappelé par la Convention de Kampala qui prévoit en son article 8 que l'Union africaine devrait aider les États parties à s'acquitter des obligations que la Convention leur impose [1581].

– La création d'une harmonisation des normes, politiques et pratiques des États de la région : créer des normes et standards régionaux permettra d'orienter et d'élever les mesures nationales tout en les harmonisant.

---

déplacées en Afrique. Voir la Résolution CADHP/RES. 72(XXXVI) 04 adoptée en sa 36e session ordinaire tenue du 23 novembre au 7 décembre 2004 à Dakar au Sénégal et qui définit le mandat du Rapporteur spécial sur les réfugiés, les demandeurs d'asile et les personnes déplacées en Afrique.

1580 Voir supra, p. 472.

1581 Voir l'article 8 de la Convention de Kampala sur les droits et obligations de l'Union africaine.

– La facilitation du travail des mécanismes universels : ceci se ferait mieux si les mécanismes régionaux constituaient de véritables interprètes au service des mécanismes universels et des structures nationales.

§ 3. D'UNE INSTITUTION INTERNATIONALE VOUÉE EXCLUSIVEMENT AU PROBLÈME DU DÉPLACEMENT INTERNE

Ayant à la base de la pyramide des institutions nationales vouées au déplacement interne et s'accordant sur la nécessité d'en établir aussi au niveau des régions, il conviendra de parachever l'entreprise au moyen de la mise sur pied de véritables mécanismes universels pour non seulement créer, développer, appuyer et inspirer [1582] les mécanismes nationaux et régionaux, mais aussi construire et renforcer l'harmonisation des normes, politiques et pratiques nationales et régionales portant sur le déplacement de personnes à l'intérieur de leur propre État.

Une institution internationale de cet ordre trouve deux autres justifications de choix. La première est la disparité des capacités des institutions ou structures régionales. En effet, toutes les structures régionales ne disposent pas du savoir-faire et des ressources requis pour répondre adéquatement aux crises de déplacement interne. La seconde raison est la recherche de la légitimité. Une institution internationale, rattachée à l'ONU de quelque façon que ce soit, jouera un rôle essentiel et, partant, sera considérée comme pourvoyeuse de légitimité internationale [1583].

Pour ce faire, il pourrait s'avérer nécessaire de reconduire en le revalorisant le mandat de la procédure spéciale de l'ONU sur les droits de l'homme des déplacés internes (A). Il faudra aussi expérimenter et soutenir de nouveaux mécanismes internationaux (B).

A. Reconduction et revalorisation d'un mécanisme actuel : le Rapporteur spécial

D'un mécanisme international à l'instar du Rapporteur spécial sur les droits de l'homme des déplacés internes, l'on attendra une contribution spécifique : la contribution à la création et au développement des mécanismes nationaux et régionaux d'une part et au renforcement de l'architecture institutionnelle internationale d'autre part. Dans tous les cas, il devrait contribuer davantage à la construction d'une harmonie des approches à tous les niveaux de la pyramide.

1582 Sur ce point, rappelons que la Commission africaine des droits de l'homme et des peuples s'est inspirée des mécanismes de l'ONU lorsqu'elle a institué un mandat du Rapporteur spécial sur les réfugiés, les demandeurs d'asile et les personnes déplacées en Afrique.

1583 C'est ce que l'on constate avec le Conseil de sécurité en matière de maintien de la paix.

Sur la contribution à la création et au développement des institutions et mécanismes nationaux : le Rapporteur spécial devrait se poser davantage comme un vecteur important de l'appui technique ou financier de l'ONU aux structures nationales relatives au déplacement interne. Il devrait notamment traduire le rôle de la société internationale dans l'assistance aux États, le renforcement des capacités des États, y compris dans l'assistance aux stratégies nationales et accorder dans ses activités de sensibilisation, une place particulière à la mobilisation de ressources suffisantes pour répondre aux besoins des États concernés [1584].

Sur l'appui aux structures régionales, le Rapporteur spécial devrait davantage renforcer la coopération entre l'ONU et les structures régionales ; renforcer la coopération entre les institutions régionales et les structures nationales ; et contribuer à la réalisation du soutien technique ou financier de l'ONU aux structures régionales.

Sur l'affermissement de l'architecture institutionnelle internationale relative au déplacement interne, le Rapporteur spécial devrait davantage renforcer la coopération entre l'ONU et d'autres institutions intergouvernementales et non gouvernementales.

Mener à bien ces tâches nécessite que les capacités et le mandat du Rapporteur spécial tel que défini actuellement soient revalorisés [1585].

B. Institution de nouveaux mécanismes internationaux

L'idée de la mise sur pied d'une agence de l'ONU spécifiquement chargée de la protection des déplacés internes avait été soulevée depuis longtemps. Mais l'on avait opté pour une autre proposition, à savoir la répartition des tâches entre différentes agences au moyen d'une réponse concertée, renforcée et améliorée plus tard par l'approche *cluster*. La répartition des responsabilités en matière de déplacement interne à différentes agences fait relever ces dernières de la catégorie des « nomades à tout faire ». Aucune n'a pour mandat principal la réponse au déplacement interne, pourtant la nature du problème de déplacement interne exige indubitablement une agence mère spécifique ; c'est-à-dire une véritable « spécialiste pertinente ».

Si la coordination sur le terrain a considérablement évolué, grâce notamment à l'approche *cluster*, cette image de capharnaüm qu'elle renvoyait n'a pas complètement été dissipée. La coordination constitue aujourd'hui encore le

---

1584 Conseil des droits de l'homme, Mandat du Rapporteur spécial sur les droits de l'homme des personnes déplacées à l'intérieur de leur propre pays, Doc. A/HRC/14/L.18, 10 juin 2010, paragraphe 12 f.

1585 Voir supra, p. 472.

talon d'Achille de la réponse internationale institutionnelle au phénomène du déplacement interne. Bien plus, certaines activités capitales comme l'identification et le dénombrement des déplacés internes relèvent encore de la responsabilité des entités collaboratrices de l'ONU et non d'une institution ou d'une agence « onusienne » *stricto sensu*. En effet, aujourd'hui encore, c'est l'Observatoire des situations de déplacement interne (IDMC – sigle anglais) qui, en collaboration avec le Conseil norvégien pour les réfugiés (NRC – sigle anglais) soutenu par la Norvège, assure l'analyse et le suivi des situations de déplacement interne.

Par considération pour les difficultés rencontrées dans la réponse actuelle au problème du déplacement interne, quelques autres approches sont à envisager, approches qui pourraient toutes favoriser la création, le développement, l'appui technique ou financier des structures nationales et régionales d'une part, et favoriser l'harmonisation des normes, politiques et pratiques nationales et régionales portant sur le déplacement interne d'autre part. La première est la mise en place d'une Commission internationale de contrôle des activités en faveur des déplacés internes (1). La deuxième porte sur la création d'une agence de l'ONU vouée spécifiquement au déplacement interne, qui est aujourd'hui relancée ; une agence qui doit être conçue ou voulue atypique (2). La troisième est relative à la mise sur pied d'une agence internationale bénéficiant d'une certaine indépendance vis-à-vis de l'ONU et responsable de quelques questions spécifiques de déplacement interne (3).

1. Une Commission de l'ONU sur le déplacement interne

Créer une Commission de l'ONU sur le déplacement interne pourrait contribuer à l'amélioration de la réponse internationale au phénomène du déplacement interne. Le faire ne sera, du reste, ni une première dans le cadre des Nations unies *stricto sensu* ni une nouveauté dans la société internationale en général. En effet, plusieurs commissions ont été créées pour des problématiques bien précises et tout aussi primordiales ; notamment la Commission des Nations unies pour le droit commercial international [1586], la Commission internationale humanitaire d'établissement des faits [1587], la

[1586] La Commission des Nations unies pour le Droit Commercial International a été créée par l'Assemblée générale en 1966 (résolution 2205). Elle a pour mandat d'encourager l'harmonisation et l'unification du droit commercial international.

[1587] La Commission Internationale Humanitaire d'Établissement des Faits (en anglais IHFFC) qui n'est pas une commission des Nations unies a été créée en 1991, conformément à l'article 90 du protocole additionnel I aux Conventions de Genève de 1949. Elle vise à préserver les garanties accordées aux victimes des conflits armés en investiguant sur toute allégation d'infraction ou violation grave du droit international humanitaire.

Commission internationale d'établissement des faits [1588], la Commission mondiale sur les migrations internationales [1589], etc. Elle n'en sera pas une copie pour autant, puisque le déplacement interne a ses spécificités à elle qui singulariseront indubitablement la raison d'être (a), le mandat (b) et la composition (c) de ladite Commission.

a. Raison d'être

Il ne s'agit *a priori* pas d'un problème de nombre de déplacés internes. Puisque si tel était le cas, les déplacés internes qui s'élèvent aujourd'hui à plus de 33.3 millions bénéficieraient d'une agence bien plus forte et mieux structurée que ne l'est le HCR pour les réfugiés, estimés aujourd'hui à environ quinze millions. Vu sous cet angle, le véritable problème réside dans le fait que les déplacés internes relèvent de la juridiction de l'État sur le territoire duquel ils se trouvent. Plusieurs facteurs concourent à la mise sur pied d'une telle Commission.

L'idée d'une commission en cette matière vient principalement, sans prétendre à une quelconque exhaustivité, de ce qu'il existe des disparités entre différentes normes nationales relatives au déplacement interne, conséquences des incertitudes et ambiguïtés qui caractérisent le droit international. Ces disparités et selon le cas, cette absence criante de lois sur le déplacement interne tempèrent l'essor des Principes directeurs.

Elle tient aussi compte des difficultés de coordination que présente la réponse internationale sur le terrain [1590].

Par ailleurs le vide laissé par les principaux organes de l'ONU portant sur les droits de l'homme nous y conduit. En effet, tant les organes de traité que les organes établis sur la Charte ne traitent des questions de déplacement interne que de façon très pusillanime et partielle [1591].

Toutes ces inadéquations ont contribué à la compromission de l'efficacité de la politique de l'ONU en matière de déplacement interne. Collaborer avec les États à travers ce mécanisme contribuerait plus efficacement à l'harmonisation

---

1588 La Commission internationale d'établissement des faits a été créée le 6 octobre 1992 par le Conseil de sécurité (résolution 780). Elle a été créée pour enquêter sur les violations graves aux Conventions de Genève et sur les autres violations du droit international humanitaire en ex-Yougoslavie.

1589 Inaugurée le 9 décembre 2003 à Genève, la Commission mondiale sur les Migrations internationales (CMMI) a pour mandat d'inscrire la migration internationale dans l'agenda mondial, d'analyser les failles des politiques actuelles et d'examiner les liens avec d'autres domaines, et de présenter des recommandations au Secrétaire général des Nations unies et à la société internationale.

1590 Voir supra, p. 368.

1591 Voir supra, p. 279.

et au ralliement pratique du plus grand nombre derrière les principes internationaux sur le déplacement interne.

b. Mandat

L'on pourrait attendre d'une telle commission qu'elle encourage l'harmonisation et l'unification à la fois des normes et politiques nationales et régionales sur le déplacement interne et des mécanismes de mise en œuvre et de contrôle de mise en œuvre. Il revient assurément à chaque État d'élaborer ses lois, en conformité avec ses engagements internationaux, lorsqu'il en existe. Un domaine si préoccupant, ou qui devrait être considéré comme très préoccupant [1592], tel que le déplacement interne, où les règles sont éparses et surtout variables d'un État à l'autre, nécessite que soient établis une uniformité normative et un alignement mondial sur les Principes directeurs, ou que les dissimilitudes soient réduites considérablement.

Suite aux allégations de déplacement interne, il reviendra par exemple à la Commission, conformément aux règles de procédure établies, de sanctionner ou infirmer l'existence du déplacement interne au sens des Principes directeurs de 1998. Ainsi, pour les États qui auront reconnu sa compétence, la Commission, par son œuvre, évitera aux États comme les États-Unis de décerner l'épithète « réfugiés » à certains de leurs propres citoyens se trouvant de surcroît sur le territoire américain [1593].

Porteuse d'un tel mandat, si cette Commission ne supplante pas le Rapporteur spécial sur les droits de l'homme des déplacés internes, qui est actuellement le principal levier de l'ONU (ou à elle étroitement lié) précisément de promotion des Principes directeurs, elle sera à n'en point douter un soutien important dans cette entreprise. En effet, si la priorité est de mettre en œuvre les normes existantes comme plusieurs juristes du « bureau » du Rapporteur spécial et du *Brookings-Project on Internal Displacement* veulent infuser dans l'esprit collectif, l'insuffisance desdites normes fait toutefois l'unanimité.

1592 Encore une fois, faire d'un problème un de préoccupant dépend fondamentalement de la sagacité des uns et des autres acteurs du système. Cette pratique est très ancrée dans le système des Nations unies.

1593 À la suite de l'Ouragan Katrina, certains déplacés internes au sens des Principes directeurs de 1998 ont été injustement nommés réfugiés tant par les États Unis que par les médias internationaux. Disponible à l'adresse : http://www.unhcr.fr/4ec2271ac.html (consulté le 14 août 2012). Le président Georges Bush les a souvent nommés « Américains déplacés » (Displaced Americans). Voir Roberta COHEN, Strengthening Protection of IDPs, The UN's Role. *Georgetown Journal of International Affairs*, Vol. 7, Issue 1 (Winter/Spring 2006), p. 109.

c. Composition

Cette Commission sera composée principalement d'États membres, particulièrement d'États ayant une expérience ou faisant face à une situation de déplacement interne. Tous les continents étant touchés, bien que de façon nettement inégale, par le déplacement interne, on pourrait compter parmi les membres l'Azerbaïdjan, la Bosnie-Herzégovine, la Colombie, la RDC, la République centrafricaine, le Soudan, le Sri Lanka, etc. D'évidence, une rotation de la qualité de membre qui permettrait à tout autre État d'être membre serait l'idéal. Cela permettrait par exemple à tout État, particulièrement les moins touchés par le déplacement interne, d'acquérir une expertise, afin de mieux faire face à un éventuel surgissement d'une situation de déplacement interne. Les expériences polonaise (inondations en 2010), japonaise (11 mars 2011) et haïtienne (12 janvier 2010) révèlent la vulnérabilité de tout État aux mésaventures du déplacement forcé. Les États membres se feront représenter par des experts en matière de déplacement interne, des diplomates, officiers militaires, universitaires, désignés par les États ayant reconnu la compétence de celle-ci.

Aura-t-elle un leadership comparable à celui des plus hautes instances de l'ONU ? Certainement, et de toute façon plus que ce qui existe actuellement en matière de déplacement interne. L'aspect normatif ainsi réglé, fût-il de façon incomplète par la Commission, restera à s'attaquer à l'aspect interventionniste que l'on rencontre dans l'action humanitaire par exemple. Se trouvent à nouveau posées la question de la pertinence et celle de la faisabilité d'une agence de l'ONU vouée exclusivement au déplacement interne.

2. Une architecture hybride avec une agence des Nations unies sur le déplacement interne

Toute initiative visant à faire évoluer le système doit satisfaire la nécessité de mettre sur pied un système qui garantisse le résultat et non plus reproduire une espèce de *tea party*. Eu égard à toutes les précisions précédentes, l'option la plus bénéfique serait celle d'une institution internationale exclusivement responsable des questions de déplacement interne. Plusieurs observateurs avertis n'ont pas été et ne sont pas de cet avis. Pour Thomas G. Weiss notamment, l'idée de créer une institution à part est abracadabrantesque, tant le HCR aurait pu en avoir la responsabilité. Partant, l'on pourrait aussi imaginer une attribution du mandat à OCHA ou à l'UNICEF. L'avantage est que ces agences « viennent » avec leurs propres fonds. Mais nous faisons référence ici non pas à une agence, une nomade à tout faire, ce qui, en vérité, n'apporterait rien de plus à l'effort de résolution du problème, et plusieurs défenseurs des droits de l'homme et acteurs humanitaires l'ont si bien rappelé, mais à une institution qui se veut atypique pour tout ce qui touche à son architecture, à ses compétences et à son personnel. Voyons qu'à la fin du XXe siècle déjà, l'idée de la création d'une institution de l'ONU exclusivement responsable des questions de déplacement interne a été émise : c'est-à-dire une agence qui aurait mandat global pour protéger les déplacés internes comme c'est le cas du HCR pour les réfugiés. Une agence qui exigerait des ressources humaines et financières comparables à celles du HCR, voire plus, étant donné le nombre de déplacés internes (un peu plus du double de celui des réfugiés). Présentée ainsi, personne n'en a voulu et la tendance semble la même actuellement. Créer une agence vouée exclusivement au déplacement interne, de l'avis des pourfendeurs de celle-ci, coûterait cher. Ce qui est inadmissible, *a fortiori* dans un contexte où l'ONU fait face à un problème budgétaire et se trouve obligée de réduire considérablement son effectif. Aussi, aucune agence en place n'a-t-elle voulu en prendre l'entière responsabilité. Les responsabilités ont été réparties entre différentes agences. Mais, non seulement la coordination actuelle n'apporte pas satisfaction, mais aussi, il est urgent d'impliquer davantage d'autres acteurs, étant considéré que répondre efficacement au problème de déplacement exige à l'évidence une multidimensionnalité des mesures à prendre. Une telle réponse implique une intervention accentuée de divers acteurs : acteurs humanitaires, défenseurs des droits de l'homme, acteurs du développement, acteurs économiques, acteurs du domaine de l'environnement, etc. Il est improbable qu'une seule agence assure efficacement les différents mandats relatifs à la protection et à l'assistance aux déplacés internes, mandats dont la charge revient actuellement à différentes agences. Cependant, s'il est difficile de confier toutes ces tâches à une seule agence internationale, il reste nécessaire qu'il y en ait une, une vraie, spécifiquement vouée au déplacement interne, qui « coordonne » les différentes autres. Il y va de la bonne coordination, certainement de la responsabilisation des acteurs et de la visibilité de la question du déplacement interne au sein de l'architecture institutionnelle des Nations unies.

La problématique actuelle est tridimensionnelle en ce qu'elle touche à la coordination, à la responsabilisation et à l'implication de divers autres acteurs. Pour la résoudre, l'on peut partir de l'idée d'établir une véritable agence de l'ONU, non pas responsable de toutes les questions relatives au déplacement interne, mais une agence de « supervision » et de « coordination » des activités menées par la panoplie d'agences amenées à intervenir pour protéger en vue de rendre possible une nouvelle vie, une vraie, aux déplacés internes. C'est l'idée d'une agence mère à l'image du pouvoir central dans un système de décentralisation fonctionnelle, sous sa forme extensive, c'est-à-dire la délégation pour emprunter à Dennis A. Rondinelli [1594].

Sur le terrain, l'on relève des mécanismes de coordination mis en place pour faciliter l'intervention, la coordination et l'échange entre différentes agences de l'ONU intervenant dans un État donné. Nous avons le Coordonnateur résident (il est chef de l'*Équipe de pays des Nations unies* et représente toutes les agences

---

1594 Dennis A. RONDINELLI, « What is Decentralization? », in WORLD BANK INSTITUTE (ed.), *Decentralization, Briefing notes*, WBI Working Papers, 1999, p. 2.

non résidentes de l'ONU ainsi que les Fonds associés ayant des activités dans un État donné), le Coordonnateur humanitaire (il est le représentant du Coordinateur des secours d'urgence dans l'État concerné et assure souvent également la fonction du Coordinateur résident ou de Représentant d'une agence de l'ONU dans un État donné) des *Équipes de pays des Nations unies* (équipes composées de membres de différentes agences des Nations unies), le système actuel de *cluster* (bien qu'il nécessite de profondes restructurations [1595], devra être simplement amélioré et revalorisé, puisqu'au niveau du terrain, plusieurs acteurs seront amenés à intervenir), les opérations de la paix de l'ONU et bien d'autres mécanismes ou institutions qui devront poursuivre en les améliorant leurs activités relatives à la protection des déplacés internes. En effet, bon nombre de mécanismes sur le terrain devront être améliorés et reconduits tout en s'insérant avec congruité dans la pyramide.

On relève bien sûr une espèce de hiérarchie au sommet de laquelle on trouve soit un individu, soit une mission des Nations unies. Pour ce qui est de l'individu/fonctionnaire de l'ONU, se pose la question de savoir avec quelle autorité intimera-t-il à une agence, le HCR en l'occurrence, l'ordre de prendre une responsabilité quelconque vis-à-vis des déplacés internes. Quant à la mission au sommet au plan étatique, la question se pose plutôt en termes d'ouverture de cette dernière aux questions engendrées par le déplacement interne. Dans un cas comme dans l'autre, on relève un risque ou une difficulté de réalisation du degré de visibilité nécessaire pour les questions de déplacement interne au sein du système des Nations unies. Ce système, s'il améliore la coordination sur le terrain, ne dissipe pas le manque de leadership de haut niveau, en matière de déplacement interne précisément.

Ceci dit, cette nécessaire institution au sommet se veut atypique tant du point de vue de ses compétences (a), de son personnel (b) de son rôle dans la coordination (c) que de son financement (d).

a. Des compétences

Il faut effectivement que l'agence ait un leadership comparable à celui d'autres agences de l'ONU, qu'elle ait plus de « supervision » sur les différentes activités de toutes les agences intervenant en cas de déplacement interne, qu'elle seule prenne les décisions les plus déterminantes, qu'elle définisse clairement et « délègue » des tâches à d'autres agences et organisations en fonction de leurs compétences et des besoins sur le terrain, etc. Cela résoudrait notamment les conflits entre agences que l'on a pu constater en RDC et dans d'autres États [1596].

1595 Voir supra, p. 368.

1596 Sur la situation en RDC, voir supra, p. 382.

b. Du personnel

Une agence ainsi conçue n'exige pas autant de personnel que le HCR ou la Banque mondiale. Un personnel réduit à même de former, orienter et soutenir les « délégataires » serait suffisant.

c. De la coordination

De réels efforts de coordination et de mise en commun des activités de l'ONU sont mis en place. L'on a notamment au plan étatique les systèmes du Coordonnateur résident et Coordinateur humanitaire. Le Coordonnateur Résident par exemple, s'il avait des ressources suffisantes, le niveau de coordination serait avancé. Or, représentant du PNUD, ses ressources sont insignifiantes en comparaison à celles d'autres agences. Il existe un problème de ressources financières qui se pose, ce qui compromet son autorité. Ces mécanismes s'inscrivent dans la droite ligne du concept *United Nations delivering as one* qui vise la cohérence et l'unification du système de l'ONU à l'échelle étatique, particulièrement dans les domaines du développement, de l'assistance humanitaire et de l'environnement [1597]. Ces initiatives témoignent dans une certaine mesure de la volonté de renforcer l'effectivité et l'efficacité de l'action de l'ONU sur le terrain et en matière de déplacement interne aussi. Mais il reste nécessaire aujourd'hui qu'une agence tire les ficelles, qu'elle structure une réponse et fournisse un appui technique, à défaut de quoi il sera difficile d'assurer l'effectivité des droits. ONUSIDA serait un modèle dans la mesure où elle n'a qu'un rôle de coordination et non d'exécution, et dans la mesure où elle fournit un appui consolidé et unifié à l'échelle du programme [1598].

Une agence fonctionnant sous le schéma proposé ici réduira, voire supprimera les problèmes de coordination, notamment les conflits entre agences que l'on constate en RDC [1599] et dans d'autres États : l'hésitation de certaines agences à prendre des responsabilités en matière de déplacement interne, et particulièrement ce système de répartition des tâches *ad hoc* auquel l'on avait voulu se soustraire en créant l'approche *cluster*, mais qui refait surface. Aussi, les responsabilités seront bien clarifiées et réparties. Ceci est très important ici, tant l'une des principales critiques du système actuel de coordination est « *shared responsibility is no responsibility* » (« Responsabilité partagée égale absence de responsabilité »).

1597 Delivering as One: Report of the Secretary-General's High-Level Panel, *United Nations*, 9 November 2006.

1598 Chaque organisation de l'ONUSIDA est responsable d'au moins un domaine technique. L'on a HCR, le HCR, l'UNICEF, le PAM, le PNUD, l'UNFPA, l'UNODC, ONU FEMMES, l'OIT, l'UNESCO, l'OMS, la Banque Mondiale.

1599 Voir supra, p. 382.

La question du « qui coordonner ? » pourrait rester posée, si l'on s'en tient au désormais adage « *everyone is for coordination, but nobody wants to be coordinated* » (« chacun est pour la coordination, mais personne ne veut être coordonné »). Si les agences sont réticentes à se faire coordonner, prétextant et craignant un empiètement sur leurs activités et responsabilités en matière de déplacement interne, qu'elles n'assument curieusement pas, cette résistance ne sera qu'infime, puisque chacune sera responsable d'un secteur dont elle a la maîtrise et l'expérience pertinentes.

d. Du financement

Si le problème du financement reste posé, il ne le sera plus avec autant d'acuité, puisque d'une part il n'y aura besoin que d'un personnel limité et d'autre part les agences délégataires, dans le meilleur des cas, devront allouer une tranche de leur budget propre à la cause du déplacement interne. Le procédé de financement est à l'évidence l'un des principaux handicaps à l'efficacité, à l'effectivité et à la cohérence de l'action de l'ONU vis-à-vis des déplacés internes.

Y aurait-il négligence de la question du déplacement interne lors de la répartition du budget de l'ONU ? Cela passe pour une évidence et le problème est nettement plus grave. Le financement des activités humanitaires de l'ONU provient largement des contributions volontaires des gouvernements et autres privés. Ce large financement des activités humanitaires de l'ONU par les contributions volontaires fait que finalement l'ONU n'a plus le plein contrôle de l'orientation à donner à ses activités. Celle-ci est définie par les donateurs qui décident du financement des activités de l'agence X ou Y. L'ONU se trouve ainsi dans l'incapacité de diriger ses propres agences. La propension des agences comme l'UNICEF, le HCR, le PNUD et bien d'autres à travailler chacune de son côté n'est plus à démontrer. Cela constitue assurément une faiblesse du système des Nations unies. Il y a déjà eu des tentatives d'unir ces agences. Notamment la tentative de 1997 qui, si elle a été une véritable chance de réformer le système de l'ONU dans le but d'unir ses agences, a aussi été un véritable échec [1600]. Il n'y avait alors pas eu de changement véritable, puisque la seule réalisation de ce mouvement de réforme a été le remplacement de l'acronyme *Département des Affaires humanitaires (DHA)* par celui de *Bureau de Coordination des Affaires humanitaires (OCHA – sigle anglais)*. Manque de volonté ou incapacité ? Thomas Weiss notait en 1998 que le jeu de passe-passe de 1997 a révélé la faible priorité de l'adoption des mécanismes institutionnels appropriés pour améliorer l'action humanitaire [1601]. Aujourd'hui encore le constat est que

1600 Thomas G. WEISS, « Humanitarian Shell Games : Whither UN Reform ? », in *Security Dialogue*, Volume 29, number 1, March 1998, p. 9.

1601 Ibid., p. 10.

l'on espère tout candidement que tout aille bien, sans toutefois prendre les mesures nécessaires. C'est assurément attendre Godot.

L'idéal serait que l'ONU garde la main sur les activités de ses agences, qu'elle reçoive les fonds et les alloue aux programmes qu'elle juge prioritaires et en fonction des besoins. L'une des principales mesures à prendre, comme l'avait si bien relevé Thomas G. Weiss [1602], est la mise en place d'une source unique de financement. C'est l'idée de la mise en place d'une seule enveloppe financière, ce qui non seulement obligera indubitablement toutes les agences à une coopération, mais aussi facilitera le financement d'une agence vouée exclusivement au déplacement interne. C'est l'idée d'une obligation de coopérer pour prétendre par la suite obtenir un quelconque financement. Sinon, pourquoi coopéreraient-elles ? Quelle serait l'incitation des autres agences à coopérer ? Comme le rappelle Thomas G. Weiss, avec 80 % de son milliard de dollars de budget annuel résultant de l'aide alimentaire d'urgence, la réticence du PAM à soutenir sans équivoque une agence rivale à être en permanence la meneuse en cas d'urgences complexes est facile à comprendre en termes purement financiers [1603]. L'on a bien sûr relevé quelques tentatives de mise en place de cette source unique de financement. Le PNUD avait par le passé voulu instaurer cette centralisation des fonds. Mais les agences ne l'ont pas soutenu dans cette initiative ; elles l'avaient désapprouvé. Puis, elles ont progressivement mis en place leur propre programme de collecte de fonds. Somme toute, le PNUD a substitué sa casquette de financier à celle d'exécutant, pour ainsi agir à l'instar de plusieurs autres agences. Chaque agence est actuellement « vendeuse », ce qui mène à un gaspillage énorme. Rappelons aussi les *Pooled Fund*, du nom de ces mécanismes de financement commun créés à l'initiative des bailleurs de fonds, mis en place à l'échelle étatique pour faire face aux défis humanitaires. Ils visent à l'évidence à centraliser les fonds, mais pour ce qui touche au plan national seulement. Puis ils sont très insuffisants par rapport aux sources de financement des différentes agences de l'ONU. Il convient de centraliser effectivement les ressources pour ce qui touche non seulement au plan national, mais aussi au plan international. À l'heure actuelle, tous les incitatifs et motivations sont orientés vers l'indépendance des agences. Le secteur humanitaire au moins devrait se voir doté de cette centralisation des fonds.

Il faut noter la nécessité de faire une plus grande place au déplacement interne lors du financement du Bureau de la coordination des affaires

---

1602 Thomas G. WEISS, *What's Wrong with the United Nations and How to Fix It*, Polity Press, 2009, pages 173 & 174.

1603 Thomas G. WEISS, « Humanitarian Shell Games : Whither UN Reform ? », in *Security Dialogue*, Volume 29, number 1, march 1998, p. 18.

humanitaires [1604], de la définition du Fonds de financement commun [1605] et des différents appels [1606].

3. *Un recours à un tiers impartial*

C'est l'idée d'une institution internationale jouissant de plus d'indépendance vis-à-vis de l'ONU, une institution non impliquée dans la création des situations de déplacement interne, une institution responsable de quelques questions spécifiques au déplacement interne. Bien que rien ne garantisse que les institutions indépendantes optimisent dans tous les cas la protection des droits et libertés [1607], « le recours [...] à un tiers impartial apparaît comme la garantie la plus évidente de l'effectivité d'un droit » [1608]. Vues sous cet angle, les agences de l'ONU ne peuvent plus être considérées comme celles à même de mieux répondre aux crises de déplacement de populations, ou alors à toutes les crises de déplacement interne. Il est établi que l'expérience et l'expertise des agences de l'ONU pourraient être mises au profit de la réponse internationale aux crises de déplacement en cas de catastrophes naturelles, en cas de conflits armés aussi d'ailleurs. Mais, contrairement à la première qui voudrait que l'État ne soit pas très souvent le responsable, il se pose dans la seconde proposition un problème de légitimité et de crédibilité. L'une des raisons qui sous-tendent la difficulté et les réticences à mettre en place une agence « onusienne » avec mandat spécifique pour les déplacés internes, c'est que les situations de déplacement interne impliquent plus de considérations politiques et de délicatesses que la condition de réfugié. Ces mêmes États dont les comportements génèrent par instants le déplacement interne sont membres de l'ONU avec des affiliations et affinités au sein d'une organisation politisée. Sous cette représentation, l'ONU ne serait pas l'organisation internationale idéale pour répondre à ces crises de déplacement interne, particulièrement celles liées aux conflits armés. D'où la pertinence d'une réflexion sur une institution internationale jouissant d'une plus grande indépendance pour répondre à ces crises *sui generis* de déplacement interne. Des agences plus indépendantes ont été

1604 Ce peut être en ce qui concerne l'appel à financement du Bureau pour la coordination des affaires humanitaires ou dans la procédure d'appel global.

1605 Fonds d'intervention d'urgence, fonds humanitaires communs, fonds central d'intervention d'urgence.

1606 Procédure d'appel global, appel éclair, plan d'action humanitaire commun, système de surveillance financière.

1607 Pour une illustration à partir des réserves émises à l'égard du Conseil constitutionnel, voir Danièle LOCHAK, « Le Conseil constitutionnel, protecteur des libertés ? », in *Pouvoirs*, n° 13, 1986, p. 41.

1608 Véronique CHAMPEIL-DESPLATS et Danièle LOCHAK (Dir.), *À la recherche de l'effectivité des droits de l'homme*, Presses universitaires de Paris 10, p. 137.

mises sur pied dans quelques domaines et fonctionnent relativement bien : c'est le cas de l'Agence internationale de l'énergie atomique [1609].

L'idée d'une autorité internationale bénéficiant d'une grande indépendance, avec, contrairement à OCHA, un pouvoir international comparable à celui du Traité du Règlement sanitaire international, n'est pas nouvelle sur la scène internationale et plusieurs auteurs avertis ont relevé le besoin d'une telle agence sous le ciel humanitaire pour reformer l'approche à responsabilité sectorielle. Frederick M. Burkle Jr, Anthony D. Redmond et Dudley F. McArdle l'ont mentionné par le passé [1610]. Pour eux,

> « [...] l'idée d'une autorité internationale devrait être réexaminée de toute urgence. Une telle autorité est nécessaire pour garantir un retour continu et stratégique à la résolution des causes profondes et au développement, introduire ensuite des standards universels à tous les niveaux de la réponse, de la prévention et l'impréparation aux résultats directs et indirects inévitables qui causent et aggravent les catastrophes urgentes de santé publique, approuver enfin un processus d'accréditation et de responsabilité des fournisseurs » [1611].

La situation particulière des déplacés internes l'exige avec plus d'acuité.

Le CICR, organisme de nature hybride [1612] qui intervient en cas de conflits armés avec une neutralité, une impartialité et une indépendance qui sont à l'évidence des critères importants ici, aurait pu jouer ce rôle. Néanmoins, il va sans dire que sa construction actuelle ne lui permet ni peu ni prou de le faire efficacement. Son mandat tel qu'il est actuellement défini n'offre pas de garantie que ce rôle sera assumé de façon efficace. Bien qu'il ait une expertise suréminente en matière de déplacement interne, cette thématique ne constitue qu'une infime branche de sa mission et de son mandat[1613]. D'ailleurs, si

---

1609 Créée en 1957, l'Agence internationale de l'énergie atomique (AIEA) est une organisation intergouvernementale spécialisée, placée sous l'égide des Nations unies. Son mandat comprend trois missions principales : Non-prolifération, Garanties et Vérifications ; Promotion de l'utilisation pacifique des sciences et technologies nucléaires ; sûretés et sécurité nucléaires.

1610 Frederick M. BURKLE JR, Anthony D. REDMOND, Dudley F. MCARDLE, « An authority for crisis coordination and accountability ». *The Lancet*, Volume 379, Issue 9833, pages 2223-2225, 16 June 2012. See mainly page 2224.

1611 Ibid. page 2225.

1612 Le CICR est une association privée constituée au sens du code civil suisse. Mais ses fonctions et ses activités sont prescrites par la société internationale des États et fondées sur le droit international.

1613 Organisation impartiale, neutre et indépendante créée en 1863, le CICR « a la mission exclusivement humanitaire de protéger la vie et la dignité des victimes de conflits armés et d'autres situations de violence, et de leur porter assistance » et « s'emploie à promouvoir le respect du droit international humanitaire et son intégration dans les législations nationales ». Voir le site internet

.../...

aujourd'hui le CICR entreprend d'élargir le bureau qu'il avait réservé aux questions de déplacement interne, il l'avait réduit considérablement au tout début de cette décennie. Il peut paraître tentant de l'élargir davantage pour en faire ce tiers impartial dont nous parlons ici. Mais ce serait méjuger de toutes les exigences de la problématique du déplacement interne.

La nécessité d'une nouvelle entité impartiale étant établie, quelle peut être la volonté des États à mettre en place une telle institution ? S'il n'y a pas de certitude à ce sujet, la probabilité d'une plus grande volonté dans ce sens est quant à elle avérée. La politisation à outrance de l'ONU a indubitablement généré une certaine défiance du côté des États membres lorsqu'il s'agit de lui confier ou de se soumettre à une gestion par l'ONU des affaires internes ou affaires se rapportant directement à la souveraineté des États [1614]. L'ONU, à travers son architecture et son fonctionnement a, semble-t-il, constitué sa propre fossoyeuse [1615]. Elle a elle-même gravement porté atteinte à son honneur. Il ne reste qu'à espérer que cette flétrissure ne soit que transitoire.

Les États pourraient dans cette organisation détenir voix égales et naviguer autour d'un système de représentativité plus juste, contrairement au schéma offert dans le cadre de l'ONU, modèle dans lequel les « superpuissances » orienteraient la politique des Nations unies. L'affirmation lincolnienne selon laquelle « aucun homme n'est assez bon pour gouverner un autre sans son consentement » [1616] vaut aussi pour les États, *a fortiori* en matière de protection des droits de l'homme. Un modèle plus démocratique est certainement gage d'efficacité et d'effectivité de la protection des droits de l'homme.

Une telle organisation pourrait, entre autres, déterminer clairement et objectivement si une situation de crise peut être dite de déplacement interne ou non, définir en toute objectivité et indépendance une liste de criminels de guerre, de personnes à poursuivre par la justice pénale internationale. Cette dernière proposition serait une initiative méritoire et une étape cruciale du processus de sanction internationale des criminels à l'origine des crises de déplacement interne de populations. Étape que ne semble pas satisfaire

---

du CICR : https://www.icrc.org/fr/qui-nous-sommes/mandat-et-mission (consulté le 12 février 2015).

1614 Les manquements de l'ONU et de la France concernant l'*opération turquoise*, la mise en œuvre calamiteuse de la responsabilité de protéger en Libye et nombre d'autres interventions étrangères approximatives constituent inexorablement des vices rédhibitoires.

1615 Pour quelques faiblesses d'ordre général du système des Nations unies dans la tentative de tenir les promesses par elle faites, voir Malka MARCOVICH, *Les nations désunies : comment l'ONU enterre les droits de l'homme.* Jacob-Duvernet, Paris, 2008, 186 p. ; voir aussi Djilali BENAMRANE, *L'ONU source ou frein au droit public international ?* L'Harmattan, Collection Questions contemporaines, 2014, 166 p.

1616 Roy P. BASLER (ed.), *Collected works of Abraham Lincoln*, Disponible à l'adresse : http://www.nps.gov/liho/historyculture/peoriaspeech.htm (consulté le 28 septembre 2014).

objectivement [1617] le Conseil de sécurité de l'ONU, organe doté du droit de déférer une affaire à la CPI.

1617 Objectivement, car les cas libyen (Résolution 1970 du 26 février 2011) et soudanais (particulièrement la situation au Darfour) ont été déférés à la Cour pénale internationale sur l'initiative du Conseil de sécurité en application du Chapitre VII de la Charte des Nations unies. Mais *quid* des responsabilités internationales de Georges Bush et autres dans l'intervention armée en Irak en 2003 ?

Conclusion du Chapitre II

Des réaménagements de l'architecture institutionnelle internationale ont été impatronisés. Mais les insuffisances constatées exigent d'étendre le champ des réformes, de renforcer les capacités de certains acteurs spécifiques pouvant se traduire par l'initiation du relai de certains mécanismes institutionnels en place en véritable institution internationale exclusivement et résolument en charge du problème du déplacement interne.

L'implication continue d'acteurs de l'ONU et associés en matière de déplacement interne n'est que la suite logique du constat selon lequel les responsabilités en matière de protection et d'assistance aux déplacés internes ne peuvent être raisonnablement confiées à une seule agence internationale. Tout acteur, qu'il relève d'une composante quelconque du système de l'ONU ou qu'il soit simplement partenaire, a un rôle à jouer dans la réponse internationale au déplacement interne. Cela dit, il est nécessaire que ces agences soient elles-mêmes aptes à répondre effectivement, à traduire chacune à son niveau et en fonction de ses ressources, les droits proclamés en réalité. À ceci s'ajoute le fait qu'une plus grande reconnaissance des capacités tant des entités de l'ONU relevant de la troisième composante que d'autres entités ne relevant pas de cette organisation, et une large collaboration avec elles rendront à n'en point douter la protection et l'assistance plus efficaces dans toutes les situations de déplacement interne.

Dans cette panoplie d'acteurs, il est nécessaire de renforcer les capacités d'implication de certains acteurs spécifiques dans les différentes étapes de la procédure. Cela permettra notamment une prise en compte accrue des intérêts des déplacés internes dans la prise des décisions de haut niveau. C'est le cas notamment des mesures adoptées par le Conseil de sécurité dans le cadre de la responsabilité de protéger, mesures pouvant jouer un rôle décisif dans la prévention et l'atténuation des crises de déplacement interne.

La diversité et la multitude d'acteurs soulèvent inévitablement et derechef la question du leadership qui ne peut vraisemblablement être résolue qu'au moyen de l'institution d'une entité à même de tirer les ficelles, de prendre les décisions de haut niveau ou de définir les orientations générales qui seront mises en œuvre par d'autres acteurs du système. Les déplacés internes ont besoin d'un bureau digne et à la hauteur de leur « malheur » et de leurs attentes dans le système des Nations unies, mais aussi en dehors du système afin de garantir l'impartialité. Si le Rapporteur spécial sur les droits de l'homme des déplacés internes est une clé essentielle du mécanisme institutionnel international relatif à ce phénomène, non seulement ses pouvoirs et capacités ne lui permettent pas de mener à bien la mission à lui confiée, mais aussi, cette mission devrait être revue à la hausse pour un acteur qui se veut le défenseur international des droits fondamentaux des déplacés internes.

CONCLUSION DU TITRE II

Poursuivre le réaménagement de l'architecture institutionnelle internationale relative à la réponse aux problèmes de droits de l'homme a amené l'ONU à envisager de s'appuyer progressivement sur d'autres acteurs de plus en plus influents sur la scène internationale, et ceci dans le cadre d'un mécanisme relativement nouveau qu'est la responsabilité de protéger. La responsabilité de protéger avec particulièrement la mise en œuvre de son pilier numéro trois est un mécanisme pertinent, à même d'aider à prévenir efficacement le déplacement interne et à venir en aide aux personnes déjà déplacées. En raison de la difficulté à répondre aux problèmes des déplacés internes, l'accent devrait être mis sur la prévention et à ce niveau, la responsabilité de protéger est d'importance capitale. Elle l'est aussi en cas de déplacement déjà survenu, notamment dans les situations de catastrophes naturelles suite auxquelles les États ne font pas toujours montre de préparation ou de volonté de prendre des mesures nécessaires pour limiter la dégradation de la situation des droits fondamentaux des populations déplacées. Il faut, selon que les occurrences l'exigent, intervenir. Ce mécanisme aurait pu présenter un grand avantage pour les déplacés internes si ce dernier phénomène était au centre du mécanisme et si le placer à son centre n'était pas de nature à aggraver la méfiance de bon nombre d'États à l'égard du mécanisme de responsabilité de protéger. Il est dommage que la responsabilité subsidiaire de protéger se présente sous sa mise en œuvre actuelle comme une arme aux mains des gouvernements dits « puissants », s'entourant ainsi d'une grande méfiance de la part de la majorité des États membres de l'ONU. Cette étiquette est à combattre énergiquement si l'on veut garantir à ce mécanisme un futur meilleur et ainsi s'assurer que son but ultime soit la protection des droits de l'homme, y compris ceux des déplacés internes. Le réaménagement ne devrait pas se limiter à ce mécanisme spécifique, il doit être plus large.

Les ONG et autres acteurs de la société civile jouent un rôle de plus en plus important et leur soutien aux initiatives « onusiennes » en matière de déplacement interne est capital. L'ONU ne peut véritablement tirer profit de ces acteurs que si elle leur reconnaît des pouvoirs plus importants, et s'ils bénéficient de prérogatives plus importantes. D'autres acteurs aussi, typiquement de l'ONU cette fois, devraient voir leurs rôles et leurs capacités renforcés. Sans prétendre à l'exhaustivité, c'est le cas du Rapporteur spécial sur les droits de l'homme des déplacés internes, d'autres agences des Nations unies et du Conseil de sécurité. Tout ce repositionnement obligera à résoudre les problèmes persistants relatifs à la répartition des tâches et à la coordination, problèmes qui corroborent incontestablement l'idée de la nécessaire mise sur pied de structures nationales et régionales pertinentes relatives aux questions de déplacement interne d'une part et d'une véritable institution internationale chargée de répondre aux problèmes de déplacement interne d'autre part. Il faut certainement une institution dans le strict système des Nations unies dédiée à la cause des déplacés internes. En outre, la nature du problème de déplacement interne et l'incomplétude des interventions internationales strictement vouées à la protection des droits de l'homme rendent pertinente l'institution d'une entité internationale impartiale, non liée à l'ONU et en charge de quelques questions spécifiques relatives au déplacement interne.

En clair, tout réaménagement qui se fixe pour objectif l'amélioration de la protection et de l'assistance aux déplacés internes doit tenir leurs droits de l'homme pour priorité, doit renforcer les capacités et rôles de certains acteurs spécifiques, et doit surtout garantir qu'un organe puisse véritablement tirer les ficelles dans le système de l'ONU *stricto sensu* et qu'un autre fasse de même dans une logique d'indépendance.

CONCLUSION DE LA PARTIE II

Lorsque l'ONU s'engageait résolument il y a un peu plus de deux décennies dans la formulation d'une réponse internationale au phénomène du déplacement interne, elle a fait de l'ouverture de l'architecture institutionnelle internationale aux questions de droits fondamentaux des déplacés internes une de ses priorités. Bien que de réelles initiatives aient été prises dans ce sens, il s'avère que les difficultés à assurer une protection purement juridique effective et la perfectibilité de la réponse humanitaire de l'ONU aux besoins des déplacés internes sont tributaires principalement des failles de l'architecture institutionnelle internationale en place et de son dysfonctionnement ou de l'usage insatisfaisant qu'il en est fait par divers acteurs.

Le système de l'ONU portant protection des droits de l'homme ne s'apparentant aucunement au système national doté d'une force de mise en œuvre et par ricochet d'une plus grande propension vers la garantie de l'effectivité des droits de l'homme, il doit compter largement sur la volonté politique des gouvernements, qui, même si l'on traverse actuellement une époque qualifiée volontiers de temps des droits de l'homme [1618], n'est pas toujours encline au respect sans artifice desdits droits. En effet, les infrastructures et mécanismes de l'ONU ne garantissent pas aux déplacés internes que la violation de leurs droits soit effectivement constatée ou sanctionnée, ni qu'assistance véritable leur soit portée. Cela n'est pas seulement valable pour les différents mécanismes ordinaires de l'ONU portant protection, mécanismes fondés sur la Charte et mécanismes fondés sur les traités. Il l'est autant pour les mécanismes institutionnels de réponse sur le terrain (notamment les modalités inadéquatement définies des interventions internationales telles que pratiquées aujourd'hui), pour la coordination approximative de la réponse internationale, avec la réforme humanitaire qui avait été annoncée salutaire et pour l'inefficacité même de cette réponse, qui toutes, laissent la « communauté » des déplacés internes spécifiquement dans l'expectative. Les réaménagements impatronisés ont pourtant été le fruit de laborieuses entreprises. Mais il a très vite été nécessaire de les parachever. Bien plus, l'impermanence des linéaments des crises érigeant un cadre propice aux violations des droits de l'homme, celles du déplacement interne notamment, a inscrit l'architecture institutionnelle internationale relative aux droits de l'homme dans une logique de réaménagement qui se veut pérenne.

L'on relève incontestablement une prise de conscience de la nécessité d'une réadaptation institutionnelle et du renforcement des mécanismes nouvellement

1618 Joseph RAZ, « Human Rights Without Foundations » in Samantha BESSON and John TASIOULAS (eds.), *The Philosophy of International Law*, Oxford : Oxford University Press, 2010, p. 321.

mis en place. Mais l'étroitesse des mesures de repositionnement en cours ou la limitation des secteurs visés par les mesures de réaménagement ne sont pas de nature à apporter entière satisfaction. Le recours aux mécanismes à l'instar de la responsabilité de protéger en son pilier III, loin de prévenir effectivement le déplacement interne n'a que très largement constitué une nouvelle arme de guerre aux mains de ces acteurs, prétendus philanthropes, mais qui dérobent mal à la conscience commune leur descendance à Janus.

En clair, le réaménagement se veut bien plus étendu et dans une prise en compte prioritaire des intérêts des déplacés internes. La nouvelle initiative « les droits avant tout » du Secrétaire général de l'ONU [1619] devrait trouver application inconditionnelle, particulièrement dans l'adoption et la mise en œuvre des mécanismes institutionnels pour protéger ou assister les déplacés internes. C'est la condition *sine qua non* de l'obtention de la sanction effective des violations, de l'assistance congrue aux déplacés internes sans discrimination aucune sur quelque cause du déplacement interne que ce soit, comme en souffrent les déplacés pour cause de catastrophes naturelles. Ce serait là un signal fort pour la société internationale tout entière et aussi une mesure de prévention du déplacement interne, car, il faut le rappeler, la prévention est le gage infaillible de la lutte contre le phénomène du déplacement de personnes à l'intérieur de leur propre État.

1619 *Rights Up Front Initiative* ou Initiative les droits avant tout, adoptée le 17 décembre 2013.

CONCLUSION GÉNÉRALE

Semblablement à d'autres malheurs du monde, le phénomène du déplacement interne n'est pas venu avec son manuel. Une réponse internationale aux crises de déplacement de personnes à l'intérieur de leur propre État a été expressément formulée par l'ONU pendant la dernière décennie du XXe siècle. Cette réponse a été voulue très prometteuse et en constante régénération dans l'optique d'atteindre l'effectivité promise des droits fondamentaux des déplacés internes dans les différentes régions du monde. L'emblématique « nous, peuples des Nations unies… » et les autres belles déclarations philanthropiques déclamées par l'ONU auront-elles gardé toute leur signification dans la réponse internationale au phénomène du déplacement interne ?

Le déplacement interne est inscrit dans l'agenda international comme en témoignent le degré actuel d'adaptation du cadre juridique international relatif aux droits des déplacés internes et les réaménagements perpétuels pour une architecture institutionnelle internationale en adéquation avec les exigences de ce phénomène. De l'histoire de la protection internationale des droits fondamentaux des déplacés internes, bien que celle-ci soit marquée au début par une certaine indifférence de la part de l'ONU, il faut surtout retenir des mesures audacieuses et déterminantes qui ont été prises dans le cadre de l'ONU et qui ont notoirement fait progresser ladite protection. On le voit, de réelles avancées ont été réalisées, nous rapprochant sans conteste de l'effectivité de la protection internationale des droits fondamentaux des déplacés internes. Les instruments normatifs internationaux relatifs au déplacement interne gagnent en notoriété, des déplacés internes s'y appuient pour la revendication et la défense de leurs droits fondamentaux et divers acteurs s'en inspirent pour protéger ou pour s'abstenir de violer lesdits droits. Ceci ouvre ainsi sensiblement la voie à un véritable régime juridique international. Les institutions des Nations unies, avec leurs divers mécanismes de protection et d'assistance, créent un environnement plus propice à la prévention des situations de déplacement interne, à la revendication internationale des droits fondamentaux des déplacés internes, à la protection pendant le déplacement et à leur accompagnement sur la voie des solutions durables. Le train « onusien » baptisé *Protection des droits fondamentaux des déplacés internes* est incontestablement en marche. Toutefois, si sa vitesse peut apporter une certaine satisfaction, bien évidemment selon que l'on valorise certains critères d'évaluation plutôt que d'autres, sa destination réelle [1620] quant à elle, n'a pas encore pu s'inscrire unanimement dans le domaine du certain.

Le thème du déplacement interne renferme un réel paradoxe : pendant que l'on déduit une amélioration des mesures de prévention et de protection, le nombre de déplacés internes ne cesse d'augmenter. Si cette augmentation continue ne peut valablement être avancée comme étant une marque du manque d'effectivité de la protection internationale de leurs droits fondamentaux, il existe d'autres justifications parfaites de celle-ci. Sont incluses, la déficience du cadre juridique international relatif à la protection des déplacés internes et la limitation de l'usage qu'il en est fait et qu'il peut en être fait d'une part, et d'autre part l'inadéquation de l'architecture institutionnelle internationale pour une réponse efficace et effective à la violation des droits fondamentaux des déplacés internes. Il s'est posé à un moment donné la question du référent en matière de protection des droits fondamentaux des déplacés internes. Il a été établi que l'ONU s'est livrée à un subtil bras de fer avec les États, épreuve de force nourrie par le principe de souveraineté étatique toujours autant d'actualité et dont le respect a été rappelé avec force par la Charte des Nations unies elle-même [1621], pour le contrôle ou l'accaparement de quelques responsabilités en matière de protection des droits fondamentaux des déplacés internes. Les responsabilités étant désormais plus ou moins clairement partagées, l'ONU, elle qui s'imagine parfois qu'elle est Atlas portant le monde sur ses épaules, arrive tant bien que mal à assumer les siennes. L'état actuel de ses mécanismes, mécanismes institutionnels particulièrement, interpelle sur la capacité de l'ONU à assumer pleinement et adéquatement des responsabilités en matière de réponse au phénomène du déplacement interne. En ce qui concerne le volet pénal de la protection, la fermeture des tribunaux pénaux

---

1620 Il convient ici de faire le départ entre réalité et projection, puisque si l'on sait avec une certaine certitude jusqu'où l'on veut mener le combat pour la protection des droits fondamentaux des déplacés internes, la réalité, elle, s'avère très obstinée.

1621 Voir l'article 2, alinéa 1 de la Charte des Nations unies.

internationaux *ad hoc* sur lesquels l'ONU, à travers la CPI, s'est largement reposée, obligera cette dernière à se replier essentiellement sur les juridictions nationales. Le bon fonctionnement de ces juridictions pénales internationales *ad hoc* a été tributaire d'une collaboration étroite avec les juridictions nationales qui traitent notamment des questions de réparations que n'ont pas véritablement connues les juridictions pénales internationales *ad hoc*. Pour ce qui est des interventions internationales pour protéger les déplacés internes, l'ONU a fait montre de son immaturité à réaliser des interventions dans le respect des « standards minimums » requis par celles-ci. Les principaux piliers de l'ONU portant protection des droits de l'homme ne dérogent pas à cette désormais règle. Ces piliers ne font preuve que d'une ouverture circonscrite et inappropriée aux droits fondamentaux des déplacés internes. Ces tares soulèvent la question de savoir si l'on devrait renforcer davantage les capacités nationales à protéger les déplacés internes ou au contraire accentuer les efforts sur les capacités de l'ONU. Quoi qu'il en soit, même si l'on peut recevoir non seulement que son hétérogénéité, la pratique du consensus et le manque de ressources paralysent l'action des Nations unies et que « son dispositif a déraillé » [1622], cette organisation conserve un rôle très important à jouer. Les besoins de protection sont réels et on peut ou on devrait présumer que les intentions de l'ONU relatives à la protection le sont aussi. Pourtant, il ne fait aucun doute qu'il manque encore de véritables mesures adaptées de protection. La foi des peuples de l'ONU aux droits de l'homme et les belles déclarations de l'ONU relatives aux droits de l'homme font de cette dernière une organisation soucieuse des droits de l'homme [1623], y compris ceux des déplacés internes. Mais c'est leur traduction en réalité au grand profit de leurs destinataires qui fera de l'ONU la référente ultime, fût-elle statutairement subsidiaire, en matière de protection des droits fondamentaux des déplacés internes.

Les responsabilités de l'ONU en matière de protection des déplacés internes ne cessent de croître, les attentes de ces derniers aussi. Si son engagement pour la cause des déplacés internes ne fait place à aucun doute, son approche quant à elle est soumise à l'impératif d'une profonde restructuration. Corollairement, il convient de soutenir qu'atteindre l'objectif d'effectivité des droits fondamentaux des déplacés internes ou s'y rapprocher davantage, particulièrement en ce qui concerne la contribution de l'ONU, requiert de

---

1622 Pour Elisabeth de Fontenay, « Le dispositif grandiose, destiné à produire du droit international, a déraillé dans la mesure où il ne s'est pas donné les moyens d'assurer, en même temps que l'autodétermination des peuples, la dignité de chaque individu » (Elisabeth de Fontenay, Préface de Malka MARCOVICH, *Les Nations Désunies: Comment l'ONU enterre les droits de l'homme*. Éditions Jacob-Duvernet, Paris, 2008, page 9).

1623 Les belles expressions telles « communauté internationale » et « Nous, peuples des Nations unies » n'ont malheureusement pas pu se départir de la sphère du mythe pour se traduire en réalité.

prendre certaines mesures spécifiques, mesures extrinsèques, mais surtout intrinsèques.

Extrinsèques, puisque l'on a intérêt à trouver des ressources au-delà des seules composantes principales des Nations unies ; notamment pour activer des initiatives ou des mesures de perfectionnement s'inscrivant dans la réponse de l'ONU au problème du déplacement interne. À la base de cet ensemble de mesures prises ou à prendre, il y a essentiellement une volonté d'agir, de réagir ou d'intervenir, une volonté qu'il faut mobiliser, une volonté qu'il faut consolider. La nature et la dimension desdites mesures sont largement tributaires du degré de cette mobilisation. Les acteurs de la mobilisation devraient inclure bien plus que les acteurs conventionnels. Le personnel de l'ONU voué aux questions de déplacement interne, les autres institutions de cette organisation, les autres organismes internationaux, les organismes locaux, nationaux et régionaux, les universitaires et universités et le citoyen lambda aussi ont tous un rôle à y jouer. Le déplacement interne est un des sujets dont le monde devrait entendre davantage parler. L'on a vu que c'est une forte mobilisation autour des questions relatives à la jeunesse qui a amené le Secrétaire général de l'ONU à créer en début 2013 le Bureau de l'Envoyé du Secrétaire général de l'ONU pour la jeunesse, bureau très prometteur si l'on s'en tient au rôle qu'il joue aujourd'hui [1624]. La politique de l'ONU vogue, semble-t-il, dans le sens du vent des desseins et importants moyens mobilisés : la mobilisation est un facteur important.

Intrinsèque, car touchant particulièrement à l'ONU qui devrait prendre les mesures nécessaires à la prévention du déplacement interne, à la protection des déplacés internes pendant le déplacement et à la réalisation des solutions durables. Elle devrait procéder au renforcement de la visibilité, du cadre juridique et de l'architecture institutionnelle internationale portant protection internationale des déplacés internes. Ces trois derniers points sont sans conteste des plus déterminants.

Tout d'abord, l'inscription du thème du déplacement interne dans l'agenda de l'ONU a constitué une avancée importante vers l'effectivité des droits fondamentaux des déplacés internes. Aujourd'hui, cette organisation devrait résolument renforcer la visibilité de la question du déplacement interne dans son système, ceci par :

— Une plus grande revendication et une « sérieuse » volonté politique de consécration des droits des déplacés internes à l'intérieur ou contre les systèmes de droit positif et de mise en place des garanties juridictionnelles et non juridictionnelles desdits droits, ceci pour contribuer à la démarcation du

---

1624 Pour en savoir plus sur les activités et le fonctionnement de ce Bureau, consulter sa page internet. Disponible à l'adresse : http://www.un.org/youthenvoy/fr/

discours sur les droits des déplacés internes d'une simple métaphysique ou d'un jeu de l'esprit.

— L'épurement de la rhétorique des droits fondamentaux des déplacés internes dans le système de l'ONU, puisque, si celle-ci a nettement augmenté ces dernières années, elle devrait encore être renforcée afin de s'ajuster à l'augmentation continue du nombre de déplacés internes dans le monde et à la diversification des causes et facettes du déplacement interne ;

— L'érection de la question du déplacement interne comme l'une des questions prioritaires des Nations unies, ceci à travers son inscription explicite dans différents plans d'action et programmes de cette organisation, tels que le Programme d'action du Secrétaire général de l'ONU, les plans d'action des Nations unies, le premier Sommet mondial humanitaire annoncé par le Secrétaire général de l'ONU [1625], etc ;

— L'autotransformation résolue de l'ONU en un véritable forum d'échange et de discussion approfondis sur les questions de déplacement interne, ce qui favorisera un échange d'expériences et d'expertises entre les différents acteurs de la société internationale, attirera l'attention de diverses composantes de l'ONU et mobilisera par ricochet leur volonté d'adopter les mesures et approches globales qui s'imposent ;

— L'inscription large et approfondie des déplacés internes et des solutions durables au déplacement interne dans l'agenda du programme de développement ;

— Le passage résolu de la visibilité des droits des déplacés internes dans le système de l'ONU à la « responsabilisation » : il existe des éléments de traduction de la rhétorique des droits des déplacés internes en de mesures concrètes dans la politique de cette organisation, mais c'est une traduction poussée de cette visibilité en « responsabilisation » qui marquera l'étape essentielle vers l'effectivité des droits fondamentaux des déplacés internes.

Puis, l'appareil juridique international relatif à la protection des déplacés internes révèle de profondes impertinences et incohérences qu'il convient de rectifier si l'on veut s'engager davantage dans l'encadrement juridique international du phénomène du déplacement interne.

— Bien que des Annotations et Manuels d'utilisation des principes internationaux sur le déplacement interne aient été élaborés, ces derniers devraient encore évoluer à travers les documents et conférences interprétatifs, en approfondissant d'autres questions cruciales du déplacement interne, en

---

1625 Le premier Sommet mondial humanitaire aura lieu à Istambul en 2016.

l'occurrence celles relatives aux garanties pour les déplacés internes, comme le fait la Convention de Kampala [1626].

— L'affirmation des Principes directeurs comme étant un instrument international important à la protection des déplacés internes, loin de marquer la fin du débat juridique sur la question, devrait être suivie d'un réel effort de promotion et de dissémination de la part de l'ONU. De fait, il est encore nécessaire aujourd'hui de mieux faire connaître ces règles, tant par les auteurs du déplacement, les déplacés internes que par les acteurs qui interviennent en matière de déplacement interne.

— La base juridique des principes sur le déplacement interne ne leur confère pas l'assise juridique suffisante pour encadrer convenablement le phénomène du déplacement interne. Bien qu'une plus large diffusion desdits principes soit nécessaire, il reste impératif d'envisager la mise en place des normes juridiquement contraignantes pour, entre autres, établir un statut juridique international du déplacé interne.

— Les évolutions récentes, notamment l'acceptation continue des principes internationaux sur le déplacement interne, constituent des raisons suffisantes au réexamen de l'idée d'une entreprise normative visant à la mise sur pied d'un instrument international conventionnel portant spécifiquement sur les droits fondamentaux des déplacés internes.

— L'autre justification de la nécessité de faire évoluer les normes réside dans le fait que le faire fera évoluer par ricochet la protection globale en fournissant une base solide aux institutions et acteurs internationaux dans leurs activités respectives de protection, notamment pour ce qui est de la répression des crimes en rapport avec le déplacement forcé de populations à l'intérieur de leur propre État.

Enfin, l'architecture institutionnelle relative à la protection des droits fondamentaux des déplacés internes, bien qu'ayant fait l'objet d'améliorations profondes, nécessite encore des réaménagements pour une effectivité des droits à laquelle elle est censée contribuer ; notamment par :

— Une plus grande ouverture des institutions de l'ONU aux questions relatives au déplacement interne, ceci par le renforcement de leurs capacités, du personnel voué aux problèmes du déplacement interne, et non pas des réductions en termes de personnels et de bureaux [1627] ;

1626 Voir supra, p. 196.

1627 Voir supra, p. 479.

— Le renversement des rôles des différentes composantes de l'ONU [1628] : les deux premières composantes de l'ONU devraient résolument suivre, mieux se substituer à la troisième dans son engagement vis-à-vis des déplacés internes, étant donné que la majorité du personnel international travaillant sur cette question avec l'ONU n'est pas rattachée à cette organisation *stricto sensu* [1629] et ne peut donc bénéficier d'un leadership comparable au sien ;

— Le renforcement des mécanismes de protection sur le terrain [1630] tant en ce qui concerne les ressources humaines, financières que pour ce qui est de la volonté politique, dans l'optique de pallier les failles dans la coordination et dans la recherche de l'efficacité d'une part, et d'assurer la présence de l'ONU dans les régions théâtres de déplacements de populations d'autre part ;

— L'intégration résolue des problèmes de déplacement interne dans les mécanismes de l'ONU relatifs à la protection des droits de l'homme à l'instar des brigades d'intervention, de l'initiative *Rights up Front*, etc ;

— La création d'une véritable institution internationale vouée exclusivement à la protection des déplacés internes, pas pour assumer la quasi-totalité des activités comme c'est sensiblement le cas du HCR concernant les réfugiés, mais une agence pour tirer les ficelles, orienter et coordonner la réponse de l'ONU en la matière afin d'en assurer la cohérence et l'efficacité ;

— L'établissement et le renforcement d'une véritable architecture institutionnelle pyramidale avec une forte accentuation sur les capacités locales et nationales en premier lieu, des structures régionales spécifiques pour assurer et affermir le lien entre l'étatique et l'universel en deuxième lieu et une véritable institution internationale vouée au déplacement interne pour assurer la coordination universelle en troisième lieu.

Ces trois principaux ensembles de mesures à prendre sont interconnectés et il est utile qu'ils soient pris en compte cumulativement. Ceci trouve sa justification dans le fait que l'approche « onusienne » des crises de déplacement interne, méthode constituant une des principales préoccupations aujourd'hui, est largement dépendante du degré de pertinence du cadre juridique international, qui lui aussi prédétermine, semble-t-il, la dimension et la convenance de l'architecture institutionnelle à mettre sur pied. Cela resserre inexorablement le réel lien entre ces trois éléments.

Les prendre en compte simultanément nécessite bien entendu un effort du système global des Nations unies, c'est-à-dire des trois composantes de l'organisation. Mais cela demande surtout un effort des États qui non seulement

1628 Pour la distinction entre les trois composantes de l'ONU, voir supra, p. 36.

1629 Les experts, *think tanks*, ONG, pour ne citer que ceux-ci, jouent un rôle important ici.

1630 L'approche à responsabilité sectorielle, les missions de la paix des Nations unies, etc.

constituent les acteurs principaux de cette organisation, mais aussi portent la responsabilité première de protéger les déplacés internes en vertu du principe de souveraineté, principe qui, malgré quelques transmutations [1631], garde tout son sens aujourd'hui encore. Les États principalement parce qu'aujourd'hui aussi les divergences entre politiques étatiques constituent le talon d'Achille de l'approche de l'ONU visant à atteindre l'objectif d'effectivité des droits fondamentaux des déplacés internes. Pourtant, dans un contexte où aucun État, fût-il suréquipé ou « surdéveloppé », ne peut pas être considéré comme modèle en matière de protection des droits de l'homme [1632], agir collectivement et avec le sens de la responsabilité se pose en impératif, plus particulièrement en matière de déplacement interne.

L'évidente difficulté pour l'ONU à contribuer résolument et pleinement à l'atteinte de l'effectivité des droits fondamentaux des déplacés internes vient s'ajouter au faisceau d'indices qui corroborent l'impératif et l'urgence d'une profonde réforme du système global des Nations unies, notamment ses fondements véritables. Mais, l'environnement international constituant plus une société dans laquelle les intérêts particuliers priment, qu'une communauté si lointaine, cette dernière proposition semble être une tout autre histoire.

1631 Voir les développements sur l'interprétation de la souveraineté comme responsabilité et ceux sur la responsabilité de protéger, voir supra, p. 422.

1632 Si plusieurs États ont pendant longtemps été présentés comme très respectueux et protecteurs des droits de l'homme, il ne s'agissait en réalité que d'une vérité transitoire, d'une image d'Épinal qui s'effrite à mesure que le monde fait face à de nouvelles « menaces ». Tel est le cas pour les États-Unis qui ont commis des actes de torture, notamment après les événements du 11 septembre 2001 (voir la conférence de presse du Président américain, Barack Obama, du 1er août 2014, Maison blanche, Washington, États-Unis). Nombre d'autres États de cette catégorie ont un talon d'Achille en matière de protection des droits de l'homme. Certes ils sont tous reprochables, mais ils le sont à l'évidence à des degrés différents.

BIBLIOGRAPHIE

I. MANUELS, OUVRAGES GÉNÉRAUX ET SPÉCIAUX, THÈSES

- ALSTON Philip and MEGRET Frederic (Editors), *The United Nations and Human Rights: a Critical Appraisal.* Oxford University Press, second edition, 2011, 600 p.
- ANNAN Kofi A. with MOUSAVIZADEH Nader, *Interventions : A Life in War and Peace.* The penguin press, New York, September 2012, 512 p.
- ANNEKE Smit, *Protecting the Property Rights of Refugees and Internally Displaced Persons: Beyond Restitution.* Routledge, 31st July 2011, 224 p.
- BADESCU Cristina, *Humanitarian Intervention and the Responsibility to Protect: Security and Human Rights.* Routledge editions. Collection: Global Politics and the Responsibility to Protect. November 17, 2010. 224 p.
- BAGSHAW Simon, *Developing a Normative Framework for the Protection of Internally Displaced Persons.* Transnational publishers, Inc. Ardsley, New York, 2005.
- BAGSHAW Simon and PAUL Diane, *Protect or Neglect? Toward a More Effective United Nations Approach to the Protection of Internally Displaced Persons*, OCHA and Brookings-SAIS Project on Internal Displacement, November 2004, 103 p.
- BAYEFSKY Anne F. and FITZPATRICK Joan (eds.), *Human Rights and Forced Displacement.* The Hague ; Cambridge, M. Nijhoff Publishers, 2000, 320 p.

- BELANGER Michel, *Droit international humanitaire général*, Paris, Gualino éditeur, 2e éd., 2007.
- BELLAMY Alex J., *Global Politics and the Responsibility to Protect. From Words to Deeds.* Routhledge, Global Politics and the Responsibility to Protect series. December 2010, 246 p.
- BELLAMY Alex J., *Responsibility to Protect: The Global Effort to End Mass Atrocities.* Cambridge, Polity Press. 2009.
- BETTATI Mario, *Le droit d'ingérence : mutation de l'ordre international*, Éditions Odile Jacob, Paris, 1996, 384 p.
- BINDER Andrea, DE GEOFFROY Véronique & SOKPOH Bonaventure, *Rapport de l'IASC sur l'évaluation de l'approche cluster, phase II, étude pays, République Démocratique du Congo.* Avril 2010, 98 p.
- BIZIOURAS Nicolaos, *The political economy of ethnic conflict in Sri Lanka: economic liberalization, mobilizational resources, and ethnic collective action.* Abingdon, Oxon, New York, NY : Routledge, 2014, 1 vol.
- BUIRETTE Patricia & LAGRANGE Philippe, *Le droit international humanitaire*, Édition La Découverte, Collection Repères n° 196, avril 2008, 128 p.
- CANÇADO TRINDADE Antônio Augusto, *Évolution du droit international au droit des gens. L'accès des individus à la justice internationale, Le regard d'un juge.* Collection Ouvertures internationales, Pédone, Paris, 2008, 188 p.
- CASSESE Antonio, *International criminal law*, Oxford : Oxford university press, 2e édition, 2007, 512 p.
- CHAMPEIL-DESPLATS Véronique et LOCHAK Danièle (dir.), *À la recherche de l'effectivité des droits de l'homme*, Presses universitaires de Paris 10, 2008, 270 p.
- CHASSIN Catherine-Amélie (dir.), *Les migrations contraintes, Actes du Colloque de Caen*, Pedone, janvier 2014, 196 p.
- CHETAIL Vincent & BAULOZ Céline (Authors & Editors.), *Research Handbook on International Law and Migration*, Edward Elgar Pub, May 2014, 704 p.
- CHETAIL Vincent, *Code de droit international des migrations*, Bruylant, Bruxelles, 2008.
- CHETAIL Vincent (ed.), *Internally Displaced Persons: The Challenges of International Protection*, Refugee Survey Quarterly, Oxford University Press, 2005, 276 p.
- COHEN Roberta & DENG Francis (ed.), *The forsaken people: Case Studies of Internally Displaced*, Washington, DC, Brookings Institution, 1998, 420 p.
- COHEN Roberta & DENG Francis, *Masses in flight. The global crisis of internal displacement*, Washington, DC, Brooking Institution Press, 1998, 414 p.

- COHEN Roberta, *For Disaster IDPs: An Institutional Gap*, Brookings-Bern Project on Internal Displacement, Washington DC, August 2008,
- COHEN Roberta, *Reconciling R2P with IDP Protection*, Brookings-Bern Project on Internal Displacement, 25 mars 2010.
- COMBACAU Jean & SUR Serge, *Droit international public*, LGDJ; Édition : 11e édition, 14 octobre 2014, 820 p.
- CORTEN Olivier, *Le droit contre la guerre*, Paris, Pedone, 2e édition revue et augmentée, janvier 2014, 932 p.
- COT Jean-Pierre, PELLET Alain & FORTEAU Mathias, *La Charte des Nations unies : Commentaire article par article*, (tomes 1 et 2), 3e édition, Bruylant, Bruxelles, 2005, 3729 p.
- COURNIL Christel et COLARD-FABREBOULE Catherine (dir.), *Changements climatiques et défis du droit*, Bruxelles, Bruylant, 2009, 452 p.
- DAVIES Sara E. & GLANVILLE Luke (eds.), *Protecting the Displaced : Deepening the Responsibility to Protect.* Martinus Nijhoff Publishers, 2010, 210 p.
- DAWSON Grant & FARBER Sonia, *Forcible displacement throughout the ages : towards an international convention for the prevention and punishment of the crime of forcible displacement.* Leiden, Netherlands, M. Nijhoff, 2012, 197 p.
- DE FROUVILLE Olivier, *Les procédures thématiques : une contribution efficace des Nations unies à la protection des droits de l'homme*, préface de Louis Joinet, avant-propos d'Emmanuel Decaux, Paris, Pedone, 1996, 139 p.
- DECAUX Emmanuel (dir.), *Les Nations unies et les droits de l'homme, enjeux et défis d'une réforme*, coll. Fondation Marangopoulos pour les droits de l'homme, Paris, Pedone, 2006.
- DECAUX Emmanuel & DE FROUVILLE Olivier, *Droit international public*, Hypercours, éd. Dalloz, Baume-les-Dames, 8e éd., 2012, 582 p.
- DEMBOUR Marie-Benedicte, KELLY Toby, *Are human rights for migrants? Critical reflections on the status of illegal migrants in Europe and the United States.* Routledge, avril 2011, 208 p.
- DENG Francis M., SIMARO Sadikiel, LYONS Terrence, ROTHCHILD Donald and ZARTMAN I. William, *Sovereignty as responsibility: conflict management in Africa*, Brookings institution press, Washington DC, 1996, 296 p.
- DIEZ DE VELASCO VALLEJO Manuel, *Les organisations internationales*, Paris, Economica, 2002, 919 p.
- DUBOUT Edouard et TOUZÉ Sébastien (dir.), *Les droits fondamentaux : charnières entre ordres et systèmes juridiques*, Pedone, Paris, juin 2010, 336 p.
- DUTHIE Roger (ed.), *Transitional justice and displacement*, New York: Social Science Research Council, 2012, 362 p.
- EKKEHARD Strauss, *The Emperor's New Clothes? : The United Nations and the Implementation of the Responsibility to Protect.* Nomos, 2009.144 p.

- EVANS Gareth, *The Responsibility to Protect : Ending Mass Atrocity Crimes Once and For All*, Washington DC: Brookings Institution Press, September 2008, 349 p.
- FERRIS Elizabeth G., *The politics of protection: the limit of humanitarian action*, Brookings institution press, March 30, 2011, 359 p.
- FISHER David, *Guide to International Human Rights Mechanisms for Internally Displaced Persons and Their Advocates*, The Brookings Institution - University of Bern Project on Internal Displacement, Juin 2006, 240 p.
- FITZPATRICK Joan M., *Human Rights Protection for refugees, Asylum Seekers and Internally Displaced Person: A Guide to International Mechanisms and Procedure*, Transnational publishers, Incorporated, New York, 2002, 665 p.
- FLAUSS Jean-François, *La protection internationale des droits de l'homme et les droits des victimes.* Publications de l'IIDH, n° 9, Bruylant, Bruxelles, 2009, 266 p.
- GOUDA BUSHRA Ali Gouda, *Internal displacement law and policy: Analysis of international norms and domestic jurisprudence*, Vandeplas Publishing, United States of America, March 2009, 284 p.
- GUDMUNDUR Alfredsson, GRIMHEDEN Jonas, RAMCHARAN Bertrand G. and ZAYAS Alfred, *International Human Rights Monitoring Mechanisms, Essays in Honour of Jakob Th. Moller*, 2nd Revised Edition. Martinus Nijhoff Publishers. Leiden, Boston, 2009.
- HANNUN Hurst, *Guide to international human rights practice*, Hotei Publishing, 4th edition, August 2004, 391 p.
- HAMPTON Janie, *Internally displaced persons: a global survey*, Routledge, 2nd edition, May 2012, 256 p.
- HARKINS Benjamin & CHANTAVANICH Supang (eds), *Resettlement of displaced persons on the Thai-Myanmar border.* New York, Springer, 2014, 116 p.
- HAROUELBURELOUP Véronique, *Traité de droit humanitaire*, Paris, Puf, coll. « Droit fondamental », 2005.
- HENCKAERTS Jean-Marie & DOSWALD-BECK Louise, *Droit international humanitaire coutumier, Volume I : Règles*, Comité International de la Croix-Rouge, 2006.
- HENNEBEL Ludovic, *La jurisprudence du Comité des droits de l'homme des Nations unies : Le Pacte international relatif aux droits civils et politiques et son mécanisme de protection individuelle*, Droit et Justice n° 77, Bruylant, Bruxelles, 2007, 584 p.
- HOLLENBACH David, *Refugee rights: ethics, advocacy, and Africa*, Georgetown university press, 2008, 264 p.

- HOLZGREFE Vesselin & KEOHANE Robert O. (eds.), *Humanitarian Intervention: Ethical, Legal, and Political Dilemmas*, Cambridge University Press, 2003, 350 p.
- JACQUES Mélanie, *Armed Conflicts and Displacement: The protection of Refugees and Displaced Persons under International Humanitarian Law*, Cambridge ; New York : Cambridge University Press, November 2012, 291 p.
- KÄLIN Walter, WILLIAMS Rhodri C., KOSER Khalid and SOLOMON Andrew (Eds.), *Incorporating the Guiding Principles on Internal Displacement into Domestic Law: Issues and Challenges*, Studies in Transnational Legal Policy, Vol. 41,| 41 Stud. Transnat'l Legal Pol'y, 2010, 645 p.
- KEMP Walter, POPOVSKI Vesselin and THAKUR Ramesh, *Blood and Borders : The Responsibility to Protect and the Problem of the Kin-State*, United Nations University Press, June 2011, 268 p.
- KENNEDY David, *The Dark Sides of Virtue: Reassessing International Humanitarianism*. Princeton University Press ; Edition: New Ed (8 August 2005), 400 p.
- KLEINE-AHLBRANDT Stephanie T., *The Protection gap in the International Protection of Internally Displaced Persons: The case of Rwanda*, 2nd edition, IUHEI, Geneva, 2004.
- KORN David A., *Exodus within borders: An Introduction to the Crisis of National Displacement*, Washington, Brookings Institution, 1999.
- KUMAR DAS Samir, BANERJIEE Paula, BASU RAY Chaudhury Sabyasachi et al. *Internal Displacement in South Asia : The Relevance of the UN's Guiding principles*, Sage Publications, 2005. 370 p.
- LAGRANGE Evelyne et SOREL Jean-Marc (Dir.), *Traité de droit des organisations internationales*, Paris, LGDJ/Lextenso, 2013, 1248 p.
- LAGRANGE Philippe, *La sous-traitance de la gestion coercitive des crises par le Conseil de sécurité des Nations unies*, Thèse (Sous la direction de Patricia Buirette), Université de Poitiers, 2 vol., 1999, 899 p.
- LECKIE Scott, SIMPERINGHAM Ezekiel and BAKKER Jordan, *Climate Change and Displacement*, Reader, Routledge, January 2012, 520 p.
- LICHTENHELD Adam, *From Exclusion to Expansion : Internally Displaced People and the Evolution of the International Refugee Rights Regime*, Printemps 2008 (unpublished Senior Honors Thesis, University of Wisconsin).
- MACFARLENE Neil and FOON KHONG Yuen, *Human Security and the UN: A Critical History*, United Nations Intellectual History Project Series, January 2006, 368 p.
- MACQUEEN Norrie, *Humanitarian Intervention and the United Nations*, Edinburgh University Press, March 2011, 256 p.
- MARCOVICH Malka, *Les Nations Désunies. Comment l'ONU enterre les droits de l'homme*. Jacob-Duvernet, Paris, 2008, 186 p.

- MARTIN Susan F., WEERASINGHE Sanjula and TAYLOR Abbie (Eds.), *Humanitarian crises and migration: causes, consequences and responses*. London ; New York, NY : Routledge, 2014, 375 p.
- MARTIN Susan F., *The uprooted: improving humanitarian responses to forced migration*. Lexington books, 2005, 294 p.
- MARU Mehari Taddele, *The Kampala Convention and its contributions to international law : legal analyses and interpretations of the African Union Convention on the protection and assistance of internally displaced persons*, Eleven International Publishing, 2014, 398 p.
- MATHUR Hari Mohan, *Resettling displaced people: policy and practice in India*, Routledge India, 27 September 2010, 400 p.
- MCADAM Jane, *Climate Change, forced migration, and international law*. Oxford University Press, New York, 2012, 319 p.
- MCADAM Jane (ed.), *Climate change and displacement: multidisciplinary perspectives*, Oxford ; Portland, Or. ; Hart Pub., 2010, 258 p.
- MILLAN Stéphanie, *Vers un statut international en faveur des personnes déplacées à l'intérieur de leur propre pays*. Thèse (sous la direction du Professeur Paul Tavernier), soutenue le 26 septembre 2011. Faculté Jean Monnet, France.
- MOREL Michèle, *The right not to be displaced in international law*. Cambridge, England, Intersentia, 2014, 320 p.
- MUBIALA Mutoy, *La mise en œuvre du droit des réfugiés et des personnes déplacées en Afrique, problèmes et perspectives*, Bibliothèque droit africain n° 4, Academia Eds, octobre 2006, 155 p.
- MUBIALA Mutoy, *Le système de protection des droits de l'homme de l'ONU à l'aube du XXIe siècle*, Presses de l'UCAC, Yaoundé, 2002, 217 p.
- NATHAN-CHAPOTOT Roger, *La qualification internationale des réfugiés et personnes déplacées dans le cadre des Nations unies*, thèse, Institut des hautes études internationales et du développement, Genève, 1949, 292 p.
- NORMAND Roger and ZAIDI Sarah, *Human Rights at the UN: The Political History of Universal Justice* (United Nations Intellectual History project Series), Bloomington: Indiana University press, 2008, 528 p.
- ORFORD Anne, *International Authority and the Responsibility to Protect*, Cambridge University Press, March 2011, 248 p.
- PATTINSON James, *Humanitarian Intervention and the Responsibility to Protect: Who should Intervene?* Oxford University Press, 2010, 284 p.
- PEEVERS Charlotte, *The politics of justifying force : the Suez crisis, the Iraq war, and international law*. Oxford University Press, 2013, 274 p.
- PHUONG Catherine, *The International Protection of Internally Displaced Persons*, Cambridge university press, January 2005, 318 p.

- RAMCHARAN Bertrand G., *The Security Council and the Protection of Human Rights*, International studies in human rights, Martinus Nijhoff Publishers, 2002, 392 p.
- RAMCHARAN Bertrand G., *The United Nations High Commissioner for Human Rights : The Challenges of International Protection*, International studies in human rights, Martinus Nijhoff Publishers, May 2002.
- RIVADENEIRA Rodolfo Arango, *Judicial protection of internally displaced persons: the columbian experience*. The Brookings Institutions - University of Bern Project on Internal Displacement, November 2009, 389 p.
- ROTBERG Robert I. (Ed.), *Mass Atrocity Crimes: Preventing Future Outrages*, Washington DC, World Peace Foundation, 2010, 264 p.
- SCIOTTI-LAM Claudia, *L'applicabilité des traités internationaux relatifs aux droits de l'homme en droit interne*, Bruylant, Collection Institut droits de l'homme, 2004, 704 p.
- SERRANO Monica and WEISS Thomas G. (Eds.), *The international politics of human rights : rallying to the R2P cause ?* Abingdon, Oxon : Routledge, 2014, 269 p.
- SERT Deniz, *Property Rights of Internally Displaced Persons*, Lap Lambert Academic Publishing, Août 2009, 288 p.
- SIMMS Brendan and TRIM David J. B., *Humanitarian Intervention: A History*, Cambridge University Press. April 2011.
- SMITH ELLISON Christine et al. (Eds), *Education and internally displaced persons*, London : Bloomsbury, 2013, 178 p.
- SOREL Jean-Marc & POPESCU Corneliu-Liviu (dir.), *Protection des personnes vulnérables en temps de conflit armé*, Bruylant, 2010, 326 p.
- STEINHARDT Ralph G., HOFFMAN Paul L. and CAMPONOVO Christopher N., *International Human Rights Lawyering: cases and materials*, American Casebook Series, West Academic Publishing, 2009.
- SUDRE Fréderic, *Droit européen et international des droits de l'homme*, 8e éd., 2006, PUF, Paris.
- TAVERNIER Paul et HENCKAERTS Jean-Marie (Dir.), *Droit international humanitaire coutumier : enjeux et défis contemporains*, Bruxelles, Bruylant, 2008, 289 p.
- THAKUR Ramesh, *The Responsibility to Protect: Norms, Laws and the use of Force in International Politics*, Routledge. December 2010, 232 p.
- THAKUR Ramesh, *The United Nations, Peace and Security: From Collective Security to the Responsibility to Protect*, Cambridge University Press. June 2006, 402 p.
- TOMUSCHAT Christian, *Human Rights: Between Idealism and Realism*, 2nd ed., Oxford University Press, Oxford, 2008.

- TOUZÉ Sébastien, *La protection des droits des nationaux à l'étranger - Recherches sur la protection diplomatique*, Collection de la Fondation MARANGOPOULOS, Pedone, Paris, 2007, 513 p.
- VINCET Marc & SORENSON Brigitte Refslund, *Caught between borders: response strategies of the internally displaced.* Pluto press, October 2001, 336 p.
- WALLENSTEEN Peter, *Understanding Conflict Resolution: War, Peace and the Global System*, London, Sage publications, 2nd edition, 2007.
- WEERASINGHE Sanjula and FERRIS Elizabeth, *Security Council, internal displacement and protection: recommendations for strengthening action through resolutions.* The Brookings Institution - London School of Economics project on Internal Displacement, September 2011, 53 p.
- WEISS Thomas G., *What's Wrong with the United Nations and How to Fix it*, Polity, 2nd edition, May 2012, 288 p.
- WEISS Thomas G., FORSYTHE David P., COATE Roger A. and PEASE Kelly-Kate, *The United Nations and Changing World Politics*, Westview Press, sixth edition, 2010, 434 p.
- WEISS Thomas G., *Humanitarian Intervention: War and Conflict in the Modern World.* Polity Press, UK, 2007.
- WEISS Thomas G., KORN David A., *Internal displacement : conceptualization and its consequences.* Routledge, Taylon & Francis Group, 22 June 2006, 190 p.
- WEISSBRODT David S. & RUMSEY Mary (eds.), *Vulnerable and marginalised groups and human rights.* Cheltenham, UK, E. Elgar Research Collection, 2011, 711 p.
- WOLFRUM Rüdiger & ROBEN Volker, *Developments of International Law in Treaty Making*, Springer, 2005, 632 p.

II. CONTRIBUTIONS AUX OUVRAGES COLLECTIFS ET MÉLANGES

- BOISSON DE CHAZOURNES Laurence et CONDORELLI Luigi, « Quelles perspectives pour la responsabilité de protéger », in A. AUER, A. FLÜCKIGER et M. HOTTELIER (dir.). *Les droits de l'homme et la constitution : études en l'honneur du Professeur Giorgio Malinverni.* Zurich : Schulthess. 2007, p. 329-337.
- CHASSIN Catherine-Amélie, « L'appréhension juridique des migrations climatiques », in Catherine-Amélie CHASSIN (dir.), *Les migrations contraintes, Actes du colloque de Caen*, Pedone, janvier 2014, p. 117-138.
- CHASSIN Catherine-Amélie, « Le Lotus est-il mort ? Les droits de l'homme confrontés à la souveraineté des États », in Hélène Tigroudja et Ludovic Hennebel (coord.), *Humanisme et droit. Mélanges offerts en hommage à Jean Dhommeaux*, Paris, Pédone, 2013, p. 169-182.

- COHEN Roberta, « The Guiding Principles: How Do They Support IDP Response Strategies? » in Walter KÄLIN, Francis M. DENG, and Roberta COHEN, *Recent Commentaries About the Nature and Application of the Guiding Principles on Internal Displacement*, Brookings-CUNY Project on Internal Displacement, April 2002.
- DECAUX Emmanuel, « Coordination et suivi dans le système de protection des droits de l'homme des Nations unies », in RUIZ FABRI H., SICILIANOS L.-A. et SOREL J.-M. (dir.), *L'effectivité des organisations internationales : mécanismes de suivi et de contrôle*, Athènes-Paris, Sakoulas-Pedone, 2000, p. 229-246.
- DUBOUT Edouard et TOUZÉ Sébastien, « La fonction des droits fondamentaux dans les rapports entre ordres et systèmes juridiques », in DUBOUT Edouard et TOUZÉ Sébastien (dir.), *Les droits fondamentaux : charnières entre ordres et systèmes juridiques*, Pedone, Paris, juin 2010, p. 11-35.
- EVANS Gareth, « The Responsibility to Protect. From an Idea to an International Norm », in COOPER (R.) &VOINOV KHOLER (J.) (Eds.), *Responsibility to Protect. The Global Moral Compact for the 21st Century*, New York, Palgrave MacMillan, 2009, p. 15-29.
- JOINET Louis, « The UN Special Rapporteurs », in SICILIANOS L.A. (ed.), *The prevention of Human Rights Violations*, Athènes, A.N. Sakkoulas / Kluwer Law International, 2001, p. 91-99.
- KÄLIN Walter, « The guiding principles on internal displacement and the search for a universal framework of protection for internally displaced persons », in E. ELGAR (ed.), *Research handbook on international law and migration*, 2014, p. 612-633.
- KISS Alexandre, « La protection des droits de l'homme et les techniques de mise en œuvre du droit international », in SFDI, *Colloque de Strasbourg, La protection des droits de l'homme et l'évolution du droit international*, Paris, Pedone, 1998, p. 155.
- LAGRANGE Philippe, « Le droit des personnes déplacées, entre unité et fragmentation », in Catherine-Amélie CHASSIN (dir.), *Les migrations contraintes, Actes du colloque de Caen*, Pedone, 2014, p. 43-59.
- LAGRANGE Philippe, « Le Conseil de sécurité et l'autorisation de prendre toutes les mesures nécessaires » in Vanessa BROCHOT (dir.), *Les Annales de Droit 2007 No 1*. Publications de l'université de Rouen et du Havre, Collection les annales de droit, mars 2007, p. 199-258.
- LAGRANGE Philippe, « Sécurité collective et exercice par le Conseil de sécurité du système d'autorisation de la coercition », in SFDI, *Journées d'étude de Tunis, Les métamorphoses du système de sécurité collective. Droit, pratique et enjeux stratégiques*, Pedone, Paris, 2005.

- LAGRANGE Philippe, « La protection des témoins : entre le possible et le souhaitable » in Laurence BURGORGUE-LARSEN (dir.), *La répression internationale du génocide rwandais*, Collection du CREDHO, n° 4, Bruxelles, Bruylant, septembre 2003, p. 41-83.
- LEE Luke T., « The case for an international convention on displaced persons », in J.H. WILLIAMS (ed), *Invisible Refugees*, Washington DC, Chicago-Kent College of Law and Pax International, 2003.
- LUCK Edward C., « The responsible sovereign and the responsibility to protect », in Joachim W. MÜLLER and Karl P. SAUVANT (eds.), *Annual Review of United Nations Affairs* (Oxford: Oxford University Press, 2008).
- NOWAK Manfred, « The UN and Human Rights. Need for Reform », in European Inter-University Centre for Human Rights and Democratisation, How to improve the EU input into UN human rights policies (Diplomatic Conference, Venise, 19 juillet 2003), p. 31-34.
- SICILIANOS Linos-Alexander, « La réforme des organes des Nations unies chargés du contrôle de l'application des traités relatifs aux droits de l'homme », in G. POLITAKIS (dir. Publ.), *Protecting Labour Rights as Human Rights : Present and Future of International Supervision*, Geneva, International Labour Organization, 2007, p. 151-166.
- TAVERNIER Paul, « De l'utilité de l'Etude du CICR sur le droit international humanitaire coutumier », in TAVERNIER (Paul) et HENCKAERTS (Jean-Marie) (sous la direction de), *Droit international humanitaire coutumier : enjeux et défis contemporains*, Bruxelles : Bruylant, 2008, p. 17-34.
- TAVERNIER Paul, « Sécurité internationale, droit international humanitaire et droits de l'homme. Quelques réflexions sur le rôle des juridictions internationales », in *La sécurité internationale entre rupture et continuité. Mélanges en l'honneur du professeur Jean François Guilhaudis*, Bruxelles : Bruylant, 2007, p. 541-558.
- TAVERNIER Paul, « Les opérations de maintien de la paix : crise des O.M.P. ou crise du maintien de la paix ? », in Madjid BENCHIKH (sous la direction de), *Les organisations internationales et les conflits armés*, Paris, L'Harmattan, 2001, p. 111-129.
- TEITGEN-COLLY Catherine, « Le défi international des migrations forcées », in Christophe JAFFRELOT et Christian LEQUESNE (dir.), *L'enjeu mondial. Les migrations*, Paris : Presses de Sciences Po-L'Express, 2009.
- VALTICOS Nicolas, « Des parallèles qui devraient se rejoindre : les méthodes de contrôle international concernant les conventions sur les droits de l'homme », in U. BYERLIN, *Recht zwischen Umbruch und Bewahrung, Festschrift für Rudolf Bernhardt*, Berlin, Springer, 1995, p. 647-661.

III. RECUEIL DES COURS DE L'ACADÉMIE DE DROIT INTERNATIONAL DE LA HAYE

- ABI-SAAB Georges, « Cours général de droit international public », *RCADI*, 1987, tome 207, p. 29-463.
- AGA KAHN Sadruddin, « Legal Problems Relating to Refugees and Displaced Persons », *RCADI*, tome 149 (1976), p. 954-955.
- CARLIER Jean-Yves, « Droit d'asile et des réfugiés », *RCADI*, tome 332 (2007), p. 9-354.
- CARRILO-SACEDO Juan Antonio, « Droit international et souveraineté des États, Cours général de droit international public », *RCADI*, tome 257 (1996), p. 39-211.
- CASANOVAS Oriol, « La protection internationale des réfugiés et des personnes déplacées dans les conflits armés », *RCADI*, Vol. 306 (2003), p. 19-162.
- COURSIER Henri, « L'évolution du droit international humanitaire », *RCADI*, tome 100 (1960-I), p. 361-465.
- GUGGENHEIM Paul, « Les principes de droit international public », *RCADI*, tome 80 (1952-I), p. 5-189.
- HONRUBIA ABELLÁN Victoria, « La responsabilité pénale internationale de l'individu », *RCADI*, tome 280 (1999), p. 139-426.
- LAUTERPACHT Hersch, « The international protection of human rights », *RCADI*, tome 70 (1947-I), p. 13-105.
- REUT-NICOLUSSI Eduard, « Displaced Persons and International Law », *RCADI*, Tome 73 (1948), p. 1-68.
- SICILIANOS Linos-Alexandre, « Entre multilatéralisme et unilatéralisme, l'autorisation par le Conseil de sécurité de recourir à la force », *RCADI*, tome 339 (2008), p. 25-403.
- VAN KLEFFENS Eelco Nicolaas, « Sovereignty in international law », *RCADI*, tome 82 (1953-I), p. 6-130.

IV. ARTICLES ET BROCHURES

- ABEBE Allehone Mulugeta, « Special rapporteurs as law makers: the developments and evolution of the normative framework for protecting and assisting internally displaced persons », *International journal of human rights*, Vol. 15(2) Feb. 2011, p. 286-298.
- ABEBE Allehone Mulugeta, « Legal and Institutional Dimensions of Protecting and Assisting Internally Displaced Persons in Africa », *Journal of Refugee Studies*, Volume 22, Issue 2, June 2009, p. 155-176.

- ABRAMOWITZ Morton & PICKERING Thomas, « Making Intervention work: Improving the UN's Ability to act », *Foreign affairs*, September / October 2008. 87 (5) : 100 109.
- ALSTON Philip, « The Darfur Commission as a Model for Future Responses to Crisis Situations », *Journal of International Criminal Justice*, Vol. 3, Issue 3 (July 2005), p. 600-607
- ALSTON Philip, « Reconceiving the UN Human Rights Regime: Challenges confronting the New UN Human Rights Council », *Melbourne Journal of International Law*, vol. 7, 2006, 40 p.
- APUULI KASAIJA Phillip, « ICC Arrest Warrants for the Lord's Resistance Army Leaders and Peace Prospects for Northern Uganda », *Journal of International Criminal Justice*, Vol. 4, Issue 1 (March 2006), p. 179-187.
- ARANGO RIVADENEIRA Rodolfo, « Judicial protection of internally displaced persons: The Colombian experience », *The Brookings institution University of Bern project on internal displacement*, November 2009.
- BARBOUR Brian & GORLICK Brian, « Embracing the 'responsibility to protect': a repertoire of measures including asylum for potential victims », *International journal of refugee law*, 2008, 20:4, p. 533-566.
- BAREGA Birganie Addis, « An African Initiative for the Protection of the Rights of Internally Displaced People », *Human Rights Law Review*, Volume 10, Issue 1, 2010, p. 179-190.
- BEAU Christophe and ESCHENBACHER Jens-Hagen, « The OSCE and internal displacement: A new momentum », *Helsinki Monitor* 2004 (15) : 1, p. 13-22.
- BELLAMY Alex and DRUMMOND Catherine, « The Responsibility to Protect in Southeast Asia: between Non-Interference and Sovereignty as Responsibility », *The Pacific Review* 24, N° 2, 2011, p. 179-200.
- BELLAMY Alex, « The Responsibility to Protect: Five Years On ». *Ethics and International Affairs*, vol. 24, n° 2, 2010, p. 143-169.
- BELLONI Roberto, « The Tragedy of Darfur and the Limits of the 'Responsibility to protect' », *Ethnopolitics*, Novembre 2006, 5(4), p. 327-346.
- BEYANI Chaloka, « The Politics of International Law: Transformation of the Guiding Principles on Internal Displacement from Soft Law Into Hard Law », 102, *AM. SOC'Y INT'L L. PROC.*, 194, 195 (2008).
- BEYANI Chaloka, « Introductory Note on the Pact on Security, Stability and Development in the Great Lakes Region », *International Legal Materials*, Vol. 46, 2007, n° 1, p. 173-175.
- BEYANI Chaloka, « Elaboration of a Legal Framework for the Protection of Internally Displaced Persons in Africa », *Journal of African Law*, Vol. 50, Issue 2, 2006, p. 187-197.

- BÍLKOVÁ Veronika, « Towards a general right to reparation for internally displaced persons ? », *Czech yearbook of public and private international law*, 2001, vol. 2, p. 95-112.
- BOISSON DE CHAZOURNES Laurence, « Rien ne change, tout bouge ou le dilemme des Nations unies. Propos sur le rapport du Groupe de personnalités de haut niveau sur les menaces, les défis et le changement », *R.G.D.I.P.*, 2005, n ° 1, p. 147-161.
- CARAYANNIS Tatiana, « The challenge of building sustainable peace in the DRC », *Centre for Humanitarian Dialogue*, July 2009, 20 p.
- CARRILLO Angela Consuelo, « Internal displacement in Colombia: humanitarian, economic and social consequences in urban settings and current challenges », *International review of the red cross*, Septembre 2009, Vol 91, N° 875, p. 527-546.
- CEPEDA ESPINOSA Manuel José, « Colombie : jusqu'où peut aller la Cour constitutionnelle pour protéger les droits des personnes déplacées ? », *Revue Migrations Forcées*, numéro spécial, mars 2007, p. 21-23.
- CHAN Phil C. W., « The protection of refugees and internally displaced persons: Non-Refoulement under customary international law? », *The International Journal of Human Rights*, Volume : 10, 2006, p. 231 – 239.
- CLAPHAM Andrew, « Les obligations en matière de droits de l'homme incombant aux acteurs non étatiques dans les situations de conflit », *RICR*, vol. LXXXVIII, n ° 863, Sept. 2006.
- COHEN Roberta and BRADLEY Megan, « Disaster and Displacement : Gaps in protection », *International Humanitarian Legal Studies* 1 (2010), p. 95-142.
- COHEN Roberta, « The responsibility to protect: the human rights and humanitarian dimensions », *Harvard human rights journal annual symposium*, February 2009.
- COHEN Roberta, « Strengthening Protection of IDPs. The UN's Role », *Georgetown Journal of International Affairs*, Vol. 7, Issue 1, 2006, p. 101-110.
- COHEN Roberta, « Une carence institutionnelle pour les personnes déplacées par les catastrophes », *Migrations forcées*, n ° 32, p. 58-59, 2009.
- COHEN Roberta, « Key Policy Debates in the Internal Displacement Field », *Refugee Watch*, No 32, December 2008, p. 84-99.
- COHEN Roberta, « Developing an International System for Internally Displaced Persons », *International Studies Perspectives*, Volume: 7, Issue : 2, Pages 87-101 (15), May 2006.
- COHEN Roberta, « The Guiding Principles on Internal Displacement: An Innovation in International Standard Setting », *Global Governance* 10 (2004), p. 459-480.

- CONTAT-HICKEL Marguerite, « Protection of internally displaced persons affected by armed conflicts: concept and challenges », *Revue internationale de la Croix-Rouge*, vol. 83, n° 843, Sept. 2001, p. 699-710.
- COURNIL Christel, « L'émergence d'un droit pour les personnes déplacées internes », *Revue québécoise de droit international (RQDI)*, Volume 22.1, 2009, 25 pages.
- CRISP Jeff, KIRAGU Esther et TENNANT Vicky, « Le HCR, les personnes déplacées de l'intérieur et les réformes humanitaires », *Migrations forcées*, n° 29, 2008, p. 12-14.
- CROUZATIER Jean-Marie, « Le principe de la responsabilité de protéger : avancée de la solidarité internationale ou ultime avatar de l'impérialisme ? », *Revue Aspects*, 2008, n° 2, p. 13-32.
- CUDIAMAT Nicole Angeline, « Displacement Disparity: Filling the Gap of Protection for the Environmentally Displaced Person », 46, *Valparaiso University Law Review (Val. U. L. Rev.)* 891 (2012), p. 891-938.
- DAVIES Sara E. & GLANVILLE Luke, « Protecting the Displaced: Deepening the Responsibility to Protect », *BRILL*, 2010, 210 p.
- DAY Graham and FREEMAN Christopher, « Operationalizing the Responsibility to Protect — The Policekeeping Approach », *Global Governance* 11 (2005), 139-146.
- DENG M. Francis, « Frontiers of Sovereignty: A Framework of Protection, Assistance, and Development for the Internally Displaced », *Leiden Journal of International Law*, vol. 8, no. 2, 1995, p. 249-286.
- DENG M. Francis, « Internal Displacement: a Global Overview », *Refugee Survey Quarterly*, vol. 19, 2000, n° 2, 2000, p. 40-47.
- DENG M. Francis, « The Global Challenge of Internal Displacement », *Washington University Journal of Law & Policy*, Vol. 5, p. 141-156 | | 5 Wash. U. J.L. & Pol'y 141, 2001.
- DROEGE Cordula, « Developments in the Legal Protection of IDPs », *Forced Migration Review*, Volume: special issue, Issue : 8-9, Dec 2008.
- DUCHATELLIER Moetsi & MUBIALA Mutoy, « La Convention de l'union africaine sur la protection et l'assistance aux personnes déplacées en Afrique : une codification régionale des Principes directeurs des Nations unies relatifs au déplacement de populations », *Annuaire africain de droit international online*, Volume 18, Issue 1, 2012, p. 389-411.
- ENTWISLE Hannah, « Tracing Cascades: The Normative Development of the U.N. Guiding Principles on Internal Displacement », *Georgetown Immigration Law Journal*, Vol. 19, Issue 3 (Spring 2005), p. 369-390.
- FERRIS Elizabeth, « Assessing the Impact of the Principles: An Unfinished Task », *Forced Migration Review*, Volume: special issue, Issue : 10-11, Dec 2008.

- FERRIS Elizabeth & MUNDT Alex, « Durable Solutions for IDPs in Protracted Situations: Three Case Studies », *Brookings Institution*, October 2008.
- FRANKE Mark F. N., « The Displacement of the Rights of Displaced Persons: An Irreconciliation of Human Rights between Place and Movement », *Journal of Human Rights*, Volume : 7, Pages : 262 – 281, 2008.
- GILLARD Emanuela-Chiara, « The Role of International Humanitarian Law in the Protection of Internally Displaced Persons », *Refugee Survey Quarterly*, Volume : 24, Pages : 37 – 48, 2005.
- GOLDMAN Robert K., « Codification des règles internationales relatives aux personnes déplacées à l'intérieur de leur propre pays », *Revue internationale de la Croix-Rouge*, n° 831, 1998, p. 497501.
- GOLSONG Heribert, « Implementation of international protection of Human Rights », *RCADI*, t. 110, 1963, p. 1-151.
- GREER Jamieson L., « Critique of the ICRC's Customary Rules concerning Displaced Persons: General Accuracy, Conflation, and a Missed Opportunity », *Mil. L. Rev.*, Vol. 192, p. 116-126, 2007.
- HAKATA Kei, « Vers une protection plus effective des « personnes déplacées à l'intérieur de leur propre pays », *Revue générale de droit international public*, t. 106, 2002, 3, p. 619-644.
- HAMILTON Rebecca J., « The Responsibility to Protect, from Document to Doctrine – but what of Implementation? », *Harvard Human Rights Journal* 19, 2006, p. 289-297.
- HARRIS-RIMMER Susan, « Reconceiving refugees and Iternally Displaced persons as transitional Justice Actors », *CIGJ* Issues Paper n° 8. 2009.
- HENZELIN Marc, HEISKANEN Veijo and METTRAUX Guénaël, « Reparations To Victims Before The International Criminal Court: Lessons From International Mass Claims Processes », *Criminal Law Forum*, Volume 17, issue 3-4, December 2006.
- JAKSA Brigitta, SMITH Jeremy, Africa, « From Voluntary Principles to Binding Standards », *Forced Migration Review*, Volume: special issue, Issue : 18-19, Dec 2008.
- KÄLIN Walter, « The Guiding Principles on Internal Displacement », *International Journal of Refugee Law*, vol. 10(1998), n ° 3, p. 557-562.
- KÄLIN Walter, « Guiding Principles on Internal Displacement : Annotations », *American Society of International Law, Studies in Transnational legal Policy*, n° 32, Washington, 2000.
- KÄLIN Walter, « How Hard is Soft Law ? The Guiding Principles on Internal Displacement and the need for a Normative Framework », *Brookings/CUNY project on internal displacement*, 19 December 2001, 8 p.

- KÄLIN Walter, « Guiding Principles on Internal Displacement », *Journal: Studies in Transnational Legal Policy*, Vol. 38,2008, p. 1-10.
- KÄLIN Walter, « Origin, Content and Legal Character of the Guiding Principles on Internal Displacement », *Studies in Transnational Legal Policy*, Vol. 34,2003, p. 17-30.
- KÄLIN Walter, « The Future of the Guiding Principles on Internal Displacement », *Forced Migration Review*, issue 5-6, Volume ; supplement, December 2006.
- KÄLIN Walter, « Hardening Soft Law: Implementation of the Guiding Principles on Internal Displacement », *Proceedings of the Annual Meeting-American Society of International Law*,Nbr. 102, January 2008.
- KÄLIN Walter, « Guiding Principles on Internal Displacement: Annotations », *The American Society of International Law*, Washington, DC 2008, 187 pages.
- KATJA Luopajärvi, « Is there an Obligation on States to Accept International Humanitarian Assistance to Internally Displaced Persons under International Law? », *Int J Refugee Law*, Volume : 15, Pages : 678 – 714, Oct. 2003.
- KIDANE Von, « Managing forced displacement by law in Africa: the role of the new African Union IDPs convention », *Vanderbilt Journal of Transnational Law*, 01 April 2011.
- KORNER Joanna, « Criminal Justice and Forced Displacement in the Former Yugoslavia », *International Center for Transitional Justice / Brookings-LSE Project on Internal Displacement*, July 2012, 18 pages.
- KOSER Khalid, « Gaps in IDP Protection », *Forced Migration Review*, Volume : 31, Issue : 17, Oct. 2008.
- KOSTOHRYZ Petr, « Azerbaïdjan : les personnes déplacées au milieu d'une économie florissante », *Migrations forcées*, n° 30, 2008.
- LAVOYER Jean Philippe, « Principes directeurs relatifs au déplacement des personnes à l'intérieur de leur propre pays : quelques observations sur la contribution de droit international humanitaire », *Revue Internationale de la Croix Rouge*, n° 831, 1998, p. 503-516.
- LEE Luke T, « The London Declaration of International Law Principles on Internally Displaced Persons: its significance and implications », *Journal of Refugee Studies*, Vol 14, Issue 1, March 2001.
- LEE Luke T, « Legal Status of Internally Displaced Persons », *ASIL Proceedings*, vol. 86, 1992, p. 631.
- LEE Luke T, « The London Declaration of International Law Principles on Internally Displaced Persons », *American Journal of International Law*, 2001, p. 454-458.

- LUCK Edward C., « The Responsibility to Protect: Growing Pains or Early Promise ? », *Ethics and International Affairs* 24, N° 4, 2010, p. 349-365.
- LUCK Edward C., « Sovereignty, choice, and the responsibility to protect », *Global Responsibility to Protect*, vol. 1, No. 1 (January 2009).
- MANCINI BECK Kim, « Training to Strengthen Protection of IDP Rights », *Forced Migration Review*, Volume: special issue, Issue : 36-37, Dec 2008.
- MARTIN Susan, « Forced Migration, the Refugee Regime and the Responsibility to Protect », *Global Responsibility to Protect*, Volume 2, Numbers 1-2, February 2010, p. 38-59.
- MARTIN Susan, « Studying IDPs : Retrospect and Prospect », *Forced Migration Review*, Volume: supplement, Issue : 27-28, Pages : 9 : 27 – 42, Dec 2006.
- MARTIN Susan, « Making the UN Work: Forced Migration and Institutional Reform », *Journal of Refugee Studies*, 17 (3), 2004, p. 301-318.
- MCGHEE Kelli Rose, « Rising Number of Internally-Displaced Persons in Columbia and the United Nations' Response », *New York Law School Journal of Human Rights*, Vol. 19, Issue 3 (Summer 2003), p. 843-848.
- MOONEY Erin D., « The concept of internal displacement and the Case for Internally Displaced Persons as a Category of Concern », *Refugee Survey Quarterly*, volume 24, issue 3, 2005.
- MOONEY Erin D., « The Guiding Principles and the Responsibility to Protect », *Forced Migration Review*, December 2008, p. 11-13.
- MOONEY Erin D., « Something old, something new, something borrowed… something blue? : The protection potential of a marriage of concepts between R2P and IDP protection », *Global responsibility to protect* Vol. 2, February 2010, p. 60-85.
- MUNUMA Jack Mangala, « Les enjeux normatifs et institutionnels de la protection des personnes déplacées à l'intérieur de leur pays », *Revue belge de droit international*, 2000, 2, p. 532-550.
- NASI Hitoshi « Operationalizing the 'Responsibility to Protect' and Conflict Prevention: dilemmas of civilian protection in armed conflict », *Journal of Conflict and Security Law*, Vol. 14, No 2, Summer 2009, p. 209-241.
- ORCHARD Phil, « Protection of internally displaced persons: soft law as a norm-generating mechanism ». *Review of International Studies*, Vol. 36, number 2, April 2010, p. 281-303.
- ONEILL William, « Internal Displacement and Peacebuilding: Institutional Responses », *Refugee Survey Quarterly*, Volume: 28, Issue: 1, Pages: 151-180(30), 25 June 2009.
- PONTE IGLESIAS María Teresa, « Un marco normativo e institucional para los desplazados internos en el Derecho international », *Revista española de Derecho internacional*, vol. LII, 2000, 1, p. 49-81.

- ÖZDEN Melik, « Personnes déplacées dans leur propre pays : État des lieux, concernant les droits des personnes déplacées dans leur propre pays et des Principes directeurs adoptés à leur propos par l'ONU », *Genève : Centre Europe-Tiers Monde (CETIM), (Programme Droits Humains du CETIM)*, avril 2007, 48 p.
- POWELL Catherine, « Libya: A Multilateral Constitutional Moment? », 106 *AM. J. Int'l. L.* 298-316 (2012).
- POWELL Kristina, « The African Union's Emerging Peace and Security Regime: Opportunities and Challenges for Delivering on the Responsibility to Protect », *The North-South Institute*, Working paper, 2005.
- PRIEUR Michel, MARGUÉNAUD Jean-Pierre et al., « Projet de convention relative au statut international des déplacés environnementaux », *Revue européenne de droit de l'environnement*, N° 4/2008, 381 pages.
- RAFIQUL Islam, « The Sudanese Darfur Crisis and Internally Displaced Persons in International Law: The Least Protection for the Most Vulnerable », *Int J Refugee Law*, Volume: 18, Pages: 354 – 385, June 2006.
- RAMELLI ARTEAGA Alejandro, « El derecho internacional humanitario ante la corte interamericana de derechos humanos », *Anuario Mexicano de Derecho Internacional*, Vol 9, Mexico, 2009.
- SCHMIDT Patrick L., « Process and Prospects for the U.N. Guiding Principles on Internal Displacement to Become Customary International Law: A Preliminary Assessment », *Georgetown Journal of International Law*, Vol. 35, Issue 3 (2004), p. 483-520.
- SENEVIRANTNE Wasantha, « The Role of International Organizations in Situations of Conflict related Internal Displacement », *Sri Lanka Journal of International Law*, Vol. 18 (2), 2006.
- SLAUGHTER Anne-Marie, « The Grand Themes of UN Reform ». *The American Journal of International Law* 99, 2005, p. 619-631.
- SOLOMON Andrew, « African Union Convention for the protection of Internally Displaced Persons in Africa, Introductory Note by Andrew Solomon », *International Legal Materials*, Vol. 49, No 1, (2010), p. 83-100.
- STEPHENS Cynthia Diane & REIDE Jerome, « Katrina Survivors versus Internally Displaced Persons - More Than Mere Semantics », *Human Rights*, Vol. 33, Issue 4 (Fall 2006), p. 2-25.
- THIBAULT Jean-François, « L'intervention humanitaire armée. Du Kosovo à la responsabilité de protéger : le défi des critères », *Annuaire français de relations internationales*, n° 10, 2009, p. 751-762.
- THIBAULT Jean-François, « Quel est l'avenir de la responsabilité de protéger et de réagir ? », *Le Multilatéral*, vol. 2, n° 4, novembre/décembre 2008.

- TOTTEN Christopher D. & TYLER Nicholas, Arguing for an Integrated Approach to Resolving the Crisis in Darfur: The Challenges of Complementarity, Enforcement, and Related Issues in the International Criminal Court, *Journal of Criminal Law and Criminology*, Vol. 98, Issue 3 (Spring 2008), p. 1069-1118.
- VEUTHEY Michel, « Le rôle des acteurs non étatiques dans le respect du droit international humanitaire », *Annuaire français de relations internationales (AFRI)*, Paris, 2009, Volume X, p. 993-1020.
- VIANA Manuela Trindade, « International Cooperation and Internal Displacement in Columbia: Facing the Challenges of the Largest Humanitarian Crisis in South America », *International Journal on Human Rights*, Vol. 6, No. 10, June 2009, p. 132-153.
- WEISS FAGEN Patricia, « Refugees and IDPs after Conflict: Why They Do Not Go Home », *United Nations Institute for Peace.* Special Report, April 2011.
- WHEELER Nicholas J. & EGERTON Frazer, « The responsibility to protect: "precious commitment" or a promise unfulfilled ? », *The global responsibility to protect*, Vol 1, n° 1, p. 119.
- WILLMS Jan, « Without order, anything goes? The prohibition of forced displacement in non-international armed conflict », *International review of the red cross*, Vol 91, N ° 875, 30 septembre 2009. p.547-565
- WILLIAMS John S. & BENNETT Kristy, « Impact of International Human Rights Law on Internally Displaced Gulf Coast Citizens », *Mississippi Law Journal*, Vol. 77, Issue 3 (Spring 2008), p. 853-872, 77.
- ZEENDER Greta, « Engaging Armed Non-State Actors on Internally Displaced Persons Protection », *Refugee Survey Quarterly*, 24/3,2005, p. 96-111.

V. TEXTES INTERNATIONAUX

A. Traités

- Convention (V) concernant les droits et les devoirs des puissances et des personnes neutres en cas de guerre sur terre (extraits), 18 octobre 1907.
- Convention de Genève relative au traitement des prisonniers de guerre. 12 Août 1949.
- Convention de Genève relative à la protection des personnes civiles en temps de guerre. 12 Août 1949.
- Protocole additionnel (I) aux Conventions de Genève du 12 août 1949 relatif à la protection des victimes des conflits armés internationaux. 8 juin 1977.

- Protocole additionnel (II) aux Conventions de Genève du 12 août 1949, relatif à la protection des victimes des conflits armés non internationaux. 8 juin 1977.
- Convention-cadre des Nations unies sur les changements climatiques http://unfccc.int

B. Rapports et études des associations et organisations non gouvernementales

1. Brookings Institute

- Taking Stock of Internal Displacement, Report of consultation held at Château de Penthes, Geneva, 28-29 November 2012. Brookings-LSE Project on Internal Displacement.
- From Responsibility to Response: Assessing National Approaches to Internal Displacement, Brookings Institution – London School of Economics Project on Internal Displacement, 2011, 328 pages.
- Protecting Internally Displaced Persons: A Manual for Law and Policymakers. Brookings-Bern Project on Internal Displacement, October 2008.
- Addressing Internal Displacement in Peace Processes, Peace Agreements and Peace-Building. Brookings-Bern project on Internal Displacement, September 2007.
- Addressing Internal Displacement: A Framework for National Responsibility. Brookings-Bern Project on Internal Displacement, April 2005.
- Handbook for Applying the Guiding Principles on Internal Displacement. Brookings project and the Office for the Coordination of Humanitarian Affairs, 2000.

2. Comité Permanent Interorganisations

- IASC framework on durable solutions for Internally Displaced Persons. April 2010.
- Directives opérationnelles de l'IASC sur la protection des personnes affectées par des catastrophes naturelles. Projet Brookings — LES sur le déplacement interne, septembre 2011.

3. Organisation internationale pour les migrations

- Migrations et protection des droits de l'homme. Droit international de la migration, n° 3. 2005.

4. Commission internationale de l'intervention et de la souveraineté des États

- CIISE (2001), La Responsabilité de Protéger, Rapport de la Commission internationale de l'intervention et de la souveraineté des États, Ottawa : International Development Research Centre.

5. Refugee survey quarterly

- Internally Displaced Persons: Human Rights Resolution 2005/46, Refugee Survey Quarterly, Volume : 24, Pages : 150 – 154, 2005.

6. Centre de surveillance des déplacements internes (IDMC)

- Global Estimates 2011: People Displaced by Natural Hazard-induced Disasters. IDMC, Geneva, 2012.

7. Fédération internationale des Sociétés de la Croix-Rouge et du Croissant-Rouge

- World Disasters Report 2012: Focus on Forced Migration and Displacement, IFCR, Geneva, 2012.

8. Comité international de la Croix-Rouge

- Les déplacés internes : action humanitaire en faveur des personnes déplacées dans les conflits armés, CICR 2010.
- Protection juridique des personnes déplacées à l'intérieur de leur propre pays CICR août 2002.

C. Rapports, études, actes unilatéraux d'organisations internationales et organismes rattachés.

1. Organisation des Nations unies

a. Organes délibérants

i. Assemblée générale

- Résolution A/RES/69/154, Aide aux réfugiés, aux rapatriés et aux personnes déplacées en Afrique, 18 décembre 2014.
- Résolution A/RES/69/88, Personnes déplacées du fait des hostilités de juin 1967 et des hostilités postérieures, 5 décembre 2014.
- Résolution A/RES/69/87, Personnes déplacées du fait des hostilités de juin 1967 et des hostilités postérieures, 5 décembre 2014.

- Résolution A/RES/68/274, Situation des déplacés et des réfugiés d'Abkhazie (Géorgie) et de la région de Tskhinvali/Ossétie du Sud (Géorgie).
- Résolution A/RES/68/180, Aide et protection en faveur des déplacés, 18 décembre 2013.
- Résolution A/RES/68/143, Aide aux réfugiés, aux rapatriés et aux déplacés d'Afrique, 18 décembre 2013.
- Résolution A/RES/67/268, Situation des personnes déplacées et des réfugiés d'Abkhazie (Géorgie) et de la région de Tskhinvali/Ossétie du Sud (Géorgie), 13 juin 2313.
- Résolution A/RES/67/150, Aide aux réfugiés, aux rapatriés et aux déplacés d'Afrique, 20 décembre 2012.
- Résolution A/RES/66/165, Aide et protection en faveur des déplacés, 19 décembre 2011.
- Résolution A/RES/66/135, Aide aux réfugiés, aux rapatriés et aux déplacés d'Afrique, 19 décembre 2011.
- Résolution A/RES/65/193, Aide aux réfugiés, aux rapatriés et aux déplacés en Afrique, 21 décembre 2010.
- Résolution A/RES/64/129, Aide aux réfugiés, aux rapatriés et aux personnes déplacées en Afrique, 18 décembre 2009.
- Résolution A/RES/63/308, Responsabilité de protéger, 14 septembre 2009.
- Résolution A/RES/62/153 de l'Assemblée générale des Nations unies sur l'aide et la protection en faveur des personnes déplacées dans leur propre pays, 18 décembre 2007.
- Résolution A/RES/60/147, Les principes fondamentaux et directives concernant le droit à un recours et à réparation des victimes de violations flagrantes du droit international des droits de l'homme et de violations graves du droit international humanitaire, 16 décembre 2005.
- Résolution A/RES/60/1, Document final du Sommet mondial de 2005, 16 décembre 2005.
- Document final du Sommet mondial de 2005, A/60/L.1, 20 septembre 2005.
- Rapport « Un monde plus sûr : notre affaire à tous », A/59/265, 2 décembre 2004.
- Résolution A/RES/61/200, Catastrophes naturelles et vulnérabilité, 20 décembre 2000.
- Résolution A/RES/50/195, Protection et assistance offerte aux personnes déplacées dans leur propre pays, 11 mars 1996.

- Résolution A/RES/47/106, Nouvel ordre humanitaire international, 16 décembre 1992.
- Résolution A/RES/45/101, Nouvel ordre humanitaire international, 14 décembre 1990.
- Résolution A/RES/43/131, Protection et assistance offerte aux personnes déplacées dans leur propre pays, 8 décembre 1988.
- Résolution A/RES/2675, Principes fondamentaux touchant la protection des populations civiles en période de conflit armé, 9 décembre 1970.
- Résolution A/RES/2444, Respect des droits de l'homme en période de conflit armé, 19 décembre 1968.
- Résolution A/RES/319 (IV), Réfugiés et apatrides, 19 décembre 1949.
- Résolution 62 (I), Réfugiés et personnes déplacées, 15 décembre 1946.

ii. Secrétaire général de l'Organisation des Nations unies

- Secrétaire général des Nations unies, L'Initiative *« les droits avant tout »*, 17 décembre 2013.
- Rapport du Secrétaire général sur la protection des civils dans les conflits armés, Rapport S/2013/689, 22 novembre 2013.
- Rapport du Secrétaire général, Responsabilité de protéger : responsabilité des États et prévention, A/67/929 – S/2013/399, 9 juillet 2013.
- Rapport du Secrétaire général, Responsabilité de protéger : réagir de manière prompte et décisive, A/66/874-S/2012/578, 5 septembre 2012.
- Rapport du Secrétaire général sur la protection des civils dans les conflits armés, Rapport S/2012/376, 22 mai 2012.
- Rapport du Secrétaire général, le rôle des arrangements régionaux et sous-régionaux dans la mise en œuvre de la responsabilité de protéger, Rapport A/65/877, 27 juin 2011.
- Rapport du Secrétaire général, Alerte rapide, évaluation et responsabilité de protéger, Rapport A/64/864, 14 juillet 2010.
- Rapport du Secrétaire général, Mise en œuvre de la Responsabilité de protéger, Rapport A/63/677 du 12 janvier 2009.
- Rapport du Secrétaire général sur l'activité de l'Organisation, Répondre aux besoins des plus démunis, droits de l'homme, état de droit, prévention du génocide et responsabilité de protéger, démocratie et bonne gouvernance. Rapport A/64/1, 2009, II.
- Rapport du Secrétaire général, Droits de l'homme et exodes massifs, 1er sept. 2005, Rapport A/60/325.
- Rapport du Secrétaire général, Dans une liberté plus grande : développement, sécurité et respect des droits de l'homme pour tous. Rapport A/59/2005, 19 avril 2005.

- Rapport du Groupe de personnalités de haut niveau sur les menaces, les défis et le changement. Un monde plus sûr : notre affaire à tous. Nations unies, Doc. A/59/565, 2 décembre 2004.
- Rapport analytique sur les personnes déplacées dans leur propre pays. Doc.E/CN.4/1992/23, 14 février 1992.

iii. Conseil de sécurité

- Résolution S/RES/2132 (2013), Rapports du Secrétaire général sur le Soudan et le Soudan du Sud, 24 décembre 2013.
- Résolution S/RES/2076 (2012) sur la situation concernant la République démocratique du Congo 20 novembre 2012.
- Résolution S/RES/2056 (2012) sur la paix et sécurité en Afrique, 5 juillet 2012.
- Résolution S/RES/1980 (2011) sur la situation en Côte d'Ivoire, 28 avril 2011.
- Résolution S/RES/1975 (2011) sur la situation en Côte d'Ivoire, 30 mars 2011.
- Résolution S/RES/1973 (2011) sur la situation en Jamahiriya arabe libyenne, 11 mars 2011.
- Résolution S/RES/1970 (2011) sur la paix et la sécurité en Afrique, 26 février 2011.
- Résolution S/RES/1923 (2010) sur la situation au Tchad, en République centrafricaine et dans la sous-région, 25 mai 2010.
- Résolution S/RES/1674 (2006) sur la protection des civils dans les conflits armés, 28 avril 2006.

iv. Instance permanente des Nations unies

- Septième session de l'Instance permanente des Nations unies sur les questions autochtones, « Changements climatiques, diversité bioculturelle et moyens d'existence : le rôle de gardien des peuples autochtones et les nouveaux défis à relever », avril-mai 2008, UNFPII http://www.un.org/esa/socdev/unpfii/fr/session_seventh.html

v. Conseil économique et social

- Rapport de M. Jacques Cuenod sur les réfugiés, personnes déplacées et rapatriées, Doc. E/1991/109/Add.1 du 27 juin 1991.

vi. Comité d'examen indépendant sur le Sri Lanka

- Rapport du Comité d'examen indépendant du Secrétaire général sur l'action des Nations unies au Sri Lanka, Rapport Pétrie. Novembre 2012.

vii. Groupe de personnalités de haut niveau sur les menaces, les défis et le changement

- Rapport du groupe de personnalités de haut niveau sur les menaces, les défis et le changement : Un monde plus sûr, notre affaire à tous, A/59/565, 2 décembre 2004.

viii. Commission des droits de l'homme

- Compilation et Analyse des bases juridiques, Partie II, présentée par M. Francis Deng, Représentant du Secrétaire général sur les personnes déplacées à l'intérieur de leur propre pays, E/CN.4/1998/53/Add.1, 11 février 1998.
- Rapport du Représentant du Secrétaire général, M. Francis Deng, soumis conformément à la résolution 1997/39. Additif, Principes directeurs relatifs au déplacement de personnes à l'intérieur de leur propre pays, Doc. E/CN.4/1998/53/Add.2 du 11 février 1998.
- Compilation et Analyse des bases juridiques, Partie I, présentée par M. Francis Deng, Représentant du Secrétaire général sur les personnes déplacées à l'intérieur de leur propre pays, E/CN.4/1996/52/Add.2, 5 décembre 1995.
- Résolution 1993/95 sur les déplacés internes, 11 mars 1993
- Étude complète préparée par M. Francis Deng, Représentant du Secrétaire général sur les personnes déplacées à l'intérieur de leur propre pays, E/CN.4/1993/35, Annexe du 21 janvier 1993.
- Résolution 1992/73, nomination du Représentant du Secrétaire général sur les personnes déplacées à l'intérieur de leur propre pays, 5 mars 1992

ix. Conseil des droits de l'homme

- Principes Pinheiro concernant la restitution des logements et des biens dans le cas des réfugiés et des personnes déplacées. Août 2005.

b. Agences ou institutions des Nations unies

i. Haut Commissariat pour les réfugiés

- UNHCR. Global Trends Report 2012 : Displacement, The New 21st Century Challenge, June 2013, 48 pages.
- Joint UNHCR / Council of Europe Colloquium on the Role of Regional Human Rights Courts in Interpretating and Enforcing Legal Standards for the Protection of Forcible Displaced Persons, 15 & 16 June 2011, Strasbourg, France.
- Climate Change, Natural Disasters and Human Displacement: A UNHCR Perspective. UNHCR, Geneva, 2009.

ii. Haut Commissariat aux droits de l'homme

- République démocratique du Congo, 1993-2003 : Rapport du Projet Mapping concernant les violations les plus graves des droits de l'homme et du droit international humanitaire commises entre mars 1993 et juin 2003 sur le territoire de la République Démocratique du Congo, août 2010, 573 pages.

iii. Organisation des Nations unies pour l'Alimentation et l'Agriculture

- « Les populations autochtones menacées par le changement climatique », FAO, 8 août 2008, Rome/New York www.fao.org/newsroom/fr/news/2008/1000906/index.html

iv. Bureau de la coordination des affaires humanitaires

- Manuel d'application des Principes directeurs relatifs aux déplacements internes (OCHA).

c. Titulaire du mandat de la Procédure spéciale sur les droits de l'homme des personnes déplacées à l'intérieur de leur propre pays

i. Rapports à la Commission des droits de l'homme et au Conseil des droits de l'homme

- Rapport du Rapporteur spécial sur les droits de l'homme des personnes déplacées à l'intérieur de leur propre pays, Chaloka Beyani, A/HRC/26/33, 4 avril 2014.
- Rapport du Rapporteur spécial sur les droits de l'homme des personnes déplacées à l'intérieur de leur propre pays, Chaloka Beyani, A/HRC/23/44, 18 mars 2013.
- Rapport du Rapporteur spécial sur les droits de l'homme des personnes déplacées à l'intérieur de leur propre pays, Chaloka Beyani, A/HRC/19/54, 26 décembre 2011.
- Rapport du Rapporteur spécial sur les droits de l'homme des personnes déplacées à l'intérieur de leur propre pays, Chaloka Beyani, A/HRC/16/43, 20 décembre 2010.
- Rapport du Représentant du Secrétaire général sur les droits de l'homme des personnes déplacées à l'intérieur de leur propre pays, Walter Kälin, A/HRC/13/21, 5 janvier 2010.
- Rapport du Représentant du Secrétaire général sur les droits de l'homme des personnes déplacées à l'intérieur de leur propre pays, Walter Kälin, A/HRC/10/13, 9 février 2009.
- Rapport du Représentant du Secrétaire général sur les droits de l'homme des personnes déplacées à l'intérieur de leur propre pays, Walter Kälin, A/HRC/8/6, 24 avril 2008.

- Rapport du Représentant du Secrétaire général sur les droits de l'homme des personnes déplacées à l'intérieur de leur propre pays, Walter Kälin, A/HRC/6/7, 22 septembre 2007.
- Rapport du Représentant du Secrétaire général sur les droits de l'homme des personnes déplacées à l'intérieur de leur propre pays, Walter Kälin, A/HRC/5/6, 8 juin 2007.
- Rapport du Représentant du Secrétaire général sur les droits de l'homme des personnes déplacées à l'intérieur de leur propre pays, Walter Kälin, A/HRC/4/38, 3 janvier 2007.
- Rapport du Représentant du Secrétaire général sur les droits de l'homme des personnes déplacées à l'intérieur de leur propre pays, Walter Kälin, E/CN.4/2006/71, 12 janvier 2006.
- Rapport du Représentant du Secrétaire général sur les droits de l'homme des personnes déplacées à l'intérieur de leur propre pays, Walter Kälin, E/CN.4/2005/84, 31 décembre 2004.
- Rapport du Représentant du Secrétaire général sur les droits de l'homme des personnes déplacées à l'intérieur de leur propre pays, Francis Deng, E/CN.4/2004/77, 04 mars 2004.
- Rapport du Représentant du Secrétaire général sur les personnes déplacées à l'intérieur de leur propre pays, Francis Deng, E/CN.4/2003/86, 21 janvier 2003.
- Rapport du Représentant du Secrétaire général sur les personnes déplacées à l'intérieur de leur propre pays, Francis Deng, E/CN.4/2002/95, 16 janvier 2002.

ii. Rapports à l'Assemblée générale

- Rapport du Rapporteur spécial sur les droits de l'homme des personnes déplacées à l'intérieur de leur propre pays, A/69/295, 11 août 2014.
- Rapport du Rapporteur spécial sur les droits de l'homme des personnes déplacées à l'intérieur de leur propre pays, A/68/225, 31 juillet 2013.
- Rapport du Rapporteur spécial sur les droits de l'homme des personnes déplacées à l'intérieur de leur propre pays, A/67/931, 15 juillet 2013.
- Rapport du Rapporteur spécial sur les droits de l'homme des personnes déplacées à l'intérieur de leur propre pays, A/67/289, 10 août 2012.
- Rapport du Rapporteur spécial sur les droits de l'homme des personnes déplacées à l'intérieur de leur propre pays, A/66/285, 9 août 2011.
- Rapport du Représentant du Secrétaire général sur les droits de l'homme des personnes déplacées à l'intérieur de leur propre pays, A/64/214, 3 août 2009.

- Rapport du Représentant du Secrétaire général sur les droits de l'homme des personnes déplacées à l'intérieur de leur propre pays, A/63/286, 28 août 2008.
- Rapport du Représentant du Secrétaire général sur les droits de l'homme des personnes déplacées à l'intérieur de leur propre pays, A/62/227, 13 août 2007.
- Rapport du Représentant du Secrétaire général sur les droits de l'homme des personnes déplacées à l'intérieur de leur propre pays, A/61/276, 21 août 2006.
- Rapport du Représentant du Secrétaire général sur les droits de l'homme des personnes déplacées à l'intérieur de leur propre pays, A/60/338, 7 septembre 2005.
- Rapport du Représentant du Secrétaire général sur les personnes déplacées à l'intérieur de leur propre pays, A/58/393, 26 septembre 2003.
- Rapport du Représentant du Secrétaire général sur les personnes déplacées à l'intérieur de leur propre pays, A/56/168, 21 août 2001.
- Rapport du Représentant du Secrétaire général sur les personnes déplacées à l'intérieur de leur propre pays, A/54/409, 29 septembre 1999.
- Rapport du Représentant du Secrétaire général sur les personnes déplacées à l'intérieur de leur propre pays, A/51/483, 24 octobre 1996.
- Rapport du Représentant du Secrétaire général sur les personnes déplacées à l'intérieur de leur propre pays, A/50/558, 20 octobre 1995.
- Rapport du Représentant du Secrétaire général sur les personnes déplacées à l'intérieur de leur propre pays, A/49/538, 19 octobre 1994.
- Rapport du Représentant du Secrétaire général sur les personnes déplacées à l'intérieur de leur propre pays, A/48/579, 9 novembre 1993.

2. Afrique

- Convention de l'Union africaine sur la Protection et l'Assistance aux Personnes déplacées en Afrique (Convention de Kampala), 23 octobre 2009.
- Convention régissant les aspects propres aux problèmes des réfugiés en Afrique, 10 septembre 1969.

3. Amérique

- Commission AmDH, Documents de base concernant les droits de l'homme dans le système américain, OEA/Ser.LIV/I.4 rev. 9 Fre (2003).

4. Europe

- Conseil de l'Europe, Assemblée parlementaire, Résolution des problèmes de propriété des réfugiés et des personnes déplacées. 8 janvier 2010. Rapport, Commission des migrations, des réfugiés et de la population. Rapporteur, M. Jørgen POULSEN, Danemark, Alliance des démocrates et des libéraux pour l'Europe (ADLE).

VI. TEXTES NATIONAUX

- Constitution colombienne du 4 juillet 1991.
- Colombie, Loi 387, adoptée le 18 juillet 1997 pour garantir les droits des victimes de déplacements forcés à se voir garantir par l'État une assistance économique et des solutions à long terme.

VII. TABLE DE JURISPRUDENCE

A. Jurisprudence internationale

1. Cour permanente de Justice internationale

- Affaire *relative à l'Usine de Chorzow* (Demande en indemnité, fond), arrêt du 13 septembre 1928, *Recueil des arrêts*, Série A, n° 17.
- Affaire *du lotus*, France c. Turquie, *CPJI,* arrêt du 7 septembre 1927, *Série A*, n° 10.

2. Cour internationale de Justice

- Avis consultatif du 9 juillet 2004, *Conséquences juridiques de l'édification d'un mur dans le territoire palestinien occupé*, *Recueil 2004.*
- Affaire *du mandat d'arrêt du 11 avril 2000* (République démocratique du Congo c/Belgique), arrêt du 14 février 2002, *Recueil 2002.*
- Affaire *Gabčikovo-Nagymaros* (Hongrie c/Slovaquie), arrêt du 25 septembre 1997, *Recueil 1997.*
- Affaire *du droit d'asile* (Colombie c/Pérou), arrêt du 20 novembre 1950, *Recueil 1950.*

3. Cour pénale internationale

- CPI, Décision relative à la requête de l'Accusation aux fins de délivrance d'un mandat d'arrêt à l'endroit d'Omar Hassan Ahmad Al Bashir. « Affaire *le procureur c. Omar Hassan Ahmad Al Bashir* ("Omar Al Bachir").

4. Tribunal pénal international pour l'ex-Yougoslavie

- *Prosecutor vs. Momčilo Krajišnik*, (appeal judgement), case N° IT-00-39-A, 17 March 2009.
- *Prosecutor vs. Milutinović et al.* (judgement) volume I, IT-05-87-T, ICTY, 26 February 2009.
- *Prosecutor vs. Blagoje Simić*, 17 october 2008, case No. IT-95-9.
- *Prosecutor vs. Milomir Stakić* (appeal judgement) IT-97-24-A, ICTY, 22 March 2006.
- *Prosecutor vs. Blagojević and Jokić* (trial judgement) IT-02-60-T, ICTY, 17 January 2005.
- *Prosecutor vs. Radislav krstic*, (Trial judgement) ICTY, 02 August 2001.

B. Jurisprudence régionale

1. Amérique : Cour interaméricaine des droits de l'homme

- *Case of the Communities of Jiguamiandó and Curbaradó regarding Colombia*, Provisional Measures. Inter-Am. Ct. H.R. Order of March 6, 2003.

2. Europe : Cour européenne des droits de l'homme

- Affaire *Chirago et autres contre Arménie*, décision du 14 décembre 2011.
- *Arrêt Soltanov et autres contre Azerbaïdjan* : Nos 41 177/08, 41224/08, 41226/08, 41245/08, 41393/08, 41408/08, 41424/08, 41688/08, 41690/08 et 43635/08 du 13 janvier 2011.
- *Arrêt Saghinadze et autres contre Géorgie* : No 18768/05 du 27 mai 2010.
- *Arrêt Budayeva et autres c. Russie*, requêtes n° 15339/02, 21 166/02, 20 058/02, 11 673/02 et 15 343/02, arrêt du 20 mars 2008.

C. Jurisprudence interne

- Constitutional Court, Ruling T. 025 of 2004, in *Ituango Massacres v. Colombia*, 2006 Inter-Am. Ct. H.R. (ser. C) No 148, 211 (July, 1, 2006).
- Constitutional Court, Ruling T-025 of 2004, Natalia. Colombia: Internal Displacement – Policies and Problems.

VIII. LEXIQUE

- CORNU Gerard (dir.), *Vocabulaire juridique*, Paris, PUF, 7e édition, 2005.

- SALMON Jean (dir.), *Dictionnaire de droit international public*, Bruxelles, Bruylant, 2001.

IX. SÉLECTION DE SITES INTERNET

- Norwegian Refugee Council : http://www.nrc.no
- Centre de surveillance des déplacements internes : http://www.internal-displacement.org
- Comité international de la Croix-Rouge : www.icrc.org
- Cour pénale internationale : www.icc-cpi.int
- Brookings-LSE Project on Internal Displacement : http://www.brookings.edu/projects/idp.aspx
- Haut Commissariat des Nations unies aux droits de l'homme : www.ohchr.org
- Haut Commissariat des Nations unies pour les réfugiés : http://www.unhcr.org
- OTAN : www.nato.int/home-fr.htm
- Réforme humanitaire des Nations unies : www.humanitarianreform.org
- Reliefweb (OCHA) : http://www.reliefweb.int
- Union africaine : www.africa-union.org

INDEX GÉNÉRAL

— A —

- Afrique : 15, 19, 21, 24, 25, 43, 45, 59, 65, 128, 132, 135, 174, 179, 194, 195, 197, 198, 200, 217, 223, 228, 229, 230, 231, 232, 233, 234, 235, 236, 243, 259, 292, 298, 303, 313, 318, 323, 324, 354, 388, 392, 395, 400, 401, 415, 441, 442, 458, 485, 486, 490, 491, 492, 493
- Aide humanitaire : 34, 51, 95, 108, 109, 132, 157, 184, 229, 236, 282, 295, 346, 351, 352, 354, 359, 367, 369, 388, 390, 392, 416, 449, 467, 491
- Amérique : 21, 45, 59, 156, 162, 195, 201, 204, 227, 232, 234, 489
- Angola : 45, 353, 354
- Annan (Kofi) : 38, 52, 53, 61, 62, 138, 229, 270, 314, 348, 349, 386, 422, 428, 439
- Approche à responsabilité sectorielle (Cluster approach) : 269, 271, 346, 358, 365, 366, 372, 379, 412, 419, 505, 519
- Architecture institutionnelle : 18, 36, 65, 67, 75, 76, 266, 267, 268, 271, 273, 274, 309, 346, 362, 364, 368, 417, 419, 421, 422, 470, 471, 484, 485, 493, 494, 499, 508, 509, 511, 513, 514, 516, 518, 519
- Asie : 29, 41, 59, 160, 194, 227, 233, 234, 406
- Asile : 47, 51, 96, 121, 181, 200, 311, 400, 491, 493
- Azerbaïdjan : 95, 109, 161, 192, 227, 281, 285, 294, 295, 302, 303, 375, 498

— B —

- Beyani (Chaloka) : 27, 178, 230, 231, 235, 300, 436, 475
- Birmanie : 23, 437, 438, 458
- Brigade d'intervention : 351, 360, 395, 397, 416
- Brookings Institution : 20, 30, 33, 34, 35, 46, 47, 49, 50, 53, 54, 66, 69, 95, 106, 107, 113, 114, 115, 132, 142, 144, 146, 147, 149, 151, 159, 178, 180, 187, 188, 207, 209, 212, 213, 216, 230, 237, 238, 274, 301, 347, 348, 363, 364, 365, 374, 377, 378, 379, 391, 405, 406, 410, 421, 424, 428, 438, 443, 445, 452, 454, 456, 457, 464, 466, 467, 468, 471, 475, 477, 478, 480, 482, 483, 485, 490, 497
- Bureau de la coordination des affaires humanitaires (OCHA) : 53, 178, 179, 203, 207, 355, 358, 363, 365, 371, 373, 384, 396, 472, 479, 498, 502, 505
- Burundi : 353, 387, 392
- Burundi : 292

— C —

- Camps de déplacés : 58, 67, 89, 91, 92, 108, 118, 132, 182, 283, 352, 370, 373, 377, 378, 388, 390, 393, 407, 410, 446, 449
- CAT : 45, 284, 286, 289
- Catastrophe naturelle : 21, 22, 27, 29, 44, 54, 58, 66, 68, 99, 105, 111, 113, 114, 115, 116, 118, 119, 123, 161, 177, 178, 181, 197, 202, 211, 212, 218, 220, 222, 224, 235, 272, 273, 372, 375, 376, 377, 378, 407, 420, 437, 446, 447, 455, 458, 479, 504, 509, 512
- CEDAW : 45, 283, 284, 286, 287, 289
- CERD : 45, 284, 285, 286, 287, 289
- Changement climatique : 29, 66, 115, 116, 117, 177, 222, 377, 410, 446
- Codification : 82, 132, 197, 198, 217, 234, 235, 254, 257, 262
- Cohen (Roberta) : 20, 34, 35, 47, 48, 55, 114, 152, 159, 168, 169, 194, 203, 207, 212, 238, 264, 272, 362, 363, 365, 373, 374, 377, 378, 379, 408, 420, 424, 434, 439, 450, 455, 463, 464, 476, 478, 497
- Colombie : 22, 109, 131, 156, 159, 162, 164, 192, 193, 194, 227, 232, 249, 281, 282, 284, 292, 295, 296, 297, 303, 304, 321, 375, 381, 489, 498
- Comité des droits de l'homme : 45, 89, 175, 257, 280, 281, 286, 289
- Comité international de la Croix-Rouge (CICR) : 54, 93, 95, 101, 120, 130, 203, 365, 384, 413, 486, 505
- Comité permanent interorganisations (IASC) : 49, 54, 117, 120, 126, 212, 363, 366, 367, 379, 382, 420, 455, 472

- Commission internationale de l'intervention et de la souveraineté des États (CIISE) : 61, 426, 427, 433, 447
- Compensation : 97, 101, 125, 127, 161, 214, 215, 283, 285, 318, 320, 321, 327, 330, 331, 458
- Conflit armé : 15, 17, 18, 21, 22, 27, 28, 29, 30, 41, 44, 47, 56, 64, 65, 68, 78, 80, 89, 90, 91, 92, 96, 99, 100, 103, 105, 111, 112, 113, 114, 115, 118, 119, 122, 123, 129, 132, 134, 135, 150, 164, 177, 181, 182, 184, 185, 186, 187, 188, 193, 211, 212, 220, 222, 224, 225, 228, 237, 254, 259, 272, 275, 291, 300, 301, 302, 312, 319, 322, 331, 336, 342, 346, 349, 354, 374, 376, 377, 381, 382, 384, 385, 386, 388, 391, 394, 395, 400, 408, 412, 414, 425, 428, 435, 438, 449, 455, 495, 504, 505
- Conseil économique et social des Nations unies (ECOSOC) : 38, 44, 45, 48, 55, 56, 68, 183, 184, 237, 275, 290, 291, 292, 299, 312, 313, 408, 410, 413
- Convention américaine des droits de l'homme : 162, 163, 164, 201, 489
- Convention de l'Union africaine sur la protection et l'assistance aux personnes déplacées en Afrique (Convention de Kampala) : 24, 25, 120, 127, 128, 132, 135, 160, 179, 186, 188, 196, 197, 198, 199, 211, 217, 219, 221, 223, 229, 230, 231, 232, 234, 235, 236, 242, 243, 250, 257, 258, 260, 261, 262, 263, 265, 289, 421, 491, 492, 518
- Convention européenne de sauvegarde des droits de l'homme et des libertés fondamentales : 160, 191, 201, 232
- Conventions de Genève du 12 août 1949 : 16, 17, 27, 34, 44, 57, 80, 92, 93, 95, 99, 100, 110, 111, 119, 128, 129, 130, 131, 133, 134, 139, 149, 162, 164, 165, 182, 193, 217, 219, 222, 291, 295, 320, 321, 324, 342, 377, 391, 422, 449, 486, 495, 496

— Protocole additionnel I : 16, 17, 34, 80, 81, 93, 95, 111, 129, 131, 162, 193, 211, 219, 320, 342, 449, 495

— Protocole additionnel II : 17, 34, 81, 129, 131, 162, 193, 211, 219, 342, 449

- Couloir humanitaire : 388
- Cour constitutionnelle colombienne : 156, 157, 158, 159, 193, 194, 225, 249
- CRC : 45, 289

— D —

- Déclaration de Carthagène sur les réfugiés : 21, 259, 374
- Déclaration universelle des droits de l'homme : 39, 57, 85, 94, 97, 101, 134, 136, 150, 207
- Deng (Francis) : 20, 22, 27, 35, 47, 49, 52, 88, 95, 101, 141, 142, 193, 203, 314, 373, 411, 412, 424, 425, 434, 475
- Déplacement arbitraire : 111, 133, 135, 149, 171, 187, 199, 230, 236, 281, 406
- Déplacés

— Environnementaux : 29, 113, 222, 223

— internes : 15, 16, 18, 21, 24, 25, 27, 31, 33, 34, 44, 48, 49, 50, 51, 54, 57, 65, 81, 88, 96, 100, 103, 104, 105, 109, 110, 114, 117, 118, 120, 125, 127, 135, 142, 144, 145, 146, 149, 151, 159, 161, 165, 170, 175, 176, 178, 179, 181, 183, 191, 193, 194, 195, 196,197, 198, 200, 202, 206, 211, 212, 223, 224, 225, 228, 229, 231, 232, 235, 240, 241, 250, 259, 274, 298, 299, 300, 303, 306, 311, 347, 348, 350, 362, 375, 376, 388, 393, 402, 405, 419, 424, 463, 473, 474, 476, 479, 483, 485, 486, 488, 489, 490, 491, 492, 494, 529

- Déportation : 30, 111, 112, 129, 165, 166, 226, 227, 321, 325, 326, 352, 450
- Droit contraignant (Hard Law) : 137, 146, 148, 150, 151, 167, 185, 230, 238, 448

— E —

- Europe : 39, 59, 73, 139, 160, 195, 200, 201, 227, 232, 234, 260, 400, 410

— F —

- Ferris (Elizabeth) : 33, 34, 46, 53, 54, 65, 66, 113, 115, 151, 169, 187, 188, 192, 207, 241, 346, 347, 348, 363, 364, 365, 377, 378, 379, 410, 443, 445, 452, 454, 467, 468, 480, 485
- Frontières internationales : 22, 25, 44, 105, 118, 177, 199, 224

— G —

- Grands projets de développement : 27, 30, 32, 44, 67, 111, 112, 177, 198, 212, 224, 317, 407, 481

— Construction de barrage : 23, 27, 30, 113, 406

— I —

- Intégration : 24, 44, 45, 101, 114, 124, 125, 160, 173, 188, 215, 285, 446, 457
- Intervention humanitaire : 61, 64, 95, 310, 341, 348, 367, 429

— J —

- Japon : 240, 430, 447
- Justice transitionnelle : 310, 315, 333, 334, 335, 336, 337, 342, 389

— K —

- Kälin (Walter) : 31, 50, 67, 69, 81, 106, 107, 113, 114, 117, 127, 128, 132, 135, 142, 143, 144, 146, 147, 149, 151, 170, 176, 179, 180, 207, 209, 212, 214, 215, 216, 217, 222, 229, 230, 237, 241, 244, 264, 274, 289, 291, 294, 298, 302, 303, 318, 377, 378, 456, 457, 475, 484
- Ki-moon (Ban) : 66, 72, 186, 294, 305, 338, 414, 461

— L —

- Liberté de mouvement : 51, 91, 92, 96, 136, 149, 388
- Libye : 15, 61, 218, 240, 246, 271, 323, 324, 401, 402, 428, 430, 436, 438, 439, 440, 441, 442, 443, 444, 446, 449, 451, 453, 458, 460, 461, 462, 467, 506

— M —

- Migrants : 86, 115, 348, 364
- Minorité : 30, 119, 299
- MINUL : 359, 387, 389
- MINURCAT : 387, 391
- MINUS : 359
- MINUSIL : 47, 349
- Mission d'appui des Nations Unies en Libye (MANUL) : 402
- Mission de l'Organisation des Nations unies pour la Stabilisation en République démocratique du Congo (MONUSCO) : 322, 355, 360, 361, 389, 394, 395, 396
- Mission des Nations unies au Soudan du Sud : 437
- Mission des Nations unies en République démocratique du Congo (MONUC) : 351, 355, 356, 357, 359, 360, 370, 389, 390, 394, 395, 396, 450
- Mozambique : 45

— N —

- Namibie : 354
- Nations unies

— Assemblée générale des… : 17, 33, 37, 38, 39, 42, 43, 44, 50, 54, 55, 56, 57, 60, 61, 63, 91, 98, 103, 114, 115, 128, 135, 139, 140, 142, 175, 176, 181, 183, 185, 203, 217, 236, 238, 240, 255, 260, 275, 286, 290, 291, 293, 299, 300, 305, 310, 311, 314, 319, 336, 348, 355, 364, 377, 397, 413, 425, 431, 435, 439, 444, 448, 454, 459, 476, 485, 495

— Charte des… : 19, 34, 37, 56, 60, 61, 87, 91, 95, 197, 268, 275, 278, 279, 290, 291, 294, 310, 427, 463

— Conseil de sécurité des… : 15, 17, 32, 37, 38, 41, 43, 47, 56, 61, 62, 63, 67, 68, 95, 97, 174, 180, 183, 184, 185, 186, 187, 188, 203, 219, 235, 236, 285, 291, 310, 312, 318, 319, 320, 323, 324, 329, 333, 336, 341, 342, 352, 354, 355, 356, 357, 358, 360, 384, 385, 387, 388, 389,392, 395, 396, 397, 399, 400, 401, 402, 424, 427, 428, 429, 431, 434, 437, 438, 439, 440, 441, 442, 443, 444, 446, 449, 454, 458, 459, 461, 462, 463, 464, 467, 469, 486, 493, 507, 508, 509

— Haut Commissariat des … aux droits de l'homme (HCDH) : 57, 58, 59, 145, 179, 203, 275, 300, 304, 355, 378, 384, 404, 463, 472, 474, 479, 480

— Haut commissariat des … pour les réfugiés (HCR) : 44, 52, 53, 58, 80, 120, 128, 175, 177, 178, 179, 181, 182, 183, 203, 217, 219, 220, 231, 236, 270, 277, 300, 303, 310, 311, 346, 355, 362, 370, 373, 377, 378, 379, 383, 384, 400, 410, 419, 424, 472, 479, 480, 485, 486, 487, 496, 498, 500, 501, 502, 519

— Haut Commissariat des … pour les réfugiés (HCR) : 39, 181, 491

— O —

- Opération hybride Union africaine Nations unies au Darfour (MINUAD) : 359, 387, 389, 394

- Organisation du traité de l'Atlantique Nord (OTAN) : 139, 399, 400, 401, 402, 440, 441, 446, 461, 467

- Organisation internationale pour les migrations (OIM) : 355, 358

- Organisation non gouvernementale (ONG) : 31, 36, 38, 48, 54, 56, 131, 132, 142, 162, 175, 179, 201, 233, 245, 250, 297, 300, 313, 316, 317, 346, 347, 358, 364, 365, 366, 367, 369, 370, 371, 398, 405, 408, 409, 410, 411, 412, 413, 434, 449, 465, 470, 473, 475, 509

— P —

- Pacte international relatif aux droits civils et politiques : 39, 85, 100, 149

- Pacte international relatif aux droits économiques, sociaux et culturels : 17, 39, 85, 101, 134, 213

- Pacte sur la sécurité, la stabilité et le développement dans la région des Grands Lacs : 228

- Personnes

— vulnérables : 277, 355, 391, 402, 403, 449, 491

- Principes

— de Pinheiro : 51, 103, 110, 111, 124, 125, 135, 136, 137, 141, 144, 145, 149, 150, 151, 155, 162, 168, 184, 194, 203, 214, 263

— directeurs : 22, 23, 24, 33, 34, 44, 48, 49, 50, 51, 52, 62, 65, 66, 72, 74, 78, 81, 103, 104, 105, 109, 110, 111, 113, 114, 116, 118, 120, 121, 124, 126, 127, 128, 132, 133, 134, 136, 137, 138, 139, 140, 141, 143, 144, 145, 146, 147, 149, 150, 151, 155, 156, 157, 158, 161, 162, 163, 164, 165, 168, 169, 170, 171, 173, 174, 175, 176, 178, 180, 181, 182, 183, 184, 185, 187, 188, 189, 191, 192, 193, 194, 195, 196, 197, 198, 199, 200, 202, 203, 206, 207, 208, 209, 210, 211, 212, 213, 214, 217, 219, 221, 222, 223, 226, 227, 229, 230, 232, 234, 235, 238, 239, 240, 241, 242, 243, 244, 247, 248, 249, 250, 251, 253, 255, 257, 258, 263, 264, 265, 279, 280, 281, 282, 283, 284, 285, 286, 287, 289, 294, 297, 299, 301, 306, 311, 321, 386, 397, 405, 406, 407, 412, 417, 424, 434, 435, 447, 448, 456, 457, 463, 472, 473, 477, 484, 485, 488, 496, 497, 518

— R —

- Rapporteur spécial : 17, 27, 51, 57, 104, 115, 145, 174, 177, 178, 179, 180, 200, 201, 204, 205, 231, 235, 248, 298, 299, 300, 301, 302, 303, 304, 306, 307, 308, 309, 391, 395, 406, 407, 408, 417, 419, 448, 456, 460, 461, 463, 464, 472, 473, 475, 476, 477, 478, 479, 491, 493, 494, 497, 508, 509
- Réconciliation : 17, 132, 216, 227, 333, 334, 335, 337, 338, 339, 341, 342, 343, 442, 458
- Réforme humanitaire : 58, 276, 365, 367, 372, 411, 511
- Réfugiés : 17, 21, 23, 24, 25, 34, 36, 39, 43, 44, 47, 49, 50, 51, 54, 58, 60, 67, 78, 80, 81, 83, 96, 98, 103, 105, 106, 109, 114, 115, 117, 118, 120, 128, 132, 135, 141, 144, 145, 146, 149, 151, 154, 160, 168, 171, 176, 180, 181, 184, 187, 188, 199, 200, 201, 208, 212, 214, 215, 219, 220, 221, 224, 225, 226, 227, 231, 232, 234, 236, 240, 242, 258, 259, 260, 270, 277, 311, 321, 324, 326, 334, 352, 353, 354, 362, 364, 370, 373, 374, 376, 380, 390, 391, 400, 401, 402, 410, 412, 419, 424, 433, 434, 455, 460, 485, 486, 487, 490, 491, 493, 495, 496, 497, 499, 504, 519
- Réinstallation : 44, 78, 96, 101, 113, 124, 125, 127, 160, 183, 213, 215, 227, 282, 285, 457, 480
- Réparation : 54, 72, 97, 98, 103, 127, 132, 159, 199, 269, 272, 284, 296, 318, 320, 321, 327, 328, 329, 331, 332, 336, 397, 418, 515
- République démocratique du Congo (RDC) : 25, 288, 300, 303, 321, 322, 323, 330, 350, 351, 352, 353, 354, 355, 356, 357, 358, 359, 360, 361, 369, 370, 371, 372, 382, 387, 389, 392, 393, 394, 395, 396, 401, 438, 449, 498, 500, 501
- Résidence : 22, 23, 30, 31, 51, 92, 96, 103, 105, 111, 113, 118, 124, 125, 136, 145, 149, 163, 164, 177, 200, 214, 224, 281, 324, 374
- Responsabilité de protéger : 17, 34, 35, 58, 61, 64, 128, 185, 187, 197, 238, 242, 254, 272, 275, 314, 348, 378, 384, 401, 418, 421, 422, 423, 425, 426, 428, 430, 431, 433, 434, 435, 436, 437, 438, 439, 440, 441, 443, 445, 446, 447, 448, 450, 451, 453, 454, 455, 457, 458, 460, 461,462, 464, 465, 467, 468, 508, 509, 512
- Restitution : 51, 97, 98, 101, 103, 111, 125, 135, 141, 144, 145, 146, 149, 151, 168, 214, 215, 284, 285, 328, 330, 331, 359, 458
- Retour : 51, 113, 117, 118, 120, 124, 125, 126, 127, 132, 135, 145, 146, 159, 160, 163, 176, 184, 188, 193, 196, 199, 214, 215, 216, 227, 228, 236, 282, 284, 285, 296, 313, 324, 330, 334, 338, 340, 341, 359, 370, 388, 389, 390, 433, 446, 449, 457, 480, 505
- Rwanda : 46, 61, 129, 270, 314, 319, 322, 324, 327, 329, 331, 343, 349, 352, 353, 354, 356, 357, 375, 392, 393, 402, 403, 408, 414, 422, 423, 449, 467, 486

— S —

- Soft Law : 43, 45, 50, 86, 142, 144, 146, 147, 148, 149, 151, 191, 209, 230, 237, 248
- Solutions durables : 18, 24, 32, 34, 54, 71, 75, 78, 109, 120, 126, 127, 128, 160, 170, 178, 182, 188, 194, 199, 211, 214, 215, 216, 236, 266, 312, 335, 380

- Sommet mondial de 2005 : 150, 175, 239, 250, 270, 426, 427, 435, 436, 446, 448, 459
- Soudan : 25, 44, 59, 61, 118, 242, 248, 286, 295, 301, 302, 319, 321, 323, 324, 333, 354, 369, 375, 387, 437, 449, 498
- Soudan du Sud : 194, 242, 438, 439
- Souveraineté : 28, 33, 34, 35, 43, 47, 50, 61, 63, 64, 70, 94, 95, 129, 148, 197, 206, 209, 234, 260, 268, 270, 272, 344, 348, 423, 424, 425, 426, 434, 435, 436, 445, 462, 465, 467, 483, 506, 514, 520
- Sri Lanka : 227, 233, 284, 286, 295, 301, 308, 369, 375, 380, 405, 406, 420, 438, 498
- Syrie : 15, 16, 17, 28, 139, 176, 218, 228, 248, 307, 309, 375, 401, 438, 439, 441, 443, 453, 463

— T —

- Tchad : 283, 387, 391
- Transfert forcé de populations : 29, 112, 165, 226, 321, 323, 325, 326

— U —

- Union africaine (UA) : 21, 25, 65, 120, 135, 186, 195, 196, 197, 199, 229, 230, 234, 236, 242, 259, 260, 374, 387, 388, 389, 394, 400, 401, 425, 437, 439, 492

— V —

- Violences généralisées : 18, 21, 22, 105, 118, 134, 177, 212, 224

— Z —

- Zimbabwe : 23, 354

Table des matières

Sommaire 7

Liste des abréviations, des sigles et des acronymes 9

1. Annuaires, Recueils et Revues 9

2. Organisations internationales et sigles divers 9

3. Autres abréviations 10

4. Abréviations pratiques 11

Préface 13

Introduction 15

I. Notions de déplacés internes et de droits fondamentaux 21
A. De la notion de « Déplacés internes » 21
B. Notion de droits fondamentaux 25

II. Les causes et les conséquences du déplacement interne 27
A. Les causes du déplacement interne 27
B. Les conséquences du déplacement interne 31

III. Les débiteurs de l'obligation de protéger les déplacés internes 32
A. Les États 33
B. La société internationale 34

IV. L'approche « onusienne » des questions relatives au déplacement interne 39
A. La Guerre froide 41

B. Dès la fin de la Guerre froide 45
C. Les implications du 11 septembre sur l'approche « onusienne » des questions de droits de l'homme 59
V. L'évolution du phénomène du déplacement interne 65
VI. La recherche par l'ONU de l'effectivité des droits fondamentaux des déplacés internes 68
PARTIE I LA CONSTRUCTION DU CADRE JURIDIQUE INTERNATIONAL RELATIF À LA PROTECTION DES DÉPLACÉS INTERNES 77
TITRE I. L'ÉDIFICATION INACHEVÉE DU CADRE JURIDIQUE INTERNATIONAL RELATIF À LA PROTECTION DES DÉPLACÉS INTERNES 80
Chapitre I. L'insuffisance du contenu des normes internationales relatives à la protection des déplacés internes 83
Section I. Les fondements juridiques des droits fondamentaux des déplacés internes 85
§ 1. Les différentes catégories de droits 85
A. Des droits généraux 87
B. Des droits et besoins spécifiques aux déplacés internes 94
§ 2. Champ d'application des instruments juridiques internationaux pertinents à la protection des déplacés internes 98
A. Des champs d'application différents 99
B. Une couverture insuffisante 100
Section II. Les initiatives normatives « onusiennes » vouées spécifiquement aux droits fondamentaux des déplacés internes 103
§ 1. Notion de « déplacé interne » 104
A. L'inexistence du statut juridique international du déplacé interne 104
B. Le profilage comme palliatif 107
§ 2. Différentes phases du déplacement interne et acteurs en jeu 110
A. Des différentes phases du déplacement interne 110
B. Des acteurs concernés 127
Conclusion du Chapitre I 136
Chapitre II. La portée juridique limitée des normes internationales relatives à la protection des déplacés internes 137
Section I. La typologie des normes internationales vouées expressément au déplacement interne 141

§ 1. De l'édification des principes internationaux sur le déplacement interne 141
A. Édification des Principes directeurs de 1998 141
B. Édification des Principes de Pinheiro de 2005 144

§ 2. Les principes internationaux relatifs au déplacement interne : du « droit mou » ou du « droit dur » 146
A. Un droit *a priori* non contraignant 146
B. Des éléments d'un instrument juridique international contraignant 148

Section II. L'applicabilité des normes internationales vouées au déplacement interne 152

§ 1. La potentielle applicabilité des principes internationaux sur le déplacement interne 152

§ 2. La compétence réactive du pouvoir judiciaire 155
A. Approche des juridictions nationales : le cas de la Cour constitutionnelle colombienne 156
B. Approche des juridictions régionales 159
C. Approche des juridictions internationales et internationalisées 164
Conclusion du Chapitre II 167

Conclusion du Titre I 168

TITRE II. L'ASPIRATION À UN CADRE JURIDIQUE INTERNATIONAL APPROPRIÉ 170

Chapitre I. La contribution de l'ONU à l'appropriation des normes internationales relatives au déplacement interne 172

Section I. Les mécanismes « onusiens » du renforcement de l'appropriation des normes internationales relatives aux droits des déplacés internes 174

§ 1. Le rôle du RSG ou du Rapporteur spécial dans la promotion des droits des déplacés internes 177
A. De la notion de « déplacés internes » 177
B. De l'engagement du RSG ou du Rapporteur spécial aux différentes étapes du déplacement interne 177
C. De la vulgarisation des principaux instruments internationaux relatifs aux droits des déplacés internes 178

§ 2. Le rôle d'autres organes « onusiens » pertinents dans la promotion des droits des déplacés internes 180
A. Le Haut Commissariat des Nations unies pour les réfugiés 181
B. Le Secrétaire général de l'ONU 183
C. Le Conseil de sécurité 186

Section II. L'insuffisante appropriation des normes internationales relatives aux droits des déplacés internes 189
§ 1. Incorporation à l'échelle nationale et locale 189
A. Échelon étatique 190
B. Prise de conscience par les déplacés internes de leurs droits 194
§ 2. Avancées de l'incorporation conceptuelle et opérationnelle à l'échelle régionale et internationale 195
A. À l'échelle régionale 195
B. À l'échelle internationale universelle 202
Conclusion du Chapitre I 205
Chapitre II. La viabilité d'un instrument international conventionnel relatif à la protection des déplacés internes 206
Section I. L'opportunité du relai des Principes directeurs à un instrument international conventionnel 209
§ 1. Des droits fondamentaux des déplacés internes 210
A. De l'étendue des droits 210
B. Des titulaires des droits 211
§ 2. Des acteurs du déplacement interne 216
A. Importance de véritables obligations juridiques des États 216
B. Obligations des acteurs non étatiques 219
C. Institution internationale sur le déplacement interne 219
Section II. La recherche de la faisabilité du relai des Principes directeurs à un instrument international conventionnel 221
§ 1. La faisabilité eu égard à la tendance juridique relative aux droits des déplacés internes 221
A. Renforcement continu du cadre juridique relatif aux droits des déplacés internes 222
B. Instrument juridique nouveau et « droit des déplacés interne » en formation 240
§ 2. La faisabilité tenant à l'instrument international conventionnel proprement dit 253
A. L'éventualité d'un instrument international conventionnel eu égard à l'environnement conventionnel international 253
B. Les modalités d'une éventuelle mise sur pied d'un instrument international conventionnel 257
Conclusion du Chapitre II 262
Conclusion du Titre II 263
Conclusion de la Partie I 265

PARTIE II. LA CONSTRUCTION DE L'ARCHITECTURE INSTITUTIONNELLE INTERNATIONALE RELATIVE À LA PROTECTION DES DÉPLACÉS INTERNES 267

TITRE I. LA CONSTRUCTION FRAGMENTAIRE DE L'ARCHITECTURE INSTITUTIONNELLE INTERNATIONALE RELATIVE À LA PROTECTION DES DÉPLACÉS INTERNES 274

Chapitre I. L'ouverture des principaux piliers « onusiens » de protection aux droits fondamentaux des déplacés internes.................... 277

Section I. Sur le rôle des principaux mécanismes de l'ONU relatifs à la protection des droits de l'homme....................279

§ 1. Mécanismes fondés sur les traités et mise en œuvre des règles portant protection des droits des déplacés internes....................279

A. Une référence croissante aux principes sur le déplacement interne....................280

B. Un vide non comblé....................286

§ 2. Mécanismes fondés sur la Charte des Nations unies 290

A. Le Conseil des droits de l'homme....................291

B. Les autres mécanismes fondés sur la Charte des Nations unies 310

Section II. Sur la contribution d'autres institutions et mécanismes pertinents 315

§ 1. Mécanismes « onusiens » de protection par ricochet et droits des déplacés internes 315

A. Les institutions non juridictionnelles de l'ONU et associées 315

B. Les juridictions pénales internationales et internationalisées....................318

§ 2. ONU, justice transitionnelle et protection des déplacés internes....................333

A. Participation des principaux mécanismes de l'ONU à la justice transitionnelle pour les déplacés internes 336

B. Instances pénales internationales et internationalisées, justice transitionnelle et déplacés internes 337

Conclusion du Chapitre I 344

Chapitre II. L'ouverture des mécanismes opérationnels « onusiens » aux droits fondamentaux des déplacés internes.................... 345

Section préliminaire. De la volonté de répondre sur le terrain illustrée à partir de l'approche en République démocratique du Congo 350

§ 1. Une quasi-résignation de l'ONU à propos des premières grandes crises de déplacement interne en RDC 351
A. Avant la première guerre de la RDC 351
B. De la première guerre de la RDC à la seconde 353
§ 2. Un engagement de l'ONU dès la fin de la première guerre de la RDC 354
A. De 1999 à 2006 355
B. De 2006 à 2009 358
C. De 2009 à aujourd'hui 359
Section I. De la pertinence des mécanismes ordinaires de protection des droits des déplacés internes sur le terrain 362
§ 1. Le rôle de l'approche *cluster* 365
A. Les objectifs de l'approche *cluster* 365
B. La méthode *cluster* 366
§ 2. Une contribution limitée à la protection des déplacés internes 368
A. Des progrès en termes de protection tributaires de l'approche *cluster* 368
B. Des lacunes 372
Section II. De l'apport d'autres mécanismes et des partenaires « onusiens » dans la protection des déplacés internes 383
§ 1. De l'apport des opérations de maintien de la paix des Nations unies dans la protection des déplacés internes 384
A. Mise en place et pertinence 385
B. Rôle en matière de déplacement interne 388
C. La nécessité de renforcer les mesures de protection 390
§ 2. De l'apport des partenaires des Nations unies 398
A. Les organisations régionales et les États 398
B. Les ONG et les médias d'information 408
Conclusion du Chapitre II 416
Conclusion du Titre I 417
TITRE II. LE PARACHÈVEMENT DE L'ARCHITECTURE INSTITUTIONNELLE INTERNATIONALE 419
Chapitre I. La construction problématique d'une architecture institutionnelle autour de la « responsabilité de protéger » 422
Section I. L'adaptabilité de la « responsabilité de protéger » à la protection des déplacés internes 433
§ 1. Le lien entre responsabilité de protéger et protection des déplacés internes 433
A. Un lien fortuit 433

B. Une liaison souhaitée ? 435
§ 2. La complexité de l'application de la responsabilité de protéger aux cas de déplacement interne 436
A. L'intérêt de la responsabilité de protéger pour le déplacement interne 436
B. La responsabilité de protéger et l'utilisation de la force 448
Section II. Vers une « responsabilité de protéger » les déplacés internes 453
§ 1. Penser l'ancrage du problème de déplacement interne au sein de la responsabilité de protéger 455
A. La portée d'une considération du fléau du déplacement interne lors de la mise en œuvre de la responsabilité de protéger 455
B. L'étendue de l'application de la responsabilité de protéger aux situations de déplacement interne 457
§ 2. Nécessaire redéfinition du rôle des acteurs en jeu 459
A. Du rôle des institutions des Nations unies 461
B. Du rôle d'autres institutions 465
Conclusion du Chapitre I 467
Chapitre II. Vers une restructuration de l'architecture institutionnelle internationale 470
Section I. Du renforcement des dispositifs « onusiens » et partenaires voués à la protection des déplacés internes 472
§ 1. Du Rapporteur spécial sur les droits de l'homme des déplacés internes 472
A. Faiblesses du mandat du Rapporteur Spécial sur les droits de l'homme des déplacés internes 475
B. Nécessité d'un réaménagement 477
§ 2. D'autres acteurs « onusiens » ou quasi « onusiens » 478
A. Les pouvoirs et capacités d'autres institutions et organes de l'ONU connaissant des questions relatives au déplacement interne 479
B. Acteurs du développement et acteurs économiques 480
Section II. De la redistribution des rôles des institutions en matière de déplacement interne 483
§ 1. Des organismes nationaux sur les droits des déplacés internes 484
A. Légitimité des organismes nationaux 484
B. Contribution des organismes nationaux à la construction d'un régime général de protection 487
§ 2. Des organismes régionaux sur les droits des déplacés internes 488

A. Légitimité des organismes régionaux....................489
B. Contribution des organismes régionaux à la construction d'un régime général de protection....................491
§ 3. D'une institution internationale vouée exclusivement au problème du déplacement interne....................493
A. Reconduction et revalorisation d'un mécanisme actuel : le Rapporteur spécial....................493
B. Institution de nouveaux mécanismes internationaux....................494
Conclusion du Chapitre II....................508
Conclusion du Titre II....................509
Conclusion de la Partie II....................511
CONCLUSION GÉNÉRALE....................513
BIBLIOGRAPHIE....................521
I. Manuels, ouvrages généraux et spéciaux, thèses....................521
II. Contributions aux ouvrages collectifs et mélanges....................528
III. Recueil des cours de l'Académie de droit international de la Haye....................531
IV. Articles et brochures....................531
V. Textes internationaux....................539
A. Traités....................539
B. Rapports et études des associations et organisations non gouvernementales....................540
C. Rapports, études, actes unilatéraux d'organisations internationales et organismes rattachés....................541
VI. Textes nationaux....................549
VII. Table de jurisprudence....................549
A. Jurisprudence internationale....................549
B. Jurisprudence régionale....................550
C. Jurisprudence interne....................550
VIII. Lexique....................550
IX. Sélection de sites internet....................551
INDEX GÉNÉRAL....................553
TABLE DES MATIÈRES....................561

Questions juridiques aux éditions L'Harmattan

Dernières parutions

QU'EST-CE QUE LE DROIT ?
Théorie syncrétique et échelle de juridicité
Barraud Boris
La définition du droit ici est d'abord lexicographique et scientifique. La théorie syncrétique réunit toutes les définitions du droit en vigueur, loin d'être concurrentes elles s'associent. Ne s'opposant plus, elles se complètent. La seconde partie interroge les dimensions du droit en mesurant le niveau de force juridique par l'application des critères de juridicité. Cette nouvelle forme de rationalité de la pensée juridique permet au juriste de s'ouvrir à tout type de normes sociales tout en sauvegardant l'autonomie conceptuelle du droit.
(Coll. Le Droit aujourd'hui, 25.50 euros, 242 p.)
ISBN : 978-2-343-13423-9, ISBN EBOOK : 978-2-14-005340-5

LA RECHERCHE DE L'ÉQUILIBRE CONTRACTUEL DANS LE CAUTIONNEMENT
Regards croisés entre le droit français et le droit OHADA
Dibangue Guy - Préface de Pascal Rubellin
Le cautionnement est actuellement la sûreté qu'exigent de préférence les banques des emprunteurs. Si le législateur français semble surprotéger la caution par rapport au créancier, c'est l'inverse qui a été retenu par le législateur OHADA. Dans les deux cas, c'est le déséquilibre entre la protection raisonnable de la caution et la préservation des intérêts des créanciers. Suivant les récentes évolutions législatives en France et en droit OHADA, cette thèse vise l'équilibre contractuel du cautionnement dans une démarche de modernisation et de rationalisation de cette sûreté.
(Coll. Droit aujourd'hui, 42.00 euros, 456 p.)
ISBN : 978-2-343-13159-7, ISBN EBOOK : 978-2-14-005369-6

LE DROIT ANIMAL
Morales Frénoy Cathy
Plus qu'un droit protecteur, le droit animal réglemente les différentes utilisations de l'animal par l'Homme. Il est un corpus juridique transversal, issu du droit international, européen et national, qui régit les rapports entre l'homme et l'animal sans toujours offrir une protection juridique souvent souhaitée. Ce guide juridique offre à tout lecteur une étude complète de cette nouvelle discipline.
(Coll. Bibliothèques de droit, 45.00 euros, 470 p.)
ISBN : 978-2-343-12873-3, ISBN EBOOK : 978-2-14-005223-1

QUESTIONS D'ACTUALITÉ EN ÉTHIQUE ANIMALE
Pelé Marie, Sueur Cédric
L'éthique animale qui désigne l'étude de notre responsabilité morale à l'égard des animaux, n'est pas une prise de position mais un questionnement en perpétuelle évolution avec notre culture et notre temps. Cet ouvrage présente plusieurs éléments de réponses aux récentes questions posées par la société sur notre rapport aux animaux. Experts et étudiants abordent onze questions d'actualité en éthique animale. Leurs échanges sont retranscrits.
(Coll. Le Droit aujourd'hui, 24.00 euros, 236 p.)
ISBN : 978-2-343-13489-5, ISBN EBOOK : 978-2-14-005382-5

JE PARLE AUX ANIMAUX
Peter Friedman
Samantha Khury écoute les animaux et leur parle. Grâce à ce dialogue, elle parvient à comprendre leur comportement et à trouver les mots qui les guérissent. Non seulement Samantha Khury comprend le langage de nos fidèles compagnons, mais, en plus, ceux-ci lui confient leurs malheurs. Des propriétaires d'animaux domestiques, des gardiens de zoo et des entraîneurs de chevaux qui l'ont consultée en sont convaincus. Nous la voyons au travail, à l'écoute d'un chat dépressif, d'un perroquet déplumé en manque d'amour ou d'une jument qui a besoin de liberté... « Dans cette Théma Arte sur les rapports entre les hommes et les animaux, *Je parle aux animaux* est le plus intéressant. Sans doute parce qu'il pose la question de la communication avec nos compagnons à quatre pattes. Peter Friedman livre des séquences étonnantes. » (*TéléObs*). « Ce documentaire étonnant parvient à nous convaincre que la frontière entre les espèces est bien mince. Quand on dit que l'homme n'est qu'un animal ! » (*Le Figaro*)
(20 euros)
ISBN : 978-2-336-31591-1

TRAITÉ DE DROIT CONSTITUTIONNEL CONGOLAIS
Esambo Kangashe Jean-Louis
Préface de El hadj Mbodji - Postface de Dodzi Kokoroko
Dans sa conception, son évolution et sa pratique, le droit constitutionnel a toujours eu du mal à s'affranchir de crises politiques. Droit de crises ou de gestion de crise, le droit constitutionnel est avant tout au service des normes, dont le respect par tous contribue au fonctionnement régulier des institutions. Placés dans le contexte congolais, les trois versants du droit constitutionnel, à savoir le droit normatif, celui institutionnel et la branche consacrée aux libertés n'ont pas toujours été en cohérence avec le constitutionnalisme.
(Coll. Études africaines, 39.00 euros, 410 p.)
ISBN : 978-2-343-12352-3, ISBN EBOOK : 978-2-14-005341-2

SUR LE CHEMIN DES SAISIES
L'huissier de justice d'hier à demain
Berthé Ibrahim
Qu'est-ce qu'un huissier de justice ? D'où vient-il ? À quoi sert-il ? Cet ouvrage tente de répondre à ces interrogations et, à travers l'histoire, de peindre les différentes facettes de ce personnage spécifique du rouage de l'appareil judiciaire dans le temps et dans l'espace, des rives de la Seine en France jusqu'au bord du fleuve Djoliba au Mali.
(25.00 euros, 270 p.)
ISBN : 978-2-343-13501-4, ISBN EBOOK : 978-2-14-005261-3

LES TECHNIQUES D'ENQUÊTE CRIMINELLE
Typologie des crimes et constatations médico-légales
Moutassi Jean-Pierre
L'adoption de la loi de Juillet 2005 portant sur la procédure pénale démontre la volonté du gouvernement camerounais à promouvoir un état de droit. Voici un outil fondamental pour les praticiens du droit criminel : un outil de formation pour les jeunes fonctionnaires, ainsi que pour leurs aînés qui n'auraient pas eu l'occasion de vivre l'expérience des enquêtes judiciaires.
(Harmattan Cameroun, 45.00 euros, 498 p.)
ISBN : 978-2-343-13126-9, ISBN EBOOK : 978-2-14-005224-8

LES CLÉS DES ENJEUX FINANCIERS DU DIVORCE
Rond Patrice - Préface de Laurent Hincker
L'amour s'est consumé, l'argent part en fumée ! À une époque où toujours plus de couples se séparent, la finance du divorce inquiète. Comprendre ses arcanes financières, c'est pouvoir anticiper en cas de conflit au sein du couple. Comment rétablir un budget ou encore évaluer une prestation compensatoire ? À l'aide d'exemples chiffrés, l'auteur indique comment recenser et évaluer les revenus et patrimoines, et présente des méthodologies pratiques pour établir les droits

respectifs des époux. L'ouvrage rend compréhensibles les procédures financières qui ont lieu dans le divorce.
(17.00 euros, 156 p.)
ISBN : 978-2-343-11633-4, ISBN EBOOK : 978-2-14-004942-2

LUTTER EFFICACEMENT CONTRE LA FRAUDE
Enjeux stratégiques et opérationnels
Sous la direction de Catherine Véret Jost et Nicolas Dufour
Lutter efficacement contre la fraude pour recycler 50 à 100 milliards d'euros par an dans la croissance économique en France, voici l'enjeu de cet ouvrage qui explicite les leviers d'actions pour y parvenir, avec des retours d'expériences de professionnels et d'académiques. Il s'adresse à tous ceux qui ont la volonté de relever ce défi.
(Coll. Perspectives organisationnelles, 38.50 euros, 392 p.)
ISBN : 978-2-343-13167-2, ISBN EBOOK : 978-2-14-005143-2

L'ENFANT EN PRISON
Sous la direction de Catherine Ménabé et Mathieu Martinelle
Depuis 1946, les femmes détenues ont la possibilité de garder à leurs côtés, en prison, leur enfant jusqu'à ses 18 mois, voire 2 ans. Si la situation est peu étudiée, et souvent méconnue, elle mérite de profondes réflexions. Quelles sont les conditions de vie de ces jeunes enfants au sein du milieu pénitentiaire ? Comment est assuré leur développement psychomoteur et affectif malgré les contraintes carcérales ? Comment l'univers carcéral s'adapte à la présence d'enfants, non écroués mais, de fait, privés de liberté ?
(Coll. Bibliothèques de droit, 27.00 euros, 274 p.)
ISBN : 978-2-343-13051-4, ISBN EBOOK : 978-2-14-005015-2

LES TRENTE ANS DE LA LOI LITTORAL
Sous la direction de Jean-Luc Pissaloux et Anne Rainaud
La loi Littoral a maintenant plus de trente ans. Loi d'avant-garde, elle vise à concilier la protection du littoral avec le développement économique. Souvent contestée comme trop protectrice, empêchant l'urbanisation, elle est aussi considérée comme un « laisser-construire » dans les zones saturées. Ses concepts sont difficiles à interpréter et appliquer. Les défis climatiques auxquels est confronté le littoral ont impliqué la participation de géographes. La protection des cordons littoraux s'avère aujourd'hui une nécessité.
(Coll. Grale, 39.00 euros, 418 p.)
ISBN : 978-2-343-13140-5, ISBN EBOOK : 978-2-14-004988-0

CICÉRON, PÈRE DE LA CODIFICATION DU DROIT CIVIL
Gilardeau Eric
Confronté à la crise subie par la République, Cicéron cherchait une réponse au chaos des lois et aux contradictions du droit civil. Il en élabora une véritable codification. Du «De oratore» au «De officiis», il critiqua la science du droit et la soumit à la loi naturelle, avant d'instituer une méthode de codification protectrice des droits civils, dont se rapprocheront les codes civils français et autrichien. Il faut attendre les réformes du Code civil allemand de 2001 et du Code civil français de 2016 pour rejoindre Cicéron sur le rôle de la bonne foi et de l'imprévision en matière contractuelle.
(Coll. Logiques Juridiques, 26.00 euros, 248 p.)
ISBN : 978-2-343-13327-0, ISBN EBOOK : 978-2-14-004994-1

DROIT DES SOCIÉTÉS COMMERCIALES OHADA
Akam Akam André, Voudwe Bakreo
Ce livre vise à exposer, expliquer, systématiser et critiquer les règles qui régissent la constitution, le fonctionnement et la disparition des sociétés commerciales. Il montre que le droit des sociétés commerciales OHADA vise la promotion, la protection et la société judiciaire des investissements, autant qu'il tend à protéger les intérêts particuliers. En outre, il met en exergue la richesse, la

variété et la modernité du droit des sociétés de l'OHADA, ainsi que l'abondance et la qualité des travaux de recherche des auteurs africains et d'ailleurs qui s'intéressent au droit OHADA.
(Coll. Dynamiques du droit OHADA, 55.00 euros, 752 p.)
ISBN : 978-2-343-12819-1, ISBN EBOOK : 978-2-14-005077-0

LA PROTECTION CONTRE LES ATTEINTES AUX DROITS SUR LES SIGNES DISTINCTIFS DANS L'ESPACE OAPI
Badou Charles
Les signes distinctifs confèrent à leur propriétaire un droit exclusif d'exploitation. Celui-ci bénéficie de règles dérogatoires au droit commun, qui ont pour vocation première d'assurer aux signes distinctifs une protection contre les atteintes dont ils peuvent être l'objet. Mais l'efficacité de la protection est toute relative. La protection contre les atteintes aux signes distinctifs exige donc de nouvelles solutions qui, prenant en compte la particularité du droit de la propriété industrielle, protègeront efficacement les signes distinctifs contre les violations des droits exclusifs de leur propriétaire.
(Coll. Études africaines, 42.00 euros, 468 p.)
ISBN : 978-2-343-11816-1, ISBN EBOOK : 978-2-14-005019-0

DROIT DU TRAVAIL SÉNÉGALAIS
Tagum Fombeno Henri-Joël - Préface de Isaac Yankhoba Ndiaye
L'auteur questionne le droit du travail sénégalais, analyse les textes récents et leurs apports au droit du travail, met en lumière les imperfections de la législation et les difficultés d'interprétation qu'elles suscitent dans la pratique. La compréhension de la matière est rendue aisée avec les illustrations et exemples pratiques, souvent utilisés par l'auteur et issus de son expérience professionnelle.
(Harmattan Sénégal, 48.00 euros, 506 p.)
ISBN : 978-2-343-13272-3, ISBN EBOOK : 978-2-14-004933-0

LA FUSION DES SOCIÉTÉS COMMERCIALES EN DROIT INTERNE ET INTERNATIONAL
Contribution à la notion de «contrat-organisation»
Kalaani Adrian
La fusion est l'opération par laquelle une ou plusieurs sociétés transfèrent, par la suite de leur dissolution sans liquidation, leur patrimoine à une société établie ou nouvelle. Ce transfert est possible par la distribution de parts sociales aux associés de la société dissoute. Cette définition française et européenne souligne les effets principaux de la fusion en restant silencieuse sur sa nature juridique. Donc la fusion est un contrat-organisation qui entraîne une mise en commun du patrimoine et des membres de chacune des sociétés fusionnantes au sein d'une seule société préexistante ou nouvelle.
(Coll. Logiques Juridiques, 55.00 euros, 638 p.)
ISBN : 978-2-343-10971-8, ISBN EBOOK : 978-2-14-004827-2

LE PRAGMATISME JURIDIQUE
Barraud Boris
Le pragmatisme invite à se concentrer sur le mode de production des connaissances et sur les actions plutôt que sur les pensées. Le pragmatisme juridique, attaché à l'effectivité des normes, permettrait d'accepter et expliquer les modes de régulation originaux du XXIe siècle. L'enjeu est de permettre au droit scientifique d'accompagner l'évolution du droit pratique. Sont surtout concernées la gouvernance du cyberespace, la protection de l'environnement et la responsabilité sociale des entreprises. Affinant le visage du pragmatisme juridique, voici un outil ouvrant des pistes pour l'avenir de la recherche en droit.
(Coll. Bibliothèques de droit, 33.00 euros, 334 p.)
ISBN : 978-2-343-13206-8, ISBN EBOOK : 978-2-14-004920-0

Structures éditoriales du groupe L'Harmattan

L'Harmattan Italie
Via degli Artisti, 15
10124 Torino
harmattan.italia@gmail.com

L'Harmattan Hongrie
Kossuth l. u. 14-16.
1053 Budapest
harmattan@harmattan.hu

L'Harmattan Sénégal
10 VDN en face Mermoz
BP 45034 Dakar-Fann
senharmattan@gmail.com

L'Harmattan Cameroun
TSINGA/FECAFOOT
BP 11486 Yaoundé
inkoukam@gmail.com

L'Harmattan Burkina Faso
Achille Somé – tengnule@hotmail.fr

L'Harmattan Guinée
Almamya, rue KA 028 OKB Agency
BP 3470 Conakry
harmattanguinee@yahoo.fr

L'Harmattan RDC
185, avenue Nyangwe
Commune de Lingwala – Kinshasa
matangilamusadila@yahoo.fr

L'Harmattan Congo
67, boulevard Denis-Sassou-N'Guesso
BP 2874 Brazzaville
harmattan.congo@yahoo.fr

L'Harmattan Mali
Sirakoro-Meguetana V31
Bamako
syllaka@yahoo.fr

L'Harmattan Togo
Djidjole – Lomé
Maison Amela
face EPP BATOME
ddamela@aol.com

L'Harmattan Côte d'Ivoire
Résidence Karl – Cité des Arts
Abidjan-Cocody
03 BP 1588 Abidjan
espace_harmattan.ci@hotmail.fr

L'Harmattan Algérie
22, rue Moulay-Mohamed
31000 Oran
info2@harmattan-algerie.com

L'Harmattan Maroc
5, rue Ferrane-Kouicha, Talaâ-Elkbira
Chrableyine, Fès-Médine
30000 Fès
harmattan.maroc@gmail.com

Nos librairies en France

Librairie internationale
16, rue des Écoles – 75005 Paris
librairie.internationale@harmattan.fr
01 40 46 79 11
www.librairieharmattan.com

Lib. sciences humaines & histoire
21, rue des Écoles – 75005 Paris
librairie.sh@harmattan.fr
01 46 34 13 71
www.librairieharmattansh.com

Librairie l'Espace Harmattan
21 bis, rue des Écoles – 75005 Paris
librairie.espace@harmattan.fr
01 43 29 49 42

Lib. Méditerranée & Moyen-Orient
7, rue des Carmes – 75005 Paris
librairie.mediterranee@harmattan.fr
01 43 29 71 15

Librairie Le Lucernaire
53, rue Notre-Dame-des-Champs – 75006 Paris
librairie@lucernaire.fr
01 42 22 67 13

www.ingramcontent.com/pod-product-compliance
Lightning Source LLC
LaVergne TN
LVHW011222061026
849535LV00001BA/144
* 9 7 8 2 3 4 3 1 1 0 0 8 0 *